말랑말랑 세무사
행정소송법 기출문제집

박상우 변호사

새흐름

머리말

> '말랑말랑 행정소송법'이라는 교재의 이름은 어려운 회계, 세법을 공부하는데 힘들어하는 수험생들을 위해서 행정소송법만큼은 친근하게 접근해보자는 의미를 담고 있습니다.

본 교재는 세무사 1차 시험 행정소송법 과목에서 최근 10년 동안 출제되었던 문제를 해설과 함께 수록한 기출문제집입니다.

행정소송법은 2005년부터 세무사 1차 시험의 선택과목으로 지정되어 2024년까지 그 문제 수만 800개에 이릅니다. 다만 현재 출제경향과 맞지 않는 문제들이 다수 존재하고 있어 이를 얼마나 제외하느냐도 중요한 문제입니다. 선택과목은 선택과목답게 합격에 문제가 되지 않는 한도에서 가장 시간을 적게 투자해야 하기 때문입니다.

본 교재의 특징은 다음과 같습니다.

1. 최근 10년 간의 기출문제를 진도별로 정리해서 수록했습니다. 동일한 몇몇 문제를 제외한 거의 대부분의 문제를 그대로 반영했습니다.

2. 행정소송법 조문을 반복해서 숙달하는 효과를 내기 위해 조문과 관련된 문제는 관련 조문을 그 문제의 해설에 반영해 놓았습니다.

3. 해설에 수록한 판례의 경우 중요부분에 밑줄처리를 하여 핵심적인 부분을 직관적으로 볼 수 있도록 하였습니다.

객관식 법학 과목은 기출문제가 가장 중요합니다. 따라서 기출문제가 수험의 기본이 되어야 하고, 시험 전날까지 반복·숙달해야 합니다.

아무쪼록 수험생 여러분들의 빠른 합격을 기원합니다.

2025년 1월

박상우 변호사

(이메일 : law.park.sw@gmail.com)

Contents
차 례

제1편 행정소송 개관 … 1

제2편 항고소송 … 21

제1장 항고소송 일반 … 22

제2장 취소소송의 소송요건 … 29
- 제1절 대상적격 · 29
- 제2절 원고적격 · 82
- 제3절 피고적격 · 105
- 제4절 협의의 소의 이익 · 122
- 제5절 제소기간 · 137
- 제6절 행정심판과의 관계 · 151
- 제7절 재판관할 · 162

제3장 취소소송의 심리 … 171
- 제1절 관련청구소송의 이송 병합 · 171
- 제2절 소송참가 및 재심청구 · 183
- 제3절 소의 변경 · 194
- 제4절 취소소송의 가구제 · 209
- 제5절 심리의 내용 및 범위 · 225
- 제6절 위법판단의 기준시 · 237
- 제7절 처분사유의 추가 · 변경 · 245
- 제8절 주장책임 · 증명책임 · 254

제4장 취소소송의 판결의 종류 및 효력 … 264

제5장 무효등확인소송 … 313

제6장 부작위위법확인소송 … 328

제3편 당사자소송 … 347

제4편 객관소송 ⋯ 379

부록1 행정소송법 [법률 제14839호(정부조직법) 일부개정 2017. 07. 26.] ⋯ 399

부록2 행정소송규칙 [대법원규칙 제3132호 일부개정 2024. 02. 22.] ⋯ 408

PART 01
행정소송 개관

001 행정소송법상 허용되는 것은? (다툼이 있으면 판례에 따름) 〈2024〉

① 거부처분에 대한 의무이행소송
② 공법상 사실관계에 대한 부존재확인소송
③ 처분의 부작위에 대한 작위의무확인소송
④ 장래 처분에 대한 예방적 확인소송
⑤ 공법상 계약에 따른 의무에 대한 이행청구소송

정답/해설 ⑤

① (×) 행정소송은 항고소송, 당사자소송, 민중소송, 기관소송으로 구분되며, 판례는 의무이행소송에 대해서 현행 행정소송법상 인정될 수 없는 무명항고소송이라고 일관되게 보고 있다.

② (×) 법률관계가 아닌 사실관계에 대해서는 행정소송이 허용되지 않는다.

③ (×) 행정심판법 제4조 제3호가 의무이행심판청구를 인정하고 있고 항고소송의 제1심 관할법원이 행정청의 소재지를 관할하는 고등법원으로 되어 있다고 하더라도, 행정소송법상 행정청의 부작위에 대하여는 부작위법확인소송만 인정되고 작위의무의 이행이나 확인을 구하는 행정소송은 허용될 수 없다(대판 1992.11.10. 92누1629).

④ (×) 예방적 확인소송이란 장래 처분이 나올 것인지 확인하는 소송을 뜻하며, 현행 행정소송법상 허용되는 종류의 소송이 아니다.

⑤ (○) 공법상 계약의 한쪽 당사자가 다른 당사자를 상대로 그 이행을 청구하는 소송 또는 이행의무의 존부에 관한 확인을 구하는 소송은 공법상 법률관계에 관한 분쟁이므로 분쟁의 실질이 공법상 권리·의무의 존부·범위에 관한 다툼이 아니라 손해배상액의 구체적인 산정방법·금액에 국한되는 등의 특별한 사정이 없는 한 공법상 당사자소송으로 제기하여야 한다(대판 2023.6.29. 2021다250025).

002 행정소송에 관하여 적용·준용되지 않는 것은? 〈2024〉

① 행정소송규칙   ② 행정심판법   ③ 민사소송법
④ 민사집행법   ⑤ 법원조직법

정답/해설 ②

① (○)

> **행정소송규칙**
> 제1조(목적)
> 이 규칙은 「행정소송법」(이하 "법"이라 한다)에 따른 행정소송절차에 관하여 필요한 사항을 규정함을 목적으로 한다.

② (×) 행정심판법은 행정심판절차에 관하여 적용된다.

③ (○), ④ (○), ⑤ (○) 제8조 제2항

제8조(법적용예)
① 행정소송에 대하여는 다른 법률에 특별한 규정이 있는 경우를 제외하고는 이 법이 정하는 바에 의한다.
② 행정소송에 관하여 이 법에 특별한 규정이 없는 사항에 대하여는 법원조직법과 민사소송법 및 민사집행법의 규정을 준용한다.

003 행정소송법 제6조의 내용으로 ( )에 들어갈 용어로 옳은 것은? 〈2024〉

행정소송에 대한 (ㄱ)에 의하여 (ㄴ)이 헌법 또는 법률에 위반된다는 것이 확정된 경우에는 대법원은 지체없이 그 사유를 (ㄷ)에게 통보하여야 한다.

① ㄱ: 판결, ㄴ: 명령·규칙, ㄷ: 법제처장
② ㄱ: 판결, ㄴ: 대통령령, ㄷ: 행정안전부장관
③ ㄱ: 대법원판결, ㄴ: 명령·규칙, ㄷ: 행정안전부장관
④ ㄱ: 대법원판결, ㄴ: 명령·규칙, ㄷ: 법제처장
⑤ ㄱ: 대법원판결, ㄴ: 대통령령, ㄷ: 행정안전부장관

정답/해설 ③

제6조(명령·규칙의 위헌판결등 공고)
① 행정소송에 대한 대법원판결에 의하여 명령·규칙이 헌법 또는 법률에 위반된다는 것이 확정된 경우에는 대법원은 지체없이 그 사유를 행정안전부장관에게 통보하여야 한다.

004 행정소송의 한계에 관한 설명으로 옳지 않은 것은? (다툼이 있으면 판례에 따름) 〈2023〉

① 행정청의 단순한 부작위도 취소소송의 대상이 된다.
② 행정청의 재량에 속하는 처분이라도 재량권의 한계를 넘거나 그 남용이 있는 때에는 법원은 이를 취소할 수 있다.
③ 법원이 법규명령의 위헌·위법 여부를 심사하려면 그것이 재판의 전제가 되어야 한다.
④ 객관소송은 법률에 특별한 규정이 없는 한 인정되지 않는다.
⑤ 행정소송에 있어 반사적 이익의 침해는 소송의 대상이 되지 않는다.

정답/해설 ①

① (×) 부작위는 부작위위법확인소송의 대상이 되는 것이고, 취소소송의 대상은 처분등이다(제19조 본문).

제19조(취소소송의 대상)
취소소송은 처분등을 대상으로 한다. 다만, 재결취소소송의 경우에는 재결 자체에 고유한 위법이 있음을 이유로 하는 경우에 한한다.

② (○)

제27조(재량처분의 취소)
행정청의 재량에 속하는 처분이라도 재량권의 한계를 넘거나 그 남용이 있는 때에는 법원은 이를 취소할 수 있다.

③ (○) 헌법 제107조 제2항

대한민국 헌법 제107조
② 명령·규칙 또는 처분이 헌법이나 법률에 위반되는 여부가 재판의 전제가 된 경우에는 대법원은 이를 최종적으로 심사할 권한을 가진다.

④ (○)

제45조(소의 제기)
민중소송 및 기관소송은 법률이 정한 경우에 법률에 정한 자에 한하여 제기할 수 있다.

⑤ (○) 구내소매인과 일반소매인 사이에서는 구내소매인의 영업소와 일반소매인의 영업소 간에 거리제한을 두지 아니할 뿐 아니라 건축물 또는 시설물의 구조·상주인원 및 이용인원 등을 고려하여 동일 시설물 내 2개소 이상의 장소에 구내소매인을 지정할 수 있으며, 이 경우 일반소매인이 지정된 장소가 구내소매인 지정대상이 된 때에는 동일 건축물 또는 시설물 안에 지정된 일반소매인은 구내소매인으로 보고, 구내소매인이 지정된 건축물 등에는 일반소매인을 지정할 수 없으며, 구내소매인은 담배진열장 및 담배소매점 표시판을 건물 또는 시설물의 외부에 설치하여서는 아니 된다고 규정하는 등 일반소매인의 입장에서 구내소매인과의 과당경쟁으로 인한 경영의 불합리를 방지하는 것을 그 목적으로 할 수 있다고 보기 어려우므로, 일반소매인으로 지정되어 영업을 하고 있는 기존업자의 신규 구내소매인에 대한 이익은 법률상 보호되는 이익이 아니라 단순한 사실상의 반사적 이익이라고 해석함이 상당하므로, 기존 일반소매인은 신규 구내소매인 지정처분의 취소를 구할 원고적격이 없다(대판 2008.4.10. 2008두402).

---

005 행정소송법상 소송의 종류에 해당하지 않는 것은? 〈2023〉

① 항고소송 ② 당사자소송 ③ 민중소송
④ 기관소송 ⑤ 예방적부작위청구소송

정답/해설 ⑤
제3조 각 호

제3조(행정소송의 종류)
행정소송은 다음의 네 가지로 구분한다.
  1. 항고소송: 행정청의 처분등이나 부작위에 대하여 제기하는 소송
  2. 당사자소송: 행정청의 처분등을 원인으로 하는 법률관계에 관한 소송 그 밖에 공법상의 법률관계에

관한 소송으로서 그 법률관계의 한쪽 당사자를 피고로 하는 소송
3. **민중소송**: 국가 또는 공공단체의 기관이 법률에 위반되는 행위를 한 때에 직접 자기의 법률상 이익과 관계없이 그 시정을 구하기 위하여 제기하는 소송
4. **기관소송**: 국가 또는 공공단체의 기관상호간에 있어서의 권한의 존부 또는 그 행사에 관한 다툼이 있을 때에 이에 대하여 제기하는 소송. 다만, 헌법재판소법 제2조의 규정에 의하여 헌법재판소의 관장 사항으로 되는 소송은 제외한다.

---

006 현행 행정소송제도에서 허용되는 것을 모두 고른 것은? (다툼이 있으면 판례에 따름) 〈2023〉

ㄱ. 행정처분이 있은 후 2년이 지난 경우에 청구하는 무효확인소송
ㄴ. 검사에게 압수물 환부를 이행할 것을 청구하는 소송
ㄷ. 신축건축물에 대해 준공처분을 하지 말 것을 청구하는 소송
ㄹ. 행정청에게 작위의무가 있다는 확인을 구하는 소송

① ㄱ ② ㄱ, ㄴ ③ ㄴ, ㄷ ④ ㄷ, ㄹ ⑤ ㄱ, ㄷ, ㄹ

정답/해설 ①

ㄱ (○) <u>무효확인소송의 경우 제소기간의 제한이 없다.</u> 따라서 처분이 있은 후 2년이 지났다고 하더라도 소 제기는 적법하다.

ㄴ (×) 형사본안사건에서 무죄가 선고되어 확정되었다면 형사소송법 제332조 규정에 따라 검사가 압수물을 제출자나 소유자 기타 권리자에게 환부하여야 할 의무가 당연히 발생한 것이고, 권리자의 환부신청에 대한 검사의 환부결정 등 어떤 처분에 의하여 비로소 환부의무가 발생하는 것은 아니므로 압수가 해제된 것으로 간주된 압수물에 대하여 피압수자나 기타 권리자가 민사소송으로 그 반환을 구함은 별론으로 하고 검사가 피압수자의 압수물 환부신청에 대하여 아무런 결정이나 통지도 하지 아니하고 있다고 하더라도 그와 같은 부작위는 현행 행정소송법상의 부작위위법확인소송의 대상이 되지 아니한다. <u>검사에게 압수물 환부를 이행하라는 청구는 행정청의 부작위에 대하여 일정한 처분을 하도록 하는 의무이행소송으로 현행 행정소송법상 허용되지 아니한다</u>(대판 1995.3.10. 94누14018).

ㄷ (×) 건축건물의 준공처분을 하여서는 아니 된다는 내용의 부작위를 구하는 청구는 행정소송에서 허용되지 아니하는 것이므로 부적법하다(대판 1987.3.24. 86누182).

ㄹ (×) 행정심판법 제4조 제3호가 의무이행심판청구를 인정하고 있고 항고소송의 제1심 관할법원이 행정청의 소재지를 관할하는 고등법원으로 되어 있다고 하더라도, 행정소송법상 행정청의 부작위에 대하여는 부작위위법확인소송만 인정되고 작위의무의 이행이나 확인을 구하는 행정소송은 허용될 수 없다(대판 1992.11.10. 92누1629).

007 행정소송법상 명시되어 있는 행정소송을 모두 고른 것은? 〈2022〉

> ㄱ. 무효등 확인소송
> ㄴ. 부작위위법확인소송
> ㄷ. 예방적 부작위청구소송
> ㄹ. 당사자소송

① ㄱ, ㄷ   ② ㄱ, ㄹ   ③ ㄴ, ㄷ   ④ ㄱ, ㄴ, ㄹ   ⑤ ㄴ, ㄷ, ㄹ

정답/해설 ④

ㄱ (○) 제4조 제2호
ㄴ (○) 제4조 제3호
ㄷ (×) 무명항고소송으로 행정소송법에 명시되어 있지 않다.
ㄹ (○) 제3조 제2호

> **제3조(행정소송의 종류)**
> 행정소송은 다음의 네가지로 구분한다.
> 1. 항고소송: 행정청의 처분등이나 부작위에 대하여 제기하는 소송
> 2. 당사자소송: 행정청의 처분등을 원인으로 하는 법률관계에 관한 소송 그 밖에 공법상의 법률관계에 관한 소송으로서 그 법률관계의 한쪽 당사자를 피고로 하는 소송
> 3. 민중소송: 국가 또는 공공단체의 기관이 법률에 위반되는 행위를 한 때에 직접 자기의 법률상 이익과 관계없이 그 시정을 구하기 위하여 제기하는 소송
> 4. 기관소송: 국가 또는 공공단체의 기관상호간에 있어서의 권한의 존부 또는 그 행사에 관한 다툼이 있을 때에 이에 대하여 제기하는 소송. 다만, 헌법재판소법 제2조의 규정에 의하여 헌법재판소의 관장사항으로 되는 소송은 제외한다.
>
> **제4조(항고소송)**
> 항고소송은 다음과 같이 구분한다.
> 1. **취소소송**: 행정청의 위법한 처분등을 취소 또는 변경하는 소송
> 2. **무효등 확인소송**: 행정청의 처분등의 효력 유무 또는 존재여부를 확인하는 소송
> 3. **부작위위법확인소송**: 행정청의 부작위가 위법하다는 것을 확인하는 소송

008 행정소송법 규정이다. ( )에 들어갈 숫자로 옳은 것은? 〈2022〉

> 이 법에 의한 기간의 계산에 있어서 국외에서의 소송행위추완에 있어서는 그 기간을 14일에서 (ㄱ)일로, 제3자에 의한 재심청구에 있어서는 그 기간을 30일에서 (ㄴ)일로, 소의 제기에 있어서는 그 기간을 60일에서 (ㄷ)일로 한다.

① ㄱ: 30, ㄴ: 60, ㄷ: 90
② ㄱ: 30, ㄴ: 60, ㄷ: 180
③ ㄱ: 30, ㄴ: 90, ㄷ: 180
④ ㄱ: 60, ㄴ: 60, ㄷ: 90
⑤ ㄱ: 60, ㄴ: 90, ㄷ: 180

정답/해설 ①

제5조(국외에서의 기간)
이 법에 의한 기간의 계산에 있어서 국외에서의 소송행위추완에 있어서는 그 기간을 14일에서 30일로, 제3자에 의한 재심청구에 있어서는 그 기간을 30일에서 60일로, 소의 제기에 있어서는 그 기간을 60일에서 90일로 한다.

009 행정소송에 대한 대법원 판결에 의하여 명령·규칙이 헌법 또는 법률에 위반된다는 것이 확정된 경우에는 대법원은 지체 없이 그 사유를 누구에게 통보하여야 하는가? 〈2021〉

① 행정안전부장관   ② 법무부장관   ③ 법제처장
④ 국민권익위원회   ⑤ 감사원

정답/해설 ①

제6조(명령·규칙의 위헌판결등 공고)
① 행정소송에 대한 대법원판결에 의하여 명령·규칙이 헌법 또는 법률에 위반된다는 것이 확정된 경우에는 대법원은 지체없이 그 사유를 행정안전부장관에게 통보하여야 한다.

010 행정소송의 한계에 관한 설명으로 옳은 것은? (다툼이 있으면 판례에 따름) 〈2020〉

① 특별권력관계 내에서의 행위는 처분이라도 사법심사의 대상이 될 수 없다.
② 행정상 방침만을 정하는 훈시규정의 준수와 실현을 행정소송으로 주장할 수 있다.
③ 민중소송은 개인의 구체적인 권리·의무에 직접 관련되므로 법률규정과 무관하게 인정된다.
④ 과거의 역사적 사실관계의 존부확인을 구하는 것은 행정소송의 대상이 된다.
⑤ 국회의원의 징계처분은 행정소송의 대상이 되지 아니한다.

정답/해설 ⑤

① (×) 특별권력관계 내에서의 행위는 일반시민법질서에 영향을 미치는 행위인 경우 항고소송의 대상이 된다.
② (×) 당사자는 법원 또는 상대방의 소송행위가 소송절차에 관한 규정을 위반한 경우 민사소송법 제151조에 의하여 그 소송행위의 무효를 주장하는 이의신청을 할 수 있고 법원이 당사자

의 이의를 이유 있다고 인정할 때에는 그 소송행위를 무효로 하고 이에 상응하는 조치를 취하여야 하지만, 소송절차에 관한 규정 중 단순한 훈시적 규정을 위반한 경우에는 무효를 주장할 수 없다.

③ (×) 제45조

> **제45조(소의 제기)**
> 민중소송 및 기관소송은 법률이 정한 경우에 법률에 정한 자에 한하여 제기할 수 있다.

④ (×) 피고 국가보훈처장이 발행. 보급한 독립운동사, 피고 문교부장관이 저작하여 보급한 국사교과서 등의 각종 책자와 피고 문화부장관이 관리하고 있는 독립기념관에서의 각종 해설문. 전시물의 배치 및 전시 등에 있어서, 일제치하에서의 국내외의 각종 독립운동에 참가한 단체와 독립운동가의 활동상을 잘못 기술하거나, 전시. 배치함으로써 그 역사적 의의가 그릇 평가되게 하였다는 이유로 그 사실관계의 확인을 구하고, 또 피고 국가보훈처장은 이들 독립운동가들의 활동상황을 잘못 알고 국가보훈상의 서훈추천권을 행사함으로써 서훈추천권의 행사가 적정하지 아니하였다는 이유로 이러한 서훈추천권의 행사, 불행사가 당연무효임의 확인, 또는 그 부작위가 위법함의 확인을 구하는 청구는 과거의 역사적 사실관계의 존부나 공법상의 구체적인 법률관계가 아닌 사실관계에 관한 것들을 확인의 대상으로 하는 것이거나 행정청의 단순한 부작위를 대상으로 하는 것으로서 항고소송의 대상이 되지 아니하는 것이다(대판 1990.11.23. 90누3553).

⑤ (○) 헌법 제64조

> **헌법 제64조**
> ① 국회는 법률에 저촉되지 아니하는 범위안에서 의사와 내부규율에 관한 규칙을 제정할 수 있다.
> ② 국회는 의원의 자격을 심사하며, 의원을 징계할 수 있다.
> ③ 의원을 제명하려면 국회재적의원 3분의 2 이상의 찬성이 있어야 한다.
> ④ 제2항과 제3항의 처분에 대하여는 법원에 제소할 수 없다.

011 의무이행소송과 예방적 부작위소송에 관한 설명으로 옳지 않은 것은? (다툼이 있으면 판례에 따름) 〈2020〉

① 행정청에게 행정에 대한 1차적 판단권이 귀속되어야 한다는 점은 의무이행소송 및 예방적 부작위소송의 부정설이 취하는 논거이다.
② 국민건강보험공단이 보건복지부고시를 적용하여 요양급여비용을 결정하여서는 아니 된다는 내용의 소송은 허용되지 아니한다.
③ 현행「행정소송법」상 행정청으로 하여금 일정한 행정처분을 하도록 명하는 이행판결을 구하는 소송은 허용되지 아니한다.
④ 현행「행정소송법」상 법원으로 하여금 행정청이 일정한 행정처분을 행한 것과 같은 효과가 있는 행정처분을 직접 행하도록 하는 형성판결을 구하는 소송은 허용된다.
⑤ 건축건물의 준공처분을 하여서는 아니 된다는 내용의 청구는 행정소송에서 허용되지 아니한다.

정답/해설 ④

① (○) 부정설의 또 다른 논거: 권력분립의 원칙에 반한다.

② (○) 행정소송법상 행정청이 일정한 처분을 하지 못하도록 그 부작위를 구하는 청구는 허용되지 않는 부적법한 소송이라 할 것이므로, 피고 국민건강보험공단은 이 사건 고시를 적용하여 요양급여비용을 결정하여서는 아니 된다는 내용의 원고들의 위 피고에 대한 이 사건 청구는 부적법하다 할 것이다(대판 2006.5.25. 2003두11988).

③ (○) 원고가 이 사건 토지에 대한 피고의 토지등급설정 및 수정처분이 과다히 책정되어 부당하므로 적정수준으로의 시정을 구한데 대하여, 원고 주장과 같이 피고에게 토지등급설정 및 수정처분의 시정을 구하는 것은 원고가 원하는 행정처분을 하도록 명하는 이행판결을 구하는 것임이 뚜렷하여 행정소송에서 허용되지 아니하는 것이다(대판 1986.8.19. 86누223).

④ (×) 현행 행정소송법상 행정청으로 하여금 일정한 행정처분을 하도록 명하는 이행판결을 구하는 소송이나 법원으로 하여금 행정청이 일정한 행정처분을 행한 것과 같은 효과가 있는 행정처분을 직접 행하도록 하는 형성판결을 구하는 소송은 허용되지 아니한다(대판 1997.9.30. 97누3200).

⑤ (○) 건축건물의 준공처분을 하여서는 아니 된다는 내용의 부작위를 구하는 청구는 행정소송에서 허용되지 아니하는 것이므로 부적법하다(대판 1987.3.24. 86누182).

012 항고소송 제기시 각하사유에 해당하는 것을 모두 고른 것은? (다툼이 있으면 판례에 따름)
〈2020〉

> ㄱ. 행정청에 대하여 특정인의 토지소유권에 불리한 영향을 미치는 도시·군관리계획을 결정하지 말 것을 요구하는 소송
>
> ㄴ. 기존 노선버스사업자가 자신의 노선과 중복되는 신규 노선버스운송사업 인가처분의 취소를 청구하는 소송
>
> ㄷ. 「공유수면매립법」상 공유수면매립면허처분에 대하여 당해 환경영향평가 대상지역 내에 사는 주민이 제기한 면허처분무효확인소송

① ㄱ ② ㄱ, ㄴ ③ ㄱ, ㄷ ④ ㄴ, ㄷ ⑤ ㄱ, ㄴ, ㄷ

정답/해설 ①

ㄱ (○) 예방적 부작위소송, 현행 행정소송법상 인정되지 않는 소송

ㄴ (×) 행정소송에서 소송의 원고는 행정처분에 의하여 직접 권리를 침해당한 자임을 보통으로 하나 직접 권리의 침해를 받은 자가 아닐지라도 소송을 제기할 법률상의 이익을 가진 자는 그 행정처분의 효력을 다툴 수 있다고 해석되는바(대판 1969.12.30. 69누106 참조), 자동차 운수사업법 제6조 제1호에서 당해 사업계획이 당해 노선 또는 사업구역의 수송수요와 수송력 공급에 적합할 것을 면허의 기준으로 한 것은 주로 자동차 운수사업에 관한 질서를 확립하고 자동차운수의 종합적인 발달을 도모하여 공공복리의 증진을 목적으로 하고 있으며, 동시에, 한편으로는 업자간의 경쟁으로 인한 경영의 불합리를 미리 방지하는 것이 공공의 복리를 위

하여 필요하므로 면허조건을 제한하여 기존업자의 경영의 합리화를 보호하자는 데도 그 목적이 있다할 것이다. 따라서 이러한 기존업자의 이익은 단순한 사실상의 이익이 아니고, 법에 의하여 보호되는 이익이라고 해석된다. 원심이, 당해 노선에 관한 기존업자인 원고에게 본건 행정처분의 취소를 구할 법률상의 이익이 있다고 판단한 것은 정당하고, 이에 반사적 이익과 법률적 이익에 관한 법리오해의 위법이 있다할 수 없다(대판 1974.4.9. 73누173).

ㄷ (×) 공유수면매립과 농지개량사업시행으로 인하여 직접적이고 중대한 환경피해를 입으리라고 예상되는 환경영향평가 대상지역 안의 주민들이 전과 비교하여 수인한도를 넘는 환경침해를 받지 아니하고 쾌적한 환경에서 생활할 수 있는 개별적 이익까지도 이를 보호하려는 데에 있다고 할 것이므로, 위 주민들이 공유수면매립면허처분 등과 관련하여 갖고 있는 위와 같은 환경상의 이익은 주민 개개인에 대하여 개별적으로 보호되는 직접적·구체적 이익으로서 그들에 대하여는 특단의 사정이 없는 한 환경상의 이익에 대한 침해 또는 침해우려가 있는 것으로 사실상 추정되어 공유수면매립면허처분 등의 무효확인을 구할 원고적격이 인정된다(대판 전합 2006.3.16. 2006두330).

013 행정소송의 유형 등에 관한 설명으로 옳지 않은 것은? (다툼이 있으면 판례에 따름) 〈2019〉

① 취소소송은 행정청의 위법한 처분 등을 취소 또는 변경하는 소송이다.
② 기관소송은 법률이 정한 경우에 법률에 정한 자에 한하여 제기할 수 있다.
③ 거부처분에 대한 가처분도 가능하다.
④ 무효등 확인소송은 항고소송의 일종이다.
⑤ 공법상 신분·지위확인소송은 당사자소송에 의한다.

정답/해설 ③

① (○)

> **제4조(항고소송)**
> 항고소송은 다음과 같이 구분한다.
>   1. 취소소송: 행정청의 위법한 처분등을 취소 또는 변경하는 소송

② (○)

> **제45조(소의 제기)**
> 민중소송 및 기관소송은 법률이 정한 경우에 법률에 정한 자에 한하여 제기할 수 있다.

③ (×) 신청에 대한 거부처분의 효력을 정지하더라도 거부처분이 없었던 것과 같은 상태, 즉 거부처분이 있기 전의 신청시의 상태로 되돌아가는 데에 불과하고 행정청에게 신청에 따른 처분을 하여야 할 의무가 생기는 것이 아니므로, 거부처분의 효력정지는 그 거부처분으로 인하여 신청인에게 생길 손해를 방지하는 데 아무런 보탬이 되지 아니하여 그 효력정지를 구할 이익이 없다(대결 1995.6.21. 95두26).

④ (○)

> **제4조(항고소송)**
> 항고소송은 다음과 같이 구분한다.
> 1. 취소소송: 행정청의 위법한 처분등을 취소 또는 변경하는 소송
> 2. 무효등 확인소송: 행정청의 처분등의 효력 유무 또는 존재여부를 확인하는 소송
> 3. 부작위법확인소송: 행정청의 부작위가 위법하다는 것을 확인하는 소송

⑤ (○) 공법상 신분, 지위, 자격 등의 확인을 구하는 경우 공법상 당사자소송에 의한다.

014 행정소송의 한계에 관한 설명으로 옳은 것은? (다툼이 있으면 판례에 따름) 〈2019〉

① 특별권력관계 내부의 행위는 행정소송의 대상이 될 수 없다.
② 지방의회의원에 대한 징계의결은 사법심사의 대상이 아니다.
③ 처분적 법규명령은 그 자체가 항고소송의 대상이 된다.
④ 군의관의 신체등위판정은 이에 근거하여 병역의무의 종류가 정해지므로 항고소송의 대상이 된다.
⑤ 국가보훈처장에게 독립운동가들에 대한 서훈추천을 다시 할 의무가 있음의 확인을 구하는 것은 항고소송의 대상이 된다.

정답/해설 ③

① (×) 농지개량조합과 그 직원과의 관계는 사법상의 근로계약관계가 아닌 **공법상의 특별권력관계이고, 그 조합의 직원에 대한 징계처분의 취소를 구하는 소송은 행정소송사항에 속한다**(대판 1995.6.9 94누10870).

② (×) 지방자치법 제78조 내지 제81조의 규정에 의거한 **지방의회의 의원징계의결은 그로 인해 의원의 권리에 직접 법률효과를 미치는 행정처분의 일종으로서 행정소송의 대상이 되고**, 그와 같은 의원징계의결의 당부를 다투는 소송의 관할법원에 관하여는 동법에 특별한 규정이 없으므로 일반법인 행정소송법의 규정에 따라 지방의회의 소재지를 관할하는 고등법원이 그 소송의 제1심 관할법원이 된다(대판 1993.11.26. 93누7341).

③ (○) 조례가 집행행위의 개입 없이도 그 자체로서 직접 국민의 구체적인 권리의무나 법적 이익에 영향을 미치는 등의 법률상 효과를 발생하는 경우 그 조례는 항고소송의 대상이 되는 행정처분에 해당하고, 이러한 조례에 대한 무효확인소송을 제기함에 있어서 행정소송법 제38조 제1항, 제13조에 의하여 피고적격이 있는 처분 등을 행한 행정청은, 행정주체인 지방자치단체 또는 지방자치단체의 내부적 의결기관으로서 지방자치단체의 의사를 외부에 표시한 권한이 없는 지방의회가 아니라, 지방자치단체의 집행기관으로서 조례로서의 효력을 발생시키는 공포권이 있는 지방자치단체의 장이다(대판 1996.9.20. 95누8003).

④ (×) 병역법상 신체등위판정은 행정청이라고 볼 수 없는 군의관이 하도록 되어 있으며, 그 자체만으로 바로 병역법상의 권리의무가 정하여지는 것이 아니라 그에 따라 지방병무청장이 병역처분을 함으로

써 비로소 병역의무의 종류가 정하여지는 것이므로 항고소송의 대상이 되는 행정처분이라 보기 어렵다(대판 1993.8.27. 93누3356).

⑤ (×) 피고 국가보훈처장이 발행. 보급한 독립운동사, 피고 문교부장관이 저작하여 보급한 국사교과서 등의 각종 책자와 피고 문화부장관이 관리하고 있는 독립기념관에서의 각종 해설문. 전시물의 배치 및 전시 등에 있어서, 일제치하에서의 국내외의 각종 독립운동에 참가한 단체와 독립운동가의 활동상을 잘못 기술하거나, 전시. 배치함으로써 그 역사적 의의가 그릇 평가되게 하였다는 이유로 그 사실관계의 확인을 구하고, 또 피고 국가보훈처장은 이들 독립운동가들의 활동상황을 잘못 알고 국가보훈상의 서훈추천권을 행사함으로써 서훈추천권의 행사가 적정하지 아니하였다는 이유로 이러한 서훈추천권의 행사, 불행사가 당연무효임의 확인, 또는 그 부작위가 위법함의 확인을 구하는 청구는 과거의 역사적 사실관계의 존부나 공법상의 구체적인 법률관계가 아닌 사실관계에 관한 것들을 확인의 대상으로 하는 것이거나 행정청의 단순한 부작위를 대상으로 하는 것으로서 항고소송의 대상이 되지 아니하는 것이다(대판 1990.11.23. 90누3553).

015 행정소송법에 관한 설명으로 옳지 않은 것은? 〈2018〉

① 「행정소송법」을 적용함에 있어서 행정청에는 법령에 의하여 행정권한의 위임 또는 위탁을 받은 행정기관, 공공단체 및 그 기관 또는 사인이 포함된다.
② 각급법원 판결에 의하여 명령·규칙이 헌법에 위반된다는 것이 확정된 경우에 각급법원은 그 사유를 행정안전부장관에게 통보한다.
③ 행정소송에 관하여 「행정소송법」에 특별한 규정이 없는 사항에 대하여는 「법원조직법」과 「민사소송법」 및 「민사집행법」의 규정을 준용한다.
④ 취소소송 계속 중 행정청이 처분등을 취소하여 그 청구가 각하 또는 기각된 경우에 소송비용은 피고의 부담으로 한다.
⑤ 항고소송의 소송비용에 관한 재판이 확정된 때에는 피고 또는 참가인이었던 행정청이 소속하는 국가 또는 공공단체에 그 효력을 미친다.

정답/해설 ②

① (○)

> **제2조(정의)**
> ② 이 법을 적용함에 있어서 행정청에는 법령에 의하여 행정권한의 위임 또는 위탁을 받은 행정기관, 공공단체 및 그 기관 또는 사인이 포함된다.

② (×)

> **제6조(명령·규칙의 위헌판결등 공고)**
> ① 행정소송에 대한 대법원판결에 의하여 명령·규칙이 헌법 또는 법률에 위반된다는 것이 확정된 경우에는 대법원은 지체없이 그 사유를 행정안전부장관에게 통보하여야 한다.

③ (○)

> 제8조(법적용예)
> ② 행정소송에 관하여 이 법에 특별한 규정이 없는 사항에 대하여는 법원조직법과 민사소송법 및 민사집행법의 규정을 준용한다.

④ (○)

> 제32조(소송비용의 부담)
> 취소청구가 제28조의 규정에 의하여 기각되거나 행정청이 처분등을 취소 또는 변경함으로 인하여 청구가 각하 또는 기각된 경우에는 소송비용은 피고의 부담으로 한다.

⑤ (○)

> 제33조(소송비용에 관한 재판의 효력)
> 소송비용에 관한 재판이 확정된 때에는 피고 또는 참가인이었던 행정청이 소속하는 국가 또는 공공단체에 그 효력을 미친다.

016 행정소송법상 행정소송의 종류에 해당하지 않는 것은? (다툼이 있으면 판례에 따름) 〈2018〉

① 의무이행소송
② 당사자소송
③ 기관소송
④ 민중소송
⑤ 항고소송

정답/해설 ①

행정소송은 항고소송, 당사자소송, 민중소송, 기관소송으로 구분되며, 판례는 의무이행소송에 대해서 현행 행정소송법상 인정될 수 없는 무명항고소송이라고 일관되게 보고 있다.

017 행정소송법상 인정되고 있는 행정소송에 해당하는 것은? (다툼이 있으면 판례에 따름) 〈2017〉

① 검사에 대한 압수물 환부이행청구소송
② 행정청의 작위의무 위반의 부작위에 대하여 당해 작위처분을 하도록 청구하는 이행소송
③ 신축 건축물에 대해 준공처분을 하지 말 것을 청구하는 소송
④ 국민건강보험공단에 대해 요양급여비용결정을 하지 말 것을 청구하는 소송
⑤ 집행행위 없이도 그 자체로서 직접 국민의 구체적인 권리를 제한하는 조례의 무효확인을 청구하는 소송

정답/해설 ⑤

① (×) 형사본안사건에서 무죄가 선고되어 확정되었다면 형사소송법 제332조 규정에 따라 검사가 압수물을 제출자나 소유자 기타 권리자에게 환부하여야 할 의무가 당연히 발생한 것이고, 권리자의 환부신청에 대한 검사의 환부결정 등 어떤 처분에 의하여 비로소 환부의무가 발생하는 것은 아니므로 압수가 해제된 것으로 간주된 압수물에 대하여 피압수자나 기타 권리자가 민사소송으로 그 반환을 구함은 별론으로 하고 검사가 피압수자의 압수물 환부신청에 대하여 아무런 결정이나 통지도 하지 아니하고 있다고 하더라도 그와 같은 부작위는 현행 행정소송법상의 부작위위법확인소송의 대상이 되지 아니한다. 검사에게 압수물 환부를 이행하라는 청구는 행정청의 부작위에 대하여 일정한 처분을 하도록 하는 의무이행소송으로 현행 행정소송법상 허용되지 아니한다(대판 1995.3.10. 94누14018).

② (×) 행정심판법 제4조 제3호가 의무이행심판청구를 인정하고 있고 항고소송의 제1심 관할법원이 행정청의 소재지를 관할하는 고등법원으로 되어 있다고 하더라도, 행정소송법상 행정청의 부작위에 대하여는 부작위위법확인소송만 인정되고 작위의무의 이행이나 확인을 구하는 행정소송은 허용될 수 없다(대판 1992.11.10. 92누1629).

③ (×) 건축건물의 준공처분을 하여서는 아니 된다는 내용의 부작위를 구하는 청구는 행정소송에서 허용되지 아니하는 것이므로 부적법하다(대판 1987.3.24. 86누182).

④ (×) 행정소송법상 행정청이 일정한 처분을 하지 못하도록 그 부작위를 구하는 청구는 허용되지 않는 부적법한 소송이라 할 것이므로, 피고 국민건강보험공단은 이 사건 고시를 적용하여 요양급여비용을 결정하여서는 아니 된다는 내용의 원고들의 위 피고에 대한 이 사건 청구는 부적법하다 할 것이다(대판 2006.5.25. 2003두11988)..

⑤ (○) 조례가 집행행위의 개입 없이도 그 자체로서 직접 국민의 구체적인 권리의무나 법적 이익에 영향을 미치는 등의 법률상 효과를 발생하는 경우 그 조례는 항고소송의 대상이 되는 행정처분에 해당한다(대판 1996.9.20. 95누8003).

018 행정소송법상 인정되고 있는 행정소송의 유형에 해당하는 것은? 〈2017〉

① 적극적 형성소송
② 예방적 부작위 청구소송
③ 형식적 의미의 무하자재량행사 청구소송
④ 민중소송
⑤ 위헌법률 무효화 소송

정답/해설 ④

현행 행정소송법상 무명항고소송은 인정되지 않는다. 적극적 형성소송, 예방적 부작위 청구소송, 의무이행소송(형식적 의미의 무하자재량행사 청구소송)이 무명항고소송이며, 위헌법률 무효화 소송은 헌법재판소법상 위헌법률심판이다. 민중소송은 객관소송으로서 행정소송에 해당한다(행정소송법 제3조).

019 행정소송법상 허용되는 행정소송의 종류를 모두 고른 것은? (다툼이 있으면 판례에 따름)
〈2016〉

> ㄱ. 과태료부과처분에 대한 취소소송
> ㄴ. 공법상 신분·지위 확인소송
> ㄷ. 거부처분에 대한 가처분소송
> ㄹ. 신청에 따른 처분에 대하여 절차의 위법을 이유로 하는 취소소송
> ㅁ. 행정주체와 사인 간의 공법상 계약에 관한 소송
> ㅂ. 행정청의 처분에 대하여 예방적으로 금지를 구하는 소송

① ㄱ, ㄴ, ㅁ ② ㄱ, ㄹ, ㅁ ③ ㄴ, ㄷ, ㅂ
④ ㄴ, ㄹ, ㅁ ⑤ ㄹ, ㅁ, ㅂ

정답/해설 ④

ㄱ (×) 행정청의 과태료 부과에 불복하는 당사자는 과태료 부과 통지를 받은 날부터 60일 이내에 해당 행정청에 서면으로 이의제기를 할 수 있고, 이의제기가 있는 경우에는 그 과태료 부과처분은 효력을 상실하며, 이의제기를 받은 행정청은 이의제기를 받은 날부터 14일 이내에 이에 대한 의견 및 증빙서류를 첨부하여 관할 법원에 통보하여야 하고, 그 통보를 받은 관할 법원은 이유를 붙인 결정으로써 과태료 재판을 하며, 당사자와 검사는 과태료 재판에 대하여 즉시항고를 할 수 있다고 규정하고 있다. 또 질서위반행위규제법 제5조는 '과태료의 부과·징수, 재판 및 집행 등의 절차에 관한 다른 법률의 규정 중 이 법의 규정에 저촉되는 것은 이 법으로 정하는 바에 따른다'고 규정하고 있다.

위와 같은 규정을 종합하여 보면, 수도조례 및 하수도사용조례에 기한 <u>과태료의 부과 여부 및 그 당부는 최종적으로 질서위반행위규제법에 의한 절차에 의하여 판단되어야 한다</u>고 할 것이므로, 그 <u>과태료 부과처분은 행정청을 피고로 하는 행정소송의 대상이 되는 행정처분이라고 볼 수 없다</u>(대판 2012.10.11. 2011두19369).

ㄴ (○), ㅁ (○) 판례는 공법상 신분·지위 확인소송, 공법상 계약에 관한 소송을 당사자소송으로 보고 있다.

재개발조합은 조합원에 대한 법률관계에서 적어도 특수한 존립목적을 부여받은 특수한 행정주체로서 국가의 감독하에 그 존립 목적인 특정한 공공사무를 행하고 있다고 볼 수 있는 범위 내에서는 공법상의 권리의무 관계에 서 있다. 따라서 조합을 상대로 한 쟁송에 있어서 강제가입제를 특색으로 한 <u>조합원의 자격 인정 여부에 관하여 다툼이 있는 경우에는 그 단계에서는 아직 조합의 어떠한 처분 등이 개입될 여지는 없으므로 공법상의 당사자소송에 의하여 그 조합원 자격의 확인을 구할 수 있다</u>(대판 전합 1996.2.15. 94다31235).

중소기업기술정보진흥원장이 甲 주식회사와 중소기업 정보화지원사업 지원대상인 사업의 지원에 관한 협약을 체결하였는데, 협약이 甲 회사에 책임이 있는 사업실패로 해지되었다는 이유로 협약에서 정한 대로 지급받은 정부지원금을 반환할 것을 통보한 사안에서, 중소기업

정보화지원사업에 따른 지원금 출연을 위하여 중소기업청장이 체결하는 협약은 공법상 대등한 당사자 사이의 의사표시의 합치로 성립하는 공법상 계약에 해당하는 점, 구 중소기업 기술혁신 촉진법(2010. 3. 31. 법률 제10220호로 개정되기 전의 것)제32조 제1항은 제10조가 정한 기술혁신사업과 제11조가 정한 산학협력 지원사업에 관하여 출연한 사업비의 환수에 적용될 수 있을 뿐 이와 근거 규정을 달리하는 중소기업 정보화지원사업에 관하여 출연한 지원금에 대하여는 적용될 수 없고 달리 지원금 환수에 관한 구체적인 법령상 근거가 없는 점 등을 종합하면, 협약의 해지 및 그에 따른 환수통보는 공법상 계약에 따라 행정청이 대등한 당사자의 지위에서 하는 의사표시로 보아야 하고, 이를 행정청이 우월한 지위에서 행하는 공권력의 행사로서 행정처분에 해당한다고 볼 수는 없다(대판 2015.8.27. 2015두41449).

ㄷ (×) 채권자가, 채무자와 제3채무자(국가)를 상대로 채무자의 공유수면매립면허권에 관하여, "채무자는 이에 대한 일체의 처분행위를 하여서는 아니 되며, 제3채무자는 위 면허권에 관하여 채무자의 신청에 따라 명의개서 기타 일체의 변경절차를 하여서는 아니 된다."는 요지의 내용을 신청취지로 하여 가처분신청을 한 데 대하여, 원심이, 채무자에 대한 신청부분은 인용하면서도, 제3채무자에 대한 부분에 대하여는, 위 신청취지를 채무자가 면허권을 타에 양도할 경우 면허관청으로 하여금 그 양도에 따른 인가를 금지하도록 명해 달라는 뜻으로 풀이한 후, 이 부분 신청은 허용될 수 없다고 한 조치를 수긍한 사례(대결 1992.7.6. 92마54).

ㄹ (○) 행정소송법 제30조 제3항은 신청에 따른 처분이 절차의 위법을 이유로 취소되는 경우에 동조 제2항을 준용하는 것으로 규정하고 있다. 이는 신청에 따른 처분에 대하여 절차의 위법을 이유로 하는 취소소송을 제기할 수 있다는 것을 의미한다.

> **제30조(취소판결등의 기속력)**
> ① 처분등을 취소하는 확정판결은 그 사건에 관하여 당사자인 행정청과 그 밖의 관계행정청을 기속한다.
> ② 판결에 의하여 취소되는 처분이 당사자의 신청을 거부하는 것을 내용으로 하는 경우에는 그 처분을 행한 행정청은 판결의 취지에 따라 다시 이전의 신청에 대한 처분을 하여야 한다.
> ③ 제2항의 규정은 신청에 따른 처분이 절차의 위법을 이유로 취소되는 경우에 준용한다.

ㅂ (×) 행정소송법상 행정청이 일정한 처분을 하지 못하도록 그 부작위를 구하는 청구는 허용되지 않는 부적법한 소송이다(대판 2006.5.25. 2003두11988).

020 행정소송의 한계에 관한 설명으로 옳지 않은 것은? (다툼이 있으면 판례에 따름) 〈2015〉

① 반사적 이익의 보호를 주장하는 행정소송은 인정될 수 없다.
② 객관소송의 성격을 갖는 행정소송을 인정할 것인가 여부는 입법정책의 문제이다.
③ 국민의 권리·의무에 직접 영향을 미치는 조례라도 항고소송의 대상이 될 수 없다.
④ 군의관의 신체등위판정은 행정의 내부행위로서 사법적 통제의 대상이 되지 않는다.
⑤ 어떤 법규가 단순히 행정상의 방침만을 정하고 있는 훈시규정인 경우 그 규정의 준수와 실현을 소송으로써 주장할 수 없다.

정답/해설 ③

① (○) 구내소매인과 일반소매인 사이에서는 구내소매인의 영업소와 일반소매인의 영업소 간에 거리제한을 두지 아니할 뿐 아니라 건축물 또는 시설물의 구조·상주인원 및 이용인원 등을 고려하여 동일 시설물 내 2개소 이상의 장소에 구내소매인을 지정할 수 있으며, 이 경우 일반소매인이 지정된 장소가 구내소매인 지정대상이 된 때에는 동일 건축물 또는 시설물 안에 지정된 일반소매인은 구내소매인으로 보고, 구내소매인이 지정된 건축물 등에는 일반소매인을 지정할 수 없으며, 구내소매인은 담배진열장 및 담배소매점 표시판을 건물 또는 시설물의 외부에 설치하여서는 아니 된다고 규정하는 등 일반소매인의 입장에서 구내소매인과의 과당경쟁으로 인한 경영의 불합리를 방지하는 것을 그 목적으로 할 수 있다고 보기 어려우므로, 일반소매인으로 지정되어 영업을 하고 있는 기존업자의 신규 구내소매인에 대한 이익은 법률상 보호되는 이익이 아니라 단순한 사실상의 반사적 이익이라고 해석함이 상당하므로, 기존 일반소매인은 신규 구내소매인 지정처분의 취소를 구할 원고적격이 없다(대판 2008.4.10. 2008두402).
② (○) 현행 행정소송법은 직접 자기의 법률상 이익과 관계없이 공익을 위해서 제기할 수 있는 객관적 소송으로 민중소송을 규정하고 있다. 즉, 객관소송의 성격을 갖는 행정소송도 입법적으로 규정하는 것이 가능하다.
③ (×) 조례가 집행행위의 개입 없이도 그 자체로서 직접 국민의 구체적인 권리의무나 법적 이익에 영향을 미치는 등의 법률상 효과를 발생하는 경우 그 조례는 항고소송의 대상이 되는 행정처분에 해당한다(대판 1996.9.20. 95누8003).
④ (○) 병역법상 신체등위판정은 행정청이라고 볼 수 없는 군의관이 하도록 되어 있으며, 그 자체만으로 바로 병역법상의 권리의무가 정하여지는 것이 아니라 그에 따라 지방병무청장이 병역처분을 함으로써 비로소 병역의무의 종류가 정하여지는 것이므로 항고소송의 대상이 되는 행정처분이라 보기 어렵다(대판 1993.8.27. 93누3356).
⑤ (○) 법규가 단순히 행정상의 방침만을 정하고 있는 훈시규정인 경우에는 행정청이 그 규정을 준수해야 하는 법률상 의무가 발생한 것이라고 볼 수 없으므로 그 실현을 소송으로써 주장할 수는 없다.

021 다음 중 ( )에 들어갈 내용을 바르게 나열한 것은? 〈2015〉

> 행정소송에 대한 대법원판결에 의하여 (ㄱ)이 헌법 또는 법률에 위반된다는 것이 확정된 경우에는 대법원은 지체없이 그 사유를 (ㄴ)에게 통보하여야 한다.

① ㄱ: 처분, ㄴ: 행정안전부장관
② ㄱ: 명령·규칙, ㄴ: 행정안전부장관
③ ㄱ: 명령·규칙, ㄴ: 법무부장관
④ ㄱ: 법규명령, ㄴ: 법무부장관
⑤ ㄱ: 처분, ㄴ: 법무부장관

정답/해설 ②

제6조(명령·규칙의 위헌판결등 공고)
① 행정소송에 대한 대법원판결에 의하여 **명령·규칙**이 헌법 또는 법률에 위반된다는 것이 확정된 경우에는 대법원은 지체없이 그 사유를 **행정안전부장관**에게 통보하여야 한다.

022 다음은 행정소송법 조문 중 일부이다. ( ) 안에 들어갈 용어를 옳게 나열한 것은? 〈2014〉

> 행정소송에 관하여 이 법에 특별한 규정이 없는 사항에 대하여는 (ㄱ)과 (ㄴ) 및 (ㄷ)의 규정을 준용한다.

① ㄱ: 민법,　　　ㄴ: 행정심판법,　ㄷ: 민사집행법
② ㄱ: 정부조직법,　ㄴ: 강제집행법,　ㄷ: 민사조정법
③ ㄱ: 법원조직법,　ㄴ: 민사소송법,　ㄷ: 민사집행법
④ ㄱ: 법원조직법,　ㄴ: 행정심판법,　ㄷ: 민사조정법
⑤ ㄱ: 민법,　　　ㄴ: 민사소송법,　ㄷ: 강제집행법

정답/해설 ③

제8조(법적용예)
② 행정소송에 관하여 이 법에 특별한 규정이 없는 사항에 대하여는 법원조직법과 민사소송법 및 민사집행법의 규정을 준용한다.

023 우리나라 행정소송제도에서 인정되지 않는 것끼리 연결된 것은? 〈2014〉

① 부작위위법확인소송 - 의무이행소송　② 예방적금지소송 - 기관소송
③ 부작위위법확인소송 - 기관소송　　　④ 의무이행소송 - 민중소송
⑤ 예방적금지소송 - 의무이행소송

정답/해설 ⑤

행정소송제도에서 인정되는 소송은 항고소송(취소소송, 무효등확인소송, 부작위위법확인소송), 당사자소송, 민중소송, 기관소송이며, 무명항고소송인 의무이행소송과 예방적 금지소송(예방적 부작위소송)은 인정되지 않는다(제3조).

제3조(행정소송의 종류)
행정소송은 다음의 네가지로 구분한다.
　1. 항고소송: 행정청의 처분등이나 부작위에 대하여 제기하는 소송
　2. 당사자소송: 행정청의 처분등을 원인으로 하는 법률관계에 관한 소송 그 밖에 공법상의 법률관계에

관한 소송으로서 그 법률관계의 한쪽 당사자를 피고로 하는 소송
3. 민중소송: 국가 또는 공공단체의 기관이 법률에 위반되는 행위를 한 때에 직접 자기의 법률상 이익과 관계없이 그 시정을 구하기 위하여 제기하는 소송
4. 기관소송: 국가 또는 공공단체의 기관상호간에 있어서의 권한의 존부 또는 그 행사에 관한 다툼이 있을 때에 이에 대하여 제기하는 소송. 다만, 헌법재판소법 제2조의 규정에 의하여 헌법재판소의 관장사항으로 되는 소송은 제외한다.

024 항고소송에서 각하되지 않을 소송인 것은? (다툼이 있는 경우에는 판례에 의함) 〈2014〉

① 행정청에 대하여 제3자가 소유한 건축물의 철거명령을 요구하는 소송
② 행정청에 대하여 특정인의 토지소유권에 불리한 영향을 미치는 도시·군관리계획을 결정하지 말 것을 요구하는 소송
③ 행정청이 일정한 처분을 하지 못하도록 그 부작위를 청구하는 소송
④ 행정청에게 일정한 처분의 이행을 청구하는 소송
⑤ 행정청의 공사중지명령에 대해 상대방이 철회를 요구하였으나 상당한 기간 응답이 없는 경우 행정청의 부작위위법확인을 구하는 소송

정답/해설 ⑤

① (○) 각하된다. 구 건축법 및 기타 관계 법령에 국민이 행정청에 대하여 제3자에 대한 건축허가의 취소나 준공검사의 취소 또는 제3자 소유의 건축물에 대한 철거 등의 조치를 요구할 수 있다는 취지의 규정이 없고, 같은 법 제69조 제1항 및 제70조 제1항은 각 조항 소정의 사유가 있는 경우에 시장·군수·구청장에게 건축허가 등을 취소하거나 건축물의 철거 등 필요한 조치를 명할 수 있는 권한 내지 권능을 부여한 것에 불과할 뿐, 시장·군수·구청장에게 그러한 의무가 있음을 규정한 것은 아니므로 위 조항들도 그 근거 규정이 될 수 없으며, 그 밖에 조리상 이러한 권리가 인정된다고 볼 수도 없다(대판 1999.12.7. 97누17568).
② (○) 각하된다. 행정청에 대하여 특정인의 토지소유권에 불리한 영향을 미치는 도시·군관리계획을 결정하지 말 것을 요구하는 소송은 예방적 부작위(금지)소송이므로 무명항고소송으로서 현행 행정소송법에서 인정되지 않는다.
③ (○) 각하된다. 예방적 부작위(금지)소송에 대한 정의이다. 현행 행정소송법에서 인정되지 않는다.
④ (○) 각하된다. 행정청에게 일정한 처분의 이행을 청구하는 소송을 의무이행소송이라 하며, 이는 무명항고소송으로서 현행 행정소송법에서 인정되지 않는다.
⑤ (×) 각하되지 않는다. 즉, 적법한 소송이다.
부작위위법확인소송은 행정소송법 제4조에서 인정하고 있는 항고소송의 한 종류이다.

025 행정소송의 한계에 관한 설명으로 옳지 않은 것은? (다툼이 있는 경우에는 판례에 의함) 〈2014〉
① 행정소송도 사법(司法)작용인 점에서 사법작용의 본질에서 나오는 한계가 있다.
② 구체적인 법적 분쟁을 전제로 함이 없이 법령의 효력을 직접 다투는 추상적 규범통제는 원칙적으로 인정되지 않는다.
③ 국가보훈처장이 발행한 책자가 독립운동가의 활동을 잘못 기술하였다며 그 사실 관계의 확인을 구하는 항고소송은 인정된다.
④ 법률상 분쟁이 아니면 행정소송의 대상이 되지 아니한다.
⑤ 공무원에 대한 감봉처분은 행정소송으로 다툴 수 있다.

정답/해설 ③

① (O), ② (O), ④ (O) 행정소송은 사법(司法)작용이므로 ① 사실관계는 사법심사의 대상이 되지 않으며 ② 법률상 분쟁이 아닌 반사적 이익의 보호를 주장하는 행정소송도 인정되지 않고 ③ 구체적인 법적 분쟁을 전제로 함이 없이 법령의 효력을 직접 다투는 추상적 규범통제는 원칙적으로 인정되지 않는다는 한계가 있다.

③ (×) 피고 국가보훈처장이 발행. 보급한 독립운동사, 피고 문교부장관이 저작하여 보급한 국사교과서 등의 각종 책자와 피고 문화부장관이 관리하고 있는 독립기념관에서의 각종 해설문. 전시물의 배치 및 전시 등에 있어서, 일제치하에서의 국내외의 각종 독립운동에 참가한 단체와 독립운동가의 활동상을 잘못 기술하거나, 전시. 배치함으로써 그 역사적 의의가 그릇 평가되게 하였다는 이유로 그 사실관계의 확인을 구하고, 또 피고 국가보훈처장은 이들 독립운동가들의 활동상황을 잘못 알고 국가보훈상의 서훈추천권을 행사함으로써 서훈추천권의 행사가 적정하지 아니하였다는 이유로 이러한 서훈추천권의 행사, 불행사가 당연무효임의 확인, 또는 그 부작위가 위법함의 확인을 구하는 청구는 <u>과거의 역사적 사실관계의 존부나 공법상의 구체적인 법률관계가 아닌 사실관계에 관한 것들을 확인의 대상으로 하는 것이거나 행정청의 단순한 부작위를 대상으로 하는 것으로서 항고소송의 대상이 되지 아니하는 것이다</u>(대판 1990.11.23. 90누3553).

⑤ (O) 공무원에 대한 징계처분(불이익처분)인 감봉처분에 대해서는 행정소송으로 다툴 수 있다.

PART 02
항고소송

# 항고소송 일반

001 취소소송에 관한 설명으로 옳지 않은 것은? (다툼이 있으면 판례에 따름) 〈2024〉

① 취소소송이란 위법한 처분등을 취소 또는 변경하는 소송이며, 여기서 '변경'이란 적극적 의미의 변경을 의미한다.
② 인허가가 의제된 처분의 경우 주된 인허가처분 외에 의제된 인허가처분만의 취소를 구할 수 있다.
③ 과세표준과 세액을 증액하는 증액경정처분의 경우 증액경정처분이 취소소송의 대상이 된다.
④ 「행정대집행법」상 제2차의 계고처분은 대집행기한의 연기통지에 불과하므로 행정처분이 아니다.
⑤ 지방법무사회는 취소소송의 피고가 될 수 있다.

정답/해설 ①

① (×) 행정소송법 제4조 제1호에서 규정한 '변경'은 소극적 변경으로 일부취소를 의미하므로 법원은 적극적 변경을 명령하는 판결은 할 수 없다.
② (○) 주택건설사업계획 승인처분에 따라 의제된 인허가가 위법함을 다투고자 하는 이해관계인은, 주택건설사업계획 승인처분의 취소를 구할 것이 아니라 의제된 인허가의 취소를 구하여야 하며, 의제된 인허가는 주택건설사업계획 승인처분과 별도로 항고소송의 대상이 되는 처분에 해당한다(대판 2018.11.29. 2016두38792).
③ (○) 국세기본법 제22조의2의 시행 이후에도 증액경정처분이 있는 경우, 당초 신고나 결정은 증액경정처분에 흡수됨으로써 독립한 존재가치를 잃게 된다고 보아야 하므로, 원칙적으로는 당초 신고나 결정에 대한 불복기간의 경과 여부 등에 관계없이 증액경정처분만이 항고소송의 심판대상이 되고, 납세의무자는 그 항고소송에서 당초 신고나 결정에 대한 위법사유도 함께 주장할 수 있다고 해석함이 타당하다(대판 2009.5.14. 2006두17390).
④ (○) 건물의 소유자에게 위법건축물을 일정기간까지 철거할 것을 명함과 아울러 불이행할 때에는 대집행한다는 내용의 철거대집행 계고처분을 고지한 후 이에 불응하자 다시 제2차, 제3차 계고서를 발송하여 일정기간까지의 자진철거를 촉구하고 불이행하면 대집행을 한다는 뜻을 고지하였다면 행정대집행법상의 건물철거의무는 제1차 철거명령 및 계고처분으로서 발생하였고 제2차, 제3차의 계고처분은 새로운 철거의무를 부과한 것이 아니고 다만 대집행기한의 연기통지에 불과하므로 행정처분이 아니다(대판 1994.10.28. 94누5144).
⑤ (○) 이러한 법무사 사무원 채용승인 제도의 법적 성질 및 연혁, 사무원 채용승인 거부에 대한 불복절차로서 소관 지방법원장에게 이의신청을 하도록 제도를 규정한 점 등에 비추어 보면, 지방법무사회의 법무사 사무원 채용승인은 단순히 지방법무사회와 소속 법무사 사이의 내부

법률문제라거나 지방법무사회의 고유사무라고 볼 수 없고, 법무사 감독이라는 국가사무를 위임받아 수행하는 것이라고 보아야 한다. 따라서 지방법무사회는 법무사 감독 사무를 수행하기 위하여 법률에 의하여 설립과 법무사의 회원 가입이 강제된 공법인으로서 법무사 사무원 채용승인에 관한 한 공권력 행사의 주체라고 보아야 한다(대판 2020.4.9. 2015다34444).

002 항고소송에 관한 설명으로 옳지 않은 것은? (다툼이 있으면 판례에 따름) 〈2023〉

① 무효인 처분을 취소소송으로 다투는 경우 취소청구에는 엄밀한 의미의 취소뿐 아니라 무효를 선언하는 의미의 취소를 구하는 취지가 포함되어 있어야 한다.
② 소송요건의 구비 여부는 법원에 의한 직권조사사항이다.
③ 검사의 공소에 대하여는 행정소송의 방법으로 공소의 취소를 구할 수 있다.
④ 군의관이 하는 「병역법」상 신체등위 판정은 항고소송의 대상이 되는 처분이 아니다.
⑤ 행정청의 거부처분이 있은 후 당사자가 다시 신청을 한 경우에는 그 내용이 새로운 신청을 하는 취지라면 행정청이 이를 다시 거절하는 것은 새로운 거부처분으로 봄이 원칙이다.

정답/해설 ③

① (○) 원고의 주위적 청구에 관하여 직권으로 보건대 행정처분의 당연무효를 선언하는 의미에서 그 취소를 구하는 행정소송을 제기한 경우에도 제소기간의 준수등 취소소송의 제소요건을 갖추어야 하는 것이므로 원고가 주위적 청구로 이 사건 이의재결의 취소를 구하고 있는 이상 그 취지가 위 이의재결의 당연무효를 선언하는 의미에서 취소를 구하는 것이라 하더라도 토지수용법 제75조의2 소정의 제소기간을 준수하여야 할 것이다(대판 1993.3.12. 92누11039).

② (○) 소송요건은 직권조사사항으로서 당사자의 주장이 없어도 법원이 직권으로 조사할 수 있다.

③ (×) 행정소송법 제2조 소정의 행정처분이라고 하더라도 그 처분의 근거 법률에서 행정소송 이외의 다른 절차에 의하여 불복할 것을 예정하고 있는 처분은 항고소송의 대상이 될 수 없다. 형사소송법에 의하면 검사가 공소를 제기한 사건은 기본적으로 법원의 심리대상이 되고 피의자 및 피고인은 수사의 적법성 및 공소사실에 대하여 형사소송절차를 통하여 불복할 수 있는 절차와 방법이 따로 마련되어 있으므로 검사의 공소제기가 적법절차에 의하여 정당하게 이루어진 것이냐의 여부에 관계없이 검사의 공소에 대하여는 형사소송절차에 의하여서만 이를 다툴 수 있고 행정소송의 방법으로 공소의 취소를 구할 수는 없다(대판 2000.3.28. 99두11264).

④ (○) 병역법상 신체등위판정은 행정청이라고 볼 수 없는 군의관이 하도록 되어 있으며, 그 자체만으로 바로 병역법상의 권리의무가 정하여지는 것이 아니라 그에 따라 지방병무청장이 병역처분을 함으로써 비로소 병역의무의 종류가 정하여지는 것이므로 항고소송의 대상이 되는 행정처분이라 보기 어렵다(대판 1993.8.27. 93누3356).

⑤ (○) 거부처분은 당사자의 신청에 대하여 관할 행정청이 이를 거절하는 의사를 대외적으로 명백히 표시함으로써 성립되는 것인바, 당사자가 한 신청에 대하여 거부처분이 있은 후 당사자가 다시 신청을 한 경우에 그 신청의 제목 여하에 불구하고 그 내용이 새로운 신청을 하는 취지라면 관할 행정청이 이를 다시 거절한 이상 새로운 거부처분이 있은 것으로 보아야 할 것이다(대판 1992.10.27. 92누1643).

003 행정소송법상 처분등의 효력 유무 또는 존재 여부가 민사소송의 선결문제로 되어 당해 민사소송의 수소법원이 이를 심리·판단하는 경우에 준용되는 취소소송에 관한 규정이 아닌 것은? 〈2022〉

① 행정청의 소송참가에 관한 규정
② 행정심판기록의 제출명령에 관한 규정
③ 제3자의 소송참가에 관한 규정
④ 직권심리에 관한 규정
⑤ 소송비용에 관한 재판의 효력에 관한 규정

정답/해설 ③

처분등의 효력 유무 등이 민사소송의 선결문제로 되었을 때 제17조(행정청의 소송참가), 제25조(행정심판기록의 제출명령), 제26조(직권심리), 제33조(소송비용에 관한 재판의 효력) 조문을 준용한다.

> 제11조(선결문제)
> ① 처분등의 효력 유무 또는 존재 여부가 민사소송의 선결문제로 되어 당해 민사소송의 수소법원이 이를 심리·판단하는 경우에는 제17조, 제25조, 제26조 및 제33조의 규정을 준용한다.

004 행정소송법상 취소소송에 관한 규정 중 무효등 확인소송에는 준용되나 부작위위법확인소송에는 준용되지 않는 것은? 〈2022〉

① 처분변경으로 인한 소의 변경
② 재판관할
③ 제3자의 소송참가
④ 공동소송
⑤ 행정청의 소송참가

정답/해설 ①

무효등확인소송에서는 취소소송에 관한 조문 중 제11조(선결문제), 제12조(원고적격), 제18조(행정심판과의 관계), 제20조(제소기간), 제27조(재량처분의 취소), 제28조(사정판결), 제32조(소송비용의 부담), 제34조(거부처분취소판결의 간접강제)를 준용하지 않는다.

부작위위법확인소송에서는 취소소송에 관한 조문 중 제11조(선결문제), 제12조(원고적격), **제22조(처분변경으로 인한 소의 변경)**, 제23조(집행정지), 제24조(집행정지의 취소), 제28조(사정판결), 제32조(소송비용의 부담)를 준용하지 않는다.

005 항고소송의 소송요건에 관한 설명으로 옳은 것은? ⟨2020⟩

① 원고적격의 흠결로 인한 소송판결은 중간판결의 일종이다.
② 소송요건이 흠결된 경우에도 처분이 위법하면 기각판결을 하여야 한다.
③ 소송요건의 심사는 본안심리 중에는 이를 할 수 없다.
④ 소송요건의 흠결로 각하판결이 선고된 경우, 원고는 흠결된 요건을 보완하여 다시 소를 제기할 수 있다.
⑤ 소송요건을 엄격하게 요구하면 국민의 재판청구권을 강화하지만 법원의 부담을 가중한다.

정답/해설 ④

① (×) 소송요건의 흠결로 인한 각하판결은 중간판결이 아닌 종국판결이다.
② (×) 소송요건 흠결되면 본안판단을 하지 않고 각하판결을 한다.
③ (×) 당해 소송이 적법하기 위해서는 소송요건은 사실심 변론종결시까지 갖춰야 한다. 따라서 본안심리 중에 소송요건의 심사가 가능하다.
④ (○) 소송판결의 기판력은 그 판결에서 확정한 소송요건의 흠결에 관하여 미치는 것이지만, 당사자가 그러한 소송요건의 흠결을 보완하여 다시 소를 제기한 경우에는 그 기판력의 제한을 받지 않는다(대판 2003.4.8. 2002다70181).
⑤ (×) 소송요건을 엄격하게 요구하면 법원은 본안심리를 하지 않아도 되는 경우가 많아지므로 부담이 줄어들고, 국민의 재판청구권은 약화된다.

006 행정소송으로 다툴 수 있는 것은? (다툼이 있으면 판례에 따름) ⟨2016⟩

① 단순한 사실관계의 존부
② 반사적 이익의 침해
③ 지방의회 의원에 대한 징계처분
④ 국회의원에 대한 징계처분
⑤ 공정거래위원회의 고발조치

정답/해설 ③

① (×) 피고 국가보훈처장이 발행. 보급한 독립운동사, 피고 문교부장관이 저작하여 보급한 국사교과서 등의 각종 책자와 피고 문화부장관이 관리하고 있는 독립기념관에서의 각종 해설문. 전시물의 배치 및 전시 등에 있어서, 일제치하에서의 국내외의 각종 독립운동에 참가한 단체와 독립운동가의 활동상을 잘못 기술하거나, 전시. 배치함으로써 그 역사적 의의가 그릇 평가되게 하였다는 이유로 그 사실관계의 확인을 구하고, 또 피고 국가보훈처장은 이들 독립운동가들의 활동상황을 잘못 알고 국가보훈상의 서훈추천권을 행사함으로써 서훈추천권의 행사가 적정하지 아니하였다는 이유로 이러한 서훈추천권의 행사, 불행사가 당연무효임의 확인, 또는 그 부작위가 위법함의 확인을 구하는 청구는 과거의 역사적 사실관계의 존부나 공

법상의 구체적인 법률관계가 아닌 사실관계에 관한 것들을 확인의 대상으로 하는 것이거나 행정청의 단순한 부작위를 대상으로 하는 것으로서 항고소송의 대상이 되지 아니하는 것이다(대판 1990.11.23. 90누3553).

② (×) 구내소매인과 일반소매인 사이에서는 구내소매인의 영업소와 일반소매인의 영업소 간에 거리제한을 두지 아니할 뿐 아니라 건축물 또는 시설물의 구조·상주인원 및 이용인원 등을 고려하여 동일 시설물 내 2개소 이상의 장소에 구내소매인을 지정할 수 있으며, 이 경우 일반소매인이 지정된 장소가 구내소매인 지정대상이 된 때에는 동일 건축물 또는 시설물 안에 지정된 일반소매인은 구내소매인으로 보고, 구내소매인이 지정된 건축물 등에는 일반소매인을 지정할 수 없으며, 구내소매인은 담배진열장 및 담배소매점 표시판을 건물 또는 시설물의 외부에 설치하여서는 아니 된다고 규정하는 등 일반소매인의 입장에서 구내소매인과의 과당경쟁으로 인한 경영의 불합리를 방지하는 것을 그 목적으로 할 수 있다고 보기 어려우므로, 일반소매인으로 지정되어 영업을 하고 있는 기존업자의 신규 구내소매인에 대한 이익은 법률상 보호되는 이익이 아니라 단순한 사실상의 반사적 이익이라고 해석함이 상당하므로, 기존 일반소매인은 신규 구내소매인 지정처분의 취소를 구할 원고적격이 없다(대판 2008.4.10. 2008두402).

③ (○) 지방자치법 제78조 내지 제81조의 규정에 의거한 지방의회의 의원징계의결은 그로 인해 의원의 권리에 직접 법률효과를 미치는 행정처분의 일종으로서 행정소송의 대상이 되고, 그와 같은 의원 징계의결의 당부를 다투는 소송의 관할법원에 관하여는 동법에 특별한 규정이 없으므로 일반법인 행정소송법의 규정에 따라 지방의회의 소재지를 관할하는 고등법원이 그 소송의 제1심 관할법원이 된다(대판 1993.11.26. 93누7341).

④ (×) 국회의원에 대한 징계에 대해서는 법원에 제소할 수 없다(헌법 제64조 제4항).

> **헌법 제64조**
> ① 국회는 법률에 저촉되지 아니하는 범위안에서 의사와 내부규율에 관한 규칙을 제정할 수 있다.
> ② 국회는 의원의 자격을 심사하며, 의원을 징계할 수 있다.
> ③ 의원을 제명하려면 국회재적의원 3분의 2 이상의 찬성이 있어야 한다.
> ④ 제2항과 제3항의 처분에 대하여는 법원에 제소할 수 없다.

⑤ (×) 이른바 고발은 수사의 단서에 불과할 뿐 그 자체 국민의 권리의무에 어떤 영향을 미치는 것이 아니고, 특히 독점규제 및 공정거래에 관한 법률 제71조는 공정거래위원회의 고발을 위 법률위반죄의 소추요건으로 규정하고 있어 공정거래위원회의 고발조치는 사직 당국에 대하여 형벌권 행사를 요구하는 행정기관 상호간의 행위에 불과하여 항고소송의 대상이 되는 행정처분이라 할 수 없으며, 더욱이 공정거래위원회의 고발 의결은 행정청 내부의 의사결정에 불과할 뿐 최종적인 처분은 아닌 것이므로 이 역시 항고소송의 대상이 되는 행정처분이 되지 못한다(대판 1995.5.12. 94누13794).

007 항고소송의 소송요건 흠결에 관한 설명으로 옳지 않은 것은? ⟨2016⟩

① 소송요건의 흠결로 각하판결이 선고된 경우 원고는 흠결된 요건을 보완하여 다시 소를 제기할 수 있다.
② 원고적격의 흠결로 인한 소송판결은 종국판결의 일종이다.
③ 소송요건의 구비 여부는 직권조사사항이다.
④ 소송요건이 흠결된 경우에도 처분이 위법하면 기각판결을 하여야 한다.
⑤ 본안심리 중 소송요건의 흠결이 있는 경우에 법원은 소송요건에 관하여 판단할 수 있다.

정답/해설 ④

① (○) 각하판결에는 동일한 소송물에 대하여 다시 소를 제기할 수 없는 기판력이 인정되는 것은 아니다. 따라서 흠결된 요건을 보완하여 다시 소를 제기하는 것이 가능하다.
② (○) 원고적격의 흠결로 인한 소송판결은 소각하판결을 말하며, 이는 종국판결에 해당한다.
③ (○) 소송요건은 직권조사사항으로서 당사자의 주장이 없어도 법원이 직권으로 조사할 수 있다.
④ (×), ⑤ (○) 소송요건은 본안심리 전에만 하는 것이 아니고 본안심리 중에 소송요건의 결여가 판명되면 처분의 위법 여부에 관계없이 각하판결하여야 한다.

008 항고소송의 소송요건에 관한 설명으로 옳지 않은 것은? (다툼이 있으면 판례에 따름) ⟨2016⟩

① 소송요건은 불필요한 소송을 배제하고 법원의 부담을 경감하는 기능이 있다.
② 취소소송의 토지관할은 전속관할이라 할 수 없다.
③ 검사의 불기소처분은 항고소송으로 다툴 수 있다.
④ 법원은 원고의 고의 또는 중대한 과실없이 행정소송이 심급을 달리하는 법원에 잘못 제기된 경우에는 결정으로 이를 관할법원에 이송한다.
⑤ 중앙행정기관에 대한 취소소송은 서울행정법원에 제기할 수 있다.

정답/해설 ③

① (○) 소송요건은 불필요한 소송을 배제하여 법원의 부담을 경감하는 기능이 있으나, 너무 엄격히 요구하면 국민의 재판을 받을 권리가 제약된다.
② (○), ⑤ (○) 취소소송을 제기할 때 ① 피고의 소재지를 관할하는 행정법원(행정소송법 제9조 제1항)에 제기할 수 있고 ② 중앙행정기관, 중앙행정기관의 부속기관과 합의제행정기관 또는 그 장을 피고로 취소소송을 제기할 때 대법원소재지를 관할하는 행정법원(서울행정법원)에 제기할 수 있으며(행정소송법 제9조 제2항), ③ 토지의 수용 기타 부동산 또는 특정의 장소에 관계되는 처분등에 대한 취소소송은 그 부동산 또는 장소의 소재지를 관할하는 행정법원에 제기할 수 있다(행정소송법 제9조 제3항). 즉, 소재지에 대한 관할법원은 여러 곳이 될 수 있는데, 이를 '토지관할은 임의관할'이라고 한다.

③ (×) 검사의 불기소처분에 대하여는 검찰청법에 의한 항고와 재항고 및 형사소송법에 의한 준기소절차에 의해서만 불복할 수 있는 것이므로 검사의 불기소처분이나 그에 대한 항고 또는 재항고결정에 대하여는 <u>행정소송을 제기할 수 없다</u>(대판 1989.10.10. 89누2271).

④ (○) 행정소송법 제7조

> 제7조(사건의 이송)
> 민사소송법 제34조 제1항의 규정은 원고의 고의 또는 중대한 과실없이 행정소송이 심급을 달리하는 법원에 잘못 제기된 경우에도 적용한다.
>
> 민사소송법 제34조(사건의 이송)
> ① 법원은 소송의 전부 또는 일부에 대하여 관할권이 없다고 인정하는 경우에는 결정으로 이를 관할법원에 이송한다.

009 행정소송의 소송요건에 관한 설명으로 옳지 않은 것은? 〈2015〉

① 소송요건의 심사는 본안심리 중에도 이를 할 수 있다.
② 소송요건을 갖추지 못한 경우 각하판결을 내린다.
③ 소송요건은 불필요한 소송을 배제하여 법원의 부담을 경감하기 위하여 요구된다.
④ 소송요건을 너무 엄격히 요구하면 국민의 재판받을 권리가 제약된다.
⑤ 제소기간의 준수 여부는 법원의 직권조사사항이 아니다.

정답/해설 ⑤

① (○), ② (○) 소송요건의 심사는 본안심리 전에만 하는 것이 아니며 본안심리 중에도 할 수 있고, 본안심리 중이라도 소송요건이 결여되면 법원은 소를 각하하여야 한다.

③ (○), ④ (○) 소송요건은 적법한 소송에 대한 충실한 심판을 도모하기 위해 요구되는 것으로 불필요한 소송을 배제하여 법원의 부담을 경감하기 위하여 요구된다. 다만 소송요건을 엄격하게 요구한다는 것은 소송요건을 갖추지 못하여 각하되는 경우가 보다 많이 발생한다는 것을 의미하며, 따라서 국민의 재판받을 권리가 제약되는 면이 있다.

⑤ (×) 제기간이 지켜졌는가의 여부는 소송요건으로서 법원의 직권조사사항에 속하며 소송요건의 존부를 명백히 한 다음 본안판결을 하여야 할 것이므로 본안의 심리에 들어갔다 하여 소송요건의 흠결을 덮어둘 수는 없다(대판 1987.1.20. 86누490).

취소소송의 소송요건

제1절 대상적격

001 행정소송법상 재결취소소송에 관한 설명으로 옳은 것은? (다툼이 있으면 판례에 따름) 〈2024〉

① 행정심판의 재결을 거친 경우에는 원칙적으로 재결을 취소소송의 대상으로 하여야 한다.
② 재결의 고유한 위법에는 내용상의 위법은 포함되지 않는다.
③ 변경재결이 있는 경우 원처분을 소송대상으로 행정심판위원회를 피고로 취소소송을 제기하여야 한다.
④ 적법한 행정심판청구를 각하한 재결은 재결에 고유한 위법이 있는 경우에 해당한다.
⑤ 재결취소소송을 제기하였으나 재결에 고유한 위법이 없는 경우에는 각하판결을 하여야 한다.

정답/해설 ④

① (×) 제18조 제1항 본문

> **제18조(행정심판과의 관계)**
> ① 취소소송은 법령의 규정에 의하여 당해 처분에 대한 행정심판을 제기할 수 있는 경우에도 이를 거치지 아니하고 제기할 수 있다. 다만, 다른 법률에 당해 처분에 대한 행정심판의 재결을 거치지 아니하면 취소소송을 제기할 수 없다는 규정이 있는 때에는 그러하지 아니하다.

② (×) 항고소송은 원칙적으로 당해 처분을 대상으로 하나, 당해 처분에 대한 재결 자체에 고유한 주체, 절차, 형식 또는 내용상의 위법이 있는 경우에 한하여 그 재결을 대상으로 할 수 있다고 해석된다(대판 1993.8.24. 93누5673).

③ (×) 원처분주의가 원칙이므로 변경재결이 있었다 하여도 재결에 고유한 위법이 있지 않은 이상 원처분을 대상으로 하고 처분청을 피고로 하여 취소소송을 제기해야 하며, 재결에 고유한 위법이 있는 경우에는 재결을 취소소송의 대상으로 삼고 행정심판위원회를 피고로 삼아 취소소송을 제기할 수 있다.

④ (○) 행정소송법 제19조에 의하면 행정심판에 대한 재결에 대하여도 그 재결 자체에 고유한 위법이 있음을 이유로 하는 경우에는 항고소송을 제기하여 그 취소를 구할 수 있고, 여기에서 말하는 '재결 자체에 고유한 위법'이란 그 재결자체에 주체, 절차, 형식 또는 내용상의 위법이 있는 경우를 의미하는데, 행정심판청구가 부적법하지 않음에도 각하한 재결은 심판청구인의 실체심리를 받을 권리를 박탈한 것으로서 원처분에 없는 고유한 하자가 있는 경우에 해당하고, 따라서 위 재결은 취소소송의 대상이 된다(대판 2001.7.27. 99두2970).

⑤ (×) 행정소송법 제19조는 취소소송은 행정청의 원처분을 대상으로 하되(원처분주의), 다만 "재결 자체에 고유한 위법이 있음을 이유로 하는 경우"에 한하여 행정심판의 재결도 취소소

송의 대상으로 삼을 수 있도록 규정하고 있으므로 재결취소소송의 경우 재결 자체에 고유한 위법이 있는지 여부를 심리할 것이고, 재결 자체에 고유한 위법이 없는 경우에는 원처분의 당부와는 상관없이 당해 재결취소소송은 이를 기각하여야 한다(대판 1994.1.25. 93누16901).

002 행정청 A는 2024. 2. 1. 甲에게 1월의 영업정지처분을 하였다. 이에 대해 甲이 청구한 행정심판에서 영업정지 1월에 갈음하는 과징금으로 변경을 명하는 재결이 있었고, 이에 따라 A는 2024. 4. 29. 과징금 100만 원을 부과하는 처분을 하였다. 이 경우 甲이 제기하는 취소소송의 대상과 제소기간 기산점이 옳게 연결된 것은? (다툼이 있으면 판례에 따름) 〈2024〉

① 2024. 2. 1.자 1월의 영업정지처분 – 재결서의 정본을 송달받은 날
② 2024. 2. 1.자 100만 원 과징금부과처분 – 재결서의 정본을 송달받은 날
③ 2024. 2. 1.자 100만 원 과징금부과처분 – 과징금 부과처분이 있음을 안 날
④ 2024. 4. 29.자 100만 원 과징금부과처분 – 재결서의 정본을 송달받은 날
⑤ 2024. 4. 29.자 100만 원 과징금부과처분 – 과징금 부과처분이 있음을 안 날

정답/해설 ②

취소소송의 대상은 변경처분에 의하여 당초부터 유리하게 변경되어 존속하는 2024. 2. 1.자 과징금 100만 원 부과처분이며, 제소기간의 기산점은 행정심판을 거쳤으므로 재결서 정본 송달일이 된다.

피고는 2002. 12. 26. 원고에 대하여 3월의 영업정지처분이라는 이 사건 당초처분을 하였고, 이에 대하여 원고가 행정심판청구를 하자 재결청은 2003. 3. 6. "피고가 2002. 12. 26. 원고에 대하여 한 3월의 영업정지처분을 2월의 영업정지에 갈음하는 과징금부과처분으로 변경하라"는 일부기각(일부인용)의 이행재결을 하였으며, 2003. 3. 10. 그 재결서 정본이 원고에게 도달한 사실, 피고는 위 재결취지에 따라 2003. 3. 13. "3월의 영업정지처분을 과징금 560만 원으로 변경한다"는 취지의 이 사건 후속 변경처분을 함으로써 이 사건 당초처분을 원고에게 유리하게 변경하는 처분을 하였으며, 원고는 2003. 6. 12. 이 사건 소를 제기하면서 청구취지로써 2003. 3. 13.자 과징금부과처분의 취소를 구하고 있음을 알 수 있다.

이 사건 후속 변경처분에 의하여 유리하게 변경된 내용의 행정제재인 과징금부과가 위법하다 하여 그 취소를 구하는 이 사건 소송에 있어서 위 청구취지는 이 사건 후속 변경처분에 의하여 당초부터 유리하게 변경되어 존속하는 2002. 12. 26.자 과징금부과처분의 취소를 구하고 있는 것으로 보아야 할 것이고, 일부기각(일부인용)의 이행재결에 따른 후속 변경처분에 의하여 변경된 내용의 당초처분의 취소를 구하는 이 사건 소 또한 행정심판재결서 정본을 송달받은 날로부터 90일 이내 제기되어야 한다(대판 2007.4.27. 2004두9302).

003 항고소송의 대상이 될 수 있는 것을 모두 고른 것은? (다툼이 있으면 판례에 따름) 〈2024〉

> ㄱ. 세무조사의 결정
> ㄴ. 공매의 통지
> ㄷ. 과세관청의 소득금액변동 통지
> ㄹ. 국세환급금의 결정
> ㅁ. 과세관청의 결손금 감액경정 통지

① ㄱ, ㄴ ② ㄴ, ㅁ ③ ㄱ, ㄷ, ㄹ
④ ㄱ, ㄷ, ㅁ ⑤ ㄴ, ㄹ, ㅁ

정답/해설 ④

ㄱ (○) 부과처분을 위한 과세관청의 질문조사권이 행해지는 세무조사결정이 있는 경우 납세의무자는 세무공무원의 과세자료 수집을 위한 질문에 대답하고 검사를 수인하여야 할 법적 의무를 부담하게 되는 점, 세무조사는 기본적으로 적정하고 공평한 과세의 실현을 위하여 필요한 최소한의 범위 안에서 행하여져야 하고, 더욱이 동일한 세목 및 과세기간에 대한 재조사는 납세자의 영업의 자유 등 권익을 심각하게 침해할 뿐만 아니라 과세관청에 의한 자의적인 세무조사의 위험마저 있으므로 조세공평의 원칙에 현저히 반하는 예외적인 경우를 제외하고는 금지될 필요가 있는 점, 납세의무자로 하여금 개개의 과태료 처분에 대하여 불복하거나 조사 종료 후의 과세처분에 대하여만 다툴 수 있도록 하는 것보다는 그에 앞서 세무조사결정에 대하여 다툼으로써 분쟁을 조기에 근본적으로 해결할 수 있는 점 등을 종합하면, 세무조사결정은 납세의무자의 권리·의무에 직접 영향을 미치는 공권력의 행사에 따른 행정작용으로서 항고소송의 대상이 된다(대판 2011.3.10. 2009두23617, 23624).

ㄴ (×) 한국자산공사가 당해 부동산을 인터넷을 통하여 재공매(입찰)하기로 한 결정 자체는 내부적인 의사결정에 불과하여 항고소송의 대상이 되는 행정처분이라고 볼 수 없고, 또한 한국자산공사가 공매통지는 공매의 요건이 아니라 공매사실 자체를 체납자에게 알려주는 데 불과한 것으로서, 통지의 상대방의 법적 지위나 권리·의무에 직접 영향을 주는 것이 아니라고 할 것이므로 이것 역시 행정처분에 해당한다고 할 수 없다(대판 2007.7.27. 2006두8464).

ㄷ (○) 과세관청의 소득처분과 그에 따른 소득금액변동통지가 있는 경우 원천징수의무자인 법인은 소득금액변동통지서를 받은 날에 그 통지서에 기재된 소득의 귀속자에게 당해 소득금액을 지급한 것으로 의제되어 그 때 원천징수하는 소득세의 납세의무가 성립함과 동시에 확정되고, 원천징수의무자인 법인으로서는 소득금액변동통지서에 기재된 소득처분의 내용에 따라 원천징수세액을 그 다음달 10일까지 관할 세무서장 등에게 납부하여야 할 의무를 부담하며, 만일 이를 이행하지 아니하는 경우에는 가산세의 제재를 받게 됨은 물론이고 형사처벌까지 받도록 규정되어 있는 점에 비추어 보면, 소득금액변동통지는 원천징수의무자인 법인의 납세의무에 직접 영향을 미치는 과세관청의 행위로서, 항고소송의 대상이 되는 조세행정처분이라고 봄이 상당하다(대판 전합 2006.4.20. 2002두1878).

ㄹ (×) [다수의견] 국세기본법 제51조 및 제52조 국세환급금 및 국세가산금결정에 관한 규정은 이미 납세의무자의 환급청구권이 확정된 국세환급금 및 가산금에 대하여 내부적 사무처리절차로서 과세관청의 환급절차를 규정한 것에 지나지 않고 그 규정에 의한 국세환급금(가산금

포함)결정에 의하여 비로소 환급청구권이 확정되는 것은 아니므로, 국세환급금결정이나 이 결정을 구하는 신청에 대한 환급거부 결정 등은 납세의무자가 갖는 환급청구권의 존부나 범위에 구체적이고 직접적인 영향을 미치는 처분이 아니어서 항고소송의 대상이 되는 처분이라고 볼 수 없다(대판 전합 1989.6.15. 88누6436).

ㅁ (O) 개정 법인세법이 시행된 2010. 1. 1. 이후 최초로 과세표준을 신고한 사업연도에 발생한 결손금 등에 대하여 과세관청의 결손금 감액경정이 있는 경우, 특별한 사정이 없는 한 납세의무자로서는 결손금 감액경정 통지가 이루어진 단계에서 그 적법성을 다투지 않는 이상 이후 사업연도 법인세의 이월결손금 공제와 관련하여 종전의 결손금 감액경정이 잘못되었다거나 과세관청이 경정한 결손금 외에 공제될 수 있는 이월결손금이 있다는 주장을 할 수 없다고 보아야 할 것이므로, 이러한 과세관청의 결손금 감액경정은 이후 사업연도의 이월결손금 공제와 관련하여 법인세 납세의무자인 법인의 납세의무에 직접 영향을 미치는 과세관청의 행위로서, 항고소송의 대상이 되는 행정처분이라고 봄이 타당하다(대판 2020.7.9. 2017두63788).

004 판례에 의할 때 항고소송의 대상이 될 수 없는 것은? 〈2024〉

① 불가쟁력이 생긴 행정처분의 변경신청에 대해서 그 처분을 그대로 유지하기로 하는 거부결정
② 환경영향평가 대상지역 내 주민이 공유수면매립면허의 취소를 신청한 것에 대한 거부결정
③ 건축물대장의 작성에 대한 신청을 반려하는 행위
④ 개발부담금을 납부한 후 개발부담금에서 공제되어야 하는 학교용지부담금을 납부한 경우 그 금액에 대한 개발부담금의 환급을 신청할 것에 대한 거부결정
⑤ 이주대책대상제외결정에 대한 이의신청을 새로운 신청으로 볼 수 있는 경우 그 이의신청에 대한 기각결정

정답/해설 ①

① (×) 원고들의 이 사건 신청은 제소기간 경과로 이미 불가쟁력이 생긴 이 사건 사업계획승인상의 부관에 대해 그 변경을 요구하는 것으로서, 구 주택건설촉진법 등 관련 법령에서 그러한 변경신청권을 인정하는 아무런 규정도 두고 있지 않을 뿐 아니라, 나아가 관계 법령의 해석상으로도 그러한 신청권이 인정된다고 볼 수 없으므로 원고들에게 이를 구할 법규상 또는 조리상의 신청권이 인정된다 할 수 없고, 그러한 이상 피고가 원고들의 이 사건 신청을 거부하였다 하여도 그 거부로 인해 원고들의 권리나 법적 이익에 어떤 영향을 주는 것은 아니라 할 것이므로 그 거부행위인 이 사건 통지는 항고소송의 대상이 되는 행정처분이 될 수 없다(대판 2007.4.26. 2005두11104).

② (O) 공유수면매립과 농지개량사업시행으로 인하여 직접적이고 중대한 환경피해를 입으리라고 예상되는 환경영향평가 대상지역 안의 주민들이 전과 비교하여 수인한도를 넘는 환경침해를 받지 아니하고 쾌적한 환경에서 생활할 수 있는 개별적 이익까지도 이를 보호하려는 데

에 있다고 할 것이므로, 위 주민들이 공유수면매립면허처분 등과 관련하여 갖고 있는 위와 같은 환경상의 이익은 주민 개개인에 대하여 개별적으로 보호되는 직접적·구체적 이익으로서 그들에 대하여는 특단의 사정이 없는 한 환경상의 이익에 대한 침해 또는 침해우려가 있는 것으로 사실상 추정되어 공유수면매립면허처분 등의 무효확인을 구할 원고적격이 인정된다(대판 전합 2006.3.16. 2006두330).

③ (O) 구 건축법 제29조 제2항, 구 건축물대장의 기재 및 관리 등에 관한 규칙(2007. 1. 16. 건설교통 부령 제547호로 전부 개정되기 전의 것, 이하 '구 건축물대장규칙'이라 한다) 제1조, 제5조 제1항, 제2항, 제3항의 각 규정에 의하면, 구 건축법 제18조의 규정에 의한 사용승인(다른 법령에 의하여 사용승인으로 의제되는 준공검사·준공인가 등을 포함한다)을 신청하는 자 또는 구 건축법 제18조의 규정에 의한 사용승인을 얻어야 하는 자 외의 자는 건축물대장의 작성 신청권을 가지고 있고, 한편 건축물대장은 건축물에 대한 공법상의 규제, 지방세의 과세대상, 손실보상가액의 산정 등 건축행정의 기초자료로서 공법상의 법률관계에 영향을 미칠 뿐만 아니라, 건축물에 관한 소유권보존등기 또는 소유권이전등기를 신청하려면 이를 등기소에 제출하여야 하는 점 등을 종합해 보면, 건축물대장의 작성은 건축물의 소유권을 제대로 행사하기 위한 전제요건으로서 건축물 소유자의 실체적 권리관계에 밀접하게 관련되어 있으므로 건축물대장 소관청의 작성신청 반려행위는 국민의 권리관계에 영향을 미치는 것으로서 항고소송의 대상이 되는 행정처분에 해당한다(대판 2009.2.12. 2007두17359).

④ (O) 개발사업시행자가 납부한 개발부담금 중 부과처분 후에 납부한 학교용지부담금에 해당하는 금액에 대하여는 조리상 개발부담금 부과처분의 취소나 변경 등 개발부담금의 환급에 필요한 처분을 신청할 권리를 인정함이 타당하다(대판 2016.1.28. 2013두2938).

⑤ (O) 수익적 행정처분을 구하는 신청에 대한 거부처분이 있은 후 당사자가 새로운 신청을 하는 취지로 다시 신청을 하였으나 행정청이 이를 다시 거절한 경우, 새로운 거부처분인지 여부(적극)(대판 2021.1.14. 2020두50324)

005 국민의 신청행위에 대한 거부행위가 처분이 되기 위한 요건에 관한 설명으로 옳지 않은 것은? (다툼이 있으면 판례에 따름) 〈2023〉

① 신청한 행위가 공권력의 행사 또는 이에 준하는 행정작용이어야 한다.
② 신청권의 존부는 관계 법규의 해석에 의하여 국민에게 신청권이 인정되는지 여부를 살펴 추상적으로 결정되는 것이고, 특정인의 신청이 인용될 수 있는가 하는 점은 본안에서 판단하여야 할 사항이다.
③ 행정청의 행위발동을 요구할 신청권은 법규상 또는 조리상 인정되어야 한다.
④ 직권취소를 할 수 있다는 사정만으로 이해관계인에게 처분청에 대하여 그 취소를 요구할 신청권이 부여된 것으로 볼 수는 없다.
⑤ 공사중지명령의 상대방은 명령 이후에 그 원인사유가 소멸하였음을 들어 그 명령의 철회를 요구할 수 있는 조리상 신청권이 없다.

정답/해설 ⑤

① (○), ② (○), ③ (○) [1] 국민의 적극적 신청행위에 대하여 행정청이 그 신청에 따른 행위를 하지 않겠다고 거부한 행위가 항고소송의 대상이 되는 행정처분에 해당하는 것이라고 하려면, 그 신청한 행위가 공권력의 행사 또는 이에 준하는 행정작용이어야 하고, 그 거부행위가 신청인의 법률관계에 어떤 변동을 일으키는 것이어야 하며, 그 국민에게 그 행위발동을 요구할 법규상 또는 조리상의 신청권이 있어야 한다. [2] 거부처분의 처분성을 인정하기 위한 전제요건이 되는 신청권의 존부는 구체적 사건에서 신청인이 누구인가를 고려하지 않고 관계 법규의 해석에 의하여 일반 국민에게 그러한 신청권을 인정하고 있는가를 살펴 추상적으로 결정되는 것이고, 신청인이 그 신청에 따른 단순한 응답을 받을 권리를 넘어서 신청의 인용이라는 만족적 결과를 얻을 권리를 의미하는 것은 아니므로, 국민이 어떤 신청을 한 경우에 그 신청의 근거가 된 조항의 해석상 행정발동에 대한 개인의 신청권을 인정하고 있다고 보이면 그 거부행위는 항고소송의 대상이 되는 처분으로 보아야 하고, 구체적으로 그 신청이 인용될 수 있는가 하는 점은 본안에서 판단하여야 할 사항이다(대판 2009.9.10. 2007두20638).

④ (○) 산림법령에는 채석허가처분을 한 처분청이 산림을 복구한 자에 대하여 복구설계서승인 및 복구준공통보를 한 경우 그 취소신청과 관련하여 아무런 규정을 두고 있지 않고, 원래 행정처분을 한 처분청은 그 처분에 하자가 있는 경우에는 원칙적으로 별도의 법적 근거가 없더라도 스스로 이를 직권으로 취소할 수 있지만, 그와 같이 직권취소를 할 수 있다는 사정만으로 이해관계인에게 처분청에 대하여 그 취소를 요구할 신청권이 부여된 것으로 볼 수는 없으므로, 처분청이 위와 같이 법규상 또는 조리상의 신청권이 없이 한 이해관계인의 복구준공통보 등의 취소신청을 거부하더라도, 그 거부행위는 항고소송의 대상이 되는 처분에 해당하지 않는다(대판 2006.6.30. 2004두701).

⑤ (×) 행정청이 행한 공사중지명령의 상대방은 그 명령 이후에 그 원인사유가 소멸하였음을 들어 행정청에게 공사중지명령의 철회를 요구할 수 있는 조리상의 신청권이 있다 할 것이고, 상대방으로부터 그 신청을 받은 행정청으로서는 상당한 기간 내에 그 신청을 인용하는 적극적 처분을 하거나 각하 또는 기각하는 등의 소극적 처분을 하여야 할 법률상의 응답의무가 있다고 할 것이며, 행정청이 상대방의 신청에 대하여 아무런 적극적 또는 소극적 처분을 하지 않고 있는 이상 행정청의 부작위는 그 자체로 위법하다고 할 것이고, 구체적으로 그 신청이 인용될 수 있는지 여부는 소극적 처분에 대한 항고소송의 본안에서 판단하여야 할 사항이라고 할 것이다(대판 2005.4.14. 2003두7590).

006 병무청장 A가 법무부장관 B에게 '재외동포 가수 甲의 입국 자체를 금지해 달라'고 요청함에 따라 B가 甲의 입국금지 결정을 하고, 그 정보를 내부전산망인 '출입국관리정보시스템'에 입력하였으나, 甲에게는 통보하지 않았다. 이후 甲이 체류자격의 사증발급을 신청하자 재외공관장 C는 전화로 사증발급이 불허되었음을 통지하였다. 이 사안과 관련한 설명으로 옳은 것은? (다툼이 있으면 판례에 따름) 〈2023〉

① B의 입국금지결정은 항고소송의 대상인 처분이다.
② 재외동포에 대한 사증발급은 A의 기속행위이다.
③ C의 사증발급 불허 통지는 상급행정기관의 지시를 따른 것이라면 적법하다.
④ B의 입국금지결정에는 공정력과 불가쟁력이 있다.

⑤ 처분청이 甲에 대한 입국금지결정을 함에 있어 공익과 甲이 입게 되는 불이익을 전혀 비교형량 하지 않았다면 이는 위법하다.

정답/해설 ⑤

① (×), ④ (×) 병무청장이 법무부장관에게 '가수 甲이 공연을 위하여 국외여행허가를 받고 출국한 후 미국 시민권을 취득함으로써 사실상 병역의무를 면탈하였으므로 재외동포 자격으로 재입국하고자 하는 경우 국내에서 취업, 가수활동 등 영리활동을 할 수 없도록 하고, 불가능할 경우 입국 자체를 금지해 달라'고 요청함에 따라 법무부장관이 甲의 입국을 금지하는 결정을 하고, 그 정보를 내부전산망인 '출입국관리정보시스템'에 입력하였으나, 甲에게는 통보하지 않은 사안에서, 행정청이 행정의사를 외부에 표시하여 행정청이 자유롭게 취소·철회할 수 없는 구속을 받기 전에는 '처분'이 성립하지 않으므로 법무부장관이 출입국관리법 제11조 제1항 제3호 또는 제4호, 출입국관리법 시행령 제14조 제1항, 제2항에 따라 위 입국금지결정을 했다고 해서 '처분'이 성립한다고 볼 수는 없고, 위 입국금지결정은 법무부장관의 의사가 공식적인 방법으로 외부에 표시된 것이 아니라 단지 그 정보를 내부전산망인 '출입국관리정보시스템'에 입력하여 관리한 것에 지나지 않으므로, 위 입국금지결정은 항고소송의 대상이 될 수 있는 '처분'에 해당하지 않는다(대판 2019.7.11. 2017두38874). ⇒ '처분'에 해당하지 않으므로 처분에만 있는 효력인 공정력은 발생하지 않는다.

② (×) 출입국관리법 제7조 제1항, 제8조 제2항, 제3항, 제10조, 제10조의2, 제11조 제1항 제3호, 제4호, 출입국관리법 시행규칙 제9조의2 제2호, 재외동포의 출입국과 법적지위에 관한 법률(이하 '재외동포법'이라 한다) 제5조 제1항, 제2항과 체계, 입법 연혁과 목적을 종합하면 다음과 같은 결론을 도출할 수 있다. 재외동포에 대한 사증발급은 행정청의 재량행위에 속하는 것으로서, 재외동포가 사증발급을 신청한 경우에 출입국관리법 시행령 [별표 1의2]에서 정한 재외동포체류자격의 요건을 갖추었다고 해서 무조건 사증을 발급해야 하는 것은 아니다(대판 2019.7.11. 2017두38874).

③ (×) 상급행정기관이 소속 공무원이나 하급행정기관에 대하여 업무처리지침이나 법령의 해석·적용 기준을 정해 주는 '행정규칙'은 일반적으로 행정조직 내부에서만 효력을 가질 뿐 대외적으로 국민이나 법원을 구속하는 효력이 없다. 처분이 행정규칙을 위반하였다고 해서 그러한 사정만으로 곧바로 위법하게 되는 것은 아니고, 처분이 행정규칙을 따른 것이라고 해서 적법성이 보장되는 것도 아니다. 처분이 적법한지는 행정규칙에 적합한지 여부가 아니라 상위법령의 규정과 입법 목적 등에 적합한지 여부에 따라 판단해야 한다. 상급행정기관이 소속 공무원이나 하급행정기관에 하는 개별·구체적인 지시도 마찬가지이다. 상급행정기관의 지시는 일반적으로 행정조직 내부에서만 효력을 가질 뿐 대외적으로 국민이나 법원을 구속하는 효력이 없다. 대외적으로 처분권한이 있는 처분청이 상급행정기관의 지시를 위반하는 처분을 하였다고 해서 그러한 사정만으로 처분이 곧바로 위법하게 되는 것은 아니고, 처분이 상급행정기관의 지시를 따른 것이라고 해서 적법성이 보장되는 것도 아니다. 처분이 적법한지는 상급행정기관의 지시를 따른 것인지 여부가 아니라, 헌법과 법률, 대외적으로 구속력 있는 법령의 규정과 입법 목적, 비례·평등원칙과 같은 법의 일반원칙에 적합한지 여부에 따라 판단해야 한다(대판 2019.7.11. 2017두38874).

⑤ (○) 처분의 근거 법령이 행정청에 처분의 요건과 효과 판단에 일정한 재량을 부여하였는데도, 행정청이 자신에게 재량권이 없다고 오인한 나머지 처분으로 달성하려는 공익과 그로써 처분상대방이 입게 되는 불이익의 내용과 정도를 전혀 비교형량 하지 않은 채 처분을 하였다면, 이는 재량권 불행사로서 그 자체로 재량권 일탈·남용으로 해당 처분을 취소하여야 할 위법사유가 된다(대판 2019.7.11. 2017두38874).

007 판례상 항고소송의 대상에 해당하지 않는 것은? 〈2023〉

① 「국토의 계획 및 이용에 관한 법률」상 토지거래계약에 관한 허가구역의 지정
② 소유권자가 신청한 건축물 대장의 용도변경신청을 거부한 행위
③ 금융감독위원회의 부실금융기관에 대한 파산신청
④ 군수의 개별공시지가의 결정
⑤ 원천징수의무자인 법인에 대한 과세관청의 소득처분에 따른 소득금액변동통지

정답/해설 ③

① (○) 항고소송의 대상이 되는 행정처분이란 특정 사항에 대하여 법규에 의한 권리의 설정 또는 의무의 부담을 명하거나 기타 법률상 효과를 발생하게 하는 등 국민의 권리의무에 직접 관계가 있는 행위를 가리키는 것인바, 국토의 계획 및 이용에 관한 법률의 규정에 의하면, 같은 법에 따라 토지거래계약에 관한 허가구역으로 지정되는 경우, 허가구역 안에 있는 토지에 대하여 소유권이전 등을 목적으로 하는 거래계약을 체결하고자 하는 당사자는 공동으로 행정관청으로부터 허가를 받아야 하는 등 일정한 제한을 받게 되고, 허가를 받지 아니하고 체결한 토지거래계약은 그 효력이 발생하지 아니하며, 토지거래계약허가를 받은 자는 5년의 범위 이내에서 대통령령이 정하는 기간 동안 그 토지를 허가받은 목적대로 이용하여야 하는 의무도 부담하며, 같은 법에 따른 토지이용의무를 이행하지 아니하는 경우 이행강제금을 부과당하게 되는 등 토지거래계약에 관한 허가구역의 지정은 개인의 권리 내지 법률상의 이익을 구체적으로 규제하는 효과를 가져오게 하는 행정청의 처분에 해당하고, 따라서 이에 대하여는 원칙적으로 항고소송을 제기할 수 있다(대판 2006.12.22. 2006두12883).

② (○) 건축물의 용도는 토지의 지목에 대응하는 것으로서 건물의 이용에 대한 공법상의 규제, 건축법상의 시정명령, 지방세 등의 과세대상 등 공법상 법률관계에 영향을 미치고, 건물소유자는 용도를 토대로 건물의 사용·수익·처분에 일정한 영향을 받게 된다. 이러한 점 등을 고려해 보면, 건축물대장의 용도는 건축물의 소유권을 제대로 행사하기 위한 전제요건으로서 건축물 소유자의 실체적 권리관계에 밀접하게 관련되어 있으므로, 건축물대장 소관청의 용도변경신청 거부행위는 국민의 권리관계에 영향을 미치는 것으로서 항고소송의 대상이 되는 행정처분에 해당한다(대판 2009.1.30. 2007두7277).

③ (×) 파산신청은 그 성격이 법원에 대한 재판상 청구로서 그 자체가 국민의 권리·의무에 어떤 영향을 미치는 것이 아닐 뿐만 아니라, 위 파산신청으로 인하여 당해 부실금융기관이 파산절차 내에서 여러 가지 법률상 불이익을 입는다 할지라도 파산법원이 관할하는 파산절차 내에서 그 신청의 적법 여부 등을 다투어야 할 것이므로, 위와 같은 금융감독위원회의 파산신청은 행정소송법상

취소소송의 대상이 되는 행정처분이라 할 수 없다(대판 2006.7.28. 2004두13219).
④ (○) 시장, 군수 또는 구청장의 개별토지가격결정은 관계법령에 의한 토지초과이득세, 택지초과소유부담금 또는 개발부담금 산정의 기준이 되어 국민의 권리나 의무 또는 법률상 이익에 직접적으로 관계되는 것으로서 행정소송법 제2조 제1항 제1호 소정의 행정청이 행하는 구체적 사실에 관한 법집행으로서 공권력행사이므로 항고소송의 대상이 되는 행정처분에 해당한다(대판 1993.6.11. 92누16706).
⑤ (○) [다수의견] 과세관청의 소득처분과 그에 따른 소득금액변동통지가 있는 경우 원천징수의무자인 법인은 소득금액변동통지서를 받은 날에 그 통지서에 기재된 소득의 귀속자에게 당해 소득금액을 지급한 것으로 의제되어 그 때 원천징수하는 소득세의 납세의무가 성립함과 동시에 확정되고, 원천징수의무자인 법인으로서는 소득금액변동통지서에 기재된 소득처분의 내용에 따라 원천징수세액을 그 다음달 10일까지 관할 세무서장 등에게 납부하여야 할 의무를 부담하며, 만일 이를 이행하지 아니하는 경우에는 가산세의 제재를 받게 됨은 물론이고 형사처벌까지 받도록 규정되어 있는 점에 비추어 보면, 소득금액변동통지는 원천징수의무자인 법인의 납세의무에 직접 영향을 미치는 과세관청의 행위로서, 항고소송의 대상이 되는 조세행정처분이라고 봄이 상당하다(대판 전합 2006.4.20. 2002두1878).

008 판례상 항고소송의 대상에 해당하는 것을 모두 고른 것은? 〈2023〉

> ㄱ. 도지사가 지방의료원을 폐업하겠다는 결정
> ㄴ. 국가인권위원회의 성희롱결정 및 시정조치권고
> ㄷ. 5개 중앙부처가 합동으로 발표한 '4대강 살리기 마스터플랜'
> ㄹ. 공공기관이 공개청구의 대상이 된 정보를 청구인이 신청한 공개방법 이외의 방법으로 공개하기로 하는 결정

① ㄱ, ㄷ ② ㄱ, ㄹ ③ ㄴ, ㄷ ④ ㄱ, ㄴ, ㄹ ⑤ ㄴ, ㄷ, ㄹ

정답/해설 ④

ㄱ (○) 甲 도지사가 도에서 설치·운영하는 乙 지방의료원을 폐업하겠다는 결정을 발표하고 그에 따라 폐업을 위한 일련의 조치가 이루어진 후 乙 지방의료원을 해산한다는 내용의 조례를 공포하고 乙 지방의료원의 청산절차가 마쳐진 사안에서, 지방의료원의 설립·통합·해산은 지방자치단체의 조례로 결정할 사항이므로, 도가 설치·운영하는 乙 지방의료원의 폐업·해산은 도의 조례로 결정할 사항인 점 등을 종합하면, 甲 도지사의 폐업결정은 행정청이 행하는 구체적 사실에 관한 법집행으로서의 공권력 행사로서 입원환자들과 소속 직원들의 권리·의무에 직접 영향을 미치는 것이므로 항고소송의 대상에 해당한다(대판 2016.8.30. 2015두60617).

ㄴ (○) 국가인권위원회의 성희롱결정과 이에 따른 시정조치의 권고는 불가분의 일체로 행하여지는 것인데 국가인권위원회의 이러한 결정과 시정조치의 권고는 성희롱 행위자로 결정된 자의 인격권에 영향을 미침과 동시에 공공기관의 장 또는 사용자에게 일정한 법률상의 의무를 부담시키는 것이므로

국가인권위원회의 성희롱결정 및 시정조치권고는 행정소송의 대상이 되는 행정처분에 해당한다고 보지 않을 수 없다(대판 2005.7.8. 2005두487).

ㄷ (×) 국토해양부, 환경부, 문화체육관광부, 농림수산부, 식품부가 합동으로 2009. 6. 8. 발표한 '4대강 살리기 마스터플랜' 등은 4대강 정비사업과 주변 지역의 관련 사업을 체계적으로 추진하기 위하여 수립한 종합계획이자 '4대강 살리기 사업'의 기본방향을 제시하는 계획으로서, 행정기관 내부에서 사업의 기본방향을 제시하는 것일 뿐, 국민의 권리·의무에 직접 영향을 미치는 것이 아니어서 행정처분에 해당하지 않는다(대결 전합 2011.4.21. 2010무111).

ㄹ (○) 구 공공기관의 정보공개에 관한 법률(이하 '구 정보공개법'이라고 한다)은, 정보의 공개를 청구하는 이(이하 '청구인'이라고 한다)가 정보공개방법도 아울러 지정하여 정보공개를 청구할 수 있도록 하고 있고, 전자적 형태의 정보를 전자적으로 공개하여 줄 것을 요청한 경우에는 공공기관은 원칙적으로 요청에 응할 의무가 있고, 나아가 비전자적 형태의 정보에 관해서도 전자적 형태로 공개하여 줄 것을 요청하면 재량판단에 따라 전자적 형태로 변환하여 공개할 수 있도록 하고 있다. 이는 정보의 효율적 활용을 도모하고 청구인의 편의를 제고함으로써 구 정보공개법의 목적인 국민의 알 권리를 충실하게 보장하려는 것이므로, 청구인에게는 특정한 공개방법을 지정하여 정보공개를 청구할 수 있는 법령상 신청권이 있다. 따라서 공공기관이 공개청구의 대상이 된 정보를 공개는 하되, 청구인이 신청한 공개방법 이외의 방법으로 공개하기로 하는 결정을 하였다면, 이는 정보공개청구 중 정보공개방법에 관한 부분에 대하여 일부 거부처분을 한 것이고, 청구인은 그에 대하여 항고소송으로 다툴 수 있다(대판 2016.11.10. 2016두44674).

009 취소소송의 제기요건에 관한 설명으로 옳은 것은? (다툼이 있으면 판례에 따름) 〈2022〉

① 「하수도법」에 의하여 기존의 하수도정비기본계획을 변경하여 광역 하수종말처리시설(공공하수처리시설)을 설치하는 내용으로 수립한 하수도정비기본계획은 항고소송의 대상이 되지 아니한다.
② 「국가공무원법」에 따른 징계처분에 대하여는 소청심사위원회의 심사 결정을 거치지 않더라도 취소소송을 제기할 수 있다.
③ 필요적 행정심판전치주의가 적용되는 경우, 동종사건에 관하여 이미 기각재결이 있은 때에도 행정심판을 제기하지 않고 바로 취소소송을 제기할 수는 없다.
④ 취소소송은 구술로도 제기할 수 있다.
⑤ 행정심판을 거친 후 취소소송을 제기하는 경우에는 재결서 정본을 발송한 날이 제소기간의 기산점이 된다.

정답/해설 ①

① (○) 구 하수도법 제5조의2에 의하여 기존의 하수도정비기본계획을 변경하여 광역하수종말처리시설을 설치하는 등의 내용으로 수립한 하수도정비기본계획은 항고소송의 대상이 되는 행정처분에 해당하지 아니한다고 한 사례(대판 2002.5.17. 2001두10578).

② (×) 파면처분 등 불이익한 처분에 대해서 소청심사를 거친 후 항고소송을 제기할 수 있다.

국가공무원법 제16조(행정소송과의 관계)
① 제75조에 따른 처분, 그 밖에 본인의 의사에 반한 불리한 처분이나 부작위(不作爲)에 관한 행정소송은 소청심사위원회의 심사·결정을 거치지 아니하면 제기할 수 없다.

③ (×) 제18조 제3항 제1호

제18조(행정심판과의 관계)
③ 제1항 단서의 경우에 다음 각호의 1에 해당하는 사유가 있는 때에는 **행정심판을 제기함이 없이** 취소소송을 제기할 수 있다.
  1. 동종사건에 관하여 이미 행정심판의 기각재결이 있은 때
  2. 서로 내용상 관련되는 처분 또는 같은 목적을 위하여 단계적으로 진행되는 처분중 어느 하나가 이미 행정심판의 재결을 거친 때
  3. 행정청이 사실심의 변론종결후 소송의 대상인 처분을 변경하여 당해 변경된 처분에 관하여 소를 제기하는 때
  4. 처분을 행한 행정청이 행정심판을 거칠 필요가 없다고 잘못 알린 때

④ (×) 민사소송법 제248조

민사소송법 제248조(소제기의 방식)
소는 법원에 소장을 제출함으로써 제기한다.

⑤ (×) 제20조 제1항 단서

제20조(제소기간)
① 취소소송은 처분등이 있음을 안 날부터 90일 이내에 제기하여야 한다. 다만, 제18조 제1항 단서에 규정한 경우와 그 밖에 행정심판청구를 할 수 있는 경우 또는 행정청이 행정심판청구를 할 수 있다고 잘못 알린 경우에 행정심판청구가 있은 때의 기간은 재결서의 정본을 송달받은 날부터 기산한다.

010 판례상 항고소송의 대상인 처분으로 인정된 것을 모두 고른 것은? 〈2022〉

> ㄱ. 진실·화해를 위한 과거사정리위원회의 진실규명결정
> ㄴ. 「건축법」상 건축협의의 취소
> ㄷ. 강원도지사의 혁신도시 최종입지선정행위
> ㄹ. 보건복지부고시인 약제급여·비급여목록 및 급여상한금액표

① ㄱ, ㄷ   ② ㄱ, ㄹ   ③ ㄴ, ㄷ   ④ ㄱ, ㄴ, ㄹ   ⑤ ㄴ, ㄷ, ㄹ

정답/해설 ④

ㄱ (○) 진실·화해를 위한 과거사정리 기본법(이하 '법'이라 한다)과 구 과거사 관련 권고사항 처리에 관한 규정의 목적, 내용 및 취지를 바탕으로, 피해자 등에게 명문으로 진실규명 신청권, 진실규명결정 통지 수령권 및 진실규명결정에 대한 이의신청권 등이 부여된 점, 진실규명결정

이 이루어지면 그 결정에서 규명된 진실에 따라 국가가 피해자 등에 대하여 피해 및 명예회복 조치를 취할 법률상 의무를 부담하게 되는 점, 진실·화해를 위한 과거사정리위원회가 위와 같은 법률상 의무를 부담하는 국가에 대하여 피해자 등의 피해 및 명예 회복을 위한 조치로 권고한 사항에 대한 이행의 실효성이 법적·제도적으로 확보되고 있는 점 등 여러 사정을 종합하여 보면, 법이 규정하는 진실규명결정은 국민의 권리의무에 직접적으로 영향을 미치는 행위로서 항고소송의 대상이 되는 행정처분이라고 보는 것이 타당하다(대판 2013.1.16. 2010두22856).

ㄴ (○) 허가권자인 지방자치단체의 장이 한 건축협의 거부행위는 비록 그 상대방이 국가 등 행정주체라 하더라도, 행정청이 행하는 구체적 사실에 관한 법집행으로서의 공권력 행사의 거부 내지 이에 준하는 행정작용으로서 행정소송 법 제2조 제1항 제1호에서 정한 처분에 해당한다고 볼 수 있고, 이에 대한 법적 분쟁을 해결할 실효적인 다른 법적 수단이 없는 이상 국가 등은 허가권자를 상대로 항고소송을 통해 그 거부처분의 취소를 구할 수 있다고 해석된다(대판 2014.3.13. 2013두15934).

ㄷ (×) 법과 법 시행령 및 이 사건 지침에는 공공기관의 지방이전을 위한 정부 등의 조치와 공공기관이 이전할 혁신도시 입지선정을 위한 사항 등을 규정하고 있을 뿐 혁신도시입지 후보지에 관련된 지역 주민 등의 권리의무에 직접 영향을 미치는 규정을 두고 있지 않으므로, 피고가 원주시를 혁신도시 최종입지로 선정한 행위는 항고소송의 대상이 되는 행정처분으로 볼 수 없다고 판단하였다(대판 2007.11.15. 2007두10198).

ㄹ (○) 어떠한 고시가 일반적·추상적 성격을 가질 때에는 법규명령 또는 행정규칙에 해당할 것이지만, 다른 집행행위의 매개 없이 그 자체로서 직접 국민의 구체적인 권리의무나 법률관계를 규율하는 성격을 가질 때에는 행정처분에 해당한다고 할 것이다. 위 법리와 관계 법령을 기록에 비추어 살펴보면, 이 사건 고시는 다른 집행행위의 매개 없이 그 자체로서 국민건강보험가입자, 국민건강보험공단, 요양기관 등의 법률관계를 직접 규율하는 성격을 가진다고 할 것이므로, 항고소송의 대상이 되는 행정처분에 해당한다고 할 것이다(대판 2006.12.21. 2005두16161).

011 신청에 대한 행정청의 거부행위가 취소소송의 대상이 되는지 여부에 관한 설명으로 옳지 않은 것은? (다툼이 있으면 판례에 따름) 〈2022〉

① 거부행위가 취소소송의 대상이 되기 위해 필요한 신청권에는 조리상의 신청권도 포함된다.
② 거부행위가 취소소송의 대상이 되기 위해 필요한 신청권은 신청인이 그 신청에 따른 단순한 응답을 받을 권리를 넘어서 신청의 인용이라는 만족적 결과를 얻을 권리를 의미하는 것은 아니다.
③ 본인의 의사와 무관하게 주민등록번호가 유출된 사람의 주민등록번호변경신청에 대한 구청장의 거부행위는 처분에 해당한다.
④ 도시계획구역 내 토지 등을 소유하고 있는 주민의 도시시설계획 변경신청에 대한 거부행위는 처분에 해당한다.
⑤ 기간제로 임용되어 임용기간이 만료된 조교수에 대하여 재임용을 거부하는 취지로 한 임용기간만료의 통지는 항고소송의 대상이 되는 행정처분에 해당하지 않는다.

정답/해설 ⑤

① (○) 국민의 적극적 신청행위에 대하여 행정청이 그 신청에 따른 행위를 하지 않겠다고 거부한 행위가 항고소송의 대상이 되는 행정처분에 해당하는 것이라고 하려면, 그 신청한 행위가 공권력의 행사 또는 이에 준하는 행정작용이어야 하고, 그 거부행위가 신청인의 법률관계에 어떤 변동을 일으키는 것이어야 하며, 그 국민에게 그 행위발동을 요구할 법규상 또는 조리상의 신청권이 있어야 한다(대판 2009.9.10. 2007두20638).

② (○) 거부처분의 처분성을 인정하기 위한 전제요건이 되는 신청권의 존부는 구체적 사건에서 신청인이 누구인가를 고려하지 않고 관계 법규의 해석에 의하여 일반 국민에게 그러한 신청권을 인정하고 있는가를 살펴 추상적으로 결정되는 것이고, 신청인이 그 신청에 따른 단순한 응답을 받을 권리를 넘어서 신청의 인용이라는 만족적 결과를 얻을 권리를 의미하는 것은 아니므로, 국민이 어떤 신청을 한 경우에 그 신청의 근거가 된 조항의 해석상 행정발동에 대한 개인의 신청권을 인정하고 있다고 보이면 그 거부행위는 항고소송의 대상이 되는 처분으로 보아야 하고, 구체적으로 그 신청이 인용될 수 있는가 하는 점은 본안에서 판단하여야 할 사항이다(대판 2009.9.10. 2007두20638).

③ (○) 갑 등이 인터넷 포털사이트 등의 개인정보 유출사고로 자신들의 주민등록번호 등 개인정보가 불법 유출되자 이를 이유로 관할 구청장에게 주민등록번호를 변경해 줄 것을 신청하였으나 구청장이 '주민등록번호가 불법 유출된 경우 주민등록법상 변경이 허용되지 않는다'는 이유로 주민등록번호 변경을 거부하는 취지의 통지를 한 사안에서, 피해자의 의사와 무관하게 주민등록번호가 불법 유출된 경우 개인의 사생활뿐만 아니라 생명·신체에 대한 위해나 재산에 대한 피해를 입을 우려가 있고, 실제 유출된 주민등록번호가 다른 개인정보와 연계되어 각종 광고 마케팅에 이용되거나 사기, 보이스피싱 등의 범죄에 악용되는 등 사회적으로 많은 피해가 발생하고 있는 것이 현실인 점, 반면 주민등록번호가 유출된 경우 그로 인하여 이미 발생하였거나 발생할 수 있는 피해 등을 최소화할 수 있는 충분한 권리구제방법을 찾기 어려운데도 구 주민등록법에서는 주민등록번호 변경에 관한 아무런 규정을 두고 있지 않은 점, 주민등록법령상 주민등록번호 변경에 관한 규정이 없다거나 주민등록번호 변경에 따른 사회적 혼란 등을 이유로 위와 같은 불이익을 피해자가 부득이한 것으로 받아들여야 한다고 보는 것은 피해자의 개인정보자기결정권 등 국민의 기본권 보장의 측면에서 타당하지 않은 점, 주민등록번호를 관리하는 국가로서는 주민등록번호가 유출된 경우 그로 인한 피해가 최소화되도록 제도를 정비하고 보완해야 할 의무가 있으며, 일률적으로 주민등록번호를 변경할 수 없도록 할 것이 아니라 만약 주민등록번호 변경이 필요한 경우가 있다면 그 변경에 관한 규정을 두어서 이를 허용해야 하는 점 등을 종합하면, 피해자의 의사와 무관하게 주민등록번호가 유출된 경우에는 조리상 주민등록번호의 변경을 요구할 신청권을 인정함이 타당하고, 구청장의 주민등록번호 변경신청 거부행위는 항고소송의 대상이 되는 행정처분에 해당한다고 한 사례(대판 2017.6.15. 2013두2945).

④ (○) 국토의 계획 및 이용에 관한 법률은 국토의 이용·개발과 보전을 위한 계획의 수립 및 집행 등에 필요한 사항을 규정함으로써 공공복리를 증진시키고 국민의 삶의 질을 향상시키는 것을 목적으로 하면서도 도시계획시설결정으로 인한 개인의 재산권행사의 제한을 줄이기 위하여, 도시·군계획시설부지의 매수청구권(제47조), 도시·군계획시설결정의 실효(제48조)에

관한 규정과 아울러 도시·군관리계획의 입안권자인 특별시장·광역시장·특별자치시장·특별자치도지사·시장 또는 군수(이하 '입안권자'라 한다)는 5년마다 관할 구역의 도시·군관리계획에 대하여 타당성 여부를 전반적으로 재검토하여 정비하여야 할 의무를 지우고(제34조), 주민(이해관계자 포함)에게는 도시·군관리계획의 입안권자에게 기반시설의 설치·정비 또는 개량에 관한 사항, 지구단위계획구역의 지정 및 변경과 지구단위계획의 수립 및 변경에 관한 사항에 대하여 도시·군관리계획도서와 계획설명서를 첨부하여 도시·군관리계획의 입안을 제안할 권리를 부여하고 있고, 입안제안을 받은 입안권자는 그 처리 결과를 제안자에게 통보하도록 규정하고 있다. 이들 규정에 헌법상 개인의 재산권 보장의 취지를 더하여 보면, 도시계획구역 내 토지 등을 소유하고 있는 사람과 같이 당해 도시계획시설결정에 이해관계가 있는 주민으로서는 도시시설계획의 입안권자 내지 결정권자에게 도시시설계획의 입안 내지 변경을 요구할 수 있는 법규상 또는 조리상의 신청권이 있고, 이러한 신청에 대한 거부행위는 항고소송의 대상이 되는 행정처분에 해당한다(대판 2015.3.26. 2014두42742).

⑤ (×) 기간제로 임용되어 임용기간이 만료된 국·공립대학의 조교수는 교원으로서의 능력과 자질에 관하여 합리적인 기준에 의한 공정한 심사를 받아 위 기준에 부합되면 특별한 사정이 없는 한 재임용되리라는 기대를 가지고 재임용 여부에 관하여 합리적인 기준에 의한 공정한 심사를 요구할 법규상 또는 조리상 신청권을 가진다고 할 것이니, **임용권자가 임용기간이 만료된 조교수에 대하여 재임용을 거부하는 취지로 한 임용기간만료의 통지는 위와 같은 대학교원의 법률관계에 영향을 주는 것으로서 행정소송의 대상이 되는 처분에 해당한다**(대판 전합 2004.4.22. 2000두7735).

012 행정심판의 재결을 거쳐 취소소송을 제기하는 경우에 관한 설명으로 옳지 않은 것은? (다툼이 있으면 판례에 따름) 〈2022〉

① 지방노동위원회의 처분에 대한 중앙노동위원회의 재심판정에 불복하려면 중앙노동위원회의 재심판정을 대상으로 취소소송을 제기하여야 한다.
② 재결에 대한 취소소송은 재결 자체에 고유한 위법이 있음을 이유로 하는 경우에 제기할 수 있다.
③ 원처분의 상대방이 아닌 제3자가 행정심판을 청구하여 재결청이 원처분을 취소하는 형성재결을 한 경우에 원처분의 상대방이 그 재결의 취소를 구하는 것은 원처분에 없는 재결 고유의 위법을 주장하는 것이 된다.
④ 행정심판청구가 부적법하지 않음에도 각하한 재결은 원처분에 없는 고유한 하자가 있는 경우에 해당한다.
⑤ 행정청이 영업자에게 제재처분을 한 후 그 처분을 영업자에게 유리하게 변경하는 처분을 하였다면, 변경처분으로 유리하게 변경된 제재가 위법하다 하여 그 취소를 구하는 경우 취소소송의 대상은 변경된 내용의 당초 처분이 아니라 변경처분이다.

정답/해설 ⑤

① (○) 중앙노동위원회의 재심판정에 불복하는 취소소송을 제기하는 경우 재결주의에 따라 중앙노동위원회의 재심판정을 대상으로 중앙노동위원회 위원장을 피고로 하여 재심판정취소의 소를 제기하여야 한다.

> **제27조(중앙노동위원회의 처분에 대한 소송)**
> ① 중앙노동위원회의 처분에 대한 소송은 중앙노동위원회 위원장을 피고(被告)로 하여 처분의 송달을 받은 날부터 15일 이내에 제기하여야 한다.

② (○) 제19조 단서

> **제19조(취소소송의 대상)**
> 취소소송은 처분등을 대상으로 한다. 다만, 재결취소소송의 경우에는 재결 자체에 고유한 위법이 있음을 이유로 하는 경우에 한한다.

③ (○), ④ (○) 이른바 복효적 행정행위, 특히 제3자효를 수반하는 행정행위에 대한 행정심판청구에 있어서 그 청구를 인용하는 내용의 재결로 인하여 비로소 권리이익을 침해받게 되는 자는 그 인용재결에 대하여 다툴 필요가 있고, 그 인용재결은 원처분과 내용을 달리하는 것이므로 그 인용재결의 취소를 구하는 것은 원처분에는 없는 재결에 고유한 하자를 주장하는 셈이어서 당연히 항고소송의 대상이 된다. 행정청이 골프장 사업계획승인을 얻은 자의 사업시설 착공계획서를 수리한 것에 대하여 인근 주민들이 그 수리처분의 취소를 구하는 행정심판을 청구하자 재결청이 그 청구를 인용하여 수리처분을 취소하는 형성적 재결을 한 경우, 그 수리처분 취소 심판청구는 행정심판의 대상이 되지 아니하여 부적법 각하하여야 함에도 위 재결은 그 청구를 인용하여 수리처분을 취소하였으므로 재결 자체에 고유한 하자가 있다고 본 사례(대판 2001.5.29. 99두10292).

⑤ (×) 행정청이 식품위생법령에 따라 영업자에게 행정제재처분을 한 후 그 처분을 영업자에게 유리하게 변경하는 처분을 한 경우, 변경처분에 의하여 당초 처분은 소멸하는 것이 아니고 당초부터 유리하게 변경된 내용의 처분으로 존재하는 것이므로, 변경처분에 의하여 유리하게 변경된 내용의 행정제재가 위법하다 하여 그 취소를 구하는 경우 그 취소소송의 대상은 변경된 내용의 당초처분이지 변경처분은 아니고, 제소기간의 준수 여부도 변경처분이 아닌 변경된 내용의 당초처분을 기준으로 판단하여야 한다(대판 2007.4.27. 2004두9302).

013 항고소송의 대상에 관한 설명으로 옳지 않은 것은? (다툼이 있으면 판례에 따름) 〈2022〉

① 조례는 집행행위의 개입 없이도 그 자체로서 직접 국민의 구체적인 권리의무에 영향을 미치는 법률상 효과를 발생하는 경우에도 항고소송의 대상이 되지 아니한다.
② 국회의원의 제명처분은 항고소송의 대상이 되지 아니한다.
③ 공법상의 구체적인 법률관계가 아닌 사실관계에 관한 확인을 구하는 것은 항고소송의 대상이 되지 아니한다.
④ 공정거래위원회의 고발조치는 항고소송의 대상이 아니다.
⑤ 행정행위의 부관 중 부담은 항고소송의 대상이 될 수 있다.

정답/해설 ①

① (×) 조례가 집행행위의 개입 없이도 그 자체로서 직접 국민의 구체적인 권리의무나 법적 이익에 영향을 미치는 등의 법률상 효과를 발생하는 경우 그 조례는 항고소송의 대상이 되는 행정처분에 해당하고, 이러한 조례에 대한 무효확인소송을 제기함에 있어서 행정소송법 제38조 제1항, 제13조에 의하여 피고적격이 있는 처분 등을 행한 행정청은, 행정주체인 지방자치단체 또는 지방자치단체의 내부적 의결기관으로서 지방자치단체의 의사를 외부에 표시한 권한이 없는 지방의회가 아니라, 지방자치단체의 집행기관으로서 조례로서의 효력을 발생시키는 공포권이 있는 지방자치단체의 장이다(대판 1996.9.20. 95누8003).

② (○) 헌법 제64조 제4항

> **헌법 제64조**
> ① 국회는 법률에 저촉되지 아니하는 범위안에서 의사와 내부규율에 관한 규칙을 제정할 수 있다.
> ② 국회는 의원의 자격을 심사하며, 의원을 징계할 수 있다.
> ③ 의원을 제명하려면 국회재적의원 3분의 2 이상의 찬성이 있어야 한다.
> ④ 제2항과 제3항의 처분에 대하여는 법원에 제소할 수 없다.

③ (○) 피고 국가보훈처장이 발행. 보급한 독립운동사, 피고 문교부장관이 저작하여 보급한 국사교과서 등의 각종 책자와 피고 문화부장관이 관리하고 있는 독립기념관에서의 각종 해설문. 전시물의 배치 및 전시 등에 있어서, 일제치하에서의 국내외의 각종 독립운동에 참가한 단체와 독립운동가의 활동상을 잘못 기술하거나, 전시, 배치함으로써 그 역사적 의의가 그릇 평가되게 하였다는 이유로 그 사실관계의 확인을 구하고, 또 피고 국가보훈처장은 이들 독립운동가들의 활동상황을 잘못 알고 국가보훈상의 서훈추천권을 행사함으로써 서훈추천권의 행사가 적정하지 아니하였다는 이유로 이러한 서훈추천권의 행사, 불행사가 당연무효임의 확인, 또는 그 부작위가 위법함의 확인을 구하는 청구는 과거의 역사적 사실관계의 존부나 공법상의 구체적인 법률관계가 아닌 사실관계에 관한 것들을 확인의 대상으로 하는 것이거나 행정청의 단순한 부작위를 대상으로 하는 것으로서 항고소송의 대상이 되지 아니하는 것이다(대판 1990.11.23. 90누3553).

④ (○) 이른바 고발은 수사의 단서에 불과할 뿐 그 자체 국민의 권리의무에 어떤 영향을 미치는 것이 아니고, 특히 독점규제및공정거래에관한법률 제71조는 공정거래위원회의 고발을 위 법률위반죄의 소추요건으로 규정하고 있어 공정거래위원회의 고발조치는 사직 당국에 대하여 형벌권 행사를 요구하는 행정기관 상호간의 행위에 불과하여 항고소송의 대상이 되는 행정처분이라 할 수 없으며, 더욱이 공정거래위원회의 고발 의결은 행정청 내부의 의사결정에 불과할 뿐 최종적인 처분은 아닌 것이므로 이 역시 항고소송의 대상이 되는 행정처분이 되지 못한다(대판 1995.5.12. 94누13794).

⑤ (○) 행정행위의 부관은 부담의 경우를 제외하고는 독립하여 행정소송의 대상이 될 수 없는 것인바, 지방국토관리청장이 일부 공유수면매립지에 대하여 한 국가 또는 직할시 귀속처분은 매립준공인가를 함에 있어서 매립의 면허를 받은 자의 매립지에 대한 소유권취득을 규정한 공유수면매립법 제14조의 효과 일부를 배제하는 부관을 붙인 것이고, 이러한 행정행위의 부관은 위 법리와 같이 독립하여 행정소송 대상이 될 수 없다(대판 1993.10.8. 93누2032).

014 행정소송의 대상이 될 수 있는 것은? (다툼이 있으면 판례에 따름) 〈2021〉

① 조례안의 재의결 ② 과태료의 부과 ③ 소유권이전의 등기
④ 국회의원의 제명 ⑤ 구속영장의 발부

정답/해설 ①

① (○) 행정소송은 항고소송, 당사자소송, 민중소송, 기관소송으로 나뉜다. 조례안의 재의결에 대한 통제에 대해서 지방자치법 제107조에서 규정하고 있으며, 이는 기관소송에 해당한다.

지방자치법 제107조(지방의회의 의결에 대한 재의요구와 제소)
① 지방자치단체의 장은 지방의회의 의결이 월권이거나 법령에 위반되거나 공익을 현저히 해친다고 인정되면 그 의결사항을 이송받은 날부터 20일 이내에 이유를 붙여 재의를 요구할 수 있다.
② 제1항의 요구에 대하여 재의한 결과 재적의원 과반수의 출석과 출석의원 3분의 2 이상의 찬성으로 전과 같은 의결을 하면 그 의결사항은 확정된다.
③ 지방자치단체의 장은 제2항에 따라 재의결된 사항이 법령에 위반된다고 인정되면 대법원에 소(訴)를 제기할 수 있다. 이 경우에는 제172조 제3항을 준용한다.

② (×) 부과된 과태료처분에 대하여 불복이 있는 자는 그 처분이 있음을 안 날로부터 30일 이내에 당해 부과권자에게 이의를 제기할 수 있고, 이러한 이의가 제기된 때에는 부과권자는 지체 없이 관할법원에 그 사실을 통보하여야 하며, 그 통보를 받은 관할법원은 비송사건절차법에 의하여 과태료의 재판을 하도록 규정되어 있어서, 건축법에 의하여 부과된 과태료처분의 당부는 최종적으로 비송사건절차법에 의한 절차에 의하여만 판단되어야 한다고 보아야 하므로, 그 과태료처분은 행정소송의 대상이 되는 행정처분이라고 볼 수 없다(대판 1995.7.28. 95누2623).

③ (×) 행정(항고)소송의 대상이 되는 행정처분은 행정청의 공법상의 행위로서 특정사항에 대하여 법규에 의한 권리의 설정, 또는 의무의 부담을 명하며 기타 법률상의 효과를 발생하게 하는 등의 국민의 권리의무에 직접관계가 있는 행위를 말하는 것인바 피고가 위 특별조치법 제10조 제1항에 의하여 확인서를 발급하는 행위 또는 동법 시행령 제15조 제3항에 의하여 이를 기각하는 행위는 신청인이 같은 법 제10조 제1항 소정의 ① 미등기부동산을 그 대장상 소유명의인으로부터 사실상 양수한 사실 또는 양수하지 아니한 사실 ② 이미 등기되어 있는 부동산을 그 소유권의 등기명의인 또는 그 상속인으로부터 사실상 양수한 사실 또는 양수하지 아니한 사실 ③ 부동산의 상속을 받은 사실 또는 받지 아니한 사실을 증명하는 행위로서 그로 인하여 신청인에게 직접적으로 어떠한 권리가 부여된다거나 변동 또는 상실의 효력이 생기는 것은 아니므로 위 확인서 발급행위 또는 이를 기각하는 행위는 그 어느 것이나 행정(항고) 소송의 대상이 될 수 없다고 할 것이다(광주고법 1982.5.18. 81구84).

④ (×) 국회의원에 대한 징계에 대해서는 법원에 제소할 수 없다(헌법 제64조 제4항).

헌법 제64조
① 국회는 법률에 저촉되지 아니하는 범위안에서 의사와 내부규율에 관한 규칙을 제정할 수 있다.
② 국회는 의원의 자격을 심사하며, 의원을 징계할 수 있다.
③ 의원을 제명하려면 국회재적의원 3분의 2 이상의 찬성이 있어야 한다.
④ 제2항과 제3항의 처분에 대하여는 법원에 제소할 수 없다.

⑤ (×) 구속영장의 발부는 행정소송의 대상이 되지 않는다.

015 교원 징계에 관한 설명으로 옳지 않은 것은? (다툼이 있으면 판례에 따름) 〈2021〉

① 사립학교 교원에 대한 학교법인의 징계처분은 취소소송의 대상이다.
② 사립학교 교원 징계와 국립학교 교원 징계 모두 취소소송에 있어 원처분주의가 적용된다.
③ 학교법인에 의하여 징계처분을 받은 사립학교 교원은 민사소송을 제기하여 권리구제를 받을 수도 있다.
④ 사립학교 교원 징계에 대한 교원소청심사위원회의 결정은 행정심판의 재결에 해당하지 않는다.
⑤ 사립학교 교원 징계에 대한 교원소청심사위원회 결정의 기속력은 그 결정의 주문에 포함된 사항뿐 아니라 그 전제가 된 요건사실의 인정과 판단에까지 미친다.

정답/해설 ①

각급학교 교원이 징계처분을 받은 때에는 위원회에 소청심사를 청구할 수 있고, 위원회가 그 심사청구를 기각하거나 원 징계처분을 변경하는 처분을 한 때에는 다시 법원에 행정소송을 제기할 수 있다. 또한 위원회가 교원의 심사청구를 인용하거나 원 징계처분을 변경하는 처분을 한 때에는 처분권자는 이에 기속되고 원 징계처분이 국·공립학교 교원에 대한 것이면 처분청은 불복할 수도 없지만, 사립학교 교원에 대한 것이면 그 학교법인 등은 위원회 결정에 불복하여 법원에 행정소송을 제기할 수 있다.

다만 행정청의 처분에 대한 불복소송이라는 행정소송의 본질적 성격상, 위원회의 심사대상인 징계처분이 국·공립학교 교원에 대한 것인지 사립학교 교원에 대한 것인지에 따라, 위와 같이 위원회의 처분에 불복하여 제기되는 행정소송의 소송당사자와 심판대상 및 사후절차 등은 달리 보아야 한다.

우선 국·공립학교 교원에 대한 징계처분의 경우에는 원 징계처분 자체가 행정처분이므로 그에 대하여 위원회에 소청심사를 청구하고 위원회의 결정이 있은 후 그에 불복하는 행정소송이 제기되더라도 그 심판대상은 교육감 등에 의한 원 징계처분이 되는 것이 원칙이다. 다만 위원회의 심사절차에 위법사유가 있다는 등 고유의 위법이 있는 경우에 한하여 위원회의 결정이 소송에서의 심판대상이 된다. 따라서 그 행정소송의 피고도 위와 같은 예외적 경우가 아닌 한 원처분을 한 처분청이 되는 것이지 위원회가 되는 것이 아니다. 또한 법원에서도 위원회 결정의 당부가 아니라 원처분의 위법 여부가 판단대상이 되는 것이므로 위원회 결정의 결론과 상관없이 원처분에 적법한 처분사유가 있는지, 그 징계양정이 적정한지가 판단대상이 되고(다만 위원회에서 원처분의 징계양정을 변경한 경우에는 그 내용에 따라 원처분이 변경된 것으로 간주되어 그 변경된 처분이 심판대상이 된다), 거기에 위법사유가 있다고 인정되면 위원회의 결정이 아니라 원 징계처분을 취소하게 되고, 그에 따라 후속절차도 원 징계처분을 한 처분청이 판결의 기속력에 따라 징계를 하지 않거나 재징계를 하게 되는 구조로 운영된다.

반면, 사립학교 교원에 대한 징계처분의 경우에는 학교법인 등의 징계처분은 행정처분성이 없는 것이고 그에 대한 소청심사청구에 따라 위원회가 한 결정이 행정처분이고 교원이나 학교법인 등은 그 결정에 대하여 행정소송으로 다투는 구조가 되므로, 행정소송에서의 심판대상은 학교법인 등의 원 징계처분이 아니라 위원회의 결정이 되고, 따라서 피고도 행정청인 위원회가 되는 것이며, 법원이 위원회의 결정을 취소한 판결이 확정된다고 하더라도 위원회가 다시 그 소청심사청구사건을 재심사하게 될 뿐 학교법인 등이 곧바로 위 판결의 취지에 따라 재징계 등을 하여야 할 의무를 부담하는 것은 아니다.

한편 위원회의 결정은 처분청에 대하여 기속력을 가지고 이는 그 결정의 주문에 포함된 사항뿐 아니라 그 전제가 된 요건사실의 인정과 판단, 즉 처분 등의 구체적 위법사유에 관한 판단에까지 미친다(대판 2013.7.25. 2012두12297).

016 취소소송의 대상에 있어 재결주의가 적용되는 것을 모두 고른 것은? 〈2021〉

> ㄱ.「국가공무원법」상 소청심사위원회의 결정
> ㄴ.「감사원법」상 감사원의 재심의판정
> ㄷ.「특허법」상 특허심판원의 심결
> ㄹ.「국세기본법」상 심판청구에 대한 결정

① ㄱ, ㄴ   ② ㄴ, ㄷ   ③ ㄷ, ㄹ   ④ ㄱ, ㄴ, ㄷ   ⑤ ㄴ, ㄷ, ㄹ

정답/해설 ②

개별법률에서 재결주의를 채택하고 있는 경우: ① 감사원의 재심의판정 ② 중앙노동위원회의 재심판결 ③ 특허심판원의 심결

017 항고소송의 대상이 되는 것을 모두 고른 것은? (다툼이 있으면 판례에 따름) 〈2021〉

> ㄱ. 공정거래위원회의 표준약관 사용권장행위
> ㄴ. 조달청이 물품구매계약의 상대방에게 한 나라장터 종합쇼핑몰 거래정지 조치
> ㄷ. 방송통신심의위원회가 「방송통신위원회의 설치 및 운영에 관한 법률」에 따라 서비스제공자에게 한 시정요구
> ㄹ. 교도소장이 수형자에게 한 접견내용 녹음·녹화 및 접견 시 교도관 참여대상자 지정행위

① ㄱ, ㄴ, ㄷ   ② ㄱ, ㄴ, ㄹ   ③ ㄱ, ㄷ, ㄹ   ④ ㄴ, ㄷ, ㄹ   ⑤ ㄱ, ㄴ, ㄷ, ㄹ

정답/해설 ⑤

ㄱ (○) 공정거래위원회의 '표준약관 사용권장행위'는 그 통지를 받은 해당 사업자 등에게 표준약관과 다른 약관을 사용할 경우 표준약관과 다르게 정한 주요내용을 고객이 알기 쉽게 표시하여야 할 의무를 부과하고, 그 불이행에 대해서는 과태료에 처하도록 되어 있으므로, 이는 사업자 등의 권리·의무에 직접 영향을 미치는 행정처분으로서 항고소송의 대상이 된다(대판 2010.10.14. 2008두23184).

ㄴ (○) 조달청이 계약상대자에 대하여 나라장터 종합쇼핑몰에서의 거래를 일정기간 정지하는 조치는 전자조달의 이용 및 촉진에 관한 법률, 조달사업에 관한 법률 등에 의하여 보호되는 계약상대자의 직접적이고 구체적인 법률상 이익인 나라장터를 통하여 수요기관의 전자입찰에 참가하거나 나라장터 종합쇼핑몰에서 등록된 물품을 수요기관에 직접 판매할 수 있는 지위를 직접 제한하거나 침해하는 행위에 해당하는 점 등을 종합하면, 위 거래정지 조치는 비록 추가특수조건이라는 사법상 계약에 근거한 것이지만 행정청인 조달청이 행하는 구체적 사실에 관한 법집행으로서의 공권력의 행사로서 그 상대방인 甲 회사의 권리·의무에 직접 영향을 미치므로 항고소송의 대상이 되는 행정처분에 해당한다(대판 2018.11.29. 2015두52395).

ㄷ (○) 행정기관인 방송통신심의위원회의 시정요구는 정보통신서비스제공자 등에게 조치결과 통지의무를 부과하고 있고, 정보통신서비스제공자 등이 이에 따르지 않는 경우 방송통신위원회의 해당 정보의 취급거부·정지 또는 제한명령이라는 법적조치가 예정되어 있으며, 행정기관인 방송통신심의위원회가 표현의 자유를 제한하게 되는 결과의 발생을 의도하거나 또는 적어도 예상하였다 할 것이므로, 이는 단순한 행정지도로서의 한계를 넘어 규제적·구속적 성격을 갖는 것으로서 헌법소원 또는 항고소송의 대상이 되는 공권력의 행사라고 봄이 상당하다(헌재결 2012.2.23. 2011헌가13).

ㄹ (○) ① 피고가 위와 같은 지정행위를 함으로써 원고의 접견시마다 사생활의 비밀 등 권리에 제한을 가하는 교도관의 참여, 접견내용의 청취·기록·녹음·녹화가 이루어졌으므로 이는 피고가 그 우월적 지위에서 수형자인 원고에게 일방적으로 강제하는 성격을 가진 공권력적 사실행위의 성격을 갖고 있는 점, ② 위 지정행위는 그 효과가 일회적인 것이 아니라 이 사건 제1심 판결이 선고된 이후인 2013. 2. 13.까지 오랜 기간 동안 지속되어 왔으며, 원고로 하여금 이를 수인할 것을 강제하는 성격도 아울러 가지고 있는 점, ③ 위와 같이 계속성을 갖는 공권력적 사실행위를 취소할 경우 장래에 이루어질지도 모르는 기본권의 침해로부터 수형자들의 기본적 권리를 구제할 실익이 있는 것으로 보이는 점 등을 종합하면, 위와 같은 지정행위는 수형자의 구체적 권리의무에 직접적 변동을 초래하는 행정청의 공법상 행위로서 항고소송의 대상이 되는 '처분'에 해당한다(대판 2014.2.13. 2013두20899).

018 취소소송의 소송물에 관한 설명으로 옳지 않은 것은? (다툼이 있으면 판례에 따름) 〈2021〉

① 조세의 종목과 과세기간에 의하여 구분되는 각 과세단위에 관한 개개의 부과처분이 조세소송의 소송물이 된다.
② 과세관청은 소송 중 사실심 변론종결시까지 당해 처분에서 인정한 과세표준 또는 세액의 정당성을 뒷받침할 수 있는 새로운 자료를 제출할 수 있다.
③ 감액경정청구에 대한 거부처분 취소소송에서 과세표준 및 세액의 인정이 위법이라고 내세우는 개개의 위법사유는 공격방어방법에 불과하다.
④ 부당해고 등의 구제신청에 관한 중앙노동위원회의 재심판정 취소소송에서 법원은 중앙노동위원회가 재심판정에서 인정한 징계사유에 한하여 심리한다.
⑤ 특허심판원의 심결에 대한 취소소송에서 당사자는 심결에서 판단되지 않은 처분의 위법사유도 주장·입증할 수 있다.

정답/해설 ④

① (○) 조세의 종목과 과세기간에 의하여 구분되는 각 과세단위에 관한 개개의 부과처분이 조세소송의 소송물이 된다(대판 1986.3.25. 84누216).

② (○) 과세처분취소소송의 소송물은 과세관청이 결정한 세액의 객관적 존부이므로, 과세관청으로서는 소송 도중 사실심 변론종결시까지 당해 처분에서 인정한 과세표준 또는 세액의 정당성을 뒷받침할 수 있는 새로운 자료를 제출하거나 처분의 동일성이 유지되는 범위 내에서 그 사유를 교환·변경할 수 있는 것이고, 반드시 처분 당시의 자료만에 의하여 처분의 적법 여부를 판단하여야 하거나 처분 당시의 처분사유만을 주장할 수 있는 것은 아니다(대판 2002.10.11. 2001두1994).

③ (○) 감액경정청구를 받은 과세관청으로서는 과세표준신고서에 기재된 과세표준 및 세액이 세법에 의하여 신고하여야 할 객관적으로 정당한 과세표준 및 세액을 초과하는지 여부에 대하여 조사 확인할 의무가 있다 할 것이므로, 통상의 과세처분 취소소송에서와 마찬가지로 감액경정청구에 대한 거부처분 취소소송 역시 그 거부처분의 실체적·절차적 위법 사유를 취소 원인으로 하는 것으로서 그 심판의 대상은 과세표준신고서에 기재된 과세표준 및 세액의 객관적인 존부라 할 것이고, 그 과세표준 및 세액의 인정이 위법이라고 내세우는 개개의 위법사유는 자기의 청구가 정당하다고 주장하는 공격방어방법에 불과한 것이므로, 감액경정청구를 함에 있어 개개의 위법사유에 대하여 모두 주장하여야 하는 것은 아니고, 감액경정청구 당시 주장하지 아니하였던 사항도 그 거부처분 취소소송에서 새로이 주장할 수 있다(대판 2004.8.16. 2002두9261).

④ (×) 위와 같은 부당해고 등의 구제절차 관련 규정, 재심판정 취소소송의 소송물, 그 심리 방식, 심판 대상이 되는 징계사유 등을 종합하면, 재심판정이 징계처분의 정당성에 관한 판단을 그르쳤는지 여부를 가리기 위해서는 징계위원회 등에서 징계처분의 근거로 삼은 징계사유에 의하여 징계처분이 정당한지 여부를 살펴보아야 한다. 따라서 여러 징계사유를 들어 징계처분을 한 경우에는 중앙노동위원회가 재심판정에서 징계사유로 인정한 것 이외에도 징계위원회 등에서 들었던 징계사유 전부를 심리하여 징계처분이 정당한지 여부를 판단하여야 할 것이다(대판 2016.12.29. 2015두776).

⑤ (○) 심판은 특허심판원에서의 행정절차이며 심결은 행정처분에 해당하고, 그에 대한 불복의 소송인 심결취소소송은 항고소송에 해당하여 그 소송물은 심결의 실체적, 절차적 위법성 여부라 할 것이므로 당사자는 심결에서 판단되지 않은 처분의 위법사유도 심결취소소송단계에서 주장·입증할 수 있고 심결취소소송의 법원은 특별한 사정이 없는 한 제한 없이 이를 심리·판단하여 판결의 기초로 삼을 수 있는 것이며 이와 같이 본다고 하여 심급의 이익을 해한다거나 당사자에게 예측하지 못한 불의의 손해를 입히는 것이 아니다(대판 2002.6.25. 2000후1290).

019 판례상 항고소송의 대상이 되는 행정처분에 해당하지 않는 것은? 〈2020〉

① 항정신병 치료제의 요양급여에 관한 보건복지부고시
② 원천징수의무자인 법인에 대한 과세관청의 소득처분에 따른 소득금액변동통지
③ 한국마사회의 조교사 및 기수면허 부여 또는 취소
④ 조달청이 계약상대자에 대하여 나라장터 종합쇼핑몰에서의 거래를 일정기간 정지하는 조치
⑤ 부당한 공동행위 자진신고자 등의 과징금 감면신청에 대한 공정거래위원회의 감면불인정 통지

정답/해설 ③

① (○) 어떠한 고시가 일반적·추상적 성격을 가질 때에는 법규명령 또는 행정규칙에 해당할 것이지만, 다른 집행행위의 매개 없이 그 자체로서 직접 국민의 구체적인 권리의무나 법률관계를 규율하는 성격을 가질 때에는 행정처분에 해당한다고 할 것이다. 원심은 채용 증거들을 종합하여 판시와 같은 사실을 인정한 다음, 그 판시의 고시(이하 '이 사건 고시'라 한다)가 불특정의 항정신병 치료제 일반을 대상으로 한 것이 아니라 특정 제약회사의 특정 의약품을 규율대상으로 하는 점 및 의사에 대하여 특정 의약품을 처방함에 있어서 지켜야 할 기준을 제시하면서 만일 그와 같은 처방기준에 따르지 않은 경우에는 국민건강보험공단에 대하여 그 약제비용을 보험급여로 청구할 수 없고 환자 본인에 대하여만 청구할 수 있게 한 점 등에 비추어 볼 때, 이 사건 고시는 다른 집행행위의 매개 없이 그 자체로서 제약회사, 요양기관, 환자 및 국민건강보험공단 사이의 법률관계를 직접 규율하는 성격을 가진다고 할 것이므로, 이는 항고소송의 대상이 되는 행정처분으로서의 성격을 갖는다고 판단하였다(대결 2003.10.9. 2003무23).

② (○) [다수의견] 과세관청의 소득처분과 그에 따른 소득금액변동통지가 있는 경우 원천징수의무자인 법인은 소득금액변동통지서를 받은 날에 그 통지서에 기재된 소득의 귀속자에게 당해 소득금액을 지급한 것으로 의제되어 그 때 원천징수하는 소득세의 납세의무가 성립함과 동시에 확정되고, 원천징수의무자인 법인으로서는 소득금액변동통지서에 기재된 소득처분의 내용에 따라 원천징수세액을 그 다음달 10일까지 관할 세무서장 등에게 납부하여야 할 의무를 부담하며, 만일 이를 이행하지 아니하는 경우에는 가산세의 제재를 받게 됨은 물론이고 형사처벌까지 받도록 규정되어 있는 점에 비추어 보면, 소득금액변동통지는 원천징수의무자인 법인의 납세의무에 직접 영향을 미치는 과세관청의 행위로서, 항고소송의 대상이 되는 조세행정처분이라고 봄이 상당하다(대판 전합 2006.4.20. 2002두1878).

③ (×) 한국마사회가 조교사 또는 기수의 면허를 부여하거나 취소하는 것은 경마를 독점적으로 개최할 수 있는 지위에서 우수한 능력을 갖추었다고 인정되는 사람에게 경마에서의 일정한 기능과 역할을 수행할 수 있는 자격을 부여하거나 이를 박탈하는 것에 지나지 아니하므로, 이는 국가 기타 행정기관으로부터 위탁받은 행정권한의 행사가 아니라 일반 사법상의 법률관계에서 이루어지는 단체 내부에서의 징계 내지 제재처분이다(대판 2008.1.31. 2005두8269).

④ (○) 이 사건 거래정지 조치는 비록 추가특수조건이라는 사법상 계약에 근거한 것이기는 하지만 행정청인 피고가 행하는 구체적 사실에 관한 법집행으로서의 공권력의 행사로서 상대방인 원고의 권리·의무에 직접 영향을 미치므로 항고소송의 대상에 해당한다고 봄이 타당하다(대판 2018.11.29. 2017두34940).

⑤ (○) 부당한 공동행위 자진신고자 등에 대한 시정조치 또는 과징금 감면 신청인이 고시 제11조 제1항에 따라 자진신고자 등 지위확인을 받는 경우에는 시정조치 및 과징금 감경 또는 면제, 형사고발 면제 등의 법률상 이익을 누리게 되지만, 그 지위확인을 받지 못하고 고시 제14조 제1항에 따라 감면불인정 통지를 받는 경우에는 위와 같은 법률상 이익을 누릴 수 없게 되므로, 감면불인정 통지가 이루어진 단계에서 신청인에게 그 적법성을 다투어 법적 불안을 해소한 다음 조사협조행위에 나아가도록 함으로써 장차 있을지도 모르는 위험에서 벗어날 수 있도록 하는 것이 법치행정의 원리에도 부합한다. 따라서 부당한 공동행위 자진신고자 등의 시정조치 또는 과징금 감면신청에 대한 감면불인정 통지는 항고소송의 대상이 되는 행정처분에 해당한다고 보아야 한다(대판 2012.9.27. 2010두3541).

020 판례상 취소소송의 대상이 되지 않는 것을 모두 고른 것은? ⟨2020⟩

ㄱ. 공정거래위원회의 고발조치
ㄴ. 소관청의 토지대장상의 소유자명의변경신청 거부행위
ㄷ. 국세환급금결정이나 이 결정을 구하는 신청에 대한 환급거부결정
ㄹ. 국민건강보험공단의 '직장가입자 자격상실 및 자격변동 안내' 통보

① ㄱ, ㄴ   ② ㄱ, ㄷ   ③ ㄱ, ㄴ, ㄹ   ④ ㄴ, ㄷ, ㄹ   ⑤ ㄱ, ㄴ, ㄷ, ㄹ

정답/해설 ⑤

ㄱ (×) 이른바 고발은 수사의 단서에 불과할 뿐 그 자체 국민의 권리의무에 어떤 영향을 미치는 것이 아니고, 특히 독점규제 및 공정거래에 관한 법률 제71조는 공정거래위원회의 고발을 위 법률위반죄의 소추요건으로 규정하고 있어 **공정거래위원회의 고발조치는 사직 당국에 대하여 형벌권 행사를 요구하는 행정기관 상호간의 행위에 불과하여 항고소송의 대상이 되는 행정처분이라 할 수 없으며**, 더욱이 공정거래위원회의 고발 의결은 행정청 내부의 의사결정에 불과할 뿐 최종적인 처분은 아닌 것이므로 이 역시 항고소송의 대상이 되는 행정처분이 되지 못한다(대판 1995.5.12. 94누13794).

ㄴ (×) 토지대장에 기재된 일정한 사항을 변경하는 행위는, 그것이 지목의 변경이나 정정 등과 같이 토지소유권 행사의 전제요건으로서 토지소유자의 실체적 권리관계에 영향을 미치는 사항에 관한 것이 아닌 한 행정사무집행의 편의와 사실증명의 자료로 삼기 위한 것일 뿐이어서, 그 소유자 명의가 변경된다고 하여도 이로 인하여 당해 토지에 대한 실체상의 권리관계에 변동을 가져올 수 없고 토지 소유권이 지적공부의 기재만에 의하여 증명되는 것도 아니다. 따라서 소관청이 **토지대장상의 소유자명의변경신청을 거부한 행위는 이를 항고소송의 대상이 되는 행정처분이라고 할 수 없다**(대판 2012.1.12. 2010두12354).

ㄷ (×) [다수의견] 국세기본법 제51조 및 제52조 국세환급금 및 국세가산금결정에 관한 규정은 이미 납세의무자의 환급청구권이 확정된 국세환급금 및 가산금에 대하여 내부적 사무처리절차로서 과세관청의 환급절차를 규정한 것에 지나지 않고 그 규정에 의한 국세환급금(가산금 포함)결정에 의하여 비로소 환급청구권이 확정되는 것은 아니므로, **국세환급금결정이나 이 결정을 구하는 신청에 대한 환급거부 결정 등은 납세의무자가 갖는 환급청구권의 존부나 범위에 구체적이고 직접적인 영향을 미치는 처분이 아니어서 항고소송의 대상이 되는 처분이라고 볼 수 없다**(대판 전합 1989.6.15. 88누6436).

ㄹ (×) 국민건강보험공단이 甲등에게 '직장가입자 자격상실 및 자격변동 안내' 통보 및 '사업장 직권탈퇴에 따른 가입자 자격상실 안내' 통보를 한 사안에서, **국민건강보험 직장가입자 또는 지역가입자 자격 변동은 법령이 정하는 사유가 생기면 별도 처분 등의 개입 없이 사유가 발생한 날부터 변동의 효력이 당연히 발생하므로**, 국민건강보험공단이 甲등에 대하여 가입자 자격이 변동되었다는 취지의 '직장가입자 자격상실 및 자격 변동 안내' 통보를 하였거나, 그로 인하여 사업장이 국민건강보험법상의 적용대상사업 장에서 제외되었다는 취지의 '사업장 직권탈퇴에 따른 가입자 자격상실 안내' 통보를 하였더라도, 이는 甲등의 가입자 자격의 변동 여부 및 시기를 확

인하는 의미에서 한 사실상 통지행위에 불과할 뿐, 위 각 통보에 의하여 가입자 자격이 변동되는 효력이 발생한다고 볼 수 없고, 또한 위 각 통보로 甲등에게 지역가입자로서의 건강보험료를 납부하여야 하는 의무가 발생함으로써 甲등의 권리의무에 직접적 변동을 초래하는 것도 아니라는 이유로, 위 각 통보의 처분성이 인정되지 않는다고 보아 그 취소를 구하는 甲등의 소를 모두 각하한 원심판단이 정당하다고 한 사례(대판 2019.2.14. 2016두41729).

---

021 「행정소송법」상 재결취소소송에 관한 설명으로 옳지 않은 것은? (다툼이 있으면 판례에 따름)
〈2020〉

① 인용재결에 대한 항고소송의 피고는 인용재결을 한 행정심판위원회이다.
② 행정심판청구가 부적법하여 각하하여야 함에도 인용재결을 한 경우 재결취소소송이 인정된다.
③ 재결 자체의 고유한 위법에는 재결자체의 주체, 절차, 형식상의 위법뿐만 아니라 재결자체의 내용상 위법도 포함된다.
④ 재결자체에 고유한 위법이 없는 경우에는 각하판결을 하여야 한다.
⑤ 인용재결의 취소를 구하는 소송에서 법원은 행정심판위원회가 원처분의 취소근거로 내세운 판단사유의 당부뿐만 아니라 행정심판위원회가 심판청구인의 심판청구원인사유를 배척한 판단부분이 정당한가도 심리·판단하여야 한다.

정답/해설 ④

① (○) 합의제 행정청이 처분청인 경우 합의제 행정청이 피고가 되는 것이 원칙이다. 행정심판위원회가 한 인용재결은 원처분과 내용을 달리하는 것이므로 항고소송의 대상이 되며, 피고는 행정심판위원회이다.
② (○) 행정청이 골프장 사업계획승인을 얻은 자의 사업시설 착공계획서를 수리한 것에 대하여 인근 주민들이 그 수리처분의 취소를 구하는 행정심판을 청구하자 재결청이 그 청구를 인용하여 수리처분을 취소하는 형성적 재결을 한 경우, 그 수리처분 취소 심판청구는 행정심판의 대상이 되지 아니하여 부적법 각하하여야 함에도 위 재결은 그 청구를 인용하여 수리처분을 취소하였으므로 재결 자체에 고유한 하자가 있다고 본 사례(대판 2001.5.29. 99두10292).
③ (○) 항고소송은 원칙적으로 당해 처분을 대상으로 하나, 당해 처분에 대한 재결 자체에 고유한 주체, 절차, 형식 또는 내용상의 위법이 있는 경우에 한하여 그 재결을 대상으로 할 수 있다고 해석된다 (대판 1993.8.24. 93누5673).
④ (×) 행정소송법 제19조는 취소소송은 행정청의 원처분을 대상으로 하되(원처분주의), 다만 "재결 자체에 고유한 위법이 있음을 이유로 하는 경우"에 한하여 행정심판의 재결도 취소소송의 대상으로 삼을 수 있도록 규정하고 있으므로 재결취소소송의 경우 재결 자체에 고유한 위법이 있는지 여부를 심리할 것이고, 재결 자체에 고유한 위법이 없는 경우에는 원처분의 당부와는 상관없이 당해 재결취소소송은 이를 기각하여야 한다(대판 1994.1.25. 93누16901).

⑤ (○) 인용재결의 취소를 구하는 당해 소송은 그 인용재결의 당부를 그 심판대상으로 하고 있고, 그 점을 가리기 위하여는 행정심판청구인들의 심판청구원인 사유에 대한 재결청의 판단에 관하여도 그 당부를 심리·판단하여야 할 것이므로, 원심으로서는 재결청이 원처분의 취소 근거로 내세운 판단사유의 당부뿐만 아니라 재결청이 심판청구인의 심판청구원인 사유를 배척한 판단 부분이 정당한가도 심리·판단하여야 한다(대판 1997.12.23. 96누10911).

022 행정청에 대한 신청의 거부행위의 처분성에 관한 설명으로 옳지 않은 것은? (다툼이 있으면 판례에 따름) 〈2019〉

① 신청한 행위가 공권력의 행사 또는 이에 준하는 행정작용이어야 한다.
② 거부행위가 신청인의 법률관계에 어떤 변동을 일으켜야 하는데 권리행사에 중대한 지장을 초래하는 것도 포함된다.
③ 행정청에 대하여 행위발동을 요구할 법규상 또는 조리상 신청권이 요구된다.
④ 신청권은 일반 국민에게 그러한 신청권을 인정하고 있는가를 살펴 추상적으로 결정된다.
⑤ 신청권은 신청의 인용이라는 만족적 결과를 얻을 권리를 의미한다.

정답/해설 ⑤

① (○), ② (○), ③ (○) 국민의 적극적 행위 신청에 대하여 행정청이 그 신청에 따른 행위를 하지 않겠다고 거부한 행위가 항고소송의 대상이 되는 행정처분에 해당하는 것이라고 하려면, 그 신청한 행위가 공권력의 행사 또는 이에 준하는 행정작용이어야 하고, 그 거부행위가 신청인의 법률관계에 어떤 변동을 일으키는 것이어야 하며, 그 국민에게 그 행위발동을 요구할 법규상 또는 조리상의 신청권이 있어야 하는바, 여기에서 '신청인의 법률관계에 어떤 변동을 일으키는 것'이라는 의미는 신청인의 실체상의 권리관계에 직접적인 변동을 일으키는 것은 물론, 그렇지 않다 하더라도 신청인이 실체상의 권리자로서 권리를 행사함에 중대한 지장을 초래하는 것도 포함한다(대판 2007.10.11. 2007두1316).

④ (○), ⑤ (×) 거부처분의 처분성을 인정하기 위한 전제요건이 되는 신청권의 존부는 구체적 사건에서 신청인이 누구인가를 고려하지 않고 관계 법규의 해석에 의하여 일반 국민에게 그러한 신청권을 인정하고 있는가를 살펴 추상적으로 결정되는 것이고, 신청인이 그 신청에 따른 단순한 응답을 받을 권리를 넘어서 신청의 인용이라는 만족적 결과를 얻을 권리를 의미하는 것은 아니므로, 국민이 어떤 신청을 한 경우에 그 신청의 근거가 된 조항의 해석상 행정발동에 대한 개인의 신청권을 인정하고 있다고 보이면 그 거부행위는 항고소송의 대상이 되는 처분으로 보아야 하고, 구체적으로 그 신청이 인용될 수 있는가 하는 점은 본안에서 판단하여야 할 사항이다(대판 2009.9.10. 2007두20638).

023 판례상 공부(公簿)상의 기재변경과 관련하여 처분성이 인정되지 않는 것은? ⟨2019⟩

① 지적공부 소관청의 지목변경신청 반려행위
② 소관청의 토지대장상 소유자명의변경신청 거부행위
③ 행정청의 건축물대장상 건축주명의변경신고에 대한 수리거부행위
④ 1필지의 일부가 소유자가 다르게 되었음을 이유로 한 지적공부상 토지분할신청에 대한 지적 소관청의 거부행위
⑤ 건축물대장 소관청의 건축물대장의 용도변경신청 거부행위

정답/해설 ②

① (○) 지목은 토지에 대한 공법상의 규제, 개발부담금의 부과대상, 지방세의 과세대상, 공시지가의 산정, 손실보상가액의 산정 등 토지행정의 기초로서 공법상의 법률관계에 영향을 미치고, 토지소유자는 지목을 토대로 토지의 사용·수익·처분에 일정한 제한을 받게 되는 점 등을 고려하면, 지목은 토지소유권을 제대로 행사하기 위한 전제요건으로서 토지소유자의 실체적 권리관계에 밀접하게 관련되어 있으므로 지적공부 소관청의 지목변경신청 반려행위는 국민의 권리관계에 영향을 미치는 것으로서 항고소송의 대상이 되는 행정처분에 해당한다(대판 전합 2004.4.22. 2003두9015).

② (×) 토지대장에 기재된 일정한 사항을 변경하는 행위는, 그것이 지목의 변경이나 정정 등과 같이 토지소유권 행사의 전제요건으로서 토지소유자의 실체적 권리관계에 영향을 미치는 사항에 관한 것이 아닌 한 행정사무집행의 편의와 사실증명의 자료로 삼기 위한 것일 뿐이어서, 그 소유자 명의가 변경된다고 하여도 이로 인하여 당해 토지에 대한 실체상의 권리관계에 변동을 가져올 수 없고 토지 소유권이 지적공부의 기재만에 의하여 증명되는 것도 아니다. 따라서 소관청이 토지대장상의 소유자명의변경신청을 거부한 행위는 이를 항고소송의 대상이 되는 행정처분이라고 할 수 없다(대판 2012.1.12. 2010두12354).

③ (○) 건축주명의변경신고수리거부행위는 행정청이 허가대상건축물 양수인의건축주명의변경신고라는 구체적인 사실에 관한 법집행으로서 그 신고를 수리하여야 할 법령상의 의무를 지고 있음에도 불구하고 그 신고의 수리를 거부함으로써, 양수인이 건축공사를 계속하기 위하여 또는 건축공사를 완료한 후 자신의 명의로 소유권보존등기를 하기 위하여 가지는 구체적인 법적 이익을 침해하는 결과가 되었다고 할 것이므로, 비록 건축허가가 대물적 허가로서 그 허가의 효과가 허가대상건축물에 대한 권리변동에 수반하여 이전된다고 하더라도, 양수인의 권리의무에 직접 영향을 미치는 것으로서 취소소송의 대상이 되는 처분이라고 하지 않을 수 없다(대판 1992.3.31. 91누4911).

④ (○) 1필지의 일부가 소유자가 다르게 되거나 토지소유자가 필요로 하는 때 토지의 분할을 신청할 수 있도록 되어 있음에도 지적공부 소관청이 이에 기한 토지분할신청을 거부하는 경우에, 분할 거부로 인하여 토지소유자의 당해 토지의 소유권에는 아무런 변동을 초래하지 아니한다 하더라도, 부동산등기법 제15조, 지적법 제3조 내지 제6조 등의 관계규정에 의하여 토지의 개수는 같은 법에 의한 지적공부상의 토지의 필수를 표준으로 결정되는 것으로 1필지의 토지를 수필로 분할하여 등기하려면 반드시 같은 법이 정하는 바에 따라 분할의 절차를 밟아 지적공부에 각 필지마다 등록되어야 하고, 이러한 절차를 거치지 아니하는 한 1개의 토지로서 등기

의 목적이 될 수 없는 것이니 토지의 소유자는 자기소유 토지의 일부에 대한 소유권의 양도나 저당권의 설정 등 필요한 처분행위를 할 수 없게 되고, 특히 1필지의 일부가 소유자가 다르게 된 때에도 그 소유권을 등기부에 표창하지 못하고 나아가 처분도 할 수 없게 되어 권리행사에 지장을 초래하게 되는 점 등을 고려한다면, 지적 소관청의 이러한 토지분할신청의 거부행위는 국민의 권리관계에 영향을 미치는 것으로서 항고소송의 대상이 되는 처분으로 보아야 할 것이다(대판 1992.12.8. 92누7542).

⑤ (○) 건축물의 용도는 토지의 지목에 대응하는 것으로서 건물의 이용에 대한 공법상의 규제, 건축법상의 시정명령, 지방세 등의 과세대상 등 공법상 법률관계에 영향을 미치고, 건물소유자는 용도를 토대로 건물의 사용·수익·처분에 일정한 영향을 받게 된다. 이러한 점 등을 고려해 보면, 건축물대장의 용도는 건축물의 소유권을 제대로 행사하기 위한 전제요건으로서 건축물 소유자의 실체적 권리관계에 밀접하게 관련되어 있으므로, 건축물대장 소관청의 용도변경신청 거부행위는 국민의 권리관계에 영향을 미치는 것으로서 항고소송의 대상이 되는 행정처분에 해당한다(대판 2009.1.30. 2007두7277).

024 판례상 취소소송의 대상인 것을 모두 고른 것은? 〈2019〉

> ㄱ. 「건축법」상 착공신고 반려행위
> ㄴ. 「국가공무원법」상 당연퇴직의 인사발령
> ㄷ. 운전면허 행정처분처리대장상 벌점의 배점
> ㄹ. 본인의 의사와 무관하게 유출된 주민등록번호의 변경신청에 대한 구청장의 거부행위

① ㄱ, ㄴ   ② ㄱ, ㄹ   ③ ㄴ, ㄷ   ④ ㄴ, ㄹ   ⑤ ㄷ, ㄹ

정답/해설 ②

ㄱ (○) 행정청은 착공신고의 경우에도 신고 없이 착공이 개시될 경우 건축주 등에 대하여 공사중지·철거·사용금지 등의 시정명령을 할 수 있고(제69조 제1항), 시정명령을 받고 이행하지 아니한 건축물에 대하여는 당해 건축물을 사용하여 행할 다른 법령에 의한 영업 기타 행위의 허가를 하지 않도록 요청할 수 있으며(제69조 제2항), 요청을 받은 자는 특별한 이유가 없는 한 이에 응하여야 하고(제69조 제3항), 나아가 행정청은 시정명령의 이행을 하지 아니한 건축주 등에 대하여는 이행강제금을 부과할 수 있으며(제69조의2 제1항 제1호), 또한 착공신고를 하지 아니한 자는 200만 원 이하의 벌금에 처해질 수 있다(제80조 제1호, 제9조). 이와 같이 건축주 등으로서는 착공신고가 반려될 경우, 당해 건축물의 착공을 개시하면 시정명령, 이행강제금, 벌금의 대상이 되거나 당해 건축물을 사용하여 행할 행위의 허가가 거부될 우려가 있어 불안정한 지위에 놓이게 된다. 따라서 착공신고 반려행위가 이루어진 단계에서 당사자로 하여금 반려행위의 적법성을 다투어 법적 불안을 해소한 다음 건축행위에 나아가도록 함으로써 장차 있을지도 모르는 위험에서 미리 벗어날 수 있도록 길을 열어 주고, 위법한 건축물의 양산과 철거를 둘러싼 분쟁을 조기에 근본적으로 해결할 수 있게 하는 것이 법치행정의 원리에 부합한다. 그러므로 행정청의 착공신고 반려행위는 항고소송의 대상이 된다고 보는 것이 옳다(대판 2011.6.10. 2010두7321).

ㄴ (×) 지방공무원법 제61조의 규정에 의하면 공무원에게 같은 법 제31조 소정의 결격사유가 있을 때에는 당연히 퇴직한다고 되어 있으므로 이러한 당연퇴직의 경우에는 결격사유가 있어 법률상 당연 퇴직되는 것이지 공무원 관계를 소멸시키기 위한 별도의 행정처분을 요하지 아니한다 할 것이며 위와 같은 사유의 발생으로 당연 퇴직의 인사발령이 있었다 하여도 이는 퇴직사실을 알리는 이른바 관념의 통지에 불과하여 행정소송의 대상이 되지 아니한다(대판 1992.1.21. 91누2687).

ㄷ (×) 운전면허 행정처분처리대장상 벌점의 배점은 도로교통법규 위반행위를 단속하는 기관이 도로교통법 시행규칙 별표 16의 정하는 바에 의하여 도로교통법규 위반의 경중, 피해의 정도 등에 따라 배정하는 점수를 말하는 것으로 자동차운전면허의 취소, 정지처분의 기초자료로 제공하기 위한 것이고 그 배점 자체만으로는 아직 국민에 대하여 구체적으로 어떤 권리를 제한하거나 의무를 명하는 등 법률적 규제를 하는 효과를 발생하는 요건을 갖춘 것이 아니어서 그 무효확인 또는 취소를 구하는 소송의 대상이 되는 행정처분이라고 할 수 없다(대판 1994.8.12. 94누2190).

ㄹ (○) 피해자의 의사와 무관하게 주민등록번호가 불법 유출된 경우 개인의 사생활뿐만 아니라 생명·신체에 대한 위해나 재산에 대한 피해를 입을 우려가 있고, 실제 유출된 주민등록번호가 다른 개인정보와 연계되어 각종 광고 마케팅에 이용되거나 사기, 보이스피싱 등의 범죄에 악용되는 등 사회적으로 많은 피해가 발생하고 있는 것이 현실인 점, 반면 주민등록번호가 유출된 경우 그로 인하여 이미 발생하였거나 발생할 수 있는 피해 등을 최소화할 수 있는 충분한 권리구제방법을 찾기 어려운데도 구 주민등록법에서는 주민등록번호 변경에 관한 아무런 규정을 두고 있지 않은 점, 주민등록법령상 주민등록번호 변경에 관한 규정이 없다거나 주민등록번호 변경에 따른 사회적 혼란 등을 이유로 위와 같은 불이익을 피해자가 부득이한 것으로 받아들여야 한다고 보는 것은 피해자의 개인정보자기결정권 등 국민의 기본권 보장의 측면에서 타당하지 않은 점, 주민등록번호를 관리하는 국가로서는 주민등록번호가 유출된 경우 그로 인한 피해가 최소화되도록 제도를 정비하고 보완해야 할 의무가 있으며, 일률적으로 주민등록번호를 변경할 수 없도록 할 것이 아니라 만약 주민등록번호 변경이 필요한 경우가 있다면 그 변경에 관한 규정을 두어서 이를 허용해야 하는 점 등을 종합하면, 피해자의 의사와 무관하게 주민등록번호가 유출된 경우에는 조리상 주민등록번호의 변경을 요구할 신청권을 인정함이 타당하고, 구청장의 주민등록번호 변경신청 거부행위는 항고소송의 대상이 되는 행정처분에 해당한다고 한 사례(대판 2017.6.15. 2013두2945).

025 행정소송법상 재결취소소송과 재결 자체의 고유한 위법에 관한 설명으로 옳지 않은 것은? (다툼이 있으면 판례에 따름) 〈2019〉

① 재결서에 주문만 기재되고 이유의 기재가 없는 경우 재결 자체의 고유한 하자가 인정된다.
② 복효적 행정행위에 대한 행정심판의 인용재결로 불이익을 입은 자는 인용재결의 취소를 구할 수 있다.
③ 행정심판청구가 부적법하여 각하하여야 함에도 인용재결을 한 경우 재결취소소송이 허용된다.
④ 행정심판청구가 부적법하지 않음에도 각하한 재결에 대해서는 취소소송을 제기할 수 있다.

⑤ 행정심판의 재결에 이유모순의 위법이 있는 경우 원처분의 취소를 구하는 소송에서 위법사유로서 재결 자체의 고유한 하자를 주장할 수 있다.

정답/해설 ⑤

① (○) 재결에 주문만 기재되고 이유가 전혀 기재되어 있지 않거나 이유가 불충분한 경우, 재결서에 기명날인을 하지 아니한 경우 재결의 형식에 관한 위법이 있다.

② (○), ③ (○) 복효적 행정행위, 특히 제3자효를 수반하는 행정행위에 대한 행정심판청구에 있어서 그 청구를 인용하는 내용의 재결로 인하여 비로소 권리이익을 침해받게 되는 자는 그 인용재결에 대하여 다툴 필요가 있고, 그 인용재결은 원처분과 내용을 달리하는 것이므로 그 인용재결의 취소를 구하는 것은 원처분에는 없는 재결에 고유한 하자를 주장하는 셈이어서 당연히 항고소송의 대상이 된다. 행정청이 골프장 사업계획승인을 얻은 자의 사업시설 착공계획서를 수리한 것에 대하여 인근 주민들이 그 수리처분의 취소를 구하는 행정심판을 청구하자 재결청이 그 청구를 인용하여 수리처분을 취소하는 형성적 재결을 한 경우, 그 수리처분 취소 심판청구는 행정심판의 대상이 되지 아니하여 부적법 각하하여야 함에도 위 재결은 그 청구를 인용하여 수리처분을 취소하였으므로 재결 자체에 고유한 하자가 있다고 본 사례(대판 2001.5.29. 99두10292).

④ (○) 행정소송법 제19조에 의하면 행정심판에 대한 재결에 대하여도 그 재결 자체에 고유한 위법이 있음을 이유로 하는 경우에는 항고소송을 제기하여 그 취소를 구할 수 있고, 여기에서 말하는 '재결 자체에 고유한 위법'이란 그 재결자체에 주체, 절차, 형식 또는 내용상의 위법이 있는 경우를 의미하는데, 행정심판청구가 부적법하지 않음에도 각하한 재결은 심판청구인의 실체심리를 받을 권리를 박탈한 것으로서 원처분에 없는 고유한 하자가 있는 경우에 해당하고, 따라서 위 재결은 취소소송의 대상이 된다(대판 2001.7.27. 99두2970).

⑤ (×) 행정처분에 대한 행정심판의 재결에 이유 모순의 위법이 있다는 사유는 재결처분 자체에 고유한 하자로서 재결처분의 취소를 구하는 소송에서는 그 위법사유로서 주장할 수 있으나, 원처분의 취소를 구하는 소송에서는 그 취소를 구할 위법사유로서 주장할 수 없다(대판 1996.2.13. 95누8027).

026 변경처분이 있는 경우의 항고소송에 관한 설명으로 옳지 않은 것은? (다툼이 있으면 판례에 따름) 〈2019〉

① 증액경정처분이 있는 경우 당초처분의 절차적 하자는 증액경정처분에 승계되지 않는다.

② 당초처분을 전부 변경하는 변경처분에 대한 취소소송의 제소기간은 변경처분시를 기준으로 한다.

③ 후행처분이 선행처분의 내용을 일부 소폭 변경하는 경우, 선행처분취소소송에 후행처분 취소청구를 추가하여 청구를 변경하였다면 후행처분에 관한 제소기간 준수는 청구변경 당시를 기준으로 판단한다.

④ 과징금 부과처분을 한 후 부과처분의 하자를 이유로 감액처분을 하면 감액처분이 항고소송의 대상이 된다.

⑤ 대규모점포에 대한 종전 영업시간 제한 및 의무휴업일 지정 처분의 내용중 영업시간제한 부분만을 일부 변경하는 후속처분이 있는 경우, 종전처분도 여전히 항고소송의 대상이 된다.

정답/해설 ④

① (○) 증액경정처분이 있는 경우 당초처분은 증액경정처분에 흡수되어 소멸하고, 소멸한 당초처분의 절차적 하자는 존속하는 증액경정처분에 승계되지 아니한다(대판 2010.6.24. 2007두16493).

② (○) 당초처분을 전부 변경하는 적극적 변경처분의 경우 당초 처분은 효력을 상실하므로 변경처분을 대상으로 항고소송을 제기하여야 한다. 이 경우 변경처분취소소송의 제소기간은 변경처분시를 기준으로 한다.

③ (○) 선행처분이 후행처분에 의하여 변경되지 아니한 범위 내에서 존속하고 후행처분은 선행처분의 내용 중 일부를 변경하는 범위 내에서 효력을 가지는 경우에, 선행처분의 취소를 구하는 소를 제기한 후 후행처분의 취소를 구하는 청구를 추가하여 청구를 변경하였다면 후행처분에 관한 제소기간 준수 여부는 청구변경 당시를 기준으로 판단하여야 하나, 선행처분에만 존재하는 취소사유를 이유로 후행처분의 취소를 청구할 수는 없다(대판 2012.12.13. 2010두20782, 20799).

④ (×) 과징금 부과처분에서 행정청이 납부의무자에 대하여 부과처분을 한 후 그 부과처분의 하자를 이유로 과징금의 액수를 감액하는 경우에 그 감액처분은 감액된 과징금 부분에 관하여만 법적 효과가 미치는 것으로서 처음의 부과처분과 별개 독립의 과징금 부과처분이 아니라 그 실질은 당초 부과처분의 변경이고, 그에 의하여 과징금의 일부취소라는 납부의무자에게 유리한 결과를 가져오는 처분이므로 처음의 부과처분이 전부 실효되는 것은 아니며, 그 감액처분으로도 아직 취소되지 않고 남아 있는 부분이 위법하다고 하여 다투는 경우 항고소송의 대상은 처음의 부과처분 중 감액처분에 의하여 취소되지 않고 남은 부분이고 감액처분이 항고소송의 대상이 되는 것은 아니다(대판 2008.2.15. 2006두3957).

⑤ (○) 기존의 행정처분을 변경하는 내용의 행정처분이 뒤따르는 경우, 후속처분이 종전 처분을 완전히 대체하는 것이거나 주요 부분을 실질적으로 변경하는 내용인 경우에는 특별한 사정이 없는 한 종전처분은 효력을 상실하고 후속처분만이 항고소송의 대상이 되지만, 후속처분의 내용이 종전처분의 유효를 전제로 내용 중 일부만을 추가·철회·변경하는 것이고 추가·철회·변경된 부분이 내용과 성질상 나머지 부분과 불가분적인 것이 아닌 경우에는, 후속처분에도 불구하고 종전처분이 여전히 항고소송의 대상이 된다. 따라서 종전처분을 변경하는 내용의 후속처분이 있는 경우 법원으로서는, 후속처분의 내용이 종전처분 전체를 대체하거나 주요 부분을 실질적으로 변경하는 것인지, 후속처분에서 추가·철회·변경된 부분의 내용과 성질상 나머지 부분과 가분적인지 등을 살펴 항고소송의 대상이 되는 행정처분을 확정하여야 한다(대판 전합 2015.11.19. 2015두295).

027 판례상 행정소송의 대상이 되는 행정처분으로 인정되지 않는 것으로만 연결된 것은? 〈2019〉

① 법인세 과세표준 결정 - 친일반민족행위자재산조사위원회의 재산조사개시결정
② 「건축법」상 이행강제금 납부의 최초 독촉 - 보건복지부 고시인 약제급여·비급여목록 및 급여상한금액표
③ 해양수산부장관의 항만 명칭결정 - 과세관청의 소득금액변동통지
④ 금융감독위원회의 부실금융기관에 대한 파산신청 - 진실·화해를 위한 과거사정리위원회의 진실규명결정
⑤ 어업권면허에 선행하는 우선순위결정 - 행정청의 과태료 부과처분

정답/해설 ⑤

① (O) 법인세과세표준결정은 조세부과처분에 앞선 결정으로서 그로 인하여 바로 과세처분의 효력이 발생하는 것이 아니고 또 후일에 이에 의한 법인세부과처분이 있을 때에 그 부과처분을 다툴 수 있는 방법이 없는 것도 아니어서 과세관청의 위 결정을 바로 항고소송의 대상이 되는 행정처분이라고 볼 수는 없다(대판 1986.1.21. 82누236). ⇒ 행정처분 아님

친일반민족행위자재산조사위원회의 재산조사개시결정이 있는 경우 조사대상자는 위 위원회의 보전처분 신청을 통하여 재산권행사에 실질적인 제한을 받게 되고, 위 위원회의 자료제출요구나 출석요구 등의 조사행위에 응하여야 하는 법적 의무를 부담하게 되는 점, '친일반민족행위자 재산의 국가귀속에 관한 특별법'에서 인정된 재산조사결정에 대한 이의신청절차만으로는 조사대상자에 대한 권리구제 방법으로 충분치 아니한점, 조사대상자로 하여금 개개의 과태료 처분에 대하여 불복하거나 조사 종료 후의 국가귀속결정에 대하여만 다툴 수 있도록 하는 것보다는 그에 앞서 재산조사개시결정에 대하여 다툼으로써 분쟁을 조기에 근본적으로 해결할 수 있는 점 등을 종합하면, 친일반민족행위자재산조사위원회의 재산조사개시결정은 조사대상자의 권리·의무에 직접 영향을 미치는 독립한 행정처분으로서 항고소송의 대상이 된다고 봄이 상당하다(대판 2009.10.15. 2009두6513). ⇒ 행정처분

② (O) 이행강제금 부과처분을 받은 자가 이행강제금을 기한 내에 납부하지 아니한 때에는 그 납부를 독촉할 수 있으며, 납부독촉에도 불구하고 이행강제금을 납부하지 않으면 체납절차에 의하여 이행강제금을 징수할 수 있고, 이때 이행강제금 납부의 최초 독촉은 징수처분으로서 항고소송의 대상이 되는 행정처분이 될 수 있다(대판 2009.12.24. 2009두14507). ⇒ 행정처분

어떠한 고시가 일반적·추상적 성격을 가질 때에는 법규명령 또는 행정규칙에 해당할 것이지만, 다른 집행행위의 매개 없이 그 자체로서 직접 국민의 구체적인 권리의무나 법률관계를 규율하는 성격을 가질 때에는 행정처분에 해당한다고 할 것이다. 위 법리와 관계 법령을 기록에 비추어 살펴보면, 이 사건 고시는 다른 집행행위의 매개 없이 그 자체로서 국민건강보험가입자, 국민건강보험공단, 요양기관 등의 법률관계를 직접 규율하는 성격을 가진다고 할 것이므로, 항고소송의 대상이 되는 행정처분에 해당한다고 할 것이다(대판 2006.12.21. 2005두16161). ⇒ 행정처분

③ (O) 피고 해양수산부장관은 2005. 12. 19. 그 소속 중앙항만정책심의회의 심의결과 이 사건 항만을 지정항만인 부산항의 하위항만으로 두되 무역항인 '부산항'의 명칭은 그대로 유지하면서, 이 사건 항만의 공식명칭을 '신항(영문명칭 : busan new port)'으로 정하였다고 공표하였

는바, 이러한 피고 해양수산부장관의 이 사건 항만 명칭결정으로 인하여 원고들이 속한 지방자치단체의 관할구역이 변경되는 것이 아닐 뿐만 아니라, 원고들의 권리의무나 법률상 지위에 직접적인 법률적 변동이 생기지도 아니하므로, 피고 해양수산부장관의 이 사건 항만 명칭결정을 항고소송의 대상이 되는 행정처분이라 할 수는 없다(대판 2008.5.29. 2007두23873). ⇒ 행정처분 아님

과세관청의 소득처분과 그에 따른 소득금액변동통지가 있는 경우 원천징수의무자인 법인은 소득금액변동통지서를 받은 날에 그 통지서에 기재된 소득의 귀속자에게 당해 소득금액을 지급한 것으로 의제되어 그 때 원천징수하는 소득세의 납세의무가 성립함과 동시에 확정되고, 원천징수의무자인 법인으로서는 소득금액변동통지서에 기재된 소득처분의 내용에 따라 원천징수세액을 그 다음달 10일까지 관할 세무서장 등에게 납부하여야 할 의무를 부담하며, 만일 이를 이행하지 아니하는 경우에는 가산세의 제재를 받게 됨은 물론이고 형사처벌까지 받도록 규정되어 있는 점에 비추어 보면, 소득금액변동통지는 원천징수의무자인 법인의 납세의무에 직접 영향을 미치는 과세관청의 행위로서, 항고소송의 대상이 되는 조세행정처분이라고 봄이 상당하다(대판 전합 2006.4.20. 2002두1878). ⇒ 행정처분

④ (○) 파산신청은 그 성격이 법원에 대한 재판상 청구로서 그 자체가 국민의 권리·의무에 어떤 영향을 미치는 것이 아닐 뿐만 아니라, 위 파산신청으로 인하여 당해 부실금융기관이 파산절차 내에서 여러 가지 법률상 불이익을 입는다 할지라도 파산법원이 관할하는 파산절차 내에서 그 신청의 적법 여부 등을 다투어야 할 것이므로, 위와 같은 금융감독위원회의 파산신청은 행정소송법상 취소소송의 대상이 되는 행정처분이라 할 수 없다(대판 2006.7.28. 2004두13219). ⇒ 행정처분 아님

진실·화해를 위한 과거사정리 기본법(이하 '법'이라 한다)과 구 과거사 관련 권고사항 처리에 관한 규정의 목적, 내용 및 취지를 바탕으로, 피해자 등에게 명문으로 진실규명 신청권, 진실규명결정 통지 수령권 및 진실규명결정에 대한 이의신청권 등이 부여된 점, 진실규명결정이 이루어지면 그 결정에서 규명된 진실에 따라 국가가 피해자 등에 대하여 피해 및 명예회복 조치를 취할 법률상 의무를 부담하게 되는 점, 진실·화해를 위한 과거사정리위원회가 위와 같은 법률상 의무를 부담하는 국가에 대하여 피해자 등의 피해 및 명예 회복을 위한 조치로 권고한 사항에 대한 이행의 실효성이 법적·제도적으로 확보되고 있는 점 등 여러 사정을 종합하여 보면, 법이 규정하는 진실규명결정은 국민의 권리의무에 직접적으로 영향을 미치는 행위로서 항고소송의 대상이 되는 행정처분이라고 보는 것이 타당하다(대판 2013.1.16. 2010두22856). ⇒ 행정처분

⑤ (×) 어업권면허에 선행하는 우선순위결정은 행정청이 우선권자로 결정된 자의 신청이 있으면 어업권면허처분을 하겠다는 것을 약속하는 행위로서 강학상 확약에 불과하고 행정처분은 아니므로, 우선순위결정에 공정력이나 불가쟁력과 같은 효력은 인정되지 아니하며, 따라서 우선순위결정이 잘못되었다는 이유로 종전의 어업권면허처분이 취소되면 행정청은 종전의 우선순위결정을 무시하고 다시 우선순위를 결정한 다음 새로운 우선순위결정에 기하여 새로운 어업권면허를 할 수 있다(대판 1995.1.20. 94누6529). ⇒ 행정처분 아님

수도조례 및 하수도사용조례에 기한 과태료의 부과 여부 및 그 당부는 최종적으로 질서위반행위규제법에 의한 절차에 의하여 판단되어야 한다고 할 것이므로, 그 과태료 부과처분은 행정청을 피고로 하는 행정소송의 대상이 되는 행정처분이라고 볼 수 없다(대판 2012.10.11. 2011두19369). ⇒ 행정처분 아님

028 취소소송의 대상에서 원처분주의와 재결주의가 올바르게 연결된 것만을 모두 고른 것은? (다툼이 있으면 판례에 따름) 〈2018〉

> ㄱ. 감사원의 변상판정에 대한 재심의 판정에 대한 불복 - 원처분주의
> ㄴ. 노동위원회의 처분에 대한 중앙노동위원회의 재심판정에 대한 불복 - 재결주의
> ㄷ. 중앙토지수용위원회의 이의재결에 대한 불복 - 원처분주의
> ㄹ. 교원소청심사위원회의 결정에 대한 불복 - 재결주의

① ㄱ, ㄴ   ② ㄴ, ㄷ   ③ ㄱ, ㄴ, ㄷ   ④ ㄱ, ㄷ, ㄹ   ⑤ ㄴ, ㄷ, ㄹ

정답/해설 ②

ㄱ (×) 감사원의 변상판정에 대한 재심의 판정에 대한 불복은 재결주의에 해당한다.

감사원의 변상판정처분에 대하여서는 행정소송을 제기할 수 없고, 재결에 해당하는 재심의 판정에 대하여서만 감사원을 피고로 하여 행정소송을 제기할 수 있다(대판 1984.4.10. 84누91).

ㄴ (○) 노동위원회의 처분에 대한 중앙노동위원회의 재심판정에 대한 불복은 재결주의에 해당한다.

노동위원회법 제19조의2 제1항(현 제27조 제1항)의 규정은 행정처분의 성질을 가지는 지방노동위원회의 처분에 대하여 중앙노동위원장을 상대로 행정소송을 제기할 경우의 전치요건에 관한 규정이라 할 것이므로 당사자가 지방노동위원회의 처분에 대하여 불복하기 위하여는 처분 송달일로부터 10일 이내에 중앙노동위원회에 재심을 신청하고 중앙노동위원회의 재심판정서 송달일로부터 15일 이내에 중앙노동위원장을 피고로 하여 재심판정취소의 소를 제기하여야 할 것이다.

ㄷ (○) 중앙토지수용위원회의 이의재결에 대한 불복은 원처분주의에 해당한다.

수용재결에 불복하여 취소소송을 제기하는 때에는 이의신청을 거친 경우에도 수용재결을 한 중앙토지수용위원회 또는 지방토지수용위원회를 피고로 하여 수용재결의 취소를 구하여야 하고, 다만 이의신청에 대한 재결 자체에 고유한 위법이 있음을 이유로 하는 경우에는 그 이의재결을 한 중앙토지수용위원회를 피고로 하여 이의재결의 취소를 구할 수 있다고 보아야 한다(대판 2010.1.28. 2008두1504).

ㄹ (×) 교원소청심사위원회의 결정에 대한 불복은 원처분주의에 해당한다.

국·공립학교 교원에 대한 징계처분의 경우에는 원 징계처분 자체가 행정처분이므로 그에 대하여 위원회에 소청심사를 청구하고 위원회의 결정이 있은 후 그에 불복하는 행정소송이 제기되더라도 그 심판대상은 교육감 등에 의한 원 징계처분이 되는 것이 원칙이다. (중략) 사립학교 교원에 대한 징계처분의 경우에는 학교법인 등의 징계처분은 행정처분성이 없는 것이고 그에 대한 소청심사청구에 따라 위원회가 한 결정이 행정처분이고 교원이나 학교법인 등은 그 결정에 대하여 행정소송으로 다투는 구조가 되므로, 행정소송에서의 심판대상은 학교법인 등의 원 징계처분이 아니라 위원회의 결정이 된다(대판 2013.7.25. 2012두12297).

029 판례상 처분에 해당하는 것은? ⟨2018⟩

① 「국가공무원법」상 결격사유가 있는 자에 대한 당연퇴직인사발령
② 무허가건물관리대장 등재 삭제행위
③ 공정거래위원회의 '표준약관 사용권장행위'
④ 재개발조합의 조합원 분양계약에 대한 안내서 발송행위
⑤ 「질서위반행위규제법」에 따른 과태료 부과처분

정답/해설 ③

① (×) 국가공무원법 제69조에 의하면 공무원이 제33조 각 호의 1에 해당할 때에는 당연히 퇴직한다고 규정하고 있으므로, 국가공무원법상 당연퇴직은 결격사유가 있을 때 법률상 당연히 퇴직하는 것이지, 공무원관계를 소멸시키기 위한 별도의 행정처분을 요하는 것이 아니며, 당연퇴직의 인사발령은 법률상 당연히 발생하는 퇴직사유를 공적으로 확인하여 알려주는 이른바 관념의 통지에 불과하고 공무원의 신분을 상실시키는 새로운 형성적 행위가 아니므로 행정소송의 대상이 되는 독립한 행정처분이라고 할 수 없다(대판 1995.11.14. 95누2036).

② (×) 무허가건물관리대장은, 행정관청이 지방자치단체의 조례 등에 근거하여 무허가건물 정비에 관한 행정상 사무처리의 편의와 사실증명의 자료로 삼기 위하여 작성, 비치하는 대장으로서 무허가건물을 무허가건물관리대장에 등재하거나 등재된 내용을 변경 또는 삭제하는 행위로 인하여 당해 무허가 건물에 대한 실체상의 권리관계에 변동을 가져오는 것이 아니고, 무허가건물의 건축시기, 용도, 면적 등이 무허가건물관리대장의 기재에 의해서만 증명되는 것도 아니므로, 관할관청이 무허가건물의 무허가건물관리대장 등재 요건에 관한 오류를 바로잡으면서 당해 무허가건물을 무허가건물관리대장에서 삭제하는 행위는 다른 특별한 사정이 없는 한 항고소송의 대상이 되는 행정처분이 아니다(대판 2009.3.12. 2008두11525).

③ (○) 공정거래위원회의 '표준약관 사용권장행위'는 그 통지를 받은 해당 사업자 등에게 표준약관과 다른 약관을 사용할 경우 표준약관과 다르게 정한 주요내용을 고객이 알기 쉽게 표시하여야 할 의무를 부과하고, 그 불이행에 대해서는 과태료에 처하도록 되어 있으므로, 이는 사업자 등의 권리·의무에 직접 영향을 미치는 행정처분으로서 항고소송의 대상이 된다(대판 2010.10.14. 2008두23184).

④ (×) 이 사건 통보는 원고 등 조합원들에 대하여 위 기한까지 분양계약에 응해 줄 것을 안내하는 것일 뿐이어서, 조합원들에게 분양계약의 체결 또는 분양금의 납부를 명하거나 기타 법률상 효과를 발생하게 하는 등 조합원들의 구체적인 권리의무에 직접적 변동을 초래하는 행정처분에 해당한다고 할 수 없다(대판 2002.12.27. 2001두2799).

⑤ (×) 행정청의 과태료 부과에 불복하는 당사자는 과태료 부과 통지를 받은 날부터 60일 이내에 해당 행정청에 서면으로 이의제기를 할 수 있고, 이의제기가 있는 경우에는 그 과태료 부과처분은 효력을 상실하며, 이의제기를 받은 행정청은 이의제기를 받은 날부터 14일 이내에 이에 대한 의견 및 증빙서류를 첨부하여 관할 법원에 통보하여야 하고, 그 통보를 받은 관할 법원은 이유를 붙인 결정으로써 과태료 재판을 하며, 당사자와 검사는 과태료 재판에 대하여 즉시항고를 할 수 있다고 규정하고 있다. 또 질서위반행위규제법 제5조는 '과태료의 부과·징수, 재판 및 집행 등의 절차에 관한 다른 법률의 규정 중 이 법의 규정에 저촉되는 것은 이 법

으로 정하는 바에 따른다'고 규정하고 있다. 위와 같은 규정을 종합하여 보면, 수도조례 및 하수도사용조례에 기한 과태료의 부과 여부 및 그 당부는 최종적으로 질서위반행위규제법에 의한 절차에 의하여 판단되어야 한다고 할 것이므로, 그 과태료 부과처분은 행정청을 피고로 하는 행정소송의 대상이 되는 행정처분이라고 볼 수 없다(대판 2012.10.11. 2011두19369).

030 과세관청이 甲에게 2018. 2. 1. 500만 원의 당초 과세처분을 하였다가 2018. 3. 15. 700만 원으로 증액하는 경정처분을 하고, 다시 2018. 4. 20. 600만 원으로 감액하는 재경정처분을 하였다. 이 경우 甲이 제기하는 항고소송의 대상은? (다툼이 있으면 판례에 따름) 〈2018〉

① 2018. 2. 1. 600만 원의 처분
② 2018. 3. 15. 600만 원의 처분
③ 2018. 3. 15. 700만 원의 처분
④ 2018. 4. 20. 600만 원의 처분
⑤ 2018. 4. 20. 700만 원의 처분

정답/해설 ②

② (○) 증액경정처분이 있으면 당초의 처분은 증액처분에 흡수되어 소멸하므로 증액경정처분이 항고소송의 대상이 되고, 감액경정처분이 있으면 감액경정처분이 항고소송의 대상이 되는 것이 아니며 처음의 부과처분 중 감액처분에 의하여 취소되지 않고 남은 부분이 항고소송의 대상이 된다.

1st. 2018. 2. 1.자 500만 원의 과세처분은 2018. 3. 15.자 700만 원의 증액경정처분에 흡수되어 소멸하였다.

2nd. 이후 2018. 4. 20.자 600만 원의 감액경정처분을 하였으므로, 항고소송의 대상은 2018. 3. 15.자 600만 원 과세처분이 된다(처음의 부과처분: 2018. 3. 15.자 700만 원 처분, 감액처분에 의하여 취소되지 않고 남은 부분: 600만 원).

> 증액경정처분이 있는 경우 당초 신고나 결정은 증액경정처분에 흡수됨으로써 독립한 존재가치를 잃게 되어 원칙적으로는 당초 신고나 결정에 대한 불복기간의 경과 여부 등에 관계없이 증액경정처분만이 항고소송의 심판대상이 된다(대판 2011.4.14. 2008두22280).
>
> 과세관청이 당초 부과처분의 일부를 감액하는 내용의 경정결정을 한 경우 위 감액경정처분은 당초의 과세처분에서 결정된 세액의 일부를 취소하는데 지나지 아니하여 당초처분이 감액된 범위내에서 존속하게 되는 결과가 되므로 항고소송의 대상이 되는 것은 경정처분이 아니라 당초처분중 경정결정에 의하여 취소되지 않고 남아 있는 부분이다(대판 1987.4.28. 87누36).

031 다음 사례에서 甲이 제기할 수 있는 소송으로 적법한 것은? (다툼이 있으면 판례에 따름) 〈2018〉

> A시의 일정구역의 주민들은 주택재개발을 위하여 추진위원회를 구성하여 조합설립준비를 하였다. 추진위원회는 해당 주민 등의 동의를 얻어 설립결의를 거쳐 설립인가를 신청하였고, A시의 시장 乙은 조합설립을 인가하였다. 주민 甲 등 일부 주민은 동의를 얻는 과정에서 하자가 있음을 주장하고 있다.

① 추진위원회를 피고로 설립결의의 무효를 확인하는 당사자소송
② 조합을 피고로 설립결의의 무효를 확인하는 당사자소송
③ 조합을 피고로 설립결의의 취소 또는 무효확인를 구하는 항고소송
④ 乙을 피고로 조합설립인가의 취소 또는 무효확인를 구하는 항고소송
⑤ A시를 피고로 설립결의의 무효를 확인하는 당사자소송

정답/해설 ④

행정청이 도시 및 주거환경정비법 등 관련 법령에 근거하여 행하는 조합설립인가처분은 단순히 사인들의 조합설립행위에 대한 보충행위로서의 성질을 갖는 것에 그치는 것이 아니라 법령상 요건을 갖출 경우 도시 및 주거환경정비법상 주택재건축사업을 시행할 수 있는 권한을 갖는 행정주체(공법인)로서의 지위를 부여하는 일종의 설권적 처분의 성격을 갖는다고 보아야 한다. 그리고 그와 같이 보는 이상 조합설립결의는 조합설립인가처분이라는 행정처분을 하는 데 필요한 요건 중 하나에 불과한 것이어서, 조합설립결의에 하자가 있다면 그 하자를 이유로 직접 항고소송의 방법으로 조합설립인가처분의 취소 또는 무효확인을 구하여야 하고, 이와는 별도로 조합설립결의 부분만을 따로 떼어내어 그 효력 유무를 다투는 확인의 소를 제기하는 것은 원고의 권리 또는 법률상의 지위에 현존하는 불안·위험을 제거하는 데 가장 유효·적절한 수단이라 할 수 없어 특별한 사정이 없는 한 확인의 이익은 인정되지 아니한다(대판 2009.9.24. 2008다60568).

032 판례상 항고소송의 대상에 해당하지 않는 것은? 〈2018〉

① 한국자산공사의 공매통지
② 과세관청의 소득처분에 따른 소득금액변동통지
③ 세무조사결정
④ 표준지공시지가결정
⑤ 교도소재소자의 이송조치

정답/해설 ①

① (×) 한국자산공사가 당해 부동산을 인터넷을 통하여 재공매(입찰)하기로 한 결정 자체는 내부적인 의사결정에 불과하여 항고소송의 대상이 되는 행정처분이라고 볼 수 없고, 또한 한국자산공사가 공매통지는 공매의 요건이 아니라 공매사실 자체를 체납자에게 알려주는 데 불과한 것으

서, 통지의 상대방의 법적 지위나 권리·의무에 직접 영향을 주는 것이 아니라고 할 것이므로 이것 역시 행정처분에 해당한다고 할 수 없다(대판 2007.7.27. 2006두8464).

② (○) 과세관청의 소득처분과 그에 따른 소득금액변동통지가 있는 경우 원천징수의무자인 법인은 소득금액변동통지서를 받은 날에 그 통지서에 기재된 소득의 귀속자에게 당해 소득금액을 지급한 것으로 의제되어 그 때 원천징수하는 소득세의 납세의무가 성립함과 동시에 확정되고, 원천징수의무자인 법인으로서는 소득금액변동통지서에 기재된 소득처분의 내용에 따라 원천징수세액을 그 다음달 10일까지 관할 세무서장 등에게 납부하여야 할 의무를 부담하며, 만일 이를 이행하지 아니하는 경우에는 가산세의 제재를 받게 됨은 물론이고 형사처벌까지 받도록 규정되어 있는 점에 비추어 보면, **소득금액변동통지는 원천징수의무자인 법인의 납세의무에 직접 영향을 미치는 과세관청의 행위로서, 항고소송의 대상이 되는 조세행정처분이라고 봄이 상당하다**(대판 전합 2006.4.20. 2002두1878).

③ (○) 부과처분을 위한 과세관청의 질문조사권이 행해지는 세무조사결정이 있는 경우 납세의무자는 세무공무원의 과세자료 수집을 위한 질문에 대답하고 검사를 수인하여야 할 법적 의무를 부담하게 되는 점, 세무조사는 기본적으로 적정하고 공평한 과세의 실현을 위하여 필요한 최소한의 범위 안에서 행하여져야 하고, 더욱이 동일한 세목 및 과세기간에 대한 재조사는 납세자의 영업의 자유 등 권익을 심각하게 침해할 뿐만 아니라 과세관청에 의한 자의적인 세무조사의 위험마저 있으므로 조세공평의 원칙에 현저히 반하는 예외적인 경우를 제외하고는 금지될 필요가 있는 점, 납세의무자로 하여금 개개의 과태료 처분에 대하여 불복하거나 조사 종료 후의 과세처분에 대하여만 다툴 수 있도록 하는 것보다는 그에 앞서 세무조사결정에 대하여 다툼으로써 분쟁을 조기에 근본적으로 해결할 수 있는 점 등을 종합하면, **세무조사결정은 납세의무자의 권리·의무에 직접 영향을 미치는 공권력의 행사에 따른 행정작용으로서 항고소송의 대상이 된다**(대판 2011.3.10. 2009두23617, 23624).

④ (○) 지가공시및토지등의평가에관한법률 제4조 제1항에 의하여 **표준지로 선정되어 공시지가가 공시된 토지의 공시지가에 대하여 불복을 하기 위하여는** 같은 법 제8조 제1항 소정의 이의절차를 거쳐 처분청인 건설부장관을 피고로 하여 위 **공시지가 결정의 취소를 구하는 행정소송을 제기하여야 한다**(대판 1994.3.8. 93누10828).

⑤ (○) 미결수용 중 다른 교도소로 이송된 피고인이 그 이송처분의 취소를 구하는 행정소송을 제기하고 아울러 그 효력정지를 구하는 신청을 제기한 데 대하여 법원에서 위 이송처분의 효력정지신청을 인용하는 결정을 하였고 이에 따라 신청인이 다시 이송되어 현재 위 이송처분이 있기 전과 같은 교도소에 수용중이라 하여도 이는 법원의 효력정지 결정에 의한 것이어서 그로 인하여 효력정지 신청이 그 신청의 이익이 없는 부적법한 것으로 되는 것은 아니다(대결 1992.8.7. 92두30).

033 행정소송법상 재결취소소송에 관한 설명으로 옳은 것은? (다툼이 있으면 판례에 따름) 〈2017〉

① 재결취소소송은 재결 자체에 고유한 위법이 있음을 이유로 하는 경우에 한한다.
② 재결의 내용의 위법은 재결자체의 고유한 위법에는 해당하지 않는다.
③ 재결 자체에 고유한 위법이 없음에도 제기된 재결취소소송은 각하판결의 대상이다.
④ 행정심판청구가 부적법하지 않음에도 불구하고 각하한 재결의 경우, 재결 자체의 고유한 위법은 인정되지 않는다.
⑤ 행정심판의 대상이 아닌 관념의 통지에 대하여 행한 인용재결의 경우, 재결 자체의 고유한 위법은 인정되지 않는다.

정답/해설 ①

① (○) 제19조 단서

> **제19조(취소소송의 대상)**
> 취소소송은 처분등을 대상으로 한다. 다만, 재결취소소송의 경우에는 재결 자체에 고유한 위법이 있음을 이유로 하는 경우에 한한다.

② (×) 항고소송은 원칙적으로 당해 처분을 대상으로 하나, 당해 처분에 대한 재결자체에 고유한 주체, 절차, 형식 또는 내용상의 위법이 있는 경우에 한하여 그 재결을 대상으로 할 수 있다고 해석된다(대판 1993.8.24. 93누5673).

③ (×) 행정소송법 제19조는 취소소송은 행정청의 원처분을 대상으로 하되(원처분주의), 다만 "재결 자체에 고유한 위법이 있음을 이유로 하는 경우"에 한하여 행정심판의 재결도 취소소송의 대상으로 삼을 수 있도록 규정하고 있으므로 재결취소소송의 경우 재결 자체에 고유한 위법이 있는지 여부를 심리할 것이고, 재결 자체에 고유한 위법이 없는 경우에는 원처분의 당부와는 상관없이 당해 재결취소소송은 이를 기각하여야 한다(대판 1994.1.25. 93누16901).

④ (×) 행정소송법 제19조에 의하면 행정심판에 대한 재결에 대하여도 그 재결 자체에 고유한 위법이 있음을 이유로 하는 경우에는 항고소송을 제기하여 그 취소를 구할 수 있고, 여기에서 말하는 '재결 자체에 고유한 위법'이란 그 재결자체에 주체, 절차, 형식 또는 내용상의 위법이 있는 경우를 의미하는데, 행정심판청구가 부적법하지 않음에도 각하한 재결은 심판청구인의 실체심리를 받을 권리를 박탈한 것으로서 원처분에 없는 고유한 하자가 있는 경우에 해당하고, 따라서 위 재결은 취소소송의 대상이 된다(대판 2001.7.27. 99두2970).

⑤ (×) 변경허가연장조치는 원고가 인천시장에게 액화석유가스용기충전소 현대화시설연기요청을 서면으로 제출한 데 대한 회신의 형식으로 그 서면상의 사항에 대한 인식을 위한 관념의 통지에 불과하고 새로운 권리를 설정하거나 의무를 부과하는 것이 아니므로 이를 행정처분이라고 볼 수는 없는 것이라 할 것이어서 이를 대상으로 하여 재결하고 그 취소를 명한 이 사건 재결은 그 처분대상을 결여한 것이다(대판 1993.8.24. 92누1865).

034 판례상 항고소송의 대상이 되는 처분에 해당하는 것은? 〈2017〉

① 군의관에 의한 신체등위판정
② 건축신고 반려행위
③ 어업권면허에 앞서 행한 우선순위결정
④ 검사가 제기한 공소
⑤ 가산금의 미납에 대해 반복된 제2차의 독촉처분

정답/해설 ②

① (×) 병역법상 신체등위판정은 행정청이라고 볼 수 없는 군의관이 하도록 되어 있으며, 그 자체만으로 바로 병역법상의 권리의무가 정하여지는 것이 아니라 그에 따라 지방병무청장이 병역처분을 함으로써 비로소 병역의무의 종류가 정하여지는 것이므로 항고소송의 대상이 되는 행정처분이라 보기 어렵다(대판 1993.8.27. 93누3356).

② (○) 건축주 등은 신고제하에서도 건축신고가 반려될 경우 당해 건축물의 건축을 개시하면 시정명령, 이행강제금, 벌금의 대상이 되거나 당해 건축물을 사용하여 행할 행위의 허가가 거부될 우려가 있어 불안정한 지위에 놓이게 된다. 따라서 건축신고 반려행위가 이루어진 단계에서 당사자로 하여금 반려행위의 적법성을 다투어 그 법적 불안을 해소한 다음 건축행위에 나아가도록 함으로써 장차 있을지도 모르는 위험에서 미리 벗어날 수 있도록 길을 열어 주고, 위법한 건축물의 양산과 그 철거를 둘러싼 분쟁을 조기에 근본적으로 해결할 수 있게 하는 것이 법치행정의 원리에 부합한다. 그러므로 건축신고 반려행위는 항고소송의 대상이 된다고 보는 것이 옳다(대판 전합 2010.11.18. 2008두167).

③ (×) 어업권면허에 선행하는 우선순위결정은 행정청이 우선권자로 결정된 자의 신청이 있으면 어업권면허처분을 하겠다는 것을 약속하는 행위로서 강학상 확약에 불과하고 행정처분은 아니므로, 우선순위결정에 공정력이나 불가쟁력과 같은 효력은 인정되지 아니하며, 따라서 우선순위결정이 잘못되었다는 이유로 종전의 어업권면허처분이 취소되면 행정청은 종전의 우선순위결정을 무시하고 다시 우선순위를 결정한 다음 새로운 우선순위결정에 기하여 새로운 어업권면허를 할 수 있다(대판 1995.1.20. 94누6529).

④ (×) 행정소송법 제2조 소정의 행정처분이라고 하더라도 그 처분의 근거 법률에서 행정소송 이외의 다른 절차에 의하여 불복할 것을 예정하고 있는 처분은 항고소송의 대상이 될 수 없다. 형사소송법에 의하면 검사가 공소를 제기한 사건은 기본적으로 법원의 심리대상이 되고 피의자 및 피고인은 수사의 적법성 및 공소사실에 대하여 형사소송절차를 통하여 불복할 수 있는 절차와 방법이 따로 마련되어 있으므로 검사의 공소제기가 적법절차에 의하여 정당하게 이루어진 것이냐의 여부에 관계없이 검사의 공소에 대하여는 형사소송절차에 의하여서만 이를 다툴 수 있고 행정소송의 방법으로 공소의 취소를 구할 수는 없다(대판 2000.3.28. 99두11264).

⑤ (×) 보험자 또는 보험자단체가 사기 기타 부정한 방법으로 보험급여비용을 받은 의료기관에게 그 급여비용에 상당하는 금액을 부당이득으로 징수할 수 있고, 그 의료기관이 납부고지에서 지정된 납부기한까지 징수금을 납부하지 아니한 경우 국세체납절차에 의하여 강제징수할 수 있는바, 보험자 또는 보험자단체가 부당이득금 또는 가산금의 납부를 독촉한 후 다시 동일한

내용의 독촉을 하는 경우 최초의 독촉만이 징수처분으로서 항고소송의 대상이 되는 행정처분이 되고 그 후에 한 동일한 내용의 독촉은 체납처분의 전제요건인 징수처분으로서 소멸시효 중단사유가 되는 독촉이 아니라 민법상의 단순한 최고에 불과하여 국민의 권리의무나 법률상의 지위에 직접적으로 영향을 미치는 것이 아니므로 항고소송의 대상이 되는 행정처분이라 할 수 없다(대판 1999.7.13. 97누119).

035 취소소송의 대상에 해당하는 것은? (다툼이 있으면 판례에 따름) 〈2017〉

① 운전면허 행정처분처리대장상 벌점의 배점
② 공무원에 대한 당연퇴직의 인사발령
③ 한국자산공사의 공매통지
④ 도지사가 도 내 특정시를 공공기관이 이전할 혁신도시 최종입지로 선정한 행위
⑤ 지목변경신청 반려행위

정답/해설 ⑤

① (×) 운전면허 행정처분처리대장상 벌점의 배점은 도로교통법규 위반행위를 단속하는 기관이 도로교통법 시행규칙 별표 16의 정하는 바에 의하여 도로교통법규 위반의 경중, 피해의 정도 등에 따라 배정하는 점수를 말하는 것으로 자동차운전면허의 취소, 정지처분의 기초자료로 제공하기 위한 것이고 그 배점 자체만으로는 아직 국민에 대하여 구체적으로 어떤 권리를 제한하거나 의무를 명하는 등 법률적 규제를 하는 효과를 발생하는 요건을 갖춘 것이 아니어서 그 무효확인 또는 취소를 구하는 소송의 대상이 되는 행정처분이라고 할 수 없다(대판 1994.8.12. 94누2190).

② (×) 국가공무원법 제69조에 의하면 공무원이 제33조 각 호의 1에 해당할 때에는 당연히 퇴직한다고 규정하고 있으므로, 국가공무원법상 당연퇴직은 결격사유가 있을 때 법률상 당연히 퇴직하는 것이지, 공무원관계를 소멸시키기 위한 별도의 행정처분을 요하는 것이 아니며, 당연퇴직의 인사발령은 법률상 당연히 발생하는 퇴직사유를 공적으로 확인하여 알려주는 이른바 관념의 통지에 불과하고 공무원의 신분을 상실시키는 새로운 형성적 행위가 아니므로 행정소송의 대상이 되는 독립한 행정처분이라고 할 수 없다(대판 1995.11.14. 95누2036).

③ (×) 한국자산공사가 당해 부동산을 인터넷을 통하여 재공매(입찰)하기로 한 결정 자체는 내부적인 의사결정에 불과하여 항고소송의 대상이 되는 행정처분이라고 볼 수 없고, 또한 한국자산공사의 공매통지는 공매의 요건이 아니라 공매사실 자체를 체납자에게 알려주는 데 불과한 것으로서, 통지의 상대방의 법적 지위나 권리·의무에 직접 영향을 주는 것이 아니라고 할 것이므로 이것 역시 행정처분에 해당한다고 할 수 없다(대판 2007.7.27. 2006두8464).

④ (×) 법과 법 시행령 및 이 사건 지침에는 공공기관의 지방이전을 위한 정부 등의 조치와 공공기관이 이전할 혁신도시 입지선정을 위한 사항 등을 규정하고 있을 뿐 혁신도시입지 후보지에 관련된 지역 주민 등의 권리의무에 직접 영향을 미치는 규정을 두고 있지 않으므로, 피고가 원주시를 혁신도시 최종입지로 선정한 행위는 항고소송의 대상이 되는 행정처분으로 볼 수 없다(대판 2007.11.15. 2007두10198).

⑤ (O) 구 지적법 제20조, 제38조 제2항의 규정은 토지소유자에게 지목변경신청권과 지목정정신청권을 부여한 것이고, 한편 지목은 토지에 대한 공법상의 규제, 개발부담금의 부과대상, 지방세의 과세대상, 공시지가의 산정, 손실보상가액의 산정 등 토지행정의 기초로서 공법상의 법률관계에 영향을 미치고, 토지소유자는 지목을 토대로 토지의 사용·수익·처분에 일정한 제한을 받게 되는 점 등을 고려하면, 지목은 토지소유권을 제대로 행사하기 위한 전제요건으로서 토지소유자의 실체적 권리관계에 밀접하게 관련되어 있으므로 지적공부 소관청의 지목변경신청 반려행위는 국민의 권리관계에 영향을 미치는 것으로서 항고소송의 대상이 되는 행정처분에 해당한다(대판 전합 2004.4.22. 2003두9015).

036 항고소송의 대상이 되는 것을 모두 고른 것은? (다툼이 있으면 판례에 따름) ⟨2017⟩

> ㄱ. 세무조사결정
> ㄴ. 토지대장을 직권으로 말소한 행위
> ㄷ. 공정거래위원회의 고발조치
> ㄹ.「청소년보호법」에 따른 청소년유해매체물 결정·고시

① ㄱ, ㄴ   ② ㄱ, ㄷ   ③ ㄷ, ㄹ   ④ ㄱ, ㄴ, ㄹ   ⑤ ㄴ, ㄷ, ㄹ

정답/해설 ④

ㄱ (O) 부과처분을 위한 과세관청의 질문조사권이 행해지는 세무조사결정이 있는 경우 납세의무자는 세무공무원의 과세자료 수집을 위한 질문에 대답하고 검사를 수인하여야 할 법적 의무를 부담하게 되는 점, 세무조사는 기본적으로 적정하고 공평한 과세의 실현을 위하여 필요한 최소한의 범위 안에서 행하여져야 하고, 더욱이 동일한 세목 및 과세기간에 대한 재조사는 납세자의 영업의 자유 등 권익을 심각하게 침해할 뿐만 아니라 과세관청에 의한 자의적인 세무조사의 위험마저 있으므로 조세공평의 원칙에 현저히 반하는 예외적인 경우를 제외하고는 금지될 필요가 있는 점, 납세의무자로 하여금 개개의 과태료 처분에 대하여 불복하거나 조사 종료 후의 과세처분에 대하여만 다툴 수 있도록 하는 것보다는 그에 앞서 세무조사결정에 대하여 다툼으로써 분쟁을 조기에 근본적으로 해결할 수 있는 점 등을 종합하면, 세무조사결정은 납세의무자의 권리·의무에 직접 영향을 미치는 공권력의 행사에 따른 행정작용으로서 항고소송의 대상이 된다(대판 2011.3.10. 2009두23617, 23624).

ㄴ (O) 토지대장은 토지에 대한 공법상의 규제, 개발부담금의 부과대상, 지방세의 과세대상, 공시지가의 산정, 손실보상가액의 산정 등 토지행정의 기초자료로서 공법상의 법률관계에 영향을 미칠 뿐만 아니라, 토지에 관한 소유권보존등기 또는 소유권이전등기를 신청하려면 이를 등기소에 제출해야 하는 점 등을 종합해 보면, 토지대장은 토지의 소유권을 제대로 행사하기 위한 전제요건으로서 토지 소유자의 실체적 권리관계에 밀접하게 관련되어 있으므로, 이러한 토지대장을 직권으로 말소한 행위는 국민의 권리관계에 영향을 미치는 것으로서 항고소송의 대상이 되는 행정처분에 해당한다(대판 2013.10.24. 2011두13286).

ㄷ (×) 이른바 고발은 수사의 단서에 불과할 뿐 그 자체 국민의 권리의무에 어떤 영향을 미치는 것이 아니고, 특히 독점규제및공정거래에관한법률 제71조는 공정거래위원회의 고발을 위 법률위반죄의 소추요건으로 규정하고 있어 공정거래위원회의 고발조치는 사직 당국에 대하여 형벌권 행사를 요구하는 행정기관 상호간의 행위에 불과하여 항고소송의 대상이 되는 행정처분이라 할 수 없으며, 더욱이 공정거래위원회의 고발 의결은 행정청 내부의 의사결정에 불과할 뿐 최종적인 처분은 아닌 것이므로 이 역시 항고소송의 대상이 되는 행정처분이 되지 못한다(대판 1995.5.12. 94누13794).

ㄹ (○) 이 사건 결정은 피고 명의로 외부에 표시되고 이의가 있는 때에는 피고에게 결정취소를 구하도록 통보하고 있어 객관적으로 이를 행정처분으로 인식할 정도의 외형을 갖추고 있는 점, 피고의 결정에 이은 고시 요청에 기하여 청소년보호위원회는 실질적 심사 없이 청소년유해매체물로 고시하여야 하고 이에 따라 당해 매체물에 관하여 구 청소년보호법상의 각종 의무가 발생하는 점, 피고는 이 사건 결정을 취소함으로써 구 청소년보호법상의 각종 의무를 소멸시킬 수 있는 권한도 보유하고 있는 점 등 관련 법령의 내용 및 취지와 사실관계에 비추어 볼 때, 피고의 이 사건 결정은 항고소송의 대상이 되는 행정처분에 해당한다고 봄이 상당하다(대판 2007.6.14. 2005두4397).

037 항고소송의 대상에 해당하지 않는 것은? (다툼이 있으면 판례에 따름) 〈2017〉

① 개별공시지가결정
② 공정거래위원회의 '표준약관 사용권장행위'
③ 「질서위반행위규제법」에 따른 행정청의 과태료 부과처분
④ 과세처분 이후 감액경정처분이 있는 경우, 처음의 과세처분 중 감액경정처분에 의하여 취소되지 않고 남은 부분
⑤ 과세처분 이후 증액경정처분이 있는 경우, 증액경정처분

정답/해설 ③

① (○) 시장, 군수 또는 구청장의 개별토지가격결정은 관계법령에 의한 토지초과이득세, 택지초과소유부담금 또는 개발부담금 산정의 기준이 되어 국민의 권리나 의무 또는 법률상 이익에 직접적으로 관계되는 것으로서 행정소송법 제2조 제1항 제1호 소정의 행정청이 행하는 구체적 사실에 관한 법집행으로서 공권력행사이므로 항고소송의 대상이 되는 행정처분에 해당한다(대판 1993.6.11. 92누16706).

② (○) 공정거래위원회의 '표준약관 사용권장행위'는 그 통지를 받은 해당 사업자 등에게 표준약관과 다른 약관을 사용할 경우 표준약관과 다르게 정한 주요내용을 고객이 알기 쉽게 표시하여야 할 의무를 부과하고, 그 불이행에 대해서는 과태료에 처하도록 되어 있으므로, 이는 사업자 등의 권리·의무에 직접 영향을 미치는 행정처분으로서 항고소송의 대상이 된다(대판 2010.10.14. 2008두23184).

③ (×) 질서위반행위규제법 제20조 제1항, 제2항, 제21조 제1항, 제25조, 제36조 제1항, 제38조 제1항은 행정청의 과태료 부과에 불복하는 당사자는 과태료 부과 통지를 받은 날부터 60일

이내에 해당 행정청에 서면으로 이의제기를 할 수 있고, 이의제기가 있는 경우에는 그 과태료 부과처분은 효력을 상실하며, 이의제기를 받은 행정청은 이의제기를 받은 날부터 14일 이내에 이에 대한 의견 및 증빙서류를 첨부하여 관할 법원에 통보하여야 하고, 그 통보를 받은 관할 법원은 이유를 붙인 결정으로써 과태료 재판을 하며, 당사자와 검사는 과태료 재판에 대하여 즉시항고를 할 수 있다고 규정하고 있다. 또 질서위반행위규제법 제5조는 '과태료의 부과·징수, 재판 및 집행 등의 절차에 관한 다른 법률의 규정 중 이 법의 규정에 저촉되는 것은 이 법으로 정하는 바에 따른다'고 규정하고 있다.

위와 같은 규정을 종합하여 보면, 수도조례 및 하수도사용조례에 기한 과태료의 부과 여부 및 그 당부는 최종적으로 질서위반행위규제법에 의한 절차에 의하여 판단되어야 한다고 할 것이므로, 그 과태료 부과처분은 행정청을 피고로 하는 행정소송의 대상이 되는 행정처분이라고 볼 수 없다(대판 2012.10.11. 2011두19369).

④ (O) 과세관청이 당초 부과처분의 일부를 감액하는 내용의 경정결정을 한 경우 위 감액경정처분은 당초의 과세처분에서 결정된 세액의 일부를 취소하는데 지나지 아니하여 당초처분이 감액된 범위내에서 존속하게 되는 결과가 되므로 항고소송의 대상이 되는 것은 경정처분이 아니라 당초처분중 경정결정에 의하여 취소되지 않고 남아 있는 부분이다(대판 1987.4.28. 87누36).

⑤ (O) 국세기본법 제22조의2의 시행 이후에도 증액경정처분이 있는 경우, 당초 신고나 결정은 증액경정처분에 흡수됨으로써 독립한 존재가치를 잃게 된다고 보아야 하므로, 원칙적으로는 당초 신고나 결정에 대한 불복기간의 경과 여부 등에 관계없이 증액경정처분만이 항고소송의 심판대상이 되고, 납세의무자는 그 항고소송에서 당초 신고나 결정에 대한 위법사유도 함께 주장할 수 있다고 해석함이 타당하다(대판 2009.5.14. 2006두17390).

038 甲은 과세관청으로부터 과세처분을 받고 일단 그 세액의 일부를 자진 납부하였으나, 그 과세처분은 그 전부가 무효의 것임이 판명되었다. 이에 甲은 과세관청에 대하여 환급신청을 하였으나 과세관청은 환급거부결정을 하였다. 甲이 환급거부결정을 대상으로 하여 취소소송을 제기한 경우, 법원이 하여야 하는 판결은? (다툼이 있으면 판례에 따름) 〈2017〉

① 각하판결
② 취소판결
③ 일부취소판결
④ 일부무효확인판결
⑤ 의무이행판결

정답/해설 ①

조세부과처분이 당연무효임을 전제로 하여 이미 납부한 세금의 반환을 청구하는 것은 민사상의 부당이득반환청구로서 민사소송절차에 따라야 한다(대판 1995.4.28. 94다55019).

039 항고소송의 대상적격에 관한 설명으로 옳은 것은? (다툼이 있으면 판례에 따름) 〈2016〉

① 도시기본계획은 장기발전방향을 제시하는 종합계획으로서 처분이다.
② 폐기물관리법상 폐기물처리업의 허가를 위한 사업계획에 대한 부적정통보는 처분이 아니다.
③ 행정행위의 부관 중 부담은 항고소송의 대상이 될 수 없다.
④ 지방병무청장이 공익근무요원 소집통지를 한 후 직권으로 그 기일을 연기한 다음 다시 한 공익근무요원 소집통지는 처분이 아니다.
⑤ 국가인권위원회의 성희롱결정과 시정조치의 권고는 성희롱 행위자와 사용자에게 법률상의 의무를 부담시키지만 권고이어서 처분이 아니다.

정답/해설 ④

① (×) 구 도시계획법 제10조의2, 제16조의2, 같은 법 시행령 제7조, 제14조의2의 각 규정을 종합하면, 도시기본계획은 도시의 기본적인 공간구조와 장기발전방향을 제시하는 종합계획으로서 그 계획에는 토지이용계획, 환경계획, 공원녹지계획 등 장래의 도시개발의 일반적인 방향이 제시되지만, 그 계획은 도시계획입안의 지침이 되는 것에 불과하여 일반 국민에 대한 직접적인 구속력은 없는 것이다(대판 2002.10.11. 2000두8226).

② (×) 폐기물관리법 관계 법령의 규정에 의하면 폐기물처리업의 허가를 받기 위하여는 먼저 사업계획서를 제출하여 허가권자로부터 사업계획에 대한 적정통보를 받아야 하고, 그 적정통보를 받은 자만이 일정기간 내에 시설, 장비, 기술능력, 자본금을 갖추어 허가신청을 할 수 있으므로, 결국 부적정통보는 허가신청 자체를 제한하는 등 개인의 권리 내지 법률상의 이익을 개별적이고 구체적으로 규제하고 있어 행정처분에 해당한다(대판 1998.4.28. 97누21086).

③ (×) 행정행위의 부관은 부담의 경우를 제외하고는 독립하여 행정소송의 대상이 될 수 없는 것인바, 지방국토관리청장이 일부 공유수면매립지에 대하여 한 국가 또는 직할시 귀속처분은 매립준공인가를 함에 있어서 매립의 면허를 받은 자의 매립지에 대한 소유권취득을 규정한 공유수면매립법 제14조의 효과 일부를 배제하는 부관을 붙인 것이고, 이러한 행정행위의 부관은 위 법리와 같이 독립하여 행정소송 대상이 될 수 없다(대판 1993.10.8. 93누2032).

④ (○) 지방병무청장이 보충역 편입처분을 받은 자에 대하여 복무기관을 정하여 공익근무요원 소집통지를 한 이상 그것으로써 공익근무요원으로서의 복무를 명하는 병역법상의 공익근무요원 소집처분이 있었다고 할 것이고, 그 후 지방병무청장이 공익근무요원 소집대상자의 원에 의하여 또는 직권으로 그 기일을 연기한 다음 다시 공익근무요원 소집통지를 하였다고 하더라도 이는 최초의 공익근무요원 소집통지에 관하여 다시 의무이행기일을 정하여 알려주는 연기통지에 불과한 것이므로, 이는 항고소송의 대상이 되는 독립한 행정처분으로 볼 수 없다(대판 2005.10.28. 2003두14550).

⑤ (×) 국가인권위원회의 성희롱결정과 이에 따른 시정조치의 권고는 불가분의 일체로 행하여지는 것인데 국가인권위원회의 이러한 결정과 시정조치의 권고는 성희롱 행위자로 결정된 자의 인격권에 영향을 미침과 동시에 공공기관의 장 또는 사용자에게 일정한 법률상의 의무를 부담시키는 것이므로 국가인권위원회의 성희롱결정 및 시정조치권고는 행정소송의 대상이 되는 행정처분에 해당한다고 보지 않을 수 없다(대판 2005.7.8. 2005두487).

040 판례상 신청 또는 청구에 대한 거부가 항고소송의 대상이 아닌 것은? ⟨2016⟩

① 국가지정문화재의 보호구역에 인접한 나대지 소유자의 건물 신축을 위한 국가지정문화재 현상변경 신청
② 문화재보호구역 내 토지소유자의 문화재보호구역 지정해제 신청
③ 도시계획구역 내 토지를 소유하고 있는 주민의 도시계획입안권자에 대한 도시계획입안 신청
④ 경정청구기간을 도과한 후에 납세자가 제기한 경정청구
⑤ 도시계획구역 내 토지를 소유하고 있는 주민의 도시시설계획결정권자에 대한 도시시설계획변경 신청

정답/해설 ④

① (O) 문화재청장이, 국가지정문화재의 보호구역에 인접한 나대지에 건물을 신축하기 위한 국가지정문화재 현상변경신청을 허가하지 않은 경우, 상당한 규모의 건물이 나대지에 들어서는 경우 보호구역을 포함한 국가지정문화재의 경관을 저해할 가능성이 상당히 클 뿐만 아니라, 위 국가지정문화재 현상변경신청 불허가처분이 취소되는 경우 향후 주변의 나대지에 대한 현상변경허가를 거부하기 어려워질 것으로 예상되는 점 등에 비추어, 위 국가지정문화재 현상변경신청에 대한 불허가처분이 재량권을 일탈·남용한 위법한 처분이라고 단정하기 어렵다고 한 사례(대판 2006.5.12. 2004두9920).

② (O) 문화재보호법은 문화재를 보존하여 이를 활용함으로써 국민의 문화적 생활의 향상을 도모함과 아울러 인류문화의 발전에 기여함을 목적으로 하면서도, 문화재보호구역의 지정에 따른 재산권행사의 제한을 줄이기 위하여, 행정청에게 보호구역을 지정한 경우에 일정한 기간마다 적정성 여부를 검토할 의무를 부과하고, 그 검토사항 등에 관한 사항은 문화관광부령으로 정하도록 위임하였으며, 검토 결과 보호구역의 지정이 적정하지 아니하거나 기타 특별한 사유가 있는 때에는 보호구역의 지정을 해제하거나 그 범위를 조정하여야 한다고 규정하고 있는 점, 같은 법 제8조 제3항의 위임에 의한 같은 법 시행규칙 제3조의2 제1항은 그 적정성 여부의 검토에 있어서 당해 문화재의 보존 가치 외에도 보호구역의 지정이 재산권 행사에 미치는 영향 등을 고려하도록 규정하고 있는 점 등과 헌법상 개인의 재산권 보장의 취지에 비추어 보면, <u>문화재보호구역 내에 있는 토지소유자 등으로서는 위 보호구역의 지정해제를 요구할 수 있는 법규상 또는 조리상의 신청권이 있다고 할 것이고, 이러한 신청에 대한 거부행위는 항고소송의 대상이 되는 행정처분에 해당한다</u>(대판 2004.4.27. 2003두8821).

③ (O), ⑤ (O) 국토의 계획 및 이용에 관한 법률은 국토의 이용·개발과 보전을 위한 계획의 수립 및 집행 등에 필요한 사항을 규정함으로써 공공복리를 증진시키고 국민의 삶의 질을 향상시키는 것을 목적으로 하면서도 도시계획시설결정으로 인한 개인의 재산권행사의 제한을 줄이기 위하여, 도시·군계획시설부지의 매수청구권(제47조), 도시·군계획시설결정의 실효(제48조)에 관한 규정과 아울러 도시·군관리계획의 입안권자인 특별시장·광역시장·특별자치시장·특별자치도지사·시장 또는 군수(이하 '입안권자'라 한다)는 5년마다 관할 구역의 도시·군관리계획에 대하여 타당성 여부를 전반적으로 재검토하여 정비하여야 할 의무를 지우고(제34

조), 주민(이해관계자 포함)에게는 도시·군관리계획의 입안권자에게 기반시설의 설치·정비 또는 개량에 관한 사항, 지구단위계획구역의 지정 및 변경과 지구단위계획의 수립 및 변경에 관한 사항에 대하여 도시·군관리계획도서와 계획설명서를 첨부하여 도시·군관리계획의 입안을 제안할 권리를 부여하고 있고, 입안제안을 받은 입안권자는 그 처리 결과를 제안자에게 통보하도록 규정하고 있다. 이들 규정에 헌법상 개인의 재산권 보장의 취지를 더하여 보면, 도시계획구역 내 토지 등을 소유하고 있는 사람과 같이 당해 도시계획시설결정에 이해관계가 있는 주민으로서는 도시시설계획의 입안권자 내지 결정권자에게 도시시설계획의 입안 내지 변경을 요구할 수 있는 법규상 또는 조리상의 신청권이 있고, 이러한 신청에 대한 거부행위는 항고소송의 대상이 되는 행정처분에 해당한다(대판 2015.3.26. 2014두42742).

④ (×) 구 국세기본법 제3조 제2항, 제45조의2 제1항, 구 관세법 제4조 제1항, 제38조의3 제2항, 제3항, 구 주세법 제23조 제3항과 같이 세관장이 부과·징수하는 조세에 관하여 특례를 정하고 있는 취지는 수입물품에 대한 조세는 관세와 마찬가지로 세관장이 함께 부과·징수하도록 함으로써 과세행정의 효율성과 납세의무자 간의 형평을 도모하고자 함에 있으므로, 그에 관한 불복절차 또한 관세와 동일하게 이루어질 필요가 있다. 따라서 수입한 주류의 주세에 대한 경정청구에 관하여 구 관세법 제38조의3 제2항에서 정한 2년의 경정청구기간이 적용된다. 그리고 경정청구기간이 도과한 후 제기된 경정청구는 부적법하여 과세관청이 과세표준 및 세액을 결정 또는 경정하거나 거부처분을 할 의무가 없으므로, 과세관청이 경정을 거절하였다고 하더라도 이를 항고소송의 대상이 되는 거부처분으로 볼 수 없다(대판 2015.3.12. 2014두44830).

041 판례상 항고소송의 대상이 아닌 것은? 〈2016〉

① 행정대집행법상 제1차 계고처분 후 반복된 제2차 계고처분
② 지목변경신청 거부
③ 행정규칙을 근거로 국민의 권리·의무에 직접 영향을 미치는 행위
④ 임용기간이 만료된 국립대학교 교원의 재임용 제외 결정
⑤ 건축신고에 대한 수리거부

정답/해설 ①

① (×) 건물의 소유자에게 위법건축물을 일정기간까지 철거할 것을 명함과 아울러 불이행할 때에는 대집행한다는 내용의 철거대집행 계고처분을 고지한 후 이에 불응하자 다시 제2차, 제3차 계고서를 발송하여 일정기간까지의 자진철거를 촉구하고 불이행하면 대집행을 한다는 뜻을 고지하였다면 행정대집행법상의 건물철거의무는 제1차 철거명령 및 계고처분으로서 발생하였고 제2차, 제3차의 계고처분은 새로운 철거의무를 부과한 것이 아니고 다만 대집행기한의 연기 통지에 불과하므로 행정처분이 아니다(대판 1994.10.28. 94누5144).

② (○) 구 지적법 제20조, 제38조 제2항의 규정은 토지소유자에게 지목변경신청권과 지목정정신청권을 부여한 것이고, 한편 지목은 토지에 대한 공법상의 규제, 개발부담금의 부과대상, 지방세의 과세대상, 공시지가의 산정, 손실보상가액의 산정 등 토지행정의 기초로서 공법상의 법률관계에 영향을 미치고, 토지소유자는 지목을 토대로 토지의 사용·수익·처분에 일정

한 제한을 받게 되는 점 등을 고려하면, 지목은 토지소유권을 제대로 행사하기 위한 전제요건으로서 토지소유자의 실체적 권리관계에 밀접하게 관련되어 있으므로 지적공부 소관청의 **지목변경신청 반려행위는 국민의 권리관계에 영향을 미치는 것으로서 항고소송의 대상이 되는 행정처분에 해당한다**(대판 전합 2004.4.22. 2003두9015).

③ (○) 항고소송의 대상이 되는 행정처분이라 함은 원칙적으로 행정청의 공법상 행위로서 특정 사항에 대하여 법규에 의한 권리의 설정 또는 의무의 부담을 명하거나 기타 법률상효과를 발생하게 하는 등으로 일반 국민의 권리의무에 직접 영향을 미치는 행위를 가리키는 것이지만, 어떠한 처분의 근거가 <u>행정규칙에 규정되어 있다고 하더라도, 그 처분이 상대방에게 권리의 설정 또는 의무의 부담을 명하거나 기타 법적인 효과를 발생하게 하는 등으로 그 상대방의 권리의무에 직접 영향을 미치는 행위라면, 이 경우에도 항고소송의 대상이 되는 행정처분에 해당한다고 보아야 한다</u>(대판 2012.9.27. 2010두3541).

④ (○) 기간제로 임용되어 임용기간이 만료된 국·공립대학의 조교수는 교원으로서의 능력과 자질에 관하여 합리적인 기준에 의한 공정한 심사를 받아 위 기준에 부합되면 특별한 사정이 없는 한 재임용되리라는 기대를 가지고 재임용 여부에 관하여 합리적인 기준에 의한 공정한 심사를 요구할 법규상 또는 조리상 신청권을 가진다고 할 것이니, <u>임용권자가 임용기간이 만료된 조교수에 대하여 재임용을 거부하는 취지로 한 임용기간만료의 통지는 위와 같은 대학교원의 법률관계에 영향을 주는 것으로서 행정소송의 대상이 되는 처분에 해당한다</u>(대판 전합 2004.4.22. 2000두7735).

⑤ (○) 구 건축법 관련 규정의 내용 및 취지에 의하면, 행정청은 건축신고로써 건축허가가 의제되는 건축물의 경우에도 그 신고 없이 건축이 개시될 경우 건축주 등에 대하여 공사 중지·철거·사용금지 등의 시정명령을 할 수 있고(제69조 제1항), 그 시정명령을 받고 이행하지 않은 건축물에 대하여는 당해 건축물을 사용하여 행할 다른 법령에 의한 영업 기타 행위의 허가를 하지 않도록 요청할 수 있으며(제69조 제2항), 그 요청을 받은 자는 특별한 이유가 없는 한 이에 응하여야 하고(제69조 제3항), 나아가 행정청은 그 시정명령의 이행을 하지 아니한 건축주 등에 대하여는 이행강제금을 부과할 수 있으며(제69조의2 제1항 제1호), 또한 건축신고를 하지 않은 자는 200만 원 이하의 벌금에 처해질 수 있다(제80조 제1호, 제9조). 이와 같이 건축주 등은 신고제하에서도 건축신고가 반려될 경우 당해 건축물의 건축을 개시하면 시정명령, 이행강제금, 벌금의 대상이 되거나 당해 건축물을 사용하여 행할 행위의 허가가 거부될 우려가 있어 불안정한 지위에 놓이게 된다. 따라서 건축신고 반려행위가 이루어진 단계에서 당사자로 하여금 반려행위의 적법성을 다투어 그 법적 불안을 해소한 다음 건축행위에 나아가도록 함으로써 장차 있을지도 모르는 위험에서 미리 벗어날 수 있도록 길을 열어 주고, 위법한 건축물의 양산과 그 철거를 둘러싼 분쟁을 조기에 근본적으로 해결할 수 있게 하는 것이 법치행정의 원리에 부합한다. 그러므로 <u>건축신고 반려행위는 항고소송의 대상이 된다고 보는 것이 옳다</u>(대판 전합 2010.11.18. 2008두167).

042 행정소송에 관한 설명으로 옳은 것은? (다툼이 있으면 판례에 따름) 〈2015〉

① 행정소송법은 민사소송법상 화해에 관한 규정을 준용하는 규정을 명시적으로 두고 있다.
② 국세기본법상 과세처분에 불복하여 행정소송을 제기하기 위해서는 심사청구와 심판청구 절차를 모두 거쳐야 한다.
③ 행정심판전치주의가 적용되는 경우 행정심판청구가 있은 날로부터 30일이 지나도 재결이 없는 때에는 행정심판의 재결을 거치지 아니하고 취소소송을 제기할 수 있다.
④ 원처분에 대한 형성적 취소재결이 확정된 후 처분청이 다시 원처분을 취소한 경우 그 취소재결이 항고소송의 대상이 된다.
⑤ 취소소송에서 인용판결이 확정된 경우 처분청이 당해 처분을 직권으로 취소해야만 그 취소의 효과가 발생한다.

정답/해설 ④

① (×) 행정소송법에는 행정소송법에 특별한 규정이 없는 경우 법원조직법, 민사소송법, 민사집행법을 준용할 수 있다는 조문을 두고 있으며, 화해에 관한 규정을 준용하는 규정은 존재하지 않는다.

② (×) 국세기본법상 과세처분에 불복하여 행정소송을 제기하기 위해서는 심사청구 또는 심판청구 절차를 거쳐야 하며, 심사청구과 심판청구 절차를 모두 거칠 필요는 없다.

> **국세기본법 제56조(다른 법률과의 관계)**
> ② 제55조에 규정된 위법한 처분에 대한 행정소송은 「행정소송법」 제18조 제1항 본문, 제2항 및 제3항에도 불구하고 이 법에 따른 심사청구 또는 심판청구와 그에 대한 결정을 거치지 아니하면 제기할 수 없다. 다만, 심사청구 또는 심판청구에 대한 제65조 제1항 제3호 단서(제81조에서 준용하는 경우를 포함한다)의 재조사 결정에 따른 처분청의 처분에 대한 행정소송은 그러하지 아니하다.

③ (×) 행정심판청구가 있은 날로부터 60일이 지나도 재결이 없는 때에는 행정심판의 재결을 거치지 아니하고 취소소송을 제기할 수 있다.

> **제18조(행정심판과의 관계)**
> ② 제1항 단서의 경우에도 다음 각호의 1에 해당하는 사유가 있는 때에는 행정심판의 재결을 거치지 아니하고 취소소송을 제기할 수 있다.
> 1. 행정심판청구가 있은 날로부터 60일이 지나도 재결이 없는 때
> 2. 처분의 집행 또는 절차의 속행으로 생길 중대한 손해를 예방하여야 할 긴급한 필요가 있는 때
> 3. 법령의 규정에 의한 행정심판기관이 의결 또는 재결을 하지 못할 사유가 있는 때
> 4. 그 밖의 정당한 사유가 있는 때

④ (○) [1] 행정심판법 제32조 제3항에 의하면 재결청은 취소심판의 청구가 이유 있다고 인정할 때에는 처분을 취소·변경하거나 처분청에게 취소·변경할 것을 명한다고 규정하고 있으므로, 행정심판 재결의 내용이 처분청에게 처분의 취소를 명하는 것이 아니라 재결청이 스스로 처분을 취소하는 것일 때에는 그 재결의 형성력에 의하여 당해 처분은 별도의 행정처분을 기다릴 것 없이 당연히 취소되어 소멸되는 것이다.

[2] 당해 의약품제조품목허가처분취소재결은 보건복지부장관이 재결청의 지위에서 스스로 제약회사에 대한 위 의약품제조품목허가처분을 취소한 이른바 형성재결임이 명백하므로, 위 회사에 대한 의약품제조품목허가처분은 당해 취소재결에 의하여 당연히 취소·소멸되었고, 그 이후에 다시 위 허가처분을 취소한 당해 처분은 당해 취소재결의 당사자가 아니어서 그 재결이 있었음을 모르고 있는 위 회사에게 위 허가처분이 취소·소멸되었음을 확인하여 알려주는 의미의 사실 또는 관념의 통지에 불과할 뿐 위 허가처분을 취소·소멸시키는 새로운 형성적 행위가 아니므로 항고소송의 대상이 되는 처분이라고 할 수 없다(대판 1998.4.24. 97누17131).

⑤ (×) 취소판결이 확정된 때에는 당해 처분은 처분청의 취소를 기다릴 것 없이 당연히 효력을 상실하게 된다(취소판결의 형성력). 따라서 처분청이 당해 처분을 직권으로 취소할 필요는 없다.

043 재결주의에 해당하는 것을 모두 고른 것은? (다툼이 있으면 판례에 따름) 〈2015〉

ㄱ. 감사원의 변상판정에 대한 재심의 판정
ㄴ. 지방노동위원회의 처분에 대한 중앙노동위원회의 재심의 판정
ㄷ. 특허심판의 심결에 대한 재심 판정
ㄹ. 지방토지수용위원회의 수용재결에 대한 중앙토지수용위원회의 이의재결

① ㄱ, ㄴ   ② ㄴ, ㄷ   ③ ㄱ, ㄴ, ㄷ   ④ ㄴ, ㄷ, ㄹ   ⑤ ㄱ, ㄴ, ㄷ, ㄹ

정답/해설 ③

ㄱ (○) 감사원의 변상판정(원처분)에 대하여 감사원에 재심의를 청구할 수 있고, 감사원의 재심의 판정(재결)에 대하여서만 행정소송을 제기할 수 있도록 규정하고 있다(감사원법 제37조, 제40조).
감사원의 변상판정처분에 대하여서는 행정소송을 제기할 수 없고, 재결에 해당하는 재심의 판정에 대하여서만 감사원을 피고로 하여 행정소송을 제기할 수 있다(대판 1984.4.10. 84누91).

ㄴ (○) 중앙노동위원회의 재심판정에 불복하는 취소소송을 제기하는 경우 재결주의에 따라 중앙노동위원회의 재심판정을 대상으로 중앙노동위원회 위원장을 피고로 하여 재심판정취소의 소를 제기하여야 한다.

ㄷ (○) 특허출원에 대한 심사관의 거절에 대하여는 행정소송을 제기할 수 없고, 특허심판원에 심판청구를 한 후 특허심판원의 심결을 대상으로 특허법원에 심결취소소송을 제기하여야 한다(특허법 제186조 제1항).

ㄹ (×) 지방토지수용위원회의 수용재결(원처분)에 이의가 있는 자는 중앙토지수용위원회에 이의신청을 할 수 있다. 이 때 이의신청절차는 행정심판의 성격을 가지며 이에 대한 중앙토지수용위원회의 재결에 불복하는 자는 재결에 고유한 위법이 없는 이상 원처분주의에 따라 수용재결을 다투어야 한다.

044 항고소송의 대상에 관한 설명으로 옳지 않은 것은? (다툼이 있으면 판례에 따름) 〈2015〉

① 처분등이라 함은 행정청이 행하는 구체적 사실에 관한 법집행으로서의 공권력의 행사 또는 그 거부와 그 밖에 이에 준하는 행정작용 및 행정심판에 대한 재결을 말한다.
② 재결취소소송의 경우에는 재결 자체에 고유한 위법이 있음을 이유로 하는 경우에 한한다.
③ 지목변경신청 반려행위는 처분에 해당하지 않는다.
④ 행정재산의 무단점유자에 대한 변상금 부과행위는 처분이다.
⑤ 기존의 권리·의무관계를 단순히 확인·통지하는 단순한 사실행위는 처분에 해당하지 않는다.

정답/해설 ③

① (○) 제2조 제1항 제1호

> **제2조(정의)**
> ① 이 법에서 사용하는 용어의 정의는 다음과 같다.
> 1. "처분등"이라 함은 행정청이 행하는 구체적 사실에 관한 법집행으로서의 공권력의 행사 또는 그 거부와 그 밖에 이에 준하는 행정작용(이하 "처분"이라 한다) 및 행정심판에 대한 재결을 말한다.

② (○) 제19조 단서

> **제19조(취소소송의 대상)**
> 취소소송은 처분등을 대상으로 한다. 다만, 재결취소소송의 경우에는 재결 자체에 고유한 위법이 있음을 이유로 하는 경우에 한한다.

③ (×) 구 지적법 제20조, 제38조 제2항의 규정은 토지소유자에게 지목변경신청권과 지목정정신청권을 부여한 것이고, 한편 지목은 토지에 대한 공법상의 규제, 개발부담금의 부과대상, 지방세의 과세대상, 공시지가의 산정, 손실보상가액의 산정 등 토지행정의 기초로서 공법상의 법률관계에 영향을 미치고, 토지소유자는 지목을 토대로 토지의 사용·수익·처분에 일정한 제한을 받게 되는 점 등을 고려하면, 지목은 토지소유권을 제대로 행사하기 위한 전제요건으로서 토지소유자의 실체적 권리관계에 밀접하게 관련되어 있으므로 지적공부 소관청의 지목변경신청 반려행위는 국민의 권리관계에 영향을 미치는 것으로서 항고소송의 대상이 되는 행정처분에 해당한다 (대판 전합 2004.4.22. 2003두9015).

④ (○) 국유재산법 제51조 제1항은 국유재산의 무단점유자에 대하여는 대부 또는 사용, 수익허가 등을 받은 경우에 납부하여야 할 대부료 또는 사용료 상당액 외에도 그 징벌적 의미에서 국가측이 일방적으로 그 2할 상당액을 추가하여 변상금을 징수토록 하고 있으며 동조 제2항은 변상금의 체납시 국세징수법에 의하여 강제징수토록 하고 있는 점 등에 비추어 보면 국유재산의 관리청이 그 무단점유자에 대하여 하는 변상금부과처분은 순전히 사경제 주체로서 행하는 사법상의 법률행위라 할 수 없고 이는 관리청이 공권력을 가진 우월적 지위에서 행한 것으로서 행정소송의 대상이 되는 행정처분이라고 보아야 한다(대판 1988.2.23. 87누1046).

⑤ (○) 이미 발생한 권리의무관계를 단순히 확인·통지하는 단순한 사실행위는 처분이 아니다. 하지만 국민의 권리의무관계에 변경을 가져오는 통지의 경우, 즉 통지로 인해 국민의 권리의무에 직접 영향을 미치게 되는 경우에는 항고소송의 대상이 되는 처분에 해당한다.

045 항고소송의 대상에 해당하지 않는 것은? (다툼이 있으면 판례에 따름) 〈2015〉

① 국가공무원법상 당연퇴직의 인사발령
② 강학상 일반처분
③ 표준지공시지가결정
④ 세무조사결정
⑤ 공정거래위원회의 '표준약관 사용권장행위'

정답/해설 ①

① (×) 국가공무원법 제69조에 의하면 공무원이 제33조 각 호의 1에 해당할 때에는 당연히 퇴직한다고 규정하고 있으므로, 국가공무원법상 당연퇴직은 결격사유가 있을 때 법률상 당연히 퇴직하는 것이지, 공무원관계를 소멸시키기 위한 별도의 행정처분을 요하는 것이 아니며, 당연퇴직의 인사발령은 법률상 당연히 발생하는 퇴직사유를 공적으로 확인하여 알려주는 이른바 관념의 통지에 불과하고 공무원의 신분을 상실시키는 새로운 형성적 행위가 아니므로 행정소송의 대상이 되는 독립한 행정처분이라고 할 수 없다(대판 1995.11.14. 95누2036).

② (○) 도로교통법 제10조 제1항은 모든 차의 운전자는 보행자가 횡단보도를 통행하고 있는 때에는 그 횡단보도 앞(정지선이 설치되어 있는 곳에서는 그 정지선을 말한다)에서 일시 정지하여 보행자의 횡단을 방해하거나 위험을 주어서는 아니 된다고 규정하고, 제113조, 제114조는 제10조 제2항 및 제24조 제1항의 규정을 위반한 보행자 및 차의 운전자에 대하여 10만 원 이하의 벌금이나 구류 또는 과료의 형으로 벌하도록 규정하고 있으므로 지방경찰청장이 도로교통법 제10조 제1항에 의하여 횡단보도를 설치한 경우 보행자는 횡단보도를 통해서만 도로를 횡단하여야 하고 차의 운전자는 횡단보도 앞에서 일시정지하는 등으로 횡단보도를 통행하는 보행자를 보호할 의무가 있음을 규정하는 도로교통법의 취지에 비추어 볼 때 지방경찰청장이 횡단보도를 설치하여 보행자의 통행방법 등을 규제하는 것은 행정청이 특정사항에 대하여 의무의 부담을 명하는 행위이고 이는 국민의 권리의무에 직접 관계가 있는 행위로서 행정처분이라고 보아야 할 것이다(대판 2000.10.27. 98두8964).

③ (○) 지가공시및토지등의평가에관한법률 제4조 제1항에 의하여 표준지로 선정되어 공시지가가 공시된 토지의 공시지가에 대하여 불복을 하기 위하여는 같은 법 제8조 제1항 소정의 이의절차를 거쳐 처분청인 건설부장관을 피고로 하여 위 공시지가 결정의 취소를 구하는 행정소송을 제기하여야 한다(대판 1994.3.8. 93누10828).

④ (○) 부과처분을 위한 과세관청의 질문조사권이 행해지는 세무조사결정이 있는 경우 납세의무자는 세무공무원의 과세자료 수집을 위한 질문에 대답하고 검사를 수인하여야 할 법적 의무를 부담하게 되는 점, 세무조사는 기본적으로 적정하고 공평한 과세의 실현을 위하여 필요한 최소한의 범위 안에서 행하여져야 하고, 더욱이 동일한 세목 및 과세기간에 대한 재조사는 납세자의 영업의 자유 등 권익을 심각하게 침해할 뿐만 아니라 과세관청에 의한 자의적인 세무조사의 위험마저 있으므로 조세공평의 원칙에 현저히 반하는 예외적인 경우를 제외하고는 금지될 필요가 있는 점, 납세의무자로 하여금 개개의 과태료 처분에 대하여 불복하거나 조사 종료 후의 과세처분에 대하여만 다툴 수 있도록 하는 것보다는 그에 앞서 세무조사결정에 대하여 다툼으로써 분쟁을 조기에 근본적으로

해결할 수 있는 점 등을 종합하면, 세무조사결정은 납세의무자의 권리·의무에 직접 영향을 미치는 공권력의 행사에 따른 행정작용으로서 항고소송의 대상이 된다(대판 2011.3.10. 2009두 23617, 23624).

⑤ (○) 공정거래위원회의 '표준약관 사용권장행위'는 그 통지를 받은 해당 사업자 등에게 표준약관과 다른 약관을 사용할 경우 표준약관과 다르게 정한 주요내용을 고객이 알기 쉽게 표시하여야 할 의무를 부과하고, 그 불이행에 대해서는 과태료에 처하도록 되어 있으므로, 이는 사업자 등의 권리·의무에 직접 영향을 미치는 행정처분으로서 항고소송의 대상이 된다(대판 2010.10.14. 2008두23184).

046 항고소송으로 다툴 수 없는 것은? (다툼이 있으면 판례에 따름) 〈2015〉
① 금융기관의 임원에 대한 금융감독원장의 문책경고
② 친일반민족행위자재산조사위원회의 재산조사개시결정
③ 사업시행자로서의 사인과 토지소유자 간의 토지에 관한 보상합의
④ 건축법상 이행강제금 납부의 최초 독촉
⑤ 진실·화해를 위한 과거사정리위원회의 진실규명결정

정답/해설 ③

① (○) 금융기관검사및제재에관한규정(이하 '제재규정'이라 한다) 제22조는 금융기관의 임원이 문책경고를 받은 경우에는 금융업 관련 법 및 당해 금융기관의 감독 관련 규정에서 정한 바에 따라 일정기간 동안 임원선임의 자격제한을 받는다고 규정하고 있고, 은행법 제18조 제3항의 위임에 기한 구 은행업감독규정 제17조 제2호 (다)목, 제18조 제1호는 제재규정에 따라 문책경고를 받은 자로서 문책경고일로부터 3년이 경과하지 아니한 자는 은행장, 상근감사위원, 상임이사, 외국은행지점 대표자가 될 수 없다고 규정하고 있어서, **문책경고는 그 상대방에 대한 직업선택의 자유를 직접 제한하는 효과를 발생하게 하는 등 상대방의 권리의무에 직접 영향을 미치는 행위로서 행정처분에 해당한다**(대판 2005.2.17. 2003두14765).

② (○) 친일반민족행위자재산조사위원회의 재산조사개시결정이 있는 경우 조사대상자는 위 위원회의 보전처분 신청을 통하여 재산권행사에 실질적인 제한을 받게 되고, 위 위원회의 자료제출요구나 출석요구 등의 조사행위에 응하여야 하는 법적 의무를 부담하게 되는 점, '친일반민족행위자 재산의 국가귀속에 관한 특별법'에서 인정된 재산조사결정에 대한 이의신청절차만으로는 조사대상자에 대한 권리구제 방법으로 충분치 아니한점, 조사대상자로 하여금 개개의 과태료 처분에 대하여 불복하거나 조사 종료 후의 국가귀속결정에 대하여만 다툴 수 있도록 하는 것보다는 그에 앞서 재산조사개시결정에 대하여 다툼으로써 분쟁을 조기에 근본적으로 해결할 수 있는 점 등을 종합하면, **친일반민족행위자재산조사위원회의 재산조사개시결정은 조사대상자의 권리·의무에 직접 영향을 미치는 독립한 행정처분으로서 항고소송의 대상이 된다고 봄**이 상당하다(대판 2009.10.15. 2009두6513).

③ (×) 사업시행자는 토지등에 대한 보상에 관하여 토지소유자 및 관계인과 성실하게 협의하여야 하며(공익사업을 위한 토지 등의 취득 및 보상에 관한 법률 제16조), 토지에 관한 보상합의는 사법

상 계약의 성격을 갖는다.

④ (○) 구 건축법 제69조의2 제6항, 지방세법 제28조, 제82조, 국세징수법 제23조의 각 규정에 의하면, 이행강제금 부과처분을 받은 자가 이행강제금을 기한 내에 납부하지 아니한 때에는 그 납부를 독촉할 수 있으며, 납부독촉에도 불구하고 이행강제금을 납부하지 않으면 체납절차에 의하여 이행강제금을 징수할 수 있고, 이때 <U>이행강제금 납부의 최초 독촉은 징수처분으로서 항고소송의 대상이 되는 행정처분이 될 수 있다</U>(대판 2009.12.24. 2009두14507).

⑤ (○) 진실·화해를 위한 과거사정리 기본법(이하 '법'이라 한다)과 구 과거사 관련 권고사항 처리에 관한 규정의 목적, 내용 및 취지를 바탕으로, 피해자 등에게 명문으로 진실규명 신청권, 진실규명결정 통지 수령권 및 진실규명결정에 대한 이의신청권 등이 부여된 점, 진실규명결정이 이루어지면 그 결정에서 규명된 진실에 따라 국가가 피해자 등에 대하여 피해 및 명예회복 조치를 취할 법률상 의무를 부담하게 되는 점, 진실·화해를 위한 과거사정리위원회가 위와 같은 법률상 의무를 부담하는 국가에 대하여 피해자 등의 피해 및 명예 회복을 위한 조치로 권고한 사항에 대한 이행의 실효성이 법적·제도적으로 확보되고 있는 점 등 여러 사정을 종합하여 보면, 법이 규정하는 <U>진실규명결정은 국민의 권리의무에 직접적으로 영향을 미치는 행위로서 항고소송의 대상이 되는 행정처분이라고 보는 것이 타당하다</U>(대판 2013.1.16. 2010두22856).

제2절 원고적격

047 행정소송의 원고적격에 관한 설명으로 옳지 않은 것은? (다툼이 있으면 판례에 따름) 〈2024〉

① 「행정소송법」은 당사자소송의 원고적격에 관하여 규정하고 있지 않다.
② 행정처분의 직접 상대방이 아닌 제3자라고 하더라도 당해 행정처분으로 인하여 법률상 보호되는 이익을 침해당한 경우에는 취소소송을 제기할 수 있다.
③ 사실적·경제적 이해관계를 갖는 데 불과한 경우에도 무효등 확인소송의 원고적격은 인정된다.
④ 행정주체에 대해서도 항고소송의 원고적격이 인정될 수 있다.
⑤ 원고적격은 법원의 직권조사사항이다.

정답/해설 ③

① (○) 행정소송법에는 당사자소송의 원고적격에 대한 조문이 존재하지 않는다.
② (○) 행정소송법 제12조에서 말하는 '법률상 이익'이란 당해 행정처분의 근거 법률에 의하여 보호되는 직접적이고 구체적인 이익을 말하고, 당해 행정처분과 관련하여 간접적이거나 사실적·경제적 이해관계를 가지는 데 불과한 경우는 여기에 포함되지 않으나, 행정처분의 직접 상대방이 아닌 제3자라고 하더라도 당해 행정처분으로 인하여 법률상 보호되는 이익을 침해당한 경우에는 취소소송을 제기하여 그 당부의 판단을 받을 자격이 있다(대판 2010.5.13. 2009두19168).
③ (×) 무효등확인소송의 원고적격 역시 법률상 이익을 필요로 하며, 법률상 이익에 관하여 판례는 아래와 같이 판시하고 있다.
④ (○) 허가권자인 지방자치단체의 장이 한 건축협의 거부행위는 비록 그 상대방이 국가 등 행정주체라 하더라도, 행정청이 행하는 구체적 사실에 관한 법집행으로서의 공권력 행사의 거부 내지 이에 준하는 행정작용으로서 행정소송법 제2조 제1항 제1호에서 정한 처분에 해당한다고 볼 수 있고, 이에 대한 법적 분쟁을 해결할 실효적인 다른 법적 수단이 없는 이상 국가 등은 허가권자를 상대로 항고소송을 통해 그 거부처분의 취소를 구할 수 있다고 해석된다(대판 2014.3.13. 2013두15934).
⑤ (○) 원고적격은 소송요건으로서 법원의 직권조사사항이다.

048 취소소송에 있어 원고적격에 관한 설명으로 옳지 않은 것은? (다툼이 있으면 판례에 따름) 〈2023〉

① 취소소송은 처분등의 취소를 구할 법률상 이익이 있는 자가 제기할 수 있다.
② 국가는 국토이용계획과 관련한 지방자치단체장의 기관위임사무 처리에 관하여 지방자치단체장을 상대로 취소소송을 제기할 수 있다.

③ 구속된 피고인은 교도소장의 접견허가거부처분의 취소를 구할 원고적격을 가진다.

④ 원고적격은 사실심 변론종결시는 물론 상고심에서도 존속하여야 한다.

⑤ 환경영향평가대상지역에 거주하는 원자로시설부지 인근 주민들은 원자로시설부지사전 승인처분의 취소를 구할 원고적격이 있다.

정답/해설 ②

① (○)

> **제12조(원고적격)**
> 취소소송은 처분등의 취소를 구할 법률상 이익이 있는 자가 제기할 수 있다. 처분등의 효과가 기간의 경과, 처분등의 집행 그 밖의 사유로 인하여 소멸된 뒤에도 그 처분등의 취소로 인하여 회복되는 법률상 이익이 있는 자의 경우에는 또한 같다.

② (×) 건설교통부장관은 지방자치단체의 장이 기관위임사무인 국토이용계획 사무를 처리함에 있어 자신과 의견이 다를 경우 행정협의조정위원회에 협의·조정 신청을 하여 그 협의·조정 결정에 따라 의견불일치를 해소할 수 있고, 법원에 의한 판결을 받지 않고서도 행정권한의 위임 및 위탁에 관한 규정이나 구 지방자치법에서 정하고 있는 지도·감독을 통하여 직접 지방자치단체의 장의 사무처리에 대하여 시정명령을 발하고 그 사무처리를 취소 또는 정지할 수 있으며, 지방자치단체의 장에게 기간을 정하여 직무이행명령을 하고 지방자치단체의 장이 이를 이행하지 아니할 때에는 직접 필요한 조치를 할 수도 있으므로, 국가가 국토이용계획과 관련한 지방자치단체의 장의 기관위임사무의 처리에 관하여 지방자치단체의 장을 상대로 취소소송을 제기하는 것은 허용되지 않는다(대판 2007.9.20. 2005두6935).

③ (○) 행정처분의 상대방이 아닌 제3자도 그 행정처분의 취소에 관하여 법률상 구체적 이익이 있으면 행정소송법 제12조에 의하여 그 처분의 취소를 구하는 행정소송을 제기할 수 있는바, 구속된 피고인은 형사소송법 제89조의 규정에 따라 타인과 접견할 권리를 가지며 행형법 제62조, 제18조 제1항의 규정에 의하면 교도소에 미결수용된 자는 소장의 허가를 받아 타인과 접견할 수 있으므로(이와 같은 접견권은 헌법상 기본권의 범주에 속하는 것이다) 구속된 피고인이 사전에 접견신청한 자와의 접견을 원하지 않는다는 의사표시를 하였다는 등의 특별한 사정이 없는 한 구속된 피고인은 교도소장의 접견허가거부처분으로 인하여 자신의 접견권이 침해되었음을 주장하여 위 거부처분의 취소를 구할 원고적격을 가진다(대판 1992.5.8. 91누7552).

④ (○) 행정처분의 직접 상대방이 아닌 제3자라 하더라도 당해 행정처분으로 인하여 법률상 보호되는 이익을 침해당한 경우에는 그 처분의 취소나 무효확인을 구하는 행정소송을 제기하여 그 당부의 판단을 받을 자격 즉 원고적격이 있고, 여기에서 말하는 법률상 보호되는 이익은 당해 처분의 근거 법규 및 관련 법규에 의하여 보호되는 개별적·직접적·구체적 이익을 말하며, 원고적격은 소송요건의 하나이므로 사실심 변론종결시는 물론 상고심에서도 존속하여야 하고 이를 흠결하면 부적법한 소가 된다(대판 2007.4.12. 2004두7924).

⑤ (○) 원자력법 제12조 제2호(발전용 원자로 및 관계 시설의 위치·구조 및 설비가 대통령이 정하는 기술수준에 적합하여 방사성물질 등에 의한 인체·물체·공공의 재해방지에 지장이 없을 것)의 취지는 원자로 등 건설사업이 방사성물질 및 그에 의하여 오염된 물질에 의한 인체·물체·공공의 재해를

발생시키지 아니하는 방법으로 시행되도록 함으로써 방사성물질 등에 의한 생명·건강상의 위해를 받지 아니할 이익을 일반적 공익으로서 보호하려는 데 그치는 것이 아니라 방사성물질에 의하여 보다 직접적이고 중대한 피해를 입으리라고 예상되는 지역 내의 주민들의 위와 같은 이익을 직접적·구체적 이익으로서도 보호하려는 데에 있다 할 것이므로, 위와 같은 지역 내의 주민들에게는 방사성물질 등에 의한 생명·신체의 안전침해를 이유로 부지사전승인처분의 취소를 구할 원고적격이 있다(대판 1998.9.4. 97누19588).

049 "취소소송은 처분등의 취소를 구할 법률상 이익이 있는 자가 제기할 수 있다."라는 행정소송법 규정에 관한 설명으로 옳지 않은 것은? (다툼이 있으면 판례에 따름) 〈2022〉

① 당해 처분의 근거 법률에 의하여 보호되는 직접적이고 구체적인 이익이 있는 경우 법률상 이익이 인정될 수 있다.
② 원고적격은 사실심 변론종결시는 물론 상고심에서도 존속하여야 하고 이를 흠결하면 부적법한 소가 된다.
③ 대학교 총학생회는 교육부장관의 해당 대학교 학교법인의 임시이사선임처분의 취소를 구할 법률상 이익이 있다.
④ 처분의 상대방이 위명(僞名)을 사용한 사람인 경우에는 처분의 취소를 구할 법률상 이익이 인정되지 않는다.
⑤ 헌법재판소에 따르면, 일반법규에서 경쟁자를 보호하는 규정을 별도로 두고 있지 않은 경우에도 기본권인 경쟁의 자유가 바로 행정청의 지정행위의 취소를 구할 법률상의 이익이 된다.

정답/해설 ④

① (○) 행정소송법 제12조에서 말하는 '법률상 이익'이란 당해 행정처분의 근거 법률에 의하여 보호되는 직접적이고 구체적인 이익을 말한다(대판 2010.5.13. 2009두19168).
② (○) 원고적격은 법원의 직권조사사항으로서 소송요건의 하나이므로 사실심 변론종결시는 물론 상고심에서도 존속하여야 한다.
③ (○) 교육부장관이 사학분쟁조정위원회의 심의를 거쳐 甲 대학교를 설치·운영하는 乙 학교법인의 이사 8인과 임시이사 1인을 선임한 데 대하여 甲 대학교 교수협의회와 총학생회 등이 이사선임처분의 취소를 구하는 소송을 제기한 사안에서, 임시이사제도의 취지, 교직원·학생 등의 학교운영에 참여할 기회를 부여하기 위한 개방이사 제도에 관한 법령의 규정 내용과 입법 취지 등을 종합하여 보면, 구 사립학교법과 구 사립학교법 시행령 및 乙 법인 정관 규정은 헌법 제31조 제4항에 정한 교육의 자주성과 대학의 자율성에 근거한 甲 대학교 교수협의회와 총학생회의 학교운영참여권을 구체화하여 이를 보호하고 있다고 해석되므로, 甲 대학교 교수협의회와 총학생회는 이사선임처분을 다툴 법률상 이익을 가지지만, 고등교육법령은 교육받을 권리나 학문의 자유를 실현하는 수단으로서 학생회와 교수회와는 달리 학교의 직원으로 구성된 노동조합의 성립을 예정하고 있지 아니하고, 노동조합은 근로자가 주체가 되어 자주적으

로 단결하여 근로조건의 유지·개선 기타 근로자의 경제적·사회적 지위의 향상을 도모하기 위하여 조직된 단체인 점 등을 고려할 때, 학교의 직원으로 구성된 노동조합이 교육받을 권리나 학문의 자유를 실현하는 수단으로서 직접 기능한다고 볼 수는 없으므로, 개방이사에 관한 구 사립학교법과 구 사립학교법 시행령 및 乙 법인 정관 규정이 학교직원들로 구성된 전국대학노동조합 乙 대학교지부의 법률상 이익까지 보호하고 있는 것으로 해석할 수는 없다고 한 사례(대판 2015.7.23. 2012두19496, 19502).

④ (×) 미얀마 국적의 갑이 위명(偽名)인 '을' 명의의 여권으로 대한민국에 입국한 뒤 을 명의로 난민 신청을 하였으나 법무부장관이 을 명의를 사용한 갑을 직접 면담하여 조사한 후 갑에 대하여 난민불인정 처분을 한 사안에서, 처분의 상대방은 허무인이 아니라 '을'이라는 위명을 사용한 갑이라는 이유로, 갑이 처분의 취소를 구할 법률상 이익이 있다고 한 사례(대판 2017.3.9. 2013두16852).

⑤ (○) 행정처분의 직접 상대방이 아닌 제3자라도 당해처분의 취소를 구할 법률상 이익이 있는 경우에는 행정소송을 제기할 수 있다. 이 사건에서 보건대, 설사 국세청장의 지정행위의 근거 규범인 이 사건 조항들이 단지 공익만을 추구할 뿐 청구인 개인의 이익을 보호하려는 것이 아니라는 이유로 청구인에게 취소소송을 제기할 법률상 이익을 부정한다고 하더라도, 청구인의 기본권인 경쟁의 자유가 바로 행정청의 지정행위의 취소를 구할 법률상 이익이 된다 할 것이다(헌재결 1998.4.30. 97헌마141).

050 판례상 항고소송에서 제3자의 원고적격이 부정된 것은? 〈2022〉

① 임대주택 분양전환승인처분에 대하여 취소를 구하는 임차인대표회의
② 약사들에 대한 한약조제시험 합격처분의 무효확인을 구하는 한의사
③ 환경영향평가 대상사업 허가처분의 무효확인을 구하는 당해 환경영향평가 대상지역안의 주민
④ 시외버스를 시내버스로 전환하는 사업계획변경인가처분으로 인하여 노선이 중복되어 그 인가처분의 취소를 구하는 기존의 시내버스운송업자
⑤ 공장설립으로 수질오염발생 우려가 있는 취수장에서 물을 공급받는 주민이 당해 공장설립 승인처분의 취소를 구하는 경우

정답/해설 ②

① 원고적격 인정 (○) 구 임대주택법 제21조 제5항, 제9항, 제34조, 제35조 규정의 내용과 입법 경위 및 취지 등에 비추어 보면, 임차인대표회의도 당해 주택에 거주하는 임차인과 마찬가지로 임대주택의 분양전환과 관련하여 그 승인의 근거 법률인 구 임대주택법에 의하여 보호되는 구체적이고 직접적인 이익이 있다고 봄이 상당하다. 따라서 임차인대표회의는 행정청의 분양전환승인처분이 승인의 요건을 갖추지 못하였음을 주장하여 그 취소소송을 제기할 원고적격이 있다고 보아야 한다(대판 2010.5.13. 2009두19168).

② 원고적격 부정 (×) 한의사 면허는 경찰금지를 해제하는 명령적 행위(강학상 허가)에 해당하고, 한약조제시험을 통하여 약사에게 한약조제권을 인정함으로써 한의사들의 영업상 이익이 감소되었다고

하더라도 이러한 이익은 사실상의 이익에 불과하고 약사법이나 의료법 등의 법률에 의하여 보호되는 이익이라고는 볼 수 없으므로, 한의사들이 한약조제시험을 통하여 한약조제권을 인정받은 약사들에 대한 합격처분의 무효확인을 구하는 당해 소는 원고적격이 없는 자들이 제기한 소로서 부적법하다(대판 1998.3.10. 97누4289).

③ 원고적격 인정 (○) 공유수면매립과 농지개량사업시행으로 인하여 직접적이고 중대한 환경피해를 입으리라고 예상되는 환경영향평가 대상지역 안의 주민들이 전과 비교하여 수인한도를 넘는 환경침해를 받지 아니하고 쾌적한 환경에서 생활할 수 있는 개별적 이익까지도 이를 보호하려는 데에 있다고 할 것이므로, 위 주민들이 공유수면매립면허처분 등과 관련하여 갖고 있는 위와 같은 환경상의 이익은 주민 개개인에 대하여 개별적으로 보호되는 직접적·구체적 이익으로서 그들에 대하여는 특단의 사정이 없는 한 환경상의 이익에 대한 침해 또는 침해우려가 있는 것으로 사실상 추정되어 공유수면매립면허처분 등의 무효확인을 구할 원고적격이 인정된다. 한편, 환경영향평가 대상지역 밖의 주민이라 할지라도 공유수면매립면허처분 등으로 인하여 그 처분 전과 비교하여 수인한도를 넘는 환경피해를 받거나 받을 우려가 있는 경우에는, 공유수면매립면허처분 등으로 인하여 환경상 이익에 대한 침해 또는 침해우려가 있다는 것을 입증함으로써 그 처분 등의 무효확인을 구할 원고적격을 인정받을 수 있다(대판 전합 2006.3.16. 2006두330).

④ 원고적격 인정 (○) 면허나 인·허가 등의 수익적 행정처분의 근거가 되는 법률이 해당 업자들 사이의 과당경쟁으로 인한 경영의 불합리를 방지하는 것도 그 목적으로 하고 있는 경우, 다른 업자에 대한 면허나 인·허가 등의 수익적 행정처분에 대하여 미리 같은 종류의 면허나 인·허가 등의 처분을 받아 영업을 하고 있는 기존의 업자는 경업자에 대하여 이루어진 면허나 인·허가 등 행정처분의 상대방이 아니라 하더라도 당해 행정처분의 취소를 구할 원고적격이 있다.

甲 회사의 시외버스운송사업과 乙 회사의 시외버스 운송사업이 다 같이 운행계통을 정하여 여객을 운송하는 노선여객자동차 운송사업에 속하고, 甲 회사에 대한 시외버스운송사업계획변경인가 처분으로 기존의 시외버스운송사업자인 乙 회사의 노선 및 운행계통과 甲 회사의 노선 및 운행계통이 일부 같고, 기점 혹은 종점이 같거나 인근에 위치한 乙 회사의 수익감소가 예상되므로, 기존의 시외버스운송사업자인 乙 회사에 위 처분의 취소를 구할 법률상의 이익이 있다(대판 2010.6.10. 2009두10512).

⑤ 원고적격 인정 (○) 공장설립승인처분의 근거 법규 및 관련 법규인 구 산업집적활성화 및 공장설립에 관한 법률 제8조 제4호가 산업자원부장관으로 하여금 관계 중앙행정기관의 장과 협의하여 '환경오염을 일으킬 수 있는 공장의 입지제한에 관한 사항'을 정하여 고시하도록 규정하고 있고, 이에 따른 산업자원부 장관의 공장입지기준고시 제5조 제1호가 '상수원 등 용수이용에 현저한 영향을 미치는 지역의 상류'를 환경오염을 일으킬 수 있는 공장의 입지제한지역으로 정할 수 있다고 규정하고, 국토의 계획 및 이용에 관한 법률 제58조 제3항의 위임에 따른 구 국토의 계획 및 이용에 관한 법률 시행령 제56조 제1항 [별표 1] 제1호 (라)목 (2)가 '개발행위로 인하여 당해 지역 및 그 주변 지역에 수질오염에 의한 환경오염이 발생할 우려가 없을 것'을 개발사업의 허가기준으로 규정하고 있는 취지는, 공장설립승인처분과 그 후속절차에 따라 공장이 설립되어 가동됨으로써 그 배출수 등으로 인한 수질오염 등으로 직접적이고도 중대한 환경상 피해를 입을 것으로 예상되는 주민들이 환경상 침해를 받지 아니한 채 물을 마시거나 용수를 이용하며 쾌적하고 안전하게 생활할 수 있는 개별적 이익까지도 구체적·직접적으로 보호하려는 데 있다. 따라서 수돗물을 공급받아 이를 마시거나 이용하는 주민

들로서는 위 근거 법규 및 관련 법규가 환경상 이익의 침해를 받지 않은 채 깨끗한 수돗물을 마시거나 이용할 수 있는 자신들의 생활환경상의 개별적 이익을 직접적·구체적으로 보호하고 있음을 증명하여 원고적격을 인정받을 수 있다(대판 2010.4.15. 2007두16127).

051 행정소송상 당사자능력에 관한 설명으로 옳은 것을 모두 고른 것은? (다툼이 있으면 판례에 따름) 〈2021〉

> ㄱ. 「행정소송법」은 행정소송에서의 당사자능력에 관하여 규정하고 있지 않다.
> ㄴ. 구청장이 업무처리지침 시달로 담당 신고접수사무를 동장에게 위임한 경우 동장은 행정소송의 당사자능력을 갖는다.
> ㄷ. 국민권익위원회가 소방청장에게 인사에 관한 부당한 지시를 취소하라는 조치요구를 통지한 경우 소방청장은 그 조치요구의 취소를 구할 당사자능력을 갖는다.

① ㄱ   ② ㄴ   ③ ㄱ, ㄷ   ④ ㄴ, ㄷ   ⑤ ㄱ, ㄴ, ㄷ

정답/해설 ③

ㄱ (○) 당사자능력은 행정소송법이 아닌 민사소송법에서 규정하고 있다.

ㄴ (×) 지방자치법 제143조 제3항이 규정에 의하면 동장은 구청장을 보좌하며 그 구역 내에 시행하는 국가와 자치단체의 사무를 처리하고 소속직원을 지휘 감독한다고 규정하여 설사 업무처리지침시달로 담당신고 접수사무를 동장에게 위임하였다 하더라도 시는 권한까지 위임한 것은 아니고 행정소송법 제3조에 의하면 행정소송의 피고는 행정청인데 동장은 행정기관의 내부에 부속되어 구청장을 보좌하는 보조기관에 지나지 아니하여 행정청이라 말할 수 없어서 행정소송의 당사자능력 내지 적격이 없다(서울고법 1975.2.4. 74구194).

ㄷ (○) 국민권익위원회가 소방청장에게 인사와 관련하여 부당한 지시를 한 사실이 인정된다며 이를 취소할 것을 요구하기로 의결하고 그 내용을 통지하자 소방청장이 국민권익위원회 조치요구의 취소를 구하는 소송을 제기한 사안에서, 처분성이 인정되는 국민권익위원회의 조치요구에 불복하고자 하는 소방청장으로서는 조치 요구의 취소를 구하는 항고소송을 제기하는 것이 유효·적절한 수단으로 볼 수 있으므로 소방청장이 예외적으로 당사자능력과 원고적격을 가진다고 한 사례(대판 2018.8.1. 2014두35379).

052 항고소송상 원고적격에 관한 판례의 입장으로 옳지 않은 것은? 〈2021〉

① 채석허가를 받은 자에 대한 관할 행정청의 채석허가취소처분에 대하여 수허가자의 지위를 양수한 양수인은 그 처분의 취소를 구할 원고적격이 있다.
② 환경부장관이 생태·자연도 1등급 지역을 2등급으로 변경하는 처분에 대해 1등급 권역 인근주민은 이 처분의 무효확인을 구할 원고적격이 없다.
③ 대한의사협회는 보건복지부 고시인 '건강보험요양급여행위 및 그 상대가치점수 개정'의 취소를 구할 원고적격이 없다.

④ 이른바 예탁금회원제 골프장의 기존회원은 골프장시설업자의 회원모집계획서에 대한 시·도지사의 검토결과통보의 취소를 구할 원고적격이 없다.
⑤ 전국고속버스운송사업조합은 도지사의 시외버스운송사업자에 대한 사업계획변경인가 처분의 취소를 구할 원고적격이 없다.

정답/해설 ④

① (O) 산림법 제90조의2 제1항, 제118조 제1항, 같은 법 시행규칙 제95조의2 등 산림법령이 수허가자의 명의변경제도를 두고 있는 취지는, 채석허가가 일반적·상대적 금지를 해제하여 줌으로써 채석행위를 자유롭게 할 수 있는 자유를 회복시켜 주는 것일 뿐 권리를 설정하는 것이 아니어서 관할 행정청과의 관계에서 수허가자의 지위의 승계를 직접 주장할 수는 없다 하더라도, 채석허가가 대물적 허가의 성질을 아울러 가지고 있고 수허가자의 지위가 사실상 양도·양수되는 점을 고려하여 수허가자의 지위를 사실상 양수한 양수인의 이익을 보호하고자 하는 데 있는 것으로 해석되므로, 수허가자의 지위를 양수받아 명의변경신고를 할 수 있는 양수인의 지위는 단순한 반사적 이익이나 사실상의 이익이 아니라 산림법령에 의하여 보호되는 직접적이고 구체적인 이익으로서 법률상 이익이라고 할 것이고, 채석허가가 유효하게 존속하고 있다는 것이 양수인의 명의변경신고의 전제가 된다는 의미에서 관할 행정청이 양도인에 대하여 채석허가를 취소하는 처분을 하였다면 이는 양수인의 지위에 대한 직접적 침해가 된다고 할 것이므로 양수인은 채석허가를 취소하는 처분의 취소를 구할 법률상 이익을 가진다(대판 2003.7.11. 2001두6289).

② (O) 환경부장관이 생태·자연도 1등급으로 지정되었던 지역을 2등급 또는 3등급으로 변경하는 내용의 생태·자연도 수정·보완을 고시하자, 인근 주민 甲이 생태·자연도 등급변경처분의 무효 확인을 청구한 사안에서, 생태·자연도의 작성 및 등급변경의 근거가 되는 구 자연환경보전법 제34조 제1항 및 그 시행령 제27조 제1항, 제2항에 의하면, 생태·자연도는 토지이용 및 개발계획의 수립이나 시행에 활용하여 자연환경을 체계적으로 보전·관리하기 위한 것일 뿐, 1등급 권역의 인근 주민들이 가지는 생활상 이익을 직접적이고 구체적으로 보호하기 위한 것이 아님이 명백하고, 1등급 권역의 인근 주민들이 가지는 이익은 환경보호라는 공공의 이익이 달성됨에 따라 반사적으로 얻게 되는 이익에 불과하므로, 인근 주민에 불과한 甲은 생태·자연도 등급권역을 1등급에서 일부는 2등급으로, 일부는 3등급으로 변경한 결정의 무효 확인을 구할 원고적격이 없다고 본 원심판단을 수긍한 사례(대판 2014.2.21. 2011두29052).

③ (O) 사단법인 대한의사협회는 의료법에 의하여 의사들을 회원으로 하여 설립된 사단법인으로서, 국민건강보험법상 요양급여행위, 요양급여비용의 청구 및 지급과 관련하여 직접적인 법률관계를 갖지 않고 있으므로, 보건복지부 고시인 '건강보험요양급여행위 및 그 상대가치점수 개정'으로 인하여 자신의 법률상 이익을 침해당하였다고 할 수 없다는 이유로 위 고시의 취소를 구할 원고적격이 없다고 한 사례(대판 2006.5.25. 2003두11988).

④ (×) 행정처분으로서의 통보에 대하여는 그 직접 상대방이 아닌 제3자라도 그 취소를 구할 법률상의 이익이 있는 경우에는 원고적격이 인정되는바, 회사가 정하는 자격기준에 준하는 자로서 입회승인을 받은 회원은 일정한 입회금을 납부하고 회사가 지정한 시설을 이용할 때에는 회사가 정한 요금을 지불하여야 하며 회사는 회원의 입회금을 상환하도록 정해져 있는 이

른바 예탁금회원제 골프장에 있어서, 체육시설업자 또는 그 사업계획의 승인을 얻은 자가 회원모집계획서를 제출하면서 허위의 사업시설 설치공정확인서를 첨부하거나 사업계획의 승인을 받을 때 정한 예정인원을 초과하여 회원을 모집하는 내용의 회원모집계획서를 제출하여 그에 대한 시·도지사 등의 검토결과 통보를 받는다면 이는 기존회원의 골프장에 대한 법률상의 지위에 영향을 미치게 되므로, 이러한 경우 기존회원은 위와 같은 회원모집계획서에 대한 시·도지사의 검토결과 통보의 취소를 구할 법률상의 이익이 있다고 보아야 한다(대판 2009.2.26. 2006두16243).

⑤ (○) 원고 전국고속버스운송사업조합이 고속버스운송사업면허를 얻은 자동차운전사업자들을 조합원으로 하여 설립된 동업자단체로서 고속버스운송사업의 건전한 발전과 고속버스운송사업자들의 공동의 이익을 증진시키는 사업을 수행한다고 하더라도, 피고인 경상북도지사가 시외버스운송사업자에게, 그가 보유하고 있던 대구 - 주왕산 노선의 운행계통을 일부 분리하여 기점을 영천으로 하고 경부고속도로를 경유하여 종점을 서울까지로 연장하는 내용의 이 사건 시외버스운송사업계획변동인가처분을 함으로 인하여, 그 노선에 관계가 있는 고속버스운송사업자의 경제적 이익이 침해됨은 별론으로 하고 원고조합 자신의 법률상 이익이 침해된다거나, 고속버스운송사업자가 아닌 원고조합이 이 사건 처분에 관하여 직접적이고 구체적인 이해관계를 가진다고는 볼 수 없으므로, 원고조합이 이 사건 시외버스운송사업계획변동인가처분의 취소를 구하는 행정소송을 제기할 원고적격은 없다(대판 1990.2.9. 89누4420).

053 판례의 입장에 따를 때 원고적격이 인정되지 않는 자는? 〈2021〉

① 공공건설임대주택에 대한 분양전환가격 산정의 위법을 이유로 임대사업자에 대한 분양전환승인의 효력을 다투고자 하는 경우, 임차인

② 자신과 동일한 사업구역 내에서 동종의 사업용화물자동차면허 대수를 늘리는 보충인가처분의 취소를 구하고자 하는 경우, 기존 개별화물자동차운송사업자

③ 자신의 영업허가지역 내로 영업소 이전을 허가하는 약종상영업소이전허가처분의 취소를 구하고자 하는 경우, 기존 약종상 영업자

④ 개발제한구역 중 일부 취락을 개발제한구역에서 해제하는 내용의 도시관리계획변경결정의 취소를 구하고자 하는 경우, 개발제한구역 해제대상에서 누락된 토지의 소유자

⑤ 광업권설정허가처분의 취소를 구하려는 경우, 광산개발로 재산상·환경상의 이익을 침해당할 우려가 있는 토지 소유자

정답/해설 ④

① (○) 구 임대주택법(2009. 12. 29. 법률 제9863호로 개정되기 전의 것) 제21조 제5항, 제9항, 제34조, 제35조 규정의 내용과 입법 경위 및 취지 등에 비추어 보면, 임차인대표회의도 당해 주택에 거주하는 임차인과 마찬가지로 임대주택의 분양전환과 관련하여 그 승인의 근거 법률인 구 임대주택법에 의하여 보호되는 구체적이고 직접적인 이익이 있다고 봄이 상당하다. 따라서 임차인대표회의는 행정청의 분양전환승인처분이 승인의 요건을 갖추지 못하였음을 주장하여 그 취소소송을 제기할 원고적격이 있다고 보아야 한다(대판 2010.5.13. 2009두19168).

② (○) 자동차운수사업법 제6조 제1항 제1호에서 당해 사업계획이 당해 노선 또는 사업구역의 수송수요와 수송력공급에 적합할 것을 면허의 기준으로 정한 것은 자동차운수사업에 관한 질서를 확립하고 자동차운수사업의 종합적인 발달을 도모하여 공공의 복리를 증진함과 동시에 업자 간의 경쟁으로 인한 경영의 불합리를 미리 방지하자는 데 그 목적이 있다 할 것이므로 개별화물자동차운송사업면허를 받아 이를 영위하고 있는 기존의 업자로서는 동일한 사업구역내의 동종의 사업용 화물자동차면허대수를 늘리는 보충인가처분에 대하여 그 취소를 구할 법률상 이익이 있다(대판 1992.7.10. 91누9107).

③ (○) 갑이 적법한 약종상 허가를 받아 허가지역 내에서 약종상 영업을 경영하고 있음에도 불구하고 행정관청이 구 약사법 시행규칙(1969. 8. 13. 보건사회부령 제344호)을 위배하여 같은 약종상인 을에게 을의 영업허가지역이 아닌 갑의 영업허가지역내로 영업소를 이전하도록 허가하였다면 갑으로서는 이로 인하여 기존업자로서의 법률상 이익을 침해받았음이 분명하므로 갑에게는 행정관청의 영업소이전허가처분의 취소를 구할 법률상 이익이 있다(대판 1988.6.14. 87누873).

④ (×) 이 사건 토지는 이 사건 도시관리계획변경결정 전후를 통하여 개발제한구역으로 지정된 상태에 있으므로 이 사건 도시관리계획변경결정으로 인하여 그 소유자인 원고가 위 토지를 사용·수익·처분하는 데 새로운 공법상의 제한을 받거나 종전과 비교하여 더 불이익한 지위에 있게 되는 것은 아니다. 또한, 원고의 청구취지와 같이 이 사건 도시관리계획변경결정이 취소된다 하더라도 그 결과 이 사건 도시관리계획변경결정으로 개발제한구역에서 해제된 제3자 소유의 토지들이 종전과 같이 개발제한구역으로 남게 되는 결과가 될 뿐, 원고 소유의 이 사건 토지가 개발제한구역에서 해제되는 것도 아니다. 따라서 원고에게 제3자 소유의 토지에 관한 이 사건 도시관리계획변경결정의 취소를 구할 직접적이고 구체적인 이익이 있다고 할 수 없다(대판 2008.7.10. 2007두10242).

⑤ (○) 광업권설정허가처분의 근거 법규 또는 관련 법규의 취지는 광업권설정허가처분과 그에 따른 광산 개발과 관련된 후속 절차로 인하여 직접적이고 중대한 재산상·환경상 피해가 예상되는 토지나 건축물의 소유자나 점유자 또는 이해관계인 및 주민들이 전과 비교하여 수인한도를 넘는 재산상·환경상 침해를 받지 아니한 채 토지나 건축물 등을 보유하며 쾌적하게 생활할 수 있는 개별적 이익까지도 보호하려는 데 있으므로, 광업권설정허가처분과 그에 따른 광산 개발로 인하여 재산상·환경상 이익의 침해를 받거나 받을 우려가 있는 토지나 건축물의 소유자와 점유자 또는 이해관계인 및 주민들은 그 처분 전과 비교하여 수인한도를 넘는 재산상·환경상 이익의 침해를 받거나 받을 우려가 있다는 것을 증명함으로써 그 처분의 취소를 구할 원고적격을 인정받을 수 있다(대판 2008.9.11. 2006두7577).

054 「행정소송법」상 법률상 이익 유무에 관한 판례의 입장으로 옳은 것은? 〈2021〉

① 산업집적활성화 및 공장설립에 관한 법률에 따라 공장설립승인처분 후에 공장건축 허가처분이 있은 경우, 공장설립승인처분이 취소된 이후에는 공장건축허가처분의 취소를 구할 이익이 없다.

② 과세관청이 직권으로 법인세법 상 소득처분을 경정하면서 일부 항목은 증액을 하고 동시에 다른 항목은 감액을 한 결과 전체로서 소득처분금액이 감소된 경우, 소득금액 변동통지의 취소를 구할 이익이 있다.

③ 파면처분이 있은 후에 금고 이상의 형을 선고받아 당연퇴직사유가 발생한 경우, 파면처분의 취소를 구할 이익이 없다.

④ 주유소 운영사업자 선정처분이 내려진 경우, 불선정된 사업자는 경원관계에 있는 사업자에 대한 선정처분의 취소를 구하지 않고 자신에 대한 불선정처분의 취소를 구할 이익이 있다.

⑤ 행정청이 공무원에 대하여 직위해제처분을 한 후 다시 새로운 직위해제사유에 기한 직위해제처분을 한 경우, 이전에 한 직위해제처분의 취소를 구할 이익이 있다.

정답/해설 ④

① (×) 구 산업집적활성화 및 공장설립에 관한 법률 제13조 제1항, 제13조의2 제1항 제16호, 제14조, 제50조, 제13조의5 제4호의 규정을 종합하면, 공장설립승인처분이 있고 난 뒤에 또는 그와 동시에 공장건축허가처분을 하는 것이 허용되므로, 공장설립승인처분이 취소된 경우에는 그 승인처분을 기초로 한 공장건축허가처분 역시 취소되어야 하고, 공장설립승인처분에 근거하여 토지의 형질변경이 이루어진 경우에는 원상회복을 해야 함이 원칙이다. 따라서 개발제한구역 안에서의 공장설립을 승인한 처분이 위법하다는 이유로 쟁송취소되었다고 하더라도 그 승인처분에 기초한 공장건축허가처분이 잔존하는 이상, 공장설립승인처분이 취소되었다는 사정만으로 인근 주민들의 환경상 이익이 침해되는 상태나 침해될 위험이 종료되었다거나 이를 시정할 수 있는 단계가 지나버렸다고 단정할 수는 없고, 인근주민들은 여전히 공장건축허가처분의 취소를 구할 법률상 이익이 있다고 보아야 한다(대판 2018.7.12. 2015두3485).

② (×) 법인이 법인세의 과세표준을 신고하면서 배당, 상여 또는 기타소득으로 소득처분한 금액은 당해 법인이 신고기일에 소득처분의 상대방에게 지급한 것으로 의제되어 그때 원천징수하는 소득세의 납세의무가 성립·확정되며, 그 후 과세관청이 직권으로 상대방에 대한 소득처분을 경정하면서 일부 항목에 대한 증액과 다른 항목에 대한 감액을 동시에 한 결과 전체로서 소득처분금액이 감소된 경우에는 그에 따른 소득금액변동통지가 납세자인 당해 법인에 불이익을 미치는 처분이 아니므로 당해 법인은 그 소득금액변동통지의 취소를 구할 이익이 없다(대판 2012.4.13. 2009두5510).

③ (×) 파면처분취소 소송의 사실심변론 종결 전에 동원고가 허위공문서등 작성죄로 징역 8월에 2년간 집행유예의 형을 선고받아 확정되었다면 원고는 지방공무원법 제61조의 규정에 따라 위 판결이 확정된 날 당연퇴직되어 그 공무원의 신분을 상실하고, 당연퇴직이나 파면이 퇴직급여에 관한 불이익의 점에 있어 동일하다 하더라도 최소한도 이 사건 파면처분이 있을 때부터 위 법규정에 의한 당연퇴직일자까지의 기간에 있어서는 파면처분의 취소를 구하여 그로 인해 박탈당한 이익의 회복을 구할 소의 이익이 있다 할 것이다(대판 1985.6.25. 85누39).

④ (○) 인가·허가 등 수익적 행정처분을 신청한 여러 사람이 서로 경원관계에 있어서 한 사람에 대한 허가 등 처분이 다른 사람에 대한 불허가 등으로 귀결될 수밖에 없을 때 허가 등 처분을 받지 못한 사람은 신청에 대한 거부처분의 직접 상대방으로서 원칙적으로 자신에 대한 거부처분의 취소를 구할 원고적격이 있고, 취소판결이 확정되는 경우 판결의 직접적인 효과로 경원자에 대한 허가 등 처분이 취소되거나 효력이 소멸되는 것은 아니더라도 행정청은 취소판결의 기속력에 따라 판결에서 확인된 위법사유를 배제한 상태에서 취소판결의 원고와 경원자의 각 신청에 관하여 처

분 요건의 구비 여부와 우열을 다시 심사하여야 할 의무가 있으며, 재심사 결과 경원자에 대한 수익적 처분이 직권취소되고 취소판결의 원고에게 수익적 처분이 이루어질 가능성을 완전히 배제할 수는 없으므로, 특별한 사정이 없는 한 경원관계에서 허가 등 처분을 받지 못한 사람은 자신에 대한 거부처분의 취소를 구할 소의 이익이 있다(대판 2015.10.29. 2013두27517).

⑤ (×) 행정청이 공무원에 대하여 새로운 직위해제사유에 기한 직위해제처분을 한 경우 그 이전에 한 직위해제처분은 이를 묵시적으로 철회하였다고 봄이 상당하므로, 그 이전 처분의 취소를 구하는 부분은 존재하지 않는 행정처분을 대상으로 한 것으로서 그 소의 이익이 없어 부적법하다(대판 2003.10.10. 2003두5945).

055 판례상 항고소송의 원고적격에 관한 설명으로 옳지 않은 것은? 〈2020〉

① 추상적 기본권의 침해만으로는 원고적격이 인정되지 않는다.
② 원고적격은 사실심 변론종결시는 물론 상고심에서도 존속하여야 한다.
③ 사실상 이익 또는 반사적 이익의 침해만으로도 원고적격이 인정된다.
④ 구 「건축법」상 지방자치단체장이 국가와의 건축협의를 거부한 행위에 대해 국가는 항고소송을 제기할 수 있다.
⑤ 처분의 상대방이 허무인(虛無人)이 아니라 위명(僞名)을 사용한 사람인 경우에도 처분의 취소를 구할 법률상 이익이 있다.

정답/해설 ③

① (○) 헌법 제35조 제1항에서 정하고 있는 환경권에 관한 규정만으로는 그 권리의 주체·대상·내용·행사방법 등이 구체적으로 정립되어 있다고 볼 수 없고, 환경정책기본법 제6조도 그 규정 내용 등에 비추어 국민에게 구체적인 권리를 부여한 것으로 볼 수 없다는 이유로, 환경영향평가 대상지역 밖에 거주하는 주민에게 헌법상의 환경권 또는 환경정책기본법에 근거하여 공유수면매립면허처분과 농지개량사업 시행인가처분의 무효확인을 구할 원고적격이 없다고 한 사례(대판 전합 2006.3.16. 2006두330).
② (○) 소송요건은 사실심 변론종결시까지 갖추어야 하고, 상고심에서도 유지되어야 한다.
③ (×) 개별적, 직접적, 구체적 이익의 침해가 있으면 원고적격이 인정되고 반사적, 사실적, 경제적 이익의 침해로는 원고적격이 인정되지 않는다.
④ (○) 허가권자인 지방자치단체의 장이 한 건축협의 거부행위는 비록 그 상대방이 국가 등 행정주체라 하더라도, 행정청이 행하는 구체적 사실에 관한 법집행으로서의 공권력 행사의 거부 내지 이에 준하는 행정작용으로서 행정소송 법 제2조 제1항 제1호에서 정한 처분에 해당한다고 볼 수 있고, 이에 대한 법적 분쟁을 해결할 실효적인 다른 법적 수단이 없는 이상 국가 등은 허가권자를 상대로 항고소송을 통해 그 거부처분의 취소를 구할 수 있다고 해석된다(대판 2014.3.13. 2013두15934).
⑤ (○) 미얀마 국적의 甲이 위명(僞名)인 '乙' 명의의 여권으로 대한민국에 입국한 뒤 乙 명의로 난민 신청을 하였으나 법무부장관이 乙 명의를 사용한 甲을 직접 면담하여 조사한 후 甲에 대하여 난민불인정 처분을 한 사안에서, 처분의 상대방은 허무인이 아니라 '乙'이라는 위명을 사용한 甲이라는 이유로, 甲이 처분의 취소를 구할 법률상 이익이 있다고 한 사례(대판 2017.3.9. 2013두16852).

056 판례상 항고소송의 원고적격이 인정되는 것은? 〈2020〉

① 구 「담배사업법」에 따른 기존 일반소매인이 신규 구내소매인 지정처분의 취소를 구하는 경우
② 숙박업구조변경허가처분에 대하여 인근의 기존숙박업자가 그 취소를 구하는 경우
③ 재단법인인 수녀원이 공유수면매립목적 변경 승인처분에 대하여 환경상 이익의 침해를 이유로 무효확인을 구하는 경우
④ 구 「임대주택법」상 임차인대표회의가 임대주택분양전환승인처분에 대하여 취소를 구하는 경우
⑤ 외국인이 사증발급 거부처분에 대하여 취소를 구하는 경우

정답/해설 ④

① (×) 구내소매인과 일반소매인 사이에서는 구내소매인의 영업소와 일반소매인의 영업소 간에 거리제한을 두지 아니할 뿐 아니라 건축물 또는 시설물의 구조·상주인원 및 이용인원 등을 고려하여 동일 시설물 내 2개소 이상의 장소에 구내소매인을 지정할 수 있으며, 이 경우 일반소매인이 지정된 장소가 구내소매인 지정대상이 된 때에는 동일 건축물 또는 시설물 안에 지정된 일반소매인은 구내소매인으로 보고, 구내소매인이 지정된 건축물 등에는 일반소매인을 지정할 수 없으며, 구내소매인은 담배진열장 및 담배소매점 표시판을 건물 또는 시설물의 외부에 설치하여서는 아니 된다고 규정하는 등 일반소매인의 입장에서 구내소매인과의 과당경쟁으로 인한 경영의 불합리를 방지하는 것을 그 목적으로 할 수 있다고 보기 어려우므로, 일반소매인으로 지정되어 영업을 하고 있는 기존업자의 신규 구내소매인에 대한 이익은 법률상 보호되는 이익이 아니라 단순한 사실상의 반사적 이익이라고 해석함이 상당하므로, 기존 일반소매인은 신규 구내소매인 지정처분의 취소를 구할 원고적격이 없다(대판 2008.4.10. 2008두402).

② (×) 원고들 주장의 요지는 피고는 원고들이 경영하는 여관이 있는 곳에서 50미터 내지 700미터 정도의 거리에 있는 원판시 이 사건 건물의 4, 5층 일부에 객실을 설비할 수 있도록 숙박업구조변경허가를 함으로써 원고들에게 중대한 손해를 입게 하였으므로 위 숙박업구조변경처분의 무효확인 또는 취소를 구한다는 것이나 원고들이 위 숙박업구조변경허가로 인하여 받게 될 불이익은 간접적이거나 사실적, 경제적인 불이익에 지나지 아니하여 그것만으로는 원고들에게 위 숙박업구조변경허가처분의 무효확인 또는 취소를 구할 소익이 있다고 할 수 없다(대판 1990.8.14. 89누7900).

③ (×) 재단법인 甲 수녀원이, 매립목적을 택지조성에서 조선시설용지로 변경하는 내용의 공유수면매립목적 변경 승인처분으로 인하여 법률상 보호되는 환경상 이익을 침해받았다면서 행정청을 상대로 처분의 무효 확인을 구하는 소송을 제기한 사안에서, 공유수면매립목적 변경 승인처분으로 甲 수녀원에 소속된 수녀 등이 쾌적한 환경에서 생활할 수 있는 환경상 이익을 침해받는다고 하더라도 이를 가리켜 곧바로 甲 수녀원의 법률상 이익이 침해된다고 볼 수 없고, 자연인이 아닌 甲 수녀원은 쾌적한 환경에서 생활할 수 있는 이익을 향수할 수 있는 주체가 아니므로 위 처분으로 위와 같은 생활상의 이익이 직접적으로 침해되는 관계에 있다고 볼 수도 없으며, 위 처분으로 환경에 영향을 주어 甲 수녀원이 운영하는 쨈 공장에 직접적이고 구체적인 재산적

피해가 발생한다거나 甲 수녀원이 폐쇄되고 이전해야 하는 등의 피해를 받거나 받을 우려가 있다는 점 등에 관한 증명도 부족하다는 이유로, 甲 수녀원에 처분의 무효 확인을 구할 원고적격이 없다고 한 사례(대판 2012.6.28. 2010두2005).

④ (○) 임차인대표회의도 당해 주택에 거주하는 임차인과 마찬가지로 임대주택의 분양전환과 관련하여 그 승인의 근거 법률인 구 임대주택법에 의하여 보호되는 구체적이고 직접적인 이익이 있다고 봄이 상당하다. 따라서 임차인대표회의는 행정청의 분양전환승인처분이 승인의 요건을 갖추지 못하였음을 주장하여 그 취소소송을 제기할 원고적격이 있다고 보아야 한다(대판 2010.5.13. 2009두19168).

⑤ (×) 우리 출입국관리법의 입법 목적은 "대한민국에 입국하거나 대한민국에서 출국하는 모든 국민 및 외국인의 출입국관리를 통한 안전한 국경관리와 대한민국에 체류하는 외국인의 체류관리 및 난민(難民)의 인정절차 등에 관한 사항을 규정"하는 것이다(제1조). 체류자격 및 사증발급의 기준과 절차에 관한 출입국관리법과 그 하위법령의 위와 같은 규정들은, 대한민국의 출입국 질서와 국경관리라는 공익을 보호하려는 취지일 뿐, 외국인에게 대한민국에 입국할 권리를 보장하거나 대한민국에 입국하고자 하는 외국인의 사익까지 보호하려는 취지로 해석하기는 어렵다. 사증발급 거부처분을 다투는 외국인은, 아직 대한민국에 입국하지 않은 상태에서 대한민국에 입국하게 해달라고 주장하는 것으로, 대한민국과의 실질적 관련성 내지 대한민국에서 법적으로 보호가치 있는 이해관계를 형성한 경우는 아니어서, 해당 처분의 취소를 구할 법률상 이익을 인정하여야 할 법정책적 필요성도 크지 않다. 반면, 국적법상 귀화불허가처분이나 출입국관리법상 체류자격변경 불허가처분, 강제퇴거명령 등을 다투는 외국인은 대한민국에 적법하게 입국하여 상당한 기간을 체류한 사람이므로, 이미 대한민국과의 실질적 관련성 내지 대한민국에서 법적으로 보호가치 있는 이해관계를 형성한 경우이어서, 해당 처분의 취소를 구할 법률상 이익이 인정된다고 보아야 한다. 나아가 중화인민공화국(이하 '중국'이라 한다) 출입경관리법 제36조 등은 외국인이 사증 발급 거부 등 출입국 관련 제반 결정에 대하여 불복하지 못하도록 명문의 규정을 두고 있으므로, 국제법의 상호주의원칙상 대한민국이 중국 국적자에게 우리 출입국관리 행정청의 사증발급 거부에 대하여 행정소송 제기를 허용할 책무를 부담한다고 볼 수는 없다(대판 2018.5.15. 2014두42506).

057 항공사인 甲과 乙은 각각 A국제항공노선에 대한 운수권배분을 신청하였으나, 국토교통부장관은 내부지침에 따라서 甲에 대해서만 운수권배분을 행하고 乙에 대해서는 아무런 조치를 취하지 않았다. 乙은 이에 불복하여 행정소송을 제기하고자 한다. 이에 관한 설명으로 옳지 않은 것은? (다툼이 있으면 판례에 따름) 〈2019〉

① 甲에 대한 운수권배분이 행정규칙에 근거하였더라도 이는 행정처분에 해당한다.
② 甲에 대한 운수권배분처분에는 乙에 대한 운수권배분거부처분이 포함되어 있다.
③ 乙은 자신에 대한 운수권배분거부처분의 취소를 구할 원고적격이 있다.
④ 운수권배분처분은 甲에 대한 것이고 乙은 그 처분의 직접상대방이 아니므로, 乙은 운수권배분처분의 취소를 구할 원고적격이 없다.
⑤ 乙이 자신에 대한 운수권배분거부처분에 대하여 효력정지를 구할 이익은 인정되지 않는다.

정답/해설 ④

① (○) 항고소송의 대상이 되는 행정처분이라 함은 원칙적으로 행정청의 공법상 행위로서 특정 사항에 대하여 법규에 의한 권리의 설정 또는 의무의 부담을 명하거나 기타 법률상 효과를 발생하게 하는 등으로 일반 국민의 권리의무에 직접 영향을 미치는 행위를 가리키는 것이지만, 어떠한 처분의 근거가 행정규칙에 규정되어 있다고 하더라도, 그 처분이 상대방에게 권리의 설정 또는 의무의 부담을 명하거나 기타 법적인 효과를 발생하게 하는 등으로 그 상대방의 권리의무에 직접 영향을 미치는 행위라면, 이 경우에도 항고소송의 대상이 되는 행정처분에 해당한다(대판 2004.11.26. 2003두10251).

② (○), ③ (○), ④ (×) 인가·허가 등 수익적 행정처분을 신청한 여러 사람이 서로 경원관계에 있어서 한 사람에 대한 허가 등 처분이 다른 사람에 대한 불허가 등으로 귀결될 수밖에 없을 때 허가 등 처분을 받지 못한 사람은 신청에 대한 거부처분의 직접 상대방으로서 원칙적으로 자신에 대한 거부처분의 취소를 구할 원고적격이 있다(대판 2015.10.29. 2013두27517).

⑤ (○) 신청에 대한 거부처분의 효력을 정지하더라도 거부처분이 없었던 것과 같은 상태, 즉 거부처분이 있기 전의 신청시의 상태로 되돌아가는 데에 불과하고 행정청에게 신청에 따른 처분을 하여야 할 의무가 생기는 것이 아니므로, 거부처분의 효력정지는 그 거부처분으로 인하여 신청인에게 생길 손해를 방지하는 데 아무런 보탬이 되지 아니하여 그 효력정지를 구할 이익이 없다(대결 1995.6.21. 95두26).

058 취소소송의 원고적격에 관한 설명으로 옳지 않은 것은? (다툼이 있으면 판례에 따름) 〈2019〉

① 취소소송은 처분등의 취소를 구할 법률상 이익이 있는 자가 제기할 수 있다.
② 원고적격은 소송요건의 하나이므로 사실심 변론종결시는 물론 상고심에서도 존속하여야 한다.
③ 법률상 보호되는 이익은 당해 처분의 근거법규 및 관련법규가 보호하는 개별적·직접적·구체적 이익이 있는 경우를 말한다.
④ 위명(爲名)으로 난민신청을 하여 난민불인정 처분을 받은 자는 그 처분의 취소를 구할 원고적격이 있다.
⑤ 기존 담배 일반소매인은 신규 구내소매인 지정처분의 취소를 구할 원고적격이 있다.

정답/해설 ⑤

① (○)

> **제12조(원고적격)**
> 취소소송은 처분등의 취소를 구할 법률상 이익이 있는 자가 제기할 수 있다. 처분등의 효과가 기간의 경과, 처분등의 집행 그 밖의 사유로 인하여 소멸된 뒤에도 그 처분등의 취소로 인하여 회복되는 법률상 이익이 있는 자의 경우에는 또한 같다.

② (○) 행정처분의 직접 상대방이 아닌 제3자라 하더라도 당해 행정처분으로 인하여 법률상 보호되는 이익을 침해당한 경우에는 그 처분의 취소나 무효확인을 구하는 행정소송을 제기하

여 그 당부의 판단을 받을 자격 즉 원고적격이 있고, 여기에서 말하는 법률상 보호되는 이익은 당해 처분의 근거 법규 및 관련 법규에 의하여 보호되는 개별적·직접적·구체적 이익을 말하며, 원고적격은 소송요건의 하나이므로 사실심 변론종결시는 물론 상고심에서도 존속하여야 하고 이를 흠결하면 부적법한 소가 된다(대판 2007.4.12. 2004두7924).

③ (O) 행정처분의 직접 상대방이 아닌 제3자라 하더라도 당해 행정처분으로 인하여 법률상 보호되는 이익을 침해당한 경우에는 그 처분의 무효확인을 구하는 행정소송을 제기하여 그 당부의 판단을 받을 자격이 있다 할 것이며, 여기에서 말하는 법률상 보호되는 이익이라 함은 당해 처분의 근거 법규 및 관련 법규에 의하여 보호되는 개별적·직접적·구체적 이익이 있는 경우를 말하고, 공익보호의 결과로 국민 일반이 공통적으로 가지는 일반적·간접적·추상적 이익이 생기는 경우에는 법률상 보호되는 이익이 있다고 할 수 없다(대판 전합 2006.3.16. 2006두330).

④ (O) 미얀마 국적의 갑이 위명(위명)인 '을' 명의의 여권으로 대한민국에 입국한 뒤 을 명의로 난민 신청을 하였으나 법무부장관이 을 명의를 사용한 갑을 직접 면담하여 조사한 후 갑에 대하여 난민불인정 처분을 한 사안에서, 처분의 상대방은 허무인이 아니라 '을'이라는 위명을 사용한 갑이라는 이유로, 갑이 처분의 취소를 구할 법률상 이익이 있다고 한 사례(대판 2017.3.9. 2013두16852).

⑤ (×) 구내소매인과 일반소매인 사이에서는 구내소매인의 영업소와 일반소매인의 영업소 간에 거리제한을 두지 아니할 뿐 아니라 건축물 또는 시설물의 구조·상주인원 및 이용인원 등을 고려하여 동일 시설물 내 2개소 이상의 장소에 구내소매인을 지정할 수 있으며, 이 경우 일반소매인이 지정된 장소가 구내소매인 지정대상이 된 때에는 동일 건축물 또는 시설물 안에 지정된 일반소매인은 구내소매인으로 보고, 구내소매인이 지정된 건축물 등에는 일반소매인을 지정할 수 없으며, 구내소매인은 담배진열장 및 담배소매점 표시판을 건물 또는 시설물의 외부에 설치하여서는 아니 된다고 규정하는 등 일반소매인의 입장에서 구내소매인과의 과당경쟁으로 인한 경영의 불합리를 방지하는 것을 그 목적으로 할 수 있다고 보기 어려우므로, 일반소매인으로 지정되어 영업을 하고 있는 기존업자의 신규 구내소매인에 대한 이익은 법률상 보호되는 이익이 아니라 단순한 사실상의 반사적 이익이라고 해석함이 상당하므로, 기존 일반소매인은 신규 구내소매인 지정처분의 취소를 구할 원고적격이 없다(대판 2008.4.10. 2008두402).

059 판례상 취소소송의 원고적격에 관한 설명으로 옳지 않은 것은? 〈2019〉

① 은행의 주주는 은행이 업무정지처분 등으로 더 이상 영업 전부를 행할 수 없더라도 그 처분 등을 다툴 원고적격이 없다.

② 처분을 다툴 법률상 이익이 있는지에 관한 당사자의 주장에 관하여 법원이 판단하지 않았다 하더라도 판단유탈은 아니다.

③ 구 「자동차운수사업법」상 자동차운송사업의 면허와 관련하여 당해 노선에 관한 기존업자는 노선연장인가처분의 취소를 구할 법률상 이익이 있다.

④ 지방자치단체는 건축법령상 건축협의의 취소에 대한 취소를 구할 법률상 이익이 있다.

⑤ 대학교 총학생회는 교육부장관의 해당 대학교 학교법인의 임시이사선임처분의 취소를 구할 원고적격이 있다.

정답/해설 ①

① (×) 법인의 주주는 법인에 대한 행정처분에 관하여 사실상이나 간접적인 이해관계를 가질 뿐이어서 스스로 그 처분의 취소를 구할 원고적격이 없는 것이 원칙이라고 할 것이지만, 그 처분으로 인하여 법인이 더 이상 영업 전부를 행할 수 없게 되고, 영업에 대한 인·허가의 취소 등을 거쳐 해산·청산되는 절차 또한 처분 당시 이미 예정되어 있으며, 그 후속절차가 취소되더라도 그 처분의 효력이 유지되는 한 당해 법인이 종전에 행하던 영업을 다시 행할 수 없는 예외적인 경우에는 주주도 그 처분에 관하여 직접적이고 구체적인 법률상 이해관계를 가진다고 보아 그 효력을 다툴 원고적격이 있다(대판 2005.1.27. 2002두5313).

② (○) 해당 처분을 다툴 법률상 이익이 있는지 여부는 직권조사사항으로 이에 관한 당사자의 주장은 직권발동을 촉구하는 의미밖에 없으므로, 원심법원이 이에 관하여 판단하지 않았다고 하여 판단유탈의 상고이유로 삼을 수 없다(대판 2017.3.9. 2013두16852).

③ (○) 자동차 운수사업법 제6조 제1호에서 당해 사업계획이 당해 노선 또는 사업구역의 수송수요와 수송력 공급에 적합할 것을 면허의 기준으로 한 것은 주로 자동차 운수사업에 관한 질서를 확립하고 자동차운수의 종합적인 발달을 도모하여 공공복리의 증진을 목적으로 하고 있으며, 동시에, 한편으로는 업자간의 경쟁으로 인한 경영의 불합리를 미리 방지하는 것이 공공의 복리를 위하여 필요하므로 면허조건을 제한하여 기존업자의 경영의 합리화를 보호하자는 데도 그 목적이 있다할 것이다. 따라서 이러한 기존업자의 이익은 단순한 사실상의 이익이 아니고, 법에 의하여 보호되는 이익이라고 해석된다(대판 1974.4.9. 73누173).

④ (○) 건축협의의 실질은 지방자치단체 등에 대한 건축허가와 다르지 않으므로, 지방자치단체 등이 건축물을 건축하려는 경우 등에는 미리 건축물의 소재지를 관할하는 허가권자인 지방자치단체의 장과 건축협의를 하지 않으면, 지방자치단체라 하더라도 건축물을 건축할 수 없다. 그리고 구 지방자치법 등 관련 법령을 살펴보아도 지방자치단체의 장이 다른 지방자치단체를 상대로 한 건축협의 취소에 관하여 다툼이 있는 경우에 법적 분쟁을 실효적으로 해결할 구제수단을 찾기도 어렵다. 따라서 건축협의 취소는 상대방이 다른 지방자치단체 등 행정주체라 하더라도 '행정청이 행하는 구체적 사실에 관한 법집행으로서의 공권력 행사'(행정소송법 제2조 제1항 제1호)로서 처분에 해당한다고 볼 수 있고, 지방자치단체인 원고가 이를 다툴 실효적 해결 수단이 없는 이상, 원고는 건축물 소재지 관할 허가권자인 지방자치단체의 장을 상대로 항고소송을 통해 건축협의 취소의 취소를 구할 수 있다(대판 2014.2.27. 2012두22980).

⑤ (○) 구 사립학교법과 구 사립학교법 시행령 및 乙 법인 정관 규정은 헌법 제31조 제4항에 정한 교육의 ○○대학의 자율성에 근거한 甲 대학교 교수협의회와 총학생회의 학교운영참여권을 구체화하여 이를 보호하고 있다고 해석되므로, 甲 대학교 교수협의회와 총학생회는 이사선임처분을 다툴 법률상 이익을 가지지만, 고등교육법령은 교육받을 권리나 학문의 자유를 실현하는 수단으로서 학생회와 교수회와는 달리 학교의 직원으로 구성된 노동조합의 성립을 예정하고 있지 아니하고, 노동조합은 근로자가 주체가 되어 자주적으로 단결하여 근로조건의 유지·개선 기타 근로자의 경제적·사회적 지위의 향상을 도모하기 위하여 조직된 단체인 점 등을 고려할 때, 학교의 직원으로 구성된 노동조합이 교육받을 권리나 학문의 자유를 실현하는 수단으로서 직접 기능한다고 볼 수는 없으므로, 개방이사에 관한 구 사립학교법과 구 사립학교법 시행령 및 乙 법인 정관 규정이 학교직원들로 구성된 ○○대학노동조합 乙 대학교지부의 법률상 이익까지 보호하고 있는 것으로 해석할 수는 없다고 한 사례(대판 2015.7.23. 2012두19496, 19502).

060 원고적격 등에 관한 설명으로 옳지 않은 것은? 〈2018〉
① 취소소송은 처분등의 취소를 구할 법률상 이익이 있는 자가 제기할 수 있다.
② 무효등확인소송은 처분등의 효력 유무 또는 존재 여부의 확인을 구할 법률상 이익이 있는 자가 제기할 수 있다.
③ 부작위위법확인소송은 처분의 신청을 한 자로서 부작위의 위법의 확인을 구할 법률상 이익이 있는 자만이 제기할 수 있다.
④ 민중소송은 직접 법률상 이익이 있는 자만이 제기할 수 있다.
⑤ 처분등의 효과가 소멸된 뒤에도 그 처분등의 취소로 인하여 회복되는 법률상 이익이 있는 자는 그 처분등에 대하여 취소소송을 제기할 수 있다.

정답/해설 ④

① (O)

제12조(원고적격)
취소소송은 처분등의 취소를 구할 법률상 이익이 있는 자가 제기할 수 있다. 처분등의 효과가 기간의 경과, 처분등의 집행 그 밖의 사유로 인하여 소멸된 뒤에도 그 처분등의 취소로 인하여 회복되는 법률상 이익이 있는 자의 경우에는 또한 같다.

② (O)

제35조(무효등 확인소송의 원고적격)
무효등 확인소송은 처분등의 효력 유무 또는 존재 여부의 확인을 구할 법률상 이익이 있는 자가 제기할 수 있다.

③ (O)

제36조(부작위위법확인소송의 원고적격)
부작위위법확인소송은 처분의 신청을 한 자로서 부작위의 위법의 확인을 구할 법률상 이익이 있는 자만이 제기할 수 있다.

④ (×)

제3조(행정소송의 종류)
행정소송은 다음의 네가지로 구분한다.
  3. 민중소송: 국가 또는 공공단체의 기관이 법률에 위반되는 행위를 한 때에 직접 자기의 법률상 이익과 관계없이 그 시정을 구하기 위하여 제기하는 소송

⑤ (O)

제12조(원고적격)
취소소송은 처분등의 취소를 구할 법률상 이익이 있는 자가 제기할 수 있다. **처분등의 효과가 기간의 경과, 처분등의 집행 그 밖의 사유로 인하여 소멸된 뒤에도 그 처분등의 취소로 인하여 회복되는 법률상 이익이 있는 자의 경우에는 또한 같다.**

061 취소소송의 당사자에 관한 설명으로 옳은 것은? 〈2018〉

① 원고가 피고를 잘못 지정한 때에는 법원은 직권에 의하여 피고를 경정할 수 있다.
② 수인의 청구 또는 수인에 대한 청구가 처분등의 취소청구와 관련되는 청구인 경우에 한하여 그 수인은 공동소송인이 될 수 있다.
③ 법원은 소송의 결과에 따라 권리의 침해를 받을 제3자가 있는 경우에는 제3자의 신청이 있는 경우에 한하여 그 제3자를 소송에 참가시킬 수 있다.
④ 법원은 다른 행정청의 신청이 있는 경우에 한하여 그 행정청을 소송에 참가시킬 수 있다.
⑤ 행정청이 없게 된 때에는 그 처분에 관한 사무가 귀속되는 국가 또는 공공단체에 속한 다른 행정청을 피고로 한다.

정답/해설 ②

① (×)

> **제14조(피고경정)**
> ① 원고가 피고를 잘못 지정한 때에는 법원은 원고의 신청에 의하여 결정으로써 피고의 경정을 허가할 수 있다.

② (○)

> **제15조(공동소송)**
> 수인의 청구 또는 수인에 대한 청구가 처분등의 취소청구와 관련되는 청구인 경우에 한하여 그 수인은 공동소송인이 될 수 있다.

③ (×)

> **제16조(제3자의 소송참가)**
> ① 법원은 소송의 결과에 따라 권리 또는 이익의 침해를 받을 제3자가 있는 경우에는 당사자 또는 제3자의 신청 또는 직권에 의하여 결정으로써 그 제3자를 소송에 참가시킬 수 있다.

④ (×)

> **제17조(행정청의 소송참가)**
> ① 법원은 다른 행정청을 소송에 참가시킬 필요가 있다고 인정할 때에는 당사자 또는 당해 행정청의 신청 또는 직권에 의하여 결정으로써 그 행정청을 소송에 참가시킬 수 있다.

⑤ (×)

> **제13조(피고적격)**
> ② 제1항의 규정에 의한 행정청이 없게 된 때에는 그 처분등에 관한 사무가 귀속되는 국가 또는 공공단체를 피고로 한다.

062 행정소송의 유형별 원고적격이 행정소송법의 규정과 다른 것은? 〈2017〉

① 취소소송 - 처분등의 취소를 구할 법률상 이익이 있는 자
② 무효등확인소송 - 처분등의 효력 유무 또는 존재 여부의 확인을 구할 법률상 이익이 있는 자
③ 당사자소송 - 법률에 정한 자
④ 기관소송 - 법률에 정한 자
⑤ 부작위위법확인소송 - 처분의 신청을 한 자로서 부작위의 위법의 확인을 구할 법률상 이익이 있는 자

정답/해설 ③

① (○)

> 제12조(원고적격)
> 취소소송은 처분등의 취소를 구할 법률상 이익이 있는 자가 제기할 수 있다. 처분등의 효과가 기간의 경과, 처분등의 집행 그 밖의 사유로 인하여 소멸된 뒤에도 그 처분등의 취소로 인하여 회복되는 법률상 이익이 있는 자의 경우에는 또한 같다.

② (○)

> 제35조(무효등 확인소송의 원고적격)
> 무효등 확인소송은 처분등의 효력 유무 또는 존재 여부의 확인을 구할 법률상 이익이 있는 자가 제기할 수 있다.

③ (×) 당사자소송에서 원고적격이 있는 자는 당사자소송을 통하여 주장하는 공법상 법률관계의 주체이다.

④ (○)

> 제45조(소의 제기)
> 민중소송 및 기관소송은 법률이 정한 경우에 법률에 정한 자에 한하여 제기할 수 있다.

⑤ (○)

> 제36조(부작위위법확인소송의 원고적격)
> 부작위위법확인소송은 처분의 신청을 한 자로서 부작위의 위법의 확인을 구할 법률상 이익이 있는 자만이 제기할 수 있다.

063 판례상 취소소송의 원고적격을 인정하지 않은 것은? 〈2016〉

① 다른 공동상속인의 상속세에 대한 연대납부의무를 지는 상속인이 제기하는 다른 공동상속인에 대한 상속세 과세처분 자체의 취소소송
② 국세체납을 원인으로 한 부동산 압류처분 후에 압류부동산을 매수한 자가 제기하는 압류처분 취소소송

③ 환경영향평가대상지역 내에 사는 주민이 제기하는 당해 환경영향평가대상사업 허가처분 취소소송

④ 방사성물질에 의하여 보다 직접적이고 중대한 피해를 입으리라고 예상되는 지역 내의 주민들이 제기하는 원자로시설부지 사전승인처분 취소소송

⑤ 담배 일반소매인으로 지정되어 영업을 하고 있는 기존업자가 제기하는 경업자에 대한 면허나 인·허가 등의 수익적 행정처분 취소소송

정답/해설 ②

① (○) 공동상속인들 중 1인의 연대납부의무에 대한 별도의 확정절차가 없을 뿐만 아니라 그 징수처분에 대한 쟁송단계에서도 다른 공동상속인들에 대한 과세처분 자체의 위법을 다툴 수 없는 점에 비추어 보면, 다른 공동상속인들의 상속세에 대한 연대납부의무를 지는 상속인의 경우에는 다른 공동상속인들에 대한 과세처분 자체의 취소를 구함에 있어서 법률상 직접적이고 구체적인 이익을 가진다고 할 것이므로 그 취소를 구할 원고적격을 인정함이 상당하다(대판 2001.11.27. 98누9530).

② (×) 국세체납처분을 원인으로 한 압류등기 이후에 압류부동산을 매수한 자는 위 압류처분에 대하여 사실상이며 간접적인 이해관계를 가진데 불과하여 위 압류처분의 취소나 무효확인을 구할 원고 적격이 없다(대판 1985.2.8. 82누524).

③ (○) 공유수면매립과 농지개량사업시행으로 인하여 직접적이고 중대한 환경피해를 입으리라고 예상되는 환경영향평가 대상지역 안의 주민들이 전과 비교하여 수인한도를 넘는 환경침해를 받지 아니하고 쾌적한 환경에서 생활할 수 있는 개별적 이익까지도 이를 보호하려는 데에 있다고 할 것이므로, 위 주민들이 공유수면매립면허처분 등과 관련하여 갖고 있는 위와 같은 환경상의 이익은 주민 개개인에 대하여 개별적으로 보호되는 직접적·구체적 이익으로서 그들에 대하여는 특단의 사정이 없는 한 환경상의 이익에 대한 침해 또는 침해우려가 있는 것으로 사실상 추정되어 공유수면매립면허처분 등의 무효확인을 구할 원고적격이 인정된다(대판 전합 2006.3.16. 2006두330).

④ (○) 원자력법 제12조 제2호(발전용 원자로 및 관계 시설의 위치·구조 및 설비가 대통령령이 정하는 기술수준에 적합하여 방사성물질 등에 의한 인체·물체·공공의 재해방지에 지장이 없을 것)의 취지는 원자로 등 건설사업이 방사성물질 및 그에 의하여 오염된 물질에 의한 인체·물체·공공의 재해를 발생시키지 아니하는 방법으로 시행되도록 함으로써 방사성물질 등에 의한 생명·건강상의 위해를 받지 아니할 이익을 일반적 공익으로서 보호하려는 데 그치는 것이 아니라 방사성물질에 의하여 보다 직접적이고 중대한 피해를 입으리라고 예상되는 지역 내의 주민들의 위와 같은 이익을 직접적·구체적 이익으로서도 보호하려는 데에 있다 할 것이므로, 위와 같은 지역 내의 주민들에게는 방사성물질 등에 의한 생명·신체의 안전침해를 이유로 부지사전승인처분의 취소를 구할 원고적격이 있다(대판 1998.9.4. 97누19588).

⑤ (○) 담배소매인을 일반소매인과 구내소매인으로 구분하여, 일반소매인 사이에서는 그 영업소 간에 군청, 읍·면사무소가 소재하는 리 또는 동지역에서는 50m, 그 외의 지역에서는 100m 이상의 거리를 유지하도록 규정하는 등 일반소매인의 영업소 간에 일정한 거리제한을 두고 있는데, 이는 담배유통구조의 확립을 통하여 국민의 건강과 관련되고 국가 등의 주요 세원이 되는 담배산업 전반의 건전한 발전 도모 및 국민경제에의 이바지라는 공익목적을 달

성하고자 함과 동시에 일반소매인 간의 과당경쟁으로 인한 불합리한 경영을 방지함으로써 일반소매인의 경영상 이익을 보호하는 데에도 그 목적이 있다고 보이므로, 일반소매인으로 지정되어 영업을 하고 있는 기존업자의 신규 일반소매인에 대한 이익은 단순한 사실상의 반사적 이익이 아니라 법률상 보호되는 이익으로서 기존 일반소매인이 신규 일반소매인 지정처분의 취소를 구할 원고적격이 있다고 보아야 할 것이다(대판 2008.4.10. 2008두402).

064 판례상 항고소송의 원고적격을 인정하지 않은 것은? 〈2016〉

① 불이익처분의 상대방
② 처분의 근거 법규 및 관련 법규에 의하여 보호되는 개별적·직접적·구체적 이익이 있는 자
③ 생태·자연도 1등급이었던 지역을 2등급 또는 3등급으로 변경한 경우, 그 등급 변경처분의 무효확인을 청구한 인근 주민
④ A 국가기관의 조치요구를 다툴 별다른 방법이 없고, 조치요구에 대한 취소소송이 유효·적절한 수단인 경우에 그 조치요구의 상대방인 B 국가기관
⑤ 직행형 시외버스운송사업자에 대한 사업계획변경인가처분의 취소를 구하는 기존의 고속형 시외버스운송사업자

정답/해설 ③

① (O), ② (O) 항고소송의 원고적격을 인정하기 위해서는 법률상 이익이 있어야 하며, 판례는 원고적격의 요건으로 "처분의 근거법규, 관계법규가 보호하는 개별적·직접적·구체적 이익이 침해될 것"을 요구하고 있다. 불이익처분의 상대방은 당해 처분으로 인하여 법률상 이익이 침해된 것이므로 당연히 원고적격이 인정된다.

③ (×) 환경부장관이 생태·자연도 1등급으로 지정되었던 지역을 2등급 또는 3등급으로 변경하는 내용의 생태·자연도 수정·보완을 고시하자, 인근 주민 甲이 생태·자연도 등급변경처분의 무효 확인을 청구한 사안에서, 생태·자연도의 작성 및 등급변경의 근거가 되는 구 자연환경보전법 제34조 제1항 및 그 시행령 제27조 제1항, 제2항에 의하면, 생태·자연도는 토지이용 및 개발계획의 수립이나 시행에 활용하여 자연환경을 체계적으로 보전·관리하기 위한 것일 뿐, 1등급 권역의 인근 주민들이 가지는 생활상 이익을 직접적이고 구체적으로 보호하기 위한 것이 아님이 명백하고, 1등급 권역의 인근 주민들이 가지는 이익은 환경보호라는 공공의 이익이 달성됨에 따라 반사적으로 얻게 되는 이익에 불과하므로, 인근 주민에 불과한 甲은 생태·자연도 등급권역을 1등급에서 일부는 2등급으로, 일부는 3등급으로 변경한 결정의 무효 확인을 구할 원고적격이 없다고 본 원심판단을 수긍한 사례(대판 2014.2.21. 2011두29052).

④ (O) 甲이 국민권익위원회에 부패방지 및 국민권익위원회의 설치와 운영에 관한 법률(이하 '국민권익위원회법'이라 한다)에 따른 신고와 신분보장조치를 요구하였고, 국민권익위원회가 甲의 소속기관 장인 乙시·도선거관리위원회 위원장에게 '甲에 대한 중징계요구를 취소하고 향후 신고로 인한 신분상 불이익처분 및 근무조건상의 차별을 하지 말 것을 요구'하는 내용의 조치요구를 한 사안에서, 국가기관 일방의 조치요구에 불응한 상대방 국가기관에 국민권익위원회법상의 제재규정과 같은 중대한 불이익을 직접적으로 규정한 다른 법령의 사례를 찾아

보기 어려운 점, 그럼에도 乙이 국민권익위원회의 조치요구를 다툴 별다른 방법이 없는 점 등에 비추어 보면, 처분성이 인정되는 위 조치요구에 불복하고자 하는 乙로서는 조치요구의 취소를 구하는 항고소송을 제기하는 것이 유효·적절한 수단이므로 비록 乙이 국가기관이더라도 당사자능력 및 원고적격을 가진다고 보는 것이 타당하고, 乙이 위 조치요구 후 甲을 파면하였다고 하더라도 조치요구가 곧바로 실효된다고 할 수 없고 乙은 여전히 조치요구를 따라야 할 의무를 부담하므로 乙에게는 위 조치요구의 취소를 구할 법률상 이익도 있다고 본 원심판단을 정당하다고 한 사례(대판 2013.7.25. 2011두1214).

⑤ (○) 구 여객자동차운수사업법 제5조 제1항 제1호에서 '사업계획이 해당 노선이나 사업구역의 수송수요와 수송력 공급에 적합할 것'을 여객자동차운송사업의 면허기준으로 정한 것은 여객자동차운송사업에 관한 질서를 확립하고 여객자동차운송사업의 종합적인 발달을 도모하여 공공의 복리를 증진함과 동시에 업자 간의 경쟁으로 인한 경영의 불합리를 미리 방지하자는 데 그 목적이 있다 할 것이고, 법 제3조 제1항 제1호와 법 시행령 제3조 제1호, 법 시행규칙 제7조 제5항 등의 각 규정을 종합하여 보면, 고속형 시외버스운송사업과 직행형 시외버스운송사업은 다 같이 운행계통을 정하고 여객을 운송하는 노선여객자동차운송사업 중 시외버스운송사업에 속하므로, 위 두 운송사업이 사용버스의 종류, 운행거리, 운행구간, 중간정차 여부 등에서 달리 규율된다는 사정만으로 본질적인 차이가 있다고 할 수 없으며, 직행형 시외버스운송사업자에 대한 사업계획변경인가처분으로 인하여 기존의 고속형 시외버스운송사업자의 노선 및 운행계통과 직행형 시외버스운송사업자들의 그것들이 일부 중복되게 되고 기존업자의 수익감소가 예상된다면, 기존의 고속형 시외버스운송사업자와 직행형 시외버스운송사업자들은 경업관계에 있는 것으로 봄이 상당하므로, 기존의 고속형 시외버스운송사업자에게 직행형 시외버스운송사업자에 대한 사업계획변경인가처분의 취소를 구할 법률상의 이익이 있다고 할 것이다(대판 2010.11.11. 2010두4179).

065 행정소송의 원고적격에 관한 설명으로 옳지 않은 것은? (다툼이 있으면 판례에 따름) ⟨2015⟩

① 당사자소송은 공법상 법률관계의 원인인 처분등의 취소를 구할 법률상 이익이 있는 자가 제기할 수 있다.
② 무효등확인소송은 처분등의 효력 유무 또는 존재 여부의 확인을 구할 법률상 이익이 있는 자가 제기할 수 있다.
③ 부작위위법확인소송은 처분의 신청을 한 자로서 부작위의 위법의 확인을 구할 법률상 이익이 있는 자만이 제기할 수 있다.
④ 기관소송은 개별 법률에서 특별히 정한 자에 한하여 제기할 수 있다.
⑤ 취소소송은 처분등의 취소를 구할 법률상 이익이 있는 자가 제기할 수 있다.

정답/해설 ①

① (×), ⑤ (○) 현행 행정소송법에서는 당사자소송의 원고적격에 관하여 규정하고 있지 않다. 당사자소송에서 원고적격이 있는 자는 당사자소송을 통하여 주장하는 공법상 법률관계의 주체이다. '처분등의 취소를 구할 법률상 이익이 있는 자'는 취소소송에서의 원고적격이다.

② (○)

> **제35조(무효등 확인소송의 원고적격)**
> 무효등 확인소송은 처분등의 효력 유무 또는 존재 여부의 확인을 구할 법률상 이익이 있는 자가 제기할 수 있다.

③ (○)

> **제36조(부작위위법확인소송의 원고적격)**
> 부작위위법확인소송은 처분의 신청을 한 자로서 부작위의 위법의 확인을 구할 법률상 이익이 있는 자만이 제기할 수 있다.

④ (○)

> **제45조(소의 제기)**
> 민중소송 및 기관소송은 법률이 정한 경우에 법률에 정한 자에 한하여 제기할 수 있다.

제3절 피고적격

066 다음 사례에 관한 설명으로 옳은 것은? (다툼이 있으면 판례에 따름) ⟨2024⟩

> ○ A행정청은 자신의 명의로 甲에 대해 중대명백한 하자가 있는 X처분을 하였다.
> ○ 법령상 X처분에 대한 권한은 B행정청에 있고 A행정청에 내부위임되어 있다.

① 甲이 X처분에 대해 취소소송을 제기하는 경우 제소기간의 제한이 없다.
② 甲이 X처분에 대해 이의신청을 거쳐 취소소송을 제기하는 경우에 제소기간의 기산점은 X처분이 있음을 안 날이다.
③ 甲이 X처분에 대해 무효확인소송을 제기하는 경우 A행정청을 피고로 하여야 한다.
④ 甲이 X처분에 대해 제기한 무효확인소송에서 기각판결이 있은 경우 기판력에 의해 甲은 X처분에 대해 다시 취소소송을 제기할 수 없다.
⑤ X처분이 甲에 대한 징계처분인 경우 X처분을 취소하는 판결이 확정되면 A행정청은 기속력에 따라 재처분을 하여야 한다.

정답/해설 ③

① (×) 갑이 제기한 소송은 취소소송이므로 제소기간의 제한을 받는다.
② (×) 행정기본법 제36조 제4항

> **행정기본법**
> **제36조(처분에 대한 이의신청)**
> ① 행정청의 처분(「행정심판법」 제3조에 따라 같은 법에 따른 행정심판의 대상이 되는 처분을 말한다. 이하 이 조에서 같다)에 이의가 있는 당사자는 처분을 받은 날부터 30일 이내에 해당 행정청에 이의신청을 할 수 있다.
> ② 행정청은 제1항에 따른 이의신청을 받으면 그 신청을 받은 날부터 14일 이내에 그 이의신청에 대한 결과를 신청인에게 통지하여야 한다. 다만, 부득이한 사유로 14일 이내에 통지할 수 없는 경우에는 그 기간을 만료일 다음 날부터 기산하여 10일의 범위에서 한 차례 연장할 수 있으며, 연장 사유를 신청인에게 통지하여야 한다.
> ③ 제1항에 따라 이의신청을 한 경우에도 그 이의신청과 관계없이 「행정심판법」에 따른 행정심판 또는 「행정소송법」에 따른 행정소송을 제기할 수 있다.
> ④ 이의신청에 대한 결과를 통지받은 후 행정심판 또는 행정소송을 제기하려는 자는 그 결과를 통지받은 날(제2항에 따른 통지기간 내에 결과를 통지받지 못한 경우에는 같은 항에 따른 통지기간이 만료되는 날의 다음 날을 말한다)부터 90일 이내에 행정심판 또는 행정소송을 제기할 수 있다.

③ (○) 취소소송의 피고는 처분청이며(제13조 제1항 본문), 무효확인소송에서도 이와 같다(제38조 제1항).

행정관청이 특정한 권한을 법률에 따라 다른 행정관청에 이관한 경우와 달리 내부적인 사무처리의 편의를 도모하기 위하여 그의 보조기관 또는 하급행정관청으로 하여금 그의 권한을 사실상 행하도록 하는 내부위임의 경우에는 수임관청이 그 위임된 바에 따라 위임관청의 이름으로 권한을 행사하였다면 그 처분청은 위임관청이므로 그 처분의 취소나 무효확인을 구하는 소송의 피고는 위임관청으로 삼아야 한다(대판 1991.10.8. 91누520).

④ (×) 무효확인소송의 기각판결의 기판력은 처분의 무효가 아니고 유효하다는 점에 미치게 되므로, 무효확인소송의 대상이 된 처분의 위법을 주장하면서 취소소송을 제기하는 것이 가능하다.

⑤ (×) 기속력의 내용으로서의 재처분의무는 거부처분 취소판결이 확정된 경우(제30조 제2항)와 신청에 따른 처분이 절차의 위법을 이유로 취소되는 경우(제30조 제3항)에 부과된다.

067 항고소송의 피고적격에 관한 설명으로 옳지 않은 것은? (다툼이 있으면 판례에 따름) 〈2024〉

① 국회의 기관은 피고적격이 인정될 수 없다.
② 대외적으로 의사를 표시하지 않은 내부기관은 실질적인 의사가 그 기관에 의하여 결정되더라도 피고적격을 갖지 못한다.
③ 피고적격이 인정되는 행정청에는 합의제 행정청도 포함된다.
④ 중앙노동위원회의 처분에 대한 취소소송의 피고는 중앙노동위원회 위원장이다.
⑤ 법령에 의하여 행정권한의 위탁을 받은 사인도 피고가 될 수 있다.

정답/해설 ①

① (×) 국회사무처법 제4조 제3항

> **국회사무처법**
> **제4조(사무총장)**
> ① 사무총장은 의장의 감독을 받아 국회의 사무를 통할하고 소속 공무원을 지휘·감독한다.
> ② 사무총장은 정무직으로 하고 국무위원과 같은 금액의 보수를 받는다.
> ③ 의장이 한 처분에 대한 행정소송의 피고는 사무총장으로 한다.

② (○) 취소소송은 다른 법률에 특별한 규정이 없는 한 그 처분 등을 행한 행정청을 피고로 한다(행정소송법 제13조 제1항). 여기서 '행정청'이라 함은 국가 또는 공공단체의 기관으로서 국가나 공공단체의 의견을 결정하여 외부에 표시할 수 있는 권한, 즉 처분권한을 가진 기관을 말하고, 대외적으로 의사를 표시할 수 있는 기관이 아닌 내부기관은 실질적인 의사가 그 기관에 의하여 결정되더라도 피고적격을 갖지 못한다(대판 2014.5.16. 2014두274).

③ (○), ④ (○) 합의제 행정청이 자기명의로 처분한 경우 합의제 행정청이 피고가 되는 것이 원칙이다. 다만, 중앙노동위원회의 처분에 대한 소송의 피고는 중앙노동위원회위원장이 된다(노동위원회법 제27조).

⑤ (○) 제13조 제1항 본문, 제2조 제2항

> **제13조(피고적격)**
> ① 취소소송은 다른 법률에 특별한 규정이 없는 한 그 처분등을 행한 행정청을 피고로 한다. 다만, 처분등이 있은 뒤에 그 처분등에 관계되는 권한이 다른 행정청에 승계된 때에는 이를 승계한 행정청을 피고로

한다.

제2조(정의)
② 이 법을 적용함에 있어서 행정청에는 법령에 의하여 행정권한의 위임 또는 위탁을 받은 행정기관, 공공단체 및 그 기관 또는 사인이 포함된다.

068 행정소송법상 피고경정에 관한 설명으로 옳지 않은 것은? (다툼이 있으면 판례에 따름) 〈2024〉
① 피고경정은 사실심 변론종결시까지 허용된다.
② 피고경정신청을 인용한 결정에 대하여는 종전 피고는 항고제기의 방법으로 불복신청 할 수 없다.
③ 관련청구의 병합이 있는 경우 법원의 피고경정결정을 받아야 한다.
④ 원고가 피고를 잘못 지정하였다면 법원으로서는 석명권을 행사하여 원고로 하여금 피고를 경정하게 하여 소송을 진행케 하여야 한다.
⑤ 피고경정의 결정이 있은 때에는 종전의 피고에 대한 소송은 취하된 것으로 본다.

정답/해설 ③
① (○) 행정소송에서 원고가 처분청이 아닌 행정관청을 피고로 잘못 지정하였다면 법원으로서는 석명권을 행사하여 원고로 하여금 피고를 처분청으로 경정하게 하여 소송을 진행케 하여야 할 것이다(대판 1990.1.12. 89누1032).
② (○) 피고경정허가결정에 대하여는 종전의 피고는 불복을 신청할 수 없으므로 위 결정에 대한 종전의 피고의 항고는 특별항고로 본다(대결 1994.6.29. 93두48).
③ (×) 행정소송법 제10조 제2항의 관련청구의 병합은 그것이 관련청구에 해당하기만 하면 당연히 병합청구를 할 수 있으므로 법원의 피고경정결정을 받을 필요가 없다(대결 1989.10.27. 89두1).
④ (○) 행정소송에서 원고가 처분청이 아닌 행정관청을 피고로 잘못 지정하였다면 법원으로서는 석명권을 행사하여 원고로 하여금 피고를 처분청으로 경정하게 하여 소송을 진행케 하여야 할 것이다(대판 1990.1.12. 89누1032).
⑤ (○) 제14조 제5항

제14조(피고경정)
① 원고가 피고를 잘못 지정한 때에는 법원은 원고의 신청에 의하여 결정으로써 피고의 경정을 허가할 수 있다.
② 법원은 제1항의 규정에 의한 결정의 정본을 새로운 피고에게 송달하여야 한다.
③ 제1항의 규정에 의한 신청을 각하하는 결정에 대하여는 즉시항고할 수 있다.
④ 제1항의 규정에 의한 결정이 있은 때에는 새로운 피고에 대한 소송은 처음에 소를 제기한 때에 제기된 것으로 본다.
⑤ 제1항의 규정에 의한 결정이 있은 때에는 종전의 피고에 대한 소송은 취하된 것으로 본다.

⑥ 취소소송이 제기된 후에 제13조제1항 단서 또는 제13조제2항에 해당하는 사유가 생긴 때에는 법원은 당사자의 신청 또는 직권에 의하여 피고를 경정한다. 이 경우에는 제4항 및 제5항의 규정을 준용한다.

069 중앙토지수용위원회의 수용재결과 관련된 행정소송으로 그 피고가 나머지와 다른 것은? 〈2024〉
① 수용재결 취소소송
② 수용재결 무효확인소송
③ 수용재결 부존재확인소송
④ 이의재결 취소소송
⑤ 보상금증액청구소송

정답/해설 ⑤

수용재결 취소소송, 수용재결 무효확인소송, 수용재결부존재확인소송, 이의재결 취소소송은 재결을 직접 다투는 항고소송이며, 보상금증액청구소송은 형식적 당사자소송이다.

070 농림축산식품부장관이 甲에 대한 농지보전부담금 부과처분을 한다는 의사표시가 담긴 납부통지서를 수납업무 대행자인 한국농어촌공사를 통해 甲에게 전달하였다. 甲이 그 부과처분에 대하여 항고소송을 제기한다면 피고는? (다툼이 있으면 판례에 따름) 〈2023〉
① 농림축산식품부
② 한국농어촌공사 및 농림축산식품부
③ 한국농어촌공사
④ 한국농어촌공사사장
⑤ 농림축산식품부장관

정답/해설 ⑤

피고 농림축산식품부장관이 2016. 5. 12. 원고에 대하여 농지보전부담금 부과처분을 한다는 의사표시가 담긴 2016. 6. 20.자 납부통지서를 수납업무 대행자인 피고 한국농어촌공사가 원고에게 전달함으로써, 이 사건 농지보전부담금 부과처분은 성립요건과 효력 발생요건을 모두 갖추게 되었다. 나아가 피고 한국농어촌공사가 '피고농림축산식품부장관의 대행자' 지위에서 위와 같은 납부통지를 하였음을 분명하게 밝힌 이상, 피고 농림축산식품부장관이 이 사건 농지보전부담금 부과처분을 외부적으로 자신의 명의로 행한 행정청으로서 항고소송의 피고가 되어야 하고, 단순한 대행자에 불과한 피고 한국농어촌공사를 피고로 삼을 수는 없다(대판 2018.10.25. 2018두43095).

071 항고소송의 당사자 및 소송참가에 관한 설명으로 옳지 않은 것은? 〈2022〉

① 원고가 피고를 잘못 지정한 때에는 법원은 원고의 신청에 의하여 결정으로써 피고의 경정을 허가할 수 있다.
② 피고경정의 허가가 있는 때에는 종전의 피고에 대한 소송은 각하된 것으로 본다.
③ 피고경정의 신청을 각하하는 결정에 대하여는 즉시항고할 수 있다.
④ 법원은 직권으로 제3자나 다른 행정청을 소송에 참가시킬 수 있다.
⑤ 소송참가 신청을 한 제3자는 그 신청을 각하한 결정에 대하여 즉시항고할 수 있다.

정답/해설 ②

① (○) 제14조 제1항
② (×) 제14조 제5항
③ (○) 제14조 제3항
④ (○) 제16조 제1항, 제17조 제1항
⑤ (○) 제16조 제3항

> **제14조(피고경정)**
> ① 원고가 피고를 잘못 지정한 때에는 법원은 원고의 신청에 의하여 결정으로써 피고의 경정을 허가할 수 있다.
> ② 법원은 제1항의 규정에 의한 결정의 정본을 새로운 피고에게 송달하여야 한다.
> ③ 제1항의 규정에 의한 신청을 각하하는 결정에 대하여는 즉시항고할 수 있다.
> ④ 제1항의 규정에 의한 결정이 있은 때에는 새로운 피고에 대한 소송은 처음에 소를 제기한 때에 제기된 것으로 본다.
> ⑤ 제1항의 규정에 의한 결정이 있은 때에는 종전의 피고에 대한 소송은 취하된 것으로 본다.
> ⑥ 취소소송이 제기된 후에 제13조 제1항 단서 또는 제13조 제2항에 해당하는 사유가 생긴 때에는 법원은 당사자의 신청 또는 직권에 의하여 피고를 경정한다. 이 경우에는 제4항 및 제5항의 규정을 준용한다.
>
> **제16조(제3자의 소송참가)**
> ① 법원은 소송의 결과에 따라 권리 또는 이익의 침해를 받을 제3자가 있는 경우에는 당사자 또는 제3자의 신청 또는 직권에 의하여 결정으로써 그 제3자를 소송에 참가시킬 수 있다.
> ② 법원이 제1항의 규정에 의한 결정을 하고자 할 때에는 미리 당사자 및 제3자의 의견을 들어야 한다.
> ③ 제1항의 규정에 의한 신청을 한 제3자는 그 신청을 각하한 결정에 대하여 즉시항고할 수 있다.
> ④ 제1항의 규정에 의하여 소송에 참가한 제3자에 대하여는 민사소송법 제67조의 규정을 준용한다.
>
> **제17조(행정청의 소송참가)**
> ① 법원은 다른 행정청을 소송에 참가시킬 필요가 있다고 인정할 때에는 당사자 또는 당해 행정청의 신청 또는 직권에 의하여 결정으로써 그 행정청을 소송에 참가시킬 수 있다.
> ② 법원은 제1항의 규정에 의한 결정을 하고자 할 때에는 당사자 및 당해 행정청의 의견을 들어야 한다.
> ③ 제1항의 규정에 의하여 소송에 참가한 행정청에 대하여는 민사소송법 제76조의 규정을 준용한다.

072 항고소송의 피고적격에 관한 설명으로 옳지 않은 것은? (다툼이 있으면 판례에 따름) ⟨2022⟩

① 취소소송은 다른 법률에 특별한 규정이 없는 한 그 처분등을 행한 행정청을 피고로 한다.
② 처분등이 있은 뒤에 그 처분등에 관계되는 권한이 다른 행정청에 승계된 때에는 이를 승계한 행정청을 피고로 한다.
③ 대리기관이 대리관계를 표시하고 피대리 행정청을 대리하여 행정처분을 한 때에는 피대리 행정청이 피고로 되어야 한다.
④ 사인은 법령에 의하여 행정권한의 위탁을 받은 경우에도 취소소송의 피고가 될 수 없다.
⑤ 지방법무사회는 무효등 확인소송의 피고가 될 수 있다.

정답/해설 ④

① (○), ② (○) 제13조 제1항 본문, 제13조 제1항 단서

> **제13조(피고적격)**
> ① 취소소송은 다른 법률에 특별한 규정이 없는 한 그 처분등을 행한 행정청을 피고로 한다. 다만, 처분등이 있은 뒤에 그 처분등에 관계되는 권한이 다른 행정청에 승계된 때에는 이를 승계한 행정청을 피고로 한다.
> ② 제1항의 규정에 의한 행정청이 없게 된 때에는 그 처분등에 관한 사무가 귀속되는 국가 또는 공공단체를 피고로 한다.

③ (○) 대리권을 수여받은 데 불과하여 그 자신의 명의로는 행정처분을 할 권한이 없는 행정청의 경우 대리관계를 밝힘이 없이 그 자신의 명의로 행정처분을 하였다면 그에 대하여는 처분명의자인 당해 행정청이 항고소송의 피고가 되어야 하는 것이 원칙이지만, 비록 대리관계를 명시적으로 밝히지는 아니하였다 하더라도 처분명의자가 피대리 행정청 산하의 행정기관으로서 실제로 피대리 행정청으로부터 대리권한을 수여받아 피대리 행정청을 대리한다는 의사로 행정처분을 하였고 처분명의자는 물론 그 상대방도 그 행정처분이 피대리 행정청을 대리하여 한 것임을 알고서 이를 받아들인 예외적인 경우에는 피대리 행정청이 피고가 되어야 한다(대결 2006.2.23. 2005부4).

④ (×) 구 저작권법 제97조의3 제2호는 '문화관광부장관은 대통령령이 정하는 바에 의하여 법 제53조에 규정한 저작권 등록업무에 관한 권한을 저작권심의조정위원회에 위탁할 수 있다'고 규정하고, 같은 법 시행령 제42조는 '문화관광부장관은 법 제97조의3의 규정에 의하여 저작권 등록업무에 관한 권한을 저작권심의조정위원회에 위탁한다'고 규정하고 있으므로, '저작권심의조정위원회'가 저작권 등록업무의 처분청으로서 그 등록처분에 대한 무효확인소송에서 피고적격을 가진다(대판 2009.7.9. 2007두16608).

⑤ (○) 이러한 법무사 사무원 채용승인 제도의 법적 성질 및 연혁, 사무원 채용승인 거부에 대한 불복절차로서 소관 지방법원장에게 이의신청을 하도록 제도를 규정한 점 등에 비추어 보면, 지방법무사회의 법무사 사무원 채용승인은 단순히 지방법무사회와 소속 법무사 사이의 내부 법률문제라거나 지방법무사회의 고유사무라고 볼 수 없고, 법무사 감독이라는 국가사무를 위임받아 수행하는 것이라고 보아야 한다. 따라서 지방법무사회는 법무사 감독 사무를 수행하기 위하여 법률에 의하여 설립과 법무사의 회원 가입이 강제된 공법인으로서 법무사 사무원 채용승인에 관한 한 공권력 행사의 주체라고 보아야 한다(대판 2020.4.9. 2015다34444).

073 취소소송의 피고에 관한 설명으로 옳지 않은 것은? (다툼이 있으면 판례에 따름) 〈2021〉

① 교육조례에 대한 무효확인소송의 경우 의결기관인 지방의회가 아니라 시·도교육감이 피고가 된다.
② 행정심판의 재결이 항고소송의 대상이 되는 경우에는 재결을 한 행정심판위원회가 피고가 된다.
③ 세무서장의 위임에 의하여 한국자산관리공사가 한 공매처분에 대하여 세무서장을 피고로 하여 취소소송을 제기한 경우 법원은 석명권을 행사하여 피고를 한국자산관리공사로 경정하게 하여야 한다.
④ 내부위임의 경우 처분권한이 이전되지 않으므로 수임기관이 자신의 이름으로 처분을 하였더라도 위임청이 피고가 된다.
⑤ 토지수용위원회가 처분청인 경우 토지수용위원회 위원장이 아니라 토지수용위원회가 피고가 된다.

정답/해설 ④

① (○) 시·도의 교육·학예에 관한 사무의 집행기관은 시·도 교육감이고 시·도 교육감에게 지방교육에 관한 조례안의 공포권이 있다고 규정되어 있으므로, 교육에 관한 조례의 무효확인소송을 제기함에 있어서는 그 집행기관인 시·도 교육감을 피고로 하여야 한다(대판 1996.9.20. 95누8003).
② (○), ⑤ (○) 소청심사위원회, 행정심판위원회, 토지수용위원회 등 법령에 의해 합의제 행정기관의 이름으로 처분을 할 수 있는 권한이 주어진 경우에는 당해 합의제 행정기관 자체가 항고소송의 피고가 된다. 단, 중앙노동위원회의 처분에 대해서는 중앙노동위원회위원장이 피고가 된다.
③ (○) 세무서장의 위임에 의하여 성업공사(현 한국자산관리공사)가 한 공매처분에 대하여 피고 지정을 잘못하여 피고적격이 없는 세무서장을 상대로 그 공매처분의 취소를 구하는 소송이 제기된 경우, 법원으로서는 석명권을 행사하여 피고를 성업공사로 경정하게 하여 소송을 진행하여야 한다(대판 1997.2.28. 96누1757).
④ (×) 행정처분의 취소 또는 무효확인을 구하는 행정소송은 다른 법률에 특별한 규정이 없는 한 그 처분을 행한 행정청을 피고로 하여야 하며, 행정처분을 행할 적법한 권한 있는 상급행정청으로부터 내부위임을 받은 데 불과한 하급행정청이 권한 없이 행정처분을 한 경우에도 실제로 그 처분을 행한 하급행정청을 피고로 하여야 할 것이지 그 처분을 행할 적법한 권한 있는 상급행정청을 피고로 할 것은 아니다(대판 1994.8.12. 94누2763).

074 행정소송의 피고적격에 관한 설명으로 옳지 않은 것은? (다툼이 있으면 판례에 따름) 〈2020〉

① 처분청과 그 처분을 통지한 자가 다른 경우 처분청이 취소소송의 피고가 된다.
② 대리기관이 대리관계를 표시하고 피대리행정청을 대리하여 행정처분을 한 때에는 피대리 행정청이 취소소송의 피고가 된다.
③ 합의제 행정청이 처분청인 경우에는 합의제 행정청이 피고가 되므로, 중앙노동위원회의 처분에 대한 취소소송의 피고는 중앙노동위원회이다.
④ 지방의회의장선거에 대한 취소소송의 피고는 지방의회이다.
⑤ 당사자소송은 국가·공공단체 그 밖의 권리주체를 피고로 한다.

정답/해설 ③

① (O) 피고인 인천직할시 북구청장이 인천직할시장으로부터 환경보전법상의 위법시설에 대한 폐쇄 등 명령권한의 사무처리에 관한 내부위임을 받아, 원고들이 공동으로 경영하는 공장에서 같은 법 제15조의 규정에 의한 허가를 받지 아니하고 배출시설을 설치하여 조업하고 있는 것을 적발하고, 인천직할시장 명의의 폐쇄명령서를 발부받아 "환경보전법 위반사업장 고발 및 폐쇄명령"이란 제목으로 위 폐쇄명령서를 첨부하여 위 무허가배출시설에 대한 폐쇄명령 통지를 하였다면 위 폐쇄명령처분을 한 행정청은 어디까지나 인천직할시장이고, 피고는 인천직할시장의 위 폐쇄명령처분에 관한 사무처리를 대행하면서 이를 통지하였음에 지나지 않으며, 위 폐쇄명령서나 그 통지서가 정부공문서규정이 정하는 문서양식에 맞지 않는다는 이유만으로 피고를 처분청으로 볼 수는 없으므로, 피고를 위 폐쇄명령처분을 한 행정청으로 보고 제기한 이 사건 소는 피고적격이 없는 자를 상대로 한 것이어서 부적법하다(대판 1990.4.27. 90누233).

② (O) 대리권을 수여받은 데 불과하여 그 자신의 명의로는 행정처분을 할 권한이 없는 행정청의 경우 대리관계를 밝힘이 없이 그 자신의 명의로 행정처분을 하였다면 그에 대하여는 처분명의자인 당해 행정청이 항고소송의 피고가 되어야 하는 것이 원칙이지만, 비록 대리관계를 명시적으로 밝히지는 아니하였다 하더라도 처분명의자가 피대리 행정청 산하의 행정기관으로서 실제로 피대리 행정청으로부터 대리권한을 수여받아 피대리 행정청을 대리한다는 의사로 행정처분을 하였고 처분명의자는 물론 그 상대방도 그 행정처분이 피대리 행정청을 대리하여 한 것임을 알고서 이를 받아들인 예외적인 경우에는 피대리 행정청이 피고가 되어야 한다(대결 2006.2.23. 2005부4).

③ (×) 합의제 행정청이 처분청인 경우에는 합의제 행정청이 피고가 된다. 다만 중앙노동위원회의 처분에 대한 소송의 피고는 중앙노동위원회 위원장이다(노동위원회법 제27조 제1항).

노동위원회법 제27조(중앙노동위원회의 처분에 대한 소송)
① 중앙노동위원회의 처분에 대한 소송은 **중앙노동위원회 위원장을 피고(被告)**로 하여 처분의 송달을 받은 날부터 15일 이내에 제기하여야 한다.

④ (O) 지방의회의 의장은 지방자치법 제43조, 제44조의 규정에 의하여 의회를 대표하고 의사를 정리하며, 회의장 내의 질서를 유지하고 의회의 사무를 감독할 뿐만 아니라 위원회에 출석하여 발언할 수 있는 등의 직무권한을 가지는 것이므로, 지방의회의 의사를 결정 공표하여 그 당선자에게 이와 같은 의장으로서의 직무권한을 부여하는 지방의회의 의장선거는 행정처분의 일종으로서 항고소송의 대상이 된다고 할 것이다(대판 1995.1.12. 94누2602). ⇒ 위 소송의 피고가 지방의회였다.

⑤ (○)

> **제39조(피고적격)**
> 당사자소송은 국가·공공단체 그 밖의 권리주체를 피고로 한다.

075 행정소송의 피고적격에 관한 설명으로 옳지 않은 것은? (다툼이 있으면 판례에 따름) ⟨2019⟩
① 취소소송은 그 처분을 행한 정당한 권한을 가진 행정청을 피고로 한다.
② 공무수탁사인이 자신의 이름으로 처분을 한 경우에는 공무수탁사인이 피고가 된다.
③ 대외적으로 의사를 표시할 수 없는 내부기관은 실질적인 의사가 그 기관에 의하여 결정되더라도 피고적격을 갖지 못한다.
④ 교육에 관한 조례의 무효확인소송의 피고는 교육감이다.
⑤ 지방의회의장불신임결의에 대한 취소소송의 피고는 지방의회이다.

정답/해설 ①

① (×) 행정소송법 제13조 제1항의 '처분 등을 행한 행정청'이란 실제로 자기의 이름으로 처분을 한 행정기관을 말하며 정당한 권한을 가진 행정청인지 여부는 불문한다.

② (○) 사인에는 공무수탁사인이 포함된다(행정소송법 제2조 제2항).

> **제2조(정의)**
> ② 이 법을 적용함에 있어서 행정청에는 법령에 의하여 행정권한의 위임 또는 위탁을 받은 행정기관, 공공단체 및 그 기관 또는 사인이 포함된다.

③ (○) 취소소송은 다른 법률에 특별한 규정이 없는 한 그 처분 등을 행한 행정청을 피고로 한다(행정소송법 제13조 제1항). 여기서 '행정청'이라 함은 국가 또는 공공단체의 기관으로서 국가나 공공단체의 의견을 결정하여 외부에 표시할 수 있는 권한, 즉 처분권한을 가진 기관을 말하고, 대외적으로 의사를 표시할 수 있는 기관이 아닌 내부기관은 실질적인 의사가 그 기관에 의하여 결정되더라도 피고적격을 갖지 못한다(대판 2014.5.16. 2014두274).

④ (○) 시·도의 교육·학예에 관한 사무의 집행기관은 시·도 교육감이고 시·도 교육감에게 지방교육에 관한 조례안의 공포권이 있다고 규정되어 있으므로, 교육에 관한 조례의 무효확인소송을 제기함에 있어서는 그 집행기관인 시·도 교육감을 피고로 하여야 한다(대판 1996.9.20. 95누8003).

⑤ (○) 지방의회의원에 대한 징계의결이나 지방의회의장선거나 지방의회의장 불신임결의의 처분청은 지방의회이므로 이들 처분에 대한 취소소송의 피고는 지방의회가 된다.

076 다음 각 처분에 대한 취소소송의 피고가 옳게 연결된 것을 모두 고른 것은? (다툼이 있으면 판례에 따름) 〈2019〉

> ㄱ. A시장으로부터 권한을 위임받은 B공사의 이주대책에 관한 처분 - B공사
> ㄴ. A시장으로부터 내부위임을 받은 C공원 관리사업소장이 자신의 명의로 행한 사용료 부과처분 - C공원 관리사업소장
> ㄷ. A시장으로부터 내부위임을 받은 D공원 관리사업소장이 A시장 명의로 행한 사용료 부과처분 - A시장

① ㄱ   ② ㄱ, ㄴ   ③ ㄱ, ㄷ   ④ ㄴ, ㄷ   ⑤ ㄱ, ㄴ, ㄷ

정답/해설 ⑤

ㄱ (○) 에스에이치공사가 택지개발사업 시행자인 서울특별시장으로부터 이주대책 수립권한을 포함한 택지개발사업에 따른 권한을 위임 또는 위탁받은 경우, 이주대책 대상자들이 에스에이치공사 명의로 이루어진 이주대책에 관한 처분에 대한 취소소송을 제기함에 있어 정당한 피고는 에스에이치공사가 된다고 한 사례(대판 2007.8.23. 2005두3776).

ㄴ (○) 행정처분의 취소 또는 무효확인을 구하는 행정소송은 다른 법률에 특별한 규정이 없는 한 그 처분을 행한 행정청을 피고로 하여야 하며, 행정처분을 행할 적법한 권한 있는 상급행정청으로부터 내부위임을 받은데 불과한 하급행정청이 권한 없이 행정처분을 한 경우에도 실제로 그 처분을 행한 하급행정청을 피고로 하여야 할 것이지 그 처분을 행할 적법한 권한 있는 상급행정청을 피고로 할 것이 아니므로 부산직할시장의 산하기관인 부산직할시 금강공원 관리사업소장이 한 공단사용료 부과처분에 대하여 가사 위 사업소장이 부산직할시로부터 단순히 내부위임만을 받은 경우라 하더라도 이의 취소를 구하는 소송은 위 금강공원 관리사업소장을 피고로 하여야 한다(대판 1991.2.22. 90누5641).

ㄷ (○) 행정관청이 특정한 권한을 법률에 따라 다른 행정관청에 이관한 경우와 달리 내부적인 사무처리의 편의를 도모하기 위하여 그의 보조기관 또는 하급행정관청으로 하여금 그의 권한을 사실상 행하도록 하는 내부위임의 경우에는 수임관청이 그 위임된 바에 따라 위임관청의 이름으로 권한을 행사하였다면 그 처분청은 위임관청이므로 그 처분의 취소나 무효확인을 구하는 소송의 피고는 위임관청으로 삼아야 한다(대판 1991.10.8. 91누520).

077 행정소송의 피고에 관한 설명으로 옳지 않은 것은? (다툼이 있으면 판례에 따름) 〈2019〉

① 처분이 있은 뒤에 그 처분에 관계되는 권한이 다른 행정청에 승계된 때에는 이를 승계한 행정청을 피고로 한다.
② 대통령이 행한 공무원의 징계처분에 관한 행정소송의 피고는 소속장관이다.
③ 재결이 항고소송의 대상이 되는 경우에는 재결을 한 행정심판기관이 피고가 된다.

④ 피고를 잘못 지정한 경우 고의 또는 중대한 과실이 있으면 법원은 피고의 경정을 허가할 수 없다.

⑤ 소의 종류의 변경에 따른 피고의 변경은 교환적 변경에 한한다.

정답/해설 ④

① (○) 제13조 제1항 단서

> **제13조(피고적격)**
> ① 취소소송은 다른 법률에 특별한 규정이 없는 한 그 처분등을 행한 행정청을 피고로 한다. 다만, 처분등이 있은 뒤에 그 처분등에 관계되는 권한이 다른 행정청에 승계된 때에는 이를 승계한 행정청을 피고로 한다.

② (○) 국가공무원법 제16조 제2항

> **국가공무원법 제16조(행정소송과의 관계)**
> ② 제1항에 따른 행정소송을 제기할 때에는 대통령의 처분 또는 부작위의 경우에는 소속 장관(대통령령으로 정하는 기관의 장을 포함한다. 이하 같다)을, 중앙선거관리위원회위원장의 처분 또는 부작위의 경우에는 중앙선거관리위원회사무총장을 각각 피고로 한다.

③ (○)

④ (×) 원고가 피고를 잘못 지정한 경우 법원은 원고의 고의 과실 여부와 관계없이 피고경정을 허가할 수 있다(행정소송법 제14조 제1항).

> **제14조(피고경정)**
> ① 원고가 피고를 잘못 지정한 때에는 법원은 원고의 신청에 의하여 결정으로써 피고의 경정을 허가할 수 있다.

⑤ (○) 소위 주관적, 예비적 병합은 행정소송법 제28조 제3항과 같은 예외적 규정이 있는 경우를 제외하고는 원칙적으로 허용되지 않는 것이고, 또 행정소송법상 소의 종류의 변경에 따른 당사자(피고)의 변경은 교환적 변경에 한 한다고 봄이 상당하므로 예비적 청구만이 있는 피고의 추가경정신청은 허용되지 않는다(대결 1989.10.27. 89두1).

078 행정소송법상 피고경정에 관한 설명으로 옳지 않은 것은? (다툼이 있으면 판례에 따름) 〈2019〉

① 원고가 피고를 잘못 지정한 경우에는 법원은 원고의 신청에 의하여 결정으로써 피고의 경정을 허가할 수 있다.

② 피고경정신청의 각하결정에 대하여 원고는 즉시항고할 수 있다.

③ 피고경정결정이 있은 때에는 종전의 피고에 대한 소송은 취하된 것으로 본다.

④ 피고경정결정에 대하여 경정 전의 피고는 즉시항고할 수 있다.

⑤ 피고경정은 사실심 변론종결시까지 가능하다.

정답/해설 ④

① (○)

> 제14조(피고경정)
> ① 원고가 피고를 잘못 지정한 때에는 법원은 원고의 신청에 의하여 결정으로써 피고의 경정을 허가할 수 있다.

② (○)

> 제14조(피고경정)
> ③ 제1항의 규정에 의한 신청을 각하하는 결정에 대하여는 즉시항고할 수 있다.

③ (○)

> 제14조(피고경정)
> ⑤ 제1항의 규정에 의한 결정이 있은 때에는 종전의 피고에 대한 소송은 취하된 것으로 본다.

④ (×) 피고경정허가결정에 대하여는 종전의 피고는 불복을 신청할 수 없으므로 위 결정에 대한 종전의 피고의 항고는 특별항고로 본다(대결 1994.6.29. 93두48).

⑤ (○) 행정소송법 제14조에 의한 피고경정은 사실심 변론종결에 이르기까지 허용되는 것으로 해석하여야 할 것이고, 굳이 제1심 단계에서만 허용되는 것으로 해석할 근거는 없다(대결 2006.2.23. 2005부4).

079 행정소송법상 원고의 신청에 의하여만 가능한 행위는? 〈2019〉

① 피고경정
② 관련청구소송의 이송
③ 집행정지의 취소
④ 제3자의 소송참가
⑤ 행정청의 소송참가

정답/해설 ①

① (○) 원고가 피고를 잘못 지정한 경우 피고경정은 원고의 신청으로만 가능하다(제14조 제1항).

처분등이 있은 뒤에 그 처분등에 관계되는 권한이 다른 행정청에 승계된 때(제13조 제1항 단서), 처분등을 한 행정청이 없게 된 때(제13조 제2항)에는 당사자의 신청 또는 직권에 의하여 피고를 경정할 수 있다(제14조 제6항).

> 제14조(피고경정)
> ① 원고가 피고를 잘못 지정한 때에는 법원은 원고의 신청에 의하여 결정으로써 피고의 경정을 허가할 수 있다.
> ⑥ 취소소송이 제기된 후에 제13조 제1항 단서 또는 제13조 제2항에 해당하는 사유가 생긴 때에는 법원은

당사자의 신청 또는 직권에 의하여 피고를 경정한다. 이 경우에는 제4항 및 제5항의 규정을 준용한다.

② (×) 당사자의 신청, 직권으로 가능(제10조 제1항)

제10조(관련청구소송의 이송 및 병합)
① 취소소송과 다음 각호의 1에 해당하는 소송(이하 "관련청구소송"이라 한다)이 각각 다른 법원에 계속되고 있는 경우에 관련청구소송이 계속된 법원이 상당하다고 인정하는 때에는 당사자의 신청 또는 직권에 의하여 이를 취소소송이 계속된 법원으로 이송할 수 있다.
  1. 당해 처분등과 관련되는 손해배상·부당이득반환·원상회복등 청구소송
  2. 당해 처분등과 관련되는 취소소송

③ (×) 당사자의 신청, 직권으로 가능(제24조 제1항)

제24조(집행정지의 취소)
① 집행정지의 결정이 확정된 후 집행정지가 공공복리에 중대한 영향을 미치거나 그 정지사유가 없어진 때에는 당사자의 신청 또는 직권에 의하여 결정으로써 집행정지의 결정을 취소할 수 있다.

④ (×) 당사자의 신청, 제3자의 신청, 직권으로 가능(제16조 제1항)

제16조(제3자의 소송참가)
① 법원은 소송의 결과에 따라 권리 또는 이익의 침해를 받을 제3자가 있는 경우에는 당사자 또는 제3자의 신청 또는 직권에 의하여 결정으로써 그 제3자를 소송에 참가시킬 수 있다.

⑤ (×) 당사자의 신청, 당해 행정청의 신청, 직권으로 가능(제17조 제1항)

제17조(행정청의 소송참가)
① 법원은 다른 행정청을 소송에 참가시킬 필요가 있다고 인정할 때에는 당사자 또는 당해 행정청의 신청 또는 직권에 의하여 결정으로써 그 행정청을 소송에 참가시킬 수 있다.

---

080 판례상 피고적격에 관한 설명으로 옳은 것은? 〈2018〉

① 항고소송은 소송의 대상인 처분등을 외부적으로 그의 명의로 행한 행정청을 피고로 한다.
② 조례에 대한 항고소송은 지방의회가 피고가 된다.
③ 법령에 의한 행정권한의 위임에 따라 수임청이 행한 처분에 대한 취소소송의 피고는 위임기관이 된다.
④ 상급행정청으로부터 내부위임을 받은데 불과한 하급행정청이 권한 없이 자신의 명의로 처분을 한 경우에 그 처분에 대한 취소소송의 피고는 상급행정청이 된다.
⑤ 납세의무부존재확인의 소는 과세관청을 피고로 한다.

정답/해설 ①

① (○) 항고소송은 원칙적으로 소송의 대상인 행정처분 등을 <U>외부적으로 그의 명의로 행한 행정청을 피고로 하여야 하는 것이다</U>(대판 1994.6.14. 94누1197).

② (×) 조례가 집행행위의 개입 없이도 그 자체로서 직접 국민의 구체적인 권리의무나 법적 이익에 영향을 미치는 등의 법률상 효과를 발생하는 경우 그 조례는 항고소송의 대상이 되는 행정처분에 해당하고, 이러한 조례에 대한 무효확인소송을 제기함에 있어서 행정소송법 제38조 제1항, 제13조에 의하여 피고적격이 있는 처분 등을 행한 행정청은, 행정주체인 지방자치단체 또는 지방자치단체의 내부적 의결기관으로서 지방자치단체의 의사를 외부에 표시할 권한이 없는 지방의회가 아니라, 구지방자치법 제19조 제2항, 제92조에 의하여 지방자치단체의 집행기관으로서 조례로서의 효력을 발생시키는 공포권이 있는 지방자치단체의 장이다(대판 1996.9.20. 95누8003).

③ (×) 권한이 위임된 경우 위임기관은 처분권한을 상실하고 수임기관이 처분권한을 갖게 된다. 따라서 수임기관이 처분청이 되므로 취소소송의 피고는 수임기관이 된다.

④ (×) 행정처분의 취소 또는 무효확인을 구하는 행정소송은 다른 법률에 특별한 규정이 없는 한 그 처분을 행한 행정청을 피고로 하여야 하며, 행정처분을 행할 적법한 권한 있는 상급행정청으로부터 내부위임을 받은 데 불과한 하급행정청이 권한 없이 행정처분을 한 경우에도 실제로 그 처분을 행한 하급행정청을 피고로 하여야 할 것이지 그 처분을 행할 적법한 권한 있는 상급행정청을 피고로 할 것은 아니다(대판 1994.8.12. 94누2763).

⑤ (×) 납세의무부존재확인의 소는 공법상의 법률관계 그 자체를 다투는 소송으로서 당사자소송이라 할 것이므로 행정소송법 제3조 제2호, 제39조에 의하여 그 법률관계의 한쪽 당사자인 국가·공공단체 그 밖의 권리주체가 피고적격을 가진다(대판 2000.9.8. 99두2765).

081 항고소송의 피고적격에 관한 설명으로 옳지 않은 것은? (다툼이 있으면 판례에 따름) 〈2017〉

① 처분청과 통지한 자가 다른 경우에는 처분청이 피고가 된다.
② 내부위임의 경우에 항고소송의 피고는 원칙적으로 처분청인 위임청이 된다.
③ 권한의 위탁을 받은 사인도 자신의 이름으로 처분을 한 경우에는 처분청이 된다.
④ 합의제 행정청인 중앙노동위원회의 처분에 대한 소송의 피고는 중앙노동위원회가 된다.
⑤ 권한의 대리의 경우에는 원칙적으로 피대리관청이 처분청으로서 피고가 된다.

정답/해설 ④

① (○) 피고인 인천직할시 북구청장이 인천직할시장으로부터 환경보전법상의 위법시설에 대한 폐쇄 등 명령권한의 사무처리에 관한 내부위임을 받아, 원고들이 공동으로 경영하는 공장에서 같은 법 제15조의 규정에 의한 허가를 받지 아니하고 배출시설을 설치하여 조업하고 있는 것을 적발하고, 인천직할시장 명의의 폐쇄명령서를 발부받아 "환경보전법 위반사업장 고발 및 폐쇄명령"이란 제목으로 위 폐쇄명령서를 첨부하여 위 무허가배출시설에 대한 폐쇄명령 통지를 하였다면 위 폐쇄명령처분을 한 행정청은 어디까지나 인천직할시장이고, 피고는 인천직할시장의 위 폐쇄명령처분에 관한 사무처리를 대행하면서 이를 통지하였음에 지나지 않으며, 위 폐쇄명령서나 그 통지서가 정부공문서규정이 정하는 문서양식에 맞지 않는다는 이유만으로 피고를 처분청으로 볼 수는 없으므로, 피고를 위 폐쇄명령처분을 한 행정청으로 보고 제기한 이 사건 소는 피고적격이 없는 자를 상대로 한 것이어서 부적법하다(대판 1990.4.27. 90누233).

② (○) 내부위임의 경우에는 처분권한이 이전되지 않으므로 처분은 위임청의 이름으로 행해져야 하며, 항고소송의 피고는 처분청인 위임청이 된다.

③ (○) 권한의 위탁을 받은 공공단체 또는 사인도 자신의 이름으로 처분을 한 경우에는 처분청이 된다.

④ (×) 합의제 행정청이 자기명의로 처분한 경우 합의제 행정청이 피고가 되는 것이 원칙이다. 다만, 중앙노동위원회의 처분에 대한 소송의 피고는 중앙노동위원회위원장이 된다(노동위원회법 제27조).

⑤ (○) 대리권을 수여받은 데 불과하여 그 자신의 명의로는 행정처분을 할 권한이 없는 행정청의 경우 대리관계를 밝힘이 없이 그 자신의 명의로 행정처분을 하였다면 그에 대하여는 처분명의자인 당해 행정청이 항고소송의 피고가 되어야 하는 것이 원칙이지만, 비록 대리관계를 명시적으로 밝히지는 아니하였다 하더라도 처분명의자가 피대리 행정청 산하의 행정기관으로서 실제로 피대리 행정청으로부터 대리권한을 수여받아 피대리 행정청을 대리한다는 의사로 행정처분을 하였고 처분명의자는 물론 그 상대방도 그 행정처분이 피대리 행정청을 대리하여 한 것임을 알고서 이를 받아들인 예외적인 경우에는 피대리 행정청이 피고가 되어야 한다(대결 2006.2.23. 2005부4).

082 항고소송의 피고에 관한 설명으로 옳지 않은 것은? (다툼이 있으면 판례에 따름) 〈2016〉

① 지방의회의 의장선임의결에 대한 항고소송에서는 지방의회가 피고가 된다.
② 처분에 관계되는 권한이 다른 행정청에 승계된 때에는 이를 승계한 행정청을 피고로 한다.
③ 행정청이 없게 된 때에는 그 처분등에 관한 사무가 귀속되는 국가 또는 공공단체를 피고로 한다.
④ 조례가 항고소송의 대상이 되는 경우 조례를 의결한 지방의회가 피고가 된다.
⑤ 검사임용거부처분에 대한 취소소송에서는 법무부장관이 피고가 된다.

정답/해설 ④

① (○) 지방의회의 의장은 지방자치법 제43조, 제44조의 규정에 의하여 의회를 대표하고 의사를 정리하며, 회의장 내의 질서를 유지하고 의회의 사무를 감독할 뿐만 아니라 위원회에 출석하여 발언할 수 있는 등의 직무권한을 가지는 것이므로, 지방의회의 의사를 결정 공표하여 그 당선자에게 이와 같은 의장으로서의 직무권한을 부여하는 지방의회의 의장선거는 행정처분의 일종으로서 항고소송의 대상이 된다고 할 것이다(대판 1995.1.12. 94누2602). ⇒ 피고를 지방의회로 하여 제기한 항고소송에 대해 판례는 피고적격을 지적하지 않았으며, 지방의회 의장선거는 항고소송의 대상이 되는 처분이라고 판시하였다. 즉, 지방의회 의장선임의결에 대한 피고는 지방의회가 된다.

② (○)

> **제13조(피고적격)**
> ① 취소소송은 다른 법률에 특별한 규정이 없는 한 그 처분등을 행한 행정청을 피고로 한다. 다만, 처분등

이 있은 뒤에 그 처분등에 관계되는 권한이 다른 행정청에 승계된 때에는 이를 승계한 행정청을 피고로 한다.

③ (○)

제13조(피고적격)
② 제1항의 규정에 의한 행정청이 없게 된 때에는 그 처분등에 관한 사무가 귀속되는 국가 또는 공공단체를 피고로 한다.

④ (×) 조례가 집행행위의 개입 없이도 그 자체로서 직접 국민의 구체적인 권리의무나 법적 이익에 영향을 미치는 등의 법률상 효과를 발생하는 경우 그 조례는 항고소송의 대상이 되는 행정처분에 해당하고, 이러한 조례에 대한 무효확인소송을 제기함에 있어서 행정소송법 제38조 제1항, 제13조에 의하여 피고적격이 있는 처분 등을 행한 행정청은, 행정주체인 지방자치단체 또는 지방자치단체의 내부적 의결기관으로서 지방자치단체의 의사를 외부에 표시한 권한이 없는 지방의회가 아니라, 구지방자치법 제19조 제2항, 제92조에 의하여 지방자치단체의 집행기관으로서 조례로서의 효력을 발생시키는 공포권이 있는 지방자치단체의 장이다 (대판 1996.9.20. 95누8003).

⑤ (○) 검찰청법 제34조, 국가공무원법 제3조 제2항 제2호, 제16조, 행정심판법 제3조 제2항의 규정취지를 종합하여 보면, 검사임용처분에 대한 취소소송의 피고는 법무부장관으로 함이 상당하다고 할 것이다(대결 1990.3.14. 90두4).

083 항고소송의 피고에 관한 설명으로 옳은 것은? (다툼이 있으면 판례에 따름) 〈2015〉

① 행정청의 권한이 위임된 경우에는 위임행정청이 피고가 된다.
② 교육에 관한 조례가 항고소송의 대상이 되는 경우에는 시·도교육감이 피고가 된다.
③ 원고가 피고를 잘못 지정한 경우 법원은 원고가 무과실인 경우에만 피고의 경정을 허가할 수 있다.
④ 중앙노동위원회의 처분에 대한 소송의 피고는 중앙노동위원회이다.
⑤ 지방의회의원에 대한 징계의결에 대한 취소소송의 피고는 지방자치단체의 장이 된다.

정답/해설 ②

① (×) 권한이 위임된 경우 위임기관(위임행정청)은 처분권한을 상실하며 수임기관(수임행정청)이 처분권한을 갖게 되어 수임기관이 행정소송법 제13조 제1항의 '처분등을 행한 행정청'이 되므로, 수임기관이 피고가 된다.

② (○) 구 지방교육자치에 관한 법률 제14조 제5항, 제25조에 의하면 시·도의 교육·학예에 관한 사무의 집행기관은 시·도 교육감이고 시·도 교육감에게 지방교육에 관한 조례안의 공포권이 있다고 규정되어 있으므로, 교육에 관한 조례의 무효확인소송을 제기함에 있어서는 그 집행기관인 시·도 교육감을 피고로 하여야 한다(대판 1996.9.20. 95누8003).

③ (×) 원고가 피고를 잘못 지정한 경우 원고의 고의·과실 여부를 묻지 않고 법원은 피고의 경정을 허가할 수 있다.

> **제14조(피고경정)**
> ① 원고가 피고를 잘못 지정한 때에는 법원은 원고의 신청에 의하여 결정으로써 피고의 경정을 허가할 수 있다.

④ (×) 중앙노동위원회의 처분에 대한 소송의 피고는 중앙노동위원회가 아니고 중앙노동위원회 위원장이 된다.

> **노동위원회법 제27조(중앙노동위원회의 처분에 대한 소송)**
> ① 중앙노동위원회의 처분에 대한 소송은 **중앙노동위원회 위원장을 피고(被告)**로 하여 처분의 송달을 받은 날부터 15일 이내에 제기하여야 한다.

⑤ (×) 지방의회의원에 대한 징계의결에 대한 취소소송의 피고는 지방의회가 된다.

제4절 협의의 소의 이익

084 판례에 의할 때 특별한 사정이 없는 한 소의 이익이 인정되는 경우는? 〈2024〉

① 거부처분을 취소하는 재결에 따른 후속처분이 아니라 그 재결의 취소를 구하는 경우
② 사업양도에 따른 지위승계신고가 수리된 경우 사업양도가 무효라는 이유로 그 수리처분의 무효확인을 구하는 경우
③ 취소소송의 계속 중 행정청이 해당처분을 직권으로 취소한 경우
④ 지방자치단체의 계약직공무원이 계약해지에 대해서 계약기간 만료 이후에 무효확인소송을 제기한 경우
⑤ 조례의 근거 없이 이루어진 지방의료원의 폐업결정 이후 해당 조례가 적법하게 제정된 경우 그 폐업결정에 대한 취소를 구하는 경우

정답/해설 ②

① (×) 거부처분을 취소하는 재결이 있더라도 그에 따른 후속처분이 있기까지는 제3자의 권리나 이익에 변동이 있다고 볼 수 없고 후속처분 시에 비로소 제3자의 권리나 이익에 변동이 발생하며, 재결에 대한 항고소송을 제기하여 재결을 취소하는 판결이 확정되더라도 그와 별도로 후속처분이 취소되지 않는 이상 후속처분으로 인한 제3자의 권리나 이익에 대한 침해 상태는 여전히 유지된다. 이러한 점들을 종합하면, 거부처분이 재결에서 취소된 경우 재결에 따른 후속처분이 아니라 그 재결의 취소를 구하는 것은 실효적이고 직접적인 권리구제수단이 될 수 없어 분쟁해결의 유효적절한 수단이라고 할 수 없으므로 법률상 이익이 없다(대판 2017.10.31. 2015두45045).

② (○) 사업양도·양수에 따른 허가관청의 지위승계신고의 수리는 적법한 사업의 양도·양수가 있었음을 전제로 하는 것이므로 그 수리대상인 사업양도·양수가 존재하지 아니하거나 무효인 때에는 수리를 하였다 하더라도 그 수리는 유효한 대상이 없는 것으로서 당연히 무효라 할 것이고, 사업의 양도행위가 무효라고 주장하는 양도자는 민사쟁송으로 양도·양수행위의 무효를 구함이 없이 막바로 허가관청을 상대로 하여 행정소송으로 위 신고수리처분의 무효확인을 구할 법률상 이익이 있다(대판 2005.12.23. 2005두3554).

③ (×) 취소소송 계속 중 처분청이 자신이 한 처분을 직권으로 취소하면 처분의 효력이 소멸하게 되며, 이 경우 통상 당해 처분의 취소를 통하여 회복할 법률상 이익이 없다.

④ (×) 지방자치단체와 채용계약에 의하여 채용된 계약직공무원이 그 계약기간 만료 이전에 채용계약 해지 등의 불이익을 받은 후 그 계약기간이 만료된 때에는 그 채용계약 해지의 의사표시가 무효라고 하더라도, 지방공무원법이나 지방계약직공무원규정 등에서 계약기간이 만료되는 계약직공무원에 대한 재계약의무를 부여하는 근거규정이 없으므로 계약기간의 만료로 당연히 계약직공무원의 신분을 상실하고 계약직공무원의 신분을 회복할 수 없는 것이므로, 그 해지의사표시의 무효확인청구는 과거의 법률관계의 확인청구에 지나지 않는다 할 것이고, 한편 과거의 법률관계라 할지라도 현재의 권리 또는 법률상 지위에 영향을 미치고 있고 현재의 권리 또는 법률상 지위에 대한 위험이나 불안을 제거하기 위하여 그 법률관계에 관한 확인판결을 받는 것이 유효 적절한 수단이라고 인정될 때에는 그 법률관계의 확인소송

은 즉시확정의 이익이 있다고 보아야 할 것이나, 계약직공무원에 대한 채용계약이 해지된 경우에는 공무원 등으로 임용되는 데에 있어서 법령상의 아무런 제약사유가 되지 않을 뿐만 아니라, 계약기간 만료 전에 채용계약이 해지된 전력이 있는 사람이 공무원 등으로 임용되는 데에 있어서 그러한 전력이 없는 사람보다 사실상 불이익한 장애사유로 작용한다고 하더라도 그것만으로는 법률상의 이익이 침해되었다고 볼 수는 없으므로 그 무효확인을 구할 이익이 없다(대판 2002.11.26. 2002두1496).

⑤ (×) 甲 도지사가 도에서 설치·운영하는 乙 지방의료원을 폐업하겠다는 결정을 발표하고 그에 따라 폐업을 위한 일련의 조치가 이루어진 후 乙 지방의료원을 해산한다는 내용의 조례를 공포하고 乙 지방의료원의 청산절차가 마쳐진 사안에서, 지방의료원의 설립·통합·해산은 지방자치단체의 조례로 결정할 사항이므로, 도가 설치·운영하는 乙 지방의료원의 폐업·해산은 도의 조례로 결정할 사항인 점 등을 종합하면, 甲 도지사의 폐업결정은 행정청이 행하는 구체적 사실에 관한 법집행으로서의 공권력 행사로서 입원환자들과 소속 직원들의 권리·의무에 직접 영향을 미치는 것이므로 항고소송의 대상에 해당하지만, 폐업결정 후 乙 지방의료원을 해산한다는 내용의 조례가 제정·시행되었고 조례가 무효라고 볼 사정도 없어 乙 지방의료원을 폐업 전의 상태로 되돌리는 원상회복은 불가능하므로 법원이 폐업결정을 취소하더라도 단지 폐업결정이 위법함을 확인하는 의미밖에 없고, 폐업결정의 취소로 회복할 수 있는 다른 권리나 이익이 남아있다고 보기도 어려우므로, 甲 도지사의 폐업결정이 법적으로 권한 없는 자에 의하여 이루어진 것으로서 위법하더라도 취소를 구할 소의 이익을 인정하기 어렵다(대판 2016.8.30. 2015두60617).

085 취소소송에서의 소의 이익에 관한 설명으로 옳은 것은? (다툼이 있으면 판례에 따름) 〈2022〉

① 행정청이 공무원에 대하여 새로운 직위해제사유에 기하여 직위해제처분을 한 경우, 그 공무원에게는 이전의 직위해제처분의 취소를 구할 소의 이익이 인정된다.
② 건물의 신축과정에서 피해를 입은 인접주택 소유자는 신축건물에 대한 사용검사(사용승인)처분의 취소를 구할 소의 이익이 있다.
③ 해임처분 취소소송 계속 중 임기가 만료된 경우에도 그 취소로 해임처분일부터 임기만료일까지 기간에 대한 보수지급을 구할 수 있는 경우라면 해임처분의 취소를 구할 소의 이익이 인정된다.
④ 가중 제재처분 규정이 있는 의료법에 의해 의사면허자격정지처분을 받은 경우 자격정지 기간이 지난 후에는 의사면허자격정지처분의 취소를 구할 소의 이익이 인정되지 아니한다.
⑤ 치과의사국가시험에 불합격한 후 새로 실시된 국가시험에 합격한 경우에도 명예 등의 인격적 이익이 침해되었음을 이유로 불합격처분의 취소를 구할 소의 이익이 인정된다.

정답/해설 ③

① (×) 행정청이 공무원에 대하여 <u>새로운 직위해제사유에 기한 직위해제처분을 한 경우 그 이전에 한 직위해제처분은 이를 묵시적으로 철회하였다고 봄이 상당하므로, 그 이전 처분의 취소를 구하는 부분은 존재하지 않는 행정처분을 대상으로 한 것으로서 그 소의 이익이 없어 부적법하다</u>(대판 2003.10.10. 2003두5945).

② (×) 건물 사용검사처분(준공처분)은 건축허가를 받아 건축된 건물이 건축허가 사항대로 건축행정 목적에 적합한가 여부를 확인하고 사용검사필증을 교부하여 줌으로써 허가받은 자로 하여금 건축한 건물을 사용·수익할 수 있게 하는 법률효과를 발생시키는 것에 불과하고, 건축한 건물이 인접주택 소유자의 권리를 침해하는 경우 사용검사처분이 그러한 침해까지 정당화하는 것은 아닐 뿐만 아니라, 당해 건축물을 건축하는 과정에서 인접주택 소유자가 자신의 주택에 대하여 손해를 입었다 하더라도 그러한 손해는 금전적인 배상으로 회복될 수 있고, 일조권의 침해 등 생활환경상 이익침해는 실제로 그 건물의 전부 또는 일부가 철거됨으로써 회복되거나 보호받을 수 있는 것인데, 건물에 대한 사용검사처분의 취소를 받는다 하더라도 그로 인하여 건축주는 건물을 적법하게 사용할 수 없게 되어 사용검사 이전의 상태로 돌아가게 되는 것에 그칠 뿐이고, 위반건물에 대한 시정명령을 할 것인지 여부, 그 시기 및 명령의 내용 등은 행정청의 합리적 판단에 의하여 결정되는 것이므로, 건물이 이격거리를 유지하지 못하고 있고 건축과정에서 인접주택 소유자에게 피해를 입혔다 하더라도, 인접주택의 소유자로서는 건물에 대한 사용검사처분의 취소를 구할 법률상 이익이 있다고 볼 수 없다(대판 1996.11.29. 96누9768).

③ (○) 해임처분 무효확인 또는 취소소송 계속 중 임기가 만료되어 해임처분의 무효확인 또는 취소로 지위를 회복할 수는 없다고 할지라도, 그 무효확인 또는 취소로 해임처분일부터 임기만료일까지 기간에 대한 보수 지급을 구할 수 있는 경우에는 해임처분의 무효확인 또는 취소를 구할 법률상 이익이 있다. 해임권자와 보수지급의무자가 다른 경우에도 마찬가지이다(대판 2012.2.23. 2011두5001).

④ (×) 의료법 제53조 제1항은 보건복지부장관으로 하여금 일정한 요건에 해당하는 경우 의료인의 면허자격을 정지시킬 수 있도록 하는 근거 규정을 두고 있고, 한편 같은 법 제52조 제1항 제3호는 보건복지부장관은 의료인이 3회 이상 자격정지처분을 받은 때에는 그 면허를 취소할 수 있다고 규정하고 있는바, 이와 같이 의료법에서 의료인에 대한 제재적인 행정처분으로서 면허자격정지처분과 면허취소처분이라는 2단계 조치를 규정하면서 전자의 제재처분을 보다 무거운 후자의 제재처분의 기준요건으로 규정하고 있는 이상 자격정지처분을 받은 의사로서는 면허자격정지처분에서 정한 기간이 도과되었다 하더라도 그 처분을 그대로 방치하여 둠으로써 장래 의사면허취소라는 가중된 제재처분을 받게 될 우려가 있는 것이어서 의사로서의 업무를 행할 수 있는 법률상 지위에 대한 위험이나 불안을 제거하기 위하여 면허자격정지처분의 취소를 구할 이익이 있다(대판 2005.3.25. 2004두14106).

⑤ (×) 치과의사국가시험 합격은 치과의사 면허를 부여받을 수 있는 전제요건이 된다고 할 것이나 국가시험에 합격하였다고 하여 위 면허취득의 요건을 갖추게 되는 이외에 그 자체만으로 합격한 자의 법률상 지위가 달라지게 되는 것은 아니므로 불합격처분 이후 새로 실시된 국가시험에 합격한 자들로서는 더 이상 위 불합격처분의 취소를 구할 법률상의 이익이 없다(대판 1993.11.9. 93누6867).

086 항고소송의 소의 이익에 관한 설명으로 옳지 않은 것은? (다툼이 있으면 판례에 따름) 〈2020〉

① '법률상 이익'에는 취소를 통하여 구제되는 기본적인 법률상 이익뿐만 아니라 부수적인 법률상 이익도 포함된다.
② 취소소송에 의해 보호되는 이익은 현실적인 이익이어야 한다.
③ 원자로건설허가처분이 있은 후에 원자로부지 사전승인처분의 취소소송을 제기하는 경우 소의 이익이 인정되지 않는다.
④ 강학상 인가의 경우 기본행위의 하자를 이유로 인가처분의 취소를 구하는 소송은 소의 이익이 인정되지 않는다.
⑤ 원고가 처분이 위법하다는 점에 대한 취소판결을 받아 피고에 대한 손해배상청구소송에서 이를 원용할 수 있는 이익은 소의 이익에 해당한다.

정답/해설 ⑤

① (O) 해임처분 무효확인 또는 취소소송 계속 중 임기가 만료되어 해임처분의 무효확인 또는 취소로 지위를 회복할 수는 없다고 할지라도, 그 무효확인 또는 취소로 해임처분일부터 임기만료일까지 기간에 대한 보수 지급을 구할 수 있는 경우에는 해임처분의 무효확인 또는 취소를 구할 법률상 이익이 있다. 해임권자와 보수지급의무자가 다른 경우에도 마찬가지이다(대판 2012.2.23. 2011두5001).

② (O) 취소소송에 의해 보호되는 이익은 소송을 통해 구제될 수 있는 현실적인 이익이어야 하며, 막연한 이익, 추상적 이익, 과거의 이익만으로는 소의 이익을 인정할 수 없다.

③ (O) 원자력법 제11조 제3항 소정의 부지사전승인제도는 원자로 및 관계 시설을 건설하고자 하는 자가 그 계획 중인 건설부지가 원자력법에 의하여 원자로 및 관계 시설의 부지로 적법한지 여부 및 굴착공사 등 일정한 범위의 공사(이하 '사전공사'라 한다)를 할 수 있는지 여부에 대하여 건설허가 전에 미리 승인을 받는 제도로서, 원자로 및 관계 시설의 건설에는 장기간의 준비·공사가 필요하기 때문에 필요한 모든 준비를 갖추어 건설허가신청을 하였다가 부지의 부적법성을 이유로 불허가될 경우 그 불이익이 매우 크고 또한 원자로 및 관계 시설 건설의 이와 같은 특성상 미리 사전공사를 할 필요가 있을 수도 있어 건설허가 전에 미리 그 부지의 적법성 및 사전공사의 허용 여부에 대한 승인을 받을 수 있게 함으로써 그의 경제적·시간적 부담을 덜어 주고 유효·적절한 건설공사를 행할 수 있도록 배려하려는 데 그 취지가 있다고 할 것이므로, 원자로 및 관계 시설의 부지사전승인처분은 그 자체로서 건설부지를 확정하고 사전공사를 허용하는 법률효과를 지닌 독립한 행정처분이기는 하지만, 건설허가 전에 신청자의 편의를 위하여 미리 그 건설허가의 일부 요건을 심사하여 행하는 사전적 부분 건설허가처분의 성격을 갖고 있는 것이어서 나중에 건설허가처분이 있게 되면 그 건설허가처분에 흡수되어 독립된 존재가치를 상실함으로써 그 건설허가처분만이 쟁송의 대상이 되는 것이므로, 부지사전승인처분의 취소를 구하는 소는 소의 이익을 잃게 되고, 따라서 부지사전승인처분의 위법성은 나중에 내려진 건설허가처분의 취소를 구하는 소송에서 이를 다투면 된다(대판 1998.9.4. 97누19588).

④ (O) 인가는 기본행위인 재단법인의 정관변경에 대한 법률상의 효력을 완성시키는 보충행위로서, 그 기본이 되는 정관변경 결의에 하자가 있을 때에는 그에 대한 인가가 있었다 하여도 기본행위인 정관변경 결의가 유효한 것으로 될 수 없으므로 기본행위인 정관변경 결의가 적

법 유효하고 보충행위인 인가처분 자체에만 하자가 있다면 그 인가처분의 무효나 취소를 주장할 수 있지만, 인가처분에 하자가 없다면 기본행위에 하자가 있다 하더라도 따로 그 기본행위의 하자를 다투는 것은 별론으로 하고 기본행위의 무효를 내세워 바로 그에 대한 행정청의 인가처분의 취소 또는 무효확인을 소구할 법률상의 이익이 없다(대판 전합 1996.5.16. 95누4810).

⑤ (×) 원고가 이 사건 처분이 위법하다는 점에 대한 판결을 받아 피고에 대한 손해배상청구소송에서 이를 원용할 수 있다거나 위 배출시설을 다른 지역으로 이전하는 경우 행정상의 편의를 제공받을 수 있는 이익이 있다 하더라도, 그러한 이익은 사실적·경제적 이익에 불과하여 이 사건 처분의 취소를 구할 법률상 이익에 해당하지 않는다고 판단하였다(대판 2002.1.11. 2000두2457).

087 판례상 취소소송의 소의 이익이 인정되지 않는 것은? 〈2020〉
① 현역병입영대상자가 입영한 후에 현역입영통지처분의 취소를 구하는 경우
② 지방의회의원에 대한 제명의결처분 취소소송 계속 중 그 의원의 임기가 만료된 경우
③ 행정청이 과징금부과처분을 한 후 부과처분의 하자를 이유로 감액처분을 한 경우, 감액된 부분에 대한 부과처분의 취소를 구하는 경우
④ 행정처분에 대한 취소소송 계속중 처분청이 다툼의 대상이 되는 행정처분을 직권취소하였음에도 불구하고 완전한 원상회복이 이루어지지 않아 취소로써 회복할 수 있는 다른 권리나 이익이 남아있는 경우
⑤ 경원관계에서 경원자에 대한 수익적 처분의 취소를 구하지 아니하고 자신에 대한 거부처분의 취소만을 구하는 경우

정답/해설 ③

① (○) 현역병입영통지처분에 따라 현실적으로 입영을 한 경우에는 그 처분의 집행은 종료되지만, 한편, 입영으로 그 처분의 목적이 달성되어 실효되었다는 이유로 다툴 수 없도록 한다면, 병역법상 현역입영대상자로서는 현역병입영통지처분이 위법하다 하더라도 법원에 의하여 그 처분의 집행이 정지되지 아니하는 이상 현실적으로 입영을 할 수밖에 없으므로 현역병입영통지처분에 대하여는 불복을 사실상 원천적으로 봉쇄하는 것이 되고, 또한 현역입영대상자가 입영하여 현역으로 복무하는 과정에서 현역병입영통지처분 외에는 별도의 다른 처분이 없으므로 입영한 이후에는 불복할 아무런 처분마저 없게 되는 결과가 되며, 나아가 입영하여 현역으로 복무하는 자에 대한 병적을 당해 군 참모총장이 관리한다는 것은 입영 및 복무의 근거가 된 현역병입영통지처분이 적법함을 전제로 하는 것으로서 그 처분이 위법한 경우까지를 포함하는 의미는 아니라고 할 것이므로, 현역입영대상자로서는 현실적으로 입영을 하였다고 하더라도, 입영 이후의 법률관계에 영향을 미치고 있는 현역병입영지처분 등을 한 관할지방병무청장을 상대로 위법을 주장하여 그 취소를 구할 소송상의 이익이 있다(대판 2003.12.26. 2003두1875).

② (○) 지방의회 의원에 대한 제명의결 취소소송 계속중 의원의 임기가 만료된 사안에서, 제명의결의 취소로 의원의 지위를 회복할 수는 없다 하더라도 제명의결시부터 임기만료일까지의 기간에 대한 월정수당의 지급을 구할 수 있는 등 여전히 그 제명의결의 취소를 구할 법률상 이익이 있다고 본 사례(대판 2009.1.30. 2007두13487)

③ (×) 과징금 부과처분에서 행정청이 납부의무자에 대하여 부과처분을 한 후 그 부과처분의 하자를 이유로 과징금의 액수를 감액하는 경우에 그 감액처분은 감액된 과징금 부분에 관하여만 법적 효과가 미치는 것으로서 처음의 부과처분과 별개 독립의 과징금 부과처분이 아니라 그 실질은 당초 부과처분의 변경이고, 그에 의하여 과징금의 일부취소라는 납부의무자에게 유리한 결과를 가져오는 처분이므로 처음의 부과처분이 전부 실효되는 것은 아니며, 그 감액처분으로도 아직 취소되지 않고 남아 있는 부분이 위법하다고 하여 다투는 경우 항고소송의 대상은 처음의 부과처분 중 감액처분에 의하여 취소되지 않고 남은 부분이고 감액처분이 항고소송의 대상이 되는 것은 아니다(대판 2008.2.15. 2006두3957).

④ (○) 처분청의 직권취소에도 완전한 원상회복이 이루어지지 않아 무효확인 또는 취소로써 회복할 수 있는 다른 권리나 이익이 남아 있거나 또는 동일한 소송 당사자 사이에서 그 행정처분과 동일한 사유로 위법한 처분이 반복될 위험성이 있어 행정처분의 위법성 확인 내지 불분명한 법률문제에 대한 해명이 필요한 경우 행정의 적법성 확보와 그에 대한 사법통제, 국민의 권리구제의 확대 등의 측면에서 예외적으로 그 처분의 취소를 구할 소의 이익을 인정할 수 있다(대판 2020.4.9. 2019두49953).

⑤ (○) 인가·허가 등 수익적 행정처분을 신청한 여러 사람이 서로 경원관계에 있어서 한 사람에 대한 허가 등 처분이 다른 사람에 대한 불허가 등으로 귀결될 수밖에 없을 때 허가 등 처분을 받지 못한 사람은 신청에 대한 거부처분의 직접 상대방으로서 원칙적으로 자신에 대한 거부처분의 취소를 구할 원고적격이 있고, 취소판결이 확정되는 경우 판결의 직접적인 효과로 경원자에 대한 허가 등 처분이 취소되거나 효력이 소멸되는 것은 아니더라도 행정청은 취소판결의 기속력에 따라 판결에서 확인된 위법사유를 배제한 상태에서 취소판결의 원고와 경원자의 각 신청에 관하여 처분요건의 구비 여부와 우열을 다시 심사하여야 할 의무가 있으며, 재심사 결과 경원자에 대한 수익적 처분이 직권취소되고 취소판결의 원고에게 수익적 처분이 이루어질 가능성을 완전히 배제할 수는 없으므로, 특별한 사정이 없는 한 경원관계에서 허가 등 처분을 받지 못한 사람은 자신에 대한 거부처분의 취소를 구할 소의 이익이 있다(대판 2015.10.29. 2013두27517).

088 판례상 취소소송에서 소의 이익이 인정되지 않는 경우는? 〈2019〉

① 원자로시설부지사전승인처분 취소소송 중 건설허가처분이 있게 되었을 때 부지사전승인처분 취소소송의 경우
② 기간을 정한 제재처분 취소소송에서 집행정지결정이 있었으나 집행정지 중 처분이 정한 기간이 경과한 경우
③ 현역병입영통지처분의 취소를 구하는 자가 현실적으로 입영한 경우
④ 파면처분을 받은 공무원이 일반사면을 받은 이후 파면처분취소소송을 제기한 경우
⑤ 공무원의 해임처분취소소송 중 임기가 만료되었으나 그 취소로 해임처분일부터 임기만료일까지 기간에 대한 보수지급을 구할 수 있는 경우

정답/해설 ①

① (×) 원자로 및 관계 시설의 부지사전승인처분은 그 자체로서 건설부지를 확정하고 사전공사를 허용하는 법률효과를 지닌 독립한 행정처분이기는 하지만, 건설허가 전에 신청자의 편의를 위하여 미리 그 건설허가의 일부 요건을 심사하여 행하는 사전적 부분 건설허가처분의 성격을 갖고 있는 것이어서 나중에 건설허가처분이 있게 되면 그 건설허가처분에 흡수되어 독립된 존재가치를 상실함으로써 그 건설허가처분만이 쟁송의 대상이 되는 것이므로, 부지사전승인처분의 취소를 구하는 소는 소의 이익을 잃게 되고, 따라서 부지사전승인처분의 위법성은 나중에 내려진 건설허가처분의 취소를 구하는 소송에서 이를 다투면 된다(대판 1998.9.4. 97누19588).

② (○) 행정처분의 효력정지 가처분결정은 일시 잠정적으로 그 처분의 집행 혹은 효력발생을 정지하는 것이므로 집행정지 가처분으로 인하여 그 행정처분이 정한 기간이 그 집행정지중에 이미 지나갔다 하여도 그 행정처분의 당부에 대한 본안심판을 하여야 하고 본소를 각하하지 못한다(대판 1974.1.29. 73누202).

③ (○) 현역병입영통지처분에 따라 현실적으로 입영을 한 경우에는 그 처분의 집행은 종료되지만, 한편, 입영으로 그 처분의 목적이 달성되어 실효되었다는 이유로 다툴 수 없도록 한다면, 병역법상 현역입영대상자로서는 현역병입영통지처분이 위법하다 하더라도 법원에 의하여 그 처분의 집행이 정지되지 아니하는 이상 현실적으로 입영을 할 수밖에 없으므로 현역병입영통지처분에 대하여는 불복을 사실상 원천적으로 봉쇄하는 것이 되고, 또한 현역입영대상자가 입영하여 현역으로 복무하는 과정에서 현역병입영통지처분 외에는 별도의 다른 처분이 없으므로 입영한 이후에는 불복할 아무런 처분마저 없게 되는 결과가 되며, 나아가 입영하여 현역으로 복무하는 자에 대한 병적을 당해 군 참모총장이 관리한다는 것은 입영 및 복무의 근거가 된 현역병입영통지처분이 적법함을 전제로 하는 것으로서 그 처분이 위법한 경우까지를 포함하는 의미는 아니라고 할 것이므로, 현역입영대상자로서는 현실적으로 입영을 하였다고 하더라도, 입영 이후의 법률관계에 영향을 미치고 있는 현역병입영통지처분 등을 한 관할지방병무청장을 상대로 위법을 주장하여 그 취소를 구할 소송상의 이익이 있다(대판 2003.12.26. 2003두1875).

④ (○) 징계에 관한 일반사면이 있었다고 할지라도 사면의 효과는 소급하지 아니하므로 파면처분으로 이미 상실된 원고의 공무원지위가 회복될 수 없는 것이니 원고로서는 동 파면처분의 위법을 주장하여 그 취소를 구할 소송상 이익이 있다고 할 것이다(대판 전합 1981.7.14. 80누536).

⑤ (○) 해임처분 무효확인 또는 취소소송 계속 중 임기가 만료되어 해임처분의 무효확인 또는 취소로 지위를 회복할 수는 없다고 할지라도, 그 무효확인 또는 취소로 해임처분일부터 임기만료일까지 기간에 대한 보수 지급을 구할 수 있는 경우에는 해임처분의 무효확인 또는 취소를 구할 법률상 이익이 있다. 해임권자와 보수지급의무자가 다른 경우에도 마찬가지이다(대판 2012.2.23. 2011두5001).

089 판례상 보다 실효적인 권리구제절차가 있음을 이유로 소의 이익이 부정되는 경우가 아닌 것은?
〈2019〉

① 거부처분이 재결에서 취소되었을 때 재결에 따른 후속처분이 아니라 그 재결의 취소를 구하는 경우
② 재단법인의 정관변경 결의의 하자를 이유로 정관변경 인가처분의 취소를 구하는 경우
③ 「도시 및 주거환경정비법」상 주택재건축사업시행계획의 하자를 이유로 사업시행인가처분의 취소를 구하는 경우
④ 「도시 및 주거환경정비법」상 주택재건축조합설립결의의 하자를 이유로 조합설립인가처분의 취소를 구하는 경우
⑤ 학교법인의 임원선임행위에 하자가 있음을 이유로 감독청의 취임승인처분의 취소를 구하는 경우

정답/해설 ④

① (○) 소의 이익 부정

거부처분을 취소하는 재결이 있더라도 그에 따른 후속처분이 있기까지는 제3자의 권리나 이익에 변동이 있다고 볼 수 없고 후속처분 시에 비로소 제3자의 권리나 이익에 변동이 발생하며, 재결에 대한 항고소송을 제기하여 재결을 취소하는 판결이 확정되더라도 그와 별도로 후속처분이 취소되지 않는 이상 후속처분으로 인한 제3자의 권리나 이익에 대한 침해 상태는 여전히 유지된다. 이러한 점들을 종합하면, 거부처분이 재결에서 취소된 경우 재결에 따른 후속처분이 아니라 그 재결의 취소를 구하는 것은 실효적이고 직접적인 권리구제수단이 될 수 없어 분쟁해결의 유효적절한 수단이라고 할 수 없으므로 법률상 이익이 없다(대판 2017.10.31. 2015두45045).

② (○) 소의 이익 부정

인가는 기본행위인 재단법인의 정관변경에 대한 법률상의 효력을 완성시키는 보충행위로서, 그 기본이 되는 정관변경 결의에 하자가 있을 때에는 그에 대한 인가가 있었다 하여도 기본행위인 정관변경 결의가 유효한 것으로 될 수 없으므로 기본행위인 정관변경 결의가 적법 유효하고 보충행위인 인가처분 자체에만 하자가 있다면 그 인가처분의 무효나 취소를 주장할 수 있지만, 인가처분에 하자가 없다면 기본행위에 하자가 있다 하더라도 따로 그 기본행위의 하자를 다투는 것은 별론으로 하고 기본행위의 무효를 내세워 바로 그에 대한 행정청의 인가처분의 취소 또는 무효확인을 소구할 법률상의 이익이 없다(대판 전합 1996.5.16. 95누4810).

③ (○) 소의 이익 부정

조합이 사업시행계획을 재건축결의에서 결정된 내용과 달리 작성한 경우 이러한 하자는 기본행위인 사업시행계획 작성행위의 하자이고, 이에 대한 보충행위인 행정청의 인가처분이 그 근거 조항인 위 법 제28조의 적법요건을 갖추고 있는 이상은 그 인가처분 자체에 하자가 있는 것이라 할 수 없다 (대판 2008.1.10. 2007두16691).

④ (×) 소의 이익 긍정

조합설립 인가처분이 있은 경우 조합설립결의는 위 인가처분이라는 행정처분을 하는 데 필

요한 요건 중 하나에 불과한 것이어서, 조합설립 인가처분이 있은 이후에는 조합설립결의의 하자를 이유로 조합설립의 무효를 주장하는 것은 조합설립 인가처분의 취소 또는 무효확인을 구하는 항고소송의 방법에 의하여야 할 것이고, 이와는 별도로 조합설립결의만을 대상으로 그 효력 유무를 다투는 확인의 소를 제기하는 것은 확인의 이익이 없어 허용되지 아니한다(대판 2010.4.8. 2009다27636).

⑤ (○) 소의 이익 부정

학교법인의 임원에 대한 감독청의 취임승인은 학교법인의 임원선임행위를 보충하여 그 법률상의 효력을 완성케 하는 보충적 행정행위로서 그 자체만으로는 법률상 아무런 효력도 발생할 수 없는 것인 바, 기본행위인 사법상의 임원선임행위에 하자가 있다는 이유로 그 선임행위의 효력에 관하여 다툼이 있는 경우에는 민사쟁송으로 그 선임행위의 무효확인을 구하는 등의 방법으로 분쟁을 해결할 것이지 보충적 행위로서 그 자체만으로는 아무런 효력이 없는 승인처분만의 취소 또는 무효확인을 구하는 것은 특단의 사정이 없는 한 분쟁해결의 유효적절한 수단이라 할 수 없어 소구할 법률상의 이익이 없다고 할 것이다(대판 2005.12.23. 2005두4823).

090 판례상 소의 이익이 부정된 경우는? 〈2018〉

① 지방의회 의원 제명의결 취소소송 계속중 지방의회 의원의 임기가 만료되었으나 월정수당을 받고자 하는 경우
② 고등학교에서 퇴학처분을 받은 자가 고등학교졸업학력검정고시에 합격한 이후 퇴학처분취소소송을 제기한 경우
③ 치과의사국가시험 불합격처분을 받은 자가 새로 실시된 국가시험에 합격한 이후 불합격처분취소소송을 제기한 경우
④ 파면처분을 받은 공무원이 일반사면을 받은 이후 파면처분취소소송을 제기한 경우
⑤ 서울대학교 불합격처분의 취소소송 계속중 당해연도의 입학시기가 지난 경우

정답/해설 ③

① (○) 소의 이익 긍정

지방의회 의원에 대한 제명의결 취소소송 계속중 의원의 임기가 만료된 사안에서, 제명의결의 취소로 의원의 지위를 회복할 수는 없다 하더라도 제명의결시부터 임기만료일까지의 기간에 대한 월정수당의 지급을 구할 수 있는 등 여전히 그 제명의결의 취소를 구할 법률상 이익이 있다(대판 2009.1.30. 2007두13487).

② (○) 소의 이익 긍정

고등학교졸업이 대학입학자격이나 학력인정으로서의 의미밖에 없다고 할 수 없으므로 고등학교졸업학력검정고시에 합격하였다 하여 고등학교 학생으로서의 신분과 명예가 회복될 수 없는 것이니 퇴학처분을 받은 자로서는 퇴학처분의 위법을 주장하여 그 취소를 구할 소송상의 이익이 있다(대판 1992.7.14. 91누4737).

③ (×) 소의 이익 부정

치과의사국가시험 합격은 치과의사 면허를 부여받을 수 있는 전제요건이 된다고 할 것이나

국가시험에 합격하였다고 하여 위 면허취득의 요건을 갖추게 되는 이외에 그 자체만으로 합격한 자의 법률상 지위가 달라지게 되는 것은 아니므로 불합격처분 이후 새로 실시된 국가시험에 합격한 자들로서는 더 이상 위 불합격처분의 취소를 구할 법률상의 이익이 없다(대판 1993.11.9. 93누6867).

④ (O) 소의 이익 긍정

징계에 관한 일반사면이 있었다고 할지라도 <u>사면의 효과는 소급하지 아니하므로 파면처분으로 이미 상실된 원고의 공무원지위가 회복될 수 없는 것이니 원고로서는 동 파면처분의 위법을 주장하여 그 취소를 구할 소송상 이익이 있다고 할 것이다</u>(대판 전합 1981.7.14. 80누536).

⑤ (O) 소의 이익 긍정

<u>어느 학년도의 합격자는 반드시 당해 연도에만 입학하여야 한다고 볼 수 없으므로</u> 원고들이 불합격처분의 취소를 구하는 이 사건 소송계속 중 당해연도의 입학시기가 지났더라도 당해 연도의 합격자로 인정되면 다음연도의 입학시기에 입학할 수도 있다고 할 것이고, 피고의 위법한 처분이 있게 됨에 따라 당연히 합격하였어야 할 원고들이 불합격처리되고 불합격되었어야 할 자들이 합격한 결과가 되었다면 원고들은 입학정원에 들어가는 자들이라고 하지 않을 수 없다고 할 것이므로 원고들로서는 피고의 불합격처분의 적법 여부를 다툴만한 법률상의 이익이 있다고 할 것이다(대판 1990.8.28. 89누8255).

091 항고소송의 소의 이익이 인정되는 경우는? (다툼이 있으면 판례에 따름) 〈2017〉

① 강학상 인가의 경우 기본행위의 하자를 이유로 인가처분의 취소를 구하는 소송
② 입주자가 건축물 사용검사처분의 취소를 구하는 소송
③ 행정청이 공무원에 대하여 새로운 직위해제사유에 기한 직위해제처분을 한 경우, 그 이전 직위해제처분의 취소를 구하는 소송
④ 사업양도계약의 무효를 주장하는 양도인이 지위승계신고 수리처분의 취소를 구하는 소송
⑤ 치과의사국가시험 불합격처분 이후 새로 실시된 같은 국가시험에 합격한 자가 불합격처분의 취소를 구하는 소송

정답/해설 ④

① (×) 기본행위의 하자를 이유로 기본행위를 다투는 소송이 기본행위의 하자를 이유로 인가처분을 다투는 것보다 더 실효적인 권리구제이므로 기본행위의 하자를 이유로 인가처분의 취소 또는 무효확인을 소구할 법률상의 이익이 없다.

② (×) 사용검사처분은 건축물을 사용·수익할 수 있게 하는 데에 그치므로 건축물에 대하여 사용검사처분이 이루어졌다고 하더라도 그 사정만으로는 건축물에 있는 하자나 건축법 등 관계 법령에 위반되는 사실이 정당화되지는 않는다. 또한 건축물에 대한 <u>사용검사처분이 취소된다고 하더라도 사용검사 이전의 상태로 돌아가 건축물을 사용할 수 없게 되는 것에 그칠 뿐 곧바로 건축물의 하자 상태 등이 제거되거나 보완되는 것도 아니다.</u>
그리고 입주자나 입주예정자들은 사용검사처분을 취소하지 않고서도 민사소송 등을 통하여 분양계약에 따른 법률관계 및 하자 등을 주장·증명함으로써 사업주체 등으로부터 하자 제거·보완 등에 관한 권리구

제를 받을 수 있으므로, 사용검사처분의 취소 여부에 의하여 법률적인 지위가 달라진다고 할 수 없으며, 구 주택공급에 관한 규칙에서 입주금의 납부 및 주택공급계약에 관하여 사용검사와 관련된 규정을 두고 있다고 하더라도 달리 볼 것은 아니다.

오히려 주택에 대한 사용검사처분이 있으면, 그에 따라 입주예정자들이 주택에 입주하여 이를 사용할 수 있게 되므로 일반적으로 입주예정자들에게 이익이 되고, 다수의 입주자들이 사용검사권자의 사용검사처분을 신뢰하여 입주를 마치고 제3자에게 주택을 매매하거나 임대하고 담보로 제공하는 등 사용검사처분을 기초로 다수의 법률관계가 형성되는데, 일부 입주자나 입주예정자가 사업주체와 사이에 생긴 개별적 분쟁 등을 이유로 사용검사처분의 취소를 구하게 되면, 처분을 신뢰한 다수의 이익에 반하게 되는 상황이 발생할 수 있다. 구 주택법에서 사용검사처분 신청의 경우와는 달리, 사업주체 또는 입주예정자 등의 신청에 따라 이루어진 사용검사처분에 대하여 입주자나 입주예정자 등에게 취소를 구할 수 있는 규정을 별도로 두고 있지 않은 것도 이와 같은 취지에서라고 보인다.

따라서 이러한 사정들을 종합해 보면, 구 주택법상 입주자나 입주예정자는 사용검사처분의 취소를 구할 법률상 이익이 없다(대판 2014.7.24. 2011두30465).

③ (×) 행정청이 공무원에 대하여 <u>새로운 직위해제사유에 기한 직위해제처분을 한 경우 그 이전에 한 직위해제처분은 이를 묵시적으로 철회하였다고 봄이 상당하므로, 그 이전 처분의 취소를 구하는 부분은 존재하지 않는 행정처분을 대상으로 한 것으로서 그 소의 이익이 없어 부적법하다</u>(대판 2003.10.10. 2003두5945).

④ (○) 사업양도·양수에 따른 허가관청의 지위승계신고의 수리는 적법한 사업의 양도·양수가 있었음을 전제로 하는 것이므로 그 수리대상인 사업양도·양수가 존재하지 아니하거나 무효인 때에는 수리를 하였다 하더라도 그 수리는 유효한 대상이 없는 것으로서 당연히 무효라 할 것이고, <u>사업의 양도행위가 무효라고 주장하는 양도자는 민사쟁송으로 양도·양수행위의 무효를 구함이 없이 막바로 허가관청을 상대로 하여 행정소송으로 위 신고수리처분의 무효확인을 구할 법률상 이익이 있다</u>(대판 2005.12.23. 2005두3554).

⑤ (×) 치과의사국가시험 합격은 치과의사 면허를 부여받을 수 있는 전제요건이 된다고 할 것이나 <u>국가시험에 합격하였다고 하여 위 면허취득의 요건을 갖추게 되는 이외에 그 자체만으로 합격한 자의 법률상 지위가 달라지게 되는 것은 아니므로 불합격처분 이후 새로 실시된 국가시험에 합격한 자들로서는 더 이상 위 불합격처분의 취소를 구할 법률상의 이익이 없다</u>(대판 1993.11.9. 93누6867).

092 판례상 취소소송의 소의 이익이 부정되는 경우는? ⟨2017⟩

① 「건축법」 소정의 이격거리를 두지 않아 위법한 건축물의 공사가 완료된 이후 이웃주민이 건축허가처분의 취소를 구하는 경우
② 지방의회의원에 대한 제명의결 취소소송 중 그 의원의 임기가 만료된 경우
③ 국립대학교 불합격처분에 대한 취소소송 중 당해연도의 입학시기가 지난 경우
④ 감봉처분이 있은 이후 자진퇴직하여 공무원의 신분이 상실된 자가 감봉처분을 다투는 경우
⑤ 영치품에 대한 사용신청 불허처분 취소소송 중 다른 교도소로 이송된 경우

정답/해설 ①

① (×) 소의 이익 부정

건축허가가 건축법 소정의 이격거리를 두지 아니하고 건축물을 건축하도록 되어 있어 위법하다 하더라도 그 건축허가에 기하여 건축공사가 완료되었다면 그 건축허가를 받은 대지와 접한 대지의 소유자인 원고가 위 건축허가처분의 취소를 받아 이격거리를 확보할 단계는 지났으며 민사소송으로 위 건축물 등의 철거를 구하는 데 있어서도 위 처분의 취소가 필요한 것이 아니므로 원고로서는 위 처분의 취소를 구할 법률상의 이익이 없다고 한 사례(대판 1992.4.24. 91누11131).

② (○) 소의 이익 긍정

지방자치법 제32조 제1항(현행 지방자치법 제33조 제1항 참조)은 지방의회 의원에게 지급하는 비용으로 의정활동비와 여비 외에 월정수당을 규정하고 있는바, 이 규정의 입법연혁과 함께 특히 월정수당은 지방의회 의원의 직무활동에 대하여 매월 지급되는 것으로서, 지방의회 의원이 전문성을 가지고 의정활동에 전념할 수 있도록 하는 기틀을 마련하고자 하는 데에 그 입법취지가 있다는 점을 고려해 보면, 지방의회 의원에게 지급되는 비용 중 적어도 월정수당은 지방의회 의원의 직무활동에 대한 대가로 지급되는 보수의 일종으로 봄이 상당하다.

따라서 원고가 이 사건 제명의결 취소소송 계속중 임기가 만료되어 제명의결의 취소로 지방의회 의원으로서의 지위를 회복할 수는 없다 할지라도, 그 취소로 인하여 최소한 제명의결시부터 임기만료일까지의 기간에 대해 월정수당의 지급을 구할 수 있는 등 여전히 그 제명의결의 취소를 구할 법률상 이익은 남아 있다고 보아야 한다(대판 2009.1.30. 2007두13487).

③ (○) 소의 이익 긍정

교육법 시행령 제72조, 서울대학교학칙 제37조 제1항 소정의 학생의 입학시기에 관한 대학학생정원령 제2조 소정의 입학정원에 관한 규정은 학사운영 등 교육행정을 원활하게 수행하기 위한 행정상의 필요에 의하여 정해놓은 것으로써 어느 학년도의 합격자는 반드시 당해 연도에만 입학하여야 한다고 볼 수 없으므로 원고들이 불합격처분의 취소를 구하는 이 사건 소송계속 중 당해 연도의 입학시기가 지났더라도 당해 연도의 합격자로 인정되면 다음연도의 입학시기에 입학할 수도 있다고 할 것이고, 피고의 위법한 처분이 있게 됨에 따라 당연히 합격하였어야 할 원고들이 불합격처리되고 불합격되었어야 할 자들이 합격한 결과가 되었다면 원고들은 입학정원에 들어가는 자들이라고 하지 않을 수 없다고 할 것이므로 원고들로서는 피고의 불합격처분의 적법 여부를 다툴만한 법률상의 이익이 있다고 할 것이다(대판 1990.8.28. 89누8255).

④ (○) 소의 이익 긍정

원고 등은 피고의 감봉처분이 위법하다고 하여 그 취소를 구하고 있음이 명백한바 원래 징계처분으로 감봉처분이 있으면 그로 인하여 해 공무원은 그가 의당 받게 될 급료가 처분의 한도에서 삭감되어 그 만큼 불이익을 직접 받게 되는 것이므로 해 처분이 그 하자가 중대하고 명백하여 당연무효인 경우를 제외하고는 그가 취소되지 아니하는 한 그로 인한 불이익의 만족스러운 회복은 기대할 수가 없어서 당해 위법처분에 대한 구제의 목적은 충분히 달성할 수 없는 것이라고 할 것이고 또 이런 경우에는 박탈된 이익의 회복을 직접목적으로 하는 소송에서 당해 감봉처분의 위법 여부를 그 전제로서 다툴 수도 없는 것이라고 할 것이며, 한편 당해 처분은 관계 행정기관에 의해서 자율적으로 취소되지 아니하는 한 소송에 의해서 그 취소를 구하는 외에 타에 합리적인 적절한 방도가 없을 것이니 이건에 있어서 징계처분으로서 감봉처분이 있은 후 그가 취소됨이 없이 자진퇴직 하여서 공무원의 신분이 상실되었다 해서 그것만의 이유로서 곧 소송의 이익이 상실되었다고 단정할 수는 없는 것이라 하여야 할 것이다(대판 1977.7.12. 74누147).

⑤ (○) 소의 이익 긍정

원고의 긴 팔 티셔츠 2개(앞 단추가 3개 있고 칼라가 달린 것, 이하 '이 사건 영치품'이라 한다)에 대한 사용신청 불허처분(이하 '이 사건 처분'이라 한다) 이후 이루어진 원고의 다른 교도소로의 이송이라는 사정에 의하여 원고의 권리와 이익의 침해 등이 해소되지 아니한 점, 원고의 형기가 만료되기까지는 아직 상당한 기간이 남아 있을 뿐만 아니라, 진주교도소가 전국 교정시설의 결핵 및 정신질환 수형자들을 수용·관리하는 의료교도소인 사정을 감안할 때 원고의 진주교도소로의 재이송 가능성이 소멸하였다고 단정하기 어려운 점 등을 종합하면, 원고로서는 이 사건 처분의 취소를 구할 이익이 있다고 봄이 상당하다(대판 2008.2.14. 2007두13203).

093 판례상 항고소송의 소의 이익을 인정한 것은? 〈2016〉

① 가중 제재처분규정이 있는 의료법에 의한 의사면허자격정지처분에서 정한 자격 정지기간이 지난 후 그 처분의 취소를 구하는 소송
② 사법시험 제1차시험 불합격처분 후 새로 실시된 제1차시험에 합격한 경우, 그 불합격처분의 취소를 구하는 소송
③ 공정거래위원회가 부당한 공동행위를 한 사업자에게 과징금 부과처분을 한 뒤, 다시 자진신고 등을 이유로 감면처분을 한 경우, 선행 부과처분의 취소를 구하는 소송
④ 건축허가를 받아 건축공사를 완료한 경우 그 허가처분의 취소를 구하는 소송
⑤ 행정대집행이 실행완료된 경우 대집행계고처분의 취소를 구하는 소송

정답/해설 ①

① (○) 의료법 제53조 제1항은 보건복지부장관으로 하여금 일정한 요건에 해당하는 경우 의료인의 면허자격을 정지시킬 수 있도록 하는 근거 규정을 두고 있고, 한편 같은 법 제52조 제1항 제3호는 보건복지부장관은 의료인이 3회 이상 자격정지처분을 받은 때에는 그 면허를 취소할 수 있다고 규정하고 있는바, 이와 같이 의료법에서 의료인에 대한 제재적인 행정처분으로서 면허자격정지처분과 면허취소처분이라는 2단계 조치를 규정하면서 전자의 제재처분을 보다 무거운 후자의 제재처분의 기준요건으로 규정하고 있는 이상 자격정지처분을 받은 의사로서는 면허자격정지처분에서 정한 기간이 도과되었다 하더라도 그 처분을 그대로 방치하여 둠으로써 장래 의사면허취소라는 가중된 제재처분을 받게 될 우려가 있는 것이어서 의사로서의 업무를 행할 수 있는 법률상 지위에 대한 위험이나 불안을 제거하기 위하여 면허자격정지처분의 취소를 구할 이익이 있다(대판 2005.3.25. 2004두14106).

② (×) 사법시험 제1차 시험에 합격하였다고 할지라도 그것은 합격자가 사법시험령 제6조, 제8조 제1항의 각 규정에 의하여 당회의 제2차 시험과 차회의 제2차 시험에 응시할 자격을 부여받을 수 있는 전제요건이 되는 데 불과한 것이고, 그 자체만으로 합격한 자의 법률상의 지위가 달라지게 되는 것이 아니므로, 제1차 시험 불합격 처분 이후에 새로이 실시된 사법시험 제1차 시험에 합격하

였을 경우에는 더 이상 위 불합격 처분의 취소를 구할 법률상 이익이 없다(대판 1996.2.23. 95누2685).

③ (×) 공정거래위원회가 부당한 공동행위를 행한 사업자로서 구 독점규제 및 공정거래에 관한 법률 제22조의2에서 정한 자진신고자나 조사협조자에 대하여 과징금 부과처분(이하 '선행처분'이라 한다)을 한 뒤, 독점규제 및 공정거래에 관한 법률 시행령 제35조 제3항에 따라 다시 자진신고자 등에 대한 사건을 분리하여 자진신고 등을 이유로 한 과징금 감면처분(이하 '후행처분'이라 한다)을 하였다면, 후행처분은 자진신고 감면까지 포함하여 처분 상대방이 실제로 납부하여야 할 최종적인 과징금액을 결정하는 종국적 처분이고, 선행처분은 이러한 종국적 처분을 예정하고 있는 일종의 잠정적 처분으로서 후행처분이 있을 경우 선행처분은 후행처분에 흡수되어 소멸한다. 따라서 위와 같은 경우에 선행처분의 취소를 구하는 소는 이미 효력을 잃은 처분의 취소를 구하는 것으로 부적법하다(대판 2015.2.12. 2013두987).

④ (×) 건축허가가 건축법 소정의 이격거리를 두지 아니하고 건축물을 건축하도록 되어 있어 위법하다 하더라도 그 건축허가에 기하여 **건축공사가 완료되었다면** 그 건축허가를 받은 대지와 접한 대지의 소유자인 원고가 위 건축허가처분의 취소를 받아 이격거리를 확보할 단계는 지났으며 민사소송으로 써 건축물 등의 철거를 구하는 데 있어서도 위 처분의 취소가 필요한 것이 아니므로 원고로서는 위 처분의 취소를 구할 법률상의 이익이 없다고 한 사례(대판 1992.4.24. 91누11131).

⑤ (×) 대집행계고처분 취소소송의 **변론종결** 전에 대집행영장에 의한 통지절차를 거쳐 사실행위로서 **대집행의 실행이 완료**된 경우에는 행위가 위법한 것이라는 이유로 손해배상이나 원상회복 등을 청구하는 것은 별론으로 하고 처분의 취소를 구할 법률상 이익은 없다(대판 1993.6.8. 93누6164).

094 소의 이익이 있는 경우를 모두 고른 것은? (다툼이 있으면 판례에 따름) 〈2015〉

> ㄱ. 지방의회의원에 대한 제명의결 취소소송 계속 중 그 의원의 임기가 만료된 경우
> ㄴ. 사법시험 제1차 시험 불합격 이후에 새로이 실시된 제1차 시험에 합격한 경우 불합격처분의 취소를 구하는 경우
> ㄷ. 건축허가에 따른 건축공사가 완료된 경우 이격거리 위반을 이유로 한 건축허가처분의 취소를 구하는 경우
> ㄹ. 현역입영통지처분 취소소송 계속 중 현역병으로 입영한 경우

① ㄱ, ㄴ ② ㄱ, ㄷ ③ ㄱ, ㄹ ④ ㄴ, ㄹ ⑤ ㄷ, ㄹ

정답/해설 ③

ㄱ. (○) 원고가 이 사건 제명의결 취소소송 계속중 임기가 만료되어 제명의결의 취소로 지방의회의원으로서의 지위를 회복할 수는 없다 할지라도, 그 취소로 인하여 최소한 제명의결시부터 임기만료일까지의 기간에 대해 월정수당의 지급을 구할 수 있는 등 여전히 그 제명의결의 취소를 구할 법률상 이익은 남아 있다고 보아야 한다(대판 2009.1.30. 2007두13487).

ㄴ (×) 사법시험 제1차 시험 불합격 처분의 취소를 구하는 소송을 제기하였는데 원심판결이 선고된 이후 새로이 실시된 사법시험 제1차 시험에 합격한 경우, 상고심 계속 중 소의 이익이 없게 되어 부적법하게 되었다고 판시한 사례(대판 1996.2.23. 95누2685).

ㄷ (×) 건축허가가 건축법 소정의 이격거리를 두지 아니하고 건축물을 건축하도록 되어 있어 위법하다 하더라도 그 건축허가에 기하여 건축공사가 완료되었다면 그 건축허가를 받은 대지와 접한 대지의 소유자인 원고가 위 건축허가처분의 취소를 받아 이격거리를 확보할 단계는 지났으며 민사소송으로 취 건축물 등의 철거를 구하는 데 있어서도 위 처분의 취소가 필요한 것이 아니므로 원고로서는 위 처분의 취소를 구할 법률상의 이익이 없다고 한 사례(대판 1992.4.24. 91누11131).

ㄹ (○) 병역법 제2조 제1항 제3호에 의하면 '입영'이란 병역의무자가 징집·소집 또는 지원에 의하여 군부대에 들어가는 것이고, 같은 법 제18조 제1항에 의하면 현역은 입영한 날부터 군부대에서 복무하도록 되어 있으므로 현역병입영통지처분에 따라 현실적으로 입영을 한 경우에는 그 처분의 집행은 종료되지만, 한편, 입영으로 그 처분의 목적이 달성되어 실효되었다는 이유로 다툴 수 없도록 한다면, 병역법상 현역입영대상자로서는 현역병입영통지처분이 위법하다 하더라도 법원에 의하여 그 처분의 집행이 정지되지 아니하는 이상 현실적으로 입영을 할 수밖에 없으므로 현역병입영통지처분에 대하여는 불복을 사실상 원천적으로 봉쇄하는 것이 되고, 또한 현역입영대상자가 입영하여 현역으로 복무하는 과정에서 현역병입영통지처분 외에는 별도의 다른 처분이 없으므로 입영한 이후에는 불복할 아무런 처분마저 없게 되는 결과가 되며, 나아가 입영하여 현역으로 복무하는 자에 대한 병적을 당해 군 참모총장이 관리한다는 것은 입영 및 복무의 근거가 된 현역병입영통지처분이 적법함을 전제로 하는 것으로서 그 처분이 위법한 경우까지를 포함하는 의미는 아니라고 할 것이므로, 현역입영대상자로서는 현실적으로 입영을 하였다고 하더라도, 입영 이후의 법률관계에 영향을 미치고 있는 현역병입영통지처분 등을 한 관할지방병무청장을 상대로 위법을 주장하여 그 취소를 구할 소송상의 이익이 있다(대판 2003.12.26. 2003두1875).

제5절 제소기간

095 제소기간에 관한 설명으로 옳은 것은? (다툼이 있으면 판례에 따름) 〈2024〉

① 처분에 대한 무효확인의 소에 그 처분의 취소를 구하는 소를 추가적으로 병합하는 경우, 추가로 병합된 취소청구의 소는 제소기간의 제한을 받지 않는다.
② 부작위상태가 계속되는 한 행정심판을 거쳐 부작위위법확인소송을 제기하는 경우에도 제소기간의 제한을 받지 않는다.
③ 민사소송으로 잘못 제기하였다가 이송결정에 따라 관할법원으로 이송하여 취소소송으로 소를 변경한 경우, 제소기간의 준수 여부는 민사소송을 제기한 때를 기준으로 한다.
④ 행정청이 처분을 하면서 법정 제소기간보다 긴 기간으로 제소기간을 고지하였다면 그 기간 내에 제기된 소는 제소기간을 준수한 것이 된다.
⑤ 당사자소송에 관하여 법령에 제소기간을 정한 경우, 그 기간은 불변기간이 아니므로 법원은 정당한 사유가 있다면 제소기간을 연장할 수 있다.

정답/해설 ③

① (×) 하자 있는 행정처분을 놓고 이를 무효로 볼 것인지 아니면 단순히 취소할 수 있는 처분으로 볼 것인지는 동일한 사실관계를 토대로 한 법률적 평가의 문제에 불과하고, 행정처분의 무효확인을 구하는 소에는 특단의 사정이 없는 한 그 취소를 구하는 취지도 포함되어 있다고 보아야 하는 점 등에 비추어 볼 때, 동일한 행정처분에 대하여 무효확인의 소를 제기하였다가 그 후 그 처분의 취소를 구하는 소를 추가적으로 병합한 경우, 주된 청구인 무효확인의 소가 적법한 제소기간 내에 제기되었다면 추가로 병합된 취소청구의 소도 적법하게 제기된 것으로 봄이 상당하다(대판 2005.12.23. 2005두3554).
② (×) 부작위위법확인의 소는 부작위상태가 계속되는 한 그 위법의 확인을 구할 이익이 있다고 보아야 하므로 원칙적으로 제소기간의 제한을 받지 않는다. 그러나 행정소송법 제38조 제2항이 제소기간을 규정한 같은 법 제20조를 부작위위법확인소송에 준용하고 있는 점에 비추어 보면, 행정심판 등 전심절차를 거친 경우에는 행정소송법 제20조가 정한 제소기간 내에 부작위위법확인의 소를 제기하여야 한다(대판 2009.7.23. 2008두10560).
③ (○) 원고가 행정소송법상 항고소송으로 제기해야 할 사건을 민사소송으로 잘못 제기한 경우에 수소법원이 그 항고소송에 대한 관할을 가지고 있지 아니하여 관할법원에 이송하는 결정을 하였고, 그 이송결정이 확정된 후 원고가 항고소송으로 소 변경을 하였다면, 그 항고소송에 대한 제소기간의 준수 여부는 원칙적으로 처음에 소를 제기한 때를 기준으로 판단하여야 한다(대판 2022.11.17. 2021두44425).
④ (×) 행정심판과 행정소송은 그 성질, 불복사유, 제기기간, 판단기관 등에서 본질적인 차이점이 있고, 임의적 전치주의는 당사자가 행정심판과 행정소송의 유·불리를 스스로 판단하여 행정심판을 거칠지 여부를 선택할 수 있도록 한 취지에 불과하므로 어느 쟁송 형태를 취한 이상 그 쟁송에는 그에 관련된 법률 규정만이 적용될 것이지 두 쟁송 형태에 관련된 규정을

통틀어 당사자에게 유리한 규정만이 적용된다고 할 수는 없으며, 행정처분시나 그 이후 행정청으로부터 행정심판 제기기간에 관하여 법정 심판청구기간보다 긴 기간으로 잘못 통지받은 경우에 보호할 신뢰 이익은 그 통지받은 기간 내에 행정심판을 제기한 경우에 한하는 것이지 행정소송을 제기한 경우에까지 확대된다고 할 수 없으므로, 당사자가 행정처분시나 그 이후 행정청으로부터 행정심판 제기기간에 관하여 법정 심판청구기간보다 긴 기간으로 잘못 통지받아 행정소송법상 법정 제소기간을 도과하였다고 하더라도, 그것이 당사자가 책임질 수 없는 사유로 인한 것이라고 할 수는 없다(대판 2001.5.8. 2000두6916).

⑤ (×)

> **제41조(제소기간)**
> 당사자소송에 관하여 법령에 제소기간이 정하여져 있는 때에는 그 기간은 불변기간으로 한다.

096 필요적 행정심판전치주의의 경우 취소소송의 제기에 관하여 (　)에 들어갈 내용으로 옳은 것은? 〈2024〉

> ○ 행정심판의 청구가 있은 날부터 (ㄱ)이 지나도 재결이 없는 때에는 행정심판의 재결을 거치지 아니하고 취소소송을 제기할 수 있다.
> ○ 취소소송은 재결이 있은 날부터 (ㄴ)을 경과하면 제기하지 못한다. 다만 정당한 사유가 있는 때에는 그러하지 아니하다.

① ㄱ: 60일, ㄴ: 90일
② ㄱ: 60일, ㄴ: 1년
③ ㄱ: 90일, ㄴ: 90일
④ ㄱ: 90일, ㄴ: 180일
⑤ ㄱ: 90일, ㄴ: 1년

정답/해설 ②

ㄱ. 제18조 제2항 제1호

> **제18조(행정심판과의 관계)**
> ① 취소소송은 법령의 규정에 의하여 당해 처분에 대한 행정심판을 제기할 수 있는 경우에도 이를 거치지 아니하고 제기할 수 있다. 다만, 다른 법률에 당해 처분에 대한 행정심판의 재결을 거치지 아니하면 취소소송을 제기할 수 없다는 규정이 있는 때에는 그러하지 아니하다.
> ② 제1항 단서의 경우에도 다음 각호의 1에 해당하는 사유가 있는 때에는 행정심판의 재결을 거치지 아니하고 취소소송을 제기할 수 있다.
> 　1. 행정심판청구가 있은 날로부터 60일이 지나도 재결이 없는 때
> 　2. 처분의 집행 또는 절차의 속행으로 생길 중대한 손해를 예방하여야 할 긴급한 필요가 있는 때
> 　3. 법령의 규정에 의한 행정심판기관이 의결 또는 재결을 하지 못할 사유가 있는 때

4. 그 밖의 정당한 사유가 있는 때

ㄴ. 제20조 제2항 본문

제20조(제소기간)
① 취소소송은 처분등이 있음을 안 날부터 90일 이내에 제기하여야 한다. 다만, 제18조제1항 단서에 규정한 경우와 그 밖에 행정심판청구를 할 수 있는 경우 또는 행정청이 행정심판청구를 할 수 있다고 잘못 알린 경우에 행정심판청구가 있은 때의 기간은 재결서의 정본을 송달받은 날부터 기산한다.
② 취소소송은 처분등이 있은 날부터 1년(제1항 단서의 경우는 재결이 있은 날부터 1년)을 경과하면 이를 제기하지 못한다. 다만, 정당한 사유가 있는 때에는 그러하지 아니하다.

097 행정소송법상 소의 제기에 관한 설명으로 옳지 않은 것은? (다툼이 있으면 판례에 따름) 〈2023〉

① 특정인에 대한 행정처분을 주소불명 등의 이유로 송달할 수 없어 관보에 공고한 경우에는, 공고가 효력을 발생하는 날에 상대방이 그 행정처분이 있음을 알았다고 보아야 한다.
② 고시에 의해 불특정 다수인에게 행정처분을 하는 경우에는 그 행정처분에 이해관계를 갖는 자는 고시가 있었다는 사실을 현실적으로 알았는지 여부에 관계없이 고시가 효력을 발생하는 날에 행정처분이 있음을 알았다고 보아야 한다.
③ 처분서가 처분상대방의 주소지에 송달되는 등 사회통념상 처분이 있음을 처분상대방이 알 수 있는 상태에 놓인 때에는 반증이 없는 한 처분상대방이 처분이 있음을 알았다고 추정할 수 있다.
④ 행정소송법에는 행정소송의 제기에 필요한 사항의 고지의무에 관한 규정이 없다.
⑤ 처분 등이 있음을 안 날부터 90일 이내에 제기하여야 한다는 취소소송의 제소기간은 불변기간이다.

정답/해설 ①

① (×) 특정인에 대한 행정처분을 주소불명 등의 이유로 송달할 수 없어 관보·공보·게시판·일간신문 등에 공고한 경우에는, 공고가 효력을 발생하는 날에 상대방이 그 행정처분이 있음을 알았다고 볼 수는 없고, 상대방이 당해 처분이 있었다는 사실을 현실적으로 안 날에 그 처분이 있음을 알았다고 보아야 한다(대판 2006.4.28. 2005두14851).

② (○) 통상 고시 또는 공고에 의하여 행정처분을 하는 경우에는 그 처분의 상대방이 불특정 다수인이고 그 처분의 효력이 불특정 다수인에게 일률적으로 적용되는 것이므로, 그 행정처분에 이해관계를 갖는 자가 고시 또는 공고가 있었다는 사실을 현실적으로 알았는지 여부에 관계없이 고시가 효력을 발생하는 날 행정처분이 있음을 알았다고 보아야 한다(대판 2007.6.14. 2004두619).

③ (○) 처분에 관한 서류가 당사자의 주소지에 송달되는 등 사회통념상 처분이 있음을 당사자가 알 수 있는 상태에 놓여진 때에는 반증이 없는 한 그 처분이 있음을 알았다고 추정할 수 있다(대판 1999.12.28. 99두9742).

④ (○) 행정소송법에는 고지의무에 관한 규정이 없다.

⑤ (○) 제20조 제3항

> 제20조(제소기간)
> ① 취소소송은 처분등이 있음을 안 날부터 90일 이내에 제기하여야 한다. 다만, 제18조 제1항 단서에 규정한 경우와 그 밖에 행정심판청구를 할 수 있는 경우 또는 행정청이 행정심판청구를 할 수 있다고 잘못 알린 경우에 행정심판청구가 있은 때의 기간은 재결서의 정본을 송달받은 날부터 기산한다.
> ② 취소소송은 처분등이 있은 날부터 1년(제1항 단서의 경우는 재결이 있은 날부터 1년)을 경과하면 이를 제기하지 못한다. 다만, 정당한 사유가 있는 때에는 그러하지 아니하다.
> ③ 제1항의 규정에 의한 기간은 <u>불변기간</u>으로 한다.

098 취소소송의 제소기간에 관한 설명으로 옳지 않은 것은? (다툼이 있으면 판례에 따름) 〈2022〉

① 취소소송은 처분등이 있음을 안 날로부터 90일 이내에 제기하여야 하며, 법원은 직권으로 이 기간을 늘이거나 줄일 수 없다.

② 조세심판에서의 재결청의 재조사결정에 따른 행정소송의 제소기간의 기산점은 후속처분의 통지를 받은 날이다.

③ 처분등이 있음을 안 날로부터 90일, 처분등이 있은 날로부터 1년 중 어느 하나의 기간이 만료되면 제소기간은 종료된다.

④ 고시에 의하여 불특정다수인을 대상으로 행정처분을 하는 경우, 그 행정처분에 이해관계를 갖는 자는 고시가 있었다는 사실을 현실적으로 안 날에 행정처분이 있음을 알았다고 보아야 한다.

⑤ 제소기간의 준수 여부는 법원의 직권조사사항이다.

정답/해설 ④

① (○)

> 제20조(제소기간)
> ① <u>취소소송은 처분등이 있음을 안 날부터 90일 이내에 제기하여야 한다.</u> 다만, 제18조 제1항 단서에 규정한 경우와 그 밖에 행정심판청구를 할 수 있는 경우 또는 행정청이 행정심판청구를 할 수 있다고 잘못 알린 경우에 행정심판청구가 있은 때의 기간은 재결서의 정본을 송달받은 날부터 기산한다.
> ② 취소소송은 처분등이 있은 날부터 1년(제1항 단서의 경우는 재결이 있은 날부터 1년)을 경과하면 이를 제기하지 못한다. 다만, 정당한 사유가 있는 때에는 그러하지 아니하다.
> ③ <u>제1항의 규정에 의한 기간은 불변기간으로 한다.</u>

② (○) 이의신청 등에 대한 결정의 한 유형으로 실무상 행해지고 있는 재조사결정은 처분청으로 하여금 하나의 과세단위의 전부 또는 일부에 관하여 당해 결정에서 지적된 사항을 재조사하여 그 결과에 따라 과세표준과 세액을 경정하거나 당초 처분을 유지하는 등의 후속 처분을 하도록 하는 형식을 취하고 있다. 이에 따라 재조사결정을 통지받은 이의신청인 등은 그에

따른 후속 처분의 통지를 받은 후에야 비로소 다음 단계의 쟁송절차에서 불복할 대상과 범위를 구체적으로 특정할 수 있게 된다. 이와 같은 재조사결정의 형식과 취지, 그리고 행정심판제도의 자율적 행정통제기능 및 복잡하고 전문적·기술적 성격을 갖는 조세법률관계의 특수성 등을 감안하면, 재조사결정은 당해 결정에서 지적된 사항에 관해서는 처분청의 재조사결과를 기다려 그에 따른 후속 처분의 내용을 이의신청 등에 대한 결정의 일부분으로 삼겠다는 의사가 내포된 변형결정에 해당한다고 볼 수밖에 없다. 그렇다면 재조사결정은 처분청의 후속처분에 의하여 그 내용이 보완됨으로써 이의신청 등에 대한 결정으로서의 효력이 발생한다고 할 것이므로, 재조사결정에 따른 심사청구기간이나 심판청구기간 또는 행정소송의 제소기간은 이의신청인 등이 후속 처분의 통지를 받은 날부터 기산된다고 봄이 타당하다(대판 전합 2010.6.25. 2007두12514).

③ (○) 처분등이 있음을 안 날부터 90일, 처분등이 있은 날부터 1년 중 먼저 도래한 날이 경과되면 제소기간이 도과된다.

④ (×) 통상 고시 또는 공고에 의하여 행정처분을 하는 경우에는 그 처분의 상대방이 불특정 다수인이고 그 처분의 효력이 불특정 다수인에게 일률적으로 적용되는 것이므로, 그 행정처분에 이해관계를 갖는 자가 고시 또는 공고가 있었다는 사실을 현실적으로 알았는지 여부에 관계없이 고시가 효력을 발생하는 날 행정처분이 있음을 알았다고 보아야 한다(대판 2007.6.14. 2004두619).

⑤ (○) 제소기간의 준수 여부는 소송요건으로서 법원의 직권조사사항이다.

099 취소소송의 제기기간에 관한 설명으로 옳은 것을 모두 고른 것은? (다툼이 있으면 판례에 따름)
〈2021〉

> ㄱ. 「행정소송법」상 '처분등이 있음을 안 날'은 유효한 행정처분이 있음을 안 날을 의미하고, '처분등이 있은 날'은 행정처분의 효력이 발생한 날을 의미한다.
> ㄴ. 처분의 통지가 도달한 때 그 처분이 있음을 알았다고 간주한다.
> ㄷ. 특정인에 대한 행정처분을 「행정절차법」에 따른 공시송달의 방법으로 공고한 경우에는 공고가 있은 날부터 14일이 경과한 때에 그 행정처분이 있음을 알았다고 보아야 한다.

① ㄱ   ② ㄴ   ③ ㄱ, ㄴ   ④ ㄴ, ㄷ   ⑤ ㄱ, ㄴ, ㄷ

정답/해설 ①

ㄱ (○) '처분등이 있음을 안 날'이란 당해 처분이 있었다는 사실을 현실적으로 안 날을 의미한다. '처분이 있은 날'이라 함은 상대방이 있는 행정처분의 경우는 특별한 규정이 없는 한 의사표시의 일반적 법리에 따라 그 행정처분이 상대방에게 고지되어 효력이 발생한 날을 말한다고 할 것이다(대판 1990.7.13. 90누2284).

ㄴ (×) 처분에 관한 서류가 당사자의 주소지에 송달되는 등 사회통념상 처분이 있음을 당사자가 알 수 있는 상태에 놓여진 때에는 반증이 없는 한 그 처분이 있음을 알았다고 추정할 수 있다(대판 1999.12.28. 99두9742).

ㄷ (×) 특정인에 대한 행정처분을 주소불명 등의 이유로 송달할 수 없어 관보·공보·게시판·일간신문 등에 공고한 경우에는, 공고가 효력을 발생하는 날에 상대방이 그 행정처분이 있음을 알았다고 볼 수는 없고, 상대방이 당해 처분이 있었다는 사실을 현실적으로 안 날에 그 처분이 있음을 알았다고 보아야 한다(대판 2006.4.28. 2005두14851).

100 행정소송의 제기기간에 관한 설명으로 옳은 것은? (다툼이 있으면 판례에 따름) 〈2021〉

① 행정심판에 의한 감액명령재결에 따른 감액처분이 있은 경우 취소소송의 제소기간은 감액처분이 있음을 안 날로부터 90일 이내이다.
② 소의 종류가 변경된 경우에는 새로운 소에 대한 제소기간의 준수는 소의 변경이 허가된 때를 기준으로 하여야 한다.
③ 행정심판을 거친 후 부작위위법확인소송을 제기하는 경우 행정심판재결서 정본을 송달받은 날로부터 90일 이내에 소를 제기하여야 한다.
④ 필요적 행정심판전치주의하에서 행정심판이 제기된 후 30일이 지나도 재결이 없는 경우 언제든지 취소소송을 제기할 수 있다.
⑤ 무효선언을 구하는 취소소송의 경우 제소기간의 제한이 없다.

정답/해설 ③

① (×), ③ (○) 행정심판을 거친 경우 행정심판 재결서 정본 송달일로부터 90일 이내이다(행정소송법 제20조 제1항 단서).

② (×) 제21조 제4항, 제14조 제4항

> **제21조(소의 변경)**
> ④ 제1항의 규정에 의한 허가결정에 대하여는 제14조 제2항·제4항 및 제5항의 규정을 준용한다.
>
> **제14조(피고경정)**
> ④ 제1항의 규정에 의한 결정이 있은 때에는 새로운 피고에 대한 소송은 처음에 소를 제기한 때에 제기된 것으로 본다.

④ (×) 제18조 제2항 제1호

> **제18조(행정심판과의 관계)**
> ② 제1항 단서의 경우에도 다음 각호의 1에 해당하는 사유가 있는 때에는 행정심판의 재결을 거치지 아니하고 취소소송을 제기할 수 있다.
> 1. 행정심판청구가 있은 날로부터 60일이 지나도 재결이 없는 때

⑤ (×) 행정처분의 당연무효를 선언하는 의미에서 취소를 구하는 행정소송을 제기한 경우에도 제소기간의 준수 등 취소소송의 제소요건을 갖추어야 한다(대판 1993.3.12. 92누11039).

101 유흥주점을 운영하고 있는 甲은 유흥주점영업허가 취소처분이 있음을 2021. 5. 24. 알게 되었고, 2021. 8. 15.(일요일) 그 처분이 위법함을 알게 되었다. 이 경우 甲이 적법하게 취소소송을 제기할 수 있는 마지막 날은 2021. 8. (   ). 이다. (   )에 들어갈 날짜는? 〈2021〉

① 22   ② 23   ③ 24   ④ 25   ⑤ 26

정답/해설 ②

1st. 처분이 있음을 안 날 : 2021. 5. 24.
2nd. 90일 계산 중 1일(초일불산입) : 2021. 5. 25. 00시
3rd. 처분이 있음을 안 날로부터 90일 되는 날 : 2021. 8. 22.
4th. 단, 8. 22.은 일요일이므로 다음 날인 8. 23.이 제소기간의 마지막 날이 됨

102 취소소송의 제소기간에 관한 설명으로 옳은 것은? (다툼이 있으면 판례에 따름) 〈2020〉

① 행정심판을 거친 경우에는 재결서 정본을 발송한 날이 제소기간의 기산점이 된다.
② 동일한 행정처분에 대하여 무효확인의 소를 제기하였다가 그 후 그 처분의 취소를 구하는 소를 추가적으로 병합한 경우, 주된 청구인 무효확인의 소가 취소소송의 제소기간 내에 제기되었다면 추가로 병합된 취소청구의 소도 적법하게 제기된 것으로 본다.
③ 제소기간의 준수 여부는 소 제기의 효과를 주장하는 원고가 입증책임을 진다.
④ 처분이 있음을 안 날부터 100일이 지났더라도 처분이 있은 날부터 1년을 넘지 않았다면 취소소송의 제기는 적법하다.
⑤ 고시 또는 공고에 의하여 불특정다수인을 대상으로 행정처분을 하는 경우에는, 그 행정처분에 이해관계를 갖는 자가 고시 또는 공고가 있었다는 사실을 현실적으로 알았을 때를 제소기간의 기산점으로 본다.

정답/해설 ②, ③

① (×) 재결서 정본을 발송한 날이 아닌 재결서 정본을 송달받은 날(행정소송법 제20조 제1항 단서)
② (○) 하자 있는 행정처분을 놓고 이를 무효로 볼 것인지 아니면 단순히 취소할 수 있는 처분으로 볼 것인지는 동일한 사실관계를 토대로 한 법률적 평가의 문제에 불과하고, 행정처분의 무효확인을 구하는 소에는 특단의 사정이 없는 한 그 취소를 구하는 취지도 포함되어 있다고 보아야 하는 점 등에 비추어 볼 때, 동일한 행정처분에 대하여 무효확인의 소를 제기하였다가 그 후 그 처분의 취소를 구하는 소를 추가적으로 병합한 경우, 주된 청구인 무효확인의 소가 적법한 제소기간 내에 제기되었다면 추가로 병합된 취소청구의 소도 적법하게 제기된 것으로 봄이 상당하다(대판 2005.12.23. 2005두3554).
③ (○) 소송요건의 증명책임은 원고에게 있다.
④ (×) 제소기간의 준수 여부는 당초의 처분시를 기준으로 하여야 할 것이고, 행정심판을 청구한 경우에는 행정심판 재결서 정본을 송달받은 날로부터 90일, 재결이 있는 날로부터 1년 내

에 소를 제기하여야 하며, 이 두 기간 중 어느 하나의 기간이라도 경과하게 되면 제소기간이 지난 뒤의 제소가 되어 부적법하다고 할 것이다(전주지방법원 2004.2.5. 2003구합930).
⑤ (×) 통상 고시 또는 공고에 의하여 행정처분을 하는 경우에는 그 처분의 상대방이 불특정 다수인이고 그 처분의 효력이 불특정 다수인에게 일률적으로 적용되는 것이므로, 그 행정처분에 이해관계를 갖는 자가 고시 또는 공고가 있었다는 사실을 현실적으로 알았는지 여부에 관계없이 고시가 효력을 발생하는 날 행정처분이 있음을 알았다고 보아야 한다(대판 2007.6.14. 2004두619).

103 취소소송의 제소기간에 관한 설명으로 옳지 않은 것은? (다툼이 있으면 판례에 따름) 〈2020〉

① 변경명령재결에 따른 변경처분의 경우 제소기간은 그 변경처분이 있음을 안 날로부터 90일 이내이다.
② 처분서가 처분상대방의 주소지에 송달되는 등 사회통념상 처분이 있음을 처분상대방이 알 수 있는 상태에 놓인 때에는 반증이 없는 한 처분상대방이 처분이 있음을 알았다고 추정할 수 있다.
③ 행정심판제기기간을 넘긴 것을 이유로 한 각하재결이 있은 후 취소소송을 제기하는 경우에는 「행정소송법」 제20조 제1항 단서가 적용되지 아니한다.
④ 특정인에 대한 행정처분을 주소불명 등의 이유로 송달할 수 없어 관보·공보·게시판·일간신문 등에 공고한 경우에는 상대방이 당해 처분이 있었다는 사실을 현실적으로 안 날에 그 처분이 있음을 알았다고 보아야 한다.
⑤ 무효등확인소송의 경우에는 제소기간의 제한이 없지만, 무효선언을 구하는 취소소송의 경우에는 제소기간의 제한이 있다.

정답/해설 ①

① (×) 이 사건 후속 변경처분에 의하여 유리하게 변경된 내용의 행정제재인 과징금부과가 위법하다 하여 그 취소를 구하는 이 사건 소송에 있어서 위 청구취지는 이 사건 후속 변경처분에 의하여 당초부터 유리하게 변경되어 존속하는 2002. 12. 26.자 과징금부과처분의 취소를 구하고 있는 것으로 보아야 할 것이고, 일부기각(일부인용)의 이행재결에 따른 후속 변경처분에 의하여 변경된 내용의 당초처분의 취소를 구하는 이 사건 소 또한 행정심판재결서 정본을 송달받은 날로부터 90일 이내 제기되어야 한다(대판 2007.4.27. 2004두9302).
② (○) 행정심판법 제18조 제1항 소정의 심판청구기간 기산점인 '처분이 있음을 안 날'이라 함은 당사자가 통지·공고 기타의 방법에 의하여 당해 처분이 있었다는 사실을 현실적으로 안 날을 의미하고, 추상적으로 알 수 있었던 날을 의미하는 것은 아니지만, 처분에 관한 서류가 당사자의 주소지에 송달되는 등 사회통념상 처분이 있음을 당사자가 알 수 있는 상태에 놓여진 때에는 반증이 없는 한 그 처분이 있음을 알았다고 추정할 수 있다(대판 1999.12.28. 99두9742).
③ (○) 행정처분이 있음을 알고 처분에 대하여 곧바로 취소소송을 제기하는 방법을 선택한 때에는 처분이 있음을 안 날부터 90일 이내에 취소소송을 제기하여야 하고, 행정심판을 청구하는 방법을 선택한 때에는 처분이 있음을 안 날부터 90일 이내에 행정심판을 청구하고 행정심판

의 재결서를 송달받은 날부터 90일 이내에 취소소송을 제기하여야 한다. 따라서 처분이 있음을 안 날부터 90일 이내에 행정심판을 청구하지도 않고 취소소송을 제기하지도 않은 경우에는 그 후 제기된 취소소송은 제소기간을 경과한 것으로서 부적법하고, 처분이 있음을 안 날부터 90일을 넘겨 청구한 부적법한 행정심판청구에 대한 재결이 있은 후 재결서를 송달받은 날부터 90일 이내에 원래의 처분에 대하여 취소소송을 제기하였다고 하여 취소소송이 다시 제소기간을 준수한 것으로 되는 것은 아니다(대판 2011.11.24. 2011두18786).

④ (○) 특정인에 대한 행정처분을 주소불명 등의 이유로 송달할 수 없어 관보·공보·게시판·일간신문 등에 공고한 경우에는, 공고가 효력을 발생하는 날에 상대방이 그 행정처분이 있음을 알았다고 볼 수는 없고, 상대방이 당해 처분이 있었다는 사실을 현실적으로 안 날에 그 처분이 있음을 알았다고 보아야 한다(대판 2006.4.28. 2005두14851).

⑤ (○) 행정처분의 당연무효를 선언하는 의미에서 취소를 구하는 행정소송을 제기한 경우에도 제소기간의 준수 등 취소소송의 제소요건을 갖추어야 한다(대판 1993.3.12. 92누11039).

104 취소소송의 제소기간에 관한 설명으로 옳지 않은 것은? 〈2018〉

① 행정심판을 거친 경우에는 재결서 정본을 송달받은 날이 제소기간의 기산점이다.
② 취소소송은 처분이 있음을 안 날부터 90일 이내에 제기하여야 한다.
③ 제소기간 준수 여부는 법원의 직권조사사항이다.
④ 경미하지 않은 변경처분의 취소를 구하는 취소소송의 제소기간은 변경전 당초처분이 있음을 안 날 또는 있은 때를 기산점으로 한다.
⑤ 처분의 무효를 주장하며 취소소송을 제기하는 경우 제소기간의 제한이 있다.

정답/해설 ④

① (○) 제20조 제1항 단서
② (○) 제20조 제1항 본문

> **제20조(제소기간)**
> ① 취소소송은 처분등이 있음을 안 날부터 90일 이내에 제기하여야 한다. 다만, 제18조 제1항 단서에 규정한 경우와 그 밖에 행정심판청구를 할 수 있는 경우 또는 행정청이 행정심판청구를 할 수 있다고 잘못 알린 경우에 행정심판청구가 있은 때의 기간은 재결서의 정본을 송달받은 날부터 기산한다.

③ (○) 제소기간이 지켜졌는가의 여부는 소송요건으로서 법원의 직권조사사항에 속하며 소송요건의 존부를 명백히 한 다음 본안판결을 하여야 할 것이므로 본안의 심리에 들어갔다 하여 소송요건의 흠결을 덮어둘 수는 없다(대판 1987.1.20. 86누490).

④ (×) 선행처분이 후행처분에 의하여 변경되지 아니한 범위 내에서 존속하고 후행처분은 선행처분의 내용 중 일부를 변경하는 범위 내에서 효력을 가지는 경우에, 선행처분의 취소를 구하는 소를 제기한 후 후행처분의 취소를 구하는 청구를 추가하여 청구를 변경하였다면 후행처분에 관한 제소기간 준수 여부는 청구변경 당시를 기준으로 판단하여야 하나, 선행처분에만 존재하는 취소사유를 이유로 후행처분의 취소를 청구할 수는 없다(대판 2012.12.13. 2010두20782, 20799).

⑤ (O) 행정처분의 당연무효를 선언하는 의미에서 취소를 구하는 행정소송을 제기한 경우에도 제소기간의 준수 등 취소소송의 제소요건을 갖추어야 한다(대판 1993.3.12. 92누11039).

105 항고소송의 제소기간에 관한 설명으로 옳지 않은 것은? (다툼이 있으면 판례에 따름) 〈2017〉
① 제소기간의 준수 여부는 소송요건으로서 법원의 직권조사사항이다.
② 처분의 무효를 주장하며 취소소송을 제기하는 경우 제소기간의 제한이 있다.
③ 특정인에 대한 행정처분을 주소불명등의 이유로 송달할 수 없어 관보 등에 공고한 경우에는 상대방이 당해 처분이 있었다는 사실을 현실적으로 안 날에 그 처분이 있음을 알았다고 보아야 한다.
④ 고시 또는 공고에 의하여 불특정다수인을 대상으로 행정처분을 하는 경우에는 고시 또는 공고의 효력발생일에 그 행정처분이 있음을 알았다고 보아야 한다.
⑤ 부작위위법확인소송은 그 특성상 행정심판을 거친 경우에도 제소기간의 제한을 받지 아니한다.

정답/해설 ⑤

① (O) 제소기간이 지켜졌는가의 여부는 소송요건으로서 법원의 직권조사사항에 속하며 소송요건의 존부를 명백히 한 다음 본안판결을 하여야 할 것이므로 본안의 심리에 들어갔다 하여 소송요건의 흠결을 덮어둘 수는 없다(대판 1987.1.20. 86누490).
② (O) 행정처분의 당연무효를 선언하는 의미에서 취소를 구하는 행정소송을 제기한 경우에도 제소기간의 준수 등 취소소송의 제소요건을 갖추어야 한다(대판 1993.3.12. 92누11039).
③ (O) 행정소송법 제20조 제1항 소정의 제소기간 기산점인 '처분이 있음을 안 날'이라 함은 당사자가 통지, 공고 기타의 방법에 의하여 당해 처분이 있었다는 사실을 현실적으로 안 날을 의미하는바, 특정인에 대한 행정처분을 주소불명 등의 이유로 송달할 수 없어 관보·공보·게시판·일간신문 등에 공고한 경우에는, 공고가 효력을 발생하는 날에 상대방이 그 행정처분이 있음을 알았다고 볼 수는 없고, 상대방이 당해 처분이 있었다는 사실을 현실적으로 안 날에 그 처분이 있음을 알았다고 보아야 한다(대판 2006.4.28. 2005두14851).
④ (O) 통상 고시 또는 공고에 의하여 행정처분을 하는 경우에는 그 처분의 상대방이 불특정 다수인이고, 그 처분의 효력이 불특정 다수인에게 일률적으로 적용되는 것이므로, 그에 대한 행정심판 청구기간도 그 행정처분에 이해관계를 갖는 자가 고시 또는 공고가 있었다는 사실을 현실적으로 알았는지 여부에 관계없이 고시가 효력을 발생하는 날인 고시 또는 공고가 있은 후 5일이 경과한 날에 행정처분이 있음을 알았다고 보아야 한다(대판 2000.9.8. 99두11257).
⑤ (×) 부작위위법확인의 소는 부작위상태가 계속되는 한 그 위법의 확인을 구할 이익이 있다고 보아야 하므로 원칙적으로 제소기간의 제한을 받지 않는다. 그러나 행정소송법 제38조 제2항이 제소기간을 규정한 같은 법 제20조를 부작위위법확인소송에 준용하고 있는 점에 비추어 보면, 행정심판 등 전심절차를 거친 경우에는 행정소송법 제20조가 정한 제소기간 내에 부작위위법확인의 소를 제기하여야 한다(대판 2009.7.23. 2008두10560).

106 취소소송의 제소기간에 관한 설명으로 옳은 것은? (다툼이 있으면 판례에 따름) 〈2016〉

① 처분등이 있음을 안 날부터 90일, 처분등이 있은 날부터 1년 중 먼저 도래한 날이 경과되면 제소기간이 도과된다.
② 적법한 행정심판청구가 있은 때의 제소기간은 재결신청일부터 기산한다.
③ 처분등이 있음을 안 날부터 90일이라는 제소기간은 불변기간이 아니다.
④ 취소소송의 제소기간의 규정은 당사자소송에 적용된다.
⑤ 특정인에 대한 처분을 주소불명의 이유로 송달할 수 없어 관보에 공고한 경우 공고가 효력을 발생하는 날에 상대방이 그 처분이 있음을 알았다고 보아야 한다.

정답/해설 ①

① (○) 취소소송의 제소기간은 처분등이 있음을 안 날부터 90일, 있은 날부터 1년 이내이며 둘 중 어느 하나의 제소기간이 도과하면 원칙상 취소소송을 제기할 수 없다.
② (×) 재결서 정본 송달일로부터 기산한다(제20조 제1항).

> **제20조(제소기간)**
> ① 취소소송은 처분등이 있음을 안 날부터 90일 이내에 제기하여야 한다. 다만, 제18조 제1항 단서에 규정한 경우와 그 밖에 행정심판청구를 할 수 있는 경우 또는 행정청이 행정심판청구를 할 수 있다고 잘못 알린 경우에 행정심판청구가 있은 때의 기간은 재결서의 정본을 송달받은 날부터 기산한다.

③ (×) 처분등이 있음을 안 날부터 90일 이내라는 제소기간은 불변기간이다(제20조 제3항).

> **제20조(제소기간)**
> ① 취소소송은 처분등이 있음을 안 날부터 90일 이내에 제기하여야 한다. 다만, 제18조 제1항 단서에 규정한 경우와 그 밖에 행정심판청구를 할 수 있는 경우 또는 행정청이 행정심판청구를 할 수 있다고 잘못 알린 경우에 행정심판청구가 있은 때의 기간은 재결서의 정본을 송달받은 날부터 기산한다.
> ② 취소소송은 처분등이 있은 날부터 1년(제1항 단서의 경우는 재결이 있은 날부터 1년)을 경과하면 이를 제기하지 못한다. 다만, 정당한 사유가 있는 때에는 그러하지 아니하다.
> ③ 제1항의 규정에 의한 기간은 불변기간으로 한다.

④ (×) 당사자소송의 제기기간은 원칙상 제한이 없다. 다만 법령에 제소기간이 정하여져 있는 경우에 그 기간은 불변기간으로 한다(제41조).

> **제41조(제소기간)**
> 당사자소송에 관하여 법령에 제소기간이 정하여져 있는 때에는 그 기간은 불변기간으로 한다.

⑤ (×) 행정소송법 제20조 제1항 소정의 제소기간 기산점인 '처분이 있음을 안 날'이라 함은 당사자가 통지, 공고 기타의 방법에 의하여 당해 처분이 있었다는 사실을 현실적으로 안 날을 의미하는바, 특정인에 대한 행정처분을 주소불명 등의 이유로 송달할 수 없어 관보·공보·게시판·일간신문 등에 공고한 경우에는, 공고가 효력을 발생하는 날에 상대방이 그 행정처분이 있음을 알았다고 볼 수는 없고, 상대방이 당해 처분이 있었다는 사실을 현실적으로 안 날에 그 처분이 있음을 알았다고 보아야 한다(대판 2006.4.28. 2005두14851).

107 행정소송에 관한 설명으로 옳지 않은 것은? 〈2015〉

① 무효를 선언하는 의미의 취소소송은 제소기간의 제한을 받지 않는다.
② 취소소송에서 피고 경정에 대한 법원의 허가가 있으면 새로운 피고에 대한 소송은 처음에 소를 제기한 때에 제기된 것으로 본다.
③ 국세를 부과한 처분청이 세무서장인 경우에도 국세채무부존재확인의 소의 피고는 국가이다.
④ 민중소송이 처분의 취소를 구하는 취지의 소송일 때에는 그 성질에 반하지 아니하는 한 취소소송에 관한 제소기간의 제한을 받는다.
⑤ 취소소송의 제소기간에 관한 규정은 부작위법확인소송에도 준용된다.

정답/해설 ①

① (×) 행정처분의 당연무효를 선언하는 의미에서 취소를 구하는 행정소송을 제기한 경우에도 제소기간의 준수 등 취소소송의 제소요건을 갖추어야 한다(대판 1993.3.12. 92누11039).
② (○) 제14조 제4항

> **제14조(피고경정)**
> ④ 제1항의 규정에 의한 결정이 있은 때에는 새로운 피고에 대한 소송은 처음에 소를 제기한 때에 제기된 것으로 본다.

③ (○) 국세채무부존재확인의 소는 공법상 당사자소송이다. 당사자소송의 피고는 행정주체인 국가 또는 공공단체가 되는 것으로 행정소송법에서 규정하고 있으므로 국세부과처분을 한 세무서장이 피고가 아니고 국세부과처분의 효력이 귀속되는 행정주체인 국가가 된다.
④ (○) 제46조 제1항

> **제46조(준용규정)**
> ① 민중소송 또는 기관소송으로서 처분등의 취소를 구하는 소송에는 그 성질에 반하지 아니하는 한 취소소송에 관한 규정을 준용한다.

⑤ (○) 부작위법확인소송에서는 취소소송의 제소기간에 관한 조문(제20조)을 준용한다(제38조 제2항).

> **제38조(준용규정)**
> ② 제9조, 제10조, 제13조 내지 제19조, 제20조, 제25조 내지 제27조, 제29조 내지 제31조, 제33조 및 제34조의 규정은 부작위법확인소송의 경우에 준용한다.
>
> **제20조(제소기간)**
> ① 취소소송은 처분등이 있음을 안 날부터 90일 이내에 제기하여야 한다. 다만, 제18조 제1항 단서에 규정한 경우와 그 밖에 행정심판청구를 할 수 있는 경우 또는 행정청이 행정심판청구를 할 수 있다고 잘못 알린 경우에 행정심판청구가 있은 때의 기간은 재결서의 정본을 송달받은 날부터 기산한다.
> ② 취소소송은 처분등이 있은 날부터 1년(제1항 단서의 경우는 재결이 있은 날부터 1년)을 경과하면 이를

제기하지 못한다. 다만, 정당한 사유가 있는 때에는 그러하지 아니하다.
③ 제1항의 규정에 의한 기간은 불변기간으로 한다.

108 취소소송의 제소기간에 관한 설명으로 옳지 않은 것은? (다툼이 있으면 판례에 따름) 〈2015〉

① 처분이 있음을 안 날부터 90일 이내에 제기하여야 한다.
② 제3자효 행정행위의 경우 제3자가 어떠한 경위로든 행정처분이 있음을 안 이상 그 처분이 있음을 안 날로부터 90일 이내에 제기하여야 한다.
③ 조세심판에서의 재결청의 재조사결정에 따른 행정소송의 제소기간의 기산점은 후속 처분의 통지를 받은 날이다.
④ 특정인에 대한 행정처분을 송달할 수 없어 관보 등에 공고한 경우에는, 상대방이 당해 처분이 있었다는 사실을 현실적으로 알았다 하더라도 공고가 효력을 발생하는 날에 상대방이 그 처분이 있음을 알았다고 보아야 한다.
⑤ 처분에 관한 서류가 당사자의 주소지에 송달되는 등 사회통념상 처분이 있음을 당사자가 알 수 있는 상태에 놓여진 때에는 그 처분이 있음을 알았다고 추정한다.

정답/해설 ④

① (○)

> **제20조(제소기간)**
> ① 취소소송은 처분등이 있음을 안 날부터 90일 이내에 제기하여야 한다. 다만, 제18조 제1항 단서에 규정한 경우와 그 밖에 행정심판청구를 할 수 있는 경우 또는 행정청이 행정심판청구를 할 수 있다고 잘못 알린 경우에 행정심판청구가 있은 때의 기간은 재결서의 정본을 송달받은 날부터 기산한다.

② (○) 행정심판법 제18조 제3항에 의하면 행정처분의 상대방이 아닌 제3자라도 처분이 있은 날로부터 180일을 경과하면 행정심판청구를 제기하지 못하는 것이 원칙이지만, 다만 정당한 사유가 있는 경우에는 그러하지 아니하도록 규정되어 있는바, 행정처분의 직접 상대방이 아닌 제3자는 일반적으로 처분이 있는 것을 바로 알 수 없는 처지에 있으므로, 위와 같은 심판청구기간 내에 심판청구를 제기하지 아니하였다고 하더라도, 그 기간 내에 처분이 있은 것을 알았거나 쉽게 알 수 있었기 때문에 심판청구를 제기할 수 있었다고 볼 만한 특별한 사정이 없는 한, 위 법조항 본문의 적용을 배제할 "정당한 사유"가 있는 경우에 해당한다고 보아 위와 같은 심판청구기간이 경과한 뒤에도 심판청구를 제기할 수 있다(대판 1992.7.28. 91누12844).

③ (○) 이의신청 등에 대한 결정의 한 유형으로 실무상 행해지고 있는 재조사결정은 당해 결정에서 지적된 사항에 관해서는 처분청의 재조사결과를 기다려 그에 따른 후속 처분의 내용을 이의신청 등에 대한 결정의 일부분으로 삼겠다는 의사가 내포된 변형결정에 해당한다고 볼 수밖에 없다. 그렇다면 재조사결정은 처분청의 후속 처분에 의하여 그 내용이 보완됨으로써 이의신청 등에 대한 결정으로서의 효력이 발생한다고 할 것이므로, 재조사결정에 따른 심사청구기간이나 심판청구기간 또는 행정소송의 제소기간은 이의신청인 등이 후속 처분의 통지를 받은 날부터

기산된다고 봄이 상당하다(대판 2014.7.24. 2011두14227).

④ (×) 행정소송법 제20조 제1항 소정의 제소기간 기산점인 '처분이 있음을 안 날'이라 함은 당사자가 통지, 공고 기타의 방법에 의하여 당해 처분이 있었다는 사실을 현실적으로 안 날을 의미하는바, **특정인에 대한 행정처분을 주소불명 등의 이유로 송달할 수 없어 관보·공보·게시판·일간신문 등에 공고한 경우에는, 공고가 효력을 발생하는 날에 상대방이 그 행정처분이 있음을 알았다고 볼 수는 없고, 상대방이 당해 처분이 있었다는 사실을 현실적으로 안 날에 그 처분이 있음을 알았다고 보아야 한다**(대판 2006.4.28. 2005두14851).

⑤ (○) 행정심판법 제18조 제1항 소정의 심판청구기간 기산점인 '처분이 있음을 안 날'이라 함은 당사자가 통지·공고 기타의 방법에 의하여 당해 처분이 있었다는 사실을 현실적으로 안 날을 의미하고, 추상적으로 알 수 있었던 날을 의미하는 것은 아니지만, 처분에 관한 서류가 당사자의 주소지에 송달되는 등 사회통념상 처분이 있음을 당사자가 알 수 있는 상태에 놓여진 때에는 반증이 없는 한 그 처분이 있음을 알았다고 추정할 수 있다(대판 1999.12.28. 99두9742).

제6절 행정심판과의 관계

109 국세 또는 지방세를 부과하는 처분에 대해서는 '행정심판'을 거치지 아니하면 취소소송을 제기할 수 없다. 여기서 '행정심판'에 해당하는 것으로 법률에서 정하고 있지 않은 것은? 〈2024〉

① 지방세에 대해서 감사원에 심사청구를 하는 것
② 국세에 대해서 국세청장에게 심사청구를 하는 것
③ 국세에 대해서 조세심판원장에게 심판청구를 하는 것
④ 지방세에 대해서 시·도지사에게 심사청구를 하는 것
⑤ 지방세에 대해서 조세심판원장에게 심판청구를 하는 것

정답/해설 ④

① (○)

> **감사원법**
> **제43조(심사의 청구)**
> ① 감사원의 감사를 받는 자의 직무에 관한 처분이나 그 밖에 감사원규칙으로 정하는 행위에 관하여 이해관계가 있는 자는 감사원에 그 심사의 청구를 할 수 있다.
> ② 제1항의 심사청구는 감사원규칙으로 정하는 바에 따라 청구의 취지와 이유를 적은 심사청구서로 하되 청구의 원인이 되는 처분이나 그 밖의 행위를 한 기관(이하 "관계기관"이라 한다)의 장을 거쳐 이를 제출하여야 한다.
> ③ 제2항의 경우에 청구서를 접수한 관계기관의 장이 이를 1개월 이내에 감사원에 송부하지 아니한 경우에는 그 관계기관을 거치지 아니하고 감사원에 직접 심사를 청구할 수 있다.

② (○)

> **국세기본법**
> **제56조(다른 법률과의 관계)**
> ① 제55조에 규정된 처분에 대해서는 「행정심판법」의 규정을 적용하지 아니한다. 다만, 심사청구 또는 심판청구에 관하여는 「행정심판법」 제15조, 제16조, 제20조부터 제22조까지, 제29조, 제36조제1항, 제39조, 제40조, 제42조 및 제51조를 준용하며, 이 경우 "위원회"는 "국세심사위원회", "조세심판관회의" 또는 "조세심판관합동회의"로 본다.
> ② 제55조에 규정된 위법한 처분에 대한 행정소송은 「행정소송법」 제18조제1항 본문, 제2항 및 제3항에도 불구하고 이 법에 따른 심사청구 또는 심판청구와 그에 대한 결정을 거치지 아니하면 제기할 수 없다. 다만, 심사청구 또는 심판청구에 대한 제65조제1항제3호 단서(제80조의2에서 준용하는 경우를 포함한다)의 재조사 결정에 따른 처분청의 처분에 대한 행정소송은 그러하지 아니하다.
>
> **제62조(청구 절차)**
> ① 심사청구는 대통령령으로 정하는 바에 따라 불복의 사유를 갖추어 해당 처분을 하였거나 하였어야 할 세무서장을 거쳐 국세청장에게 하여야 한다.

③ (○)

> **제56조(다른 법률과의 관계)**
> ① 제55조에 규정된 처분에 대해서는 「행정심판법」의 규정을 적용하지 아니한다. 다만, 심사청구 또는 심판청구에 관하여는 「행정심판법」 제15조, 제16조, 제20조부터 제22조까지, 제29조, 제36조제1항, 제39조, 제40조, 제42조 및 제51조를 준용하며, 이 경우 "위원회"는 "국세심사위원회", "조세심판관회의" 또는 "조세심판관합동회의"로 본다.
> ② 제55조에 규정된 위법한 처분에 대한 행정소송은 「행정소송법」 제18조제1항 본문, 제2항 및 제3항에도 불구하고 이 법에 따른 심사청구 또는 심판청구와 그에 대한 결정을 거치지 아니하면 제기할 수 없다. 다만, 심사청구 또는 심판청구에 대한 제65조제1항제3호 단서(제80조의2에서 준용하는 경우를 포함한다)의 재조사 결정에 따른 처분청의 처분에 대한 행정소송은 그러하지 아니하다.
>
> **제69조(청구 절차)**
> ① 심판청구를 하려는 자는 대통령령으로 정하는 바에 따라 불복의 사유 등이 기재된 심판청구서를 그 처분을 하였거나 하였어야 할 세무서장이나 조세심판원장에게 제출하여야 한다. 이 경우 심판청구서를 받은 세무서장은 이를 지체 없이 조세심판원장에게 송부하여야 한다.

④ (×) 이는 지방세기본법에서 규정하고 있지 않다.

⑤ (○)

> **지방세기본법**
> **제91조(심판청구)**
> ① 이의신청을 거친 후에 심판청구를 할 때에는 이의신청에 대한 결정 통지를 받은 날부터 90일 이내에 조세심판원장에게 심판청구를 하여야 한다.

110 행정소송과 행정심판과의 관계에 관한 설명으로 옳지 않은 것은? (다툼이 있으면 판례에 따름)
〈2023〉

① 행정심판전치주의는 행정행위의 특수성, 전문성 등에 비추어 처분행정청으로 하여금 스스로 재고, 시정할 수 있는 기회를 부여하기 위함이다.
② 필요적 행정심판전치가 적용되는 경우 그 요건을 구비했는가 여부는 법원의 직권조사사항이다.
③ 처분을 행한 행정청이 행정심판을 거칠 필요가 없다고 잘못 알린 때에는 행정심판을 제기함이 없이 소송을 제기할 수 있다.
④ 행정심판 전치요건은 행정소송 제기 이전에 반드시 갖추어야 하는 것은 아니고 사실심 변론종결시까지 갖추면 된다.
⑤ 동종사건에 관하여 이미 행정심판의 기각재결이 있은 때에도 행정심판을 거쳐야한다.

정답/해설 ⑤

① (○) 행정청의 위법한 처분의 취소, 변경, 기타 공법상의 권리관계에 관한 소송인 행정소송에 있어서 실질적으로 초심적 기능을 하고 있는 행정심판전치주의는 행정행위의 특수성, 전문성 등에

비추어 처분행정청으로 하여금 스스로 재고, 시정할 수 있는 기회를 부여함에 그 뜻이 있는 것이다(대판 1994.11.22. 93누11050).

② (○) 필요적 행정심판전치주의가 적용되는 경우 행정심판을 거쳤는지 여부가 소송요건이고 이 경우에 한해 법원의 직권조사사항이 된다.

③ (○) 제18조 제3항 제4호

④ (○) 전심절차를 밟지 아니한 채 증여세부과처분취소소송을 제기하였다면 제소당시로 보면 전치요건을 구비하지 못한 위법이 있다 할 것이지만, 소송계속중 심사청구 및 심판청구를 하여 각 기각결정을 받았다면 원심변론종결일 당시에는 위와 같은 전치요건흠결의 하자는 치유되었다고 볼 것이다(대판 1987.4.28. 86누29).

⑤ (×) 제18조 제3항 제1호

> 제18조(행정심판과의 관계)
> ③ 제1항 단서의 경우에 다음 각호의 1에 해당하는 사유가 있는 때에는 행정심판을 제기함이 없이 취소소송을 제기할 수 있다.
> 1. 동종사건에 관하여 이미 행정심판의 기각재결이 있은 때
> 2. 서로 내용상 관련되는 처분 또는 같은 목적을 위하여 단계적으로 진행되는 처분중 어느 하나가 이미 행정심판의 재결을 거친 때
> 3. 행정청이 사실심의 변론종결후 소송의 대상인 처분을 변경하여 당해 변경된 처분에 관하여 소를 제기하는 때
> 4. 처분을 행한 행정청이 행정심판을 거칠 필요가 없다고 잘못 알린 때

111 필요적 행정심판전치주의가 적용되는 경우, 다음 설명 중 옳은 것을 모두 고른 것은? (다툼이 있으면 판례에 따름) 〈2021〉

> ㄱ. 국세의 납세고지처분에 대하여 적법한 전심절차를 거쳤다면 가산금 및 중가산금 징수처분에 대하여 별도로 전심절차를 거치지 않아도 된다.
> ㄴ. 행정심판전치의 요건은 사실심 변론종결시까지 충족하면 된다.
> ㄷ. 동일한 행정처분에 의하여 여러 사람이 동일한 의무를 부담하는 경우 그 중 한 사람이 행정심판을 제기하여 기각재결을 받은 때 나머지 사람은 행정심판 제기 없이 행정소송을 제기할 수 있다.

① ㄱ ② ㄴ ③ ㄱ, ㄴ ④ ㄴ, ㄷ ⑤ ㄱ, ㄴ, ㄷ

정답/해설 ⑤

ㄱ (○) 국세징수법 제21조, 제22조 규정에 따른 가산금 및 중가산금 징수처분은 국세의 납세고지처분과 별개의 행정처분이라고 볼 수 있다 하더라도, 위 국세채권의 내용이 구체적으로 확정된 후에 비로소 발생되는 징수권의 행사이므로 국세의 납세고지처분에 대하여 적법한 전심절차를 거친 이상 가산금 및 중가산금 징수처분에 대하여 따로이 전심절차를 거치지 않았다 하더라도 행정소

송으로 이를 다툴 수 있다(대판 1986.7.22. 85누297).

ㄴ. (O) 전심절차를 밟지 아니한 채 증여세부과처분취소소송을 제기하였다면 제소당시로 보면 전치요건을 구비하지 못한 위법이 있다 할 것이지만, 소송계속중 심사청구 및 심판청구를 하여 각 기각결정을 받았다면 원심변론종결일 당시에는 위와 같은 전치요건흠결의 하자는 치유되었다고 볼 것이다(대판 1987.4.28. 86누29).

ㄷ. (O) 동일한 행정처분에 의하여 여러 사람이 동일한 의무를 부담하는 경우 그 중 한 사람이 적법한 행정심판을 제기하여 행정처분청으로 하여금 그 행정처분을 시정할 수 있는 기회를 가지게 한 이상 나머지 사람은 행정심판을 거치지 아니하더라도 행정소송을 제기할 수 있다(대판 1988.2.23. 87누704).

112 필요적 행정심판전치주의사항에 해당하지 않는 것은? 〈2020〉

① 「식품위생법」에 따른 영업허가취소처분
② 「도로교통법」에 따른 운전면허취소처분
③ 「국세기본법」에 따른 국세부과처분
④ 「지방공무원법」에 따른 징계처분
⑤ 「관세법」에 따른 관세부과처분

정답/해설 ①

필요적 행정심판전치주의에 해당하는 사례: 세금관련 처분, 도로교통법상 처분, 공무원에 대한 불이익처분

113 국가공무원인 甲은 「국가공무원법」상의 성실의무를 위반하여 2개월의 정직처분을 받았다. 甲은 이 같은 징계처분이 비위사실에 비해 너무 가혹하다고 생각하여 그 처분에 대해 항고소송을 제기하고자 한다. 이에 관한 설명으로 옳지 않은 것은? (다툼이 있으면 판례에 따름) 〈2020〉

① 甲은 소청심사를 거치지 아니하고는 소송을 제기할 수 없다.
② 소청의 제기기간을 도과하여 소청을 제기하였으나 이를 간과하여 실질적 재결이 이루어졌다면 적법하게 행정심판전치의 요건은 충족된다고 본다.
③ 법원은 2개월의 정직처분을 2개월 감봉처분으로 변경할 것을 명하는 판결을 할 수 없다.
④ 필요한 행정심판을 거쳤는지의 여부는 법원의 직권조사사항이다.
⑤ 소청심사위원회의 심사·결정을 거치지 아니한 채 소송을 제기하였으나 소송계속중 소청을 제기하여 기각결정을 받았다면 행정심판전치요건은 충족되었다고 볼 것이다.

정답/해설 ②

① (O) 국가공무원법 제16조 제1항

> 국가공무원법 제16조(행정소송과의 관계)
> ① 제75조에 따른 처분, 그 밖에 본인의 의사에 반한 불리한 처분이나 부작위(不作爲)에 관한 행정소송은 소청심사위원회의 심사·결정을 거치지 아니하면 제기할 수 없다.

② (×) 철도청장이 위 심판청구의 제기기간 도과의 부적법을 문제삼지 아니한 채 실질심사를 하여 위 초임1호봉 획정처분이 적법하다는 이유로 위 심판청구를 기각하였으며, 그 후 원고들이 위 초임획정처분의 취소를 구하는 본건 항고소송을 제기하였음이 기록상 명백한 바, 그렇다면 위 기각재결이 있었다고 하더라도 위 심판청구 자체가 기간도과의 청구로서 부적법한 것인 이상 이건 행정소송 또한 전심절차를 경유하지 아니한 것이 되어 부적법한 소로서 각하되어야 할 것이므로, 같은 취지에서 원심이 이 사건 소를 각하한 조치는 정당하고 거기에 논지가 지적하는 바와 같은 행정심판청구기간에 관한 법리오해의 위법이 있다고 할 수 없다(대판 1991.6.25. 90누8091).

③ (○) 행정소송법 제4조 제1호에서 규정한 '변경'은 소극적 변경으로 일부취소를 의미하므로 법원은 위와 같이 적극적 변경을 명령하는 판결은 할 수 없다.

④ (○) 행정심판의 전치는 항고소송의 소송요건이므로 법원의 직권조사사항에 속한다.

⑤ (○) 전심절차를 밟지 아니한 채 증여세부과처분취소소송을 제기하였다면 제소당시로 보면 전치요건을 구비하지 못한 위법이 있다 할 것이지만, 소송계속중 심사청구 및 심판청구를 하여 각 기각결정을 받았다면 원심변론종결일 당시에는 위와 같은 전치요건흠결의 하자는 치유되었다고 볼 것이다(대판 1987.4.28. 86누29).

114 행정심판과 행정소송의 관계에 관한 설명으로 옳은 것은? (다툼이 있으면 판례에 따름) 〈2019〉

① 공무원파면처분 취소소송에는 임의적 행정심판전치주의가 적용된다.
② 운전면허정지처분 취소소송에는 필요적 행정심판전치주의가 적용되지 아니한다.
③ 필요적 행정심판전치주의가 적용되는 경우 행정소송의 제기시에는 전치요건을 구비하지 못하였더라도 사실심 변론종결시까지 구비하면 된다.
④ 임의적 행정심판전치주의가 적용되는 경우 행정심판을 거쳤는지 여부는 법원의 직권조사사항이다.
⑤ 필요적 행정심판전치주의가 적용되는 경우 동종사건에 이미 행정심판의 기각재결이 있은 때에는 행정심판의 제기만 있으면 취소소송을 제기할 수 있다.

정답/해설 ③

① (×), ② (×) 필요적 행정심판전치주의가 적용되는 경우: 세금에 대한 처분, 도로교통법상 처분, 공무원에 대한 불이익처분

③ (○) 전심절차를 밟지 아니한 채 증여세부과처분취소소송을 제기하였다면 제소당시로 보면 전치요건을 구비하지 못한 위법이 있다 할 것이지만, 소송계속중 심사청구 및 심판청구를 하여 각 기각결정을 받았다면 원심변론종결일 당시에는 위와 같은 전치요건흠결의 하자는 치유되었다고 볼 것이다(대판 1987.4.28. 86누29).

④ (×) 필요적 행정심판전치주의가 적용되는 경우 행정심판을 거쳤는지 여부가 소송요건이고 이 경우에 한해 법원의 직권조사사항이 된다.

⑤ (×) 행정심판의 제기없이 취소소송을 제기할 수 있다(제18조 제3항 제1호).

> **제18조(행정심판과의 관계)**
> ③ 제1항 단서의 경우에 다음 각호의 1에 해당하는 사유가 있는 때에는 행정심판을 제기함이 없이 취소소송을 제기할 수 있다.
>   1. 동종사건에 관하여 이미 행정심판의 기각재결이 있은 때

115 필요적 행정심판전치주의가 적용되는 경우에도 행정심판을 제기함이 없이 취소소송을 제기할 수 있는 경우에 해당하지 않는 것은? ⟨2018⟩

① 동종사건에 관하여 이미 행정심판의 기각재결이 있은 때
② 서로 내용상 관련되는 처분 또는 같은 목적을 위하여 단계적으로 진행되는 처분 중 어느 하나가 이미 행정심판의 재결을 거친 때
③ 행정청이 사실심의 변론종결 후 소송의 대상인 처분을 변경하여 당해 변경된 처분에 관하여 소를 제기하는 때
④ 처분을 행한 행정청이 행정심판을 거칠 필요가 없다고 잘못 알린 때
⑤ 처분의 집행으로 생길 중대한 손해를 예방하여야 할 긴급한 필요가 있는 때

정답/해설 ⑤

① (○), ② (○), ③ (○), ④ (○) 제18조 제3항 각호
⑤ (×) '처분의 집행으로 생길 중대한 손해를 예방하여야 할 긴급한 필요가 있는 때'에는 행정심판의 재결을 거치지 아니하고 취소소송을 제기할 수 있다(제18조 제2항 제2호).

> **제18조(행정심판과의 관계)**
> ① 취소소송은 법령의 규정에 의하여 당해 처분에 대한 행정심판을 제기할 수 있는 경우에도 이를 거치지 아니하고 제기할 수 있다. 다만, 다른 법률에 당해 처분에 대한 행정심판의 재결을 거치지 아니하면 취소소송을 제기할 수 없다는 규정이 있는 때에는 그러하지 아니하다.
> ② 제1항 단서의 경우에도 다음 각호의 1에 해당하는 사유가 있는 때에는 행정심판의 재결을 거치지 아니하고 취소소송을 제기할 수 있다.
>   1. 행정심판청구가 있은 날로부터 60일이 지나도 재결이 없는 때
>   2. 처분의 집행 또는 절차의 속행으로 생길 중대한 손해를 예방하여야 할 긴급한 필요가 있는 때
>   3. 법령의 규정에 의한 행정심판기관이 의결 또는 재결을 하지 못할 사유가 있는 때
>   4. 그 밖의 정당한 사유가 있는 때
> ③ 제1항 단서의 경우에 다음 각호의 1에 해당하는 사유가 있는 때에는 행정심판을 제기함이 없이 취소소송을 제기할 수 있다.
>   1. 동종사건에 관하여 이미 행정심판의 기각재결이 있은 때
>   2. 서로 내용상 관련되는 처분 또는 같은 목적을 위하여 단계적으로 진행되는 처분중 어느 하나가 이미

행정심판의 재결을 거친 때
3. 행정청이 사실심의 변론종결후 소송의 대상인 처분을 변경하여 당해 변경된 처분에 관하여 소를 제기하는 때
4. 처분을 행한 행정청이 행정심판을 거칠 필요가 없다고 잘못 알린 때

116 행정심판기록의 제출명령에 관한 「행정소송법」의 규정내용으로 옳지 않은 것은? 〈2017〉

① 당사자는 법원에 제출명령을 신청할 수 있다.
② 법원은 직권으로 제출을 명할 수 있다.
③ 공법상 당사자소송에 준용된다.
④ 법원이 재결을 행한 행정청에 대하여 결정으로써 행한다.
⑤ 제출명령을 받은 재결청은 지체없이 당해 행정심판에 관한 기록을 법원에 제출하여야 한다.

정답/해설 ②

① (○), ④ (○), ② (×) 법원은 당사자의 신청이 있는 때에는 결정으로써 재결을 행한 행정청에 대하여 행정심판에 관한 기록의 제출을 명할 수 있다(행정소송법 제25조 제1항).
③ (○) 당사자소송에서는 행정심판기록의 제출명령에 관한 조문(행정소송법 제25조)을 준용한다(제44조 제1항).
⑤ (○) 제1항의 규정에 의한 제출명령을 받은 행정청은 지체없이 당해 행정심판에 관한 기록을 법원에 제출하여야 한다(제25조 제2항).

제25조(행정심판기록의 제출명령)
① 법원은 당사자의 신청이 있는 때에는 결정으로써 재결을 행한 행정청에 대하여 행정심판에 관한 기록의 제출을 명할 수 있다.
② 제1항의 규정에 의한 제출명령을 받은 행정청은 지체없이 당해 행정심판에 관한 기록을 법원에 제출하여야 한다.

117 행정소송법상 행정심판전치주의에 관한 설명으로 옳은 것은? (다툼이 있으면 판례에 따름) 〈2017〉

① 지방세부과처분에 대한 이의신청 및 심사청구는 필요적 전치절차이다.
② 국세부과처분에 대하여 감사원에 심사청구를 한 자가 그 심사청구의 결정에 불복하는 경우에는 곧바로 행정소송을 제기할 수 있다.
③ 행정심판전치주의는 무효확인소송에도 적용된다.
④ 행정심판전치주의의 예외가 되는 사유는 피고가 이를 소명하여야 한다.
⑤ 부적법한 행정심판청구가 있었음에도 재결청이 과오로 본안에 대하여 재결한 때에는 행정심판을 거친 것으로 보아야 한다.

정답/해설 ②

① (×) 지방세부과처분에 대한 심사청구는 필요적 전치절차이지만, 이의신청은 임의절차이다.

② (○) 국세부과처분은 필요적 행정심판전치주의에 해당하므로 행정심판을 거친 후 행정소송을 제기할 수 있는데, 국세부과처분에 대해 감사원에 심사청구를 한 것은 특별행정심판에 해당하므로 감사원에 심사청구를 한 후 그 결정에 불복하는 경우 행정소송을 제기할 수 있다.

③ (×) 무효확인소송에서는 행정심판전치주의에 관한 조문(제18조)을 준용하지 않는다(제38조 제1항).

④ (×) 행정심판전치주의의 예외가 되는 사유는 행정소송법 제18조 제2항, 제3항에 규정되어 있으며, 이와 같은 사유가 있음에 대해서는 원고가 소명해야 한다(행정소송법 제18조 제4항).

> **제18조(행정심판과의 관계)**
> ① 취소소송은 법령의 규정에 의하여 당해 처분에 대한 행정심판을 제기할 수 있는 경우에도 이를 거치지 아니하고 제기할 수 있다. 다만, 다른 법률에 당해 처분에 대한 행정심판의 재결을 거치지 아니하면 취소소송을 제기할 수 없다는 규정이 있는 때에는 그러하지 아니하다.
> ② 제1항 단서의 경우에도 다음 각호의 1에 해당하는 사유가 있는 때에는 행정심판의 재결을 거치지 아니하고 취소소송을 제기할 수 있다.
>   1. 행정심판청구가 있은 날로부터 60일이 지나도 재결이 없는 때
>   2. 처분의 집행 또는 절차의 속행으로 생길 중대한 손해를 예방하여야 할 긴급한 필요가 있는 때
>   3. 법령의 규정에 의한 행정심판기관이 의결 또는 재결을 하지 못할 사유가 있는 때
>   4. 그 밖의 정당한 사유가 있는 때
> ③ 제1항 단서의 경우에 다음 각호의 1에 해당하는 사유가 있는 때에는 행정심판을 제기함이 없이 취소소송을 제기할 수 있다.
>   1. 동종사건에 관하여 이미 행정심판의 기각재결이 있은 때
>   2. 서로 내용상 관련되는 처분 또는 같은 목적을 위하여 단계적으로 진행되는 처분중 어느 하나가 이미 행정심판의 재결을 거친 때
>   3. 행정청이 사실심의 변론종결후 소송의 대상인 처분을 변경하여 당해 변경된 처분에 관하여 소를 제기하는 때
>   4. 처분을 행한 행정청이 행정심판을 거칠 필요가 없다고 잘못 알린 때
> ④ 제2항 및 제3항의 규정에 의한 사유는 이를 소명하여야 한다.

⑤ (×) 행정처분의 취소를 구하는 항고소송의 전심절차인 행정심판청구가 기간도과로 인하여 부적법한 경우에는 행정소송 역시 전치의 요건을 충족치 못한 것이 되어 부적법 각하를 면치 못하는 것이고, 이 점은 행정청이 행정심판의 제기기간을 도과한 부적법한 심판에 대하여 그 부적법을 간과한 채 실질적 재결을 하였다 하더라도 달라지는 것이 아니다(대판 1991.6.25. 90누8091).

118 취소소송과 행정심판의 관계에 관한 설명으로 옳지 않은 것은? (다툼이 있으면 판례에 따름) 〈2016〉

① 필요적 행정심판전치가 적용되는 경우, 처분을 행한 행정청이 행정심판을 거칠 필요가 없다고 잘못 알린 때에는 행정심판을 제기함이 없이 취소소송을 제기할 수 있다.
② 행정심판청구가 부적법하지 않음에도 각하한 재결은 취소소송의 대상이 될 수 없다.
③ 행정심판의 인용재결은 제3자가 제기하는 취소소송의 대상이 될 수 있다.
④ 필요적 행정심판전치가 적용되는 경우, 동종사건에 관하여 이미 행정심판의 기각재결이 있은 때에는 행정심판을 제기함이 없이 취소소송을 제기할 수 있다.
⑤ 원처분보다 청구인에게 불리하게 변경된 재결은 취소소송의 대상이 될 수 있다.

정답/해설 ②

① (○) 제18조 제3항 제4호

> **제18조(행정심판과의 관계)**
> ③ 제1항 단서의 경우에 다음 각호의 1에 해당하는 사유가 있는 때에는 행정심판을 제기함이 없이 취소소송을 제기할 수 있다.
> 4. 처분을 행한 행정청이 행정심판을 거칠 필요가 없다고 잘못 알린 때

② (✕) 행정소송법 제19조에 의하면 행정심판에 대한 재결에 대하여도 그 재결 자체에 고유한 위법이 있음을 이유로 하는 경우에는 항고소송을 제기하여 그 취소를 구할 수 있고, 여기에서 말하는 '재결 자체에 고유한 위법'이란 그 재결자체에 주체, 절차, 형식 또는 내용상의 위법이 있는 경우를 의미하는데, 행정심판청구가 부적법하지 않음에도 각하한 재결은 심판청구인의 실체심리를 받을 권리를 박탈한 것으로서 원처분에 없는 고유한 하자가 있는 경우에 해당하고, 따라서 위 재결은 취소소송의 대상이 된다(대판 2001.7.27. 99두2970).

③ (○) 이른바 복효적 행정행위, 특히 제3자효를 수반하는 행정행위에 대한 행정심판청구에 있어서 그 청구를 인용하는 내용의 재결로 인하여 비로소 권리이익을 침해받게 되는 자는 그 인용재결에 대하여 다툴 필요가 있고, 그 인용재결은 원처분과 내용을 달리하는 것이므로 그 인용재결의 취소를 구하는 것은 원처분에는 없는 재결에 고유한 하자를 주장하는 셈이어서 당연히 항고소송의 대상이 된다(대판 1997.12.23. 96누10911).

④ (○) 제18조 제3항 제1호

> **제18조(행정심판과의 관계)**
> ③ 제1항 단서의 경우에 다음 각호의 1에 해당하는 사유가 있는 때에는 행정심판을 제기함이 없이 취소소송을 제기할 수 있다.
> 1. 동종사건에 관하여 이미 행정심판의 기각재결이 있은 때

⑤ (○) 행정심판위원회는 심판청구의 대상이 되는 처분보다 청구인에게 불이익한 재결을 하지 못한다(행정심판법 제47조 제2항). 따라서 원처분보다 불리하게 변경된 재결은 행정심판법에 위반된 것으로서 재결 자체에 고유한 위법이 있는 경우에 해당한다.

> **행정심판법 제47조(재결의 범위)**
> ① 위원회는 심판청구의 대상이 되는 처분 또는 부작위 외의 사항에 대하여는 재결하지 못한다.
> ② 위원회는 심판청구의 대상이 되는 처분보다 청구인에게 불리한 재결을 하지 못한다.

119 행정심판전치주의에 관한 설명으로 옳지 않은 것은? (다툼이 있으면 판례에 따름) 〈2015〉

① 청구취지나 청구이유가 기본적인 면에서 일치하는 동일한 처분이라면 행정심판의 청구인과 행정소송의 원고가 일치할 필요는 없다.
② 필요적 행정심판전치의 경우 그 요건을 구비하였는지 여부는 법원의 직권조사사항이다.
③ 부작위위법확인소송에는 취소소송의 행정심판전치에 관한 규정이 준용되지 않는다.
④ 전심절차를 밟지 아니한 채 증여세부과처분취소소송을 제기한 경우에도 사실심의 변론종결시까지 행정심판절차를 거치면 하자는 치유된다.
⑤ 당사자소송에는 취소소송의 행정심판전치에 관한 규정이 준용되지 않는다.

정답/해설 ③

① (○) 동일한 행정처분에 의하여 여러 사람이 동일한 의무를 부담하는 경우 그 중 한 사람이 적법한 행정심판을 제기하여 행정처분청으로 하여금 그 행정처분을 시정할 수 있는 기회를 가지게 한 이상 나머지 사람은 행정심판을 거치지 아니하더라도 행정소송을 제기할 수 있다(대판 1988.2.23. 87누704).

② (○) 필요적 행정심판전치주의가 적용되는 경우 행정심판을 거쳤는지 여부는 항고소송의 소송요건으로서 법원의 직권조사사항이다.

③ (×) 부작위위법확인소송에서는 취소소송의 행정심판전치에 관한 조문(제18조)을 준용한다(제38조 제2항).

> **제38조(준용규정)**
> ② 제9조, 제10조, 제13조 내지 제19조, 제20조, 제25조 내지 제27조, 제29조 내지 제31조, 제33조 및 제34조의 규정은 부작위위법확인소송의 경우에 준용한다.

④ (○) 전심절차를 밟지 아니한 채 증여세부과처분취소소송을 제기하였다면 제소당시로 보면 전치요건을 구비하지 못한 위법이 있다 할 것이지만, 소송계속중 심사청구 및 심판청구를 하여 각 기각결정을 받았다면 원심변론종결일 당시에는 위와 같은 전치요건흠결의 하자는 치유되었다고 볼 것이다(대판 1987.4.28. 86누29).

⑤ (○) 당사자소송에서는 취소소송의 행정심판전치에 관한 조문(제18조)을 준용하지 않는다.

120 필요적 행정심판전치주의가 적용되는 경우 행정심판을 제기함이 없이 행정소송을 제기할 수 있는 경우가 아닌 것은? 〈2015〉

① 처분을 행한 행정청이 행정심판을 거칠 필요가 없다고 잘못 알린 때
② 동종사건에 관하여 이미 행정심판의 기각재결이 있은 때
③ 법령의 규정에 의한 행정심판기관이 의결 또는 재결을 하지 못할 사유가 있는 때
④ 행정청이 사실심의 변론종결 후 소송의 대상인 처분을 변경하여 당해 변경된 처분에 관하여 소를 제기하는 때
⑤ 서로 내용상 관련되는 처분 또는 같은 목적을 위하여 단계적으로 진행되는 처분 중 어느 하나가 이미 행정심판의 재결을 거친 때

정답/해설 ③

① (○) 제18조 제3항 제4호
② (○) 제18조 제3항 제1호
③ (×) 제18조 제2항 제3호의 사유이므로 행정심판의 재결을 거치지 아니하고 취소소송을 제기할 수 있는 경우에 해당한다.
④ (○) 제18조 제3항 제3호
⑤ (○) 제18조 제3항 제2호

> **제18조(행정심판과의 관계)**
> ③ 제1항 단서의 경우에 다음 각호의 1에 해당하는 사유가 있는 때에는 행정심판을 제기함이 없이 취소소송을 제기할 수 있다.
>   1. 동종사건에 관하여 이미 행정심판의 기각재결이 있은 때
>   2. 서로 내용상 관련되는 처분 또는 같은 목적을 위하여 단계적으로 진행되는 처분중 어느 하나가 이미 행정심판의 재결을 거친 때
>   3. 행정청이 사실심의 변론종결후 소송의 대상인 처분을 변경하여 당해 변경된 처분에 관하여 소를 제기하는 때
>   4. 처분을 행한 행정청이 행정심판을 거칠 필요가 없다고 잘못 알린 때

제7절 재판관할

121 재판관할에 관한 설명으로 옳지 않은 것은? (다툼이 있으면 판례에 따름) 〈2023〉

① 토지의 수용에 관계되는 처분등에 대한 취소소송은 그 부동산 소재지를 관할하는 행정법원에 제기할 수 있다.
② 법원은 소송의 전부에 대하여 관할권이 없다고 인정하는 경우에는 결정으로 이를 관할법원에 이송한다.
③ 원고가 고의 또는 중대한 과실 없이 행정소송으로 제기할 사건을 민사소송으로 잘못 제기한 경우 수소법원이 행정소송의 관할권이 없으면 관할법원에 이송하여야 한다.
④ 민사소송으로 제기할 것을 당사자소송으로 행정법원에 제기한 경우 피고가 관할위반이라고 항변하지 않고 본안에 대한 변론을 한 경우 법원에 변론관할이 생겼다고 본다.
⑤ 소송당사자에게 관할위반을 이유로 하는 이송신청권을 인정하고 있다.

정답/해설 ⑤

① (○) 제9조 제3항

> **제9조(재판관할)**
> ① 취소소송의 제1심 관할법원은 피고의 소재지를 관할하는 행정법원으로 한다.
> ② 제1항에도 불구하고 다음 각 호의 어느 하나에 해당하는 피고에 대하여 취소소송을 제기하는 경우에는 대법원소재지를 관할하는 행정법원에 제기할 수 있다.
>   1. 중앙행정기관, 중앙행정기관의 부속기관과 합의제행정기관 또는 그 장
>   2. 국가의 사무를 위임 또는 위탁받은 공공단체 또는 그 장
> ③ 토지의 수용 기타 부동산 또는 특정의 장소에 관계되는 처분등에 대한 취소소송은 그 부동산 또는 장소의 소재지를 관할하는 행정법원에 이를 제기할 수 있다.

② (○) 제7조

> **제7조(사건의 이송)**
> 민사소송법 제34조 제1항의 규정은 원고의 고의 또는 중대한 과실없이 행정소송이 심급을 달리하는 법원에 잘못 제기된 경우에도 적용한다.
>
> **민사소송법 제34조(사건의 이송)**
> ① 법원은 소송의 전부 또는 일부에 대하여 관할권이 없다고 인정하는 경우에는 결정으로 이를 관할법원에 이송한다.

③ (○) 원고가 고의 또는 중대한 과실 없이 행정소송으로 제기하여야 할 사건을 민사소송으로 잘못 제기한 경우, 수소법원으로서는 만약 그 행정소송에 대한 관할도 동시에 가지고 있다면 이를 행정소송으로 심리·판단하여야 하고, 그 행정소송에 대한 관할을 가지고 있지 아니하다면 당해 소송이 이미 행정소송으로서의 전심절차 및 제소기간을 도과하였거나 행정소송의 대상이 되는 처분등이 존재하지도 아니한 상태에 있는 등 행정소송으로서의 소송요건을 결하고 있음이 명백

하여 행정소송으로 제기되었더라도 어차피 부적법하게 되는 경우가 아닌 이상 이를 부적법한 소라고 하여 각하할 것이 아니라 관할법원에 이송하여야 한다(대판 2017.11.9. 2015다215526).

④ (○) 민사소송인 이 사건 소가 서울행정법원에 제기되었는데도 피고는 제1심 법원에서 관할위반이라고 항변하지 아니하고 본안에 대하여 변론을 한 사실을 알 수 있는바, 공법상의 당사자소송 사건인지 민사사건인지 여부는 이를 구별하기가 어려운 경우가 많고 행정사건의 심리절차에 있어서는 행정소송의 특수성을 감안하여 행정소송법이 정하고 있는 특칙이 적용될 수 있는 점을 제외하면 심리절차면에서 민사소송절차와 큰 차이가 없는 점 등에 비추어 보면, 행정소송법 제8조 제2항, 민사소송법 제30조에 의하여 제1심 법원에 변론관할이 생겼다고 봄이 상당하다. 그렇다면 이 사건 소송이 공법상 당사자소송에 해당한다고 판단한 원심판결에는 당사자소송에 관한 법리를 오해한 잘못이 있으나, 앞서 본 바와 같이 제1심 법원에 변론관할이 생긴 이상 원심의 위와 같은 잘못은 판결 결과에 영향이 없다. 피고의 이 부분 상고이유 주장은 이유 없다(대판 2013.2.28. 2010두22368).

⑤ (×) 수소법원에 재판관할권이 있고 없음은 원래 법원의 직권조사사항으로서 법원은 그 관할에 속하지 아니함을 인정한 때에는 민사소송법 제31조 제1항에 의하여 직권으로 이송결정을 하는 것이고, 소송당사자에게 관할위반을 이유로 하는 이송신청권이 있는 것이 아니다(대결 전합 1993.12.6. 93마524).

122 행정소송법에 관한 설명으로 옳은 것은? 〈2022〉

① 공공단체의 기관은 법령에 의하여 행정권한의 위탁을 받은 경우에도 행정청에 포함되지 않는다.
② 기관소송은 헌법재판소법 제2조의 규정에 의하여 헌법재판소의 관장사항으로 되는 소송도 포함한다.
③ 특정의 장소에 관계되는 처분등에 대한 취소소송은 그 장소의 소재지를 관할하는 행정법원에 이를 제기할 수 있다.
④ 수인에 대한 청구가 처분등의 취소청구와 관련되지 않는 청구인 경우에도 그 수인은 취소소송의 공동소송인이 될 수 있다.
⑤ 행정청의 재량에 속하는 처분은 재량권의 남용이 있더라도 법원은 이를 취소할 수 없다.

정답/해설 ③

① 제2조 제2항

> **제2조(정의)**
> ② 이 법을 적용함에 있어서 행정청에는 법령에 의하여 행정권한의 위임 또는 위탁을 받은 행정기관, 공공단체 및 그 기관 또는 사인이 포함된다.

② 제3조 제4호 단서

> **제3조(행정소송의 종류)**
> 4. 기관소송: 국가 또는 공공단체의 기관상호간에 있어서의 권한의 존부 또는 그 행사에 관한 다툼이 있

을 때에 이에 대하여 제기하는 소송. 다만, 헌법재판소법 제2조의 규정에 의하여 헌법재판소의 관장 사항으로 되는 소송은 제외한다.

③ 제9조 제3항

제9조(재판관할)
③ 토지의 수용 기타 부동산 또는 특정의 장소에 관계되는 처분등에 대한 취소소송은 그 부동산 또는 장소의 소재지를 관할하는 행정법원에 이를 제기할 수 있다.

④ 제15조

제15조(공동소송)
수인의 청구 또는 수인에 대한 청구가 처분등의 취소청구와 관련되는 청구인 경우에 한하여 그 수인은 공동소송인이 될 수 있다.

⑤ 제27조

제27조(재량처분의 취소)
행정청의 재량에 속하는 처분이라도 재량권의 한계를 넘거나 그 남용이 있는 때에는 법원은 이를 취소할 수 있다.

123 행정소송법상 재판관할에 관한 설명으로 옳지 않은 것은? 〈2021〉

① 국가의 사무를 위탁받은 공공단체를 피고로 하여 취소소송을 제기하는 경우 대법원소재지를 관할하는 행정법원에 제기할 수 있다.
② 중앙행정기관을 피고로 하여 취소소송을 제기하는 경우 대법원소재지를 관할하는 행정법원에 제기할 수 있다.
③ 취소소송의 제1심 관할법원은 원고의 소재지를 관할하는 행정법원으로 한다.
④ 중앙행정기관의 부속기관을 피고로 하여 취소소송을 제기하는 경우 대법원소재지를 관할하는 행정법원에 제기할 수 있다.
⑤ 취소소송의 재판관할에 관한 규정을 당사자소송에 준용하는 경우, 국가 또는 공공단체가 피고인 때에는 관계행정청의 소재지를 피고의 소재지로 본다.

정답/해설 ③

① (○), ④ (○) 제9조 제2항 제2호
② (○) 제9조 제2항 제1호
③ (×) 피고의 소재지를 관할하는 행정법원이다(제9조 제1항).
⑤ (○) 제40조

제9조(재판관할)
① 취소소송의 제1심 관할법원은 피고의 소재지를 관할하는 행정법원으로 한다.

> ② 제1항에도 불구하고 다음 각 호의 어느 하나에 해당하는 피고에 대하여 취소소송을 제기하는 경우에는 대법원소재지를 관할하는 행정법원에 제기할 수 있다.
>   1. 중앙행정기관, 중앙행정기관의 부속기관과 합의제행정기관 또는 그 장
>   2. 국가의 사무를 위임 또는 위탁받은 공공단체 또는 그 장
> ③ 토지의 수용 기타 부동산 또는 특정의 장소에 관계되는 처분등에 대한 취소소송은 그 부동산 또는 장소의 소재지를 관할하는 행정법원에 이를 제기할 수 있다.
>
> 제40조(재판관할)
> 제9조의 규정은 당사자소송의 경우에 준용한다. 다만, 국가 또는 공공단체가 피고인 경우에는 관계행정청의 소재지를 피고의 소재지로 본다.

124 행정소송의 관할에 관한 설명으로 옳은 것은? (다툼이 있으면 판례에 따름) 〈2021〉

① 특허심판원의 심결에 불복하는 경우 그 취소를 구하는 소송은 서울행정법원에 제기하여야 한다.
② 고의 또는 중과실 없이 행정소송으로 제기하여야 할 사건을 민사소송으로 잘못 제기한 경우, 나머지 소송요건을 모두 갖추었더라도 법원은 각하해야 한다.
③ 민사소송으로 제기할 것을 당사자소송으로 행정법원에 제기하고 피고가 관할위반이라고 항변하지 아니하고 본안에 대한 변론을 한 경우, 행정법원에 변론관할이 생겼다고 본다.
④ 국가의 사무를 위탁받은 공공단체를 피고로 하여 취소소송을 제기하는 경우 대법원소재지를 관할하는 행정법원에 제기하는 것은 관할 위반이다.
⑤ 항고소송을 제기할 것을 민사소송으로 잘못 제기한 경우 수소법원이 그 항고소송에 대한 관할도 동시에 가지고 있다면 민사소송으로 심리·판단할 수 있다.

정답/해설 ③

① (×) 특허심판원의 심결 또는 결정에 대한 특허소송은 특허법원 ⇒ 대법원으로 이어지는 2심제로 운영되고 있다.
② (×), ⑤ (×) 행정소송법 제7조는 원고의 고의 또는 중대한 과실 없이 행정소송이 심급을 달리하는 법원에 잘못 제기된 경우에 민사소송법 제31조 제1항을 적용하여 이를 관할 법원에 이송하도록 규정하고 있을 뿐 아니라 관할 위반의 소를 부적법하다고 하여 각하하는 것보다 관할 법원에 이송하는 것이 당사자의 권리 구제나 소송경제의 측면에서 바람직하므로, 원고가 고의 또는 중대한 과실 없이 행정소송으로 제기하여야 할 사건을 민사소송으로 잘못 제기한 경우 수소법원으로서는 만약 그 행정소송에 대한 관할도 동시에 가지고 있는 경우라면, 행정소송으로서의 전심절차 및 제소기간을 도과하였거나 행정소송의 대상이 되는 처분 등이 존재하지도 아니한 상태에 있는 등 행정소송으로서의 소송요건을 결하고 있음이 명백하여 행정소송으로 제기되었더라도 어차피 부적법하게 되는 경우가 아닌 이상, 원고로 하여금 항고소송으로 소 변경을 하도록 하여 그 1심법원으로 심리·판단하여야 한다(대판 1999.11.26. 97다42250).

③ (○) 민사소송인 이 사건 소가 서울행정법원에 제기되었는데도 피고는 제1심법원에서 관할위반이라고 항변하지 아니하고 본안에 대하여 변론을 한 사실을 알 수 있는바, 공법상의 당사자소송 사건인지 민사사건인지 여부는 이를 구별하기가 어려운 경우가 많고 행정사건의 심리절차에 있어서는 행정소송의 특수성을 감안하여 행정소송법이 정하고 있는 특칙이 적용될 수 있는 점을 제외하면 심리절차면에서 민사소송절차와 큰 차이가 없는 점 등에 비추어 보면, 행정소송법 제8조 제2항, 민사소송법 제30조에 의하여 제1심법원에 <u>변론관할</u>이 생겼다고 봄이 상당하다. 그렇다면 이 사건 소송이 공법상 당사자소송에 해당한다고 판단한 원심판결에는 당사자소송에 관한 법리를 오해한 잘못이 있으나, 앞서 본 바와 같이 제1심법원에 변론관할이 생긴 이상 원심의 위와 같은 잘못은 판결 결과에 영향이 없다. 피고의 이 부분 상고이유 주장은 이유 없다(대판 2013.2.28. 2010두22368).

④ (×) 제9조 제2항 제2호

> **제9조(재판관할)**
> ② 제1항에도 불구하고 다음 각 호의 어느 하나에 해당하는 피고에 대하여 취소소송을 제기하는 경우에는 대법원소재지를 관할하는 행정법원에 제기할 수 있다.
> 1. 중앙행정기관, 중앙행정기관의 부속기관과 합의제행정기관 또는 그 장
> 2. 국가의 사무를 위임 또는 위탁받은 공공단체 또는 그 장

125 취소소송의 관할법원에 관한 설명으로 옳지 않은 것은? 〈2020〉

① 세무서장의 과세처분에 대한 취소소송의 제1심 관할법원은 원칙적으로 당해 세무서의 소재지를 관할하는 행정법원이 된다.
② 관할이송은 원고가 중대한 과실없이 취소소송을 심급을 달리하는 법원에 잘못 제기한 경우에도 인정된다.
③ 토지의 수용재결에 대한 취소소송은 당사자 간의 합의 없이도 그 토지의 소재지를 관할하는 행정법원에 제기할 수 있다.
④ 당사자가 합의하면 원고 소재지 관할법원을 제1심 관할법원으로 할 수 있다.
⑤ 중앙행정기관의 장이 피고인 취소소송은 피고의 소재지를 관할하는 행정법원을 제1심 관할법원으로 할 수 없다.

정답/해설 ⑤

① (○) 제9조 제1항

> **제9조(재판관할)**
> ① 취소소송의 제1심 관할법원은 피고의 소재지를 관할하는 행정법원으로 한다.

② (○) 제7조

> **제7조(사건의 이송)**
> 민사소송법 제34조 제1항의 규정은 원고의 고의 또는 중대한 과실없이 행정소송이 심급을 달리하는 법원에 잘못 제기된 경우에도 적용한다.

③ (○) 제9조 제3항

> **제9조(재판관할)**
> ③ 토지의 수용 기타 부동산 또는 특정의 장소에 관계되는 처분등에 대한 취소소송은 그 부동산 또는 장소의 소재지를 관할하는 행정법원에 이를 제기할 수 있다.

④ (○) 행정소송법 제9조에 따른 관할법원은 토지관할을 의미하는 것으로 임의관할이므로 당사자 간의 합의로 원고 소재지 관할법원을 제1심 관할법원으로 할 수 있다. 이를 합의관할이라 한다.

⑤ (×) 제9조 제2항 제1호

> **제9조(재판관할)**
> ② 제1항에도 불구하고 다음 각 호의 어느 하나에 해당하는 피고에 대하여 취소소송을 제기하는 경우에는 대법원소재지를 관할하는 행정법원에 제기할 수 있다.
> 1. 중앙행정기관, 중앙행정기관의 부속기관과 합의제행정기관 또는 그 장

126 행정소송의 재판관할에 관한 설명으로 옳지 않은 것은? ⟨2018⟩

① 세무서장의 과세처분에 대한 취소소송의 제1심 관할법원은 원칙적으로 당해 세무서의 소재지를 관할하는 행정법원이 된다.
② 서울중앙지방법원은 계쟁사건의 관할이 행정법원인 경우 당해 사건을 서울행정법원으로 이송하여야 한다.
③ 취소소송의 재판관할에 관한 규정은 당사자소송에도 준용된다.
④ 당사자소송으로 제기할 사건을 민사소송으로 서울중앙지방법원에 제기하여 판결이 난 경우에는 관할위반이다.
⑤ 관할위반 여부는 소 제기요건으로서 제1심 법원의 전속심판사항이다.

정답/해설 ⑤

① (○) 제9조 제1항

> **제9조(재판관할)**
> ① 취소소송의 제1심 관할법원은 피고의 소재지를 관할하는 행정법원으로 한다.

② (○) 행정소송법 제7조는 원고의 고의 또는 중대한 과실 없이 행정소송이 심급을 달리하는 법원에 잘못 제기된 경우에 민사소송법 제31조 제1항을 적용하여 이를 관할 법원에 이송하도록 규정하고 있을 뿐 아니라, 관할 위반의 소를 부적법하다고 하여 각하하는 것보다 관할 법

원에 이송하는 것이 당사자의 권리구제나 소송경제의 측면에서 바람직하므로, 원고가 고의 또는 중대한 과실 없이 행정소송으로 제기하여야 할 사건을 민사소송으로 잘못 제기한 경우, 수소법원으로서는 만약 그 행정소송에 대한 관할도 동시에 가지고 있다면 이를 행정소송으로 심리·판단하여야 하고, 그 행정소송에 대한 관할을 가지고 있지 아니하다면 당해 소송이 이미 행정소송으로서의 전심절차 및 제소기간을 도과하였거나 행정소송의 대상이 되는 처분 등이 존재하지도 아니한 상태에 있는 등 행정소송으로서의 소송요건을 결하고 있음이 명백하여 행정소송으로 제기되었더라도 어차피 부적법하게 되는 경우가 아닌 이상 이를 부적법한 소라고 하여 각하할 것이 아니라 관할 법원에 이송하여야 한다(대판 1997.5.30. 95다28960).

③ (○) 당사자소송에서는 취소소송의 재판관할에 관한 조문(제9조)을 준용한다(제40조).

④ (○) 당사자소송으로 서울행정법원에 제기할 것을 민사소송으로 지방법원에 제기하여 판결이 난 경우에는 전속관할 위반이다. 이 경우 변론관할이 생겼다고 볼 수 없고, 대법원은 원심판결을 파기하고, 제1심판결을 취소하며, 사건을 다시 심리·판단하게 하기 위하여 관할법원인 서울행정법원에 이송하여야 한다(대판 전합 2006.5.18. 2004다6207).

⑤ (×) 관할위반 여부는 제1심법원만 심판할 수 있는 것이 아니고, 소송요건으로서 항소심, 상고심에서도 판단이 가능하다.

127 행정소송의 재판관할에 관한 설명으로 옳지 않은 것은? 〈2017〉

① 국가의 사무를 위탁받은 공공단체를 피고로 하는 경우, 대법원의 소재지를 관할하는 행정법원은 관할법원이 아니다.
② 취소소송의 제1심 관할법원은 피고의 소재지를 관할하는 행정법원으로 한다.
③ 특정의 장소에 관계되는 처분에 대한 취소소송은 그 장소의 소재지를 관할하는 행정법원에 이를 제기할 수 있다.
④ 당사자소송의 피고가 국가 또는 공공단체인 경우, 관계행정청의 소재지를 관할하는 행정법원이 관할법원으로 된다.
⑤ 당사자소송으로 서울행정법원에 제기할 것을 민사소송으로 지방법원에 제기하여 판결이 난 경우에는 전속관할위반이라는 것이 판례의 입장이다.

정답/해설 ①

① (×), ② (○), ③ (○) 제9조

> **제9조(재판관할)**
> ① 취소소송의 제1심 관할법원은 피고의 소재지를 관할하는 행정법원으로 한다.
> ② 제1항에도 불구하고 다음 각 호의 어느 하나에 해당하는 피고에 대하여 취소소송을 제기하는 경우에는 대법원소재지를 관할하는 행정법원에 제기할 수 있다.
>   1. 중앙행정기관, 중앙행정기관의 부속기관과 합의제행정기관 또는 그 장
>   2. 국가의 사무를 위임 또는 위탁받은 공공단체 또는 그 장

③ 토지의 수용 기타 부동산 또는 특정의 장소에 관계되는 처분등에 대한 취소소송은 그 부동산 또는 장소의 소재지를 관할하는 행정법원에 이를 제기할 수 있다.

④ (○) 제40조

> **제40조(재판관할)**
> 제9조의 규정은 당사자소송의 경우에 준용한다. 다만, 국가 또는 공공단체가 피고인 경우에는 관계행정청의 소재지를 피고의 소재지로 본다.

⑤ (○) 원고가 고의 또는 중대한 과실 없이 **행정소송으로 제기하여야 할 사건을 민사소송으로 잘못 제기한 경우**, 수소법원으로서는 만약 그 행정소송에 대한 관할도 동시에 가지고 있다면 이를 행정소송으로 심리·판단하여야 하고, 그 행정소송에 대한 관할을 가지고 있지 아니하다면 당해 소송이 이미 행정소송으로서의 전심절차 및 제소기간을 도과하였거나 행정소송의 대상이 되는 처분 등이 존재하지도 아니한 상태에 있는 등 행정소송으로서의 소송요건을 결하고 있음이 명백하여 행정소송으로 제기되었더라도 어차피 부적법하게 되는 경우가 아닌 이상 이를 부적법한 소라고 하여 각하할 것이 아니라 관할법원에 이송하여야 한다. 그럼에도 이와 달리 제1심과 원심은, 이 사건 협약이 사법상 계약이고 분쟁이 발생하여 소송에 의할 경우 그 관할법원을 서울중앙지방법원으로 정하였다는 이유로 이 사건 협약에 관한 분쟁은 **민사소송에 해당**한다고 판단한 후 본안판단으로 나아갔으니, 이러한 제1심과 원심의 판단에는 **이 사건 협약의 법률관계 및 쟁송 방식에 관한 법리와 전속관할에 관한 규정을 위반한 잘못**이 있다(대판 2017.11.9. 2015다215526).

128 행정소송법상 재판관할에 관한 설명으로 옳지 않은 것은? 〈2015〉

① 취소소송의 제1심 관할법원은 피고의 소재지를 관할하는 행정법원으로 한다.
② 중앙행정기관의 장이 피고인 경우 취소소송은 대법원소재지를 관할하는 행정법원에 제기할 수 있다.
③ 관할의 결정에 대해서는 민사소송법상의 합의관할, 응소관할에 관한 규정이 준용될 수 있다.
④ 토지의 수용 등 특정의 장소에 관계되는 처분등에 대한 취소소송은 그 토지의 소재지를 관할하는 행정법원에 이를 제기할 수 있다.
⑤ 행정소송법은 항고소송이나 당사자소송의 토지관할에 대하여 전속관할로 규정하고 있다.

정답/해설 ⑤

① (○), ② (○), ④ (○)

> **제9조(재판관할)**
> ① 취소소송의 제1심 관할법원은 피고의 소재지를 관할하는 행정법원으로 한다.
> ② 제1항에도 불구하고 다음 각 호의 어느 하나에 해당하는 피고에 대하여 취소소송을 제기하는 경우에는 대법원소재지를 관할하는 행정법원에 제기할 수 있다.
>   1. 중앙행정기관, 중앙행정기관의 부속기관과 합의제행정기관 또는 그 장

2. 국가의 사무를 위임 또는 위탁받은 공공단체 또는 그 장
③ 토지의 수용 기타 부동산 또는 특정의 장소에 관계되는 처분등에 대한 취소소송은 그 부동산 또는 장소의 소재지를 관할하는 행정법원에 이를 제기할 수 있다.

③ (○) 행정소송법상 재판관할에는 민사소송법상의 합의관할과 응소관할(변론관할)에 관한 규정이 준용될 수 있다.

민사소송인 이 사건 소가 서울행정법원에 제기되었는데도 피고는 제1심법원에서 관할위반이라고 항변하지 아니하고 본안에 대하여 변론을 한 사실을 알 수 있는바, 공법상의 당사자소송사건인지 민사사건인지 여부는 이를 구별하기가 어려운 경우가 많고 행정사건의 심리절차에 있어서는 행정소송의 특수성을 감안하여 행정소송법이 정하고 있는 특칙이 적용될 수 있는 점을 제외하면 심리절차면에서 민사소송절차와 큰 차이가 없는 점 등에 비추어 보면, 행정소송법 제8조 제2항, 민사소송법 제30조에 의하여 제1심법원에 변론관할이 생겼다고 봄이 상당하다(대판 2013.2.28. 2010두22368).

⑤ (×) 행정소송법상 토지관할은 전속관할이 아니고 임의관할이다.

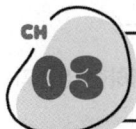 **취소소송의 심리**

제1절 관련청구소송의 이송 병합

001 행정소송법상 취소소송과 그 관련청구소송의 이송에 관한 설명으로 옳지 않은 것은? 〈2024〉

① 취소소송과 관련청구소송이 각각 다른 법원에 계속되어야 한다.
② 관련청구소송이 계속된 법원이 이송이 상당하다고 인정하여야 한다.
③ 당사자의 신청 또는 법원의 직권에 의해 이송결정이 있어야 한다.
④ 이송받은 법원은 이를 다시 다른 법원에 이송할 수 없다.
⑤ 취소소송은 관련청구소송이 계속된 법원으로 이송할 수 있다.

정답/해설 ⑤

① (○) 제10조 제1항
② (○) 제10조 제1항
③ (○) 제10조 제1항
④ (○) 민사소송법 제38조 제2항

> **제38조(이송결정의 효력)**
> ① 소송을 이송받은 법원은 이송결정에 따라야 한다.
> ② 소송을 이송받은 법원은 사건을 다시 다른 법원에 이송하지 못한다.

⑤ (×) 제10조 제1항

> **제10조(관련청구소송의 이송 및 병합)**
> ① 취소소송과 다음 각호의 1에 해당하는 소송(이하 "관련청구소송"이라 한다)이 각각 다른 법원에 계속되고 있는 경우에 관련청구소송이 계속된 법원이 상당하다고 인정하는 때에는 당사자의 신청 또는 직권에 의하여 이를 취소소송이 계속된 법원으로 이송할 수 있다.
> 1. 당해 처분등과 관련되는 손해배상·부당이득반환·원상회복등 청구소송
> 2. 당해 처분등과 관련되는 취소소송
> ② 취소소송에는 사실심의 변론종결시까지 관련청구소송을 병합하거나 피고외의 자를 상대로 한 관련청구소송을 취소소송이 계속된 법원에 병합하여 제기할 수 있다.

002 영업정지 1개월 처분을 받은 甲은 처분에 대한 취소를 구하고 당해 영업정지로 발생하는 영업피해도 구제받고자 한다. 이에 관한 설명으로 옳은 것은? (다툼이 있으면 판례에 따름) 〈2023〉

① 甲은 민사법원에 영업정지처분의 취소를 병합하여 제기할 수 있다.
② 甲이 제기하는 국가배상소송과 취소소송은 행정법원에서 다루어지므로 소의 이송문제가 발생하지 않는다.
③ 甲이 제기한 취소소송의 확정판결이 나오지 않았다면 사실심 변론종결후라도 손해배상소송이 사후병합될 수 있다.
④ 甲은 취소소송과 영업피해에 대한 소송을 관할 행정법원에 병합하여 제기할 수 있다.
⑤ 甲이 제기하는 국가배상소송이 인용되려면 영업정지처분의 취소가 확정되어야 한다.

정답/해설 ④

甲은 영업정지 1개월 처분에 대한 취소소송을 행정법원에 제기하여야 하고, 영업정지로 발생하는 영업피해에 관하여 국가배상청구를 민사소송으로 민사법원에 제기하여야 한다. 이 경우 국가배상청구소송은 관련청구소송에 해당하므로 관련청구소송의 이송·병합이 가능하다.

① (×) 관련청구소송을 취소소송이 계속된 법원(행정법원)으로 이송할 수 있고, 취소소송을 관련청구소송이 계속된 법원으로 병합하여 제기할 수는 없다(제10조 제2항).
② (×) 국가배상청구소송은 민사소송으로서 민사법원에 제기하여야 한다. 따라서 소의 이송문제가 발생한다.
③ (×) 관련청구소송의 병합은 주된 청구가 사실심의 변론종결 전이어야 가능하다(제10조 제2항).
④ (○) 제10조 제2항
⑤ (×)

> **제10조(관련청구소송의 이송 및 병합)**
> ① 취소소송과 다음 각호의 1에 해당하는 소송(이하 "관련청구소송"이라 한다)이 각각 다른 법원에 계속되고 있는 경우에 관련청구소송이 계속된 법원이 상당하다고 인정하는 때에는 당사자의 신청 또는 직권에 의하여 이를 취소소송이 계속된 법원으로 이송할 수 있다.
>   1. 당해 처분등과 관련되는 손해배상·부당이득반환·원상회복등 청구소송
>   2. 당해 처분등과 관련되는 취소소송
> ② 취소소송에는 사실심의 변론종결시까지 관련청구소송을 병합하거나 피고외의 자를 상대로 한 관련청구소송을 취소소송이 계속된 법원에 병합하여 제기할 수 있다.

003 행정소송의 이송·병합에 관한 설명으로 옳지 않은 것은? (다툼이 있으면 판례에 따름) 〈2023〉

① 취소소송에 부당이득반환청구소송이 병합된 경우 부당이득반환청구가 인용되려면 취소판결이 확정되어야 한다.
② 민사소송이 행정소송에 관련청구로 병합되기 위해서는 원칙적으로 그 청구의 발생원인 등이 처분 등과 법률상 또는 사실상 공통되거나, 그 처분의 효력이나 존부 유무가 선결문제로 되는 등의 관계가 있어야 한다.

③ 취소소송에는 사실심의 변론종결시까지 관련청구소송을 병합하여 제기할 수 있다.
④ 국가유공자 비해당결정처분과 보훈보상대상자 비해당결정처분의 취소를 청구하는 것은 동시에 인정될 수 없는 양립불가능한 관계에 있다.
⑤ 행정처분에 대한 무효확인과 취소청구는 서로 양립할 수 없는 청구로 단순 병합은 허용되지 않는다.

정답/해설 ①

① (×) 행정소송법 제10조는 처분의 취소를 구하는 취소소송에 당해 처분과 관련되는 부당이득반환소송을 관련 청구로 병합할 수 있다고 규정하고 있는바, 이 조항을 둔 취지에 비추어 보면, 취소소송에 병합할 수 있는 당해 처분과 관련되는 부당이득반환소송에는 당해 처분의 취소를 선결문제로 하는 부당이득반환청구가 포함되고, 이러한 부당이득반환청구가 인용되기 위해서는 그 소송절차에서 판결에 의해 당해 처분이 취소되면 충분하고 그 처분의 취소가 확정되어야 하는 것은 아니라고 보아야 한다(대판 2009.4.9. 2008두23153).

② (○) 행정소송법 제10조 제1항 제1호는 행정소송에 병합될 수 있는 관련청구에 관하여 '당해 처분 등과 관련되는 손해배상·부당이득반환·원상회복 등의 청구'라고 규정함으로써 그 병합요건으로 본래의 행정소송과의 관련성을 요구하고 있는바, 이는 행정소송에서 계쟁 처분의 효력을 장기간 불확정한 상태에 두는 것은 바람직하지 않다는 관점에서 병합될 수 있는 청구의 범위를 한정함으로써 사건의 심리범위가 확대·복잡화되는 것을 방지하여 그 심판의 신속을 도모하려는 취지라 할 것이므로, 손해배상청구 등의 민사소송이 행정소송에 관련청구로 병합되기 위해서는 그 청구의 내용 또는 발생원인이 행정소송의 대상인 처분 등과 법률상 또는 사실상 공통되거나, 그 처분의 효력이나 존부 유무가 선결문제로 되는 등의 관계에 있어야 함이 원칙이다(대판 2000.10.27. 99두561).

③ (○) 제10조 제2항

> **제10조(관련청구소송의 이송 및 병합)**
> ① 취소소송과 다음 각호의 1에 해당하는 소송(이하 "관련청구소송"이라 한다)이 각각 다른 법원에 계속되고 있는 경우에 관련청구소송이 계속된 법원이 상당하다고 인정하는 때에는 당사자의 신청 또는 직권에 의하여 이를 취소소송이 계속된 법원으로 이송할 수 있다.
>   1. 당해 처분등과 관련되는 손해배상·부당이득반환·원상회복등 청구소송
>   2. 당해 처분등과 관련되는 취소소송
> ② 취소소송에는 사실심의 변론종결시까지 관련청구소송을 병합하거나 피고외의 자를 상대로 한 관련청구소송을 취소소송이 계속된 법원에 병합하여 제기할 수 있다.

④ (○) 국가유공자법과 보훈보상자법은 사망 또는 상이의 주된 원인이 된 직무수행 또는 교육훈련이 국가의 수호·안전보장 또는 국민의 생명·재산 보호와 직접적인 관련이 있는지에 따라 국가유공자와 보훈보상대상자를 구분하고 있으므로, 국가유공자 요건 또는 보훈보상대상자 요건에 해당함을 이유로 국가유공자 비해당결정처분과 보훈보상대상자 비해당결정처분의 취소를 청구하는 것은 동시에 인정될 수 없는 양립불가능한 관계에 있다고 보아야 하고, 이러한 두 처분의 취소청구는 원칙적으로 국가유공자 비해당결정처분 취소청구를 주위적 청구로 하는 주위적·예비적 관계에 있다고 보아야 한다(대판 2016.8.17. 2015두48570).

⑤ (○) 행정처분에 대한 무효확인과 취소청구는 서로 양립할 수 없는 청구로서 주위적·예비적 청구로서만 병합이 가능하고 선택적 청구로서의 병합이나 단순 병합은 허용되지 아니한다(대판 1999.8.20. 97누6889).

004 甲에 대한 처분을 다투는 항고소송이 A행정법원에 계속 중이며 당해 처분과 관련 되는 부당이득 반환소송이 B지방법원에 계속되는 경우 이에 관한 설명으로 옳은 것은? (다툼이 있으면 판례에 따름) 〈2023〉

① 두 소송이 관련청구이면 A행정법원에 자동이송된다.
② 법원은 甲의 신청이 없다면 이송결정을 할 수 없다.
③ 甲의 이송신청에 대하여 B지방법원이 각하결정을 하였다고 하더라도 즉시항고 할 수 없다.
④ 소송을 이송받은 법원은 사건을 다시 다른 법원에 이송하지 못한다.
⑤ 甲이 무효확인소송을 제기한 경우 B지방법원은 직권으로 이송결정을 할 수 없다.

정답/해설 ④

① (×), ② (×) 관련청구소송의 이송은 당사자의 신청 또는 법원의 직권에 의하여 가능하다(제10조 제1항).
③ (×)
④ (○) 민사소송법 제38조 제2항
⑤ (×) 제38조 제1항

> **행정소송법 제10조(관련청구소송의 이송 및 병합)**
> ① 취소소송과 다음 각호의 1에 해당하는 소송(이하 "관련청구소송"이라 한다)이 각각 다른 법원에 계속되고 있는 경우에 관련청구소송이 계속된 법원이 상당하다고 인정하는 때에는 당사자의 신청 또는 직권에 의하여 이를 취소소송이 계속된 법원으로 이송할 수 있다.
>   1. 당해 처분등과 관련되는 손해배상·부당이득반환·원상회복등 청구소송
>   2. 당해 처분등과 관련되는 취소소송
> ② 취소소송에는 사실심의 변론종결시까지 관련청구소송을 병합하거나 피고외의 자를 상대로 한 관련청구소송을 취소소송이 계속된 법원에 병합하여 제기할 수 있다.
>
> **행정소송법 제38조(준용규정)**
> ① 제9조, 제10조, 제13조 내지 제17조, 제19조, 제22조 내지 제26조, 제29조 내지 제31조 및 제33조의 규정은 무효등 확인소송의 경우에 준용한다.
>
> **민사소송법 제38조(이송결정의 효력)**
> ① 소송을 이송받은 법원은 이송결정에 따라야 한다.
> ② 소송을 이송받은 법원은 사건을 다시 다른 법원에 이송하지 못한다.

005 A시장은 청소년에게 주류를 판매하였다는 이유로 식품위생법령에 따라 甲에게 영업정지 2개월에 해당하는 처분(이하, '이 사건 처분')을 하였다. 이에 관한 설명으로 옳은 것은? (다툼이 있으면 판례에 따름) 〈2023〉

① 甲은 행정심판을 거치지 아니하고는 이 사건 처분에 대한 취소소송을 제기할 수 없다.
② 甲은 이 사건 처분에 대해 취소소송과 무효확인소송을 단순 병합하여 제기할 수 없다.
③ 甲이 제기한 행정심판에서 이 사건 처분이 1개월로 감경된 후 취소소송을 제기할 경우 소송의 대상은 2개월에 해당하는 처분이다.
④ A시가 이 사건 처분에 대한 취소소송의 피고이다.
⑤ 행정소송법상 이 사건 처분과 같은 청소년에 관한 사건에 대해서는 행정소송법상 집행정지가 인정되지 않는다.

정답/해설 ②

① (×) 필요적 행정심판전치주의에 해당하는 사례: 세금관련 처분, 도로교통법상 처분, 공무원에 대한 불이익처분사안의 <u>식품위생법상 영업정지처분은 필요적 행정심판전치주의가 적용되지 않는다</u>.
② (○) <u>행정처분에 대한 무효확인과 취소청구</u>는 서로 양립할 수 없는 청구로서 <u>주위적·예비적 청구로서만 병합이 가능</u>하고 선택적 청구로서의 병합이나 단순 병합은 허용되지 아니한다(대판 1999.8.20. 97누6889).
③ (×) 행정심판을 청구하여 원처분보다 감경된 재결이 있는 경우 소송의 대상은 당초처분에서 감경되지 않고 남은 부분이다. 따라서 행정심판의 재결로 영업정지 기간이 1개월로 감경되었다면 남은 1개월 영업정지 기간이 취소소송의 대상이 된다.
④ (×) 취소소송의 피고는 처분등을 행한 행정청이므로 <u>사안의 피고는 A시장이 되어야 한다</u>.
⑤ (×) 청소년에 관한 사건이라고 하여 집행정지가 인정되지 않는 것은 아니고, 집행정지 요건을 갖추지 못한 경우에 집행정지가 인정되지 않는다.

006 항고소송에 있어 관련청구소송의 이송·병합에 관한 설명으로 옳지 않은 것은? (다툼이 있으면 판례에 따름) 〈2020〉

① 피고외의 자를 상대로 한 관련청구소송을 취소소송이 계속된 법원에 병합하여 제기할 수 있다.
② 취소소송을 관련청구소송에 병합하기 위하여 취소소송을 관련청구소송이 계속된 법원으로 이송할 수 있다.
③ 취소소송과 당해 처분등과 관련되는 부당이득반환청구소송은 병합이 가능하다.
④ 관련청구소송의 병합은 주된 청구가 사실심의 변론종결 전이어야 가능하다.
⑤ 주된 취소소송과 관련청구소송은 각각 소송요건을 갖추어야 한다.

정답/해설 ②

① (○) 제10조 제2항

② (×) 관련청구소송을 취소소송이 계속된 법원으로 이송할 수 있을 뿐, 취소소송을 관련청구소송이 계속된 법원으로 이송할 수는 없다(제10조 제1항).

③ (○) 제10조 제2항

④ (○) 제10조 제2항 '사실심의 변론종결시까지'

⑤ (○)

> 제10조(관련청구소송의 이송 및 병합)
> ① 취소소송과 다음 각호의 1에 해당하는 소송(이하 "관련청구소송"이라 한다)이 각각 다른 법원에 계속되고 있는 경우에 관련청구소송이 계속된 법원이 상당하다고 인정하는 때에는 당사자의 신청 또는 직권에 의하여 이를 취소소송이 계속된 법원으로 이송할 수 있다.
> 1. 당해 처분등과 관련되는 손해배상·부당이득반환·원상회복등 청구소송
> 2. 당해 처분등과 관련되는 취소소송
> ② 취소소송에는 사실심의 변론종결시까지 관련청구소송을 병합하거나 피고외의 자를 상대로 한 관련청구소송을 취소소송이 계속된 법원에 병합하여 제기할 수 있다.

007 행정소송법상 관련청구소송에 해당하는 것을 모두 고른 것은? 〈2018〉

> ㄱ. 행정처분 취소소송과 그 위법한 행정처분으로 인하여 손해를 입었음을 이유로 국가배상을 구하는 소
> ㄴ. 행정처분 취소소송과 그 처분의 취소를 선결문제로 하는 부당이득의 반환을 구하는 소
> ㄷ. 수인이 각각 별도로 제기한 동일한 처분의 취소를 구하는 소
> ㄹ. 경원자에 대한 면허처분의 취소를 구하는 소와 자신에 대한 면허거부처분의 취소를 구하는 소

① ㄴ   ② ㄴ, ㄷ   ③ ㄱ, ㄴ, ㄹ   ④ ㄱ, ㄷ, ㄹ   ⑤ ㄱ, ㄴ, ㄷ, ㄹ

정답/해설 ⑤

ㄱ (○), ㄴ (○) 위 소송들은 행정소송법 제10조 제1항 제1호 '당해 처분등과 관련되는 손해배상·부당이득반환·원상회복등 청구소송'에 해당한다.

ㄷ (○), ㄹ (○) 위 소송들은 행정소송법 제10조 제1항 제2호 '당해 처분등과 관련되는 취소소송'에 해당한다.

> 제10조(관련청구소송의 이송 및 병합)
> ① 취소소송과 다음 각호의 1에 해당하는 소송(이하 "관련청구소송"이라 한다)이 각각 다른 법원에 계속되고 있는 경우에 관련청구소송이 계속된 법원이 상당하다고 인정하는 때에는 당사자의 신청 또는 직권

에 의하여 이를 취소소송이 계속된 법원으로 이송할 수 있다.
1. 당해 처분등과 관련되는 손해배상·부당이득반환·원상회복등 청구소송
2. 당해 처분등과 관련되는 취소소송

008 소송의 이송 및 병합에 관한 설명으로 옳지 않은 것은? 〈2018〉

① 관할위반으로 인한 이송과 편의에 의한 이송 및 관련청구소송의 이송이 인정된다.
② 행정소송이 심급을 달리하는 법원에 잘못 제기되어도 원고의 고의 또는 중대한 과실이 없는 경우 관할법원에 이송한다.
③ 주된 청구소송과 관련청구소송의 원·피고가 동일하여야 한다.
④ 관할위반으로 인한 이송의 경우 당사자의 신청권은 인정되지 않는다.
⑤ 취소소송에는 사실심의 변론종결시까지 관련청구소송을 병합할 수 있다.

정답/해설 ③

① (○) 소송의 이송에 대해서 관할위반으로 인한 이송(행정소송법 제7조, 민사소송법 제34조), 편의에 의한 이송(민사소송법 제35조), 관련청구소송의 이송(행정소송법 제10조)이 인정된다.
② (○) 행정소송법 제7조, 민사소송법 제34조 제1항

> **제7조(사건의 이송)**
> 민사소송법 제34조 제1항의 규정은 원고의 고의 또는 중대한 과실없이 행정소송이 심급을 달리하는 법원에 잘못 제기된 경우에도 적용한다.
>
> **민사소송법 제34조(관할위반 또는 재량에 따른 이송)**
> ① 법원은 소송의 전부 또는 일부에 대하여 관할권이 없다고 인정하는 경우에는 결정으로 이를 관할법원에 이송한다.

③ (×) 주된 청구소송은 처분청을 피고로 한 취소소송이고, 관련청구소송은 당해 처분등과 관련이 있는 손해배상·부당이득반환·원상회복등 청구소송이므로 관련청구소송의 피고는 행정주체(국가 또는 공공단체)가 되는 경우가 있을 수 있다. 행정소송법 제10조 제2항에서는 위와 같은 상황에서 주된 취소소송과 관련청구소송을 병합할 수 있다고 규정하고 있다.
④ (○) 당사자가 관할위반을 이유로 한 이송신청을 한 경우에도 이는 단지 법원의 직권발동을 촉구하는 의미밖에 없는 것이고, 따라서 법원은 이 이송신청에 대하여는 재판을 할 필요가 없고, 설사 법원이 이 이송신청을 거부하는 재판을 하였다고 하여도 항고가 허용될 수 없으므로 항고심에서는 이를 각하하여야 한다(대결 전합 1993.12.6. 93마524).
⑤ (○) 제10조 제2항

> **제10조(관련청구소송의 이송 및 병합)**
> ① 취소소송과 다음 각호의 1에 해당하는 소송(이하 "관련청구소송"이라 한다)이 각각 다른 법원에 계속되고 있는 경우에 관련청구소송이 계속된 법원이 상당하다고 인정하는 때에는 당사자의 신청 또는 직권에 의하여 이를 취소소송이 계속된 법원으로 이송할 수 있다.

1. 당해 처분등과 관련되는 손해배상·부당이득반환·원상회복등 청구소송
2. 당해 처분등과 관련되는 취소소송

② 취소소송에는 사실심의 변론종결시까지 관련청구소송을 병합하거나 피고외의 자를 상대로 한 관련청구소송을 취소소송이 계속된 법원에 병합하여 제기할 수 있다.

009 행정소송법상 이송 및 병합에 관한 설명으로 옳지 않은 것은? (다툼이 있으면 판례에 따름)
〈2017〉

① 처분에 관련된 원상회복청구소송이 계속된 법원은 그 처분을 대상으로 한 취소소송이 계속된 법원으로 원상회복청구소송을 이송할 수 있다.
② 무효확인청구와 취소청구의 단순병합은 허용되지 아니한다.
③ 법원은 관련청구소송의 이송을 당사자의 신청과 무관하게 직권으로는 할 수 없다.
④ 취소소송에 부당이득반환청구가 병합된 경우에 부당이득반환청구가 인용되려면 취소판결이 확정되어야 하는 것은 아니다.
⑤ 취소소송에는 피고외의 자를 상대로 한 당해 처분등과 관련되는 취소소송을 병합하여 제기할 수 있다.

정답/해설 ③

① (O), ③ (×) 행정소송법 제10조 제1항
② (O) 행정처분에 대한 **무효확인과 취소청구**는 서로 양립할 수 없는 청구로서 **주위적·예비적 청구로서만 병합이 가능**하고 선택적 청구로서의 병합이나 단순 병합은 허용되지 아니한다(대판 1999.8.20. 97누6889).
④ (O) 행정소송법 제10조는 처분의 취소를 구하는 취소소송에 당해 처분과 관련되는 부당이득반환소송을 관련 청구로 병합할 수 있다고 규정하고 있는바, 이 조항을 둔 취지에 비추어 보면, 취소소송에 병합할 수 있는 당해 처분과 관련되는 부당이득반환소송에는 당해 처분의 취소를 선결문제로 하는 부당이득반환청구가 포함되고, 이러한 **부당이득반환청구가 인용되기 위해서는 그 소송절차에서 판결에 의해 당해 처분이 취소되면 충분하고 그 처분의 취소가 확정되어야 하는 것은 아니라고 보아야 한다**(대판 2009.4.9. 2008두23153).
⑤ (O) 제10조 제2항

제10조(관련청구소송의 이송 및 병합)
① 취소소송과 다음 각호의 1에 해당하는 소송(이하 "관련청구소송"이라 한다)이 각각 다른 법원에 계속되고 있는 경우에 관련청구소송이 계속된 법원이 상당하다고 인정하는 때에는 당사자의 신청 또는 직권에 의하여 이를 취소소송이 계속된 법원으로 이송할 수 있다.
1. 당해 처분등과 관련되는 손해배상·부당이득반환·원상회복등 청구소송
2. 당해 처분등과 관련되는 취소소송

② 취소소송에는 사실심의 변론종결시까지 관련청구소송을 병합하거나 피고외의 자를 상대로 한 관련청구소송을 취소소송이 계속된 법원에 병합하여 제기할 수 있다.

010 행정소송법상 관련청구소송의 병합에 관한 설명으로 옳은 것은? ⟨2016⟩

① 원상회복청구소송은 당해 처분등과 관련되는 경우라도 관련청구소송에 해당되지 않는다.
② 관련청구소송의 병합은 사실심변론종결 이후에도 가능하다.
③ 피고외의 자를 상대로 한 관련청구소송도 병합의 대상이 될 수 있다.
④ 처분의 취소소송은 처분과 관련된 부당이득반환청구소송이 계속된 법원에 병합해야 한다.
⑤ 취소소송의 소송요건이 갖추어졌다면 관련청구소송은 소송요건을 갖추지 않아도 된다.

정답/해설 ③

① (×) 당해 처분등과 관련되는 원상회복청구소송은 관련청구소송이다(제10조 제1항 제1호).
② (×) 관련청구소송의 병합은 사실심의 변론종결시까지 가능하다(제10조 제2항).
③ (○) 피고외의 자를 상대로 한 관련청구소송을 취소소송에 계속된 법원에 병합하여 제기할 수 있다(제10조 제2항).
④ (×) 관련청구소송은 취소소송이 계속된 법원으로 이송할 수 있다(제10조 제1항).
⑤ (×) 관련청구소송의 병합이 적법하기 위해서 주된 취소소송과 관련청구소송은 각각 소송요건을 갖추어야 한다.

> **제10조(관련청구소송의 이송 및 병합)**
> ① 취소소송과 다음 각호의 1에 해당하는 소송(이하 "관련청구소송"이라 한다)이 각각 다른 법원에 계속되고 있는 경우에 관련청구소송이 계속된 법원이 상당하다고 인정하는 때에는 당사자의 신청 또는 직권에 의하여 이를 취소소송이 계속된 법원으로 이송할 수 있다.
>   1. 당해 처분등과 관련되는 손해배상·부당이득반환·원상회복등 청구소송
>   2. 당해 처분등과 관련되는 취소소송
> ② 취소소송에는 사실심의 변론종결시까지 관련청구소송을 병합하거나 피고외의 자를 상대로 한 관련청구소송을 취소소송이 계속된 법원에 병합하여 제기할 수 있다.

011 행정소송법상 관련청구소송의 이송·병합에 관한 설명으로 옳지 않은 것은? (다툼이 있으면 판례에 따름) ⟨2015⟩

① 관련청구소송은 당해 처분등과 관련되는 손해배상·부당이득반환·원상회복등 청구소송 또는 당해 처분등과 관련되는 취소소송을 말한다.
② 관련청구소송의 이송·병합에 관한 규정은 당사자소송에도 준용된다.
③ 관련청구소송의 이송·병합에 관한 규정은 기관소송으로서 처분등의 취소를 구하는 소송에도 준용된다.
④ 관련청구소송의 이송은 당사자의 신청에 의해서는 할 수 없다.
⑤ 관할위반으로 인한 이송은 법원이 직권으로 한다.

정답/해설 ④

① (○), ④ (×) 관련청구소송의 이송은 당사자의 신청 또는 법원의 직권에 의하여 가능하다(제10조 제1항).

> **제10조(관련청구소송의 이송 및 병합)**
> ① 취소소송과 다음 각호의 1에 해당하는 소송(이하 "관련청구소송"이라 한다)이 각각 다른 법원에 계속되고 있는 경우에 관련청구소송이 계속된 법원이 상당하다고 인정하는 때에는 당사자의 신청 또는 직권에 의하여 이를 취소소송이 계속된 법원으로 이송할 수 있다.
> 1. 당해 처분등과 관련되는 손해배상·부당이득반환·원상회복등 청구소송
> 2. 당해 처분등과 관련되는 취소소송

② (○) 당사자소송에서는 관련청구소송의 이송 및 병합에 관한 조문(제10조)을 준용한다(제44조 제2항).

> **제44조(준용규정)**
> ② 제10조의 규정은 당사자소송과 관련청구소송이 각각 다른 법원에 계속되고 있는 경우의 이송과 이들 소송의 병합의 경우에 준용한다.

③ (○) 제46조 제1항

> **제46조(준용규정)**
> ① 민중소송 또는 기관소송으로서 처분등의 취소를 구하는 소송에는 그 성질에 반하지 아니하는 한 취소소송에 관한 규정을 준용한다.

⑤ (○) 수소법원에 재판관할권이 있고 없음은 원래 법원의 직권조사사항으로서 법원은 그 관할에 속하지 아니함을 인정한 때에는 민사소송법 제31조 제1항에 의하여 직권으로 이송결정을 하는 것이고, 소송당사자에게 관할위반을 이유로 하는 이송신청권이 있는 것이 아니다. 그러므로 당사자가 관할위반을 이유로 한 이송신청을 한 경우에도 이는 단지 법원의 직권발동을 촉구하는 의미밖에 없는 것이고, 따라서 법원이 이 이송신청에 대하여서는 재판을 할 필요가 없고, 설사 법원이 이 이송신청을 거부하는 재판을 하였다고 하여도 항고가 허용될 수 없으므로 항고심에서는 이를 각하하여야 하고, 항고심에서 항고를 각하하지 아니하고 항고이유의 당부에 관한 판단을 하여 기각하는 결정을 하였다고 하여도 이 항고기각결정은 항고인에게 아무런 불이익을 주는 것이 아니므로 이 항고심결정에 대하여 재항고를 할 아무런 이익이 없는 것이어서 이에 대한 재항고는 부적법한 것이다(대결 전합 1993.12.6. 93마524).

012 행정소송에 관한 설명으로 옳은 것은? 〈2015〉

① 취소소송과 관련청구소송이 각각 다른 법원에 계속된 경우 취소소송을 관련청구소송이 계속된 법원으로 이송할 수 있다.
② 행정소송에서는 그 특성상 원고의 청구범위를 초월하여 그 이상의 청구를 심리·판결할 수 있다.

③ 모든 행정소송은 3심제로 한다.
④ 공무원 파면처분이 무효인 경우 파면처분무효확인소송과 함께 그 파면처분이 무효임을 전제로 한 공무원지위확인소송을 제기할 수 있다.
⑤ 소송판결은 소송요건의 흠결이 있는 경우 부적법하다고 하여 각하하는 본안판결이다.

정답/해설 ④

① (×) 취소소송을 관련청구소송이 계속되는 법원으로 이송하는 것이 아니고, 관련청구소송을 취소소송이 계속된 법원으로 이송해야 한다.

> **제10조(관련청구소송의 이송 및 병합)**
> ① 취소소송과 다음 각호의 1에 해당하는 소송(이하 "관련청구소송"이라 한다)이 각각 다른 법원에 계속되고 있는 경우에 관련청구소송이 계속된 법원이 상당하다고 인정하는 때에는 당사자의 신청 또는 직권에 의하여 이를 <u>취소소송이 계속된 법원으로 이송</u>할 수 있다.

② (×) 행정소송법 제26조는 법원이 필요하다고 인정할 때에는 직권으로 증거조사를 할 수 있고 당사자가 주장하지 아니한 사실에 대하여 판단할 수 있다고 규정하고 있으나, 이는 <u>행정소송에 있어서 원고의 청구범위를 초월하여 그 이상의 청구를 인용할 수 있다는 뜻이 아니라 원고의 청구범위를 유지하면서 그 범위 내에서 필요에 따라 주장 외의 사실에 관하여 판단할 수 있다는 뜻</u>이고 또 법원의 석명권은 당사자의 진술에 모순, 흠결이 있거나 애매하여 그 진술의 취지를 알 수 없을 때 이를 보완하여 명료하게 하거나 입증책임 있는 당사자에게 입증을 촉구하기 위하여 행사하는 것이지 그 정도를 넘어 당사자에게 새로운 청구를 할 것을 권유하는 것은 석명권의 한계를 넘어서는 것이다(대판 1992.3.10. 91누6030).

③ (×) 대부분의 행정소송은 3심제가 적용되나 ⑴ 민중소송 중 대통령선거 및 국회의원선거에 대한 선거의 효력에 대한 소송, 대통령선거 및 국회의원선거에 대한 당선의 효력에 대한 소송, 국민투표소송 ⑵ 기관소송 중 지방의회의 재의결에 대한 지방자치단체장의 소송, 지방의회의 재의결에 대한 주무부장관이나 시·도지사의 소송 등은 대법원에 제기하는 단심제를 채택하고 있다.

④ (○) 공무원 파면처분이 무효인 경우 파면처분무효확인소송을 제기하여 파면처분이 무효임을 확인받을 수도 있고, 공무원지위확인소송을 제기할 수도 있으며, 파면처분무효확인소송과 함께 공무원지위확인소송을 제기할 수도 있다.

⑤ (×) 소송판결은 소송요건이나 상소요건의 흠결이 있는 경우 소송을 부적법하다고 하여 각하하는 판결이며 본안에 대해서 판단하는 본안판결이 아닌 본안전판결에 해당한다. 본안판결은 본안을 심리한 결과 청구를 인용하는 인용판결, 청구를 기각하는 기각판결로 나뉜다.

013 행정소송법상 관련청구소송의 병합에 관한 설명으로 옳지 않은 것은? 〈2015〉

① 취소소송과 관련청구소송의 병합은 취소소송에 병합하여야 한다.
② 주된 청구가 사실심의 변론종결 전이어야 한다.
③ 주된 청구와 병합하는 관련청구는 각각 소송요건을 모두 적법하게 갖추어야 한다.
④ 주된 청구가 소송요건을 갖추지 못하여 부적법한 경우 그에 병합된 관련 민사상의 청구도 각하하여야 한다는 것이 판례의 입장이다.
⑤ 관련청구소송의 피고는 취소소송의 피고와 동일할 것을 요한다.

정답/해설 ⑤

① (○), ② (○) 취소소송에 관련청구소송을 병합할 수 있고, 주된 청구인 취소소송이 사실심 변론종결 전이어야 한다.

> 제10조(관련청구소송의 이송 및 병합)
> ② 취소소송에는 사실심의 변론종결시까지 관련청구소송을 병합하거나 피고외의 자를 상대로 한 관련청구소송을 취소소송이 계속된 법원에 병합하여 제기할 수 있다.

③ (○) 청구의 병합이 적법하기 위해서는 주된 취소소송과 병합하는 관련청구소송 모두 각각 소송요건을 갖추어야 한다.

④ (○) 행정소송법 제44조, 제10조에 의한 관련청구소송 병합은 본래의 당사자소송이 적법할 것을 요건으로 하는 것이어서 본래의 당사자소송이 부적법하여 각하되면 그에 병합된 관련청구소송도 소송요건을 흠결하여 부적합하므로 각하되어야 한다(대판 2011.9.29. 2009두10963).

⑤ (×) 주된 청구인 취소소송의 피고는 행정청(처분청)이고, 관련청구소송인 부당이득반환청구소송의 피고는 행정주체(국가 등)이므로, 취소소송과 병합된 관련청구소송의 피고는 다를 수 있다.

제2절 소송참가 및 재심청구

014 제3자에 의한 재심청구에 관한 설명으로 옳은 것은? 〈2024〉

① 제3자의 재심청구에 관한 규정은 당사자소송에는 준용되지 않는다.
② 재심청구는 확정판결이 있음을 안 날로부터 90일 이내에 제기하여야 한다.
③ 소송에 참가한 자라도 자기에게 책임없는 사유로 공격 또는 방어방법을 제출하지 못한 제3자는 재심을 청구할 수 있다.
④ 부작위위법확인소송의 경우에는 재심청구가 인정되지 않는다.
⑤ '판결이 확정된 날로부터 1년 이내'라는 재심청구기간은 불변기간이 아니다.

정답/해설 ①

① (○) 당사자소송에서는 취소소송의 규정 중 제9조(재판관할), 제10조(관련청구소송의 이송 및 병합), 제14조(피고경정), 제15조(공동소송), 제16조(제3자의 소송참가), 제17조(행정청의 소송참가), 제21조(소의 변경), 제22조(처분변경으로 인한 소의 변경), 제25조(행정심판기록의 제출명령), 제26조(직권심리), 제30조 제1항(취소판결등의 기속력), 제32조(소송비용의 부담), 제33조(소송비용에 관한 재판의 효력)를 준용하고 있다.

② (×) 제31조 제2항

③ (×) 제31조 제1항

④ (×) 부작위위법확인소송에서는 취소소송에 관한 조문 중 제9조(재판관할), 제10조(관련청구소송의 이송 및 병합), 제13조(피고적격), 제14조(피고경정), 제15조(공동소송), 제16조(제3자의 소송참가), 제17조(행정청의 소송참가), 제18조(행정심판과의 관계), 제19조(취소소송의 대상), 제20조(제소기간), 제21조(소의 변경), 제25조(행정심판기록의 제출명령), 제26조(직권심리), 제27조(재량처분의 취소), 제29조(취소판결등의 효력), 제30조(취소판결등의 기속력), 제31조(제3자에 의한 재심청구), 제33조(소송비용에 관한 재판의 효력), 제34조(거부처분취소판결의 간접강제)를 준용한다.

⑤ (×) 제31조 제3항

> **제31조(제3자에 의한 재심청구)**
> ① 처분등을 취소하는 판결에 의하여 권리 또는 이익의 침해를 받은 제3자는 자기에게 책임없는 사유로 소송에 참가하지 못함으로써 판결의 결과에 영향을 미칠 공격 또는 방어방법을 제출하지 못한 때에는 이를 이유로 확정된 종국판결에 대하여 재심의 청구를 할 수 있다.
> ② 제1항의 규정에 의한 청구는 확정판결이 있음을 안 날로부터 30일 이내, 판결이 확정된 날로부터 1년 이내에 제기하여야 한다.
> ③ 제2항의 규정에 의한 기간은 불변기간으로 한다.

015 행정소송법상 소송참가에 관한 설명으로 옳지 않은 것은? 〈2024〉

① 법원은 다른 행정청을 당사자 또는 당해 행정청의 신청 또는 직권에 의하여 결정으로써 소송에 참가시킬 수 있다.
② 소송참가는 상고심에서도 가능하다.
③ 법원은 제3자의 소송참가를 결정하고자 할 때에는 미리 당사자 및 제3자의 의견을 들어야 한다.
④ 소송에 참가한 제3자는 단순한 보조참가인으로서 소송수행을 한다.
⑤ 소송참가 신청을 한 제3자는 그 신청을 각하한 결정에 대하여 즉시항고할 수 있다.

정답/해설 ④

① (○) 제17조 제1항

> **제17조(행정청의 소송참가)**
> ① 법원은 다른 행정청을 소송에 참가시킬 필요가 있다고 인정할 때에는 당사자 또는 당해 행정청의 신청 또는 직권에 의하여 결정으로써 그 행정청을 소송에 참가시킬 수 있다.
> ② 법원은 제1항의 규정에 의한 결정을 하고자 할 때에는 당사자 및 당해 행정청의 의견을 들어야 한다.
> ③ 제1항의 규정에 의하여 소송에 참가한 행정청에 대하여는 민사소송법 제76조의 규정을 준용한다.

② (○) 적법한 소송이 계속되고 있으면 되므로 상고심에서도 소송참가가 가능하다.
③ (○) 제16조 제1항
④ (×) 소송에 참가한 제3자는 민사소송법 제67조가 준용되므로 공동소송적 보조참가인의 지위와 유사한 것으로 본다.
⑤ (○)

> **제16조(제3자의 소송참가)**
> ① 법원은 소송의 결과에 따라 권리 또는 이익의 침해를 받을 제3자가 있는 경우에는 당사자 또는 제3자의 신청 또는 직권에 의하여 결정으로써 그 제3자를 소송에 참가시킬 수 있다.
> ② 법원이 제1항의 규정에 의한 결정을 하고자 할 때에는 미리 당사자 및 제3자의 의견을 들어야 한다.
> ③ 제1항의 규정에 의한 신청을 한 제3자는 그 신청을 각하한 결정에 대하여 즉시항고할 수 있다.
> ④ 제1항의 규정에 의하여 소송에 참가한 제3자에 대하여는 민사소송법 제67조의 규정을 준용한다.

016 행정소송에 있어 소송참가에 관한 설명으로 옳지 않은 것은? (다툼이 있으면 판례에 따름) 〈2023〉

① 법원은 소송의 결과에 따라 권리의 침해를 받을 제3자가 있는 경우 그 제3자를 소송에 참가시킬 수 있다.
② 법원이 제3자를 소송에 참가시킬 결정을 하고자 할 때에는 미리 당사자 및 제3자의 의견을 들어야 한다.
③ 행정소송 사건에서 「민사소송법」상 보조참가의 요건을 갖춘 경우에도 「민사소송법」상 보조참가가 허용되는 것은 아니다.
④ 제3자가 참가신청을 하였으나 각하된 경우 그 제3자는 각하결정에 대하여 즉시항고할 수 있다.
⑤ 특정 소송사건에서 당사자 일방을 보조하기 위해 보조참가를 하려면 소송결과에 법률상 이해관계가 있어야 한다.

정답/해설 ③

① (O) 제16조 제1항
② (O) 제16조 제2항
③ (×) 행정소송 사건에서 참가인이 한 보조참가가 행정소송법 제16조가 규정한 제3자의 소송참가에 해당하지 않는 경우에도, 판결의 효력이 참가인에게까지 미치는 점 등 행정소송의 성질에 비추어 보면 그 참가는 민사소송법 제78조에 규정된 공동소송적 보조참가이다(대판 2013.3.28. 2011두13729).
④ (O) 제16조 제3항
⑤ (O) 학교법인의 이사장직무대행자가 학교법인의 이름으로 관할청인 피고를 돕기 위하여 임원취임승인취소처분의 취소를 구하는 소송에 보조참가를 함에 있어 이사회의 특별수권결의를 거칠 필요는 없다고 할 것이고, 한편 임원취임승인취소처분이 취소되어 원고가 학교법인의 이사 및 이사장으로서의 지위를 회복하게 되면 학교법인으로서는 결과적으로 그 의사와 관계없이 이사회의 구성원이나 대표자가 변경되는 관계에 있다고 할 것이고, 이는 위 취소소송의 결과에 의하여 그 법률상의 지위가 결정되는 관계로서 보조참가의 요건인 법률상 이해관계에 해당한다(대판 2003.5.30. 2002두11073).

제16조(제3자의 소송참가)
① 법원은 소송의 결과에 따라 권리 또는 이익의 침해를 받을 제3자가 있는 경우에는 당사자 또는 제3자의 신청 또는 직권에 의하여 결정으로써 그 제3자를 소송에 참가시킬 수 있다.
② 법원이 제1항의 규정에 의한 결정을 하고자 할 때에는 미리 당사자 및 제3자의 의견을 들어야 한다.
③ 제1항의 규정에 의한 신청을 한 제3자는 그 신청을 각하한 결정에 대하여 즉시항고할 수 있다.
④ 제1항의 규정에 의하여 소송에 참가한 제3자에 대하여는 민사소송법 제67조의 규정을 준용한다.

017 제3자에 의한 재심청구에 관하여 ( )에 들어갈 내용을 옳게 나열한 것은? ⟨2023⟩

> 처분등을 취소하는 판결에 의하여 권리 또는 이익의 침해를 받은 제3자는 자기에게 책임없는 사유로 소송에 참가하지 못함으로써 판결의 결과에 영향을 미칠 공격 또는 방어방법을 제출하지 못한 때에는 이를 이유로 확정된 종국판결에 대하여 확정판결이 있음을 안 날로부터 (ㄱ) 이내, 판결이 확정된 날로부터 (ㄴ) 이내에 제기하여야 한다.

① ㄱ: 30일, ㄴ: 60일
② ㄱ: 30일, ㄴ: 90일
③ ㄱ: 30일, ㄴ: 1년
④ ㄱ: 60일, ㄴ: 120일
⑤ ㄱ: 60일, ㄴ: 1년

정답/해설 ③

제31조 제2항

> 제31조(제3자에 의한 재심청구)
> ① 처분등을 취소하는 판결에 의하여 권리 또는 이익의 침해를 받은 제3자는 자기에게 책임없는 사유로 소송에 참가하지 못함으로써 판결의 결과에 영향을 미칠 공격 또는 방어방법을 제출하지 못한 때에는 이를 이유로 확정된 종국판결에 대하여 재심의 청구를 할 수 있다.
> ② 제1항의 규정에 의한 청구는 확정판결이 있음을 안 날로부터 30일 이내, 판결이 확정된 날로부터 1년 이내에 제기하여야 한다.
> ③ 제2항의 규정에 의한 기간은 불변기간으로 한다.

018 甲이 A행정청을 피고로 하여 제기한 취소소송에서, 乙은 그 소송의 결과에 따라 권리의 침해를 받을 수 있다. 乙과 피고가 아닌 B행정청의 소송참가에 관한 설명으로 옳은 것은? (다툼이 있으면 판례에 따름) ⟨2021⟩

① 법원이 B행정청의 소송참가를 결정할 때에는 甲과 A행정청의 의견을 들어야 할 뿐 B행정청의 의견까지 들어야 하는 것은 아니다.
② B행정청은 「행정소송법」상 행정청의 소송참가를 할 수 있을 뿐 「민사소송법」상 보조참가를 할 수는 없다.
③ 乙의 소송참가는 당사자의 신청 또는 법원의 직권에 의하여 할 수 있을 뿐 乙 자신이 소송참가를 신청할 수는 없다.
④ 乙은 「행정소송법」상 제3자의 소송참가를 할 수 있을 뿐 「민사소송법」상 보조참가의 요건을 갖추었더라도 「민사소송법」상 보조참가를 할 수는 없다.
⑤ 乙을 소송에 참가시키는 법원의 결정이 있었을 뿐 乙이 현실적으로 소송에 참가하여 소송행위를 하지 않았다면 乙에게는 판결의 효력이 미치지 않는다.

정답/해설 ②

① (×) 당사자 및 당해행정청의 의견을 들어야 한다(제17조 제2항).

> **제17조(행정청의 소송참가)**
> ① 법원은 다른 행정청을 소송에 참가시킬 필요가 있다고 인정할 때에는 당사자 또는 당해 행정청의 신청 또는 직권에 의하여 결정으로써 그 행정청을 소송에 참가시킬 수 있다.
> ② 법원은 제1항의 규정에 의한 결정을 하고자 할 때에는 당사자 및 당해 행정청의 의견을 들어야 한다.

② (○) 타인 사이의 항고소송에서 소송의 결과에 관하여 이해관계가 있다고 주장하면서 민사소송법(2002. 1. 26. 법률 제6626호로 전문 개정된 것) 제71조에 의한 보조참가를 할 수 있는 제3자는 민사소송법상의 당사자능력 및 소송능력을 갖춘 자이어야 하므로 그러한 당사자능력 및 소송능력이 없는 행정청으로서는 민사소송법상의 보조참가를 할 수는 없고 다만 행정소송법 제17조 제1항에 의한 소송참가를 할 수 있을 뿐이다(대판 2002.9.24. 99두1519).

③ (×) 乙은 소송의 제3자로서 소송참가를 신청할 수 있다(제16조 제1항).

> **제16조(제3자의 소송참가)**
> ① 법원은 소송의 결과에 따라 권리 또는 이익의 침해를 받을 제3자가 있는 경우에는 당사자 또는 제3자의 신청 또는 직권에 의하여 결정으로써 그 제3자를 소송에 참가시킬 수 있다.

④ (×) 행정소송사건에서 민사소송법상 보조참가의 요건을 갖춘 경우 민사소송법상 보조참가가 허용된다.

⑤ (×) 참가인은 현실적으로 소송행위를 하였는지 여부에 관계없이 참가한 소송의 판결의 효력을 받는다.

---

019 제3자의 소송참가에 관한 설명으로 옳지 않은 것은? (다툼이 있으면 판례에 따름) 〈2020〉

① 제3자의 소송참가는 타인의 취소소송이 적법하게 제기되고 있어야 하나 소송이 어느 심급에 있는가는 불문한다.
② 참가하는 제3자에는 국가 또는 지방자치단체도 포함될 수 있다.
③ 법원은 소송의 결과에 따라 권리를 침해받을 제3자가 있는 경우에는 당사자의 신청에 의하여 결정으로써 그 제3자를 소송에 참가시킬 수 있다.
④ 참가하는 제3자는 그 신청을 각하한 결정에 대하여 즉시항고할 수 있다.
⑤ 제3자의 소송참가가 허용되기 위하여는 당해소송의 결과에 따라 제3자의 권리 또는 이익이 침해되어야 하고, 이때의 이익은 법률상 이익 및 단순한 사실상의 이익을 포함한다.

정답/해설 ⑤

① (○) 소송이 어떤 심급에 있는가는 묻지 않고 인정되지만, 소가 적법하여야 한다.
② (○) 신설되는 항만의 명칭결정 등의 취소를 구하는 소송에 대하여 지방자치단체들이 제3자 소송참가신청을 한 사안에서, 그 소송 결과에 따라 침해되는 법률상 이익이 없어 위 신청이

부적법하다고 한 사례(국가 또는 지방자치단체가 당해 소송에 참가하는 제3자가 되는 경우도 있을 수 있으나, 위 사안에서는 원고적격이 인정되지 않은 것)(대판 2008.5.29. 2007두23873)

③ (○) 제16조 제1항

> 제16조(제3자의 소송참가)
> ① 법원은 소송의 결과에 따라 권리 또는 이익의 침해를 받을 제3자가 있는 경우에는 당사자 또는 제3자의 신청 또는 직권에 의하여 결정으로써 그 제3자를 소송에 참가시킬 수 있다.

④ (○) 제16조 제3항

> 제16조(제3자의 소송참가)
> ③ 제1항의 규정에 의한 신청을 한 제3자는 그 신청을 각하한 결정에 대하여 즉시항고할 수 있다.

⑤ (×) 행정소송법 제16조 소정의 제3자의 소송참가가 허용되기 위하여는 당해 소송의 결과에 따라 제3자의 권리 또는 이익이 침해되어야 하고, 이 때의 이익은 법률상 이익을 말하며 단순한 사실상의 이익이나 경제상의 이익은 포함되지 않는다(대판 2008.5.29. 2007두23873).

020 행정청의 소송참가에 관한 설명으로 옳지 않은 것은? (다툼이 있으면 판례에 따름) 〈2020〉

① 행정심판의 재결이 취소소송의 대상이 된 경우 원처분청을 소송에 참가시킬 수 있다.
② 법원이 행정청의 소송참가를 결정하고자 할 때에는 당사자 및 당해행정청의 의견을 들어야 한다.
③ 참가인은 참가할 때의 소송의 진행정도에 따라 할 수 없는 소송행위를 제외하고, 소송에 관하여 공격·방어·이의·상소 그 밖의 모든 소송행위를 할 수 있다.
④ 참가인의 소송행위가 피참가인의 소송행위에 어긋나는 경우에는 그 참가인의 소송행위는 효력을 가지지 아니한다.
⑤ 행정청의 소송참가는 당사자의 신청이나 법원의 직권에 의해 결정되나 당해행정청이 소송참가를 신청할 수는 없다.

정답/해설 ⑤

① (○) 재결이 취소소송의 대상이 된 경우 참가하는 행정청은 원처분청이 된다.
② (○) 제17조 제2항
③ (○), ④ (○) 제17조 제3항은 민사소송법 제76조를 준용하고 있다.
⑤ (×) 제17조 제1항

> 제17조(행정청의 소송참가)
> ① 법원은 다른 행정청을 소송에 참가시킬 필요가 있다고 인정할 때에는 당사자 또는 당해 행정청의 신청 또는 직권에 의하여 결정으로써 그 행정청을 소송에 참가시킬 수 있다.
> ② 법원은 제1항의 규정에 의한 결정을 하고자 할 때에는 당사자 및 당해 행정청의 의견을 들어야 한다.

③ 제1항의 규정에 의하여 소송에 참가한 행정청에 대하여는 민사소송법 제76조의 규정을 준용한다.

민사소송법 제76조(참가인의 소송행위)
① 참가인은 소송에 관하여 공격·방어·이의·상소, 그 밖의 모든 소송행위를 할 수 있다. 다만, 참가할 때의 소송의 진행정도에 따라 할 수 없는 소송행위는 그러하지 아니하다.
② 참가인의 소송행위가 피참가인의 소송행위에 어긋나는 경우에는 그 참가인의 소송행위는 효력을 가지지 아니한다.

021 제3자에 의한 재심청구에 관하여 ( ) 안에 들어갈 내용을 옳게 나열한 것은? 〈2019〉

> 제3자에 의한 재심청구는 확정판결이 있음을 안 날로부터 (ㄱ) 이내, 판결이 확정된 날로부터 (ㄴ) 이내에 제기하여야 한다.

① ㄱ : 14일, ㄴ : 30일　② ㄱ : 14일, ㄴ : 60일　③ ㄱ : 30일, ㄴ : 90일
④ ㄱ : 30일, ㄴ : 1년　⑤ ㄱ : 60일, ㄴ : 1년

정답/해설 ④

제31조 제2항

제31조(제3자에 의한 재심청구)
② 제1항의 규정에 의한 청구는 확정판결이 있음을 안 날로부터 30일 이내, 판결이 확정된 날로부터 1년 이내에 제기하여야 한다.

022 행정소송법상 소송참가에 관한 설명으로 옳지 않은 것은? 〈2019〉

① 행정소송법은 제3자의 소송참가와 행정청의 소송참가를 규정하고 있다.
② 취소소송에서의 행정청의 소송참가 규정은 민중소송에는 준용되지 아니한다.
③ 제3자의 소송참가가 허용되기 위하여는 당해 소송의 결과에 따라 제3자의 권리 또는 이익이 침해되어야 한다.
④ 제3자의 소송참가는 당사자 또는 제3자의 신청 또는 직권에 의하여 법원이 결정한다.
⑤ 참가행정청의 소송행위가 피참가인의 소송행위와 어긋나는 때에는 그 효력이 없다.

정답/해설 ②

① (○), ③ (○), ④ (○) 제16조(제3자의 소송참가), 제17조(행정청의 소송참가)

제16조(제3자의 소송참가)
① 법원은 소송의 결과에 따라 권리 또는 이익의 침해를 받을 제3자가 있는 경우에는 당사자 또는 제3자의 신청 또는 직권에 의하여 결정으로써 그 제3자를 소송에 참가시킬 수 있다.

② 법원이 제1항의 규정에 의한 결정을 하고자 할 때에는 미리 당사자 및 제3자의 의견을 들어야 한다.
③ 제1항의 규정에 의한 신청을 한 제3자는 그 신청을 각하한 결정에 대하여 즉시항고할 수 있다.
④ 제1항의 규정에 의하여 소송에 참가한 제3자에 대하여는 민사소송법 제67조의 규정을 준용한다.

② (×) 제46조 제1항

제46조(준용규정)
① 민중소송 또는 기관소송으로서 처분등의 취소를 구하는 소송에는 그 성질에 반하지 아니하는 한 취소소송에 관한 규정을 준용한다.

⑤ (○) 제17조 제3항, 민사소송법 제76조 제2항

제17조(행정청의 소송참가)
① 법원은 다른 행정청을 소송에 참가시킬 필요가 있다고 인정할 때에는 당사자 또는 당해 행정청의 신청 또는 직권에 의하여 결정으로써 그 행정청을 소송에 참가시킬 수 있다.
② 법원은 제1항의 규정에 의한 결정을 하고자 할 때에는 당사자 및 당해 행정청의 의견을 들어야 한다.
③ 제1항의 규정에 의하여 소송에 참가한 행정청에 대하여는 민사소송법 제76조의 규정을 준용한다.

민사소송법 제76조(참가인의 소송행위)
① 참가인은 소송에 관하여 공격·방어·이의·상소, 그 밖의 모든 소송행위를 할 수 있다. 다만, 참가할 때의 소송의 진행정도에 따라 할 수 없는 소송행위는 그러하지 아니하다.
② 참가인의 소송행위가 피참가인의 소송행위에 어긋나는 경우에는 그 참가인의 소송행위는 효력을 가지지 아니한다.

023 판례상 행정소송에 있어서 제3자의 소송참가의 성질은? 〈2018〉

① 공동소송
② 보조참가
③ 공동소송참가
④ 독립당사자참가
⑤ 공동소송적 보조참가

정답/해설 ⑤

제3자의 소송참가에는 민사소송법 제67조의 규정이 준용되므로 참가인은 공동소송적 보조참가인의 지위를 갖게 된다.

민사소송법 제67조(필수적 공동소송에 대한 특별규정)
① 소송목적이 공동소송인 모두에게 합일적으로 확정되어야 할 공동소송의 경우에 공동소송인 가운데 한 사람의 소송행위는 모두의 이익을 위하여서만 효력을 가진다.
② 제1항의 공동소송에서 공동소송인 가운데 한 사람에 대한 상대방의 소송행위는 공동소송인 모두에게 효력이 미친다.

③ 제1항의 공동소송에서 공동소송인 가운데 한 사람에게 소송절차를 중단 또는 중지하여야 할 이유가 있는 경우 그 중단 또는 중지는 모두에게 효력이 미친다.

024 소송참가에 관한 설명으로 옳은 것은? (다툼이 있으면 판례에 따름) 〈2017〉

① 제3자의 소송참가를 위해 요구되는 이익에는 단순한 경제상의 이익도 포함된다.
② 제3자의 소송참가에서 제3자에 국가 또는 지방자치단체는 포함되지 아니한다.
③ 부작위위법확인소송에서 제3자의 소송참가는 허용되지 아니한다.
④ 행정청은 「민사소송법」상 보조참가를 할 수 없고 「행정소송법」상 행정청의 소송참가를 할 수 있을 뿐이다.
⑤ 행정소송사건에서 참가인이 한 보조참가는 「행정소송법」상 제3자의 소송참가에 해당하지 않는다면 「민사소송법」상 보조참가의 요건을 갖춘 경우라도 허용되지 아니한다.

정답/해설 ④

① (×) 행정소송법 제16조 소정의 제3자의 소송참가가 허용되기 위하여는 당해 소송의 결과에 따라 제3자의 권리 또는 이익이 침해되어야 하고, 이 때의 이익은 법률상 이익을 말하며 단순한 사실상의 이익이나 경제상의 이익은 포함되지 않는다(대판 2008.5.29. 2007두23873).
② (×) 제3자라 함은 소송당사자 이외의 자를 말하며, 국가 또는 지방자치단체가 제3자가 되는 경우도 있을 수 있다.
③ (×) 부작위위법확인소송에서는 취소소송의 제3자의 소송참가에 대한 조문(제16조)을 준용한다(제38조 제2항).
④ (○) 타인 사이의 항고소송에서 소송의 결과에 관하여 이해관계가 있다고 주장하면서 민사소송법 제71조에 의한 보조참가를 할 수 있는 제3자는 민사소송법상의 당사자능력 및 소송능력을 갖춘 자이어야 하므로 그러한 당사자능력 및 소송능력이 없는 <u>행정청으로서는 민사소송법상 보조참가를 할 수는 없고 다만 행정소송법 제17조 제1항에 의한 소송참가를 할 수 있을 뿐이다</u>(행정청에 불과한 서울특별시장의 보조참가신청을 부적법하다고 한 사례)(대판 2002.9.24. 99두1519).
⑤ (×) 행정소송 사건에서 참가인이 한 보조참가가 행정소송법 제16조가 규정한 제3자의 소송참가에 해당하지 않는 경우에도, 판결의 효력이 참가인에게까지 미치는 점 등 행정소송의 성질에 비추어 보면 그 참가는 민사소송법 제78조에 규정된 공동소송적 보조참가이다(대판 2013.3.28. 2011두13729).

025 행정소송법상 소송참가에 관한 설명으로 옳지 않은 것은? (다툼이 있으면 판례에 따름) 〈2016〉

① 법원은 직권으로 제3자의 소송참가를 결정할 수 있다.
② 제3자의 소송참가는 소송이 어느 심급에 있는가는 불문한다.
③ 법원이 제3자의 소송참가를 결정할 때에는 미리 당사자의 동의를 얻어야 한다.
④ 소송결과에 대하여 사실상의 이해관계가 있다는 것만으로는 소송참가가 인정되지 않는다.
⑤ 소송참가를 신청한 제3자는 그 신청을 각하한 결정에 대하여 즉시항고할 수 있다.

정답/해설 ③

① (○) 제16조 제1항

> 제16조(제3자의 소송참가)
> ① 법원은 소송의 결과에 따라 권리 또는 이익의 침해를 받을 제3자가 있는 경우에는 당사자 또는 제3자의 신청 또는 직권에 의하여 결정으로써 그 제3자를 소송에 참가시킬 수 있다.

② (○) 제3자의 소송참가는 소송이 어떠한 심급에 있는가는 묻지 않고 인정된다.
③ (×) 법원은 제3자의 소송참가를 결정할 때에 당사자 및 제3자의 의견을 들어야 하지만 동의를 얻어야 하는 것은 아니다.

> 제16조(제3자의 소송참가)
> ② 법원이 제1항의 규정에 의한 결정을 하고자 할 때에는 미리 당사자 및 제3자의 의견을 들어야 한다.

④ (○) 원심은, 행정소송법 제16조 소정의 제3자의 소송참가가 허용되기 위하여는 당해 소송의 결과에 따라 제3자의 권리 또는 이익이 침해되어야 하고, 이 때의 이익은 법률상 이익을 말하며 단순한 사실상의 이익이나 경제상의 이익은 포함되지 않는데, 원고들이 참가를 구하는 제3자들은 원고들이 속한 관련 지방자치단체들로서 이 사건의 쟁점은 단순히 신설되는 항만을 어떻게 호칭하고 다른 항만과 구별하여 특정할 것인가의 문제에 불과할 뿐이고 그 항만에 부여되는 지리적 명칭에 따라 그 항만의 배후부지가 관련 자치단체의 관할구역에 편입되는 법적 효력이 생긴다거나 관련 자치단체인 참가인들이 그 지리적 명칭으로 인하여 권리관계나 법적 지위에 어떠한 영향을 받는다고 인정되지도 아니하므로 이 사건 소송의 결과에 의하여 위 제3자들의 법률상 이익이 침해된다고 할 수 없고, 따라서 원고들의 이 사건 제3자 소송참가신청은 부적법하다고 판단하였다.

관련 법리 및 기록에 의하여 살펴보면, 원심의 판단은 정당하고, 상고이유의 주장과 같은 이유모순, 법원조직법 제2조 제1항 위반, 소송참가에 따른 법률상 이익에 관한 법리오해 등의 위법이 없다(대판 2008.5.29. 2007두23873).

⑤ (○) 제16조 제3항

> 제16조(제3자의 소송참가)
> ③ 제1항의 규정에 의한 신청을 한 제3자는 그 신청을 각하한 결정에 대하여 즉시항고할 수 있다.

026 취소소송의 소송참가에 관한 설명으로 옳지 않은 것은? (다툼이 있으면 판례에 따름) 〈2015〉

① 제3자가 소송참가인의 지위를 취득하였다 하더라도 실제 소송에 참가하여 소송행위를 하지 않은 경우 그 자에게는 당해 판결의 효력이 미치지 않는다.
② 법원은 다른 행정청을 소송에 참가시킬 필요가 있다고 인정할 때에는 직권에 의하여 결정으로써 그 행정청을 소송에 참가시킬 수 있다.
③ 제3자의 소송참가의 요건은 당해 소송의 결과에 따라 제3자의 권리 또는 이익이 침해되어야 하고, 이때의 이익에는 단순한 사실상의 이익은 포함되지 않는다.
④ 법원이 제3자의 소송참가결정을 하고자 할 때에는 미리 당사자 및 제3자의 의견을 들어야 한다.
⑤ 법원은 소송의 결과에 따라 권리를 침해 받을 제3자가 있는 경우에는 당사자의 신청에 의하여 결정으로써 그 제3자를 소송에 참가시킬 수 있다.

정답/해설 ①

① (×) 소송에 참가한 제3자가 현실적으로 소송에 참가하여 소송행위를 하지 않았다고 하더라도 제3자에게는 당해 판결의 효력이 미친다.
② (○) 제17조 제1항

> **제17조(행정청의 소송참가)**
> ① 법원은 다른 행정청을 소송에 참가시킬 필요가 있다고 인정할 때에는 당사자 또는 당해 행정청의 신청 또는 직권에 의하여 결정으로써 그 행정청을 소송에 참가시킬 수 있다.

③ (○) 원심은, 행정소송법 제16조 소정의 제3자의 소송참가가 허용되기 위하여는 당해 소송의 결과에 따라 제3자의 권리 또는 이익이 침해되어야 하고, 이 때의 이익은 법률상 이익을 말하며 단순한 사실상의 이익이나 경제상의 이익은 포함되지 않는데, 원고들이 참가를 구하는 제3자들은 원고들이 속한 관련 지방자치단체들로서 이 사건의 쟁점은 단순히 신설되는 항만을 어떻게 호칭하고 다른 항만과 구별하여 특정할 것인가의 문제에 불과할 뿐이고 그 항만에 부여되는 지리적 명칭에 따라 그 항만의 배후부지가 관련 자치단체의 관할구역에 편입되는 법적 효력이 생긴다거나 관련 자치단체인 참가인들이 그 지리적 명칭으로 인하여 권리관계나 법적 지위에 어떠한 영향을 받는다고 인정되지도 아니하므로 이 사건 소송의 결과에 의하여 위 제3자들의 법률상 이익이 침해된다고 할 수 없고, 따라서 원고들의 이 사건 제3자 소송참가신청은 부적법하다고 판단하였다. 관련 법리 및 기록에 의하여 살펴보면, 원심의 판단은 정당하고, 상고이유의 주장과 같은 이유모순, 법원조직법 제2조 제1항 위반, 소송참가에 따른 법률상 이익에 관한 법리오해 등의 위법이 없다(대판 2008.5.29. 2007두23873).

④ (○), ⑤ (○) 제16조

> **제16조(제3자의 소송참가)**
> ① 법원은 소송의 결과에 따라 권리 또는 이익의 침해를 받을 제3자가 있는 경우에는 당사자 또는 제3자의 신청 또는 직권에 의하여 결정으로써 그 제3자를 소송에 참가시킬 수 있다.
> ② 법원이 제1항의 규정에 의한 결정을 하고자 할 때에는 미리 당사자 및 제3자의 의견을 들어야 한다.

제3절 소의 변경

027 소를 변경하는 경우 처음에 소를 제기한 때 제기된 것으로 보는 경우를 모두 고른 것은? (다툼이 있으면 판례에 따름) 〈2024〉

> ㄱ. 취소소송을 당사자소송으로 변경하는 경우
> ㄴ. 무효확인소송을 취소소송으로 변경하는 경우
> ㄷ. 당사자소송을 취소소송으로 변경하는 경우
> ㄹ. 이송결정이 확정된 후 민사소송을 취소소송으로 변경하는 경우

① ㄱ ② ㄱ, ㄹ ③ ㄴ, ㄷ
④ ㄴ, ㄷ, ㄹ ⑤ ㄱ, ㄴ, ㄷ, ㄹ

정답/해설 ⑤

ㄱ (○) 취소소송을 당사자소송으로 변경할 수 있으며(제21조 제1항), 소가 변경되면 처음에 소를 제기한 때에 제기된 것으로 본다(제21조 제4항, 제14조 제4항).

ㄴ (○) 무효확인소송을 취소소송으로 변경할 수 있으며(제37조), 소가 변경되면 처음에 소를 제기한 때에 제기된 것으로 본다(제37조, 제21조 제4항, 제14조 제4항).

ㄷ (○) 당사자소송을 취소소송으로 변경할 수 있으며(제42조), 소가 변경되면 처음에 소를 제기한 때에 제기된 것으로 본다(제42조, 제21조 제4항, 제14조 제4항).

ㄹ (○) 원고가 행정소송법상 항고소송으로 제기해야 할 사건을 민사소송으로 잘못 제기한 경우에 수소법원이 그 항고소송에 대한 관할을 가지고 있지 아니하여 관할법원에 이송하는 결정을 하였고, 그 이송결정이 확정된 후 원고가 항고소송으로 소 변경을 하였다면, 그 항고소송에 대한 제소기간의 준수 여부는 원칙적으로 처음에 소를 제기한 때를 기준으로 판단하여야 한다(대판 2022.11.17. 2021두44425).

제14조(피고경정)
④ 제1항의 규정에 의한 결정이 있은 때에는 새로운 피고에 대한 소송은 처음에 소를 제기한 때에 제기된 것으로 본다.

제21조(소의 변경)
① 법원은 취소소송을 당해 처분등에 관계되는 사무가 귀속하는 국가 또는 공공단체에 대한 당사자소송 또는 취소소송외의 항고소송으로 변경하는 것이 상당하다고 인정할 때에는 청구의 기초에 변경이 없는 한 사실심의 변론종결시까지 원고의 신청에 의하여 결정으로써 소의 변경을 허가할 수 있다.
② 제1항의 규정에 의한 허가를 하는 경우 피고를 달리하게 될 때에는 법원은 새로이 피고로 될 자의 의견을 들어야 한다.
③ 제1항의 규정에 의한 허가결정에 대하여는 즉시항고할 수 있다.
④ 제1항의 규정에 의한 허가결정에 대하여는 제14조제2항·제4항 및 제5항의 규정을 준용한다.

제37조(소의 변경)
제21조의 규정은 무효등 확인소송이나 부작위위법확인소송을 취소소송 또는 당사자소송으로 변경하는 경우에 준용한다.

제42조(소의 변경)
제21조의 규정은 당사자소송을 항고소송으로 변경하는 경우에 준용한다.

028 소의 변경에 관한 설명으로 옳은 것을 모두 고른 것은? (다툼이 있으면 판례에 따름) 〈2023〉

ㄱ. 소의 청구취지변경을 불허하는 결정에 대해서는 독립하여 항고할 수 있다.
ㄴ. 처분변경으로 인한 소의 변경 신청은 처분의 변경이 있음을 안 날로부터 60일 이내에 하여야 한다.
ㄷ. 소의 변경을 허가하는 결정에 대하여 새로운 소의 피고는 즉시항고할 수 없다.
ㄹ. 처분 변경으로 인한 소의 변경은 취소소송, 무효등 확인소송 및 당사자소송에서 인정된다.

① ㄱ, ㄷ   ② ㄴ, ㄹ   ③ ㄱ, ㄷ, ㄹ   ④ ㄴ, ㄷ, ㄹ   ⑤ ㄱ, ㄴ, ㄷ, ㄹ

정답/해설 ②

ㄱ (×) 청구취지변경을 불허한 결정에 대하여는 독립하여 항고할 수 없고 종국판결에 대한 상소로써만 다툴 수 있다(대판 1992.9.25. 92누5096).

ㄴ (○) 제22조 제2항

ㄷ (×) 제21조 제3항

ㄹ (○) 처분변경으로 인한 소의 변경은 취소소송(제22조), 무효등확인소송(제38조 제1항), 당사자소송(제44조 제1항)에서 인정된다.

제21조(소의 변경)
① 법원은 취소소송을 당해 처분등에 관계되는 사무가 귀속하는 국가 또는 공공단체에 대한 당사자소송 또는 취소소송외의 항고소송으로 변경하는 것이 상당하다고 인정할 때에는 청구의 기초에 변경이 없는 한 사실심의 변론종결시까지 원고의 신청에 의하여 결정으로써 소의 변경을 허가할 수 있다.
② 제1항의 규정에 의한 허가를 하는 경우 피고를 달리하게 될 때에는 법원은 새로이 피고로 될 자의 의견을 들어야 한다.
③ 제1항의 규정에 의한 허가결정에 대하여는 즉시항고할 수 있다.
④ 제1항의 규정에 의한 허가결정에 대하여는 제14조 제2항·제4항 및 제5항의 규정을 준용한다.

제22조(처분변경으로 인한 소의 변경)
① 법원은 행정청이 소송의 대상인 처분을 소가 제기된 후 변경한 때에는 원고의 신청에 의하여 결정으로써 청구의 취지 또는 원인의 변경을 허가할 수 있다.
② 제1항의 규정에 의한 신청은 처분의 변경이 있음을 안 날로부터 60일 이내에 하여야 한다.

③ 제1항의 규정에 의하여 변경되는 청구는 제18조 제1항 단서의 규정에 의한 요건을 갖춘 것으로 본다.

제38조(준용규정)
① 제9조, 제10조, 제13조 내지 제17조, 제19조, 제22조 내지 제26조, 제29조 내지 제31조 및 제33조의 규정은 무효등 확인소송의 경우에 준용한다.

제44조(준용규정)
① 제14조 내지 제17조, 제22조, 제25조, 제26조, 제30조 제1항, 제32조 및 제33조의 규정은 당사자소송의 경우에 준용한다.

029 행정소송법상 소의 변경(제21조)에 관한 설명으로 옳지 않은 것은? 〈2022〉

① 청구의 기초에 변경이 없어야 소의 변경이 가능하다.
② 법원이 소의 변경을 허가하는 경우 피고를 달리하게 될 때에는 새로이 피고로 될 자의 의견을 들어야 한다.
③ 소의 변경 허가결정에 대하여는 즉시항고할 수 있다.
④ 원고의 신청이 없더라도 법원은 직권에 의하여 소의 변경을 결정할 수 있다.
⑤ 사실심의 변론종결시까지 소의 변경이 가능하다.

정답/해설 ④

① (○) 제21조 제1항
② (○) 제21조 제2항
③ (○) 제21조 제3항
④ (×) 원고의 신청에 의하여 가능하고 법원의 직권으로는 가능하지 않다(제21조 제1항).
⑤ (○) 제21조 제1항

제21조(소의 변경)
① 법원은 취소소송을 당해 처분등에 관계되는 사무가 귀속하는 국가 또는 공공단체에 대한 당사자소송 또는 취소소송외의 항고소송으로 변경하는 것이 상당하다고 인정할 때에는 청구의 기초에 변경이 없는 한 사실심의 변론종결시까지 원고의 신청에 의하여 결정으로써 소의 변경을 허가할 수 있다.
② 제1항의 규정에 의한 허가를 하는 경우 피고를 달리하게 될 때에는 법원은 새로이 피고로 될 자의 의견을 들어야 한다.
③ 제1항의 규정에 의한 허가결정에 대하여는 즉시항고할 수 있다.
④ 제1항의 규정에 의한 허가결정에 대하여는 제14조 제2항·제4항 및 제5항의 규정을 준용한다.

제37조(소의 변경)
제21조의 규정은 무효등 확인소송이나 부작위법확인소송을 취소소송 또는 당사자소송으로 변경하는 경우에 준용한다.

> **제42조(소의 변경)**
> 제21조의 규정은 당사자소송을 항고소송으로 변경하는 경우에 준용한다.

030 행정소송법상 소의 변경에 관한 설명으로 옳지 않은 것은? (다툼이 있으면 판례에 따름) 〈2022〉

① 취소소송을 제기하였다가 나중에 당사자소송으로 변경하는 경우, 당초의 취소소송이 적법한 기간 내에 제기된 경우에는 당사자소송의 제소기간을 준수한 것으로 본다.

② 무효등 확인소송이나 부작위법확인소송을 취소소송 또는 당사자소송으로 변경할 수 없다.

③ 동일한 행정처분에 대하여 무효확인의 소를 제기하였다가 그 후 그 처분의 취소를 구하는 소를 추가적으로 병합한 경우, 주된 청구인 무효확인의 소가 취소소송의 제소기간 내에 제기되었다면 추가로 병합된 취소청구의 소도 적법하게 제기된 것으로 본다.

④ 청구취지를 교환적으로 변경하여 종전의 소가 취하되고 새로운 소가 제기된 것으로 보게 되는 경우에 새로운 소에 대한 제소기간의 준수는 원칙적으로 소의 변경이 있은 때를 기준으로 하여 판단된다.

⑤ 청구취지를 추가한 경우 추가된 청구취지에 대한 제소기간의 준수는 원칙적으로 청구취지의 추가·변경 신청이 있는 때를 기준으로 판단하여야 한다.

정답/해설 ②

① (○) 취소소송을 제기하였다가 나중에 당사자소송으로 변경하는 경우에는 행정소송법 제21조 제4항, 제14조 제4항에 따라 처음부터 당사자소송을 제기한 것으로 보아야 하므로 당초의 취소소송이 적법한 기간 내에 제기된 경우에는 당사자 소송의 제소기간을 준수한 것으로 보아야 할 것이다(대판 1992.12.24. 92누3335).

② (×) 제37조

> **제37조(소의 변경)**
> 제21조의 규정은 무효등 확인소송이나 부작위법확인소송을 취소소송 또는 당사자소송으로 변경하는 경우에 준용한다.

③ (○) 하자 있는 행정처분을 놓고 이를 무효로 볼 것인지 아니면 단순히 취소할 수 있는 처분으로 볼 것인지는 동일한 사실관계를 토대로 한 법률적 평가의 문제에 불과하고, 행정처분의 무효확인을 구하는 소에는 특단의 사정이 없는 한 그 취소를 구하는 취지도 포함되어 있다고 보아야 하는 점 등에 비추어 볼 때, 동일한 행정처분에 대하여 무효확인의 소를 제기하였다가 그 후 그 처분의 취소를 구하는 소를 추가적으로 병합한 경우, 주된 청구인 무효확인의 소가 적법한 제소기간 내에 제기되었다면 추가로 병합된 취소청구의 소도 적법하게 제기된 것으로 봄이 상당하다(대판 2005.12.23. 2005두3554).

④ (○) 청구취지를 교환적으로 변경하여 종전의 소가 취하되고 새로운 소가 제기된 것으로 보게 되는 경우에 새로운 소에 대한 제소기간의 준수 등은 원칙적으로 소의 변경이 있은 때를 기준으로 하여 판단된다(대판 2013.7.11. 2011두27544).

⑤ (○) 청구취지를 추가하는 경우, **청구취지가 추가된 때에 새로운 소를 제기한 것으로 보므로**, 추가된 청구취지에 대한 제소기간 준수 등은 원칙적으로 청구취지의 추가·변경 신청이 있는 때를 기준으로 판단하여야 한다(대판 2018.11.15. 2016두48737).

031 소의 변경에 관한 설명으로 옳지 않은 것은? (다툼이 있으면 판례에 따름) 〈2021〉
① 청구를 이유 있게 하기 위한 공격·방어 방법의 변경은 소의 변경에 포함되지 않는다.
② 당사자소송을 취소소송으로 변경하는 경우 취소소송의 제소기간 등 소송요건을 갖추어야 한다.
③ 행정청이 처분을 변경한 경우 법원은 직권으로 청구취지 또는 청구원인을 변경할 수 있다.
④ 처분변경으로 인한 소의 변경은 부작위위법확인소송에는 적용되지 않는다.
⑤ 민사소송을 항고소송으로 변경하는 것은 허용될 수 있다.

정답/해설 ③

① (○) 청구원인의 변경이 단순히 공격방어방법의 변경에 불과한 경우에는 소의 변경이 아니다.
② (○)
③ (×) '원고의 신청에 의하여'(제22조 제1항)

> 제22조(처분변경으로 인한 소의 변경)
> ① 법원은 행정청이 소송의 대상인 처분을 소가 제기된 후 변경한 때에는 <u>원고의 신청에 의하여</u> 결정으로써 청구의 취지 또는 원인의 변경을 허가할 수 있다.

④ (○) 부작위위법확인소송에서는 처분변경으로 인한 소의 변경에 관한 조문(제22조)을 준용하지 않는다.
⑤ (○) 원고가 고의 또는 중대한 과실 없이 행정소송으로 제기하여야 할 사건을 민사소송으로 잘못 제기한 경우 수소법원으로서는 만약 그 행정소송에 대한 관할도 동시에 가지고 있는 경우라면, 행정소송으로서의 전심절차 및 제소기간을 도과하였거나 행정소송의 대상이 되는 처분 등이 존재하지도 아니한 상태에 있는 등 행정소송으로서의 소송요건을 결하고 있음이 명백하여 행정소송으로 제기되었더라도 어차피 부적법하게 되는 경우가 아닌 이상, <u>원고로 하여금 항고소송으로 소 변경을 하도록 하여</u> 그 1심법원으로 심리·판단하여야 한다(대판 1999.11.26. 97다42250).

032 소의 변경에 관한 설명으로 옳은 것은? (다툼이 있으면 판례에 따름) 〈2021〉

① 처분변경으로 인한 소의 변경 신청은 처분이 변경된 날로부터 60일 이내에 하여야 한다.
② 항고소송에서 당사자소송으로 소의 종류를 변경함으로써 피고의 변경이 있는 경우 법원은 종전의 피고에 대한 소를 각하하여야 한다.
③ 「행정소송법」이 정하는 소의 변경은 그 법조에 의하여 특별히 인정되는 것으로서 「민사소송법」상의 소의 변경을 배척한다.
④ 청구의 원인을 변경하는 형태의 소의 변경은 허용되지 아니한다.
⑤ 사실심의 변론이 일단 종결되었더라도 그 후 변론이 재개되었다면 사실심 법원은 소의 변경을 허가할 수 있다.

정답/해설 ⑤

① (×) 변경이 있음을 안 날로부터 60일(제22조 제2항)

> **제22조(처분변경으로 인한 소의 변경)**
> ① 법원은 행정청이 소송의 대상인 처분을 소가 제기된 후 변경한 때에는 원고의 신청에 의하여 결정으로써 청구의 취지 또는 원인의 변경을 허가할 수 있다.
> ② 제1항의 규정에 의한 신청은 처분의 변경이 있음을 안 날로부터 60일 이내에 하여야 한다.

② (×) 종전의 피고에 대한 소송은 취하된 것으로 본다(제21조 제4항, 제14조 제5항).

> **제21조(소의 변경)**
> ④ 제1항의 규정에 의한 허가결정에 대하여는 제14조 제2항·제4항 및 제5항의 규정을 준용한다.

> **제14조(피고경정)**
> ⑤ 제1항의 규정에 의한 결정이 있은 때에는 종전의 피고에 대한 소송은 취하된 것으로 본다.

③ (×) 행정소송법의 소의 변경에 관한 규정은 민사소송법의 소의 변경에 관한 규정에 대한 특칙이라 할 것이고 행정소송법상의 소의 변경에 관한 규정이 민사소송법상의 소의 변경을 배척하는 것이라고 할 수 없으므로 행정소송에 관하여 원칙상 민사소송법에 의한 소의 변경이 가능하다.
④ (×) 청구원인의 변경이 단순히 공격방어방법의 변경에 불과한 경우에는 소의 변경이 아니다.
⑤ (○) 사실심의 변론종결시까지 원고의 신청에 의하여 결정으로써 소의 변경을 허가할 수 있다(제21조 제1항).

> **제21조(소의 변경)**
> ① 법원은 취소소송을 당해 처분등에 관계되는 사무가 귀속하는 국가 또는 공공단체에 대한 당사자소송 또는 취소소송외의 항고소송으로 변경하는 것이 상당하다고 인정할 때에는 청구의 기초에 변경이 없는 한 사실심의 변론종결시까지 원고의 신청에 의하여 결정으로써 소의 변경을 허가할 수 있다.

033 소의 변경에 관한 설명으로 옳은 것은? 〈2020〉

① 항고소송을 당사자소송으로 변경을 허가하는 경우 피고의 변경이 수반되는데, 이 경우 법원은 새로이 피고로 될 자의 의견을 들어야 한다.
② 소의 변경은 상고심에서도 가능하다.
③ 청구의 기초에 변경이 있더라도 소의 변경은 가능하다.
④ 소의 변경의 결정이 있은 때에는 새로운 피고에 대한 소송은 원고가 소의 변경을 신청한 때에 제기된 것으로 본다.
⑤ 소의 변경의 결정이 있은 때에는 종전의 피고에 대한 소송은 각하된 것으로 본다.

정답/해설 ①

① (○) 제21조 제2항
② (×) 제21조 제1항 '사실심 변론종결시까지'
③ (×) 제21조 제1항 '청구의 기초에 변경이 없는 한'
④ (×) 제21조 제4항에서 제14조 제4항을 준용하고 있음: 제소기간의 기산점은 구소제기시
⑤ (×) 제21조 제4항에서 제14조 제5항을 준용하고 있음: 구소취하, 신소제기

> **제21조(소의 변경)**
> ① 법원은 취소소송을 당해 처분등에 관계되는 사무가 귀속하는 국가 또는 공공단체에 대한 당사자소송 또는 취소소송외의 항고소송으로 변경하는 것이 상당하다고 인정할 때에는 청구의 기초에 변경이 없는 한 사실심의 변론종결시까지 원고의 신청에 의하여 결정으로써 소의 변경을 허가할 수 있다.
> ② 제1항의 규정에 의한 허가를 하는 경우 피고를 달리하게 될 때에는 법원은 새로이 피고로 될 자의 의견을 들어야 한다.
> ③ 제1항의 규정에 의한 허가결정에 대하여는 즉시항고할 수 있다.
> ④ 제1항의 규정에 의한 허가결정에 대하여는 제14조 제2항·제4항 및 제5항의 규정을 준용한다.
>
> **제14조(피고경정)**
> ④ 제1항의 규정에 의한 결정이 있은 때에는 새로운 피고에 대한 소송은 처음에 소를 제기한 때에 제기된 것으로 본다.
> ⑤ 제1항의 규정에 의한 결정이 있은 때에는 종전의 피고에 대한 소송은 취하된 것으로 본다.

034 처분변경으로 인한 소의 변경에 관한 설명으로 옳지 않은 것은? 〈2020〉

① 판례는 피고가 하천점용료 부과처분을 하였다가 절차상 하자를 이유로 이를 취소한 후 다시 동일한 내용의 하천점용료 부과처분을 한 경우 원고가 당초의 부과처분에 대한 취소청구를 새로운 부과처분에 대한 취소청구로 변경하는 것을 인정한다.
② 처분변경으로 인한 소의 변경에 관한 규정은 부작위위법확인소송에는 준용되지 않는다.
③ 소가 제기된 후 행정청이 소송대상인 처분을 변경한 경우 법원은 직권으로 소를 변경할 수 있다.

④ 처분변경으로 인한 소의 변경에 관한 규정은 당사자소송에 준용된다.
⑤ 처분변경으로 인한 소의 변경신청은 처분의 변경이 있음을 안 날로부터 60일 이내에 하여야 한다.

정답/해설 ③

① (○) 피고(남원시장)가 원고에게 하천점용료 부과처분을 하였다가 절차상 하자를 이유로 이를 취소하고 다시 동일한 내용의 처분을 한 경우에, 원고가 당초의 부과처분에 대한 취소청구를 새로운 부과처분에 대한 취소청구로 변경하더라도 두 처분이 모두 동일한 내용의 하천점용료를 대상으로 한 것으로서 별개의 두 부과처분이 병존하는 것이 아닌 이상 그 청구의 기초에 변경이 없다고 볼 것이다(대판 1984.2.28. 83누638).
② (○) 부작위위법확인소송에서는 취소소송의 처분변경으로 인한 소의 변경에 관한 조문(제22조)을 준용하지 않는다.
③ (×) 제22조 제1항 '원고의 신청에 의하여'

> 제22조(처분변경으로 인한 소의 변경)
> ① 법원은 행정청이 소의 대상인 처분을 소가 제기된 후 변경한 때에는 원고의 신청에 의하여 결정으로써 청구의 취지 또는 원인의 변경을 허가할 수 있다.

④ (○) 제44조 제1항

> 제44조(준용규정)
> ① 제14조 내지 제17조, **제22조**, 제25조, 제26조, 제30조 제1항, 제32조 및 제33조의 규정은 당사자소송의 경우에 준용한다.

⑤ (○) 제22조 제2항

> 제22조(처분변경으로 인한 소의 변경)
> ① 법원은 행정청이 소의 대상인 처분을 소가 제기된 후 변경한 때에는 원고의 신청에 의하여 결정으로써 청구의 취지 또는 원인의 변경을 허가할 수 있다.
> ② 제1항의 규정에 의한 신청은 처분의 변경이 있음을 안 날로부터 60일 이내에 하여야 한다.

035 행정소송상 소의 변경에 관한 설명으로 옳지 않은 것은? (다툼이 있으면 판례에 따름) 〈2019〉

① 원고가 고의 또는 중대한 과실 없이 행정소송으로 제기할 사건을 민사소송으로 제기한 경우라도 행정소송으로의 소의 변경은 허용되지 않는다.
② 소의 종류의 변경은 청구의 기초에 변경이 없을 것이 요구된다.
③ 무효등 확인소송이나 부작위위법확인소송을 취소소송 또는 당사자소송으로 변경할 수 있다.
④ 당사자소송을 항고소송으로 변경하는 경우 피고의 변경이 수반된다.
⑤ 소의 변경시 제소기간은 처음에 소를 제기한 때를 기준으로 한다.

정답/해설 ①

① (×) 행정소송법 제7조는 원고의 고의 또는 중대한 과실 없이 행정소송이 심급을 달리하는 법원에 잘못 제기된 경우에 민사소송법 제31조 제1항을 적용하여 이를 관할 법원에 이송하도록 규정하고 있을 뿐 아니라 관할 위반의 소를 부적법하다고 하여 각하하는 것보다 관할 법원에 이송하는 것이 당사자의 권리 구제나 소송경제의 측면에서 바람직하므로, 원고가 고의 또는 중대한 과실 없이 행정소송으로 제기하여야 할 사건을 민사소송으로 잘못 제기한 경우 수소법원으로서는 만약 그 행정소송에 대한 관할도 동시에 가지고 있는 경우라면, 행정소송으로서의 전심절차 및 제소기간을 도과하였거나 행정소송의 대상이 되는 처분 등이 존재하지도 아니한 상태에 있는 등 행정소송으로서의 소송요건을 결하고 있음이 명백하여 행정소송으로 제기되었더라도 어차피 부적법하게 되는 경우가 아닌 이상, <u>원고로 하여금 항고소송으로 소 변경을 하도록 하여 그 1심법원으로 심리·판단하여야 한다</u>(대판 1999.11.26. 97다42250).

② (○) 제21조 제1항

> **제21조(소의 변경)**
> ① 법원은 취소소송을 당해 처분등에 관계되는 사무가 귀속하는 국가 또는 공공단체에 대한 당사자소송 또는 취소소송외의 항고소송으로 변경하는 것이 상당하다고 인정할 때에는 청구의 기초에 변경이 없는 한 사실심의 변론종결시까지 원고의 신청에 의하여 결정으로써 소의 변경을 허가할 수 있다.

③ (○) 제37조

> **제37조(소의 변경)**
> 제21조의 규정은 무효등 확인소송이나 부작위위법확인소송을 취소소송 또는 당사자소송으로 변경하는 경우에 준용한다.

④ (○) 당사자소송의 피고는 행정주체(국가 및 공공단체 그 밖의 권리주체)이고 항고소송의 피고는 행정청이므로 소의 변경이 있을 때 필연적으로 피고의 변경이 수반된다.

⑤ (○) 제21조 제4항에서 제14조 제4항을 준용하고 있다.

> **제21조(소의 변경)**
> ④ 제1항의 규정에 의한 허가결정에 대하여는 제14조 제2항·제4항 및 제5항의 규정을 준용한다.

> **제14조(피고경정)**
> ④ 제1항의 규정에 의한 결정이 있은 때에는 새로운 피고에 대한 소송은 처음에 소를 제기한 때에 제기된 것으로 본다.

---

036 행정소송상 처분변경으로 인한 소의 변경에 관한 설명으로 옳지 않은 것은? 〈2019〉

① 원고의 신청에 의하여 법원의 결정으로 허가한다.
② 처분의 변경이 있음을 안 날로부터 60일 이내에 하여야 한다.
③ 소의 변경을 위해서는 소가 계속중이고 사실심 변론종결전이어야 한다.

④ 처분변경으로 인한 새로운 청구는 행정심판의 전치가 요구되는 경우에도 행정심판전치 요건을 갖춘 것으로 본다.
⑤ 당사자소송에서는 인정되지 않는다.

정답/해설 ⑤

① (○) 제22조 제1항

> 제22조(처분변경으로 인한 소의 변경)
> ① 법원은 행정청이 소송의 대상인 처분을 소가 제기된 후 변경한 때에는 원고의 신청에 의하여 결정으로써 청구의 취지 또는 원인의 변경을 허가할 수 있다.

② (○) 제22조 제2항

> 제22조(처분변경으로 인한 소의 변경)
> ② 제1항의 규정에 의한 신청은 처분의 변경이 있음을 안 날로부터 60일 이내에 하여야 한다.

③ (○) 소의 변경이 적법하기 위해서는 (1) 청구의 기초에 변경이 없을 것 (2) 소를 변경하는 것이 상당하다고 인정될 것 (3) 변경의 대상이 되는 소가 사실심에 계속중이고 변론종결 전일 것 (4) 새로운 소가 적법할 것의 요건을 갖춰야 한다.

④ (○) 제22조 제3항

> 제22조(처분변경으로 인한 소의 변경)
> ③ 제1항의 규정에 의하여 변경되는 청구는 제18조 제1항 단서의 규정에 의한 요건을 갖춘 것으로 본다.

⑤ (×) 당사자소송에서는 처분변경으로 인한 소의 변경에 관한 조문(제22조)을 준용한다(제44조 제1항).

---

037 행정소송법상 소의 종류의 변경에 관한 설명으로 옳지 않은 것은? (다툼이 있으면 판례에 따름) 〈2018〉

① 항고소송과 당사자소송간의 변경이 가능하다.
② 상고심에서도 소의 변경이 허용된다.
③ 소변경허가결정이 확정되면 신소(新訴)는 구소(舊訴)를 제기한 때에 제기된 것으로 본다.
④ 법원의 허가결정이 있어야 한다.
⑤ 원고의 신청없이 법원이 직권으로 변경하는 것은 허용되지 않는다.

정답/해설 ②

① (○) 취소소송을 당사자소송으로 변경하는 것이 가능하다(제21조 제1항).
취소소송 외의 항고소송을 당사자소송으로 변경하는 것이 가능하다(제37조).
당사자소송을 항고소송으로 변경하는 것이 가능하다(제42조).

② (×), ④ (○), ⑤ (○) 제21조 제1항
③ (○) 제21조 제4항, 행정소송법 제14조 제4항

> **제21조(소의 변경)**
> ① 법원은 취소소송을 당해 처분등에 관계되는 사무가 귀속하는 국가 또는 공공단체에 대한 당사자소송 또는 취소소송외의 항고소송으로 변경하는 것이 상당하다고 인정할 때에는 청구의 기초에 변경이 없는 한 사실심의 변론종결시까지 원고의 신청에 의하여 결정으로써 소의 변경을 허가할 수 있다.
> (중략)
> ④ 제1항의 규정에 의한 허가결정에 대하여는 제14조 제2항·제4항 및 제5항의 규정을 준용한다.
>
> **제14조(피고경정)**
> ④ 제1항의 규정에 의한 결정이 있은 때에는 새로운 피고에 대한 소송은 처음에 소를 제기한 때에 제기된 것으로 본다.
>
> **제37조(소의 변경)**
> 제21조의 규정은 무효등 확인소송이나 부작위위법확인소송을 취소소송 또는 당사자소송으로 변경하는 경우에 준용한다.
>
> **제42조(소의 변경)**
> 제21조의 규정은 당사자소송을 항고소송으로 변경하는 경우에 준용한다.

038 행정소송법상 소의 변경에 관한 설명으로 옳지 않은 것은? (다툼이 있으면 판례에 따름) ⟨2017⟩

① 당사자소송을 항고소송으로 변경할 수 있다.
② 변경의 대상이 되는 소는 사실심 변론종결전이어야 한다.
③ 소의 변경을 허가하는 결정에 대하여는 즉시항고할 수 있다.
④ 소의 변경을 허가하는 결정이 확정되면 새로운 소는 제소기간과 관련하여 원칙적으로 소가 변경된 때에 제기된 것으로 본다.
⑤ 피고의 변경이 있는 경우 종전의 피고에 대한 소송은 취하된 것으로 본다.

정답/해설 ④

① (○) 당사자소송에서는 취소소송의 소의 변경에 관한 조문(제21조)을 준용한다.
② (○) 제21조 제1항
③ (○) 제21조 제3항
④ (×) 제21조 제4항에서 동법 제14조 제4항을 준용하고 있다.
⑤ (○) 제21조 제4항에서는 동법 제14조 제5항을 준용하고 있다.

> **제21조(소의 변경)**
> ① 법원은 취소소송을 당해 처분등에 관계되는 사무가 귀속하는 국가 또는 공공단체에 대한 당사자소송 또는 취소소송외의 항고소송으로 변경하는 것이 상당하다고 인정할 때에는 청구의 기초에 변경이 없는 한

사실심의 변론종결시까지 원고의 신청에 의하여 결정으로써 소의 변경을 허가할 수 있다.
② 제1항의 규정에 의한 허가를 하는 경우 피고를 달리하게 될 때에는 법원은 새로이 피고로 될 자의 의견을 들어야 한다.
③ 제1항의 규정에 의한 허가결정에 대하여는 즉시항고할 수 있다.
④ 제1항의 규정에 의한 허가결정에 대하여는 제14조 제2항·제4항 및 제5항의 규정을 준용한다.

제14조(피고경정)
④ 제1항의 규정에 의한 결정이 있은 때에는 새로운 피고에 대한 소송은 처음에 소를 제기한 때에 제기된 것으로 본다.
⑤ 제1항의 규정에 의한 결정이 있은 때에는 종전의 피고에 대한 소송은 취하된 것으로 본다.

제42조(소의 변경)
제21조의 규정은 당사자소송을 항고소송으로 변경하는 경우에 준용한다.

039 행정소송법상 처분의 변경으로 인한 소의 변경에 관한 설명으로 옳지 않은 것은? 〈2016〉
① 행정청이 소송의 대상인 처분을 소가 제기된 후 변경한 경우 적용된다.
② 처분의 변경이 있음을 안 날로부터 60일 이내에 원고가 신청해야 한다.
③ 변경되는 청구는 필요적 행정심판전치의 요건을 갖춘 것으로 본다.
④ 법원은 결정으로써 청구의 취지 또는 원인의 변경을 허가할 수 있다.
⑤ 처분의 변경으로 인한 소변경이 있으면 종전의 소는 기각된 것으로 본다.

정답/해설 ⑤

① (○), ② (○), ③ (○), ④ (○)

제22조(처분변경으로 인한 소의 변경)
① 법원은 행정청이 소송의 대상인 처분을 소가 제기된 후 변경한 때에는 원고의 신청에 의하여 결정으로써 청구의 취지 또는 원인의 변경을 허가할 수 있다.
② 제1항의 규정에 의한 신청은 처분의 변경이 있음을 안 날로부터 60일 이내에 하여야 한다.
③ 제1항의 규정에 의하여 변경되는 청구는 제18조 제1항 단서의 규정에 의한 요건을 갖춘 것으로 본다.

제18조(행정심판과의 관계)
① 취소소송은 법령의 규정에 의하여 당해 처분에 대한 행정심판을 제기할 수 있는 경우에도 이를 거치지 아니하고 제기할 수 있다. 다만, 다른 법률에 당해 처분에 대한 행정심판의 재결을 거치지 아니하면 취소소송을 제기할 수 없다는 규정이 있는 때에는 그러하지 아니하다.

⑤ (×) 처분 변경으로 인한 소의 변경이 있는 경우 종전의 소는 기각된 것이 아닌 취하된 것으로 본다.

040 행정소송법상 소의 종류의 변경에 관한 설명으로 옳은 것을 모두 고른 것은? 〈2016〉

> ㄱ. 청구의 기초에 변경이 없어야 한다.
> ㄴ. 사실심의 변론개시전까지 신청하여야 한다.
> ㄷ. 법원은 결정으로써 소의 변경을 허가할 수 있다.
> ㄹ. 피고의 변경이 있는 경우 새로운 피고에 대한 소송은 소변경 신청이 있은 때에 제기된 것으로 본다.

① ㄱ, ㄴ   ② ㄱ, ㄷ   ③ ㄴ, ㄷ   ④ ㄴ, ㄹ   ⑤ ㄷ, ㄹ

정답/해설 ②

ㄱ (○), ㄴ (×), ㄷ (○)

> **제21조(소의 변경)**
> ① 법원은 취소소송을 당해 처분등에 관계되는 사무가 귀속하는 국가 또는 공공단체에 대한 당사자소송 또는 취소소송외의 항고소송으로 변경하는 것이 상당하다고 인정할 때에는 청구의 기초에 변경이 없는 한 사실심의 변론종결시까지 원고의 신청에 의하여 결정으로써 소의 변경을 허가할 수 있다.

ㄹ (×)

> **제21조(소의 변경)**
> ④ 제1항의 규정에 의한 허가결정에 대하여는 제14조 제2항·제4항 및 제5항의 규정을 준용한다.
>
> **제14조(피고경정)**
> ④ 제1항의 규정에 의한 결정이 있은 때에는 새로운 피고에 대한 소송은 처음에 소를 제기한 때에 제기된 것으로 본다.

041 소의 변경에 관한 설명으로 옳지 않은 것은? 〈2015〉

① 소의 종류의 변경은 청구의 기초에 변경이 없는 한 사실심의 변론종결시까지 인정된다.
② 항고소송과 당사자소송 사이에서는 소의 변경이 허용되지 않는다.
③ 소의 변경을 허가하는 법원의 결정이 있게 되면 새로운 소는 구소(舊訴)를 제기한 때에 제기된 것으로 본다.
④ 법원은 행정청이 소송의 대상인 처분을 소가 제기된 후에 변경한 때에는 원고의 신청에 의하여 청구의 취지 또는 원인의 변경을 허가할 수 있다.
⑤ 소의 변경을 허가하는 법원의 결정이 있게 되면 구소(舊訴)는 취하된 것으로 본다.

정답/해설 ②

① (○) 제21조 제1항

> **제21조(소의 변경)**
> ① 법원은 취소소송을 당해 처분등에 관계되는 사무가 귀속하는 국가 또는 공공단체에 대한 당사자소송 또는 취소소송외의 항고소송으로 변경하는 것이 상당하다고 인정할 때에는 청구의 기초에 변경이 없는 한 **사실심의 변론종결시까지** 원고의 신청에 의하여 결정으로써 소의 변경을 허가할 수 있다.

② (×) 취소소송을 당사자소송으로 변경하는 것이 가능하고(제21조 제1항), 무효등확인소송과 부작위법확인소송을 당사자소송으로 변경하는 것이 가능하며(제37조), 당사자소송을 항고소송으로 변경하는 것도 가능하다(제42조).

> **제21조(소의 변경)**
> ① 법원은 취소소송을 당해 처분등에 관계되는 사무가 귀속하는 국가 또는 공공단체에 대한 당사자소송 또는 취소소송외의 항고소송으로 변경하는 것이 상당하다고 인정할 때에는 청구의 기초에 변경이 없는 한 사실심의 변론종결시까지 원고의 신청에 의하여 결정으로써 소의 변경을 허가할 수 있다.
>
> **제37조(소의 변경)**
> 제21조의 규정은 무효등 확인소송이나 부작위법확인소송을 취소소송 또는 당사자소송으로 변경하는 경우에 준용한다.
>
> **제42조(소의 변경)**
> 제21조의 규정은 당사자소송을 항고소송으로 변경하는 경우에 준용한다.

③ (○) 제21조 제4항, 제14조 제4항

> **제21조(소의 변경)**
> ④ 제1항의 규정에 의한 허가결정에 대하여는 제14조 제2항·제4항 및 제5항의 규정을 준용한다.
>
> **제14조(피고경정)**
> ④ 제1항의 규정에 의한 결정이 있은 때에는 새로운 피고에 대한 소송은 처음에 소를 제기한 때에 제기된 것으로 본다.

④ (○) 제22조 제1항

> **제22조(처분변경으로 인한 소의 변경)**
> ① 법원은 행정청이 소송의 대상인 처분을 소가 제기된 후 변경한 때에는 원고의 신청에 의하여 결정으로써 청구의 취지 또는 원인의 변경을 허가할 수 있다.

⑤ (○) 제21조 제4항, 제14조 제5항

> **제21조(소의 변경)**
> ④ 제1항의 규정에 의한 허가결정에 대하여는 제14조 제2항·제4항 및 제5항의 규정을 준용한다.
>
> **제14조(피고경정)**
> ⑤ 제1항의 규정에 의한 결정이 있은 때에는 종전의 피고에 대한 소송은 취하된 것으로 본다.

042 공무원 직위면직처분에 대한 취소소송의 계속 중에 처분청이 이를 감봉처분으로 변경한 경우 이에 관한 설명으로 옳은 것은? ⟨2015⟩

① 원고의 신청이 있으면 법원은 청구취지 또는 청구원인의 변경을 허가할 수 있다.
② 원고의 소변경허가신청은 처분의 변경이 있음을 안 날로부터 90일 이내에 하여야 한다.
③ 직위면직처분에 대하여 행정심판절차를 거쳤더라도 감봉처분에 대한 별도의 전심절차를 거쳐야 한다.
④ 소의 변경이 인정된 경우 소의 대상은 감봉처분이 아니라 원처분인 직위면직처분이다.
⑤ 처분변경으로 인하여 소를 변경할 때에는 처분청의 사전승낙을 구해야 한다.

정답/해설 ①

① (○) 청구원인의 변경이 단순히 공격방어방법의 변경에 불과한 경우를 제외하고 청구취지, 청구원인의 변경에 의해 소의 변경이 이루어진다(제22조 제1항). 소는 원고의 신청에 의하여 법원의 허가결정으로 변경된다.
② (×) 제22조 제2항
③ (×), ⑤ (×) 처분변경으로 의하여 변경되는 청구는 필요적 행정심판전치주의가 적용되는 것이라도 행정심판전치요건을 갖춘 것으로 본다(제22조 제3항). 처분변경으로 인한 소의 변경에서 처분청의 사전승낙이 필요하지는 않다.
④ (×) 직위면직처분은 처분의 변경으로 그 대상이 없어지게 된 것이고, 변경된 처분인 감봉처분만이 존재하는 것이므로 소의 변경이 인정되었다는 것은 변경된 처분인 감봉처분에 대하여 새로운 소가 제기된 것이 된다. 따라서 소의 변경이 인정된 경우 소의 대상은 변경된 처분인 감봉처분이 된다.

> **제22조(처분변경으로 인한 소의 변경)**
> ① 법원은 행정청이 소송의 대상인 처분을 소가 제기된 후 변경한 때에는 <u>원고의 신청</u>에 의하여 결정으로써 <u>청구의 취지 또는 원인의 변경</u>을 허가할 수 있다.
> ② 제1항의 규정에 의한 신청은 처분의 변경이 있음을 안 날로부터 <u>60일</u> 이내에 하여야 한다.
> ③ 제1항의 규정에 의하여 변경되는 청구는 제18조 제1항 단서의 규정에 의한 요건을 갖춘 것으로 본다.

제4절 취소소송의 가구제

043 보조금 교부결정의 취소처분에 대한 취소소송에서 본안판결 선고시까지 그 효력을 정지하는 결정이 있는 경우에 관한 설명으로 옳지 않은 것은? (다툼이 있으면 판례에 따름) 〈2024〉

① 집행정지의 결정에 대한 즉시항고에는 그 결정의 집행을 정지하는 효력이 없다.
② 즉시항고는 재판이 고지된 날부터 1주 이내에 하여야 한다.
③ 만약 집행정지의 결정 없이 본안소송에서 보조금 교부결정의 취소처분이 취소되어 확정되었다면 사후적으로 보조금을 지급하는 것이 취소판결의 기속력에 부합한다.
④ 본안소송의 판결 선고에 의하여 집행정지결정의 효력은 소멸한다.
⑤ 집행정지결정의 효력이 소멸하는 경우 특별한 사정이 없는 한 집행정지기간 동안 교부된 보조금의 반환을 명할 수 없다.

정답/해설 ⑤

① (○) 제23조 제5항 후문
② (○) 민사소송법 제444조 제1항

> **민사소송법**
> **제444조(즉시항고)**
> ① 즉시항고는 재판이 고지된 날부터 1주 이내에 하여야 한다.
> ② 제1항의 기간은 불변기간으로 한다.

③ (○) 보조금 교부결정의 취소처분에 대해 취소판결이 확정되면 보조금 교부결정이 되살아나게 되고, 취소판결의 기속력(원상회복의무)에 따라 보조금 교부결정에 따른 후속처분을 하여야 할 것이다.

④ (○), ⑤ (×) 행정소송법 제23조에 의한 효력정지결정의 효력은 결정주문에서 정한 시기까지 존속하고 그 시기의 도래와 동시에 효력이 당연히 소멸하므로, 보조금 교부결정의 일부를 취소한 행정청의 처분에 대하여 법원이 효력정지결정을 하면서 주문에서 그 법원에 계속 중인 본안소송의 판결 선고 시까지 처분의 효력을 정지한다고 선언하였을 경우, 본안소송의 판결 선고에 의하여 정지결정의 효력은 소멸하고 이와 동시에 당초의 보조금 교부결정 취소처분의 효력이 당연히 되살아난다.
따라서 효력정지결정의 효력이 소멸하여 보조금 교부결정 취소처분의 효력이 되살아난 경우, 특별한 사정이 없는 한 행정청으로서는 보조금법 제31조 제1항에 따라 취소처분에 의하여 취소된 부분의 보조사업에 대하여 효력정지기간 동안 교부된 보조금의 반환을 명하여야 한다(대판 2017.7.11. 2013두25498).

> **제23조(집행정지)**
> ① 취소소송의 제기는 처분등의 효력이나 그 집행 또는 절차의 속행에 영향을 주지 아니한다.
> ② 취소소송이 제기된 경우에 처분등이나 그 집행 또는 절차의 속행으로 인하여 생길 회복하기 어려운 손

해를 예방하기 위하여 긴급한 필요가 있다고 인정할 때에는 본안이 계속되고 있는 법원은 당사자의 신청 또는 직권에 의하여 처분등의 효력이나 그 집행 또는 절차의 속행의 전부 또는 일부의 정지(이하 "집행정지"라 한다)를 결정할 수 있다. 다만, 처분의 효력정지는 처분등의 집행 또는 절차의 속행을 정지함으로써 목적을 달성할 수 있는 경우에는 허용되지 아니한다.
③ 집행정지는 공공복리에 중대한 영향을 미칠 우려가 있을 때에는 허용되지 아니한다.
④ 제2항의 규정에 의한 집행정지의 결정을 신청함에 있어서는 그 이유에 대한 소명이 있어야 한다.
⑤ 제2항의 규정에 의한 집행정지의 결정 또는 기각의 결정에 대하여는 즉시항고할 수 있다. 이 경우 집행정지의 결정에 대한 즉시항고에는 결정의 집행을 정지하는 효력이 없다.
⑥ 제30조제1항의 규정은 제2항의 규정에 의한 집행정지의 결정에 이를 준용한다.

044 집행정지의 효력과 불복에 관한 설명으로 옳은 것은? (다툼이 있으면 판례에 따름) 〈2023〉

① 집행정지결정의 효력은 집행정지기간이 만료되면 소급하여 효력을 상실한다.
② 집행정지결정은 관계행정기관에는 미치지 않는다.
③ 집행정지신청에 대한 기각의 결정에 대하여는 즉시항고 할 수 없다.
④ 무효등 확인소송에도 집행정지규정이 준용된다.
⑤ 집행정지결정을 한 후 본안소송이 취하되어도 집행정지결정의 효력은 결정 주문에서 정한 기간까지 존속한다.

정답/해설 ④

① (×) 집행정지결정의 효력은 결정 주문에서 정한 기간까지 존속하다가 그 기간이 만료되면 장래에 향하여 소멸한다. 집행정지결정은 처분의 집행으로 회복하기 어려운 손해를 예방하기 위하여 긴급한 필요가 있고 달리 공공복리에 중대한 영향을 미치지 않을 것을 요건으로 하여 본안판결이 있을 때까지 해당 처분의 집행을 잠정적으로 정지함으로써 위와 같은 손해를 예방하는 데 취지가 있으므로, 항고소송을 제기한 원고가 본안소송에서 패소확정판결을 받았더라도 집행정지결정의 효력이 소급하여 소멸하지 않는다(대판 2020.9.3. 2020두34070).
② (×) 제23조 제6항, 제30조 제1항
③ (×) 제23조 제5항
④ (○) 제38조 제1항
⑤ (×)

제23조(집행정지)
① 취소소송의 제기는 처분등의 효력이나 그 집행 또는 절차의 속행에 영향을 주지 아니한다.
② 취소소송이 제기된 경우에 처분등이나 그 집행 또는 절차의 속행으로 인하여 생길 회복하기 어려운 손해를 예방하기 위하여 긴급한 필요가 있다고 인정할 때에는 본안이 계속되고 있는 법원은 당사자의 신청 또는 직권에 의하여 처분등의 효력이나 그 집행 또는 절차의 속행의 전부 또는 일부의 정지(이하 "집행정지"라 한다)를 결정할 수 있다. 다만, 처분의 효력정지는 처분등의 집행 또는 절차의 속행을 정지함으로써 목적을 달성할 수 있는 경우에는 허용되지 아니한다.

③ 집행정지는 공공복리에 중대한 영향을 미칠 우려가 있을 때에는 허용되지 아니한다.
④ 제2항의 규정에 의한 집행정지의 결정을 신청함에 있어서는 그 이유에 대한 소명이 있어야 한다.
⑤ 제2항의 규정에 의한 집행정지의 결정 또는 기각의 결정에 대하여는 즉시항고할 수 있다. 이 경우 집행정지의 결정에 대한 즉시항고에는 결정의 집행을 정지하는 효력이 없다.
⑥ 제30조 제1항의 규정은 제2항의 규정에 의한 집행정지의 결정에 이를 준용한다.

제30조(취소판결등의 기속력)
① 처분등을 취소하는 확정판결은 그 사건에 관하여 당사자인 행정청과 그 밖의 관계행정청을 기속한다.

제38조(준용규정)
① 제9조, 제10조, 제13조 내지 제17조, 제19조, 제22조 내지 제26조, 제29조 내지 제31조 및 제33조의 규정은 무효등 확인소송의 경우에 준용한다.

045 취소소송에서 집행정지에 관한 설명으로 옳지 않은 것은? (다툼이 있으면 판례에 따름) 〈2023〉

① 취소소송의 제기는 처분등의 효력에 영향을 주지 아니한다.
② 집행정지는 공공복리에 중대한 영향을 미칠 우려가 있을 때에는 허용되지 아니한다.
③ 집행정지신청이 신청요건을 결여하여 부적법하면 법원은 그 신청을 기각하여야 한다.
④ 거부처분에 대해서는 집행정지가 인정되지 않는다.
⑤ 집행정지 결정에는 기속력에 관한 행정소송법 제30조 제1항의 규정이 준용된다.

정답/해설 ③

① (○) 제23조 제1항
② (○) 제23조 제3항
③ (×) 집행정지 신청이 본안의 계속, 당사자적격 등 신청요건을 갖추지 못한 때에는 부적법하다는 이유로 각하하여야 한다.
④ (○) 신청에 대한 거부처분의 효력을 정지하더라도 거부처분이 없었던 것과 같은 상태, 즉 거부처분이 있기 전의 신청시의 상태로 되돌아가는 데에 불과하고 행정청에게 신청에 따른 처분을 하여야 할 의무가 생기는 것이 아니므로, 거부처분의 효력정지는 그 거부처분으로 인하여 신청인에게 생길 손해를 방지하는 데 아무런 보탬이 되지 아니하여 그 효력정지를 구할 이익이 없다(대결 1995.6.21. 95두26).
⑤ (○)

제23조(집행정지)
① 취소소송의 제기는 처분등의 효력이나 그 집행 또는 절차의 속행에 영향을 주지 아니한다.
② 취소소송이 제기된 경우에 처분등이나 그 집행 또는 절차의 속행으로 인하여 생길 회복하기 어려운 손해를 예방하기 위하여 긴급한 필요가 있다고 인정할 때에는 본안이 계속되고 있는 법원은 당사자의 신청 또는 직권에 의하여 처분등의 효력이나 그 집행 또는 절차의 속행의 전부 또는 일부의 정지(이하 "집행정지"라 한다)를 결정할 수 있다. 다만, 처분의 효력정지는 처분등의 집행 또는 절차의 속행을 정지함으로써 목적을 달성할 수 있는 경우에는 허용되지 아니한다.

③ 집행정지는 공공복리에 중대한 영향을 미칠 우려가 있을 때에는 허용되지 아니한다.
④ 제2항의 규정에 의한 집행정지의 결정을 신청함에 있어서는 그 이유에 대한 소명이 있어야 한다.
⑤ 제2항의 규정에 의한 집행정지의 결정 또는 기각의 결정에 대하여는 즉시항고할 수 있다. 이 경우 집행정지의 결정에 대한 즉시항고에는 결정의 집행을 정지하는 효력이 없다.
⑥ 제30조 제1항의 규정은 제2항의 규정에 의한 집행정지의 결정에 이를 준용한다.

046 행정소송법상 처분등에 대한 집행정지가 인정되는 소송을 모두 고른 것은? 〈2022〉

ㄱ. 무효등 확인소송
ㄴ. 부작위위법확인소송
ㄷ. 당사자소송

① ㄱ ② ㄴ ③ ㄱ, ㄷ ④ ㄴ, ㄷ ⑤ ㄱ, ㄴ, ㄷ

정답/해설 ①

ㄱ (○) 제38조 제1항
집행정지는 무효등 확인소송에 준용된다.

ㄴ (×) 제38조 제2항
집행정지는 부작위위법확인소송에 준용되지 않는다.

ㄷ (×) 제44조 제1항
집행정지는 당사자소송에 준용되지 않는다.

제38조(준용규정)
① 제9조, 제10조, 제13조 내지 제17조, 제19조, 제22조 내지 제26조, 제29조 내지 제31조 및 제33조의 규정은 무효등 확인소송의 경우에 준용한다.
② 제9조, 제10조, 제13조 내지 제19조, 제20조, 제25조 내지 제27조, 제29조 내지 제31조, 제33조 및 제34조의 규정은 부작위위법확인소송의 경우에 준용한다.

제44조(준용규정)
① 제14조 내지 제17조, 제22조, 제25조, 제26조, 제30조 제1항, 제32조 및 제33조의 규정은 당사자소송의 경우에 준용한다.

047 행정소송법상 집행정지에 관한 설명으로 옳지 않은 것은? (다툼이 있으면 판례에 따름) 〈2022〉

① 공공복리에 중대한 영향을 미칠 우려가 있을 때에는 허용되지 아니한다.
② 처분의 효력정지는 처분등의 집행 또는 절차의 속행을 정지함으로써 목적을 달성할 수 있는 경우에는 허용되지 아니한다.

③ 처분등이나 그 집행 또는 절차의 속행으로 인하여 생길 중대한 손해를 예방하기 위하여 긴급한 필요가 있을 때에 인정된다.
④ 집행정지의 결정이 확정된 후 그 정지사유가 없어진 경우 직권에 의하여 결정으로써 집행정지의 결정을 취소할 수 있다.
⑤ 신청인의 본안청구가 이유 없음이 명백할 때에는 집행정지를 명할 수 없다.

정답/해설 ③

① (○) 제23조 제3항
② (○) 제23조 제2항 단서
③ (×) '중대한 손해'가 아니고 '회복하기 어려운 손해'이다(제23조 제2항 본문).
④ (○) 제24조 제1항
⑤ (○) 행정처분의 효력정지나 집행정지를 구하는 신청사건에 있어서는 행정처분 자체의 적법 여부는 원칙적으로는 판단할 것이 아니고 그 행정처분의 효력이나 집행을 정지할 것인가에 대한 행정소송법 제23조 제2항 소정의 요건의 존부만이 판단의 대상이 되나 본안소송에서의 처분의 취소가능성이 없음에도 불구하고 처분의 효력정지나 집행정지를 인정한다는 것은 제도의 취지에 반하므로 집행정지사건 자체에 의하여도 <u>신청인의 본안청구가 이유 없음이 명백할 때에는 행정처분의 효력정지나 집행정지를 명할 수 없다</u>(대결 1992.8.7. 92두30).

제23조(집행정지)
① 취소소송의 제기는 처분등의 효력이나 그 집행 또는 절차의 속행에 영향을 주지 아니한다.
② 취소소송이 제기된 경우에 처분등이나 그 집행 또는 절차의 속행으로 인하여 생길 회복하기 어려운 손해를 예방하기 위하여 긴급한 필요가 있다고 인정할 때에는 본안이 계속되고 있는 법원은 당사자의 신청 또는 직권에 의하여 처분등의 효력이나 그 집행 또는 절차의 속행의 전부 또는 일부의 정지(이하 "집행정지"라 한다)를 결정할 수 있다. 다만, 처분의 효력정지는 처분등의 집행 또는 절차의 속행을 정지함으로써 목적을 달성할 수 있는 경우에는 허용되지 아니한다.
③ 집행정지는 공공복리에 중대한 영향을 미칠 우려가 있을 때에는 허용되지 아니한다.
④ 제2항의 규정에 의한 집행정지의 결정을 신청함에 있어서는 그 이유에 대한 소명이 있어야 한다.
⑤ 제2항의 규정에 의한 집행정지의 결정 또는 기각의 결정에 대하여는 즉시항고할 수 있다. 이 경우 집행정지의 결정에 대한 즉시항고에는 결정의 집행을 정지하는 효력이 없다.
⑥ 제30조 제1항의 규정은 제2항의 규정에 의한 집행정지의 결정에 이를 준용한다.

제24조(집행정지의 취소)
① 집행정지의 결정이 확정된 후 집행정지가 공공복리에 중대한 영향을 미치거나 그 정지사유가 없어진 때에는 당사자의 신청 또는 직권에 의하여 결정으로써 집행정지의 결정을 취소할 수 있다.
② 제1항의 규정에 의한 집행정지결정의 취소결정과 이에 대한 불복의 경우에는 제23조 제4항 및 제5항의 규정을 준용한다.

048 판례상 허용되는 유형의 소송으로 집행정지가 인정되는 소송을 모두 고른 것은? 〈2021〉

ㄱ. 무효확인소송	ㄴ. 예방적 부작위소송
ㄷ. 처분부존재확인소송	ㄹ. 당사자소송

① ㄱ, ㄴ　　② ㄱ, ㄷ　　③ ㄱ, ㄹ　　④ ㄴ, ㄷ　　⑤ ㄷ, ㄹ

정답/해설 ②

ㄱ (○) 무효확인소송에서는 취소소송의 집행정지에 관한 조문(제23조)을 준용한다(제38조 제1항).

> **제38조(준용규정)**
> ① 제9조, 제10조, 제13조 내지 제17조, 제19조, 제22조 내지 제26조, 제29조 내지 제31조 및 제33조의 규정은 무효등 확인소송의 경우에 준용한다.

ㄴ (×) 예방적 부작위소송은 무명항고소송이므로 현행 행정소송법상 인정되지 않는다.
ㄷ (○) 처분부존재확인소송은 무효등확인소송의 일종이므로 집행정지가 인정된다.
ㄹ (×) 당사자소송에서는 취소소송의 집행정지에 관한 조문(제23조)을 준용하지 않는다.

049 취소소송의 집행정지에 관한 설명으로 옳지 않은 것은? (다툼이 있으면 판례에 따름) 〈2020〉

① 처분의 효력정지는 처분의 집행의 속행을 정지함으로써 목적을 달성할 수 있는 경우에는 허용되지 아니한다.
② 집행정지의 결정을 신청함에 있어서는 그 이유에 대한 소명이 있어야 한다.
③ 집행정지 결정에 대해서는 즉시항고할 수 있고, 즉시항고에는 결정의 집행을 정지하는 효력이 있다.
④ 집행정지를 구하는 신청사건에서는 행정처분 자체의 적법 여부는 원칙적으로 법원의 판단의 대상이 아니다.
⑤ 집행정지의 요건인 '회복하기 어려운 손해'라 함은 금전보상이 불능인 경우뿐만 아니라 금전보상으로는 사회관념상 행정처분을 받은 당사자가 참고 견딜수 없거나 또는 참고 견디기가 현저히 곤란한 경우의 유형, 무형의 손해를 일컫는다.

정답/해설 ③

① (○) 제23조 제2항 단서
② (○) 제23조 제4항
③ (×) 제23조 제5항

> **제23조(집행정지)**
> ① 취소소송의 제기는 처분등의 효력이나 그 집행 또는 절차의 속행에 영향을 주지 아니한다.

② 취소소송이 제기된 경우에 처분등이나 그 집행 또는 절차의 속행으로 인하여 생길 회복하기 어려운 손해를 예방하기 위하여 긴급한 필요가 있다고 인정할 때에는 본안이 계속되고 있는 법원은 당사자의 신청 또는 직권에 의하여 처분등의 효력이나 그 집행 또는 절차의 속행의 전부 또는 일부의 정지(이하 "집행정지"라 한다)를 결정할 수 있다. 다만, 처분의 효력정지는 처분등의 집행 또는 절차의 속행을 정지함으로써 목적을 달성할 수 있는 경우에는 허용되지 아니한다.
③ 집행정지는 공공복리에 중대한 영향을 미칠 우려가 있을 때에는 허용되지 아니한다.
④ 제2항의 규정에 의한 집행정지의 결정을 신청함에 있어서는 그 이유에 대한 소명이 있어야 한다.
⑤ 제2항의 규정에 의한 집행정지의 결정 또는 기각의 결정에 대하여는 즉시항고할 수 있다. 이 경우 집행정지의 결정에 대한 즉시항고에는 결정의 집행을 정지하는 효력이 없다.
⑥ 제30조 제1항의 규정은 제2항의 규정에 의한 집행정지의 결정에 이를 준용한다.

④ (○) 행정처분의 효력정지나 집행정지를 구하는 신청사건에 있어서는 행정처분 자체의 적법 여부는 원칙적으로는 판단할 것이 아니고 그 행정처분의 효력이나 집행을 정지할 것인가에 대한 행정소송법 제23조 제2항 소정의 요건의 존부만이 판단의 대상이 되나 본안소송에서의 처분의 취소가능성이 없음에도 불구하고 처분의 효력정지나 집행정지를 인정한다는 것은 제도의 취지에 반하므로 집행정지사건 자체에 의하여도 신청인의 본안청구가 이유 없음이 명백할 때에는 행정처분의 효력정지나 집행정지를 명할 수 없다(대결 1992.8.7. 92두30).

⑤ (○) 행정소송법 제23조 제2항에서 '회복하기 어려운 손해'라 함은 특별한 사정이 없는 한 금전으로 보상할 수 없는 손해를 말하며 이는 금전보상이 불능인 경우뿐만 아니라 금전보상으로는 사회관념상 행정처분을 받은 당사자가 참고 견딜 수 없거나 또는 참고 견디기가 현저히 곤란한 경우의 유형, 무형의 손해를 일컫는다(대결 1987.6.23. 86두18).

050 집행정지결정의 효력에 관한 설명으로 옳은 것은? (다툼이 있으면 판례에 따름) 〈2020〉

① 효력정지결정은 장래효와 소급효를 모두 가진다.
② 집행정지결정은 당해사건에 관하여 당사자인 행정청과 모든 국가기관을 기속한다.
③ 집행정지결정을 한 후 본안소송이 취하되더라도 집행정지 결정은 그 효력을 유지한다.
④ 효력정지결정의 효력은 결정주문에서 정한 시기까지 존속하고 그 시기의 도래와 동시에 효력이 당연히 소멸한다.
⑤ 집행정지결정이 공공복리에 중대한 영향을 미치더라도 법원은 당사자의 신청이 있어야 그 결정을 취소할 수 있다.

정답/해설 ④
① (×) 효력정지는 장래에 향하여 효력을 가지며(장래효) 소급효가 없다.
② (×) 모든 국가기관이 아니고 관계행정청을 기속한다(행정소송법 제23조 제6항).

제23조(집행정지)
⑥ 제30조 제1항의 규정은 제2항의 규정에 의한 집행정지의 결정에 이를 준용한다.

> **제30조(취소판결등의 기속력)**
> ① 처분등을 취소하는 확정판결은 그 사건에 관하여 당사자인 행정청과 그 밖의 관계행정청을 기속한다.

③ (×) 행정처분의 집행정지결정을 하려면 이에 대한 본안소송이 법원에 제기되어 계속 중임을 요건으로 할 것이고 집행정지결정을 한 후에라도 본안소송이 취하되어 그 소송에 계속하지 아니한 것으로 되면 이에 따라 집행정지결정은 당연히 그 효력이 소멸되는 것이고 별도의 취소 조치를 필요로 하는 것은 아니다(대판 1975.11.11. 75누97).

④ (○) 행정소송법 제23조에 정해져 있는 처분에 대한 집행정지는 행정처분의 집행으로 인하여 회복하기 어려운 손해를 예방하기 위하여 긴급한 필요가 있고 달리 공공복리에 중대한 영향을 미치지 아니할 것을 요건으로 하여 본안판결이 있을 때까지 당해 행정처분의 집행을 잠정적으로 정지함으로써 위와 같은 손해를 예방하고자 함에 그 취지가 있고, 그 집행정지의 효력 또한 당해 결정의 주문에 표시된 시기까지 존속하다가 그 시기의 도래와 동시에 당연히 소멸한다(대판 2003.7.11. 2002다48023).

⑤ (×) 법원의 직권으로도 가능하다(제24조 제1항).

> **제24조(집행정지의 취소)**
> ① 집행정지의 결정이 확정된 후 집행정지가 공공복리에 중대한 영향을 미치거나 그 정지사유가 없어진 때에는 당사자의 신청 또는 직권에 의하여 결정으로써 집행정지의 결정을 취소할 수 있다.

051 행정소송상 집행정지에 관한 설명으로 옳은 것은? (다툼이 있으면 판례에 따름) 〈2019〉

① 집행정지의 소극적 요건은 신청인이 주장·소명하는 반면, 적극적 요건은 행정청이 주장·소명해야 한다.
② 집행정지결정을 한 후에는 본안소송이 취하되어도 집행정지결정의 효력은 유지된다.
③ 본안소송이 부작위위법확인소송인 경우 집행정지가 가능하다.
④ 집행정지결정은 당해사건에 관하여 당사자인 행정청과 관계행정청을 기속한다.
⑤ 집행정지 사건 자체에 의하여도 신청인의 본안청구가 적법한 것이어야 한다는 것은 집행정지의 요건이 아니다.

정답/해설 ④

① (×) 행정소송법 제23조 제2항에서 행정청의 처분에 대한 집행정지의 요건으로 들고 있는 '회복하기 어려운 손해'라고 하는 것은 원상회복 또는 금전배상이 불가능한 손해는 물론 종국적으로 금전배상이 가능하다고 하더라도 그 손해의 성질이나 태양 등에 비추어 사회통념상 그러한 금전배상만으로는 전보되지 아니할 것으로 인정되는 현저한 손해를 가리키는 것으로서 이러한 집행정지의 적극적 요건에 관한 주장·소명책임은 원칙적으로 신청인측에 있다. 행정소송법 제23조 제3항에서 집행정지의 요건으로 규정하고 있는 '공공복리에 중대한 영향을 미칠 우려'가 없을 것이라고 할 때의 '공공복리'는 그 처분의 집행과 관련된 구체적이고도 개별적인 공익을 말하는 것으로서 이러한 집행정지의 소극적 요건에 대한 주장·소명책임은 행정청에게 있다(대결 1999.12.20. 99무42).

② (×) 행정처분의 집행정지결정을 하려면 이에 대한 본안소송이 법원에 제기되어 계속중임을 요건으로 할 것이고 집행정지결정을 한 후에라도 본안소송이 취하되어 그 소송에 계속하지 아니한 것으로 되면 이에 따라 집행정지결정은 당연히 그 효력이 소멸되는 것이고 별도의 취소 조치를 필요로 하는 것은 아니다(대판 1975.11.11. 75누97).

③ (×) 부작위법확인소송에서는 집행정지에 관한 조문(제23조)을 준용하지 않는다.

④ (○) 제23조 제6항, 제30조 제1항

> **제23조(집행정지)**
> ⑥ 제30조 제1항의 규정은 제2항의 규정에 의한 집행정지의 결정에 이를 준용한다.
>
> **제30조(취소판결등의 기속력)**
> ① 처분등을 취소하는 확정판결은 그 사건에 관하여 당사자인 행정청과 그 밖의 관계행정청을 기속한다.

⑤ (×) 행정처분의 효력정지나 집행정지를 구하는 신청사건에 있어서는 행정처분 자체의 적법 여부는 원칙적으로는 판단할 것이 아니고 그 행정처분의 효력이나 집행을 정지할 것인가에 대한 행정소송법 제23조 제2항 소정의 요건의존부만이 판단의 대상이 되나 본안소송에서의 처분의 취소가능성이 없음에도 불구하고 처분의 효력정지나 집행정지를 인정한다는 것은 제도의 취지에 반하므로 집행정지사건 자체에 의하여도 신청인의 본안청구가 이유 없음이 명백할 때에는 행정처분의 효력정지나 집행정지를 명할 수 없다(대결 1992.8.7. 92두30).

052 행정소송에서의 가구제에 관한 설명으로 옳지 않은 것은? (다툼이 있으면 판례에 따름) 〈2019〉

① 재량행위의 경우 처분의 일부에 대한 집행정지는 허용되지 않는다.
② 형사피고인을 현재 수감중인 교도소에서 타교도소로 이송함으로써 발생할 수 있는 피해는 집행정지의 요건인 회복하기 어려운 손해에 해당한다.
③ 집행정지의 결정에 대한 즉시항고에는 결정의 집행을 정지하는 효력이 없다.
④ 「민사집행법」상의 가처분으로써 행정청의 행정행위의 금지를 구하는 것은 허용되지 않는다.
⑤ 당사자소송에서는 집행정지가 인정되지 않는다.

정답/해설 ①

① (×) '일부'의 정지를 결정할 수 있다(제23조 제2항).
② (○) 상고심에 계속중인 형사피고인을 안양교도소로부터 진주교도소로 이송함으로써 위 '나'항의 '회복하기 어려운 손해'가 발생할 염려가 있다고 본 사례(대결 1992.8.7. 92두30).
③ (○) 제23조 제5항 2문
④ (○) 민사소송법상의 보전처분은 민사판결절차에 의하여 보호받을 수 있는 권리에 관한 것이므로, 민사소송법상의 가처분으로써 행정청의 어떠한 행정행위의 금지를 구하는 것은 허용될 수 없다 할 것이다(대결 1992.7.6. 92마54).

⑤ (○) 당사자소송에서는 집행정지에 관한 조문(제23조)을 준용하지 않는다.

> **제23조(집행정지)**
> ① 취소소송의 제기는 처분등의 효력이나 그 집행 또는 절차의 속행에 영향을 주지 아니한다.
> ② 취소소송이 제기된 경우에 처분등이나 그 집행 또는 절차의 속행으로 인하여 생길 회복하기 어려운 손해를 예방하기 위하여 긴급한 필요가 있다고 인정할 때에는 본안이 계속되고 있는 법원은 당사자의 신청 또는 직권에 의하여 처분등의 효력이나 그 집행 또는 절차의 속행의 전부 또는 일부의 정지(이하 "집행정지"라 한다)를 결정할 수 있다. 다만, 처분의 효력정지는 처분등의 집행 또는 절차의 속행을 정지함으로써 목적을 달성할 수 있는 경우에는 허용되지 아니한다.
> ③ 집행정지는 공공복리에 중대한 영향을 미칠 우려가 있을 때에는 허용되지 아니한다.
> ④ 제2항의 규정에 의한 집행정지의 결정을 신청함에 있어서는 그 이유에 대한 소명이 있어야 한다.
> ⑤ 제2항의 규정에 의한 집행정지의 결정 또는 기각의 결정에 대하여는 즉시항고할 수 있다. 이 경우 집행정지의 결정에 대한 즉시항고에는 결정의 집행을 정지하는 효력이 없다.
> ⑥ 제30조 제1항의 규정은 제2항의 규정에 의한 집행정지의 결정에 이를 준용한다.

053 항고소송의 효력에 관한 설명으로 옳지 않은 것은? (다툼이 있으면 판례에 따름) 〈2018〉

① 취소판결이 확정되면 당해처분은 처분청의 취소를 기다릴 필요 없이 당연히 효력이 상실된다.
② 취소판결은 대세적 효력을 가진다.
③ 과세처분을 취소하는 판결이 확정되면 그 과세처분은 처분시에 소급하여 소멸한다.
④ 무효등을 확인하는 확정판결은 제3자에 대하여도 효력이 있다.
⑤ 집행정지결정의 취소결정은 제3자에 대하여 효력이 없다.

정답/해설 ⑤

① (○) 형성력에 대한 설명이다. 취소판결(인용판결)이 확정되면 형성력을 갖는다.
② (○) 행정소송법 제29조 제1항에서는 확정된 취소판결의 효력이 제3자에 대해서도 효력이 있다는 대세효(제3자효)를 규정하고 있다.
③ (○) 취소판결의 취소의 효과는 처분시에 소급하며 이를 소급효라 한다.
④ (○) 제38조 제1항에서는 제29조를 준용하고 있으므로 무효등확인판결에도 대세효가 인정된다.
⑤ (×) 제29조 제2항에서는 취소판결의 대세효를 집행정지결정, 집행정지취소결정에 준용하도록 하고 있다.

> **제29조(취소판결등의 효력)**
> ① 처분등을 취소하는 확정판결은 제3자에 대하여도 효력이 있다.
> ② 제1항의 규정은 제23조의 규정에 의한 집행정지의 결정 또는 제24조의 규정에 의한 그 집행정지결정의 취소결정에 준용한다.

054 집행정지에 관한 설명으로 옳은 것은? (다툼이 있으면 판례에 따름) 〈2018〉

① 집행정지결정의 취소결정에 대한 즉시항고는 취소결정의 집행을 정지하는 효력이 있다.

② 무효등확인소송에는 집행정지 규정이 준용된다.

③ 집행정지결정의 요건으로 본안소송이 계속될 필요가 없다.

④ 공공복리에 중대한 영향을 미칠 우려에 대한 주장·소명책임은 신청인에게 있다.

⑤ 법원의 직권에 의한 집행정지결정은 불가능하다.

정답/해설 ②

① (×) 제23조 제5항, 제24조 제2항

> 제23조(집행정지)
> ⑤ 제2항의 규정에 의한 집행정지의 결정 또는 기각의 결정에 대하여는 즉시항고할 수 있다. 이 경우 집행정지의 결정에 대한 즉시항고에는 결정의 집행을 정지하는 효력이 없다.
>
> 제24조(집행정지의 취소)
> ② 제1항의 규정에 의한 집행정지결정의 취소결정과 이에 대한 불복의 경우에는 제23조 제4항 및 제5항의 규정을 준용한다.

② (○) 무효확인소송에서는 취소소송의 집행정지에 관한 조문(제23조)을 준용한다.

③ (×) 행정처분의 집행정지결정을 하려면 이에 대한 본안소송이 법원에 제기되어 계속중임을 요건으로 할 것이고 집행정지결정을 한 후에라도 본안소송이 취하되어 그 소송에 계속하지 아니한 것으로 되면 이에 따라 집행정지결정은 당연히 그 효력이 소멸되는 것이고 별도의 취소 조치를 필요로 하는 것은 아니다(대판 1975.11.11. 75누97).

④ (×) 행정소송법 제23조 제3항에서 집행정지의 요건으로 규정하고 있는 '공공복리에 중대한 영향을 미칠 우려'가 없을 것이라고 할 때의 '공공복리'는 그 처분의 집행과 관련된 구체적이고도 개별적인 공익을 말하는 것으로서 이러한 집행정지의 소극적 요건에 대한 주장·소명책임은 행정청에게 있다(대결 1999.12.20. 99무42).

⑤ (×) 제23조 제2항

> 제23조(집행정지)
> ② 취소소송이 제기된 경우에 처분등이나 그 집행 또는 절차의 속행으로 인하여 생길 회복하기 어려운 손해를 예방하기 위하여 긴급한 필요가 있다고 인정할 때에는 본안이 계속되고 있는 법원은 당사자의 신청 또는 직권에 의하여 처분등의 효력이나 그 집행 또는 절차의 속행의 전부 또는 일부의 정지(이하 "집행정지"라 한다)를 결정할 수 있다. 다만, 처분의 효력정지는 처분등의 집행 또는 절차의 속행을 정지함으로써 목적을 달성할 수 있는 경우에는 허용되지 아니한다.

055 집행정지에 관한 설명으로 옳지 않은 것은? (다툼이 있으면 판례에 따름) 〈2017〉

① 본안이 계속중이라는 점에 대한 주장·소명책임은 원칙적으로 신청인에게 있다.
② 집행정지의 결정에 대한 즉시항고에는 결정의 집행을 정지하는 효력이 없다.
③ 집행정지결정이 있은 후 본안소송이 취하된 경우, 법원은 집행정지 결정을 취소하여야 한다.
④ 집행정지의 결정이 확정된 후라 할지라도 법원은 집행정지가 공공복리에 중대한 영향을 미친다는 이유로 집행정지의 결정을 취소할 수 있다.
⑤ 집행정지의 요건인 '회복하기 어려운 손해'에는 금전으로 보상할 수 없는 유형의 손해뿐만 아니라 무형의 손해도 포함된다.

정답/해설 ③

① (O) '적법한 본안소송이 계속 중일 것'은 집행정지의 적극적 요건으로서 이에 대한 주장·소명책임은 신청인에게 있다.
② (O) 제23조 제5항 2문

> **제23조(집행정지)**
> ⑤ 제2항의 규정에 의한 집행정지의 결정 또는 기각의 결정에 대하여는 즉시항고할 수 있다. 이 경우 집행정지의 결정에 대한 즉시항고에는 결정의 집행을 정지하는 효력이 없다.

③ (×) 행정처분의 집행정지결정을 하려면 이에 대한 본안소송이 법원에 제기되어 계속중임을 요건으로 할 것이고 집행정지결정을 한 후에라도 본안소송이 취하되어 그 소송에 계속하지 아니한 것으로 되면 이에 따라 집행정지결정은 당연히 그 효력이 소멸되는 것이고 별도의 취소 조치를 필요로 하는 것은 아니다(대판 1975.11.11. 75누97).

④ (O)

> **제24조(집행정지의 취소)**
> ① 집행정지의 결정이 확정된 후 집행정지가 공공복리에 중대한 영향을 미치거나 그 정지사유가 없어진 때에는 당사자의 신청 또는 직권에 의하여 결정으로써 집행정지의 결정을 취소할 수 있다.

⑤ (O) 행정소송법 제23조 제2항에서 '회복하기 어려운 손해'라 함은 특별한 사정이 없는 한 금전으로 보상할 수 없는 손해를 말하고 이는 금전보상이 불능인 경우 뿐만 아니라 금전보상으로는 사회관념상 행정처분을 받은 당사자가 참고 견딜 수 없거나 또는 참고 견디기가 현저히 곤란한 경우의 유형. 무형의 손해를 일컫는다(대결 1987.6.23. 86두18).

056 취소소송의 제기 및 심리에 관한 설명으로 옳지 않은 것은? (다툼이 있으면 판례에 따름) 〈2016〉

① 소가 제기되면 법원은 이를 심리·판결하여야 한다.
② 법원은 취소소송이 제기되기 전이라도 처분의 집행정지결정을 할 수 있다.
③ 소가 제기되어 계속중이면 중복제소가 금지된다.
④ 행정심판 등 전심절차에서의 주장과 행정소송에서의 주장이 전혀 별개의 것이 아닌 한 그 주장이 반드시 일치하여야 하는 것은 아니다.
⑤ 소가 제기되면 관련청구소송의 이송 및 병합이 가능해진다.

정답/해설 ②

① (○) 소가 제기되면 법원은 제기된 소가 소송요건을 갖춘 것인지 여부를 심리하고(요건심리), 청구의 이유 유무에 대하여 실체적 심사를 행한다(본안심리). 요건심리의 결과 소송요건을 갖추지 않은 것으로 인정되면 각하판결을 하고, 본안심리의 결과 청구가 이유 있다고 인정되면 인용판결, 이유 없다고 인정되면 기각판결을 한다.

② (×) 본안이 계속중이어야 한다(제23조 제2항).

> **제23조(집행정지)**
> ② 취소소송이 제기된 경우에 처분등이나 그 집행 또는 절차의 속행으로 인하여 생길 회복하기 어려운 손해를 예방하기 위하여 긴급한 필요가 있다고 인정할 때에는 본안이 계속되고 있는 법원은 당사자의 신청 또는 직권에 의하여 처분등의 효력이나 그 집행 또는 절차의 속행의 전부 또는 일부의 정지(이하 "집행정지"라 한다)를 결정할 수 있다. 다만, 처분의 효력정지는 처분등의 집행 또는 절차의 속행을 정지함으로써 목적을 달성할 수 있는 경우에는 허용되지 아니한다.

③ (○) 민사소송법 제259조

> **민사소송법 제259조(중복된 소제기의 금지)**
> 법원에 계속되어 있는 사건에 대하여 당사자는 다시 소를 제기하지 못한다.

④ (○) 항고소송에 있어서 원고는 전심절차에서 주장하지 아니한 공격방어방법을 소송절차에서 주장할 수 있고 법원은 이를 심리하여 행정처분의 적법 여부를 판단할 수 있는 것이므로, 원고가 전심절차에서 주장하지 아니한 처분의 위법사유를 소송절차에서 새롭게 주장하였다고 하여 다시 그 처분에 대하여 별도의 전심절차를 거쳐야 하는 것은 아니다(대판 1996.6.14. 96누754).

⑤ (○) 제10조

> **제10조(관련청구소송의 이송 및 병합)**
> ① 취소소송과 다음 각호의 1에 해당하는 소송(이하 "관련청구소송"이라 한다)이 각각 다른 법원에 계속되고 있는 경우에 관련청구소송이 계속된 법원이 상당하다고 인정하는 때에는 당사자의 신청 또는 직권에 의하여 이를 취소소송이 계속된 법원으로 이송할 수 있다.
> 1. 당해 처분등과 관련되는 손해배상·부당이득반환·원상회복등 청구소송
> 2. 당해 처분등과 관련되는 취소소송

057 집행정지에 관한 설명으로 옳은 것은? (다툼이 있으면 판례에 따름) 〈2016〉

① 집행정지결정사건은 본안이 계속된 제1심 법원의 전속관할이다.
② 집행정지의 결정에 대한 즉시항고에는 결정의 집행을 정지하는 효력이 있다.
③ 본안청구가 이유 없음이 명백한 경우에도 법정요건이 충족되면 집행정지는 인정된다.
④ 회복하기 어려운 손해의 주장·소명책임은 처분청에 있다.
⑤ 처분의 효력정지는 처분등의 집행 또는 절차의 속행을 정지함으로써 목적을 달성할 수 있는 경우에는 허용되지 아니한다.

정답/해설 ⑤

① (×) 집행정지결정사건은 본안이 계속되고 있는 법원이 관할한다. 즉, 제1심 법원으로 한정되지 않고, 항소심(2심), 상고심(3심)도 관할법원이 될 수 있다.

> **제23조(집행정지)**
> ② 취소소송이 제기된 경우에 처분등이나 그 집행 또는 절차의 속행으로 인하여 생길 회복하기 어려운 손해를 예방하기 위하여 긴급한 필요가 있다고 인정할 때에는 본안이 계속되고 있는 법원은 당사자의 신청 또는 직권에 의하여 처분등의 효력이나 그 집행 또는 절차의 속행의 전부 또는 일부의 정지(이하 "집행정지"라 한다)를 결정할 수 있다. 다만, 처분의 효력정지는 처분등의 집행 또는 절차의 속행을 정지함으로써 목적을 달성할 수 있는 경우에는 허용되지 아니한다.

② (×) 제23조 제5항 2문

> **제23조(집행정지)**
> ⑤ 제2항의 규정에 의한 집행정지의 결정 또는 기각의 결정에 대하여는 즉시항고할 수 있다. 이 경우 집행정지의 결정에 대한 즉시항고에는 결정의 집행을 정지하는 효력이 없다.

③ (×) 행정처분의 효력정지나 집행정지를 구하는 신청사건에 있어서는 행정처분 자체의 적법 여부는 원칙적으로는 판단할 것이 아니고 그 행정처분의 효력이나 집행을 정지할 것인가에 대한 행정소송법 제23조 제2항 소정의 요건의 존부만이 판단의 대상이 되나 본안소송에서의 처분의 취소가능성이 없음에도 불구하고 처분의 효력정지나 집행정지를 인정한다는 것은 제도의 취지에 반하므로 집행정지사건 자체에 의하여도 신청인의 본안청구가 이유 없음이 명백할 때에는 행정처분의 효력정지나 집행정지를 명할 수 없다(대결 1992.8.7. 92두30).

④ (×), ⑤ (○) 회복하기 어려운 손해는 적극적 요건이므로 주장·소명책임은 원고에게 있다(제23조 제4항).

처분의 효력정지는 처분등의 집행 또는 절차의 속행을 정지함으로써 목적을 달성할 수 있는 경우에는 허용되지 아니한다(제23조 제2항 단서).

> **제23조(집행정지)**
> ② 취소소송이 제기된 경우에 처분등이나 그 집행 또는 절차의 속행으로 인하여 생길 회복하기 어려운 손해를 예방하기 위하여 긴급한 필요가 있다고 인정할 때에는 본안이 계속되고 있는 법원은 당사자의 신청 또는 직권에 의하여 처분등의 효력이나 그 집행 또는 절차의 속행의 전부 또는 일부의 정지(이하 "집

행정지"라 한다)를 결정할 수 있다. 다만, 처분의 효력정지는 처분등의 집행 또는 절차의 속행을 정지함으로써 목적을 달성할 수 있는 경우에는 허용되지 아니한다.
④ 제2항의 규정에 의한 집행정지의 결정을 신청함에 있어서는 그 이유에 대한 소명이 있어야 한다.

058 행정소송법상 집행정지에 관한 설명으로 옳지 않은 것은? (다툼이 있으면 판례에 따름) 〈2015〉

① 처분의 효력정지는 처분등의 집행 또는 절차의 속행을 정지함으로써 목적을 달성할 수 있는 경우에는 허용되지 아니한다.
② 집행정지의 효력은 당해 결정의 주문에 표시된 시기까지 존속한다.
③ 집행정지의 결정에 대하여는 즉시항고할 수 있다.
④ '회복하기 어려운 손해'의 소명책임은 처분청에게 있다.
⑤ 계속된 본안소송은 소송요건을 갖춘 적법한 것이어야 한다.

정답/해설 ④

① (○) 제23조 제2항 단서
② (○) 행정소송법 제23조에 정해져 있는 처분에 대한 집행정지는 행정처분의 집행으로 인하여 회복하기 어려운 손해를 예방하기 위하여 긴급한 필요가 있고 달리 공공복리에 중대한 영향을 미치지 아니할 것을 요건으로 하여 본안판결이 있을 때까지 당해 행정처분의 집행을 잠정적으로 정지함으로써 위와 같은 손해를 예방하고자 함에 그 취지가 있고, 그 집행정지의 효력 또한 당해 결정의 주문에 표시된 시기까지 존속하다가 그 시기의 도래와 동시에 당연히 소멸한다(대판 2003.7.11. 2002다48023).
③ (○) 제23조 제5항 1문
④ (×) 제23조 제4항
⑤ (○) 행정처분의 효력정지나 집행정지를 구하는 신청사건에 있어서는 행정처분 자체의 적법 여부는 궁극적으로 본안재판에서 심리를 거쳐 판단할 성질의 것이므로 원칙적으로 판단할 것이 아니고, 그 행정처분의 효력이나 집행을 정지할 것인가에 관한 행정소송법 제23조 제2항 소정의 요건의 존부만이 판단의 대상이 된다고 할 것이지만, 나아가 집행정지는 행정처분의 집행부정지원칙의 예외로서 인정되는 것이고 또 본안에서 원고가 승소할 수 있는 가능성을 전제로 한 권리보호수단이라는 점에 비추어 보면 집행정지사건 자체에 의하여도 신청인의 본안청구가 적법한 것이어야 한다는 것을 집행정지의 요건에 포함시켜야 한다(대결 1999.11.26. 99부3).

제23조(집행정지)
① 취소소송의 제기는 처분등의 효력이나 그 집행 또는 절차의 속행에 영향을 주지 아니한다.
② 취소소송이 제기된 경우에 처분등이나 그 집행 또는 절차의 속행으로 인하여 생길 회복하기 어려운 손해를 예방하기 위하여 긴급한 필요가 있다고 인정할 때에는 본안이 계속되고 있는 법원은 당사자의 신청 또는 직권에 의하여 처분등의 효력이나 그 집행 또는 절차의 속행의 전부 또는 일부의 정지(이하 "집

행정지"라 한다)를 결정할 수 있다. 다만, 처분의 효력정지는 처분등의 집행 또는 절차의 속행을 정지함으로써 목적을 달성할 수 있는 경우에는 허용되지 아니한다.
③ 집행정지는 공공복리에 중대한 영향을 미칠 우려가 있을 때에는 허용되지 아니한다.
④ 제2항의 규정에 의한 집행정지의 결정을 신청함에 있어서는 그 이유에 대한 소명이 있어야 한다.
⑤ 제2항의 규정에 의한 집행정지의 결정 또는 기각의 결정에 대하여는 즉시항고할 수 있다. 이 경우 집행정지의 결정에 대한 즉시항고에는 결정의 집행을 정지하는 효력이 없다.
⑥ 제30조 제1항의 규정은 제2항의 규정에 의한 집행정지의 결정에 이를 준용한다.

059 행정소송법상 집행정지가 인정되는 소송을 모두 고른 것은? 〈2015〉

ㄱ. 취소소송 　　　　　ㄴ. 무효확인소송
ㄷ. 부작위위법확인소송 　ㄹ. 공법상 당사자소송

① ㄱ, ㄴ　② ㄱ, ㄷ　③ ㄴ, ㄷ　④ ㄴ, ㄹ　⑤ ㄷ, ㄹ

정답/해설 ①

ㄱ (○) 취소소송에서는 집행정지가 인정된다.

ㄴ (○) 무효등확인소송에서는 취소소송의 집행정지에 관한 조문(제23조)을 준용한다(제38조).

제38조(준용규정)
① 제9조, 제10조, 제13조 내지 제17조, 제19조, **제22조 내지 제26조**, 제29조 내지 제31조 및 제33조의 규정은 무효등 확인소송의 경우에 준용한다.

ㄷ (×) 부작위위법확인소송에서는 취소소송의 집행정지에 관한 조문(제23조)을 준용하지 않는다.

제38조(준용규정)
② 제9조, 제10조, 제13조 내지 제19조, 제20조, 제25조 내지 제27조, 제29조 내지 제31조, 제33조 및 제34조의 규정은 부작위위법확인소송의 경우에 준용한다.

ㄹ (×) 공법상 당사자소송에서는 취소소송의 집행정지에 관한 조문(제23조)을 준용하지 않는다.

제44조(준용규정)
① 제14조 내지 제17조, 제22조, 제25조, 제26조, 제30조 제1항, 제32조 및 제33조의 규정은 당사자소송의 경우에 준용한다.

제5절 심리의 내용 및 범위

060 취소소송의 심리에 관한 설명으로 옳지 않은 것은? (다툼이 있으면 판례에 따름) 〈2024〉

① 법원은 당사자가 주장하지 아니한 법률효과에 관한 요건사실이나 독립된 공격방어방법을 시사하여 그 제출을 권유할 수 있다.

② 법원은 당사자의 신청이 있는 때에는 결정으로써 재결을 행한 행정청에 대하여 행정심판에 관한 기록의 제출을 명할 수 있다.

③ 행정소송에 있어서 직권주의가 가미되어 있다고 하더라도 기본구조는 변론주의이다.

④ 법원은 필요하다고 인정할 때에는 직권으로 증거조사를 할 수 있다.

⑤ 법원은 필요하다고 인정할 때에는 당사자가 주장하지 아니하는 사실에 대하여도 판단할 수 있다.

정답/해설 ①

① (×) 법원의 석명권 행사는 당사자의 주장에 모순된 점이 있거나 불완전·불명료한 점이 있을 때에 이를 지적하여 정정 보충할 수 있는 기회를 주고, 계쟁 사실에 대한 증거의 제출을 촉구하는 것을 그 내용으로 하는 것으로, 당사자가 주장하지도 아니한 법률효과에 관한 요건사실이나 독립된 공격방어방법을 시사하여 그 제출을 권유함과 같은 행위를 하는 것은 변론주의의 원칙에 위배되는 것으로 석명권 행사의 한계를 일탈하는 것이 된다(대판 1996.2.9. 95다27998).

② (○)

> **제25조(행정심판기록의 제출명령)**
> ① 법원은 당사자의 신청이 있는 때에는 결정으로써 재결을 행한 행정청에 대하여 행정심판에 관한 기록의 제출을 명할 수 있다.

③ (○) 행정소송에 있어서 특별한 사정이 있는 경우를 제외하면 당해 행정처분의 적법성에 관하여는 행정청이 이를 주장·입증하여야 할 것이나 행정소송에 있어서 직권주의가 가미되어 있다고 하더라도 여전히 변론주의를 기본구조로 하는 이상 행정처분의 위법을 들어 그 취소를 청구함에 있어서는 직권조사사항을 제외하고는 그 취소를 구하는 자가 위법사유에 해당하는 구체적 사실을 먼저 주장하여야 한다(대판 2001.1.16. 99두8107).

④ (○), ⑤ (○)

> **제26조(직권심리)**
> 법원은 필요하다고 인정할 때에는 직권으로 증거조사를 할 수 있고, 당사자가 주장하지 아니한 사실에 대하여도 판단할 수 있다.

061 행정소송에 적용되는 심리원칙으로 옳지 않은 것은? (다툼이 있으면 판례에 따름) 〈2023〉

① 공개심리주의   ② 쌍방심리주의   ③ 처분권주의
④ 구술심리주의   ⑤ 직권탐지우선주의

정답/해설 ⑤

행정소송법 제26조가 법원은 필요하다고 인정할 때에는 직권으로 증거조사를 할 수 있고, 당사자가 주장하지 아니한 사실에 대하여도 판단할 수 있다고 규정하고 있지만, 이는 행정소송의 특수성에 연유하는 당사자주의, 변론주의에 대한 일부 예외 규정일 뿐 법원이 아무런 제한 없이 당사자가 주장하지 아니한 사실을 판단할 수 있는 것은 아니고, 일건 기록에 현출되어 있는 사항에 관하여서만 직권으로 증거조사를 하고 이를 기초로 하여 판단할 수 있을 따름이고, 그것도 법원이 필요하다고 인정할 때에 한하여 청구의 범위 내에서 증거조사를 하고 판단할 수 있을 뿐이다(대판 1994.10.11. 94누4820).

062 취소소송의 심리 및 판결에 관한 설명으로 옳지 않은 것은? (다툼이 있으면 판례에 따름) 〈2022〉

① 직권주의가 가미되어 있다고 하더라도 여전히 변론주의를 기본구조로 한다.
② 직권조사사항을 제외하고는 취소를 구하는 자가 위법사유에 해당하는 구체적 사실을 먼저 주장하여야 한다.
③ 법원은 필요하다고 인정할 때에는 직권으로 증거조사를 할 수 있다.
④ 법원은 필요하다고 인정할 때에는 당사자가 주장하지 아니하는 사실에 대하여도 판단할 수 있다.
⑤ 불고불리의 원칙이 적용되지 않으므로 법원은 당사자가 청구한 범위를 넘어서까지 판결을 할 수 있다.

정답/해설 ⑤

① (○), ② (○) 행정소송에 있어서 특별한 사정이 있는 경우를 제외하면 당해 행정처분의 적법성에 관하여는 행정청이 이를 주장·입증하여야 할 것이나 행정소송에 있어서 직권주의가 가미되어 있다고 하더라도 여전히 변론주의를 기본구조로 하는 이상 행정처분의 위법을 들어 그 취소를 청구함에 있어서는 직권조사사항을 제외하고는 그 취소를 구하는 자가 위법사유에 해당하는 구체적 사실을 먼저 주장하여야 한다(대판 2001.1.16. 99두8107).

③ (○), ④ (○)

> **제26조(직권심리)**
> 법원은 필요하다고 인정할 때에는 직권으로 증거조사를 할 수 있고, 당사자가 주장하지 아니한 사실에 대하여도 판단할 수 있다.

⑤ (×) 행정소송에 있어서도 법원은 당사자가 신청하지 아니한 사항에 대하여는 판결할 수 없는 것이다(대판 1987.11.10. 86누491).

063 재량처분의 취소에 관한 설명으로 옳지 않은 것은? (다툼이 있으면 판례에 따름) 〈2021〉

① 영업정지 기간의 감경에 관한 참작 사유가 있음에도 이를 전혀 고려하지 않은 나머지 영업정지 기간을 감경하지 아니하였다면 그 영업정지 처분은 위법하다.
② 공무원에 대한 징계처분에는 공무원 승진임용처분에서와 비교할 수 없을 정도의 광범위한 재량이 부여되어 있다.
③ 재량행위에 대한 사법심사에서는 법원은 독자의 결론을 도출함이 없이 당해 행위에 재량권의 일탈·남용이 있는지 여부만을 심사하게 된다.
④ 재량권을 일탈·남용한 특별한 사정이 있다는 점은 이를 주장하는 자가 증명하여야 한다.
⑤ 허가 기준에 맞지 않는다고 판단하여 개발행위허가신청을 불허가하였다면 이에 앞서 도시계획위원회의 심의를 거치지 않았다는 사정만으로 곧바로 그 불허가처분에 취소사유가 있다고 보기는 어렵다.

정답/해설 ②

① (○) 행정청이 건설산업기본법 및 구 건설산업기본법 시행령(2016. 2. 11. 대통령령 제26979호로 개정되기 전의 것, 이하 '시행령'이라 한다)규정에 따라 건설업자에 대하여 영업정지 처분을 할 때 건설업자에게 영업정지 기간의 감경에 관한 참작 사유가 존재하는 경우, 행정청이 그 사유까지 고려하고도 영업정지 기간을 감경하지 아니한 채 시행령 제80조 제1항 [별표 6] '2.개별기준'이 정한 영업정지 기간대로 영업정지처분을 한 때에는 이를 위법하다고 단정할 수 없으나, 위와 같은 사유가 있음에도 이를 전혀 고려하지 않거나 그 사유에 해당하지 않는다고 오인한 나머지 영업정지 기간을 감경하지 아니하였다면 영업정지 처분은 재량권을 일탈·남용한 위법한 처분이다(대판 2016.8.29. 2014두45956).

② (×) 교육부장관은 승진후보자 명부에 포함된 후보자들에 대하여 일정한 심사를 진행하여 임용제청 여부를 결정할 수 있고 승진후보자 명부에 포함된 특정 후보자를 반드시 임용제청을 하여야 하는 것은 아니며, 또한 교육부장관이 임용제청을 한 후보자라고 하더라도 임용권자인 대통령이 반드시 승진임용을 하여야 하는 것도 아니다. 이처럼 공무원 승진임용에 관해서는 임용권자에게 일반 국민에 대한 행정처분이나 공무원에 대한 징계처분에서와는 비교할 수 없을 정도의 광범위한 재량이 부여되어 있다(대판 2018.3.27. 2015두47492).

③ (○) 재량행위에 대한 사법심사에 있어서는 행정청의 재량에 기한 공익판단의 여지를 감안하여 법원은 독자의 결론을 도출함이 없이 당해 행위에 재량권의 일탈·남용이 있는지 여부만을 심사하게 되고, 이러한 재량권의 일탈·남용 여부에 대한 심사는 사실오인, 비례·평등의 원칙 위배 등을 그 판단 대상으로 한다(대판 2010.9.9. 2010다39413).

④ (○) 행정청의 전문적인 정성적 평가 결과는 그 판단의 기초가 된 사실인정에 중대한 오류가 있거나 그 판단이 사회통념상 현저하게 타당성을 잃어 객관적으로 불합리하다는 등의 특별한 사정이 없는 한 법원이 그 당부를 심사하기에는 적절하지 않으므로 가급적 존중되어야 한다. 여기에 재량권을 일탈·남용한 특별한 사정이 있다는 점은 증명책임분배의 일반원칙에 따라 이를 주장하는 자가 증명하여야 한다(대판 2018.6.15. 2016두57564).

⑤ (○) 개발행위허가에 관한 사무를 처리하는 행정기관의 장이 일정한 개발행위를 허가하는 경우에는 국토계획법 제59조 제1항에 따라 도시계획위원회의 심의를 거쳐야 할 것이나, 개발행위허가의 신청 내용이 허가 기준에 맞지 않는다고 판단하여 개발행위허가신청을 불허가하였다면 이에 앞서 도시계획위원회의 심의를 거치지 않았다고 하여 이러한 사정만으로 곧바로 그 불허가처분에 취소사유에 이를 정도의 절차상 하자가 있다고 보기는 어렵다. 다만 행정기관의 장이 도시계획위원회의 심의를 거치지 아니한 결과 개발행위 불허가처분을 함에 있어 마땅히 고려하여야 할 사정을 참작하지 아니하였다면 그 불허가처분은 재량권을 일탈·남용한 것으로서 위법하다고 평가할 수 있을 것이다(대판 2015.10.29. 2012두28728).

064 취소소송의 직권심리에 관한 설명으로 옳지 않은 것은? (다툼이 있으면 판례에 따름) 〈2020〉

① 법원은 필요하다고 인정할 때에는 직권으로 증거조사를 할 수 있다.
② 법원은 필요하다고 인정할 때에는 당사자가 주장하지 아니하는 사실에 대하여도 판단할 수 있다.
③ 직권심리는 행정소송의 특수성에서 연유하는 당사자주의, 변론주의에 대한 일부 예외규정이다.
④ 법원은 직권심리를 할 때 원고의 청구범위를 유지할 필요는 없다.
⑤ 「행정소송법」 제26조의 직권심리주의는 공법상 당사자소송에 준용된다.

정답/해설 ④

① (○), ② (○) 제26조

> **제26조(직권심리)**
> 법원은 필요하다고 인정할 때에는 직권으로 증거조사를 할 수 있고, 당사자가 주장하지 아니한 사실에 대하여도 판단할 수 있다.

③ (○) 행정소송법 제26조가 법원은 필요하다고 인정할 때에는 직권으로 증거조사를 할 수 있고, 당사자가 주장하지 아니한 사실에 대하여도 판단할 수 있다고 규정하고 있지만, 이는 행정소송의 특수성에 연유하는 당사자주의, 변론주의에 대한 일부 예외 규정일 뿐 법원이 아무런 제한없이 당사자가 주장하지 아니한 사실을 판단할 수 있는 것은 아니고, 일건 기록에 현출되어 있는 사항에 관하여서만 직권으로 증거조사를 하고 이를 기초로 하여 판단할 수 있을 따름이고, 그것도 법원이 필요하다고 인정할 때에 한하여 청구의 범위 내에서 증거조사를 하고 판단할 수 있을 뿐이다(대판 1994.10.11. 94누4820).

④ (×) 행정소송법 제26조는 법원이 필요하다고 인정할 때에는 직권으로 증거조사를 할 수 있고 당사자가 주장하지 아니한 사실에 대하여 판단할 수 있다고 규정하고 있으나, 이는 행정소송에 있어서 원고의 청구범위를 초월하여 그 이상의 청구를 인용할 수 있다는 뜻이 아니라 원고의 청구범위를 유지하면서 그 범위 내에서 필요에 따라 주장 외의 사실에 관하여 판단할 수 있다는 뜻이고 또 법원의 석명권은 당사자의 진술에 모순, 흠결이 있거나 애매하여 그 진술의 취지를 알 수 없을 때 이를 보완하여 명료하게 하거나 입증책임 있는 당사자에게 입증을 촉구하기 위하여 행

사하는 것이지 그 정도를 넘어 당사자에게 새로운 청구를 할 것을 권유하는 것은 석명권의 한계를 넘어서는 것이다(대판 1992.3.10. 91누6030).

⑤ (O) 당사자소송에서는 직권심리에 관한 조문(제26조)을 준용하고 있다(제44조 제1항).

065 취소소송의 심리절차상 원칙에 관한 설명으로 옳은 것은? (다툼이 있으면 판례에 따름) 〈2019〉

① 법원은 필요하다고 인정할 때에는 직권으로 증거조사를 할 수 있으나, 당사자가 주장하지 아니한 사실에 대하여는 판단할 수 없다.
② 법원이 원고가 청구하지 아니한 개별토지가격결정처분에 대하여 판결하는 것은 처분권주의에 반한다.
③ 명의신탁등기 과징금 부과처분에 대하여 장기미등기 과징금 부과처분 사유가 존재한다는 이유로 적법하다고 판단하는 것은 직권심사주의 원칙상 허용된다.
④ 기록상 자료가 나타나 있다 하더라도 당사자가 주장하지 않으면 판단할 수 없다.
⑤ 처분청의 처분권한유무는 직권조사사항이다.

정답/해설 ②

① (×), ④ (×)

> **제26조(직권심리)**
> 법원은 필요하다고 인정할 때에는 직권으로 증거조사를 할 수 있고, 당사자가 주장하지 아니한 사실에 대하여도 판단할 수 있다.

② (O) 원심판결이유에 의하면 원심은 피고가 원고 소유의 이 사건 토지에 대하여 1991. 6. 29.에 1990년 및 1991년의 개별토지가격결정을 하였고, 이에 대하여 원고가 위 2개 처분의 취소를 모두 구하고 있는 것으로 본 다음, 1990년 개별토지가격결정에 대하여는 이 사건 토지보다 도로조건등 토지특성이 열세라고 인정되는 1990년의 표준지보다 낮게 산정되거나 인근 토지인 서초동 1392의 1, 2 토지와 같게 산정되어 불합리하거나 불공평하다 하여 이를 취소하고, 1991년 개별토지가격결정에 대하여는 이 사건 토지보다 도로조건등 토지특성이 우세인 1991년의 표준지보다 낮게, 열세인 인근토지인 서초동 1329의 1, 2, 3 토지보다 높게 산정되어 합리적이므로 정당하다 하여 이에 대한 원고의 청구를 기각하였는 바, 기록을 살펴보아도 피고는 1991. 6. 29. 이 사건 토지에 대하여 1990년 개별토지가격결정을 한 사실이 없을 뿐만 아니라 원고가 1990년 개별지가결정처분의 취소를 구하고 있지도 아니하다. 그런데도 원심이 원고가 청구하지도 아니한 1990년 개별지가결정처분에 대하여 판결한 것은 민사소송법 제188조 소정의 처분권주의에 반하여 위법하다 할 것이므로 그 취소(파기)를 면할 수 없다 하겠다(대판 1993.6.8. 93누4526).

③ (×) 명의신탁등기 과징금과 장기미등기 과징금은 위반행위의 태양, 부과 요건, 근거 조항을 달리하므로, 각 과징금 부과처분의 사유는 상호 간에 기본적 사실관계의 동일성이 있다고 할 수 없다. 그러므로 그 중 어느 하나의 처분사유에 의한 과징금 부과처분에 대하여 당해 처분사유가 아닌 다른 처분사유가 존재한다는 이유로 적법하다고 판단하는 것은 특별한 사정이 없는 한 행정소송법상 직권심사주의의 한계를

넘는 것으로서 허용될 수 없다(대판 2017.5.17. 2016두53050).

⑤ (×) 행정소송에 있어서 처분청의 처분권한 유무는 직권조사사항이 아니다(대판 전합 1997.6.19. 95누8669).

066 행정소송의 심리의 범위에 관한 설명으로 옳지 않은 것은? (다툼이 있으면 판례에 따름) 〈2019〉

① 무효확인소송에서 사정판결 여부는 심판의 대상이 되지 않는다.
② 법원은 원고의 청구범위를 초월하여 판결할 수 없다.
③ 행정청의 재량에 속하는 처분이라도 재량권의 일탈·남용이 있는 때에는 법원은 이를 취소할 수 있다.
④ 행정청이 신청권이 인정되는 상대방의 신청에 대하여 아무런 처분을 하지 않고 있는 이상 행정청의 부작위는 그 자체로 위법하다.
⑤ 부작위위법확인소송에서의 심리의 범위에 대하여 판례는 실체적 심리설을 취한다.

정답/해설 ⑤

① (○) 무효확인소송에서는 사정판결에 관한 조문(제28조)을 준용하지 않는다.
② (○) 행정소송에 있어서도 행정소송법 제14조에 의하여 민사소송법 제188조가 준용되어 법원은 당사자가 신청하지 아니한 사항에 대하여는 판결할 수 없는 것이고, 행정소송법 제26조에서 직권심리주의를 채용하고 있으나 이는 행정소송에 있어서 원고의 청구범위를 초월하여 그 이상의 청구를 인용할 수 있다는 의미가 아니라 원고의 청구범위를 유지하면서 그 범위내에서 필요에 따라 주장외의 사실에 관하여도 판단할 수 있다는 뜻이다(대판 1987.11.10. 86누491).
③ (○)

> **제27조(재량처분의 취소)**
> 행정청의 재량에 속하는 처분이라도 재량권의 한계를 넘거나 그 남용이 있는 때에는 법원은 이를 취소할 수 있다.

④ (○) 행정청이 행한 공사중지명령의 상대방은 그 명령 이후에 그 원인사유가 소멸하였음을 들어 행정청에게 공사중지명령의 철회를 요구할 수 있는 조리상의 신청권이 있다 할 것이고, 상대방으로부터 그 신청을 받은 행정청으로서는 상당한 기간 내에 그 신청을 인용하는 적극적 처분을 하거나 각하 또는 기각하는 등의 소극적 처분을 하여야 할 법률상의 응답의무가 있다고 할 것이며, 행정청이 상대방의 신청에 대하여 아무런 적극적 또는 소극적 처분을 하지 않고 있는 이상 행정청의 부작위는 그 자체로 위법하다고 할 것이고, 구체적으로 그 신청이 인용될 수 있는지 여부는 소극적 처분에 대한 항고소송의 본안에서 판단하여야 할 사항이라고 할 것이다(대판 2005.4.14. 2003두7590).
⑤ (×) 부작위위법확인소송에서 판례는 실체적 심리설(신청에 따른 처분의무가 있는지까지 심판의 범위)이 아닌 절차적 심리설(부작위의 위법 여부만이 심판의 범위)을 취한다.

067 항고소송의 심리에 관한 설명으로 옳지 않은 것은? (다툼이 있으면 판례에 따름) 〈2018〉

① 불고불리의 원칙이 적용된다.
② 제소 당시 소송요건을 충족하여도 사실심의 변론종결시 그 요건이 결여되면 각하판결을 한다.
③ 처분청의 처분권한 유무는 직권조사사항이 아니다.
④ 제소 당시 소송요건이 흠결되었으면 사실심의 변론종결시까지 이를 구비하더라도 적법한 소가 되지 않는다.
⑤ 소송요건은 직권조사사항이다.

정답/해설 ④

① (○) 행정소송에 있어서도 법원은 당사자가 신청하지 아니한 사항에 대하여는 판결할 수 없는 것이다(대판 1987.11.10. 86누491).
② (○), ④ (×) 소송요건은 사실심 변론종결시까지 구비하여야 하므로, 제소 당시 소송요건을 충족하여도 사실심 변론종결시 그 요건이 결여되면 각하판결을 내리고, 제소 당시 소송요건이 흠결되었다 하여도 사실심 변론종결시까지 이를 구비하면 적법한 소가 된다.
③ (○) 행정소송에 있어서 처분청의 처분권한 유무는 직권조사사항이 아니다(대판 전합 1997.6.19. 95누8669).
⑤ (○) 소송요건은 직권조사사항으로 당사자의 주장이 없다고 하여도 법원이 직권으로 조사할 수 있다.

068 취소소송의 본안판단 사항은? (다툼이 있으면 판례에 따름) 〈2017〉

① 제소기간 도과 여부
② 원고적격 인정 여부
③ 재량남용 여부
④ 대상적격 인정 여부
⑤ 소의 이익 유무

정답/해설 ③

제소기간 도과 여부, 원고적격 인정 여부, 대상적격 인정 여부, 소의 이익 유무는 소송요건으로 본안 전 심리의 대상이며, 취소소송의 본안판단사항은 처분의 위법성 일반으로 재량남용 여부가 포함된다.

069 취소소송 심리의 일반원칙에 관한 설명으로 옳은 것은? (다툼이 있으면 판례에 따름) 〈2017〉

① 법원이 원고가 취소를 청구하지도 않은 행정처분에 대하여 취소판결을 한 것은 처분권주의에 반하여 위법하다.
② 자유심증주의는 인정되지 아니한다.
③ 서면심리주의를 원칙으로 한다.
④ 법원이 소송절차를 직권으로 진행시키는 직권주의는 인정되지 아니한다.
⑤ 공개주의는 원칙적으로 인정되지 아니한다.

정답/해설 ①

① (○) 원심판결이유에 의하면 원심은 피고가 원고 소유의 이 사건 토지에 대하여 1991. 6. 29.에 1990년 및 1991년의 개별토지가격결정을 하였고, 이에 대하여 원고가 위 2개 처분의 취소를 모두 구하고 있는 것으로 본 다음, 1990년 개별토지가격결정에 대하여는 이 사건 토지보다 도로조건 등 토지특성이 열세라고 인정되는 1990년의 표준지보다 낮게 산정되거나 인근토지인 서초동 1392의 1, 2 토지와 같게 산정되어 불합리하거나 불공평하다 하여 이를 취소하고, 1991년 개별토지가격결정에 대하여는 이 사건 토지보다 도로조건 등 토지특성이 우세인 1991년의 표준지보다 낮게, 열세인 인근토지인 서초동 1329의 1, 2, 3 토지보다 높게 산정되어 합리적이므로 정당하다 하여 이에 대한 원고의 청구를 기각하였는바, 기록을 살펴보아도 피고는 1991. 6. 29. 이 사건 토지에 대하여 1990년 개별토지가격결정을 한 사실이 없을 뿐만 아니라 원고가 1990년 개별지가결정처분의 취소를 구하고 있지도 아니하다. 그런데도 원심이 원고가 청구하지도 아니한 1990년 개별지가결정처분에 대하여 판결한 것은 민사소송법 제188조 소정의 처분권주의에 반하여 위법하다 할 것이므로 그 취소(파기)를 면할 수 없다 하겠다(대판 1993.6.8. 93누4526).

② (×) 행정소송법 제8조 제2항, 민사소송법 제202조

행정소송법 제8조(법적용예)
① 행정소송에 대하여는 다른 법률에 특별한 규정이 있는 경우를 제외하고는 이 법이 정하는 바에 의한다.
② 행정소송에 관하여 이 법에 특별한 규정이 없는 사항에 대하여는 법원조직법과 민사소송법 및 민사집행법의 규정을 준용한다.

민사소송법 제202조(자유심증주의)
법원은 변론 전체의 취지와 증거조사의 결과를 참작하여 자유로운 심증으로 사회정의와 형평의 이념에 입각하여 논리와 경험의 법칙에 따라 사실주장이 진실한지 아닌지를 판단한다.

③ (×) 민사소송법은 서면심리주의에 대립하는 구술심리주의를 원칙으로 하고 있으며, 이는 행정소송에도 적용된다.

행정소송법 제8조(법적용예)
① 행정소송에 대하여는 다른 법률에 특별한 규정이 있는 경우를 제외하고는 이 법이 정하는 바에 의한다.
② 행정소송에 관하여 이 법에 특별한 규정이 없는 사항에 대하여는 법원조직법과 민사소송법 및 민사집행법의 규정을 준용한다.

> **민사소송법 제202조(자유심증주의)**
> 법원은 변론 전체의 취지와 증거조사의 결과를 참작하여 자유로운 심증으로 사회정의와 형평의 이념에 입각하여 논리와 경험의 법칙에 따라 사실주장이 진실한지 아닌지를 판단한다.

④ (×)

> **제26조(직권심리)**
> 법원은 필요하다고 인정할 때에는 직권으로 증거조사를 할 수 있고, 당사자가 주장하지 아니한 사실에 대하여도 판단할 수 있다.

⑤ (×) 행정소송법 제8조 제2항, 법원조직법 제57조 제1항

> **행정소송법 제8조(법적용예)**
> ① 행정소송에 대하여는 다른 법률에 특별한 규정이 있는 경우를 제외하고는 이 법이 정하는 바에 의한다.
> ② 행정소송에 관하여 이 법에 특별한 규정이 없는 사항에 대하여는 법원조직법과 민사소송법 및 민사집행법의 규정을 준용한다.

> **법원조직법 제57조(재판의 공개)**
> ① 재판의 심리와 판결은 공개한다. 다만, 심리는 국가의 안전보장, 안녕질서 또는 선량한 풍속을 해칠 우려가 있는 경우에는 결정으로 공개하지 아니할 수 있다.

070 항고소송의 심리의 범위에 관한 설명으로 옳지 않은 것은? (다툼이 있으면 판례에 따름) 〈2017〉

① 취소소송에서 처분의 동일성 내에서 개개의 위법사유는 심리의 범위에 속한다.
② 처분의 부당 여부는 심리의 범위를 벗어난다.
③ 취소소송에서 사정판결을 할 것인지의 여부는 심리의 대상에 포함되지 아니한다.
④ 무효등확인소송에서는 처분의 존재 여부가 심리의 대상이 될 수 있다.
⑤ 부작위위법확인소송에서 부작위의 위법 여부에서 더 나아가 신청에 따른 처분의무가 있는지는 심리의 범위에 포함되지 아니한다.

정답/해설 ③

① (○) 취소소송에서 심판의 범위는 처분의 위법성 일반과 계쟁처분의 취소이며, 처분의 동일성 내에서 개개의 위법사유도 심판의 범위에 속한다.
② (○) 취소소송의 심리의 범위는 처분의 위법 여부, 무효확인소송의 심리의 범위는 처분의 위법 여부와 무효 여부, 부작위위법확인소송의 심리의 범위는 부작위의 위법 여부이다. 따라서 처분의 부당 여부는 항고소송의 심리의 범위를 벗어난다.
(참고) 행정소송과는 다르게 행정심판에서는 위법한 처분뿐 아니라 부당한 처분도 심리할 수 있다고 규정하고 있다.
③ (×) 법원은 당사자의 주장이 없더라도 직권으로 사정판결을 할 수 있다. 따라서 사정판결을 할 것인지의 여부는 취소소송에서 법원의 심리의 대상에 포함된다.

④ (○)

> 제4조(항고소송)
> 항고소송은 다음과 같이 구분한다.
>   2. 무효등 확인소송: 행정청의 처분등의 효력 유무 또는 존재여부를 확인하는 소송

⑤ (○) 부작위위법확인의 소는 행정청이 국민의 법규상 또는 조리상의 권리에 기한 신청에 대하여 상당한 기간내에 그 신청을 인용하는 적극적 처분 또는 각하하거나 기각하는 등의 소극적 처분을 하여야 할 법률상의 응답의무가 있음에도 불구하고 이를 하지 아니하는 경우, 판결(사실심의 구두변론 종결)시를 기준으로 그 부작위의 위법을 확인함으로써 행정청의 응답을 신속하게 하여 부작위 내지 무응답이라고 하는 소극적인 위법상태를 제거하는 것을 목적으로 하는 것이고, 나아가 당해 판결의 구속력에 의하여 행정청에게 처분 등을 하게 하고 다시 당해 처분 등에 대하여 불복이 있는 때에는 그 처분 등을 다투게 함으로써 최종적으로는 국민의 권리이익을 보호하려는 제도이므로, 소제기의 전후를 통하여 판결시까지 행정청이 그 신청에 대하여 적극 또는 소극의 처분을 함으로써 부작위상태가 해소된 때에는 소의 이익을 상실하게 되어 당해 소는 각하를 면할 수가 없는 것이다(대판 1990.9.25. 89누4758).

071 취소소송의 직권심리에 관한 설명으로 옳지 않은 것은? (다툼이 있으면 판례에 따름) 〈2017〉

① 법원은 필요하다고 인정할 때에는 직권으로 증거조사를 할 수 있다.
② 취소소송의 직권심리에 관하여 규정하고 있는 「행정소송법」 제26조는 공법상 당사자소송에 준용된다.
③ 법원은 기록상 자료가 나타나 있는 사항에 관해서는 당사자가 이를 주장하지 않았더라도 판단할 수 있다.
④ 직권탐지주의설은 행정의 적법성 통제도 행정소송의 목적이라는 것을 강조한다.
⑤ 처분청의 처분권한 유무는 직권조사사항이다.

정답/해설 ⑤

① (○)

> 제26조(직권심리)
> 법원은 필요하다고 인정할 때에는 직권으로 증거조사를 할 수 있고, 당사자가 주장하지 아니한 사실에 대하여도 판단할 수 있다.

② (○) 당사자소송에서는 취소소송의 직권심리에 관한 조문(제26조)을 준용한다(제44조 제1항).

> 제44조(준용규정)
> ① 제14조 내지 제17조, 제22조, 제25조, 제26조, 제30조 제1항, 제32조 및 제33조의 규정은 당사자소송의 경우에 준용한다.

③ (○) 행정소송에서 기록상 자료가 나타나 있다면 당사자가 주장하지 않았더라도 판단할 수 있고, 당사자가 제출한 소송자료에 의하여 법원이 처분의 적법 여부에 관한 합리적인 의심을 품을 수 있음에도 단지 구체적 사실에 관한 주장을 하지 아니하였다는 이유만으로 당사자에게 석명을 하거나 직권으로 심리·판단하지 아니함으로써 구체적 타당성이 없는 판결을 하는 것은 행정소송법 제26조의 규정과 행정소송의 특수성에 반하므로 허용될 수 없다(대판 2010.2.11. 2009두18035).

④ (○) 직권탐지주의설은 직권탐지주의를 원칙으로 보고 당사자의 변론을 보충적인 것으로 보는 견해로서, 행정의 적법성 통제도 행정소송의 목적이라는 점을 강조한다.

⑤ (×) 행정소송에 있어서 처분청의 처분권한 유무는 직권조사사항이 아니다(대판 전합 1997.6.19. 95누8669 [임원취임승인취소처분등취소]).

072 행정소송상 심리에 관한 설명으로 옳은 것은? (다툼이 있으면 판례에 따름) 〈2016〉

① 직권탐지주의가 원칙이고, 변론주의는 예외이다.
② 법원이 당사자에게 새로운 청구를 할 것을 권유하는 것이 석명권의 한계를 넘어 서는 것은 아니다.
③ 법원은 필요하다고 인정할 때에는 직권으로 증거조사를 할 수 있다.
④ 법원은 행정소송에 있어서 원고의 청구범위를 초월하여 그 이상의 청구를 인용 할 수 있다.
⑤ 법원은 당사자가 주장하지 아니한 사실에 대해서는 판단할 수 없다.

정답/해설 ③

① (×) 행정소송법 제26조가 법원은 필요하다고 인정할 때에는 직권으로 증거조사를 할 수 있고, 당사자가 주장하지 아니한 사실에 대하여도 판단할 수 있다고 규정하고 있지만, 이는 행정소송의 특수성에 연유하는 당사자주의, 변론주의에 대한 일부 예외 규정일 뿐 법원이 아무런 제한없이 당사자가 주장하지 아니한 사실을 판단할 수 있는 것은 아니고, 일건 기록에 현출되어 있는 사항에 관하여서만 직권으로 증거조사를 하고 이를 기초로 하여 판단할 수 있을 따름이고, 그것도 법원이 필요하다고 인정할 때에 한하여 청구의 범위 내에서 증거조사를 하고 판단할 수 있을 뿐이다(대판 1994.10.11. 94누4820).

② (×), ④ (×) 행정소송법 제26조는 법원이 필요하다고 인정할 때에는 직권으로 증거조사를 할 수 있고 당사자가 주장하지 아니한 사실에 대하여 판단할 수 있다고 규정하고 있으나, 이는 행정소송에 있어서 원고의 청구범위를 초월하여 그 이상의 청구를 인용할 수 있다는 뜻이 아니라 원고의 청구범위를 유지하면서 그 범위 내에서 필요에 따라 주장 외의 사실에 관하여 판단할 수 있다는 뜻이고 또 법원의 석명권은 당사자의 진술에 모순, 흠결이 있거나 애매하여 그 진술의 취지를 알 수 없을 때 이를 보완하여 명료하게 하거나 입증책임 있는 당사자에게 입증을 촉구하기 위하여 행사하는 것이지 그 정도를 넘어 당사자에게 새로운 청구를 할 것을 권유하는 것은 석명권의 한계를 넘어서는 것이다(대판 1992.3.10. 91누6030).

③ (○), ⑤ (×)

> **제26조(직권심리)**
> 법원은 필요하다고 인정할 때에는 직권으로 증거조사를 할 수 있고, 당사자가 주장하지 아니한 사실에 대하여도 판단할 수 있다.

073 다음은 행정소송법 제27조의 내용이다. (   ) 안에 들어갈 용어로 옳은 것은? ⟨2015⟩

> 행정청의 재량에 속하는 처분이라도 재량권의 한계를 넘거나 그 남용이 있을 때에는 법원은 이를 (   )할 수 있다.

① 사정판결   ② 취소   ③ 변경명령   ④ 대집행   ⑤ 가처분

정답/해설 ②

> **제27조(재량처분의 취소)**
> 행정청의 재량에 속하는 처분이라도 재량권의 한계를 넘거나 그 남용이 있는 때에는 법원은 이를 취소할 수 있다.

074 행정소송법상의 특수한 소송심리절차는? ⟨2015⟩

① 공개심리주의   ② 쌍방심리주의   ③ 구술심리주의
④ 변론주의   ⑤ 직권심리주의

정답/해설 ⑤

행정소송에도 심리에 관한 원칙인 처분권주의, 변론주의, 공개심리주의, 쌍방심리주의, 구술심리주의 등의 원칙이 적용된다. 다만 행정소송법 제26조에서는 행정소송상 특수한 심리절차인 직권심리주의를 규정하고 있다.

> **제26조(직권심리)**
> 법원은 필요하다고 인정할 때에는 직권으로 증거조사를 할 수 있고, 당사자가 주장하지 아니한 사실에 대하여도 판단할 수 있다.

제6절 위법판단의 기준시

075 항고소송에서 위법판단의 기준시에 관한 설명으로 옳은 것은? (다툼이 있으면 판례에 따름)
〈2024〉

① 처분 후 법령의 개정이 있었다면 그 개정 법령을 기준으로 처분의 위법을 판단해야 한다.
② 법원은 사실심 변론종결시까지 제출된 모든 자료를 종합하여 처분의 위법 여부를 판단할 수 있다.
③ 거부처분 취소소송에서 위법판단의 기준시는 판결시이다.
④ 행정심판의 재결을 거친 부작위위법확인소송에서 위법판단의 기준시는 처분시이다.
⑤ 계속효가 있는 처분에 대한 취소소송의 경우에는 판결시를 기준으로 한다.

정답/해설 ②

① (×) 항고소송 중 취소소송과 무효등확인소송이 처분등을 대상으로 하며, 취소소송과 무효등확인소송의 경우 처분시가 위법판단의 기준시이므로 처분 후 법령의 개정이 있었다고 하여도 처분시를 기준으로 처분의 위법여부를 판단하여야 한다.

② (○) 항고소송에서 행정처분의 적법 여부는 특별한 사정이 없는 한 행정처분 당시를 기준으로 하여 판단해야 하는바, 여기서 행정처분의 위법 여부를 판단하는 기준 시점에 관하여 판결시가 아니라 처분 시라고 하는 의미는 행정처분의 위법 여부를 판단할 때 처분 후 법령의 개폐나 사실상태의 변동에 영향을 받지 않는다는 뜻이지 처분당시 존재하였던 자료나 행정청에 제출되었던 자료만으로 위법 여부를 판단한다는 의미는 아니므로, 처분 당시의 사실상태 등에 관한 증명은 사실심 변론종결 당시까지 할수 있고, 법원은 행정처분 당시 행정청이 알고 있었던 자료뿐만 아니라 사실심 변론종결 당시까지 제출된 모든 자료를 종합하여 처분 당시 존재하였던 객관적 사실을 확정하고 그 사실에 기초하여 처분의 위법 여부를 판단할 수 있다(대판 2014.10.30. 2012두25125).

③ (×) 행정소송에서 행정처분의 위법 여부는 행정처분이 행하여졌을 때의 법령과 사실 상태를 기준으로 하여 판단하여야 하고, 처분 후 법령의 개폐나 사실상태의 변동에 의하여 영향을 받지는 않으므로, 난민 인정 거부처분의 취소를 구하는 취소소송에서도 그 거부처분을 한 후 국적국의 정치적 상황이 변화하였다고 하여 처분의 적법 여부가 달라지는 것은 아니다(대판 2008.7.24. 2007두3930).

④ (×) 부작위위법확인의 소는 행정청이 국민의 법규상 또는 조리상의 권리에 기한 신청에 대하여 상당한 기간 내에 그 신청을 인용하는 적극적 처분 또는 각하하거나 기각하는 등의 소극적 처분을 하여야 할 법률상의 응답의무가 있음에도 불구하고 이를 하지 아니하는 경우, 판결(사실심의 구두변론 종결)시를 기준으로 그 부작위의 위법을 확인함으로써 행정청의 응답을 신속하게 하여 부작위 내지 무응답이라고 하는 소극적인 위법상태를 제거하는 것을 목적으로 하는 것이다(대판 1990.9.25. 89누4758).

⑤ (×) 취소소송의 경우 위법판단의 기준시점은 처분시이며, 계속효가 있는 처분이라 해도 달라지지 않는다.

076 위법판단의 기준시에 관한 설명으로 옳지 않은 것은? (다툼이 있으면 판례에 따름) 〈2023〉

① 원칙적으로 항고소송에서 행정처분의 위법 여부는 행정처분이 있을 때의 법령과 사실 상태를 기준으로 판단한다.

② 원칙적으로 항고소송에서 처분의 위법 여부는 처분 후에 생긴 법령의 개폐나 사실 상태의 변동에 영향을 받지 않는다.

③ 허가신청 후 허가기준이 변경되었다 하더라도 그 허가관청이 허가신청을 수리하고도 정당한 이유 없이 그 처리를 늦추어 그 사이에 허가기준이 변경된 것이 아닌 이상 변경된 허가기준에 따라서 처분을 하여야 한다.

④ 법원은 처분 당시 존재하였던 자료나 행정청에 제출되었던 자료만으로 위법 여부를 판단하여야 한다.

⑤ 과징금 부과기준에 관한 처분시의 시행령이 행위시의 시행령보다 불리하게 개정되었고 적용법령에 대한 특별한 규정이 없다면 행위시의 시행령을 적용하여야 한다.

정답/해설 ④

① (○), ② (○) 행정소송에서 행정처분의 위법 여부는 행정처분이 행하여졌을 때의 법령과 사실 상태를 기준으로 하여 판단하여야 하고, 처분 후 법령의 개폐나 사실상태의 변동에 의하여 영향을 받지는 않으므로, 난민 인정 거부처분의 취소를 구하는 취소소송에서도 그 거부처분을 한 후 국적국의 정치적 상황이 변화하였다고 하여 처분의 적법 여부가 달라지는 것은 아니다(대판 2008.7.24. 2007두3930).

③ (○) 허가 등의 행정처분은 원칙적으로 처분시의 법령과 허가기준에 의하여 처리되어야 하고 허가신청 당시의 기준에 따라야 하는 것은 아니며, 비록 허가신청 후 허가기준이 변경되었다 하더라도 그 허가관청이 허가신청을 수리하고도 정당한 이유 없이 그 처리를 늦추어 그 사이에 허가기준이 변경된 것이 아닌 이상 변경된 허가기준에 따라서 처분을 하여야 한다(대판 1996.8.20. 95누10877).

④ (×) 항고소송에서 행정처분의 적법 여부는 특별한 사정이 없는 한 행정처분 당시를 기준으로 하여 판단해야 하는바, 여기서 행정처분의 위법 여부를 판단하는 기준 시점에 관하여 판결시가 아니라 처분 시라고 하는 의미는 행정처분의 위법 여부를 판단할 때 처분 후 법령의 개폐나 사실상태의 변동에 영향을 받지 않는다는 뜻이지 처분당시 존재하였던 자료나 행정청에 제출되었던 자료만으로 위법 여부를 판단한다는 의미는 아니므로, 처분 당시의 사실상태 등에 관한 증명은 사실심 변론종결 당시까지 할수 있고, 법원은 행정처분 당시 행정청이 알고 있었던 자료뿐만 아니라 사실심 변론종결 당시까지 제출된 모든 자료를 종합하여 처분 당시 존재하였던 객관적 사실을 확정하고 그 사실에 기초하여 처분의 위법 여부를 판단할 수 있다(대판 2014.10.30. 2012두25125).

⑤ (○) 건설업자가 시공자격 없는 자에게 전문공사를 하도급한 행위에 대하여 과징금 부과처분을 하는 경우, 구체적인 부과기준에 대하여 처분시의 법령이 행위시의 법령보다 불리하게 개정되었고 어느 법령을 적용할 것인지에 대하여 특별한 규정이 없다면 행위시의 법령을 적용하여야 한다(대판 2002.12.10. 2001두3228).

077 甲은 2021. 5. 24. 영업허가거부처분을 받고 그 다음 날 그 처분에 대해 취소소송을 제기하였다. 법원은 심리를 진행한 후 2021. 12. 3. 변론을 종결하였고, 선고기일은 2021. 12. 17.이다. 이에 관한 설명으로 옳은 것은? (다툼이 있으면 판례에 따름) 〈2021〉

① 甲은 사실상태에 대한 입증을 2021. 12. 17.까지 할 수 있다.
② 법원은 2021. 12. 17. 당시의 법령과 사실상태를 기준으로 하여 처분의 위법 여부를 판단하여야 한다.
③ 법원은 2021. 12. 3. 당시의 법령과 사실상태를 기준으로 하여 처분의 위법 여부를 판단하여야 한다.
④ 법원은 2021. 5. 24. 당시 존재하였던 자료나 행정청에 제출되었던 자료만으로 2021. 5. 24. 당시 존재하였던 객관적 사실을 확정하고 그 사실에 기초하여 처분의 위법 여부를 판단하여야 한다.
⑤ 법원은 2021. 12. 3.까지 제출된 모든 자료를 종합하여 2021. 5. 24. 당시 존재하였던 객관적 사실을 확정하고 그 사실에 기초하여 처분의 위법 여부를 판단할 수 있다.

정답/해설 ⑤
행정소송에서 행정처분의 위법 여부는 행정처분이 행하여졌을 때의 법령과 사실 상태를 기준으로 하여 판단하여야 하고, 처분 후 법령의 개폐나 사실상태의 변동에 의하여 영향을 받지는 않으므로, 난민 인정 거부처분의 취소를 구하는 취소소송에서도 그 거부처분을 한 후 국적국의 정치적 상황이 변화하였다고 하여 처분의 적법 여부가 달라지는 것은 아니다(대판 2008.7.24. 2007두3930).

078 취소소송의 위법성판단의 기준시에 관한 설명으로 옳지 않은 것은? (다툼이 있으면 판례에 따름) 〈2019〉

① 취소소송에서 행정처분의 위법 여부는 행정처분이 있을 때의 법령과 사실상태를 기준으로 판단한다.
② 난민인정거부처분취소소송에 있어서 거부처분을 한 후 국적국의 정치적 상황이 변화하였다고 하여 처분의 적법 여부가 달라지는 것은 아니다.
③ 법원은 사실심 변론종결시까지 제출된 모든 자료를 종합하여 처분의 위법 여부를 판단할 수 있다.
④ 판결시기준설은 판결을 처분의 사후심사가 아니라 처분에 계속적으로 효력을 부여할 것인가의 문제로 본다.
⑤ 교원소청심사 결정 전의 사유라 하더라도 소청심사 단계에서 주장하지 아니한 사유에 대해서 법원은 심리·판단할 수 없다.

정답/해설 ⑤
① (○), ② (○) 행정소송에서 행정처분의 위법 여부는 행정처분이 행하여졌을 때의 법령과 사실 상태를 기준으로 하여 판단하여야 하고, 처분 후 법령의 개폐나 사실상태의 변동에 의하여 영향을 받지

는 않으므로, 난민 인정 거부처분의 취소를 구하는 취소소송에서도 그 거부처분을 한 후 국적국의 정치적 상황이 변화하였다고 하여 처분의 적법 여부가 달라지는 것은 아니다(대판 2008.7.24. 2007두3930).

③ (O) 항고소송에서 행정처분의 적법 여부는 특별한 사정이 없는 한 행정처분 당시를 기준으로 하여 판단해야 하는바, 여기서 행정처분의 위법 여부를 판단하는 기준 시점에 관하여 판결시가 아니라 처분 시라고 하는 의미는 행정처분의 위법 여부를 판단할 때 처분 후 법령의 개폐나 사실상태의 변동에 영향을 받지 않는다는 뜻이지 처분당시 존재하였던 자료나 행정청에 제출되었던 자료만으로 위법 여부를 판단한다는 의미는 아니므로, 처분 당시의 사실상태 등에 관한 증명은 사실심 변론종결 당시까지 할수 있고, 법원은 행정처분 당시 행정청이 알고 있었던 자료뿐만 아니라 사실심 변론종결 당시까지 제출된 모든 자료를 종합하여 처분 당시 존재하였던 객관적 사실을 확정하고 그 사실에 기초하여 처분의 위법 여부를 판단할 수 있다(대판 2014.10.30. 2012두25125).

④ (O) 판결시시준설(판결시설)은 처분등의 위법 여부의 판단의 기준시가 판결시의 법령 및 사실상태라고 한다.

⑤ (×) 교원소청심사위원회가 한 결정의 취소를 구하는 소송에서 그 결정의 적부는 결정이 이루어진 시점을 기준으로 판단하여야 하지만, 그렇다고 하여 소청심사 단계에서 이미 주장된 사유만을 행정소송의 판단대상으로 삼을 것은 아니다. 따라서 소청심사 결정 후에 생긴 사유가 아닌 이상 소청심사 단계에서 주장하지 아니한 사유도 행정소송에서 주장할 수 있고, 법원도 이에 대하여 심리·판단할 수 있다(대판 2018.7.12. 2017두65821).

079 항고소송중 위법성판단의 기준시점이 판결시인 것만을 모두 고른 것은? (다툼이 있으면 판례에 따름) 〈2019〉

ㄱ. 부작위위법확인소송　　ㄴ. 거부처분취소소송　　ㄷ. 무효확인소송

① ㄱ　　② ㄱ, ㄴ　　③ ㄱ, ㄷ　　④ ㄴ, ㄷ　　⑤ ㄱ, ㄴ, ㄷ

정답/해설 ①

ㄱ (O) 부작위위법확인의 소는 행정청이 국민의 법규상 또는 조리상의 권리에 기한 신청에 대하여 상당한 기간 내에 일정한 처분, 즉 그 신청을 인용하는 적극적 처분 또는 각하하거나 기각하는 등의 소극적 처분을 하여야 할 법률상의 응답의무가 있음에도 불구하고 이를 하지 아니하는 경우, 판결(사실심의구두변론종결)시를 기준으로 그 부작위의 위법을 확인함으로써 행정청의 응답을 신속하게 하여 부작위 내지 무응답이라고 하는 소극적인 위법상태를 제거하는 것을 목적으로 하는 것이고, 나아가 당해 판결의 구속력에 의하여 행정청에게 처분 등을 하게 하고 당시 당해 처분 등에 대하여 불복이 있는 때에는 그 처분 등을 다투게 함으로써 최종적으로는 국민의 권리이익을 보호하려는 제도이므로, 소제기의 전후를 통하여 판결시까지 행정청이 그 신청에 대하여 적극 또는 소극의 처분을 함으로써 부작위상태가 해소된 때에는 소의 이익을 상실하게 되어 당해 소는 각하를 면할 수가 없는 것이다(대판 1990.9.25. 89누4758).

ㄴ (×), ㄷ (×) 판례는 취소소송(거부처분취소소송 포함)에서 위법판단의 기준시를 처분시로 보고 있다.

080 처분의 위법성 판단에 관한 설명으로 옳지 않은 것은? (다툼이 있으면 판례에 따름) 〈2018〉

① 「국민건강보험법」상 과다본인부담금확인 처분 등의 위법 여부에 관하여 진료행위시와 처분시 사이 요양급여기준이 개정되었을 경우 처분시의 법령을 적용하여야 한다.
② 개발부담금의 부과에 있어서는 특별한 사정이 없는 한 개발사업이 종료될 당시의 법률이 적용된다.
③ 「산업재해보상법」상 장해급여 지급에 관한 처분은 수급권자가 지급청구권을 취득할 당시의 법령에 따르는 것이 원칙이다.
④ 「국민연금법」상 장애연금 지급을 위한 장애등급결정은 가입자가 지급청구권을 취득할 당시의 법령에 따르는 것이 원칙이다.
⑤ 세금의 부과는 특별한 사정이 없는 한 납세의무의 성립시에 유효한 법령의 규정에 의한다.

정답/해설 ①

① (×) 요양기관이 진료행위를 하고 대가로 지급받은 비용이 과다본인부담금에 해당하는지는 해당 진료행위를 하고 그 비용을 수수한 때 시행되는 법령에 의하여 정해진 요양급여기준과 요양급여비용 산정기준에 따라 정해지는 것이므로, 요양기관이 진료행위의 대가로 지급받은 비용이 구 국민건강보험법 제43조의2 제1항, 제2항에 의하여 과다본인부담금에 해당하는지는 개정된 요양급여기준 등의 법령이 아니라 진료행위 당시 요양급여기준 등의 법령을 기준으로 판단해야 하고, 요양급여기준 등의 개정에 따른 이해가 요양기관을 운영하는 자와 가입자 등 사이에 일치하지 않으므로 달리 특별한 사정이 없으면 진료행위 이후 개정된 요양급여기준 등에 관한 법령을 진료행위 당시로 소급하여 적용할 수는 없다(대판 2012.8.17. 2011두3524).
② (○) 개발부담금의 부과에 있어서는 특별한 사정이 없는 한 소급입법금지의 원칙상 개발사업의 종료라는 부과요건사실이 완성될 당시의 법률을 적용하여야 하고, 그 후 법률이 개정되었다 하더라도 개정된 법률을 적용할 것은 아니다(대판 2003.3.14. 2001두4627).
③ (○) 산업재해보상보험법상 장해급여는 근로자가 업무상의 사유로 부상을 당하거나 질병에 걸려 치료를 종결한 후 신체 등에 장해가 있는 경우 그 지급 사유가 발생하고, 그때 근로자는 장해급여 지급청구권을 취득하므로, 장해급여 지급을 위한 장해등급 결정 역시 장해급여 지급청구권을 취득할 당시, 즉 그 지급 사유 발생 당시의 법령에 따르는 것이 원칙이다(대판 2007.2.22. 2004두12957).
④ (○) 국민연금법상 장애연금은 국민연금 가입 중에 생긴 질병이나 부상으로 완치된 후에도 신체상 또는 정신상의 장애가 있는 자에 대하여 그 장애가 계속되는 동안 장애정도에 따라 지급되는 것으로서, 치료종결 후에도 신체 등에 장애가 있을 때 지급사유가 발생하고 그때 가입자는 장애연금 지급청구권을 취득한다. 따라서 장애연금 지급을 위한 장애등급 결정은 장애연금 지급청구권을 취득할 당시, 즉 치료종결 후 신체 등에 장애가 있게 된 당시의 법령에 따르는 것이 원칙이다. 나아가 이러한 법리는 기존의 장애등급이 변경되어 장애연금액을 변경하여 지급하는 경우에도 마찬가지이므로, 장애등급 변경결정 역시 변경사유 발생 당시, 즉 장애등급을 다시 평가하는 기준일인 '질병이나 부상이 완치되는 날'의 법령에 따르는 것이 원칙이다(대판 2014.10.15. 2012두15135).

⑤ (○) 세금의 부과는 납세의무의 성립시에 유효한 법령의 규정에 의하여야 하고, 세법의 개정이 있을 경우에도 특별한 사정이 없는 한 개정 전후의 법령 중에서 납세의무가 성립될 당시의 법령을 적용하여야 할 것인바, 등록세 중과세의 경우에 있어 종전의 법은 부동산등기 후 지점이 설치된 경우 중과되는 등록세의 자진신고 납부의무에 관한 규정을 두고 있지 않았으나, 1994. 12. 22. 법률 제4794호로 신설 또는 개정되어 1995. 1. 1.부터 시행된 지방세법 제150조의2 제2항은 자진신고납부의무를 부과하고, 제151조는 이를 해태한 경우 가산세를 부과하도록 하고 있으므로, 등록세 중과세 대상이 된 부동산에 사업장을 설치한 일자가 1995. 1. 20.이라면 위 법이 개정·시행된 이후이므로, 사업장의 설치가 등록세의 중과세요건을 충족하는 한 중과세되는 등록세를 자진신고 납부할 의무가 있다고 할 것이어서, 이와 달리 판단한 원심은 적용할 법령을 그르친 위법이 있다고 하여 그 부분을 파기한 사례(대판 1997.10.14. 97누9253).

081 행정소송에서 위법판단의 기준시에 관한 설명으로 옳지 않은 것은? (다툼이 있으면 판례에 따름) 〈2018〉

① 부작위위법확인소송의 위법판단의 기준시는 판결시이다.
② 처분시를 기준으로 하면 행정청이 처분 당시 보유하였던 자료만으로 위법판단을 해야 한다.
③ 거부처분취소소송에서의 위법판단의 기준시는 처분시이다.
④ 난민인정거부처분이후 국적국의 정치적 상황이 변화하였다고 하여도 처분시를 기준으로 처분의 위법성을 판단해야 한다.
⑤ 공정거래위원회의 과징금 납부명령은 다른 특별한 사정이 없는 한 납부명령이 행하여진 의결일 당시의 사실상태와 법령을 기준으로 판단한다.

정답/해설 ②

① (○) 부작위위법확인의 소는 행정청이 국민의 법규상 또는 조리상의 권리에 기한 신청에 대하여 상당한 기간내에 그 신청을 인용하는 적극적 처분 또는 각하하거나 기각하는 등의 소극적 처분을 하여야 할 법률상의 응답의무가 있음에도 불구하고 이를 하지 아니하는 경우, 판결(사실심의 구두변론 종결)시를 기준으로 그 부작위의 위법을 확인함으로써 행정청의 응답을 신속하게 하여 부작위 내지 무응답이라고 하는 소극적인 위법상태를 제거하는 것을 목적으로 하는 것이다(대판 1990.9.25. 89누4758).

② (×) 항고소송에서 행정처분의 적법 여부는 특별한 사정이 없는 한 행정처분 당시를 기준으로 하여 판단해야 하는바, 여기서 행정처분의 위법 여부를 판단하는 기준 시점에 관하여 판결 시가 아니라 처분 시라고 하는 의미는 행정처분의 위법 여부를 판단할 때 처분 후 법령의 개폐나 사실상태의 변동에 영향을 받지 않는다는 뜻이지 처분당시 존재하였던 자료나 행정청에 제출되었던 자료만으로 위법 여부를 판단한다는 의미는 아니므로, 처분 당시의 사실상태 등에 관한 증명은 사실심 변론종결 당시까지 할 수 있고, 법원은 행정처분 당시 행정청이 알고 있었던 자료뿐만 아니라 사실심 변론종결 당시까지 제출된 모든 자료를 종합하여 처분 당시 존재하였던 객관적 사실을 확정하고 그 사실에 기초하여 처분의 위법 여부를 판단할 수 있다(대판 2014.10.30. 2012두25125).

③ (○) 거부처분취소소송에서는 소송경제와 신속한 권리구제를 도모하기 위하여 판결시를 기준으로 해야 한다는 견해가 있으나, 우리 판례는 거부처분취소소송도 일반 취소소송과 동일하게 위법판단의 기준시를 처분시로 보고 있다.

④ (○) 행정소송에서 행정처분의 위법 여부는 행정처분이 행하여졌을 때의 법령과 사실 상태를 기준으로 하여 판단하여야 하고, 처분 후 법령의 개폐나 사실상태의 변동에 의하여 영향을 받지는 않으므로, 난민 인정 거부처분의 취소를 구하는 취소소송에서도 그 거부처분을 한 후 국적국의 정치적 상황이 변화하였다고 하여 처분의 적법 여부가 달라지는 것은 아니다(대판 2008.7.24. 2007두3930).

⑤ (○) 행정소송에서 행정처분의 위법 여부는 행정처분이 행하여졌을 때의 법령과 사실상태를 기준으로 판단함이 원칙이고, 이는 독점규제 및 공정거래에 관한 법률(이하 '공정거래법'이라 한다)에 따른 공정거래위원회의 과징금 납부명령 등에서도 마찬가지이다. 따라서 공정거래위원회의 과징금 납부명령 등이 재량권 일탈·남용으로 위법한지는 다른 특별한 사정이 없는 한 과징금 납부명령 등이 행하여진 '의결일' 당시의 사실상태를 기준으로 판단하여야 한다(대판 2017.4.26. 2016두32688).

082 행정소송법상 각종 시점에 관한 설명으로 옳지 않은 것은? (다툼이 있으면 판례에 따름) 〈2017〉

① 소송요건은 사실심 변론종결시는 물론 상고심에서도 존속하여야 한다.
② 처분사유의 추가·변경은 사실심변론종결시까지 허용된다.
③ 처분의 변경으로 인한 소의 변경시 그 변경이 있음을 안 날로부터 60일 이내에 소의 변경을 신청하여야 한다.
④ 처분 당시의 사실상태에 대한 입증은 사실심변론종결시까지 할 수 있다.
⑤ 집행정지결정의 효력은 정지결정의 대상인 처분의 발령시점에 소급한다.

정답/해설 ⑤

① (○) 행정처분의 직접 상대방이 아닌 제3자라 하더라도 당해 행정처분으로 인하여 법률상 보호되는 이익을 침해당한 경우에는 그 처분의 취소나 무효확인을 구하는 행정소송을 제기하여 그 당부의 판단을 받을 자격 즉 원고적격이 있고, 여기에서 말하는 법률상 보호되는 이익은 당해 처분의 근거 법규 및 관련 법규에 의하여 보호되는 개별적·직접적·구체적 이익을 말하며, 원고적격은 소송요건의 하나이므로 사실심 변론종결시는 물론 상고심에서도 존속하여야 하고 이를 흠결하면 부적법한 소가 된다(대판 2007.4.12. 2004두7924).

② (○) 행정청은 기본적 사실관계의 동일성이 있다고 인정되는 한도 내에서만 다른 처분사유를 추가, 변경할 수 있다고 할 것이나 이는 사실심 변론종결시까지만 허용된다(대판 1999.8.20. 98두17043).

③ (○)

> **제22조(처분변경으로 인한 소의 변경)**
> ② 제1항의 규정에 의한 신청은 처분의 변경이 있음을 안 날로부터 60일 이내에 하여야 한다.

④ (○) 항고소송에서 행정처분의 적법 여부는 특별한 사정이 없는 한 행정처분 당시를 기준으로 판단하여야 한다. 여기서 행정처분의 위법 여부를 판단하는 기준 시점에 관하여 판결 시가 아니라 처분 시라고 하는 의미는 행정처분이 있을 때의 법령과 사실상태를 기준으로 하여 위법 여부를 판단하며 처분 후 법령의 개폐나 사실상태의 변동에 영향을 받지 않는다는 뜻이지 처분 당시 존재하였던 자료나 행정청에 제출되었던 자료만으로 위법 여부를 판단한다는 의미는 아니다. 그러므로 처분 당시의 사실상태 등에 관한 증명은 사실심 변론종결 당시까지 할 수 있고, 법원은 행정처분 당시 행정청이 알고 있었던 자료뿐만 아니라 사실심 변론종결 당시까지 제출된 모든 자료를 종합하여 처분 당시 존재하였던 객관적 사실을 확정하고 그 사실에 기초하여 처분의 위법 여부를 판단할 수 있다(대판 2017.4.7. 2014두37122).

⑤ (×) 집행정지 중 효력정지는 처분의 효력을 잠정으로 상실시키는 효력을 갖는데, 이 효력정지는 장래에 향하여 효력을 가지며 소급효가 없다.

083 다음 (   ) 안에 들어갈 내용을 바르게 나열한 것은? (다툼이 있으면 판례에 따름) 〈2016〉

> ○ 거부처분취소소송에서는 (ㄱ)의 법령과 사실상태를 기준으로 행정처분의 위법 여부를 판단한다.
> ○ 부작위위법확인소송에서는 (ㄴ)의 법령과 사실상태를 기준으로 부작위의 위법 여부를 판단한다.

① ㄱ: 판결시, ㄴ: 처분시 ② ㄱ: 처분시, ㄴ: 신청시 ③ ㄱ: 신청시, ㄴ: 처분시
④ ㄱ: 처분시, ㄴ: 판결시 ⑤ ㄱ: 판결시, ㄴ: 판결시

정답/해설 ④

④ (○) (1) 행정소송에서 행정처분의 위법 여부는 행정처분이 행하여졌을 때의 법령과 사실 상태를 기준으로 하여 판단하여야 하고, 처분 후 법령의 개폐나 사실상태의 변동에 의하여 영향을 받지는 않으므로, 난민 인정 거부처분의 취소를 구하는 취소소송에서도 그 거부처분을 한 후 국적국의 정치적 상황이 변화하였다고 하여 처분의 적법 여부가 달라지는 것은 아니다(대판 2008.7.24. 2007두3930).

(2) 부작위위법확인의 소는 행정청이 국민의 법규상 또는 조리상의 권리에 기한 신청에 대하여 상당한 기간내에 그 신청을 인용하는 적극적 처분 또는 각하하거나 기각하는 등의 소극적 처분을 하여야 할 법률상의 응답의무가 있음에도 불구하고 이를 하지 아니하는 경우, 판결(사실심의 구두변론 종결)시를 기준으로 그 부작위의 위법을 확인함으로써 행정청의 응답을 신속하게 하여 부작위 내지 무응답이라고 하는 소극적인 위법상태를 제거하는 것을 목적으로 하는 것이고, 나아가 당해 판결의 구속력에 의하여 행정청에게 처분 등을 하게 하고 다시 당해 처분 등에 대하여 불복이 있을 때에는 그 처분 등을 다투게 함으로써 최종적으로는 국민의 권리이익을 보호하려는 제도이므로, 소제기의 전후를 통하여 판결시까지 행정청이 그 신청에 대하여 적극 또는 소극의 처분을 함으로써 부작위상태가 해소된 때에는 소의 이익을 상실하게 되어 당해 소는 각하를 면할 수가 없는 것이다(대판 1990.9.25. 89누4758).

제7절 처분사유의 추가·변경

084 행정청 乙은 사업자 甲에 대하여 '정당한 이유 없이 계약을 이행하지 않았다'는 사실을 사유로 부정당업자제재처분을 하였다. 甲이 그 처분의 취소를 구하는 소를 적법하게 제기하여 법원이 이를 심리하는 경우에 관한 설명으로 옳지 않은 것은? (다툼이 있으면 판례에 따름) 〈2024〉

① 乙은 소송계속 중 기본적 사실관계의 동일성을 해치지 않는 범위 내에서 처분사유를 변경할 수 있다.
② 처분사유의 추가·변경은 사실심 변론종결시까지 허용된다.
③ 처분사유의 추가·변경에 관해서는 「행정소송법」에 명문의 규정이 없다.
④ 乙은 소송계속 중 '甲이 계약의 이행과 관련하여 공무원에게 뇌물을 주었다'는 사실을 처분사유로 추가할 수 있다.
⑤ 乙이 처분서에 다소 불명확하게 기재하였던 '당초 처분사유'를 좀 더 구체적으로 설명한 경우 이는 새로운 처분사유의 추가가 아니다.

정답/해설 ④

① (○), ② (○) 행정청은 기본적 사실관계의 동일성이 있다고 인정되는 한도 내에서만 다른 처분사유를 추가, 변경할 수 있다고 할 것이나 이는 사실심 변론종결시까지만 허용된다(대판 1999.8.20. 98두17043).

③ (○) 행정소송의 계속 중에 처분사유의 추가·변경을 허용할 것인가에 대하여 행정소송법은 명문의 규정을 두고 있지 않다.

④ (×) 피고가 원고의 입찰참가자격을 제한시킨 이 사건 처분을 함에 있어서 그 처분사유로 단지 정당한 이유 없이 계약을 이행하지 아니한 사실과 그에 대한 법령상의 근거로 법시행령 제76조 제1항 제6호를 명시하고 있음이 분명하고, 피고가 이 사건 소송에서 비로소 이 사건 처분사유로 내세우고 있는 같은 조항 제10호 소정의 "계약의 이행과 관련하여 관계 공무원에게 뇌물을 준 것"은 피고가 당초 이 사건 처분의 근거로 삼은 위 구체적 사실과는 그 기초가 되는 사회적 사실관계의 기본적인 점에서 다르다고 할 것이므로 피고는 이와 같은 사유를 이 사건 처분의 근거로 주장할 수 없다고 보아야 할 것인바, 같은 취지의 원심 판단은 정당하고, 거기에 소론과 같은 행정처분 취소사유의 추가·변경에 관한 법리오해의 위법이 있다고 할 수 없다(대판 1999.3.9. 98두18565).

⑤ (○) 폐기물 중간처분업체인 甲 주식회사가 소각시설을 허가받은 내용과 달리 설치하거나 증설한 후 허가받은 처분능력의 100분의 30을 초과하여 폐기물을 과다소각하였다는 이유로 한강유역환경청장으로부터 과징금 부과처분을 받았는데, 甲 회사가 이를 취소해 달라고 제기한 소송에서 한강유역환경청장이 '甲 회사는 변경허가를 받지 않은 채 소각시설을 무단 증설하여 과다소각하였으므로 구 폐기물관리법 시행규칙 제29조 제1항 제2호 (마)목 등 위반에 해당한다'고 주장하자 甲 회사가 이는 허용되지 않는 처분사유의 추가·변경에 해당한다고 주장한 사안에서, 한강유역환경청장의 위 주장은 소송에서 새로운 처분사유를 추가로 주장한

것이 아니라, 처분서에 다소 불명확하게 기재하였던 '당초 처분사유'를 좀 더 구체적으로 설명한 것이라고 한 사례(대판 2020.6.11. 2019두49359).

085 처분사유의 추가·변경에 관한 설명으로 옳지 않은 것은? (다툼이 있으면 판례에 따름) 〈2023〉

① 행정소송법상 명문의 근거규정이 존재한다.
② 행정청의 처분사유의 추가·변경시한은 사실심 변론종결시까지이다.
③ 처분사유의 추가·변경을 제한하는 취지는 행정처분의 상대방의 방어권을 보장함으로써 실질적 법치주의를 구현하는 것이다.
④ 항고소송에 있어서 처분청이 당초 처분의 근거로 삼은 사유와 기본적 사실관계의 동일성이 인정되지 않는 별개의 사실을 들어 처분사유로서 주장할 수는 없다.
⑤ 처분사유의 추가·변경의 제한은 상대방의 신뢰보호와도 관련이 있다.

정답/해설 ①

① (×) 행정소송의 계속 중에 처분사유의 추가·변경을 허용할 것인가에 대하여 행정소송법은 명문의 규정을 두고 있지 않다.

② (○) 행정청은 기본적 사실관계의 동일성이 있다고 인정되는 한도 내에서만 다른 처분사유를 추가, 변경할 수 있다고 할 것이나 이는 사실심 변론종결시까지만 허용된다(대판 1999.8.20. 98두17043).

③ (○), ⑤ (○) 행정처분의 취소를 구하는 항고소송에 있어서, 처분청은 당초 처분의 근거로 삼은 사유와 기본적 사실관계가 동일성이 있다고 인정되는 한도 내에서만 다른 사유를 추가하거나 변경할 수 있고, 여기서 기본적 사실관계의 동일성 유무는 처분사유를 법률적으로 평가하기 이전의 구체적인 사실에 착안하여 그 기초인 사회적 사실관계가 기본적인 점에서 동일한지 여부에 따라 결정되며 이와 같이 기본적 사실관계와 동일성이 인정되지 않는 별개의 사실을 들어 처분사유로 주장하는 것이 허용되지 않는다고 해석하는 이유는 행정처분의 상대방의 방어권을 보장함으로써 실질적 법치주의를 구현하고 행정처분의 상대방에 대한 신뢰를 보호하고자 함에 그 취지가 있고, 추가 또는 변경된 사유가 당초의 처분시 그 사유를 명기하지 않았을 뿐 처분시에 이미 존재하고 있었고 당사자도 그 사실을 알고 있었다 하여 당초의 처분사유와 동일성이 있는 것이라 할 수 없다(대판 2003.12.11. 2001두8827).

④ (○) 행정처분의 취소를 구하는 항고소송에 있어서는 실질적 법치주의와 행정처분의 상대방인 국민에 대한 신뢰보호라는 견지에서 처분청은 당초 처분의 근거로 삼은 사유와 기본적 사실관계에 있어서 동일성이 있다고 인정되지 않는 별개의 사실을 들어 처분사유로 주장함은 허용되지 아니하나, 당초 처분의 근거로 삼은 사유와 기본적 사실관계에 있어서 동일성이 있다고 인정되는 한도 내에서는 다른 사유를 추가하거나 변경할 수 있고, 여기서 기본적 사실관계의 동일성 유무는 처분사유를 법률적으로 평가하기 이전의 구체적인 사실에 착안하여 그 기초가 되는 사회적 사실관계가 기본적인 점에서 동일한지 여부에 따라 결정된다(대판 2007.7.27. 2006두9641).

086 취소소송에 있어서 처분사유의 추가·변경에 관한 설명으로 옳지 않은 것은? (다툼이 있으면 판례에 따름) 〈2022〉

① 그 허용 기준이 되는 처분사유의 동일성 유무는 사회적 사실관계의 동일성이 아니라 법적으로 평가할 때 동일한지 여부에 따라 결정된다.
② 행정청은 처분 이후에 발생한 새로운 사유를 들어 처분사유를 추가·변경할 수는 없다.
③ 처분서에 다소 불명확하게 기재하였던 당초 처분사유를 좀 더 구체적으로 설명한 것은 새로운 처분사유를 추가로 주장한 것이 아니다.
④ 행정소송법은 처분사유의 추가·변경에 관하여 명문의 규정을 두고 있지 않다.
⑤ 처분사유의 추가·변경은 사실심 변론종결시까지만 허용된다.

정답/해설 ①

① (×) 행정처분의 취소를 구하는 항고소송에 있어서는 실질적 법치주의와 행정처분의 상대방인 국민에 대한 신뢰보호라는 견지에서 처분청은 당초 처분의 근거로 삼은 사유와 기본적 사실관계에 있어서 동일성이 있다고 인정되지 않는 별개의 사실을 들어 처분사유로 주장함은 허용되지 아니하나, 당초 처분의 근거로 삼은 사유와 기본적 사실관계에 있어서 동일성이 있다고 인정되는 한도 내에서는 다른 사유를 추가하거나 변경할 수 있고, 여기서 <u>기본적 사실관계의 동일성 유무는 처분사유를 법률적으로 평가하기 이전의 구체적인 사실에 착안하여 그 기초가 되는 사회적 사실관계가 기본적인 점에서 동일한지 여부에 따라 결정된다</u>(대판 2007.7.27. 2006두9641).

② (○) 추가·변경의 대상이 되는 처분사유는 처분시에 존재하던 사유이어야 한다.

행정처분의 취소를 구하는 항고소송에 있어서, 처분청은 당초 처분의 근거로 삼은 사유와 기본적 사실관계가 동일성이 있다고 인정되는 한도 내에서만 다른 사유를 추가하거나 변경할 수 있고, 여기서 기본적 사실관계의 동일성 유무는 처분사유를 법률적으로 평가하기 이전의 구체적인 사실에 착안하여 그 기초인 사회적 사실관계가 기본적인 점에서 동일한지 여부에 따라 결정되며 이와 같이 기본적 사실관계와 동일성이 인정되지 않는 별개의 사실을 들어 처분사유로 주장하는 것이 허용되지 않는다고 해석하는 이유는 행정처분의 상대방의 방어권을 보장함으로써 실질적 법치주의를 구현하고 행정처분의 상대방에 대한 신뢰를 보호하고자 함에 그 취지가 있고, <u>추가 또는 변경된 사유가 당초의 처분시 그 사유를 명기하지 않았을 뿐 처분시에 이미 존재하고 있었고 당사자도 그 사실을 알고 있었다 하여 당초의 처분사유와 동일성이 있는 것이라 할 수 없다</u>(대판 2003.12.11. 2001두8827).

③ (○) 폐기물 중간처분업체인 甲 주식회사가 소각시설을 허가받은 내용과 달리 설치하거나 증설한 후 허가받은 처분능력의 100분의 30을 초과하여 폐기물을 과다소각하였다는 이유로 한강유역환경청장으로부터 과징금 부과처분을 받았는데, 甲 회사가 이를 취소해 달라고 제기한 소송에서 한강유역환경청장이 '甲 회사는 변경허가를 받지 않은 채 소각시설을 무단 증설하여 과다소각하였으므로 구 폐기물관리법 시행규칙 제29조 제1항 제2호 (마)목 등 위반에 해당한다'고 주장하자 甲 회사가 이는 허용되지 않는 처분사유의 추가·변경에 해당한다고 주장한 사안에서, 한강유역환경청장의 위 주장은 소송에서 새로운 처분사유를 추가로 주장한 것이 아니라, 처분서에 다소 불명확하게 기재하였던 '당초 처분사유'를 좀 더 구체적으로 설명한 것이라고 한 사례(대판 2020.6.11. 2019두49359).

④ (○) 행정소송의 계속 중에 처분사유의 추가·변경을 허용할 것인가에 대하여 행정소송법은 명문의 규정을 두고 있지 않다.

⑤ (○) 행정청은 기본적 사실관계의 동일성이 있다고 인정되는 한도 내에서만 다른 처분사유를 추가, 변경할 수 있다고 할 것이나 이는 사실심 변론종결시까지만 허용된다(대판 1999.8.20. 98두17043).

087 처분사유의 추가·변경에 관한 설명으로 옳지 않은 것은? (다툼이 있으면 판례에 따름) 〈2020〉

① 처분사유의 추가·변경은 판결시에 객관적으로 존재하는 사유에 한정된다.
② 처분사유의 추가·변경에 관한 「행정소송법」상 근거규정은 없다.
③ 처분사유의 추가·변경은 사실심 변론종결시까지 허용된다.
④ 처분사유의 추가·변경은 처분의 상대방의 신뢰를 보호하기 위하여 제한적으로 인정되어야 한다.
⑤ 처분청이 처분당시 적시한 구체적 사실을 변경하지 아니하는 범위 내에서 처분의 근거법령만을 추가하는 것은 허용된다.

정답/해설 ①

① (×) 처분사유의 추가·변경은 처분시에 객관적으로 존재하는 사유에 한정된다.

② (○)

③ (○) 행정청은 기본적 사실관계의 동일성이 있다고 인정되는 한도 내에서만 다른 처분사유를 추가, 변경할 수 있다고 할 것이나 이는 사실심 변론종결시까지만 허용된다(대판 1999.8.20. 98두17043).

④ (○) 행정처분의 취소를 구하는 항고소송에 있어서, 처분청은 당초 처분의 근거로 삼은 사유와 기본적 사실관계가 동일성이 있다고 인정되는 한도 내에서만 다른 사유를 추가하거나 변경할 수 있고, 여기서 기본적 사실관계의 동일성 유무는 처분사유를 법률적으로 평가하기 이전의 구체적인 사실에 착안하여 그 기초인 사회적 사실관계가 기본적인 점에서 동일한지 여부에 따라 결정되며 이와 같이 기본적 사실관계와 동일성이 인정되지 않는 별개의 사실을 들어 처분사유로 주장하는 것이 허용되지 않는다고 해석하는 이유는 행정처분의 상대방의 방어권을 보장함으로써 실질적 법치주의를 구현하고 행정처분의 상대방에 대한 신뢰를 보호하고자 함에 그 취지가 있고, 추가 또는 변경된 사유가 당초의 처분시 그 사유를 명기하지 않았을 뿐 처분시에 이미 존재하고 있었고 당사자도 그 사실을 알고 있었다 하여 당초의 처분사유와 동일성이 있는 것이라 할 수 없다(대판 2003.12.11. 2001두8827).

⑤ (○) 자동차운송사업면허취소처분의 취소를 구하는 소송 계속중 헌법재판소의 위헌결정으로 인하여 처분의 당초 근거규정인 구 여객자동차운수사업법 제76조 제1항 단서 중 제8호가 그 효력을 상실하자 처분청이 명의이용금지 위반의 기본적 사실관계는 변경하지 아니한 채 효력이 유지되고 있는 같은 법 제76조 제1항 본문 및 제8호로 그 법률상 근거를 적법하게 변경한 경우, 위 처분이 법률의 근거가 없는 위법한 처분이라고 할 수 없다고 한 사례(대판 2005.3.10. 2002두9285).

088 처분사유의 사후변경에 관한 설명으로 옳지 않은 것은? (다툼이 있으면 판례에 따름) 〈2019〉

① 당초 처분의 근거로 삼은 사유와 기본적 사실관계가 동일하다고 인정되는 한도 내에서만 다른 처분사유로 변경할 수 있다.
② 사실심 변론종결시까지만 허용된다.
③ 당사자가 처분시에 존재하였음을 알고 있는 사유에 대해서만 인정된다.
④ 처분사유로 제시한 구체적 사실을 변경하지 않는 한 처분의 근거가 된 법령만을 변경할 수 있다.
⑤ 소송물의 동일성을 해하지 아니하는 범위 안에서 인정될 수 있다.

정답/해설 ③

① (○) 행정처분의 취소를 구하는 항고소송에 있어서 처분청은 당초 처분의 근거로 삼은 사유와 기본적 사실관계가 동일성이 있다고 인정되는 한도 내에서만 다른 사유를 추가하거나 변경할 수 있을 뿐, 기본적 사실관계와 동일성이 인정되지 않는 별개의 사실을 들어 처분사유로서 주장함은 허용되지 아니한다(대판 1992.2.14. 91누3895).

② (○) 행정청은 기본적 사실관계의 동일성이 있다고 인정되는 한도 내에서만 다른 처분사유를 추가, 변경할 수 있다고 할 것이나 이는 사실심 변론종결시까지만 허용된다(대판 1999.8.20. 98두17043).

③ (×) 행정처분의 취소를 구하는 항고소송에 있어서, 처분청은 당초 처분의 근거로 삼은 사유와 기본적 사실관계가 동일성이 있다고 인정되는 한도 내에서만 다른 사유를 추가하거나 변경할 수 있고, 여기서 기본적 사실관계의 동일성 유무는 처분사유를 법률적으로 평가하기 이전의 구체적인 사실에 착안하여 그 기초인 사회적 사실관계가 기본적인 점에서 동일한지 여부에 따라 결정되며 이와 같이 기본적 사실관계와 동일성이 인정되지 않는 별개의 사실을 들어 처분사유로 주장하는 것이 허용되지 않는다고 해석하는 이유는 행정처분의 상대방의 방어권을 보장함으로써 실질적 법치주의를 구현하고 행정처분의 상대방에 대한 신뢰를 보호하고자 함에 그 취지가 있고, 추가 또는 변경된 사유가 당초의 처분시 그 사유를 명기하지 않았을 뿐 처분시에 이미 존재하고 있었고 당사자도 그 사실을 알고 있었다 하여 당초의 처분사유와 동일성이 있는 것이라 할 수 없다(대판 2003.12.11. 2001두8827).

④ (○) 행정처분이 적법한지는 특별한 사정이 없는 한 처분 당시 사유를 기준으로 판단하면 되고, 처분청이 처분 당시 적시한 구체적 사실을 변경하지 아니하는 범위 내에서 단지 처분의 근거 법령만을 추가·변경하는 것은 새로운 처분사유의 추가라고 볼 수 없으므로 이와 같은 경우에는 처분청이 처분 당시 적시한 구체적 사실에 대하여 처분 후 추가·변경한 법령을 적용하여 처분의 적법 여부를 판단하여도 무방하다. 그러나 처분의 근거 법령을 변경하는 것이 종전 처분과 동일성을 인정할 수 없는 별개의 처분을 하는 것과 다름없는 경우에는 허용될 수 없다(대판 2011.5.26. 2010두28106).

⑤ (○) 과세처분취소소송의 소송물은 정당한 세액의 객관적 존부이므로 과세관청으로서는 소송도중이라도 사실심 변론종결시까지는 당해 처분에서 인정한 과세표준 또는 세액의 정당성을 뒷받침할 수 있는 새로운 자료를 제출하거나 처분의 동일성이 유지되는 범위 내에서 그 사유를 교환·변경할 수 있는 것이고, 반드시 처분 당시의 자료만에 의하여 처분의 적법 여부를 판단하여야 하거나 처분사유만을 주장할 수 있는 것은 아니다(대판 1997.10.24. 97누2429).

089 판례상 처분사유의 추가·변경이 인정된 것은? 〈2018〉

① 시세완납증명서발급거부처분 사유로서, 중기취득세체납에서 자동차세체납으로 변경
② 종합소득세 부과처분에서 과세대상 소득에 대하여 이자소득이 아니라 대금업에 의한 사업소득으로 변경
③ 주류도매업허가의 취소사유로서, 무자료 주류판매에서 무면허판매업자에 대한 판매로 변경
④ 입찰참가자격의 제한사유로서, 정당한 이유없이 계약을 이행하지 않았다는 것에서 계약이행과 관련하여 관계공무원에게 뇌물을 주었다고 변경
⑤ 온천발견신고수리의 거부사유로서, 규정온도미달에서 공공사업에의 지장등으로 변경

정답/해설 ②

① (×) 처분청은 당초의 처분사유와 기본적 사실관계가 동일한 한도 내에서 새로운 처분사유를 추가하거나 변경할 수 있고 법원으로서도 당초의 처분사유와 기본적 사실관계의 동일성이 없는 사실을 처분사유로 인정할 수 없는 것인바, 이 사건에서 당초의 처분사유인 중기취득세의 체납과 그 후 추가된 처분사유인 자동차세의 체납은 각 세목, 과세년도, 납세의무자의 지위(연대납세의무자와 직접의 납세의무) 및 체납액 등을 달리하고 있어 기본적 사실관계가 동일하다고 볼 수 없고, 중기취득세의 체납이나 자동차세의 체납이 다 같이 지방세의 체납이고 그 과세대상도 다 같은 지입중기에 대한 것이라는 점만으로는 기본적 사실관계의 동일성을 인정하기에 미흡하다(대판 1989.6.27. 88누6160).

② (○) 과세관청이 과세대상 소득에 대하여 이자소득이 아니라 대금업에 의한 사업소득에 해당한다고 처분사유를 변경한 것은 처분의 동일성이 유지되는 범위 내에서의 처분사유 변경에 해당하여 허용된다(대판 2002.3.12. 2000두2181).

③ (×) 피고는 이 사건 주류면허에 붙은 지정조건 제6호에 따라 원고의 무자료 주류 판매 및 위장거래 금액이 부가가치세 과세기간별 총 주류판매액의 100분의 20 이상에 해당한다는 이유로 피고에게 유보된 취소권을 행사하여 위 면허를 취소하였음이 분명한바, 피고가 이 사건 소송에서 위 면허의 취소사유로 새로 내세우고 있는 위 지정조건 제2호 소정의 무면허 판매업자에게 주류를 판매한 때 해당한다는 것은 피고가 당초 위 면허취소처분의 근거로 삼은 사유와 기본적 사실관계가 다른 사유이므로 피고는 이와 같은 사유를 위 면허취소처분의 근거로 주장할 수 없다고 보아야 할 것이다(대판 1996.9.6. 96누7427).

④ (×) 피고가 원고의 입찰참가자격을 제한시킨 이 사건 처분을 함에 있어서 그 처분사유로 단지 정당한 이유 없이 계약을 이행하지 아니한 사실과 그에 대한 법령상의 근거로 법 시행령 제76조 제1항 제6호를 명시하고 있음이 분명하고, 피고가 이 사건 소송에서 비로소 이 사건 처분사유로 내세우고 있는 같은 조항 제10호 소정의 "계약의 이행과 관련하여 관계 공무원에게 뇌물을 준 것"은 피고가 당초 이 사건 처분의 근거로 삼은 위 구체적 사실과는 그 기초가 되는 사회적 사실관계의 기본적인 점에서 다르다고 할 것이므로 피고는 이와 같은 사유를 이 사건 처분의 근거로 주장할 수 없다고 보아야 할 것인바, 같은 취지의 원심 판단은 정당하고, 거기에 소론과 같은 행정처분 취소사유의 추가·변경에 관한 법리오해의 위법이 있다고 할 수 없다(대판 1999.3.9. 98두18565).

⑤ (×) 원심이 온천으로서의 이용가치, 기존의 도시계획 및 공공사업에의 지장 여부 등을 고려하여 이 사건 온천발견신고수리를 거부한 것은 적법하다는 취지의 피고의 주장에 대하여 아무런 판단도 하지 아니한 것은 소론이 지적하는 바와 같으나 기록에 의하면 그와 같은 사유는 피고가 당초에 이 사건 거부처분의 사유로 삼은 바 없을 뿐만 아니라 규정온도가 미달되어 온천에 해당하지 않는다는 당초의 이 사건 처분사유와는 기본적 사실관계를 달리하여 원심으로서도 이를 거부처분의 사유로 추가할 수는 없다 할 것이므로 원심이 이 부분에 대하여 판단을 하지 아니하였다 하여도 이는 판결에 영향이 없다고 할 것이다(대판 1992.11.24. 92누3052).

090 처분사유의 추가·변경에 관한 설명으로 옳지 않은 것은? (다툼이 있으면 판례에 따름) 〈2017〉

① 추가·변경의 대상이 되는 처분사유는 처분시에 존재하던 사유이어야 한다.
② 이유제시의 하자의 치유는 처분시에 존재하는 하자가 사후에 보완되어 없어지게 된다는 점에서 처분사유의 추가·변경과 구별된다.
③ 위법판단의 기준시와 관련하여 판결시설을 취하는 경우, 피고인 처분청은 소송 계속중 처분 이후의 사실적·법적 상황을 주장할 수 있다.
④ 처분사유의 추가·변경을 부정적으로 보는 입장은 원고의 방어권과 신뢰의 침해를 근거로 제시한다.
⑤ 처분의 사실관계에 변경이 없는 경우, 처분의 근거법령만을 변경하는 것은 허용되지 않는다.

정답/해설 ⑤

① (○) 우리 판례는 위법판단의 기준시에 관하여 처분시설을 취하고 있으므로, 위법성 판단은 처분시를 기준으로 하여야 하고, 추가사유나 변경사유는 처분시에 객관적으로 존재하던 사유여야 한다.
② (○) 이유제시의 하자의 치유는 처분시에 존재하는 하자가 사후에 보완되어 없어지는 것인데 반하여 처분사유의 추가·변경은 처분시에 이미 존재하였으나 처분이유로 기재하지 않았던 사유를 소송계속 중에 처분이유로 주장하는 것에서 차이가 있다.
③ (○) 위법판단의 기준시에 관하여 판결시설을 취하면, 처분청은 소송계속 중 처분 이후부터 판결시까지 발생한 새로운 사실적·법적 상황을 주장할 수 있다. 즉, 처분 이후부터 판결시까지 발생한 사실을 처분사유로 추가·변경할 수 있다.
④ (○) 처분사유의 추가·변경은 위법하게 성립한 처분을 적법한 처분으로 만들 수 있으므로, 원고의 방어권 및 신뢰를 침해할 수 있어 일정한 한계 내에서 인정되어야 한다.
⑤ (×) 행정처분의 적법 여부는 특별한 사정이 없는 한 처분당시의 사유를 기준으로 판단하는 것이나 처분청이 처분당시에 적시한 구체적 사실을 변경하지 아니하는 범위 내에서 단지 그 처분의 근거법령만을 추가변경하는 것은 새로운 처분사유의 추가라고 볼 수 없으므로 이와 같은 경우에는 처분청이 처분당시에 적시한 구체적 사실에 대하여 처분 후에 추가 변경한 법령을 적용하여 그 처분의 적법 여부를 판단하여도 무방하다(대판 1987.12.8. 87누632).

091 판례상 과세처분취소소송에서 과세관청이 처분사유를 추가·변경하는 것에 관한 설명으로 옳지 않은 것은? 〈2016〉

① 과세관청은 사실심변론종결시까지 처분사유를 추가할 수 있다.
② 과세관청은 당해 처분에서 인정한 과세표준 및 세액의 정당성을 뒷받침하는 새로운 자료를 제출할 수 있다.
③ 과세관청은 처분 당시 제시했던 처분사유만을 주장할 수 있는 것은 아니다.
④ 과세관청은 처분의 동일성이 유지되는 범위 내에서 그 사유를 변경할 수 있다.
⑤ 과세원인이 되는 기초사실이 같은 객관적 사실관계에 관하여 과세요건의 구성과 법적 평가만을 달리하는 처분사유의 추가는 허용되지 않는다.

정답/해설 ⑤

① (○) 행정청은 기본적 사실관계의 동일성이 있다고 인정되는 한도 내에서만 다른 처분사유를 추가, 변경할 수 있다고 할 것이나 이는 사실심 변론종결시까지만 허용된다(대판 1999.8.20. 98두17043).

② (○), ③ (○) 과세처분취소소송의 소송물은 과세관청이 결정한 세액의 객관적 존부이므로, 과세관청으로서는 소송 도중 사실심 변론종결시까지 당해 처분에서 인정한 과세표준 또는 세액의 정당성을 뒷받침할 수 있는 새로운 자료를 제출하거나 처분의 동일성이 유지되는 범위 내에서 그 사유를 교환·변경할 수 있는 것이고, 반드시 처분 당시의 자료만에 의하여 처분의 적법 여부를 판단하여야 하거나 처분 당시의 처분사유만을 주장할 수 있는 것은 아니다(대판 2002.10.11. 2001두1994).

④ (○) 행정처분의 취소를 구하는 항고소송에 있어서 처분청은 당초 처분의 근거로 삼은 사유와 기본적 사실관계가 동일성이 있다고 인정되는 한도 내에서만 다른 사유를 추가하거나 변경할 수 있을 뿐, 기본적 사실관계와 동일성이 인정되지 않는 별개의 사실을 들어 처분사유로서 주장함은 허용되지 아니한다(대판 1992.2.14. 91누3895).

⑤ (×) 당초 처분사유와 구청장이 원심에서 추가로 주장한 처분사유는 위 토지상의 사실상 도로의 법적 성질에 관한 평가를 다소 달리하는 것일 뿐, 모두 토지의 이용현황이 '도로'이므로 거기에 주택을 신축하는 것은 허용될 수 없다는 것이므로 기본적 사실관계의 동일성이 인정된다(대판 2019.10.31. 2017두74320).

092 행정소송법상 처분사유의 추가·변경의 허용기준 및 한계에 관한 설명으로 옳은 것은? (다툼이 있으면 판례에 따름) 〈2015〉

① 행정청의 처분사유의 추가·변경은 원심이 확정되기 전까지만 하면 된다.
② 근거 법령을 변경하는 것이 종전 처분과 동일성을 인정할 수 없는 별개의 처분을 하는 것과 다름없는 경우에는 허용될 수 없다.
③ 행정청은 처분 이후에 발생한 새로운 사실적·법적 사유를 들어 추가·변경할 수도 있다.
④ 행정소송법은 추가·변경되는 사유를 구체적으로 적시하고 있다.
⑤ 자동차매매업 불허가처분에 있어서 거리제한 규정의 위반사실과 최소주차용지 미달 간에는 기본적 사실관계의 동일성이 인정된다.

정답/해설 ②

① (×) 행정청은 기본적 사실관계의 동일성이 있다고 인정되는 한도 내에서만 다른 처분사유를 추가, 변경할 수 있다고 할 것이나 이는 사실심 변론종결시까지만 허용된다(대판 1999.8.20. 98두17043).

② (○) 행정처분이 적법한지는 특별한 사정이 없는 한 처분 당시 사유를 기준으로 판단하면 되고, 처분청이 처분 당시 적시한 구체적 사실을 변경하지 아니하는 범위 내에서 단지 처분의 근거 법령만을 추가·변경하는 것은 새로운 처분사유의 추가라고 볼 수 없으므로 이와 같은 경우에는 처분청이 처분 당시 적시한 구체적 사실에 대하여 처분 후 추가·변경한 법령을 적용하여 처분의 적법 여부를 판단하여도 무방하다(대판 2011.5.26. 2010두28106).

③ (×) 행정소송에서 행정처분의 위법 여부는 행정처분이 행하여졌을 때의 법령과 사실상태를 기준으로 하여 판단하여야 하고, 처분 후 법령의 개폐나 사실상태의 변동에 의하여 영향을 받지는 않는다(대판 2007.5.11. 2007두1811).

④ (×) 행정소송법에 처분사유의 추가·변경에 관한 명문의 규정은 존재하지 않는다.

⑤ (×) 피고의 이 사건 처분사유인 기존 공동사업장과의 거리제한규정에 저촉된다는 사실과 피고 주장의 최소 주차용지에 미달한다는 사실은 기본적 사실관계를 달리하는 것임이 명백하여 피고가 이를 새롭게 처분사유로서 주장할 수는 없는 것이므로 원심이 피고의 위 주장에 대하여 명시적인 판단을 하지 아니하였다고 하여 원심판결에 아무런 영향이 없는 것이다(대판 1995.11.21. 95누10952 [자동차관리사업불허처분취소]).

제8절 주장책임·증명책임

093 항고소송에서의 주장·증명책임 등에 관한 설명으로 옳지 않은 것은? (다툼이 있으면 판례에 따름) 〈2024〉

① 당사자는 소송변론종결시까지 주장과 증거를 제출할 수 있다.
② 처분이 재량권을 일탈·남용하였다는 사정은 처분의 효력을 다투는 자가 주장·증명하여야 한다.
③ 원고는 전심절차에서 주장하지 아니한 공격방어방법을 소송절차에서 주장할 수 없다.
④ 과세처분 취소소송에서 처분의 적법성에 관하여는 원칙적으로 과세청인 피고가 그 증명책임을 부담한다.
⑤ 집행정지의 소극적 요건에 대한 주장·소명책임은 행정청에게 있다.

정답/해설 ③

① (○) 항고소송에서 행정처분의 적법 여부는 특별한 사정이 없는 한 행정처분 당시를 기준으로 하여 판단해야 하는바, 여기서 행정처분의 위법 여부를 판단하는 기준 시점에 관하여 판결시가 아니라 처분 시라고 하는 의미는 행정처분의 위법 여부를 판단할 때 처분 후 법령의 개폐나 사실상태의 변동에 영향을 받지 않는다는 뜻이지 처분당시 존재하였던 자료나 행정청에 제출되었던 자료만으로 위법 여부를 판단한다는 의미는 아니므로, 처분 당시의 사실상태 등에 관한 증명은 사실심 변론종결 당시까지 할수 있고, 법원은 행정처분 당시 행정청이 알고 있었던 자료뿐만 아니라 사실심 변론종결 당시까지 제출된 모든 자료를 종합하여 처분 당시 존재하였던 객관적 사실을 확정하고 그 사실에 기초하여 처분의 위법 여부를 판단할 수 있다(대판 2014.10.30. 2012두25125).

② (○) 재량행위에 해당하는 행정행위에 대한 사법심사는 기속행위에 대한 사법심사와는 달리 행정청의 재량에 기초한 공익 판단의 여지를 감안하여 법원이 독자적인 결론을 내리지 않고 해당 행위에 재량권의 일탈·남용이 있는지 여부만을 심사하게 되고, 이러한 재량권의 일탈·남용 여부에 대한 심사는 사실오인, 비례·평등의 원칙 위배 등을 그 판단 대상으로 하며, 이러한 재량권의 일탈·남용에 대하여는 그 행정행위의 효력을 다투는 사람이 증명책임을 진다(대판 2016.10.27. 2015두41579).

③ (×) 항고소송에 있어서 원고는 전심절차에서 주장하지 아니한 공격방어방법을 소송절차에서 주장할 수 있고 법원은 이를 심리하여 행정처분의 적법 여부를 판단할 수 있는 것이므로, 원고가 전심절차에서 주장하지 아니한 처분의 위법사유를 소송절차에서 새롭게 주장하였다고 하여 다시 그 처분에 대하여 별도의 전심절차를 거쳐야 하는 것은 아니다(대판 1996.6.14. 96누754).

④ (○) 과세처분의 위법을 이유로 그 취소를 구하는 행정소송에서 과세처분의 적법성 및 과세요건사실의 존재에 대한 증명책임은 원칙적으로 과세관청에 있으므로 과세소득확정의 기초가 되는 필요경비나 손금에 관하여도 원칙적으로 과세관청이 그 증명책임을 부담한다(대판 2013.10.31. 2010두4599).

⑤ (○) 행정소송법 제23조 제2항에서 행정청의 처분에 대한 집행정지의 요건으로 들고 있는 '회복하기 어려운 손해'라고 하는 것은 원상회복 또는 금전배상이 불가능한 손해는 물론 종국적으로 금전배상이 가능하다고 하더라도 그 손해의 성질이나 태양 등에 비추어 사회통념상 그러한 금전배상만으로는 전보되지 아니할 것으로 인정되는 현저한 손해를 가리키는 것으로서 이러한 집행정지의 적극적 요건에 관한 주장·소명책임은 원칙적으로 신청인측에 있다. 행정소송법 제23조 제3항에서 집행정지의 요건으로 규정하고 있는 '공공복리에 중대한 영향을 미칠 우려'가 없을 것이라고 할 때의 '공공복리'는 그 처분의 집행과 관련된 구체적이고도 개별적인 공익을 말하는 것으로서 이러한 집행정지의 소극적 요건에 대한 주장·소명책임은 행정청에게 있다(대결 1999.12.20. 99무42).

094 주장책임과 입증책임에 관한 설명으로 옳지 않은 것은? (다툼이 있으면 판례에 따름) 〈2023〉

① 항고소송에 있어서 원고는 전심절차에서 주장하지 아니한 공격방어방법을 소송절차에서 주장할 수 있다.
② 취소소송에서 처분사유에 관한 입증책임은 행정청에게 있다.
③ 행정처분의 당연무효를 주장하여 그 무효확인을 구하는 행정소송에 있어서는 피고에게 그 행정처분이 무효가 아니라는 것을 입증할 책임이 있다.
④ 정보공개거부처분 취소소송에서 비공개사유의 주장·입증책임은 피고에게 있다.
⑤ 과세대상이 된 토지가 비과세대상이라는 점은 이를 주장하는 납세의무자에게 입증책임이 있다.

정답/해설 ③

① (○) 항고소송에 있어서 원고는 전심절차에서 주장하지 아니한 공격방어방법을 소송절차에서 주장할 수 있고 법원은 이를 심리하여 행정처분의 적법 여부를 판단할 수 있는 것이므로, 원고가 전심절차에서 주장하지 아니한 처분의 위법사유를 소송절차에서 새롭게 주장하였다고 하여 다시 그 처분에 대하여 별도의 전심절차를 거쳐야 하는 것은 아니다(대판 1996.6.14. 96누754).
② (○) 민사소송법의 규정이 준용되는 행정소송에 있어서 입증책임은 원칙적으로 민사소송의 일반원칙에 따라 당사자간에 분배되고 항고소송의 경우에는 그 특성에 따라 당해 처분의 적법을 주장하는 피고에게 그 적법사유에 대한 입증책임이 있다 할 것인바 피고가 주장하는 당해 처분의 적법성이 합리적으로 수긍할 수 있는 일응의 입증이 있는 경우에는 그 처분은 정당하다 할 것이며 이와 상반되는 주장과 입증은 그 상대방인 원고에게 그 책임이 돌아간다고 할 것이다(대판 1984.7.24. 84누124).
③ (×) 행정처분의 당연 무효를 주장하여 그 무효확인을 구하는 행정소송에 있어서는 원고에게 그 행정처분이 무효인 사유를 주장, 입증할 책임이 있다(대판 1992.3.10. 91누6030).
④ (○) 이유모순과 심리미진의 점에 관하여 국민의 알 권리, 특히 국가 정보에의 접근의 권리는 우리 헌법상 기본적으로 표현의 자유와 관련하여 인정되는 것으로, 그 권리의 내용에는 자신의 권익보호와 직접 관련이 있는 정보의 공개를 청구할 수 있는 이른바 개별적 정보공개청구

권이 포함되고, 이러한 개별적 정보공개청구권에 대하여는 공공기관의정보공개에관한법률이 1998. 1. 1. 시행될 때까지 그 제한에 관한 일반 법규가 없었던 것이나, 그렇다고 하더라도 특히 수사기록에 대한 정보공개청구권의 행사는 때에 따라 국가의 안전보장, 질서유지 및 공공복리라는 국가·사회적 법익뿐만 아니라 당해 형사사건에 직접·간접으로 관계를 가지고 있는 피의자나 참고인 등의 명예와 인격, 사생활의 비밀 또는 생명·신체의 안전과 평온 등의 기본권의 보장과 충돌되는 경우가 있을 수 있으므로, 그 행사는 이러한 국가·사회적 법익이나 타인의 기본권과 상호 조화될 수 있는 범위 내에서 정당성을 가지나, 구체적인 경우에 수사기록에 대한 정보공개청구권의 행사가 위와 같은 범위를 벗어난 것이라고 하여 그 공개를 거부하기 위하여는 그 대상이 된 수사기록의 내용을 구체적으로 확인·검토하여 그 어느 부분이 어떠한 법익 또는 기본권과 충돌되는 지를 주장·입증하여야만 할 것이고, 그에 이르지 아니한 채 수사기록 전부에 대하여 개괄적인 사유만을 들어 그 공개를 거부하는 것은 허용되지 아니한다고 할 것이다(대판 1999.9.21. 98두3426).

⑤ (○) 과세대상이 된 토지가 비과세 혹은 면제대상이라는 점은 이를 주장하는 납세의무자에게 입증책임이 있는 것이다(대판 1996.4.26. 94누12708).

095 행정소송에서의 증명 또는 소명책임에 관한 설명으로 옳지 않은 것은? (다툼이 있으면 판례에 따름) 〈2022〉

① 무효확인소송에서 처분이 무효인 사유를 증명할 책임은 원고에게 있다.
② 거부처분 취소소송에서 그 처분사유에 관한 증명책임은 원고에게 있다.
③ 어느 사업연도의 소득에 대한 과세처분의 적법성이 다투어지는 경우 과세관청은 과세소득이 있다는 사실 및 그 소득이 그 사업연도에 귀속된다는 사실을 증명하여야 한다.
④ 집행정지의 소극적 요건에 대한 소명책임은 행정청에게 있다.
⑤ 과세처분취소소송에서 과세대상이 된 토지가 비과세 혹은 면제대상이라는 점은 이를 주장하는 납세의무자에게 증명책임이 있다.

정답/해설 ②

① (○) 행정처분의 당연 무효를 주장하여 그 무효확인을 구하는 행정소송에 있어서는 원고에게 그 행정처분이 무효인 사유를 주장, 입증할 책임이 있다(대판 1992.3.10. 91누6030).

② (×) 구체적인 경우에 수사기록에 대한 정보공개청구권의 행사가 위와 같은 범위를 벗어난 것이라고 하여 그 공개를 거부하기 위하여는 그 대상이 된 수사기록의 내용을 구체적으로 확인·검토하여 그 어느 부분이 어떠한 법익 또는 기본권과 충돌되는 지를 주장·입증하여야만 할 것이고, 그에 이르지 아니한 채 수사기록 전부에 대하여 개괄적인 사유만을 들어 그 공개를 거부하는 것은 허용되지 아니한다고 할 것이다(대판 1999.9.21. 98두3426).

③ (○) 과세처분의 적법성에 대한 증명책임은 과세관청에 있으므로 어느 사업연도의 소득에 대한 과세처분의 적법성이 다투어지는 경우 과세관청으로서는 과세소득이 있다는 사실 및 그 소득이 그 사업연도에 귀속된다는 사실을 증명하여야 한다(대판 2020.4.9. 2018두57490).

④ (○) 행정소송법 제23조 제2항에서 행정청의 처분에 대한 집행정지의 요건으로 들고 있는 '회복하기 어려운 손해'라고 하는 것은 원상회복 또는 금전배상이 불가능한 손해는 물론 종국적으로 금전배상이 가능하다고 하더라도 그 손해의 성질이나 태양 등에 비추어 사회통념상 그러한 금전배상만으로는 전보되지 아니할 것으로 인정되는 현저한 손해를 가리키는 것으로서 이러한 집행정지의 적극적 요건에 관한 주장·소명책임은 원칙적으로 신청인측에 있다. 행정소송법 제23조 제3항에서 집행정지의 요건으로 규정하고 있는 '공공복리에 중대한 영향을 미칠 우려'가 없을 것이라고 할 때의 '공공복리'는 그 처분의 집행과 관련된 구체적이고도 개별적인 공익을 말하는 것으로서 이러한 집행정지의 소극적 요건에 대한 주장·소명책임은 행정청에게 있다(대결 1999.12.20. 99무42).

⑤ (○) 과세대상이 된 토지가 비과세 혹은 면제대상이라는 점은 이를 주장하는 납세의무자에게 입증책임이 있는 것이다(대판 1996.4.26. 94누12708).

096 법령을 위반한 폐기물처리업자 甲에 대하여 A군수가 3개월의 영업정지 처분을 하자 甲은 취소소송을 제기하였다. 이에 관한 설명으로 옳은 것은? (다툼이 있으면 판례에 따름) 〈2022〉

① 취소소송을 제기한 때부터 처분의 효력은 정지된다.
② 3개월의 영업정지 기간이 재량권을 넘는 과도한 것이라면 법원은 적정하다고 인정되는 기간을 초과한 부분에 한하여 처분을 취소하여야 한다.
③ 소송이 제기된 후 A군수가 영업정지 기간을 1개월로 변경한 경우 그 날로부터 60일 이내에 甲은 처분변경으로 인한 소의 변경을 신청할 수 있다.
④ 취소판결이 확정되면 A군수는 판결에 기속되나, 그 밖에 위법한 결과가 있더라도 이를 제거하는 조치를 할 의무는 없다.
⑤ 재량권 일탈·남용에 해당하는 특별한 사정은 이를 주장하는 甲이 증명하여야 한다.

정답/해설 ⑤

① (×) 우리 행정소송법은 집행부정지의 원칙을 채택하고 있다(제23조 제1항).

> **제23조(집행정지)**
> ① 취소소송의 제기는 처분등의 효력이나 그 집행 또는 절차의 속행에 영향을 주지 아니한다.

② (×) 행정청이 영업정지 처분을 함에 있어서 그 정지기간을 어느 정도로 할 것인지는 행정청의 재량권에 속하는 사항인 것이며, 다만 그것이 공익의 원칙이나 평등의 원칙 또는 비례의 원칙등에 위반하여 재량권의 한계를 벗어난 재량권 남용에 해당하는 경우에만 위법한 처분으로서 사법심사의 대상이 되는 것이나, 법원으로서는 영업정지처분이 재량권 남용이라고 판단될 때에는 위법한 처분으로서 그 처분의 취소를 명할 수 있을 뿐이고, 재량권의 한계내에서 어느 정도가 적정한 영업정지 기간인지를 가리는 일은 사법심사의 범위를 벗어난다(대판 1982.9.28. 82누2).

③ (×) 처분의 변경이 있음을 안 날(제22조 제2항)

제22조(처분변경으로 인한 소의 변경)
① 법원은 행정청이 소송의 대상인 처분을 소가 제기된 후 변경한 때에는 원고의 신청에 의하여 결정으로써 청구의 취지 또는 원인의 변경을 허가할 수 있다.
② 제1항의 규정에 의한 신청은 처분의 변경이 있음을 안 날로부터 60일 이내에 하여야 한다.

④ (×) 취소판결이 확정되면 행정청은 취소된 처분에 의해 초래된 위법상태를 제거하여 원상회복할 의무를 진다.
⑤ (○) 행정청의 전문적인 정성적 평가 결과는 그 판단의 기초가 된 사실인정에 중대한 오류가 있거나 그 판단이 사회통념상 현저하게 타당성을 잃어 객관적으로 불합리하다는 등의 특별한 사정이 없는 한 법원이 그 당부를 심사하기에는 적절하지 않으므로 가급적 존중되어야 한다. 여기에 재량권을 일탈·남용한 특별한 사정이 있다는 점은 증명책임분배의 일반원칙에 따라 이를 주장하는 자가 증명하여야 한다(대판 2018.6.15. 2016두57564).

097 행정소송에서 입증책임에 관한 설명으로 옳지 않은 것은? (다툼이 있으면 판례에 따름) 〈2019〉

① 소송요건에 대한 입증책임은 원고가 부담한다.
② 과세처분취소소송에서 처분의 적법성 및 과세요건사실의 존재와 관련하여 경험칙상 이례에 속하는 특별한 사정의 존재에 관하여는 납세의무자에게 입증책임이 있다.
③ 과세대상이 된 토지가 비과세라는 점은 이를 주장하는 납세의무자에게 입증책임이 있다.
④ 행정소송에서 사실의 증명은 추호의 의혹도 없어야 한다는 자연과학적 증명일 것을 요한다.
⑤ 항고소송에서 피고가 주장하는 일정한 처분의 적법성에 관하여 합리적으로 수긍할만한 증명이 있는 경우 처분은 정당하며, 이와 상반되는 주장과 증명은 원고에게 책임이 있다.

정답/해설 ④

① (○) 직권조사사항에 관하여도 그 사실의 존부가 불명한 경우에는 입증책임의 원칙이 적용되어야 할 것인바, 본안판결을 받는다는 것 자체가 원고에게 유리하다는 점에 비추어 직권조사사항인 소송요건에 대한 입증책임은 원고에게 있다(대판 1997.7.25. 96다39301).
② (○) 과세처분의 위법을 이유로 그 취소를 구하는 행정소송에 있어 처분의 적법성 및 과세요건사실의 존재에 관하여는 원칙적으로 과세관청이 그 입증책임을 부담하나, 경험칙상 이례에 속하는 특별한 사정의 존재에 관하여는 납세의무자에게 입증책임 내지는 입증의 필요가 돌아가는 것이다(대판 1996.4.26. 96누1627).
③ (○) 과세대상이 된 토지가 비과세 혹은 면제대상이라는 점은 이를 주장하는 납세의무자에게 입증책임이 있는 것이다(대판 1996.4.26. 94누12708).
④ (×) 성희롱을 사유로 한 징계처분의 당부를 다투는 행정소송에서 징계사유에 대한 증명책임은 그 처분의 적법성을 주장하는 피고에게 있다. 다만 민사소송이나 행정소송에서 사실의 증명은 추호의 의혹도 없어야 한다는 자연과학적 증명이 아니고, 특별한사정이 없는 한 경험칙에 비추어 모든

증거를 종합적으로 검토하여 볼 때 어떤 사실이 있었다는 점을 시인할 수 있는 고도의 개연성을 증명하는 것이면 충분하다. 민사책임과 형사책임은 지도이념과 증명책임, 증명의 정도 등에서 서로 다른 원리가 적용되므로, 징계사유인 성희롱 관련 형사재판에서 성희롱 행위가 있었다는 점을 합리적 의심을 배제할 정도로 확신하기 어렵다는 이유로 공소사실에 관하여 무죄가 선고되었다고 하여 그러한 사정만으로 행정소송에서 징계사유의 존재를 부정할 것은 아니다(대판 2018.4.12. 2017두74702).

⑤ (O) 민사소송법의 규정이 준용되는 행정소송에 있어서 입증책임은 원칙적으로 민사소송의 일반원칙에 따라 당사자간에 분배되고 항고소송의 경우에는 그 특성에 따라 당해 처분의 적법을 주장하는 피고에게 그 적법사유에 대한 입증책임이 있다 할 것인바 피고가 주장하는 당해 처분의 적법성이 합리적으로 수긍할 수 있는 일응의 입증이 있는 경우에는 그 처분은 정당하다 할 것이며 이와 상반되는 주장과 입증은 그 상대방인 원고에게 그 책임이 돌아간다고 할 것이다(대판 1984.7.24. 84누124).

098 과세처분 취소소송에서 요건사실과 입증책임자의 연결이 옳지 않은 것은? (다툼이 있으면 판례에 따름) 〈2018〉

① 「소득세법」상 세액공제의 원인사실 - 과세관청
② 납세처분이 피고지자에게 적법하게 고지된 사실 - 과세관청
③ 법인세의 과세표준 등 신고에 있어 손금에 산입될 비용의 신고를 누락하였다는 사실 - 납세의무자
④ 과세대상이 된 토지가 비과세대상이라는 사실 - 납세의무자
⑤ 당해 과세처분이 절차적 적법요건을 구비한 것이라는 사실 - 과세관청

정답/해설 ①

① (×) 실제 공급자와 세금계산서상의 공급자가 다른 세금계산서는 공급받는 자가 세금계산서의 명의위장사실을 알지 못하였고 알지 못한 데에 과실이 없다는 특별한 사정이 없는 한 그 매입세액을 공제 내지 환급 받을 수 없으며, 공급받는 자가 위와 같은 명의위장 사실을 알지 못한 데에 과실이 없다는 점은 매입세액의 공제 내지 환급을 주장하는 자가 이를 입증하여야 한다(대판 2002.6.28. 2002두2277).

② (O) 납세고지서에 대한 공시송달이 적법한지 여부에 관한 입증책임은 원칙적으로 과세관청에 있다(대판 1996.6.28. 96누3562).

③ (O) 누락수입에 대하여 실지조사결정에 의해 과세처분을 할 때에는 그 누락수입에 대응하는 별도비용의 지출이 있었다고 볼 증거가 없는 한 그 수입액 전체가 소득액에 가산되어야 하고 누락수입에 대응하는 비용도 신고누락 되었다는 점에 관하여는 그 별도의 공제를 구하는 납세의무자가 주장·입증하여야 한다(대판 2008.1.31. 2006두9535).

④ (O) 과세대상이 된 토지가 비과세 혹은 면제대상이라는 점은 이를 주장하는 납세의무자에게 입증책임이 있는 것이다(대판 1996.4.26. 94누12708).

⑤ (○) 행정소송에 있어서 특별한 사정이 있는 경우를 제외하면 당해 행정처분의 적법성에 관하여는 행정청이 이를 주장·입증하여야 할 것이나 행정소송에 있어서 직권주의가 가미되어 있다고 하더라도 여전히 변론주의를 기본구조로 하는 이상 행정처분의 위법을 들어 그 취소를 청구함에 있어서는 직권조사사항을 제외하고는 그 취소를 구하는 자가 위법사유에 해당하는 구체적 사실을 먼저 주장하여야 한다(대판 2001.1.16. 99두8107).

099 항고소송에서 주장·입증책임에 관한 설명으로 옳지 않은 것은? (다툼이 있으면 판례에 따름) 〈2017〉

① 직권탐지주의 하에서 주장책임의 의미는 완화된다.
② 허가신청에 대하여 허가기준 미달을 이유로 불허가한 처분이 적법하다는 주장·입증책임은 처분청에게 있다.
③ 과세대상이 된 토지가 비과세대상이라는 점에 대해서는 이를 주장하는 납세의무자에게 입증책임이 있다.
④ 정보공개거부처분 취소소송에서 비공개사유의 주장·입증책임은 원고에게 있다.
⑤ 무효확인소송에서 무효원인에 대한 주장·입증책임은 원고가 부담한다.

정답/해설 ④

① (○) 주장책임은 당사자가 유리한 사실을 주장하지 않으면 그 사실은 없는 것으로 취급되어 불이익한 판단을 받게되는 것을 말하는데, 직권탐지주의하에서는 당사자가 주장하지 않은 사실에 대해 법원이 인정할 수 있는 경우가 있으므로 주장책임이 완화된다고 볼 수 있다.
② (○) 민사소송법의 규정이 준용되는 행정소송에 있어서 입증책임은 원칙적으로 민사소송의 일반원칙에 따라 당사자 간에 분배되고 항고소송의 경우에는 그 특성에 따라 당해 처분의 적법을 주장하는 피고에게 그 적법사유에 대한 입증책임이 있다 할 것인바 피고가 주장하는 당해 처분의 적법성이 합리적으로 수긍할 수 있는 일응의 입증이 있는 경우에는 그 처분은 정당하다 할 것이며 이와 상반되는 주장과 입증은 그 상대방인 원고에게 그 책임이 돌아간다고 할 것이다(대판 1984.7.24. 84누124).
③ (○) 과세대상이 된 토지가 비과세 혹은 면제대상이라는 점은 이를 주장하는 납세의무자에게 입증책임이 있는 것이다(대판 1996.4.26. 94누12708).
④ (×) 이유모순과 심리미진의 점에 관하여 국민의 알 권리, 특히 국가 정보에의 접근의 권리는 우리 헌법상 기본적으로 표현의 자유와 관련하여 인정되는 것으로, 그 권리의 내용에는 자신의 권익보호와 직접 관련이 있는 정보의 공개를 청구할 수 있는 이른바 개별적 정보공개청구권이 포함되고, 이러한 개별적 정보공개청구권에 대하여는 공공기관의정보공개에관한법률이 1998. 1. 1. 시행될 때까지 그 제한에 관한 일반 법규가 없었던 것이나, 그렇다고 하더라도 특히 수사기록에 대한 정보공개청구권의 행사는 때에 따라 국가의 안전보장, 질서유지 및 공공복리라는 국가·사회적 법익뿐만 아니라 당해 형사사건에 직접·간접으로 관계를 가지고 있는 피의자나 참고인 등의 명예와 인격, 사생활의 비밀 또는 생명·신체의 안전과 평온 등의

기본권의 보장과 충돌되는 경우가 있을 수 있으므로, 그 행사는 이러한 국가·사회적 법익이나 타인의 기본권과 상호 조화될 수 있는 범위 내에서 정당성을 가지나, 구체적인 경우에 수사기록에 대한 정보공개청구권의 행사가 위와 같은 범위를 벗어난 것이라고 하여 그 공개를 거부하기 위하여는 그 대상이 된 수사기록의 내용을 구체적으로 확인·검토하여 그 어느 부분이 어떠한 법익 또는 기본권과 충돌되는 지를 주장·입증하여야만 할 것이고, 그에 이르지 아니한 채 수사기록 전부에 대하여 개괄적인 사유만을 들어 그 공개를 거부하는 것은 허용되지 아니한다고 할 것이다(대판 1999.9.21. 98두3426).

⑤ (O) 행정처분의 당연 무효를 주장하여 그 무효확인을 구하는 행정소송에 있어서는 원고에게 그 행정처분이 무효인 사유를 주장, 입증할 책임이 있다(대판 1992.3.10. 91누6030).

100 과세처분에 대한 항고소송의 설명으로 옳지 않은 것은? (다툼이 있으면 판례에 따름) 〈2016〉

① 과세처분 후 감액경정결정된 경우 취소소송의 대상은 당초의 부과처분 중 경정 결정에 의하여 취소되지 않고 남은 부분이다.
② 일반적으로 과세처분취소소송에서 과세요건사실에 관한 입증책임은 원고에게 있다.
③ 과세처분 후 증액경정처분이 있는 경우 증액경정처분이 항고소송의 대상이 된다.
④ 과세처분의 무효확인청구소송에서는 제소기간의 제한에 관한 규정은 적용되지 아니한다.
⑤ 부가가치세부과처분의 무효선언을 구하는 의미에서 취소를 구하는 소송인 경우에는 전심절차를 거쳐야 한다.

정답/해설 ②

① (O) 과세표준과 세액을 감액하는 경정처분은 당초 부과처분과 별개 독립의 과세처분이 아니라 그 실질은 당초 부과처분의 변경이고, 그에 의하여 세액의 일부취소라는 납세자에게 유리한 효과를 가져오는 처분이라 할 것이므로 그 경정결정으로도 아직 취소되지 않고 남아 있는 부분이 위법하다 하여 다투는 경우 항고소송의 대상은 당초의 부과처분 중 경정결정에 의하여 취소되지 않고 남은 부분이고, 경정결정이 항고소송의 대상이 되는 것은 아니다(대판 1993.11.9. 93누9989).

② (×) 과세처분의 위법을 이유로 그 취소를 구하는 행정소송에 있어 처분의 적법성 및 과세요건사실의 존재에 관하여는 원칙적으로 과세관청이 그 입증책임을 부담하나, 경험칙상 이례에 속하는 특별한 사정의 존재에 관하여는 납세의무자에게 입증책임 내지는 입증의 필요가 돌아가는 것이다(대판 1996.4.26. 96누1627).

③ (O) 국세기본법 제22조의2의 시행 이후에도 증액경정처분이 있는 경우, 당초 신고나 결정은 증액경정처분에 흡수됨으로써 독립한 존재가치를 잃게 된다고 보아야 하므로, 원칙적으로는 당초 신고나 결정에 대한 불복기간의 경과 여부 등에 관계없이 증액경정처분만이 항고소송의 심판대상이 되고, 납세의무자는 그 항고소송에서 당초 신고나 결정에 대한 위법사유도 함께 주장할 수 있다고 해석함이 타당하다(대판 2009.5.14. 2006두17390).

④ (O) 무효등확인소송은 제소기간의 제한이 없다. 무효등확인소송에서는 취소소송의 제소기간에 관한 조문(제20조)을 준용하지 않는다(제38조 제1항).

> **제38조(준용규정)**
> ① 제9조, 제10조, 제13조 내지 제17조, 제19조, 제22조 내지 제26조, 제29조 내지 제31조 및 제33조의 규정은 무효등 확인소송의 경우에 준용한다.

⑤ (O) 원고의 재화 또는 용역의 공급에 대하여 부가가치세가 면제되거나 그 납세의무가 없는 것인데도 피고가 이를 오인하여 부가가치세부과처분을 하였다 하더라도 그 위법사유는 과세대상의 법률관계 내지 사실관계를 오인하여 세금을 부과한 것에 해당되어 취소사유가 될 뿐이지 당연무효사유에는 해당되지 아니한다 할 것이고, 행정처분의 당연무효를 선언하는 의미에서 그 취소를 구하는 행정소송을 제기하는 경우에는 전치절차와 그 제소기간의 준수등 취소소송의 제소요건을 갖추어야 하는 것이며, 과세처분의 취소를 구하는 행정소송은 반드시 그 전치요건으로서 국세기본법 소정의 심사청구 및 심판청구절차를 모두 경유하지 아니하면 이를 제기할 수 없다 할 것이다(대판 1987.6.9. 87누219).

101 행정소송상 주장·입증책임에 관한 설명으로 옳지 않은 것은? (다툼이 있으면 판례에 따름)
〈2015〉

① 기록상 자료가 나타나 있음에도 당사자가 주장하지 아니하였다는 이유로 판단하지 아니한 것은 위법하다.
② 정보공개거부처분취소소송에서 비공개사유의 입증책임은 피고에게 있다.
③ 과세대상이 된 토지가 비과세 혹은 면세대상이라는 점은 이를 주장하는 납세의무자에게 입증책임이 있다.
④ 무효확인을 구하는 소송에서는 원고에게 그 행정처분이 무효인 사유를 주장·입증할 책임이 있다.
⑤ 행정소송에 있어서 입증책임의 분배에는 민사소송의 일반원칙이 적용될 여지가 없다.

정답/해설 ⑤

① (O) 행정소송에서 기록상 자료가 나타나 있다면 당사자가 주장하지 않았더라도 판단할 수 있고, 당사자가 제출한 소송자료에 의하여 법원이 처분의 적법 여부에 관한 합리적인 의심을 품을 수 있음에도 단지 구체적 사실에 관한 주장을 하지 아니하였다는 이유만으로 당사자에게 석명을 하거나 직권으로 심리·판단하지 아니함으로써 구체적 타당성이 없는 판결을 하는 것은 행정소송법 제26조의 규정과 행정소송의 특수성에 반하므로 허용될 수 없다(대판 2010.2.11. 2009두18035).
② (O) 수사기록에 대한 정보공개청구권의 행사는 때에 따라 국가의 안전보장, 질서유지 및 공공복리라는 국가·사회적 법익뿐만 아니라 당해 형사사건에 직접·간접으로 관계를 가지고 있는 피의자나 참고인 등의 명예와 인격, 사생활의 비밀 또는 생명·신체의 안전과 평온 등의 기본권의 보장과 충돌되는 경우가 있을 수 있으므로, 그 행사는 이러한 국가·사회적 법익이나 타인의 기본권과 상호 조화될 수 있는 범위 내에서 정당성을 가지나, 구체적인 경우에 수

사기록에 대한 정보공개청구권의 행사가 위와 같은 범위를 벗어난 것이라고 하여 그 공개를 거부하기 위하여는 그 대상이 된 수사기록의 내용을 구체적으로 확인·검토하여 그 어느 부분이 어떠한 법익 또는 기본권과 충돌되는지를 주장·입증하여야만 할 것이고, 그에 이르지 아니한 채 수사기록 전부에 대하여 개괄적인 사유만을 들어 그 공개를 거부하는 것은 허용되지 아니한다(대판 1999.9.21. 98두3426).

③ (○) 과세대상이 된 토지가 비과세 혹은 면제대상이라는 점은 이를 주장하는 납세의무자에게 입증책임이 있는 것이며, 과세 대상토지에 대한 과세구분이 잘못되었다는 주장에 관하여서는, 과세관청은 그 과세구분의 구체적인 근거를 제시하지는 못하였으나 종합토지세를 부과한 전국의 관할 시, 군으로부터 송부되어 온 종합토지세 과세내역서, 징수부, 수납부 등을 제출하고 있는바, 여기에는 각 개별토지의 소재지, 공부 및 현황 지목, 등급, 면적, 과세표준, 과세구분이 기재되어 있고 이는 관할 공무원의 조사 혹은 이의신청을 거쳐 확정되는 과세 자료에 의하여 뒷받침되는 것이어서 쉽사리 그 증명력을 배척할 수 없다고 봄이 종합토지세의 부과징수구조에 비추어 합당하므로, 납세의무자로 하여금 과세구분의 위법이 있는 토지를 구체적으로 지적할 것을 석명하고 과세관청에 대하여 과세구분 근거에 대한 보충자료를 제출하게 하는 등으로 그에 대한 당부를 심리하여 정당세액의 범위를 가려야 한다(대판 1996.4.26. 94누12708).

④ (○) 행정처분의 당연 무효를 주장하여 그 무효확인을 구하는 행정소송에 있어서는 원고에게 그 행정처분이 무효인 사유를 주장, 입증할 책임이 있다(대판 1992.3.10. 91누6030).

⑤ (×) 민사소송법의 규정이 준용되는 행정소송에 있어서 입증책임은 원칙적으로 민사소송의 일반원칙에 따라 당사자간에 분배되고 항고소송의 경우에는 그 특성에 따라 당해 처분의 적법을 주장하는 피고에게 그 적법사유에 대한 입증책임이 있다 할 것인바 피고가 주장하는 당해 처분의 적법성이 합리적으로 수긍할 수 있는 일응의 입증이 있는 경우에는 그 처분은 정당하다 할 것이며 이와 상반되는 주장과 입증은 그 상대방인 원고에게 그 책임이 돌아간다고 할 것이다(대판 1984.7.24. 84누124).

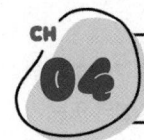

취소소송의 판결의 종류 및 효력

001 사정판결에 관한 설명으로 옳은 것은? (다툼이 있으면 판례에 따름) 〈2024〉

① 법원은 신청이 있는 경우에만 사정판결을 할 수 있으며, 직권으로 할 수는 없다.
② 사정판결에서 '공공복리'의 판단 기준시는 처분시이다.
③ 법원은 사정판결의 이유에서 처분등이 위법함을 나타내었다면, 그 판결의 주문에서 처분등이 위법함을 명시할 필요는 없다.
④ 법원은 사정판결을 함에 있어서는 미리 원고가 그로 인하여 입게 될 손해의 정도와 배상방법 그 밖의 사정을 조사하여야 한다.
⑤ 원고는 손해배상이 필요하더라도 손해배상청구소송을 당해 취소소송이 계속된 법원에 병합하여 제기할 수 없다.

정답/해설 ④

① (×) 사정판결은 처분이 위법함에도 불구하고 이를 취소하지 않는 것으로서 피고 행정청에게 유리한 판결이므로 사정판결을 할 사정이 있음에 관한 주장·증명책임은 피고 행정청에 있다. 다만 법원은 당사자의 명백한 주장이 없는 때에도 직권으로 사정판결을 할 수 있다.
② (×) 피고가 위 건축불허가 처분당시에 위 처분이 위법하다고 하더라도 본건 구두변론 종결당시에는 이미 진주시 도시계획 재정비 결정으로 도시계획법 제21조에 의한 녹지지역으로 지정고시 되었는만큼 동조의 규정에 의하면 녹지지역 내에서는 보건위생 또는 보안에 필요한 시설 및 녹지지역으로서의 효용을 해할 우려가 없는 용도에 공하는 건축물이 아니면 건축을 할 수 없다고 규정한 위 법조의 취지로 보아 본건 건축불허가 처분을 취소하는 것은 현저히 공공의 복리에 적합하지 아니하다고 인정되는 것이다(대판 1970.3.24. 69누29).
③ (×) 제28조 제1항 2문
④ (○) 제28조 제2항
⑤ (×) 제28조 제3항

> **제28조(사정판결)**
> ① 원고의 청구가 이유있다고 인정하는 경우에도 처분등을 취소하는 것이 현저히 공공복리에 적합하지 아니하다고 인정하는 때에는 법원은 원고의 청구를 기각할 수 있다. 이 경우 법원은 그 판결의 주문에서 그 처분등이 위법함을 명시하여야 한다.
> ② 법원이 제1항의 규정에 의한 판결을 함에 있어서는 미리 원고가 그로 인하여 입게 될 손해의 정도와 배상방법 그 밖의 사정을 조사하여야 한다.
> ③ 원고는 피고인 행정청이 속하는 국가 또는 공공단체를 상대로 손해배상, 제해시설의 설치 그 밖에 적당한 구제방법의 청구를 당해 취소소송등이 계속된 법원에 병합하여 제기할 수 있다.

002 판례상 일부취소판결을 할 수 있는 경우를 모두 고른 것은? 〈2024〉

> ㄱ. 6월의 영업정지처분을 재량권의 일탈·남용을 이유로 취소하는 경우
> ㄴ. 명의신탁자에 대한 과징금부과처분을 재량권의 일탈·남용을 이유로 취소하는 경우
> ㄷ. 외형상 하나의 행정처분이지만 각 세대별로 가분될 수 있는 여러 세대의 임대주택 분양전환승인에 대해 일부 세대가 그 승인의 취소를 구하는 경우
> ㄹ. 비공개대상 정보에 해당하는 부분과 그와 분리될 수 있는 공개가 가능한 부분이 혼합되어 있는 정보의 공개 거부처분을 취소하는 경우

① ㄱ ② ㄱ, ㄴ ③ ㄷ, ㄹ
④ ㄴ, ㄷ, ㄹ ⑤ ㄱ, ㄴ, ㄷ, ㄹ

정답/해설 ③

ㄱ (×) 행정청이 영업정지 처분을 함에 있어서 그 정지기간을 어느 정도로 할 것인지는 행정청의 재량권에 속하는 사항인 것이며, 다만 그것이 공익의 원칙이나 평등의 원칙 또는 비례의 원칙등에 위반하여 재량권의 한계를 벗어난 재량권 남용에 해당하는 경우에만 위법한 처분으로서 사법심사의 대상이 되는 것이나, 법원으로서는 영업정지처분이 재량권 남용이라고 판단될 때에는 위법한 처분으로서 그 처분의 취소를 명할 수 있을 뿐이고, 재량권의 한계내에서 어느 정도가 적정한 영업정지 기간인지를 가리는 일은 사법심사의 범위를 벗어난다(대판 1982.9.28. 82누2).

ㄴ (×) 명의신탁이 조세를 포탈하거나 법령에 의한 제한을 회피할 목적이 아니어서 '부동산 실권리자명의 등기에 관한 법률 시행령'제3조의2 단서의 과징금 감경사유가 있는 경우 과징금 감경 여부는 과징금 부과 관청의 재량에 속하는 것이므로, 과징금 부과 관청이 이를 판단하면서 재량권을 일탈·남용하여 과징금 부과처분이 위법하다고 인정될 경우, 법원으로서는 과징금 부과처분 전부를 취소할 수밖에 없고, 법원이 적정하다고 인정되는 부분을 초과한 부분만 취소할 수는 없다(대판 2010.7.15. 2010두7031).

ㄷ (○) 외형상 하나의 행정처분이라 하더라도 가분성이 있거나 그 처분대상의 일부가 특정될 수 있다면 일부만의 취소도 가능하고 그 일부의 취소는 당해 취소부분에 관하여 효력이 생긴다. 원심은 임대사업자가 여러 세대의 임대주택에 대해 분양전환 승인신청을 하여 외형상 하나의 행정처분으로 그 승인을 받았다고 하더라도 이는 승인된 개개 세대에 대한 처분으로 구성되고 각 세대별로 가분될 수 있으므로 이 사건 처분 중 일부만의 취소도 가능하다고 판단하였다. 원심의 이러한 판단은 앞서 본 법리에 따른 것으로서 정당하고, 거기에 행정처분의 일부취소에 관한 법리를 오해한 잘못이 없다(대판 2015.3.26. 2012두20304).

ㄹ (○) 판결의 주문은 그 자체에 의하여 그 내용을 특정할 수 있어야 하고 한편, 정보공개법 제14조는 공개청구한 정보가 제9조 제1항 각 호 소정의 비공개대상정보에 해당하는 부분과 공개가 가능한 부분이 혼합되어 있는 경우에는 공개청구의 취지에 어긋나지 아니하는 범위 안에서 두 부분을 분리할 수 있는 때에는 비공개대상정보에 해당하는 부분을 제외하고 공개하여야 한다고 규정하고 있는바, 법원이 행정청의 정보공개거부처분의 위법 여부를 심리한 결

과 공개를 거부한 정보에 비공개대상정보에 해당하는 부분과 공개가 가능한 부분이 혼합되어 있고 공개청구의 취지에 어긋나지 아니하는 범위 안에서 두 부분을 분리할 수 있음을 인정할 수 있을 때에는, 위 정보 중 공개가 가능한 부분을 특정하고 판결의 주문에 행정청의 위 거부처분 중 공개가 가능한 정보에 관한 부분만을 취소한다고 표시하여야 한다(대판 2009.4.23. 2009두2702).

003 취소판결의 기속력에 관한 설명으로 옳지 않은 것은? (다툼이 있으면 판례에 따름) 〈2024〉

① 취소소송에서 기각판결이 내려진 후에도 처분청은 해당처분을 직권취소할 수 있다.
② 기속력은 당사자인 원고에게는 미치지 아니한다.
③ 기속력에 따라 행정청은 위법한 결과를 제거하는 조치를 할 의무가 있다.
④ 기속력은 기판력 있는 전소 판결의 소송물과 동일한 후소를 허용하지 않는 효력과는 다르다.
⑤ 신청에 대한 인용처분이 실체적 위법을 이유로 취소되는 경우에 그 처분을 행한 행정청은 판결의 취지에 따라 다시 이전의 신청에 대한 처분을 하여야 한다.

정답/해설 ⑤

① (○) 처분청은 해당처분을 취소할 수 있는 권한을 가진 기관이므로 기각판결 후에도 해당처분을 직권으로 취소할 수 있다.
② (○) 확정판결의 기속력에 관한 법리오해 등 주장(상고이유 제1점)에 대하여 처분을 취소하는 확정판결의 기속력은 당사자인 행정청과 그 밖의 관계행정청에게만 미칠 뿐 처분의 상대방을 기속하는 것은 아니다(대판 2022.11.30. 2022두33620).
③ (○) 병무청장이 인터넷 홈페이지 등에 게시하는 사실행위를 함으로써 공개 대상자의 인적사항 등이 이미 공개되었더라도, 재판에서 병무청장의 공개결정이 위법함이 확인되어 취소판결이 선고되는 경우, 병무청장은 취소판결의 기속력에 따라 위법한 결과를 제거하는 조치를 할 의무가 있으므로 공개 대상자의 실효적 권리구제를 위해 병무청장의 공개결정을 행정처분으로 인정할 필요성이 있다(대판 2019.6.27. 2018두49130).
④ (○) 기속력은 반복금지효, 재처분의무, 결과제거의무를 그 내용으로 하며, 전소 판결의 소송물과 동일한 후소를 허용하지 않는 효력인 기판력과 차이가 있다.
⑤ (×) 신청에 대한 인용처분이 절차적 위법을 이유로 취소되는 경우에 처분청에게 재처분의무가 부과되는 것이며(제30조 제3항), 신청에 대한 인용처분이 실체적 위법을 이유로 취소되는 경우에는 처분청에게 재처분의무가 없다.

004 취소소송 판결 및 집행정지 결정의 효력에 관한 설명으로 옳지 않은 것은? (다툼이 있으면 판례에 따름) 〈2024〉

① 처분등을 취소하는 확정판결은 제3자에 대하여도 효력이 있다.
② 집행정지의 결정은 제3자에 대하여도 효력이 있다.
③ 집행정지결정의 취소결정은 제3자에 대하여도 효력이 있다.
④ 과세처분 취소청구를 기각하는 판결이 확정되면 그 처분이 적법하다는 점에 관하여 기판력이 생긴다.
⑤ 과세처분의 취소소송에서 청구가 기각된 확정판결의 기판력은 그 과세처분의 무효확인을 구하는 소송에는 미치지 아니한다.

정답/해설 ⑤

① (○) 제29조 제1항
② (○), ③ (○) 제29조 제2항
④ (○), ⑤ (×) 과세처분이란 당해 과세요건의 충족으로 객관적, 추상적으로 이미 성립하고 있는 조세채권을 구체적으로 현실화하여 확정하는 절차이고, 과세처분의 취소소송은 위와 같은 과세처분의 실체적, 절차적 위법을 그 취소원인으로 하는 것으로서 그 심리의 대상은 과세관청의 과세처분에 의하여 인정된 조세채무인 과세표준 및 세액의 객관적 존부 즉 당해 과세처분의 적부가 심리의 대상이 되는 것이며, 과세처분취소 청구를 기각하는 판결이 확정되면 그 처분이 적법하다는 점에 관하여 기판력이 생기고 그 후 원고가 다시 이를 무효라 하여 그 무효확인을 소구할 수는 없는 것이어서, 과세처분의 취소소송에서 청구가 기각된 확정판결의 기판력은 그 과세처분의 무효확인을 구하는 소송에도 미친다(대판 1996.6.25. 95누1880).

> **제29조(취소판결등의 효력)**
> ① 처분등을 취소하는 확정판결은 제3자에 대하여도 효력이 있다.
> ② 제1항의 규정은 제23조의 규정에 의한 집행정지의 결정 또는 제24조의 규정에 의한 그 집행정지결정의 취소결정에 준용한다.

005 甲이 행정청 乙을 상대로 제기한 거부처분 취소소송에서 인용판결이 확정된 경우에 관한 설명으로 옳은 것은? (다툼이 있으면 판례에 따름) 〈2024〉

① 판결은 관계행정청을 기속하지 않는다.
② 乙은 처분 후에 발생한 새로운 사유를 내세워 다시 처분을 할 수 없다.
③ 판결의 기속력은 처분의 구체적 위법사유에 관한 이유 중의 판단에 대하여는 인정되지 아니한다.
④ 乙이 재처분의무를 이행하지 않을 경우 법원은 직접처분으로 판결의 실효성을 확보할 수 있다.
⑤ 乙은 종전 처분의 처분사유와 기본적 사실관계가 동일하지 않은 사유가 종전 처분 당시 이미 존재하고 있었고 당사자가 이를 알고 있었더라도 이를 내세워 새로이 처분을 할 수 있다.

정답/해설 ⑤

① (×) 제30조 제1항

> **제30조(취소판결등의 기속력)**
> ① 처분등을 취소하는 확정판결은 그 사건에 관하여 당사자인 행정청과 그 밖의 관계행정청을 기속한다.

② (×) 행정처분의 적법 여부는 그 행정처분이 행하여진 때의 법령과 사실을 기준으로 하여 판단하는 것이므로 거부처분 후에 법령이 개정·시행된 경우에는 개정된 법령 및 허가기준을 새로운 사유로 들어 다시 이전의 신청에 대한 거부처분을 할 수 있으며 그러한 처분도 행정소송법 제30조 제2항에 규정된 재처분에 해당된다(대결 1998.1.7. 97두22).

③ (×) 행정소송법 제30조 제1항에 의하여 인정되는 취소소송에서 처분 등을 취소하는 확정판결의 기속력은 주로 판결의 실효성 확보를 위하여 인정되는 효력으로서 판결의 주문뿐만 아니라 그 전제가 되는 처분 등의 구체적 위법사유에 관한 이유 중의 판단에 대하여도 인정된다(대판 2001.3.23. 99두5238).

④ (×) 행정소송법은 처분청이 재처분의무를 이행하지 않는 경우 간접강제로서 판결의 실효성을 확보하고 있고, 직접처분은 인정되지 않는다.

⑤ (○) 취소 확정판결의 기속력은 판결의 주문 및 전제가 되는 처분 등의 구체적 위법사유에 관한 판단에도 미치나, 종전 처분이 판결에 의하여 취소되었더라도 종전 처분과 다른 사유를 들어서 새로이 처분을 하는 것은 기속력에 저촉되지 않는다. 여기에서 동일 사유인지 다른 사유인지는 확정판결에서 위법한 것으로 판단된 종전 처분사유와 기본적 사실관계에서 동일성이 인정되는지 여부에 따라 판단되어야 하고, 기본적 사실관계의 동일성 유무는 처분사유를 법률적으로 평가하기 이전의 구체적인 사실에 착안하여 그 기초인 사회적 사실관계가 기본적인 점에서 동일한지에 따라 결정된다. 또한 행정처분의 위법 여부는 행정처분이 행하여진 때의 법령과 사실을 기준으로 판단하므로, 확정판결의 당사자인 처분 행정청은 종전 처분 후에 발생한 새로운 사유를 내세워 다시 처분을 할 수 있고, 새로운 처분의 처분사유가 종전 처분의 처분사유와 기본적 사실관계에서 동일하지 않은 다른 사유에 해당하는 이상, 처분사유가 종전 처분 당시 이미 존재하고 있었고 당사자가 이를 알고 있었더라도 이를 내세워 새로이 처분을 하는 것은 확정판결의 기속력에 저촉되지 않는다(대판 2016.3.24. 2015두48235).

006 甲이 거부처분에 대해 제기한 항고소송(X)에서 인용판결이 확정되었으나 재처분의무가 이행되고 있지 않다. 간접강제와 관련한 설명으로 옳지 않은 것은? (다툼이 있으면 판례에 따름) 〈2024〉

① X가 취소소송인 경우, 甲은 제1심수소법원에 간접강제결정을 신청할 수 있다.
② X가 무효확인소송인 경우, 甲은 간접강제결정을 신청할 수 없다.
③ 간접강제결정에서 정한 의무이행기한이 경과한 후라도 재처분의 이행이 있으면 甲은 더 이상 배상금을 추심할 수 없다.
④ 간접강제결정은 피고 행정청 외에 그가 속하는 국가 또는 공공단체에는 효력을 미치지 않는다.

⑤ X가 취소소송인 경우, 만약 재처분을 하였더라도 기속력에 반하는 것이라면 甲은 간접강제결정을 신청할 수 있다.

정답/해설 ④

① (○), ② (○) 거부처분 취소소송의 인용판결이 확정되어 처분청에게 재처분의무가 부과되었음에도 이를 이행하지 않고 있는 경우 원고는 제1심수소법원에 간접강제를 신청할 수 있으나, 거부처분 무효확인소송의 인용판결이 확정되어 처분청에게 재처분의무가 부과되었음에도 이를 이행하지 않고 있는 경우에는 간접강제를 신청할 수 없다(제38조 제1항).

③ (○) 행정소송법 제34조 소정의 간접강제결정에 기한 배상금은 거부처분취소판결이 확정된 경우 그 처분을 행한 행정청으로 하여금 확정판결의 취지에 따른 재처분의무의 이행을 확실히 담보하기 위한 것으로서, 확정판결의 취지에 따른 재처분의무내용의 불확정성과 그에 따른 재처분에의 해당 여부에 관한 쟁송으로 인하여 간접강제결정에서 정한 재처분의무의 기한 경과에 따른 배상금이 증가될 가능성이 자칫 행정청으로 하여금 인용처분을 강제하여 행정청의 재량권을 박탈하는 결과를 초래할 위험성이 있는 점 등을 감안하면, 이는 확정판결의 취지에 따른 재처분의 지연에 대한 제재나 손해배상이 아니고 재처분의 이행에 관한 심리적 강제수단에 불과한 것으로 보아야 하므로, 특별한 사정이 없는 한 간접강제결정에서 정한 의무이행기한이 경과한 후에라도 확정판결의 취지에 따른 재처분의 이행이 있으면 배상금을 추심함으로써 심리적 강제를 꾀할 목적이 상실되어 처분상대방이 더 이상 배상금을 추심하는 것은 허용되지 않는다(대판 2004.1.15. 2002두2444).

④ (×)

> **제34조(거부처분취소판결의 간접강제)**
> ① 행정청이 제30조제2항의 규정에 의한 처분을 하지 아니하는 때에는 제1심수소법원은 당사자의 신청에 의하여 결정으로써 상당한 기간을 정하고 행정청이 그 기간내에 이행하지 아니하는 때에는 그 지연기간에 따라 일정한 배상을 할 것을 명하거나 즉시 손해배상을 할 것을 명할 수 있다.
> ② 제33조와 민사집행법 제262조의 규정은 제1항의 경우에 준용한다.
>
> **제33조(소송비용에 관한 재판의 효력)**
> 소송비용에 관한 재판이 확정된 때에는 피고 또는 참가인이었던 행정청이 소속하는 국가 또는 공공단체에 그 효력을 미친다.

⑤ (○) 거부처분에 대한 취소의 확정판결이 있음에도 행정청이 아무런 재처분을 하지 아니하거나, 재처분을 하였다 하더라도 그것이 종전 거부처분에 대한 취소의 확정판결의 기속력에 반하는 등으로 당연무효라면 이는 아무런 재처분을 하지 아니한 때와 마찬가지라 할 것이므로 이러한 경우에는 위 규정에 의한 간접강제신청에 필요한 요건을 갖춘 것으로 보아야 할 것이다(대결 2002.12.11. 2002무22).

007 행정소송법상 확정판결에 기속력이 인정되는 것을 모두 고른 것은? ⟨2024⟩

> ㄱ. 취소소송의 각하판결
> ㄴ. 취소소송의 일부취소판결
> ㄷ. 무효확인소송의 무효확인판결
> ㄹ. 취소소송의 사정판결
> ㅁ. 당사자소송의 이행판결

① ㄱ, ㄹ   ② ㄱ, ㄴ, ㄷ   ③ ㄴ, ㄷ, ㅁ
④ ㄷ, ㄹ, ㅁ   ⑤ ㄱ, ㄴ, ㄷ, ㄹ, ㅁ

정답/해설 ③

- ㄱ (×) 기속력은 취소소송의 인용판결에 인정된다.
- ㄴ (○), ㄷ (○), ㅁ (○) 기속력(제30조)은 취소소송의 인용판결에 인정되는 효력이며, 무효확인소송과 당사자소송에서 이를 준용하고 있으므로 무효확인소송과 당사자소송의 인용판결에서도 기속력이 인정된다.
- ㄹ (×) 취소소송의 사정판결은 기각판결이므로 기속력이 인정되지 않는다.

008 사정판결에 관한 설명으로 옳지 않은 것은? (다툼이 있으면 판례에 따름) ⟨2023⟩

① 처분이 적법한 경우에는 사정판결의 대상이 되지 않는다.
② 사정판결을 하는 경우 법원은 그 판결의 주문에서 그 처분등이 위법함을 명시하여야 한다.
③ 사정판결의 적용은 극히 엄격한 요건 아래 제한적으로 하여야 한다.
④ 공공복리를 위한 사정판결의 필요성은 처분시를 기준으로 판단한다.
⑤ 피고인 행정청의 청구에 의해 사정판결이 행해질 수도 있다.

정답/해설 ④

① (○) 사정판결은 원고의 청구가 이유있다고 인정하는 경우임에도 원고의 청구를 기각하는 판결이므로 처분이 위법해야 한다(제28조 제1항).

② (○) 제28조 제1항 2문

③ (○) 행정처분이 위법한 때에는 이를 취소함이 원칙이고 그 위법한 처분을 취소·변경함이 도리어 현저히 공공의 복리에 적합하지 않은 경우에 극히 예외적으로 위법한 행정처분의 취소를 허용하지 않는다는 사정판결을 할 수 있으므로 사정판결의 적용은 극히 엄격한 요건 아래 제한적으로 하여야 하고, 그 요건인 현저히 공공복리에 적합하지 아니한가의 여부를 판단함에 있어서는 위법·부당한 행정처분을 취소·변경하여야 할 필요와 그 취소·변경으로 인하여 발생할 수 있는 공공복리에 반하는 사태 등을 비교·교량하여 그 적용 여부를 판단하여야 한다(대판 1995.6.13. 94누4660).

④ (×) 피고가 위 건축불허가 처분당시에 위 처분이 위법하다고 하더라도 본건 구두변론 종결당시에는 이미 진주시 도시계획 재정비 결정으로 도시계획법 제21조에 의한 녹지지역으로 지정고시 되었는만큼 동조의 규정에 의하면 녹지지역 내에서는 보건위생 또는 보안에 필요한 시설 및 녹지지역으로서의 효용을 해할 우려가 없는 용도에 공하는 건축물이 아니면 건축을 할 수 없다고 규정한 위 법조의 취지로 보아 본건 건축불허가 처분을 취소하는 것은 현저히 공공의 복리에 적합하지 아니하다고 인정되는 것이다(대판 1970.3.24. 69누29).

⑤ (○) 사정판결은 처분이 위법함에도 불구하고 이를 취소하지 않는 것으로서 피고 행정청에게 유리한 판결이므로 사정판결을 할 사정이 있음에 관한 주장·증명책임은 피고 행정청에 있다. 다만 법원은 당사자의 명백한 주장이 없는 때에도 직권으로 사정판결을 할 수 있다.

> **제28조(사정판결)**
> ① 원고의 청구가 이유있다고 인정하는 경우에도 처분등을 취소하는 것이 현저히 공공복리에 적합하지 아니하다고 인정하는 때에는 법원은 원고의 청구를 기각할 수 있다. 이 경우 법원은 그 판결의 주문에서 그 처분등이 위법함을 명시하여야 한다.
> ② 법원이 제1항의 규정에 의한 판결을 함에 있어서는 미리 원고가 그로 인하여 입게 될 손해의 정도와 배상방법 그 밖의 사정을 조사하여야 한다.
> ③ 원고는 피고인 행정청이 속하는 국가 또는 공공단체를 상대로 손해배상, 제해시설의 설치 그 밖에 적당한 구제방법의 청구를 당해 취소소송등이 계속된 법원에 병합하여 제기할 수 있다.

009 판례상 일부취소가 가능한 경우를 모두 고른 것은? ⟨2023⟩

> ㄱ. 조세부과처분과 같은 금전부과처분이 기속행위인 경우로서 당사자가 제출한 자료에 의해 정당한 부과금액을 산정할 수 있는 경우
> ㄴ. 재량행위인 자동차운수사업면허조건 등을 위반한 사업자에 대한 과징금부과처분이 법정 최고한도액을 초과하여 위법한 경우
> ㄷ. 개발부담금부과처분 취소소송에서 제출한 자료에 의하여 적법하게 부과될 부과금액이 산출될 수 없는 경우
> ㄹ. 제1종 보통, 대형 및 특수면허를 가지고 있는 자가 레이카크레인을 음주운전한 행위에 대해서 위 3종의 면허를 모두 취소한 경우

① ㄷ   ② ㄱ, ㄹ   ③ ㄴ, ㄷ   ④ ㄱ, ㄴ, ㄹ   ⑤ ㄱ, ㄴ, ㄷ, ㄹ

정답/해설 ②

ㄱ (○) 과세처분취소소송의 처분의 적법 여부는 과세액이 정당한 세액을 초과하느냐의 여부에 따라 판단되는 것으로서 당사자는 사실심 변론종결시까지 객관적인 조세채무액을 뒷받침하는 주장과 자료를 제출할 수 있고 이러한 자료에 의하여 적법하게 부과될 정당한 세액이 산출되는 때에는 그 정당한 세액을 초과하는 부분만 취소하여야 할 것이고 전부를 취소할 것이 아니다(대판 2000.6.13. 98두5811).

ㄴ (×) 자동차운수사업면허조건 등을 위반한 사업자에 대하여 행정청이 행정제재수단으로 사업 정지를 명할 것인지, 과징금을 부과할 것인지, 과징금을 부과키로 한다면 그 금액은 얼마로 할 것인지에 관하여 재량권이 부여되었다 할 것이므로 과징금 부과처분이 법이 정한 한도액을 초과하여 위법할 경우 법원으로서는 그 전부를 취소할 수밖에 없고, 그 한도액을 초과한 부분이나 법원이 적정하다고 인정되는 부분을 초과한 부분만을 취소할 수 없다(금 1,000,000원을 부과한 당해 처분 중 금 100,000원을 초과하는 부분은 재량권 일탈·남용으로 위법하다며 그 일부분만을 취소한 원심판결을 파기한 사례)(대판 1998.4.10. 98두2270).

ㄷ (×) 개발부담금부과처분 취소소송에 있어 당사자가 제출한 자료에 의하여 적법하게 부과될 정당한 부과금액이 산출할 수 없을 경우에는 부과처분 전부를 취소할 수밖에 없으나, 그렇지 않은 경우에는 그 정당한 금액을 초과하는 부분만 취소하여야 한다(대판 2004.7.22. 2002두868).

ㄹ (○) 제1종 보통, 대형 및 특수 면허를 가지고 있는 자가 레이카크레인을 음주운전한 행위는 제1종 특수면허의 취소사유에 해당될 뿐 제1종 보통 및 대형 면허의 취소사유는 아니므로, 3종의 면허를 모두 취소한 처분 중 제1종 보통 및 대형 면허에 대한 부분은 이를 이유로 취소하면 될 것이나, 제1종 특수면허에 대한 부분은 원고가 재량권의 일탈·남용하여 위법하다는 주장을 하고 있음에도, 원심이 그 점에 대하여 심리·판단하지 아니한 채 처분 전체를 취소한 조치는 위법하다고 하여 원심판결 중 제1종 특수면허에 대한 부분을 파기환송한 사례(대판 전합 1995.11.16. 95누8850).

010 행정소송법상 간접강제에 관한 설명으로 옳지 않은 것은? (다툼이 있으면 판례에 따름) 〈2023〉

① 간접강제는 모든 항고소송에 준용된다.
② 간접강제 결정은 변론 없이 할 수 있다.
③ 당사자가 제1심 수소법원에 신청하여야 한다.
④ 간접강제 결정시 지연기간에 따라 일정한 배상을 할 것을 명하거나 즉시 손해배상을 할 것을 명할 수 있다.
⑤ 간접강제 결정은 피고 또는 참가인이었던 행정청이 소속하는 국가 또는 공공단체에 그 효력을 미친다.

정답/해설 ①

① (×) 간접강제는 무효등확인소송에 준용되지 않는다(제38조 제1항).
② (○) 행정소송법 제34조 제2항에서는 변론 없이 할 수 있다는 민사집행법 제262조를 준용하고 있다.
③ (○) 제34조 제1항
④ (○) 제34조 제1항
⑤ (○) 제33조

> **행정소송법 제34조(거부처분취소판결의 간접강제)**
> ① 행정청이 제30조 제2항의 규정에 의한 처분을 하지 아니하는 때에는 **제1심수소법원**은 당사자의 신청

에 의하여 결정으로써 상당한 기간을 정하고 행정청이 그 기간내에 이행하지 아니하는 때에는 그 지연기간에 따라 일정한 배상을 할 것을 명하거나 즉시 손해배상을 할 것을 명할 수 있다.
② 제33조와 민사집행법 제262조의 규정은 제1항의 경우에 준용한다.

행정소송법 제33조(소송비용에 관한 재판의 효력)
소송비용에 관한 재판이 확정된 때에는 피고 또는 참가인이었던 행정청이 소속하는 국가 또는 공공단체에 그 효력을 미친다.

행정소송법 제38조(준용규정)
① 제9조, 제10조, 제13조 내지 제17조, 제19조, 제22조 내지 제26조, 제29조 내지 제31조 및 제33조의 규정은 무효등 확인소송의 경우에 준용한다.

민사집행법 제262조(채무자의 심문)
제260조 및 제261조의 결정은 변론 없이 할 수 있다. 다만, 결정하기 전에 채무자를 심문하여야 한다.

011 소송비용에 관한 설명으로 옳지 않은 것은? (다툼이 있으면 판례에 따름) 〈2023〉

① 무효확인소송을 제기하였으나 청구가 기각된 경우에는 소송비용은 원고가 부담한다.
② 취소청구가 사정판결에 의해 기각된 경우에는 소송비용은 원고가 부담한다.
③ 취소소송에서 청구가 전부인용된 경우에는 소송비용은 피고가 부담한다.
④ 행정청이 처분을 변경함으로 인하여 청구가 기각된 경우에는 소송비용은 피고가 부담한다.
⑤ 행정청이 처분을 취소함으로 인하여 청구가 각하된 경우에는 소송비용은 피고가 부담한다.

정답/해설 ②

① (○), ③ (○) 소송비용은 패소자가 부담하는 것이 원칙이다. 청구가 각하, 기각된 경우에는 원고가 패소한 것이므로 원고가 소송비용을 부담하고, 청구가 인용된 경우 원고가 승소, 피고가 패소한 것이므로 피고가 소송비용을 부담한다.
② (×), ④ (○), ⑤ (○) 패소자 소송비용 부담원칙의 예외로 제32조의 규정이 있다.

제32조(소송비용의 부담)
취소청구가 제28조의 규정에 의하여 기각되거나 행정청이 처분등을 취소 또는 변경함으로 인하여 청구가 각하 또는 기각된 경우에는 소송비용은 피고의 부담으로 한다.

012 행정소송법상 간접강제를 할 수 있는 판결은? (다툼이 있으면 판례에 따름) 〈2022〉

① 토지의 수용재결을 취소하는 판결
② 기반시설부담금 부과처분의 일부를 취소하는 판결
③ 건축허가의 신청에 대한 행정청의 부작위가 위법함을 확인하는 판결
④ 재개발조합 설립인가 신청에 대한 거부처분이 무효임을 확인하는 판결
⑤ 지방자치단체에 대하여 소속 공무원의 초과근무수당 지급을 명령하는 판결

정답/해설 ③

간접강제는 거부처분 취소소송의 인용판결에 의하여 재처분의무가 부과되었음에도 불구하고 이를 행하지 않는 경우 인정되는 실효성 확보수단이다. 무효확인소송에 준용되지 않지만, 부작위위법확인소송에는 준용된다.

① (×) 수용재결을 취소하는 판결에는 재처분의무가 부과되지 않으므로 간접강제가 인정되지 않는다.
② (×) 침익적 처분을 취소하는 판결에는 재처분의무가 부과되지 않으므로 간접강제가 인정되지 않는다.
③ (○) 부작위위법확인판결에는 간접강제가 인정된다.
④ (×) 무효확인판결에는 간접강제가 인정되지 않는다.
⑤ (×) 당사자소송의 인용판결에는 간접강제가 인정되지 않는다.

013 행정소송법상 제3자에 대하여도 효력이 있는 것을 모두 고른 것은? 〈2022〉

> ㄱ. 현역병 입영처분의 효력을 정지하는 결정
> ㄴ. 부가가치세 환급세액의 지급을 명하는 판결
> ㄷ. 지방세부과처분의 취소청구를 기각하는 판결
> ㄹ. 귀화허가 신청에 대한 행정청의 부작위가 위법하다고 확인하는 판결

① ㄱ, ㄷ   ② ㄱ, ㄹ   ③ ㄴ, ㄷ   ④ ㄱ, ㄴ, ㄹ   ⑤ ㄴ, ㄷ, ㄹ

정답/해설 ②

처분등을 취소하는 확정판결은 제3자에 대하여도 효력이 있다(제29조 제1항). 이를 제3자효라 하며 이는 인용판결에만 인정되는 효력이다.
ㄱ (○) 집행정지 인용결정은 제3자효가 인정된다.

> **제29조(취소판결등의 효력)**
> ② 제1항의 규정은 제23조의 규정에 의한 집행정지의 결정 또는 제24조의 규정에 의한 그 집행정지결정의 취소결정에 준용한다.

ㄴ (×) 당사자소송의 인용판결에는 제3자효가 인정되지 않는다.

ㄷ (×) 취소소송의 기각판결에는 제3자효가 인정되지 않는다.

ㄹ (○) 부작위위법확인소송의 인용판결에는 제3자효가 인정된다.

> **제38조(준용규정)**
> ②제9조, 제10조, 제13조 내지 제19조, 제20조, 제25조 내지 제27조, 제29조 내지 제31조, 제33조 및 제34조의 규정은 부작위위법확인소송의 경우에 준용한다.

014 행정소송법상 사정판결에 관한 설명으로 옳은 것을 모두 고른 것은? (다툼이 있으면 판례에 따름) 〈2022〉

> ㄱ. 취소소송에서 행정심판의 재결을 취소하는 것이 현저히 공공복리에 적합하지 아니하다고 인정하는 때에는 법원은 원고의 청구를 기각할 수 있다.
>
> ㄴ. 사정판결에 관한 규정은 무효등 확인소송과 부작위위법확인소송에는 준용되지 않는다.
>
> ㄷ. 사정판결에서 공공복리 적합 여부에 관한 판단은 처분시를 기준으로 한다.
>
> ㄹ. 당사자가 주장하지 아니한 사실에 대하여 법원이 직권으로 판단하여 사정판결을 할 수는 없다.

① ㄱ, ㄴ ② ㄱ, ㄹ ③ ㄴ, ㄷ ④ ㄱ, ㄷ, ㄹ ⑤ ㄴ, ㄷ, ㄹ

정답/해설 ①

ㄱ (○)

> **제28조(사정판결)**
> ① 원고의 청구가 이유있다고 인정하는 경우에도 처분등을 취소하는 것이 현저히 공공복리에 적합하지 아니하다고 인정하는 때에는 법원은 원고의 청구를 기각할 수 있다. 이 경우 법원은 그 판결의 주문에서 그 처분등이 위법함을 명시하여야 한다.

ㄴ (○) 무효확인소송, 부작위위법확인소송에서는 취소소송의 사정판결에 관한 조문(제28조)을 준용하지 않는다(제38조 제1항, 제2항).

> **제38조(준용규정)**
> ① 제9조, 제10조, 제13조 내지 제17조, 제19조, 제22조 내지 제26조, 제29조 내지 제31조 및 제33조의 규정은 무효등 확인소송의 경우에 준용한다.
> ② 제9조, 제10조, 제13조 내지 제19조, 제20조, 제25조 내지 제27조, 제29조 내지 제31조, 제33조 및 제34조의 규정은 부작위위법확인소송의 경우에 준용한다.

ㄷ (×) 사정판결의 경우에는 처분의 위법성은 처분시를 기준으로, 공공복리를 위한 사정판결의 필요성은 변론종결시(판결시)를 기준으로 판단한다.

ㄹ (×) 행정소송법 제26조, 제28조 제1항 전단의 각 규정에 비추어 행정소송에 있어서 법원이 사정판결을 할 필요가 있다고 인정하는 때에는 당사자의 명백한 주장이 없는 경우에도 일건기록에 나타난 사실을 기초로 하여 직권으로 사정판결을 할 수 있다(대판 1992.2.14. 90누9032).

015 행정소송법상 '처분을 취소 또는 변경하는 소송'의 판결에 관한 설명으로 옳은 것은? (다툼이 있으면 판례에 따름) 〈2022〉

① 처분이 위법하지는 않더라도 부당하다고 인정할 때에는 일부 취소의 판결을 할 수 있다.
② 법원은 행정처분 당시 행정청이 알고 있었던 자료만을 종합하여 처분 당시 존재하였던 객관적 사실을 확정하고 그 사실에 기초하여 판단하여야 한다.
③ 하나의 제재처분의 사유가 된 여러 개의 위반행위 중 일부의 위반행위에 대한 제재처분 부분만이 위법하더라도 법원은 제재처분의 가분성에 관계없이 그 전부를 취소하여야 한다.
④ 여러 개의 상이에 대한 국가유공자 요건 비해당결정처분에서 그 중 일부 상이에 대해서만 국가유공자 요건이 인정될 경우 법원은 비해당결정처분 전부를 취소하여야 한다.
⑤ 과세처분취소소송에서 적법하게 부과될 정당한 세액이 산출되는 때에는 그 정당한 세액을 초과하는 부분만 취소하여야 할 것이고 전부를 취소할 것이 아니다.

정답/해설 ⑤

① (×) 취소소송의 심리의 범위는 처분의 위법 여부, 무효확인소송의 심리의 범위는 처분의 위법 여부와 무효 여부, 부작위위법확인소송의 심리의 범위는 부작위의 위법 여부이다. 따라서 처분의 부당 여부는 항고소송의 심리의 범위를 벗어난다. (참고) 행정소송과는 다르게 행정심판에서는 위법한 처분 뿐 아니라 부당한 처분도 심리할 수 있다고 규정하고 있다.

② (×) 항고소송에서 행정처분의 적법 여부는 특별한 사정이 없는 한 행정처분 당시를 기준으로 하여 판단해야 하는바, 여기서 행정처분의 위법 여부를 판단하는 기준 시점에 관하여 판결 시가 아니라 처분 시라고 하는 의미는 행정처분의 위법 여부를 판단할 때 처분 후 법령의 개폐나 사실상태의 변동에 영향을 받지 않는다는 뜻이지 처분 당시 존재하였던 자료나 행정청에 제출되었던 자료만으로 위법 여부를 판단한다는 의미는 아니므로, 처분 당시의 사실상태 등에 관한 증명은 사실심 변론종결 당시까지 할수 있고, 법원은 행정처분 당시 행정청이 알고 있었던 자료뿐만 아니라 사실심 변론종결 당시까지 제출된 모든 자료를 종합하여 처분 당시 존재하였던 객관적 사실을 확정하고 그 사실에 기초하여 처분의 위법 여부를 판단할 수 있다(대판 2014.10.30. 2012두25125).

③ (×), ④ (×) 외형상 하나의 행정처분이라 하더라도 가분성이 있거나 그 처분대상의 일부가 특정될 수 있다면 그 일부만의 취소도 가능하고 그 일부의 취소는 당해 취소부분에 관하여 효력이 생긴다고 할 것인 점 등을 종합하면, 여러 개의 상이에 대한 국가유공자요건비해당처분에 대한 취소소송에서 그 중 일부 상이가 국가유공자요건이 인정되는 상이에 해당하더라도 나머지 상이에 대하여 위 요건이 인정되지 아니하는 경우에는 국가유공자요건비해당처분 중 위 요건이 인정되는 상이에 대한 부분만을 취소하여야 할 것이고, 그 비해당처분 전부를 취소할 수는 없다고 할 것이다(대판 2012.3.29. 2011두9263).

⑤ (○) 과세처분취소소송의 처분의 적법 여부는 과세액이 정당한 세액을 초과하느냐의 여부에 따라 판단되는 것으로서 당사자는 사실심 변론종결시까지 객관적인 조세채무액을 뒷받침하는 주장과 자료를 제출할 수 있고 이러한 자료에 의하여 <u>적법하게 부과될 정당한 세액이 산출되는 때에는 그 정당한 세액을 초과하는 부분만 취소하여야 할 것이고 전부를 취소할 것이 아니다</u>(대판 2000.6.13. 98두5811).

016 행정소송법상 소송비용에 관한 설명으로 옳지 않은 것은? 〈2022〉

① 취소소송 계속 중 행정청이 처분등을 취소하여 그 청구가 각하된 경우에 소송비용은 피고의 부담으로 한다.
② 사정판결을 한 경우 소송비용은 피고의 부담으로 한다.
③ 소송비용에 관한 재판이 확정된 때에는 피고였던 행정청이 소속하는 국가에 효력을 미친다.
④ 소송참가인이었던 행정청이 소속하는 공공단체에는 소송비용 재판의 효력이 미치지 않는다.
⑤ 소송비용에 관한 행정소송법의 규정은 당사자소송에도 준용된다.

정답/해설 ④

① (○), ② (○) 제32조
③ (○), ④ (×) 제33조
⑤ (○) 제44조 제1항

> **제32조(소송비용의 부담)**
> 취소청구가 제28조의 규정에 의하여 기각되거나 행정청이 처분등을 취소 또는 변경함으로 인하여 청구가 각하 또는 기각된 경우에는 소송비용은 피고의 부담으로 한다.
>
> **제33조(소송비용에 관한 재판의 효력)**
> 소송비용에 관한 재판이 확정된 때에는 피고 또는 참가인이었던 행정청이 소속하는 국가 또는 공공단체에 그 효력을 미친다.
>
> **제44조(준용규정)**
> ① 제14조 내지 제17조, 제22조, 제25조, 제26조, 제30조 제1항, 제32조 및 제33조의 규정은 당사자소송의 경우에 준용한다.

017 행정소송법상 판결 및 재심청구에 관한 설명으로 옳은 것은? (다툼이 있으면 판례에 따름)
〈2022〉

① 부적법한 소로서 그 흠을 보정할 수 없는 경우에는 판결로 청구를 기각한다.
② 취소판결이 확정되면 당사자가 사실심의 변론종결시를 기준으로 그때까지 제출하지 않은 공격방어방법은 그 뒤 다시 동일한 소송을 제기하여 이를 주장할 수 없다.
③ 당사자소송의 인용판결에 대하여 제3자는 확정판결이 있음을 안 날로부터 30일 이내에 재심을 청구할 수 있다.
④ 자기에게 책임있는 사유로 취소소송에 참가하지 못했던 제3자도 판결의 결과에 영향을 미칠 공격 또는 방어방법을 제출하지 못한 때에는 재심을 청구할 수 있다.
⑤ 무효확인판결이 확정된 날로부터 180일이 지나면 제3자는 재심을 청구할 수 없다.

정답/해설 ②

① (×) 소송요건의 흠결이 있는 경우 소송을 부적법하다 하여 각하하는 판결을 한다.
② (○) 과세처분무효확인소송의 경우 소송물은 권리 또는 법률관계의 존부 확인을 구하는 것이며, 이는 청구취지만으로 소송물의 동일성이 특정된다고 할 것이고 따라서 당사자가 청구원인에서 무효사유로 내세운 개개의 주장은 공격방어방법에 불과하다고 볼 것이며, 한편 확정된 종국판결은 그 기판력으로서 당사자가 사실심의 변론종결시를 기준으로 그때까지 제출하지 않은 공격방어방법은 그 뒤 다시 동일한 소송을 제기하여 이를 주장할 수 없다(대판 1992.2.25. 91누6108).
③ (×) 당사자소송에서는 제3자에 의한 재심청구(제31조) 조문을 준용하지 않는다.
④ (×) 자기에게 책임 "없는" 사유여야 한다(제31조 제1항).
⑤ (×) 판결이 확정된 날로부터 1년 이내에 제기할 수 있다(제38조 제1항, 제31조 제2항).

제31조(제3자에 의한 재심청구)
① 처분등을 취소하는 판결에 의하여 권리 또는 이익의 침해를 받은 제3자는 자기에게 책임없는 사유로 소송에 참가하지 못함으로써 판결의 결과에 영향을 미칠 공격 또는 방어방법을 제출하지 못한 때에는 이를 이유로 확정된 종국판결에 대하여 재심의 청구를 할 수 있다.
② 제1항의 규정에 의한 청구는 확정판결이 있음을 안 날로부터 30일 이내, 판결이 확정된 날로부터 1년 이내에 제기하여야 한다.

제38조(준용규정)
① 제9조, 제10조, 제13조 내지 제17조, 제19조, 제22조 내지 제26조, 제29조 내지 제31조 및 제33조의 규정은 무효등 확인소송의 경우에 준용한다.

018 행정소송법상 확정판결의 기속력에 관한 설명으로 옳은 것은? (다툼이 있으면 판례에 따름) 〈2022〉

① 처분을 취소하는 확정판결의 기속력은 당사자인 행정청에 대해서만 미친다.
② 기속력은 판결주문의 전제가 되는 처분등의 구체적 위법사유에 관한 이유 중의 판단에 대하여도 인정된다.
③ 거부처분을 취소하는 판결이 확정된 경우 처분청이 사실심 변론종결 이후의 사유를 내세워 다시 거부처분을 하는 것은 기속력에 저촉된다.
④ 기속력에 저촉되는 행정처분이 당연무효인 것은 아니다.
⑤ 무효등 확인소송의 기각판결은 기속력이 있다.

정답/해설 ②

① (×) 제30조 제1항

> **제30조(취소판결등의 기속력)**
> ① 처분등을 취소하는 확정판결은 그 사건에 관하여 당사자인 행정청과 그 밖의 관계행정청을 기속한다.

② (○) 행정소송법 제30조 제1항에 의하여 인정되는 취소소송에서 처분 등을 취소하는 확정판결의 기속력은 주로 판결의 실효성 확보를 위하여 인정되는 효력으로서 판결의 주문뿐만 아니라 그 전제가 되는 처분 등의 구체적 위법사유에 관한 이유 중의 판단에 대하여도 인정된다(대판 2001.3.23. 99두5238).

③ (×) 행정소송법 제30조 제1항에 의하여 인정되는 취소소송에서 처분 등을 취소하는 확정판결의 기속력은 주로 판결의 실효성 확보를 위하여 인정되는 효력으로서 판결의 주문뿐만 아니라 그 전제가 되는 처분 등의 구체적 위법사유에 관한 이유 중의 판단에 대하여도 인정되고, 같은 조 제2항의 규정상 특히 거부처분에 대한 취소판결이 확정된 경우에는 그 처분을 행한 행정청은 판결의 취지에 따라 다시 처분을 하여야 할 의무를 부담하게 되므로, 취소소송에서 소송의 대상이 된 거부처분을 실체법상의 위법사유에 기하여 취소하는 판결이 확정된 경우에는 당해 거부처분을 한 행정청은 원칙적으로 신청을 인용하는 처분을 하여야 하고, 사실심 변론종결 이전의 사유를 내세워 다시 거부처분을 하는 것은 확정판결의 기속력에 저촉되어 허용되지 아니한다(대판 2001.3.23. 99두5238).

④ (×) 상대방이 내세운 새 거부처분의 사유는 확정된 종전 거부처분 취소판결의 기속력이 미치지 않는 법령의 개정에 따른 새로운 사유라고는 할 수 없으므로, 새 거부처분은 확정된 종전 거부처분 취소판결의 기속력에 저촉되는 것으로서 그 하자가 중대하고 명백하여 당연무효라 할 것이다(대결 2002.12.11. 2002무22).

⑤ (×) 기속력은 인용판결에만 인정된다.

019 행정소송법상 행정소송에 관한 설명으로 옳은 것은? (다툼이 있으면 판례에 따름) 〈2022〉

① 처분의 취소소송에서 청구가 기각된 확정판결의 기판력은 그 처분의 무효확인을 구하는 소송에도 미친다.
② 의무이행소송에 관한 명문의 규정은 없지만 판례는 이를 인정한다.
③ 부작위위법확인소송이란 행정청의 부작위 또는 거부처분이 위법하다는 것을 확인하는 소송이다.
④ 취소소송에는 처분등의 일부 취소 및 적극적 변경을 구하는 소송이 포함된다.
⑤ 검사의 불기소처분은 항고소송의 대상이 될 수 있다.

정답/해설 ①

① (○) 과세처분이란 당해 과세요건의 충족으로 객관적, 추상적으로 이미 성립하고 있는 조세채권을 구체적으로 현실화하여 확정하는 절차이고, 과세처분의 취소소송은 위와 같은 과세처분의 실체적, 절차적 위법을 그 취소원인으로 하는 것으로서 그 심리의 대상은 과세관청의 과세처분에 의하여 인정된 조세채무인 과세표준 및 세액의 객관적 존부 즉 당해 과세처분의 적부가 심리의 대상이 되는 것이며, 과세처분취소 청구를 기각하는 판결이 확정되면 그 처분이 적법하다는 점에 관하여 기판력이 생기고 그 후 원고가 다시 이를 무효라 하여 그 무효확인을 소구할 수는 없는 것이어서, 과세처분의 취소소송에서 청구가 기각된 확정판결의 기판력은 그 과세처분의 무효확인을 구하는 소송에도 미친다(대판 1996.6.25. 95누1880).
② (×) 의무이행소송은 무명항고소송으로서 판례는 일관되게 이를 인정하지 않는다.
③ (×)

> **제4조(항고소송)**
> 항고소송은 다음과 같이 구분한다.
> 3. 부작위위법확인소송: 행정청의 부작위가 위법하다는 것을 확인하는 소송

④ (×) 행정소송법 제4조 제1호에서 규정한 '변경'은 소극적 변경으로 일부취소를 의미하므로 법원은 적극적 변경을 명령하는 판결은 할 수 없다.
⑤ (×) 행정소송법 제2조의 처분의 개념 정의에는 해당한다고 하더라도 그 처분의 근거 법률에서 행정소송 이외의 다른 절차에 의하여 불복할 것을 예정하고 있는 처분은 항고소송의 대상이 될 수 없다. 검사의 불기소결정에 대해서는 검찰청법에 의한 항고와 재항고, 형사소송법에 의한 재정신청에 의해서만 불복할 수 있는 것이므로, 이에 대해서는 행정소송법상 항고소송을 제기할 수 없다(대판 2018.9.28. 2017두47465).

020 A가 관할 행정청 B에 대하여 「여객자동차운수사업법」에 따른 운수사업면허를 신청하여 B가 면허처분을 하였는데, 이에 대하여 경업자 C가 면허처분취소소송을 제기하였다. 이에 관한 설명으로 옳은 것은? (다툼이 있으면 판례에 따름) 〈2022〉

① 절차의 위법을 이유로 취소판결이 확정된 경우 B는 판결의 취지에 따라 다시 이전의 신청에 대한 처분을 할 필요가 없다.

② A가 소송에 참가할 경우, 면허처분을 취소하는 확정판결은 A에 대해서는 효력이 없다.

③ 법원이 직권으로 A를 소송에 참가시키는 결정을 하고자 할 때에는 미리 A, B, C의 의견을 들어야 한다.

④ 기각판결이 확정된 경우 그 판결은 B를 기속한다.

⑤ 소송 계속 중 B가 면허처분을 직권으로 취소하더라도 원칙적으로 소의 이익이 소멸하지 않는다.

정답/해설 ③

① (×) 제30조 제3항

> **제30조(취소판결등의 기속력)**
> ① 처분등을 취소하는 확정판결은 그 사건에 관하여 당사자인 행정청과 그 밖의 관계행정청을 기속한다.
> ② 판결에 의하여 취소되는 처분이 당사자의 신청을 거부하는 것을 내용으로 하는 경우에는 그 처분을 행한 행정청은 판결의 취지에 따라 다시 이전의 신청에 대한 처분을 하여야 한다.
> ③ 제2항의 규정은 신청에 따른 처분이 절차의 위법을 이유로 취소되는 경우에 준용한다.

② (×)

> **제29조(취소판결등의 효력)**
> ① 처분등을 취소하는 확정판결은 제3자에 대하여도 효력이 있다.

③ (○) 제16조 제2항

> **제16조(제3자의 소송참가)**
> ② 법원이 제1항의 규정에 의한 결정을 하고자 할 때에는 미리 당사자 및 제3자의 의견을 들어야 한다.

④ (×) 기각판결에는 기속력이 인정되지 않는다.

⑤ (×) 처분의 효력이 소멸한 경우 통상 당해 처분의 취소를 통하여 회복할 법률상 이익이 없다.

021 취소소송의 제1심 수소법원이 직권으로 할 수 없는 행위는? 〈2021〉
① 처분 후 처분청이 없게 된 경우에 피고를 경정하는 행위
② 집행정지의 결정이 확정된 후 집행정지사유가 없어졌다는 이유로 집행정지의 결정을 취소하는 행위
③ 소송의 결과에 따라 권리 또는 이익의 침해를 받을 제3자를 그 소송에 참가시키는 행위
④ 피고가 아닌 다른 행정청을 소송에 참가시키는 행위
⑤ 행정청이 거부처분취소판결에 따른 재처분의무를 이행하지 않아 그 지연기간에 따라 일정한 배상을 할 것을 명하는 행위

정답/해설 ⑤

① (○) 제14조 제6항, 제13조 제2항

> **제14조(피고경정)**
> ⑥ 취소소송이 제기된 후에 제13조 제1항 단서 또는 제13조 제2항에 해당하는 사유가 생긴 때에는 법원은 당사자의 신청 또는 직권에 의하여 피고를 경정한다. 이 경우에는 제4항 및 제5항의 규정을 준용한다.
>
> **제13조(피고적격)**
> ② 제1항의 규정에 의한 행정청이 없게 된 때에는 그 처분등에 관한 사무가 귀속되는 국가 또는 공공단체를 피고로 한다.

② (○)

> **제24조(집행정지의 취소)**
> ① 집행정지의 결정이 확정된 후 집행정지가 공공복리에 중대한 영향을 미치거나 그 정지사유가 없어진 때에는 당사자의 신청 또는 직권에 의하여 결정으로써 집행정지의 결정을 취소할 수 있다.

③ (○)

> **제16조(제3자의 소송참가)**
> ① 법원은 소송의 결과에 따라 권리 또는 이익의 침해를 받을 제3자가 있는 경우에는 당사자 또는 제3자의 신청 또는 직권에 의하여 결정으로써 그 제3자를 소송에 참가시킬 수 있다.

④ (○)

> **제17조(행정청의 소송참가)**
> ① 법원은 다른 행정청을 소송에 참가시킬 필요가 있다고 인정할 때에는 당사자 또는 당해 행정청의 신청 또는 직권에 의하여 결정으로써 그 행정청을 소송에 참가시킬 수 있다.

⑤ (×)

> **제34조(거부처분취소판결의 간접강제)**
> ① 행정청이 제30조 제2항의 규정에 의한 처분을 하지 아니하는 때에는 제1심수소법원은 당사자의 신청에 의하여 결정으로써 상당한 기간을 정하고 행정청이 그 기간내에 이행하지 아니하는 때에는 그 지연기간에 따라 일정한 배상을 할 것을 명하거나 즉시 손해배상을 할 것을 명할 수 있다.

022 사정판결에 관한 설명으로 옳지 않은 것은? (다툼이 있으면 판례에 따름) 〈2021〉

① 징계면직된 검사의 복직이 검찰조직의 안정과 인화를 저해할 우려가 있다는 사정은 현저히 공공복리에 반하는 사유라고 볼 수 없다.
② 법원은 판결의 주문에서 처분등이 위법함을 명시하여야 한다.
③ 법원은 원고에 대하여 상당한 구제방법을 취하거나 상당한 구제방법을 취할 것을 피고에게 명할 수 있다.
④ 사정판결에 관하여는 당사자의 명백한 주장이 없는 경우에도 기록에 나타난 여러 사정을 기초로 직권으로 판단할 수 있다.
⑤ 당연무효의 행정처분을 소송목적물로 하는 행정소송에서는 사정판결을 할 수 없다.

정답/해설 ③

① (○) 징계면직된 검사의 복직이 검찰조직의 안정과 인화를 저해할 우려가 있다는 등의 사정은 검찰 내부에서 조정·극복하여야 할 문제일 뿐이고 준사법기관인 검사에 대한 위법한 면직처분의 취소 필요성을 부정할 만큼 현저히 공공복리에 반하는 사유라고 볼 수 없다는 이유로, 사정판결을 할 경우에 해당하지 않는다고 한 사례(대판 2001.8.24. 2000두7704).

② (○)

> **제28조(사정판결)**
> ① 원고의 청구가 이유있다고 인정하는 경우에도 처분등을 취소하는 것이 현저히 공공복리에 적합하지 아니하다고 인정하는 때에는 법원은 원고의 청구를 기각할 수 있다. 이 경우 법원은 그 판결의 주문에서 그 처분등이 위법함을 명시하여야 한다.

③ (×)

> **제28조(사정판결)**
> ③ 원고는 피고인 행정청이 속하는 국가 또는 공공단체를 상대로 손해배상, 제해시설의 설치 그 밖에 적당한 구제방법의 청구를 당해 취소소송등이 계속된 법원에 병합하여 제기할 수 있다.

④ (○) 행정소송법 제26조, 제28조 제1항 전단의 각 규정에 비추어 행정소송에 있어서 법원이 사정판결을 할 필요가 있다고 인정하는 때에는 당사자의 명백한 주장이 없는 경우에도 일건기록에 나타난 사실을 기초로 하여 직권으로 사정판결을 할 수 있다(대판 1992.2.14. 90누9032).

⑤ (○) 당연무효의 행정처분을 소송목적물로 하는 행정소송에서는 존치시킬 효력이 있는 행정행위가 없기 때문에 행정소송법 제28조 소정의 사정판결을 할 수 없다(대판 1996.3.22. 95누5509).

023 확정판결의 기속력에 관한 설명으로 옳지 않은 것은? (다툼이 있으면 판례에 따름) 〈2021〉

① 행정청은 취소판결의 기속력에 따라 위법한 결과를 제거하는 조치를 할 의무가 있다.
② 종전 처분 사유와 기본적 사실관계에서 동일성이 인정되지 않는 다른 사유를 들어서 새로이 처분을 하는 것은 기속력에 저촉되지 않는다.
③ 거부처분 후에 법령이 개정·시행된 경우에는 개정된 법령을 새로운 사유로 들어 다시 이전의 신청에 대한 거부처분을 할 수 있다.
④ 절차상 하자로 인하여 무효인 행정처분이 있은후 행정청이 관계 법령에서 정한 절차를 갖추어 다시 동일한 행정처분을 하였다면 당해 행정처분은 종전의 무효인 행정처분과 관계없는 새로운 행정처분이다.
⑤ 행정청이 취소판결의 기속력에 반하는 행정처분을 하는 것은 허용되지 않지만 그 하자가 중대하고 명백한 것은 아니다.

정답/해설 ⑤

① (○) 취소판결이 확정되면 행정청은 취소된 처분에 의해 초래된 위법상태를 제거하여 원상회복할 의무를 진다.
② (○) 원고의 승소로 확정된 판결은 원고 출원의 광구 내에서의 불석채굴이 공익을 해한다는 이유로 한 피고의 불허가처분에 대하여 그것이 공익을 해한다고는 보기 어렵다는 이유로 이를 취소한 내용으로서 이 소송과정에서 피고가 원고 출원의 위 불석광은 광업권이 기히 설정된 고령토광과 동일광상에 부존하고 있어 불허가대상이라는 주장도 하였으나 이 주장 부분은 처분사유로 볼 수 없다는 점이 확정되어 판결의 판단대상에서 제외되었다면, 피고가 그 후 새로이 행한 처분의 적법성과 관련하여 다시 위 주장을 하더라도 위 확정판결의 기판력(이는 기속력이라고 보아야 한다)에 저촉된다고 할 수 없다(대판 1991.8.9. 90누7326).
③ (○) 행정처분의 적법 여부는 그 행정처분이 행하여 진 때의 법령과 사실을 기준으로 하여 판단하는 것이므로 거부처분 후에 법령이 개정·시행된 경우에는 개정된 법령 및 허가기준을 새로운 사유로 들어 다시 이전의 신청에 대한 거부처분을 할 수 있으며 그러한 처분도 행정소송법 제30조 제2항에 규정된 재처분에 해당된다(대결 1998.1.7. 97두22).
④ (○) 절차상 또는 형식상 하자로 인하여 무효인 행정처분이 있은 후 행정청이 관계 법령에서 정한 절차 또는 형식을 갖추어 다시 동일한 행정처분을 하였다면 당해 행정처분은 종전의 무효인 행정처분과 관계없이 새로운 행정처분이라고 보아야 한다(대판 2014.3.13. 2012두1006).
⑤ (×) 확정판결의 당사자인 처분행정청이 그 행정소송의 사실심 변론종결 이전의 사유를 내세워 다시 확정판결과 저촉되는 행정처분을 하는 것은 허용되지 않는 것으로서 이러한 행정처분은 그 하자가 중대하고도 명백한 것이어서 당연무효라 할 것이다(대판 1990.12.11. 90누3560).

024 확정판결의 기판력에 관한 설명으로 옳지 않은 것은? (다툼이 있으면 판례에 따름) 〈2021〉

① 소송요건의 흠결에 관한 전소 확정판결의 기판력은 후소에 미친다.
② 공사중지명령의 상대방은 그 명령의 취소를 구한 소송에서 그 명령이 적법함을 이유로 패소하여 확정된 이후에도 그 명령의 해제신청을 거부한 처분의 취소를 구하는 소송에서 그 명령의 적법성을 다툴 수 있다.
③ 어떠한 행정처분이 후에 항고소송에서 취소되었다고 할지라도 그 기판력에 의하여 곧바로 그 행정처분이 공무원의 고의 또는 과실로 인한 불법행위를 구성한다고 단정할 수 없다.
④ 취소판결의 기판력은 소송물로 된 행정처분의 위법성 존부에 관한 판단 그 자체에만 미친다.
⑤ 확정판결은 주문에 포함된 것에 한하여 기판력을 가진다.

정답/해설 ②

① (○) 소송판결의 기판력은 그 판결에서 확정한 소송요건의 흠결에 관하여 미치는 것이지만, 당사자가 그러한 소송요건의 흠결을 보완하여 다시 소를 제기한 경우에는 그 기판력의 제한을 받지 않는다(대판 2003.4.8. 2002다70181).
② (×) 행정청이 관련 법령에 근거하여 행한 공사중지명령의 상대방이 명령의 취소를 구한 소송에서 패소함으로써 그 명령이 적법한 것으로 이미 확정되었다면, 이후 이러한 공사중지명령의 상대방은 그 명령의 해제신청을 거부한 처분의 취소를 구하는 소송에서 그 명령의 적법성을 다툴 수 없다(대판 2014.11.27. 2014두37665).
③ (○) 어떠한 행정처분이 후에 항고소송에서 취소되었다고 할지라도 그 기판력에 의하여 당해 행정처분이 곧바로 공무원의 고의 또는 과실로 인한 것으로서 불법행위를 구성한다고 단정할 수는 없는 것이고, 그 행정처분의 담당공무원이 보통 일반의 공무원을 표준으로 하여 볼 때 객관적 주의의무를 결하여 그 행정처분이 객관적 정당성을 상실하였다고 인정될 정도에 이른 경우에 국가배상법 제2조 소정의 국가배상책임의 요건을 충족하였다고 봄이 상당할 것이며, 이 때에 객관적 정당성을 상실하였는지 여부는 피침해이익의 종류 및 성질, 침해행위가 되는 행정처분의 태양 및 그 원인, 행정처분의 발동에 대한 피해자측의 관여의 유무, 정도 및 손해의 정도 등 제반 사정을 종합하여 손해의 전보책임을 국가 또는 지방자치단체에게 부담시켜야 할 실질적인 이유가 있는지 여부에 의하여 판단하여야 한다(대판 2000.5.12. 99다70600).
④ (○) 취소판결의 기판력은 소송물로 된 행정처분의 위법성 존부에 관한 판단 그 자체에만 미치는 것이므로 전소와 후소가 그 소송물을 달리하는 경우에는 전소 확정판결의 기판력이 후소에 미치지 아니한다(대판 1996.4.26. 95누5820).
⑤ (○) 기판력은 판결의 주문에 포함된 것에 한하여 인정된다(민사소송법 제216조 제1항).

025 일부취소판결에 관한 설명으로 옳지 않은 것은? (다툼이 있으면 판례에 따름) ⟨2021⟩

① 개발부담금부과처분 취소소송에 있어 적법하게 부과될 정당한 부과금액을 산출할 수 있는 경우에는 그 정당한 금액을 초과하는 부분만 취소하여야 한다.
② 재량행위인 과징금부과처분이 법이 정한 한도액을 초과하여 위법할 경우 그 한도액을 초과한 부분만을 취소할 수 없다.
③ 수개의 위반행위에 대하여 하나의 과징금납부명령을 한 경우 일부의 위반행위만이 위법하더라도 그 일부의 위반행위를 기초로 한 과징금액을 산정할 수 없다면 과징금납부명령 전부를 취소할 수밖에 없다.
④ 하나의 행정처분이라 하더라도 가분성이 있다면 그 일부의 취소는 당해 취소부분에 관하여 효력이 생긴다.
⑤ 여러 처분사유에 관하여 하나의 제재처분을 하였을 때 그 중 일부가 적법하지 않다면 나머지 처분사유만으로 정당성이 인정되더라도 그 처분을 취소해야 한다.

정답/해설 ⑤

① (○) 개발부담금부과처분 취소소송에 있어 당사자가 제출한 자료에 의하여 적법하게 부과될 정당한 부과금액이 산출할 수 없을 경우에는 부과처분 전부를 취소할 수밖에 없으나, 그렇지 않은 경우에는 그 정당한 금액을 초과하는 부분만 취소하여야 한다(대판 2004.7.22. 2002두868).
② (○) 자동차운수사업면허조건 등을 위반한 사업자에 대하여 행정청이 행정제재수단으로 사업 정지를 명할 것인지, 과징금을 부과할 것인지, 과징금을 부과키로 한다면 그 금액은 얼마로 할 것인지에 관하여 재량권이 부여되었다 할 것이므로 과징금 부과처분이 법이 정한 한도액을 초과하여 위법할 경우 법원으로서는 그 전부를 취소할 수밖에 없고, 그 한도액을 초과한 부분이나 법원이 적정하다고 인정되는 부분을 초과한 부분만을 취소할 수 없다(금 1,000,000원을 부과한 당해 처분 중 금 100,000원을 초과하는 부분은 재량권 일탈·남용으로 위법하다며 그 일부분만을 취소한 원심판결을 파기한 사례)(대판 1998.4.10. 98두2270).
③ (○) 수개의 위반행위에 대하여 하나의 과징금납부명령을 하였으나 수개의 위반행위 중 일부의 위반행위만이 위법하지만, 소송상 그 일부의 위반행위를 기초로 한 과징금액을 산정할 수 있는 자료가 없는 경우에는 하나의 과징금납부명령 전부를 취소할 수밖에 없다(대판 2004.10.14. 2001두2881).
④ (○) 외형상 하나의 행정처분이라 하더라도 가분성이 있거나 그 처분대상의 일부가 특정될 수 있다면 그 일부만의 취소도 가능하고 그 일부의 취소는 당해 취소부분에 관하여 효력이 생긴다고 할 것인 점 등을 종합하면, 여러 개의 상이에 대한 국가유공자요건비해당처분에 대한 취소소송에서 그 중 일부 상이가 국가유공자요건이 인정되는 상이에 해당하더라도 나머지 상이에 대하여 위 요건이 인정되지 아니하는 경우에는 국가유공자요건비해당처분 중 위 요건이 인정되는 상이에 대한 부분만을 취소하여야 할 것이고, 그 비해당처분 전부를 취소할 수는 없다고 할 것이다(대판 2012.3.29. 2011두9263).
⑤ (×) 여러 처분사유에 관하여 하나의 제재처분을 하였을 때 그 중 일부가 인정되지 않는다고 하더라도 나머지 처분사유들만으로도 처분의 정당성이 인정되는 경우에는 그 처분을 위법하다고 보아 취소하여서는 아니 된다(대판 2020.5.14. 2019두63515).

026 판결에 의한 취소에 관한 설명으로 옳지 않은 것은? (다툼이 있으면 판례에 따름) 〈2021〉

① 행정처분을 취소하는 판결이 확정되면 당해 행정처분의 효력은 처분 시에 소급하여 소멸하고 처음부터 당해 처분이 행하여지지 않았던 것과 같은 상태로 된다.
② 조합설립인가처분이 판결에 의하여 취소된 경우에 주택재개발사업조합이 그 취소판결 전에 사업시행자로서 한 처분은 달리 특별한 사정이 없는 한 소급하여 효력을 상실한다.
③ 수익적 행정처분에 대한 취소판결은 기득권의 침해를 정당화할 만한 중대한 공익상의 필요 또는 제3자의 이익보호의 필요가 있는 때에 한하여 허용될 수 있다.
④ 처분등을 취소하는 확정판결은 제3자에 대하여도 효력이 있다.
⑤ 취소판결 자체의 효력으로써 행정처분을 기초로 하여 새로 형성된 제3자의 권리까지 당연히 그 행정처분 전의 상태로 환원되는 것은 아니다.

정답/해설 ③

① (○) 행정처분을 취소하는 행정판결이 확정되면 당해처분의 위법이 확정되고, 별도의 행정행위를 기다림이 없이 당해 **행정처분의 효력은 처분시에 소급하여 소멸하고 처음부터 당해 처분이 행하여지지 않았던 것과 같은 상태로 되는** 효과, 즉 형성력이 있다(대판 1982.3.23. 81도1450).

② (○) 도시 및 주거환경정비법(이하 '도시정비법'이라고 한다)상 주택재개발사업조합의 **조합설립인가처분이** 법원의 재판에 의하여 취소된 경우 그 **조합설립인가처분은 소급하여 효력을 상실하고**, 이에 따라 당해 주택재개발사업조합 역시 조합설립인가처분 당시로 소급하여 도시정비법상 주택재개발사업을 시행할 수 있는 행정주체인 **공법인으로서의 지위를 상실하므로**, 당해 주택재개발사업조합이 조합설립인가처분 취소 전에 도시정비법상 적법한 행정주체 또는 **사업시행자로서 한 결의 등 처분은 달리 특별한 사정이 없는 한 소급하여 효력을 상실한다**고 보아야 한다. 다만 그 효력 상실로 인한 잔존사무의 처리와 같은 업무는 여전히 수행되어야 하므로, 종전에 결의 등 처분의 법률효과를 다투는 소송에서의 당사자지위까지 함께 소멸한다고 할 수는 없다(대판 2012.3.29. 2008다95885).

③ (×) 수익적 행정처분에 대한 취소권 등의 행사는 기득권의 침해를 정당화할 만한 중대한 공익상의 필요 또는 제3자의 이익보호의 필요가 있는 때에 한하여 허용될 수 있다는 법리는, 처분청이 수익적 행정처분을 직권으로 취소·철회하는 경우에 적용되는 법리일 뿐 **쟁송취소의 경우에는 적용되지 않는다**(대판 2019.10.17. 2018두104).

> **비교판례(처분청이 직권취소하는 경우)**
> 수익적 행정처분을 취소 또는 철회하는 경우에는 이미 부여된 그 국민의 기득권을 침해하는 것이 되므로, 비록 취소 등의 사유가 있다고 하더라도 그 취소권 등의 행사는 기득권의 침해를 정당화할 만한 중대한 공익상의 필요 또는 제3자의 이익보호의 필요가 있는 때에 한하여 상대방이 받는 불이익과 비교·교량하여 결정하여야 하고, 그 처분으로 인하여 공익상의 필요보다 상대방이 받게 되는 불이익 등이 막대한 경우에는 재량권의 한계를 일탈한 것으로서 그 자체가 위법하다(대판 2004.11.26. 2003두10251 [노선배분취소처분취소·국제선정기항공운송사업노선면허거부처분취소]).

④ (○)

> **제29조(취소판결등의 효력)**
> ① 처분등을 취소하는 확정판결은 제3자에 대하여도 효력이 있다.

⑤ (○) 행정처분을 취소하는 확정판결이 제3자에 대하여도 효력이 있다고 하더라도 일반적으로 판결의 효력은 주문에 포함한 것에 한하여 미치는 것이니 그 취소판결 자체의 효력으로써 그 행정처분을 기초로 하여 새로 형성된 제3자의 권리까지 당연히 그 행정처분 전의 상태로 환원되는 것이라고는 할 수 없고, 단지 취소판결의 존재와 취소판결에 의하여 형성되는 법률관계를 소송당사자가 아니었던 제3자라 할지라도 이를 용인하지 않으면 아니 된다는 것을 의미하는 것에 불과하다 할 것이며, 따라서 취소판결의 확정으로 인하여 당해 행정처분을 기초로 새로 형성된 제3자의 권리관계에 변동을 초래하는 경우가 있다 하더라도 이는 취소판결 자체의 형성력에 기한 것이 아니라 취소판결의 위와 같은 의미에서의 제3자에 대한 효력의 반사적 효과로서 그 취소판결이 제3자의 권리관계에 대하여 그 변동을 초래할 수 있는 새로운 법률요건이 되는 까닭이라 할 것이다(대판 1986.8.19. 83다카2022).

027 취소소송의 판결에 관한 설명으로 옳지 않은 것은? (다툼이 있으면 판례에 따름) 〈2020〉

① 판결의 주문은 그 내용이 특정되어야 하고 그 주문 자체에 의해 특정할 수 있어야 한다.
② 사정판결을 할 경우 인용판결을 하여야 한다.
③ 처분의 무효선언을 하는 취소판결도 인정된다.
④ 계쟁처분이 위법하지 않고 단순 부당한 경우에는 기각판결을 하여야 한다.
⑤ 과징금부과처분이 법이 정한 한도액을 초과하여 위법할 경우 법원은 그 전부를 취소하여야 한다.

정답/해설 ②

① (○) 판결의 주문은 그 내용이 특정되어야 하고 그 주문자체에 의해 특정할 수 있어야 할 것이므로, 과세처분중 손금부인에 상응한 과세액에 대한 과세처분의 취소청구 부분의 소는 각하하고, 나머지 과세처분의 취소청구부분을 기각한다라고만 되어 있는 주문기재는 부과처분한 세액중 원고의 소가 어느 범위에서 부적법한 것인가를 특정할 수 없고 따라서 청구기각되는 부분도 분간할 수 없어 위 주문은 판결로서 갖추어야 할 명확성을 잃은 위법한 것이다(대판 1987.3.24. 85누817).
② (×) 사정판결은 기각판결이다(제28조 제1항).

> **제28조(사정판결)**
> ① 원고의 청구가 이유있다고 인정하는 경우에도 처분등을 취소하는 것이 현저히 공공복리에 적합하지 아니하다고 인정하는 때에는 법원은 원고의 청구를 기각할 수 있다. 이 경우 법원은 그 판결의 주문에서 그 처분등이 위법함을 명시하여야 한다.

③ (○) 지방자치단체의 장이 사인에 대한 사법상의 물품대금채무에 대하여 한 대금부과처분은 행정처분의 대상이 될 수 없는 부적법한 것으로서 그 하자가 중대하고 명백한 것이므로 무효라고 할 것이고 또 이 <u>처분이 무효한 행정처분이지만 일종의 행정처분의 외형을 갖추고 있는 경우에는 그 무효의 선언을 구하는 의미에서의 취소를 구하는 행정소송의 대상이 될 수 있다</u>(대판 1976.10.29. 76누142).

④ (○) 처분이 위법한 경우에 인용판결을 할 수 있고, 단순 부당한 경우에는 기각판결을 하여야 한다.

⑤ (○) 자동차운수사업면허조건 등을 위반한 사업자에 대하여 행정청이 행정제재수단으로 사업 정지를 명할 것인지, 과징금을 부과할 것인지, 과징금을 부과키로 한다면 그 금액은 얼마로 할 것인지에 관하여 재량권이 부여되었다 할 것이므로 <u>과징금 부과처분이 법이 정한 한도액을 초과하여 위법할 경우 법원으로서는 그 전부를 취소할 수밖에 없고, 그 한도액을 초과한 부분이나 법원이 적정하다고 인정되는 부분을 초과한 부분만을 취소할 수 없다</u>(금 1,000,000원을 부과한 당해 처분 중 금 100,000원을 초과하는 부분은 재량권 일탈·남용으로 위법하다며 그 일부분만을 취소한 원심판결을 파기한 사례)(대판 1998.4.10. 98두2270).

028 〈보기〉와 같은 판결 주문례에 관한 설명으로 옳지 않은 것은? 〈2020〉

― 〈보 기〉 ―

주 문

피신청인은 이 결정의 정본을 받은 날로부터 00일 이내에 신청인에 대하여 이 법원 2006구합127 xx거부처분취소사건의 확정판결의 취지에 따른 처분을 하지 않을 때에는 신청인에 대하여 위 기간이 마치는 다음날부터 처분시까지 1일 금 000원의 비율에 의한 금원을 지급하라.

① 간접강제에 관한 주문이다.
② 「행정소송법」 제30조 제2항의 재처분의무를 전제로 한다.
③ 제1심 수소법원은 당사자의 신청에 따라 위와 같은 명령을 할 수 있다.
④ 주문에서 정한 기간을 경과한 재처분은 무효이다.
⑤ 〈보기〉의 배상금은 재처분의 이행에 관한 심리적 강제수단에 해당한다.

정답/해설 ④

① (○)

② (○), ③ (○)

> **제34조(거부처분취소판결의 간접강제)**
> ① 행정청이 제30조 제2항의 규정에 의한 처분을 하지 아니하는 때에는 제1심수소법원은 당사자의 신청에 의하여 결정으로써 상당한 기간을 정하고 행정청이 그 기간내에 이행하지 아니하는 때에는 그 지연기간에 따라 일정한 배상을 할 것을 명하거나 즉시 손해배상을 할 것을 명할 수 있다.

④ (×), ⑤ (○) 행정소송법 제34조 소정의 간접강제결정에 기한 배상금은 거부처분취소판결이 확정된 경우 그 처분을 행한 행정청으로 하여금 확정판결의 취지에 따른 재처분의무의 이행을 확실히 담보하기 위한 것으로서, 확정판결의 취지에 따른 재처분의무내용의 불확정성과 그에 따른 재처분에의 해당 여부에 관한 쟁송으로 인하여 간접강제결정에서 정한 재처분의무의 기한 경과에 따른 배상금이 증가될 가능성이 자칫 행정청으로 하여금 인용처분을 강제하여 행정청의 재량권을 박탈하는 결과를 초래할 위험성이 있는 점 등을 감안하면, 이는 확정판결의 취지에 따른 재처분의 지연에 대한 제재나 손해배상이 아니고 재처분의 이행에 관한 심리적 강제수단에 불과한 것으로 보아야 하므로, 특별한 사정이 없는 한 간접강제결정에서 정한 의무이행기한이 경과한 후에라도 확정판결의 취지에 따른 재처분의 이행이 있으면 배상금을 추심함으로써 심리적 강제를 꾀할 목적이 상실되어 처분상대방이 더 이상 배상금을 추심하는 것은 허용되지 않는다(대판 2004.1.15. 2002두2444).

029 법원은 지방자치단체장 A가 공무원 甲에게 한 파면처분이 재량권의 범위를 벗어나 위법한 처분이라는 이유로 취소판결을 하였고 이 판결은 확정되었다. 그 후 A는 다시 인사위원회의 의결을 거쳐 동일한 사유로 甲에게 해임처분을 하였다. 이에 관한 설명으로 옳은 것을 모두 고른 것은? **(다툼이 있으면 판례에 따름)** 〈2020〉

> ㄱ. A가 한 해임처분은 확정판결의 효력에 저촉된다고 볼 수 없다.
> ㄴ. 甲은 해임처분에 대해 취소소송을 제기할 수 있다.
> ㄷ. 확정판결의 기속력은 A만 기속할 뿐 관계행정기관을 기속하지는 않는다.

① ㄱ   ② ㄱ, ㄴ   ③ ㄱ, ㄷ   ④ ㄴ, ㄷ   ⑤ ㄱ, ㄴ, ㄷ

정답/해설 ②

ㄱ (○) 원고의 비위에 대하여 징계처분 중 가장 무거운 파면에 처한 것이 재량권의 범위를 벗어난 위법한 처분이라 하여 위 파면처분을 취소하는 판결이 확정되었다 하더라도 위 확정판결은 징계의 종류 중 가장 무거운 파면을 선택한 것이 징계양정에 있어서 재량권의 범위를 벗어난 위법한 처분이라고 판단한 것이고 공무원의 신분을 박탈하는 징계처분을 선택한 것이 재량권 남용이라고 판단한 것은 아니므로, 위 파면처분이 취소된 후에 다시 징계위원회의 의결을 거쳐 원고를 파면보다 가벼운 해임에 처한 이 사건 처분이 위 확정판결의 기판력에 저촉된다고 볼 수는 없다(대판 1985.4.9. 84누747).

ㄴ (○) 첫 번째 처분인 파면처분은 원고의 취소소송 제기에 의해 취소되었고, 두 번째 처분인 해임처분만이 있는 상황이므로 甲은 해임처분에 대해 취소소송을 제기할 수 있다.

ㄷ (×)

> 제30조(취소판결등의 기속력)
> ① 처분등을 취소하는 확정판결은 그 사건에 관하여 당사자인 행정청과 그 밖의 관계행정청을 기속한다.

030 「행정소송법」 제33조의 내용이다. (   )에 들어갈 용어가 옳게 나열된 것은? 〈2020〉

> 소송비용에 관한 재판이 확정된 때에는 (ㄱ) 또는 (ㄴ)이었던 행정청이 소속하는 국가 또는 공공단체에 그 효력을 미친다.

① ㄱ : 피고, ㄴ : 원고
② ㄱ : 원고, ㄴ : 참가인
③ ㄱ : 피고, ㄴ : 참가인
④ ㄱ : 원고, ㄴ : 이해관계인
⑤ ㄱ : 피고, ㄴ : 이해관계인

정답/해설 ③

제33조(소송비용에 관한 재판의 효력)
소송비용에 관한 재판이 확정된 때에는 피고 또는 참가인이었던 행정청이 소속하는 국가 또는 공공단체에 그 효력을 미친다.

031 행정소송에 있어서 소송비용의 부담주체가 다른 하나는? 〈2019〉

> ㄱ. 취소소송의 청구인용 판결의 경우
> ㄴ. 취소청구가 사정판결에 의하여 기각된 경우
> ㄷ. 행정청이 처분을 변경함으로 인하여 청구가 기각된 경우
> ㄹ. 행정청이 처분을 취소함으로 인하여 청구가 각하된 경우
> ㅁ. 취소사유만 있음에도 무효확인소송을 제기하여 청구가 기각된 경우

① ㄱ   ② ㄴ   ③ ㄷ   ④ ㄹ   ⑤ ㅁ

정답/해설 ⑤

ㄱ 피고가 부담
  패소자부담원칙에 의해 피고가 소송비용을 부담

ㄴ, ㄷ, ㄹ 피고가 부담
  행정소송법 제32조에 따라 피고가 소송비용을 부담

ㅁ 원고가 부담
  패소자부담원칙에 따라 원고가 소송비용을 부담

제32조(소송비용의 부담)
취소청구가 제28조의 규정에 의하여 기각되거나 행정청이 처분등을 취소 또는 변경함으로 인하여 청구가 각하 또는 기각된 경우에는 소송비용은 피고의 부담으로 한다.

032 확정된 취소판결의 효력에 관한 설명으로 옳은 것은? (다툼이 있으면 판례에 따름) 〈2019〉

① 기속력은 인용판결에 인정되고, 형성력과 기판력은 인용판결과 기각판결 모두에 대해서 인정된다.
② 운전면허취소처분을 취소하는 판결이 확정된 경우 운전면허취소처분은 행정행위의 공정력으로 인하여 장래에 향하여서만 효력을 잃게 된다.
③ 임용기간이 만료된 국립대학교원의 재임용거부처분이 판결로 취소되면 임용권자는 다시 재임용 여부를 결정할 의무를 부담할 뿐이고, 교원의 신분관계가 소급하여 회복되는 것은 아니다.
④ 판결의 기속력에 위반하여 한 행정청의 행위는 그 하자가 중대하지만 명백하지 아니하여 취소사유가 된다.
⑤ 처분을 취소하는 확정판결의 기속력은 당사자인 행정청에 대해서만 미친다.

정답/해설 ③

① (×) 기속력, 형성력은 인용판결에 인정되고, 기판력은 인용판결과 기각판결 모두에 인정된다.
② (×) 피고인이 행정청으로부터 자동차 운전면허취소처분을 받았으나 나중에 그 행정처분 자체가 행정쟁송절차에 의하여 취소되었다면, 위 운전면허취소처분은 그 처분시에 소급하여 효력을 잃게 되고, 피고인은 위 운전면허취소처분에 복종할 의무가 원래부터 없었음이 후에 확정되었다고 봄이 타당할 것이고, 행정행위에 공정력의 효력이 인정된다고 하여 행정소송에 의하여 적법하게 취소된 운전면허취소처분이 단지 장래에 향하여서만 효력을 잃게 된다고 볼 수는 없다(대판 1999.2.5. 98도4239).
③ (○) 기간을 정하여 임용된 국·공립대학의 교원은 특별한 사정이 없는 한 그 임용기간의 만료로 교원으로서의 신분관계가 종료되는 것이고, 임용기간이 만료된 교원의 재임용이 거부되었다가 그 재임용거부처분이 법원의 판결에 의하여 취소되었다고 하더라도 임용권자는 다시 재임용 심의를 하여 재임용 여부를 결정할 의무를 부담할 뿐, 위와 같은 취소 판결로 인하여 당연히 그 교원이 재임용거부처분 당시로 소급하여 신분관계를 회복한다고 볼 수는 없다. 그러므로 재임용거부처분 취소판결을 거쳐 재임용된 교원이라 하더라도 임용기간 만료로 교원으로서의 신분을 상실한 후 재임용되기 전까지의 기간은 공무원연금법 제23조 제1항에 정한 재직기간에 산입할 수 없다(대판 2009.3.26. 2009두416).
④ (×) 확정판결의 당사자인 처분행정청이 그 행정소송의 사실심 변론종결 이전의 사유를 내세워 다시 확정판결과 저촉되는 행정처분을 하는 것은 허용되지 않는 것으로서 이러한 행정처분은 그 하자가 중대하고도 명백한 것이어서 당연무효라 할 것이다(대판 1990.12.11. 90누3560).

⑤ (×)

> 제30조(취소판결등의 기속력)
> ① 처분등을 취소하는 확정판결은 그 사건에 관하여 당사자인 행정청과 그 밖의 관계행정청을 기속한다.

033 취소소송의 판결에 관한 설명으로 옳은 것은? (다툼이 있으면 판례에 따름) 〈2018〉
① 처분의 무효를 선언하는 취소판결도 있다.
② 계쟁처분이 위법하지는 않지만 부당인 경우는 부분인용판결을 한다.
③ 판결서의 형식은 「행정소송법」에 규정되어 있다.
④ 효력은 판결문이 당사자들에게 도달한 날에 발생한다.
⑤ 취소소송의 일부를 종료시키는 판결은 종국판결이 아니다.

정답/해설 ①

① (○) 판결의 종류에는 각하판결, 기각판결, 인용판결, 사정판결 등이 있으며, 인용판결에는 취소판결과 무효를 선언하는 취소판결이 있다.
② (×) 취소소송에서는 위법한 처분에 대하여 인용판결을 하고, 부당한 경우에는 기각판결을 해야 한다. (비교) 행정심판 중 취소심판에서는 위법 부당한 처분을 취소하거나 변경할 수 있다.

> 행정심판법 제5조(행정심판의 종류)
> 행정심판의 종류는 다음 각 호와 같다.
>   1. 취소심판: 행정청의 위법 또는 부당한 처분을 취소하거나 변경하는 행정심판

③ (×) 판결서의 형식은 행정소송법에 규정되어 있지 않으므로 행정소송법 제8조 제2항에 의해 다른 법률을 준용하며, 판결서의 형식은 민사소송법 제208조에 규정되어 있다.
④ (×) 판결의 효력이 발생하는 시기에 대해서는 행정소송법에 규정되어 있지 않으므로 행정소송법 제8조 제2항에 의해 다른 법률을 준용하며, 민사소송법 제205조에 따라 판결은 선고시에 효력이 생긴다.

> 민사소송법 제205조(판결의 효력발생)
> 판결은 선고로 효력이 생긴다.

⑤ (×) 취소소송의 일부를 종료시키는 판결은 일부판결로서 이 판결의 성격에 대해서 행정소송법에서 규정하고 있지 않으므로 행정소송법 제8조 제2항에 의해 다른 법률을 준용하며, 민사소송법 제200조에 따라 일부판결은 종국판결이다.

> 민사소송법 제200조(일부판결)
> ① 법원은 소송의 일부에 대한 심리를 마친 경우 그 일부에 대한 종국판결을 할 수 있다.

034 기판력에 관한 설명으로 옳지 않은 것은? (다툼이 있으면 판례에 따름) 〈2018〉

① 기판력은 당해 처분이 귀속되는 국가 또는 공공단체에 미친다.
② 과세처분취소소송에서 청구가 기각된 확정판결의 기판력은 그 과세처분의 무효확인을 구하는 소송에도 미친다.
③ 「행정소송법」은 기판력에 관한 명문의 규정을 두고 있다.
④ 취소판결의 기판력은 소송물로 된 행정처분의 위법성 존부에 관한 판단 그 자체에만 미친다.
⑤ 확정된 종국판결은 그 기판력으로서 당사자가 사실심의 변론종결시를 기준으로 그때까지 제출하지 않은 공격방어방법은 그 뒤 다시 동일한 소송을 제기하여 이를 주장할 수 없다.

정답/해설 ③

① (○) 취소소송의 기판력은 당해 처분이 귀속하는 국가 또는 공공단체에 미친다. 소송의 대상은 법주체여야 하므로 취소소송의 피고는 처분의 효과가 귀속되는 국가 또는 공공단체여야 하는데, 소송의 편의상 처분청을 피고로 한 것이기 때문이다.
② (○) 과세처분이란 당해 과세요건의 충족으로 객관적, 추상적으로 이미 성립하고 있는 조세채권을 구체적으로 현실화하여 확정하는 절차이고, 과세처분의 취소소송은 위와 같은 과세처분의 실체적, 절차적 위법을 그 취소원인으로 하는 것으로서 그 심리의 대상은 과세관청의 과세처분에 의하여 인정된 조세채무인 과세표준 및 세액의 객관적 존부 즉 당해 과세처분의 적부가 심리의 대상이 되는 것이며, 과세처분취소 청구를 기각하는 판결이 확정되면 그 처분이 적법하다는 점에 관하여 기판력이 생기고 그 후 원고가 다시 이를 무효라 하여 그 무효확인을 소구할 수는 없는 것이어서, 과세처분의 취소소송에서 청구가 기각된 확정판결의 기판력은 그 과세처분의 무효확인을 구하는 소송에도 미친다(대판 1996.6.25. 95누1880).
③ (×) 행정소송법에서는 형성력과 기속력에 관한 규정을 두고 있으나, 기판력에 관한 명문의 규정은 두고 있지 않다.
④ (○) 취소판결의 기판력은 소송물로 된 행정처분의 위법성 존부에 관한 판단 그 자체에만 미치는 것이므로 전소와 후소가 그 소송물을 달리하는 경우에는 전소 확정판결의 기판력이 후소에 미치지 아니한다(대판 1996.4.26. 95누5820).
⑤ (○) 과세처분무효확인소송의 경우 소송물은 권리 또는 법률관계의 존부 확인을 구하는 것이며, 이는 청구취지만으로 소송물의 동일성이 특정된다고 할 것이고 따라서 당사자가 청구원인에서 무효사유로 내세운 개개의 주장은 공격방어방법에 불과하다고 볼 것이며, 한편 확정된 종국판결은 그 기판력으로서 당사자가 사실심의 변론종결시를 기준으로 그때까지 제출하지 않은 공격방어방법은 그 뒤 다시 동일한 소송을 제기하여 이를 주장할 수 없다(대판 1992.2.25. 91누6108).

035 행정소송의 판결에 관한 설명으로 옳지 않은 것은? 〈2018〉

① 소각하판결은 소송판결이다.
② 본안판결은 내용에 따라 인용판결과 기각판결로 나뉜다.
③ 취소소송에서 인용판결은 형성력을 갖는다.
④ 항고소송에는 이행판결이 존재한다.
⑤ 무효등확인소송에서의 인용판결은 확인판결이다.

정답/해설 ④

① (O), ② (O), ④ (×) 항고소송의 판결은 각하판결, 기각판결, 인용판결로 나뉜다. 각하판결은 소송판결이고, 기각판결과 인용판결은 본안판결에 해당한다. 항고소송에서는 의무이행소송이 인정되고 있지 않으므로 이행판결이 있을 수 없다.

소송판결은 소송요건(상소요건)의 흠결이 있는 경우 소송을 부적법하다고 하여 각하하는 판결(소각하판결)을 말한다. 본안판결은 본안심리의 결과 청구를 인용하거나 기각하는 판결을 말한다.

③ (O) 취소판결(인용판결)이 확정되면 당해 처분등은 처분청 등의 취소를 기다릴 것이 없이 당연히 효력을 상실하게 되며 이를 형성력이라 한다.

⑤ (O) 확인판결은 확인의 소에서 일정한 법률관계나 법률사실의 존부를 확인하는 판결을 말하며 무효등확인소송에서의 인용판결, 부작위법확인소송에서의 인용판결, 법률관계의 확인을 구하는 당사자소송에서의 인용판결 등이 있다.

036 간접강제에 관한 설명으로 옳지 않은 것은? (다툼이 있으면 판례에 따름) 〈2018〉

① 간접강제는 판결의 기속력 확보수단이다.
② 간접강제결정에 기한 배상금은 확정판결의 취지에 따른 재처분의 지연에 대한 제재이다.
③ 간접강제신청은 제1심 수소법원에 하여야 한다.
④ 간접강제의 결정은 변론 없이 할 수 있다.
⑤ 간접강제가 허용되기 위해서는 거부처분취소판결이나 부작위법확인판결이 확정되어야 한다.

정답/해설 ②

① (O) 간접강제는 거부처분취소에 따른 재처분의무(판결의 기속력)의 실효성을 확보하기 위한 제도이다.

② (×) 행정소송법 제34조 소정의 간접강제결정에 기한 배상금은 확정판결의 취지에 따른 재처분의 지연에 대한 제재나 손해배상이 아니고 재처분의 이행에 관한 심리적 강제수단에 불과한 것으로 보아야 하므로, 간접강제결정에서 정한 의무이행기한이 경과한 후에라도 확정판결의 취지에 따른 재처분이 행하여지면 배상금을 추심함으로써 심리적 강제를 꾀한다는 당초의 목적이 소멸하여 처분상대방이 더 이상 배상금을 추심하는 것이 허용되지 않는다(대판 2010.12.23. 2009다37725).

③ (○)

제34조(거부처분취소판결의 간접강제)
① 행정청이 제30조 제2항의 규정에 의한 처분을 하지 아니하는 때에는 **제1심수소법원**은 당사자의 신청에 의하여 결정으로써 상당한 기간을 정하고 행정청이 그 기간내에 이행하지 아니하는 때에는 그 지연기간에 따라 일정한 배상을 할 것을 명하거나 즉시 손해배상을 할 것을 명할 수 있다.

④ (○) 행정소송법 제34조 제2항, 민사집행법 제262조

제34조(거부처분취소판결의 간접강제)
① 행정청이 제30조 제2항의 규정에 의한 처분을 하지 아니하는 때에는 제1심수소법원은 당사자의 신청에 의하여 결정으로써 상당한 기간을 정하고 행정청이 그 기간내에 이행하지 아니하는 때에는 그 지연기간에 따라 일정한 배상을 할 것을 명하거나 즉시 손해배상을 할 것을 명할 수 있다.
② 제33조와 민사집행법 제262조의 규정은 제1항의 경우에 준용한다.

민사집행법 제262조(채무자의 심문)
제260조 및 제261조의 결정은 **변론 없이 할 수 있다.** 다만, 결정하기 전에 채무자를 심문하여야 한다.

⑤ (○) 간접강제제도는 거부처분취소판결이 확정되어야 하고, 부작위위법확인소송에 준용되고 있다. 다만, 무효확인소송에는 준용되지 않는다.

037 사정판결에 관한 설명으로 옳은 것은? (다툼이 있으면 판례에 따름) ⟨2018⟩

① 처분이 적법한 경우에도 할 수 있다.
② 사정판결은 공익을 위해 널리 활용되어져야 한다.
③ 처분의 위법판단의 기준시는 변론종결시이다.
④ 법원은 직권으로 사정판결할 수 있다.
⑤ 법원은 원고가 입게 될 손해의 정도와 그 배상방법을 판결 이후에 조사·보고하도록 해야 한다.

정답/해설 ④

① (×) 사정판결은 원고의 청구가 이유 있다고 인정하는 경우(처분이 위법한 경우)에도 처분등을 취소하는 것이 현저히 공공복리에 적합하지 아니하다고 인정하는 때에 하는 기각판결이다. 따라서 처분이 적법한 경우에는 사정판결을 할 수 없다.
② (×) 행정처분이 위법한 때에는 이를 취소함이 원칙이고 그 위법한 처분을 취소·변경함이 도리어 현저히 공공의 복리에 적합하지 않은 경우에 극히 예외적으로 위법한 행정처분의 취소를 허용하지 않는다는 사정판결을 할 수 있으므로 사정판결의 적용은 극히 엄격한 요건 아래 제한적으로 하여야 한다(대판 1995.6.13. 94누4660).
③ (×) 사정판결의 경우 처분등의 위법성은 처분시를 기준으로 판단하고, 공공복리를 위한 사정판결의 필요성은 변론종결시(판결시)를 기준으로 판단하여야 한다.

④ (○) 행정소송법 제26조, 제28조 제1항 전단의 각 규정에 비추어 행정소송에 있어서 법원이 사정판결을 할 필요가 있다고 인정하는 때에는 당사자의 명백한 주장이 없는 경우에도 일건 기록에 나타난 사실을 기초로 하여 직권으로 사정판결을 할 수 있다(대판 1992.2.14. 90누9032).

⑤ (×)

> **제28조(사정판결)**
> ② 법원이 제1항의 규정에 의한 판결을 함에 있어서는 미리 원고가 그로 인하여 입게 될 손해의 정도와 배상방법 그 밖의 사정을 조사하여야 한다.

038 취소소송에서 일부취소가 가능한 경우만을 모두 고른 것은? (다툼이 있으면 판례에 따름)
〈2018〉

> ㄱ. 초과된 양도소득세부과처분에 대해 당사자가 제출한 자료에 의해 적법하게 부과될 정당한 세액이 산출될 수 있는 경우
> ㄴ. 초과된 개발부담금부과처분에 대해 당사자가 제출한 자료에 의해 적법하게 부과될 정당한 부과금액이 산출될 수 있는 경우
> ㄷ. 제1종 보통, 대형 및 특수면허를 가지고 있는 자가 레이카크레인을 음주운전하여 적발되어 3종의 면허가 모두 취소된 경우
> ㄹ. 영업정지처분이 재량권 남용에 해당한다고 판단되어 취소하는 경우

① ㄱ   ② ㄴ, ㄹ   ③ ㄱ, ㄴ, ㄷ   ④ ㄱ, ㄷ, ㄹ   ⑤ ㄴ, ㄷ, ㄹ

정답/해설 ③

ㄱ (○) 과세처분취소소송의 처분의 적법 여부는 과세액이 정당한 세액을 초과하느냐의 여부에 따라 판단되는 것으로서 당사자는 사실심 변론종결시까지 객관적인 조세채무액을 뒷받침하는 주장과 자료를 제출할 수 있고 이러한 자료에 의하여 적법하게 부과될 정당한 세액이 산출되는 때에는 그 정당한 세액을 초과하는 부분만 취소하여야 할 것이고 전부를 취소할 것이 아니다(대판 2000.6.13. 98두5811).

ㄴ (○) 개발부담금부과처분 취소소송에 있어 당사자가 제출한 자료에 의하여 적법하게 부과될 정당한 부과금액이 산출할 수 없을 경우에는 부과처분 전부를 취소할 수밖에 없으나, 그렇지 않은 경우에는 그 정당한 금액을 초과하는 부분만 취소하여야 한다(대판 2004.7.22. 2002두868).

ㄷ (○) 제1종 보통, 대형 및 특수 면허를 가지고 있는 자가 레이카크레인을 음주운전한 행위는 제1종 특수면허의 취소사유에 해당할 뿐 제1종 보통 및 대형 면허의 취소사유는 아니므로, 3종의 면허를 모두 취소한 처분 중 제1종 보통 및 대형 면허에 대한 부분은 이를 이유로 취소하면 될 것이나, 제1종 특수면허에 대한 부분은 원고가 재량권의 일탈·남용하여 위법하다는 주장을 하고 있음에도, 원심이 그 점에 대하여 심리·판단하지 아니한 채 처분 전체를 취소한 조치는 위법하다고 하여 원심판결 중 제1종 특수면허에 대한 부분을 파기환송한 사례(대판 전합 1995.11.16. 95누8850).

ㄹ (×) 행정청이 영업정지 처분을 함에 있어서 그 정지기간을 어느 정도로 할 것인지는 행정청의 재량권에 속하는 사항인 것이며, 다만 그것이 공익의 원칙이나 평등의 원칙 또는 비례의 원칙등에 위반하여 재량권의 한계를 벗어난 재량권 남용에 해당하는 경우에만 위법한 처분으로서 사법심사의 대상이 되는 것이나, 법원으로서는 영업정지처분이 재량권 남용이라고 판단될 때에는 위법한 처분으로서 그 처분의 취소를 명할 수 있을 뿐이고, 재량권의 한계내에서 어느 정도가 적정한 영업정지 기간인지를 가리는 일은 사법심사의 범위를 벗어난다(대판 1982.9.28. 82누2).

039 하나의 처분 중 법원이 적정하다고 인정하는 부분을 초과한 부분만 취소할 수 있는 것을 모두 고른 것은? (다툼이 있으면 판례에 따름) 〈2017〉

> ㄱ. 과세처분
> ㄴ. 개발부담금부과처분
> ㄷ. 재량이 인정되는 과징금부과처분
> ㄹ. 일반음식점 영업자에 대한 영업정지처분

① ㄱ, ㄴ   ② ㄱ, ㄹ   ③ ㄴ, ㄷ   ④ ㄴ, ㄹ   ⑤ ㄷ, ㄹ

정답/해설 ①

ㄱ (○) 과세처분취소소송의 처분의 적법 여부는 과세액이 정당한 세액을 초과하느냐의 여부에 따라 판단되는 것으로서 당사자는 사실심 변론종결시까지 객관적인 조세채무액을 뒷받침하는 주장과 자료를 제출할 수 있고 이러한 자료에 의하여 적법하게 부과될 정당한 세액이 산출되는 때에는 그 정당한 세액을 초과하는 부분만 취소하여야 할 것이고 전부를 취소할 것이 아니다(대판 2000.6.13. 98두5811).

ㄴ (○) 개발부담금부과처분 취소소송에 있어 당사자가 제출한 자료에 의하여 적법하게 부과될 정당한 부과금액이 산출할 수 없을 경우에는 부과처분 전부를 취소할 수밖에 없으나, 그렇지 않은 경우에는 그 정당한 금액을 초과하는 부분만 취소하여야 한다(대판 2004.7.22. 2002두868).

ㄷ (×) 자동차운수사업면허조건 등을 위반한 사업자에 대하여 행정청이 행정제재수단으로 사업 정지를 명할 것인지, 과징금을 부과할 것인지, 과징금을 부과키로 한다면 그 금액은 얼마로 할 것인지에 관하여 재량권이 부여되었다 할 것이므로 과징금 부과처분이 법이 정한 한도액을 초과하여 위법할 경우 법원으로서는 그 전부를 취소할 수밖에 없고, 그 한도액을 초과한 부분이나 법원이 적정하다고 인정되는 부분을 초과한 부분만을 취소할 수 없다(금 1,000,000원을 부과한 당해 처분 중 금 100,000원을 초과하는 부분은 재량권 일탈·남용으로 위법하다며 그 일부분만을 취소한 원심판결을 파기한 사례)(대판 1998.4.10. 98두2270).

ㄹ (×) 행정청이 영업정지 처분을 함에 있어서 그 정지기간을 어느 정도로 할 것인지는 행정청의 재량권에 속하는 사항인 것이며, 다만 그것이 공익의 원칙이나 평등의 원칙 또는 비례의 원칙등에 위반하여 재량권의 한계를 벗어난 재량권 남용에 해당하는 경우에만 위법한 처분으로서 사법심사의 대상이 되는 것이나, 법원으로서는 영업정지처분이 재량권 남용이라고 판단될

때에는 위법한 처분으로서 그 처분의 취소를 명할 수 있을 뿐이고, 재량권의 한계내에서 어느 정도가 적정한 영업정지 기간인지를 가리는 일은 사법심사의 범위를 벗어난다(대판 1982.9.28. 82누2).

040 행정소송법상 제3자효가 인정되지 않는 것은? 〈2017〉

① 집행정지결정
② 취소소송의 인용판결
③ 무효확인소송의 인용판결
④ 부작위위법확인소송의 인용판결
⑤ 당사자소송의 인용판결

정답/해설 ⑤

① (○) 제29조 제2항
② (○) 제29조 제1항

> **제29조(취소판결등의 효력)**
> ① 처분등을 취소하는 확정판결은 제3자에 대하여도 효력이 있다.
> ② 제1항의 규정은 제23조의 규정에 의한 집행정지의 결정 또는 제24조의 규정에 의한 그 집행정지결정의 취소결정에 준용한다.

③ (○) 무효확인소송에서는 취소판결등의 효력 중 제3자효에 관한 조문(제29조)을 준용한다(제38조 제1항).

> **제38조(준용규정)**
> ① 제9조, 제10조, 제13조 내지 제17조, 제19조, 제22조 내지 제26조, 제29조 내지 제31조 및 제33조의 규정은 무효등 확인소송의 경우에 준용한다.

④ (○) 부작위위법확인소송에서는 취소판결등의 효력 중 제3자효에 관한 조문(제29조)을 준용한다(제38조 제2항).

> **제38조(준용규정)**
> ② 제9조, 제10조, 제13조 내지 제19조, 제20조, 제25조 내지 제27조, 제29조 내지 제31조, 제33조 및 제34조의 규정은 부작위위법확인소송의 경우에 준용한다.

⑤ (×) 당사자소송에서는 취소판결등의 효력 중 제3자효에 관한 조문(제29조)을 준용하지 않는다(제44조 제1항).

> **제44조(준용규정)**
> ① 제14조 내지 제17조, 제22조, 제25조, 제26조, 제30조 제1항, 제32조 및 제33조의 규정은 당사자소송의 경우에 준용한다.

041 <보기>와 같은 판결 주문에 관한 설명으로 옳지 않은 것은? 〈2017〉

> <보 기>
> 주 문
> 1. 원고의 청구를 기각한다.
> 2. 다만, 피고가 2017. 2. 1. 원고에 대하여 한 ○○처분은 위법하다.
> 3. 소송비용은 피고의 부담으로 한다.

① 취소소송의 경우에는 허용되나 무효확인소송의 경우에는 허용되지 않는다.
② 법원은 <보기>와 같은 판결을 함에 있어서 사실심변론종결시를 기준으로 하여 공익성 판단을 하여야 한다.
③ 원고가 손해배상청구를 병합하지 않은 경우에 법원이 <보기>와 같은 판결을 함에 있어 그로 인하여 원고가 입게 될 손해의 정도와 배상방법 그 밖의 사정을 미리 조사하여야 하는 것은 아니다.
④ 당사자의 명백한 주장이 없는 경우에도 법원은 기록에 나타난 여러 사정을 기초로 하여 직권으로 <보기>와 같은 판결을 할 수 있다.
⑤ 원고가 적당한 구제방법의 청구를 간과하였음이 분명하다면, 법원은 적절하게 석명권을 행사하여 그에 관한 의견을 진술할 수 있는 기회를 주어야 한다.

정답/해설 ③

<보기>는 사정판결의 주문이다.
① (○) 무효확인소송에서는 취소소송의 사정판결에 관한 조문(제28조)을 준용하지 않는다(제38조 제1항).
② (○) 사정판결의 경우 처분등의 위법성은 처분시를 기준으로 판단하고, 공공복리를 위한 사정판결의 필요성은 변론종결시(판결시)를 기준으로 판단하여야 한다.
③ (×) 법원은 원고가 손해배상청구를 병합하는지 여부와 관계없이 위 사항을 조사할 의무가 있다(제28조 제2항).

제28조(사정판결)
② 법원이 제1항의 규정에 의한 판결을 함에 있어서는 미리 원고가 그로 인하여 입게 될 손해의 정도와 배상방법 그 밖의 사정을 조사하여야 한다.

④ (○) 행정소송법 제26조, 제28조 제1항 전단의 각 규정에 비추어 행정소송에 있어서 법원이 사정판결을 할 필요가 있다고 인정하는 때에는 당사자의 명백한 주장이 없는 경우에도 일건기록에 나타난 사실을 기초로 하여 직권으로 사정판결을 할 수 있다(대판 1992.2.14. 90누9032).
⑤ (○) 사정판결의 요건을 갖추었다고 판단되는 경우 법원으로서는 행정소송법 제28조 제2항에 따라 원고가 입게 될 손해의 정도와 배상방법, 그 밖의 사정에 관하여 심리하여야 하고, 이

경우 원고는 행정소송법 제28조 제3항에 따라 손해배상, 제해시설의 설치 그 밖에 적당한 구제방법의 청구를 병합하여 제기할 수 있으므로, 당사자가 이를 간과하였음이 분명하다면 적절하게 석명권을 행사하여 그에 관한 의견을 진술할 수 있는 기회를 주어야 한다(대판 2016.7.14. 2015두4167).

042 취소판결의 기속력에 관한 설명으로 옳지 않은 것은? (다툼이 있으면 판례에 따름) 〈2017〉

① 기속력에 위반되는 처분은 무효이다.
② 기속력은 인용판결과 기각판결에서는 인정되나 각하판결에서는 인정되지 않는다.
③ 기속력은 판결의 주문뿐만 아니라 이유에서 판단된 처분의 구체적 위법사유에도 미친다.
④ 취소판결이 처분의 절차상 위법을 이유로 하는 경우, 행정청이 적법한 절차를 밟아 동일한 내용의 처분을 하더라도 기속력에 반하지 않는다.
⑤ 기본적 사실관계가 다르면, 처분 당시에 있었던 사유로 재처분하여도 기속력 위반은 아니다.

정답/해설 ②

① (○) 행정소송법 제30조 제1항, 제2항의 규정에 의하면 행정처분을 취소하는 확정판결은 그 사건에 의하면 행정처분을 취소하는 확정판결은 그 사건에 관하여 당사자인 행정청을 기속하고 판결에 의하여 취소되는 처분이 당사자인 행정청을 기속하고 판결에 의하여 취소되는 처분이 당사자의 신청을 거부하는 것을 내용으로 하는 경우에는 그 처분을 행한 행정청은 판결의 취지에 따라 다시 이전의 신청에 대한 처분을 하도록 되어 있으므로, 확정판결의 당사자인 처분행정청이 그 행정소송의 사실심 변론종결 이전의 사유를 내세워 다시 확정판결과 저촉되는 행정처분을 하는 것은 허용되지 않는 것으로서 이러한 행정처분은 그 하자가 중대하고도 명백한 것이어서 당연무효라 할 것이다(대판 1990.12.11. 90누3560).
② (×) 처분등을 취소하는 확정판결(인용판결)은 그 사건에 관하여 당사자인 행정청과 그 밖의 관계행정청을 기속한다(행정소송법 제30조 제1항). 따라서 기속력은 인용판결이 확정된 경우에 한하여 인정된다.
③ (○) 행정소송법 제30조 제1항에 의하여 인정되는 취소소송에서 처분 등을 취소하는 확정판결의 기속력은 주로 판결의 실효성 확보를 위하여 인정되는 효력으로서 판결의 주문뿐만 아니라 그 전제가 되는 처분 등의 구체적 위법사유에 관한 이유 중의 판단에 대하여도 인정된다(대판 2001.3.23. 99두5238).
④ (○) 절차상 또는 형식상 하자로 인하여 무효인 행정처분이 있은 후 행정청이 관계 법령에서 정한 절차 또는 형식을 갖추어 다시 동일한 행정처분을 하였다면 당해 행정처분은 종전의 무효인 행정처분과 관계없이 새로운 행정처분이라고 보아야 한다(대판 2014.3.13. 2012두1006).
⑤ (○) 거부처분 당시 존재하던 사유 중 처분사유와 다른 사유(기본적 사실관계의 동일성이 없는 사유)를 근거로 다시 거부처분을 하는 것이 가능하다.

043 행정소송의 판결에 관한 설명으로 옳은 것은? (다툼이 있으면 판례에 따름) 〈2017〉

① 피고 행정청이 없게 된 경우, 법원은 소송종료를 선언하여야 한다.
② 무효인 처분에 대해 취소소송이 제기된 경우, 법원은 취소판결을 할 수 있다.
③ 행정청이 처분을 취소 또는 변경함으로 인하여 청구가 각하 또는 기각된 경우, 소송비용은 패소자인 원고의 부담으로 한다.
④ 행정소송에 대한 대법원판결에 의하여 명령·규칙이 법률에 위반된다는 것이 확정된 경우, 대법원은 그 사유를 법무부장관에게 통보하여야 한다.
⑤ 취소판결에 의하여 권리 또는 이익의 침해를 받은 제3자가 그 확정판결에 대해 재심을 청구할 경우, 확정판결이 있음을 안 날로부터 90일 이내, 판결이 확정된 날로부터 1년 이내에 제기하여야 한다.

정답/해설 ②

① (×) 제14조 제6항

> **제14조(피고경정)**
> ⑥ 취소소송이 제기된 후에 제13조 제1항 단서 또는 제13조 제2항에 해당하는 사유가 생긴 때에는 법원은 당사자의 신청 또는 직권에 의하여 피고를 경정한다. 이 경우에는 제4항 및 제5항의 규정을 준용한다.

> **제13조(피고적격)**
> ② 제1항의 규정에 의한 행정청이 없게 된 때에는 그 처분등에 관한 사무가 귀속되는 국가 또는 공공단체를 피고로 한다.

② (○) 행정처분의 당연무효를 선언하는 의미에서 그 취소를 구하는 행정소송을 제기하는 경우에는 전치절차와 그 제소기간의 준수등 취소소송의 제소요건을 갖추어야 한다(대판 1987.6.9. 87누219).

③ (×)

> **제32조(소송비용의 부담)**
> 취소청구가 제28조의 규정에 의하여 기각되거나 행정청이 처분등을 취소 또는 변경함으로 인하여 청구가 각하 또는 기각된 경우에는 소송비용은 피고의 부담으로 한다.

④ (×)

> **제6조(명령·규칙의 위헌판결등 공고)**
> ① 행정소송에 대한 대법원판결에 의하여 명령·규칙이 헌법 또는 법률에 위반된다는 것이 확정된 경우에는 대법원은 지체없이 그 사유를 행정안전부장관에게 통보하여야 한다.

⑤ (×) 제31조 제1항, 제2항

> **제31조(제3자에 의한 재심청구)**
> ① 처분등을 취소하는 판결에 의하여 권리 또는 이익의 침해를 받은 제3자는 자기에게 책임없는 사유로 소송에 참가하지 못함으로써 판결의 결과에 영향을 미칠 공격 또는 방어방법을 제출하지 못한 때에는 이

> 를 이유로 확정된 종국판결에 대하여 재심의 청구를 할 수 있다.
> ② 제1항의 규정에 의한 청구는 확정판결이 있음을 안 날로부터 30일 이내, 판결이 확정된 날로부터 1년 이내에 제기하여야 한다.

044 과세처분에 대한 취소소송에서 판결의 기판력에 관한 설명으로 옳지 않은 것은? (다툼이 있으면 판례에 따름) 〈2017〉

① 기판력은 사실심변론종결시를 기준으로 하여 발생한다.

② 기판력은 과세처분의 위법성 존부에 관한 판단에 미친다.

③ 행정청을 피고로 하는 취소소송에 있어서의 기판력은 당해 과세처분이 귀속하는 국가 또는 지방자치단체에도 미친다.

④ 전소에서 기각판결이 확정된 경우, 그 과세처분의 무효확인을 구하는 후소에는 기판력이 미치지 않는다.

⑤ 전소의 확정판결의 존재를 원고가 후소의 사실심변론종결시까지 주장하지 않았더라도 후소의 상고심에서 새로이 이를 주장·입증할 수 있다.

정답/해설 ④

① (○) 과세처분무효확인소송의 경우 소송물은 권리 또는 법률관계의 존부 확인을 구하는 것이며, 이는 청구취지만으로 소송물의 동일성이 특정된다고 할 것이고 따라서 당사자가 청구원인에서 무효사유로 내세운 개개의 주장은 공격방어방법에 불과하다고 볼 것이며, 한편 확정된 종국판결은 그 기판력으로서 당사자가 사실심의 변론종결시를 기준으로 그때까지 제출하지 않은 공격방어방법은 그 뒤 다시 동일한 소송을 제기하여 이를 주장할 수 없다(대판 1992.2.25. 91누6108).

② (○) 취소판결의 기판력은 소송물로 된 행정처분의 위법성 존부에 관한 판단 그 자체에만 미치는 것이므로 전소와 후소가 그 소송물을 달리하는 경우에는 전소 확정판결의 기판력이 후소에 미치지 아니한다(대판 1996.4.26. 95누5820).

③ (○) 소송의 대상은 법주체(국가 또는 공공단체)여야 하지만 취소소송의 경우 편의상 처분청을 피고로 한 것에 불과하므로, 취소소송의 기판력은 당해 처분이 귀속하는 국가 또는 공공단체에도 미친다고 보아야 한다.

④ (×) 행정처분취소청구를 기각하는 판결이 확정되면 그 처분이 적법하다는 점에 관하여 기판력이 생기고 그 소의 원고뿐만 아니라 관계 행정기관도 이에 기속된다 할 것이므로 면직처분이 위법하지 아니하다는 점이 판결에서 확정된 이상 원고가 다시 이를 무효라 하여 그 무효확인을 소구할 수는 없다(대판 1992.12.8. 92누6891).

⑤ (○) 소송에서 다투어지고 있는 권리 또는 법률관계의 존부가 동일한 당사자 사이의 전소에서 이미 다루어져 이에 관한 확정판결이 있는 경우에 당사자는 이에 저촉되는 주장을 할 수 없고, 법원도 이에 저촉되는 판단을 할 수 없음은 물론, 위와 같은 확정판결의 존부는 당사자의 주장이 없더라도 법원이 이를 직권으로 조사하여 판단하지 않으면 안되고, 더 나아가 당사자

가 확정판결의 존재를 사실심 변론종결시까지 주장하지 아니하였더라도 상고심에서 새로이 이를 주장, 입증할 수 있는 것이다(대판 1989.10.10. 89누1308).

045 간접강제에 관한 설명으로 옳지 않은 것은? (다툼이 있으면 판례에 따름) 〈2017〉

① 간접강제는 판결의 기속력과 관련된다.
② 거부처분에 대한 무효확인판결이 확정되었음에도 행정청이 아무런 처분을 하지 않는 경우, 간접강제가 허용된다.
③ 거부처분에 대한 취소판결이 확정된 뒤 행정청이 재처분을 하였지만 그것이 취소판결의 기속력에 반하는 경우, 간접강제가 허용된다.
④ 간접강제신청은 제1심 수소법원에 하여야 한다.
⑤ 간접강제결정에서 정한 이행기간이 경과한 후에 재처분의무를 이행한 경우 처분상대방은 더 이상 배상금을 추심할 수 없다.

정답/해설 ②

① (○), ④ (○) 행정청이 제30조 제2항의 규정에 의한 처분을 하지 아니하는 때에는 제1심 수소법원은 당사자의 신청에 의하여 결정으로써 상당한 기간을 정하고 행정청이 그 기간내에 이행하지 아니하는 때에는 그 지연기간에 따라 일정한 배상을 할 것을 명하거나 즉시 손해배상을 할 것을 명할 수 있다(행정소송법 제34조 제1항).

② (×) 무효확인소송에서는 간접강제에 관한 조문(제34조)을 준용하지 않으며(제38조 제1항), 판례 역시 무효확인소송에 간접강제가 허용되지 않는다고 보고 있다.

③ (○) 거부처분에 대한 취소의 확정판결이 있음에도 행정청이 아무런 재처분을 하지 아니하거나, 재처분을 하였다 하더라도 그것이 종전 거부처분에 대한 취소의 확정판결의 기속력에 반하는 등으로 당연무효라면 이는 아무런 재처분을 하지 아니한 때와 마찬가지라 할 것이므로 이러한 경우에는 위 규정에 의한 간접강제신청에 필요한 요건을 갖춘 것으로 보아야 할 것이다(대결 2002.12.11. 2002무22).

⑤ (○) 행정소송법 제34조 소정의 간접강제결정에 기한 배상금은 거부처분취소판결이 확정된 경우 그 처분을 행한 행정청으로 하여금 확정판결의 취지에 따른 재처분의무의 이행을 확실히 담보하기 위한 것으로서, 확정판결의 취지에 따른 재처분의무내용의 불확정성과 그에 따른 재처분에의 해당 여부에 관한 쟁송으로 인하여 간접강제결정에서 정한 재처분의무의 기한 경과에 따른 배상금이 증가될 가능성이 자칫 행정청으로 하여금 인용처분을 강제하여 행정청의 재량권을 박탈하는 결과를 초래할 위험성이 있는 점 등을 감안하면, 이는 확정판결의 취지에 따른 재처분의 지연에 대한 제재나 손해배상이 아니고 재처분의 이행에 관한 심리적 강제수단에 불과한 것으로 보아야 하므로, 특별한 사정이 없는 한 간접강제결정에서 정한 의무이행기한이 경과한 후에라도 확정판결의 취지에 따른 재처분의 이행이 있으면 배상금을 추심함으로써 심리적 강제를 꾀할 목적이 상실되어 처분상대방이 더 이상 배상금을 추심하는 것은 허용되지 않는다(대판 2004.1.15. 2002두2444).

046 취소소송의 인용판결 중 일부취소에 관한 설명으로 옳지 않은 것은? (다툼이 있으면 판례에 따름) 〈2016〉

① 일부취소되는 부분은 분리가능하고 명확히 확정할 수 있어야 한다.
② 과세처분취소소송에서 정당한 부과금액을 확정할 수 있으면 그 금액을 초과하는 부분만을 취소하여야 한다.
③ 영업정지처분취소소송에서 일정기간의 영업정지가 정당하다고 판단되면 그 기간을 초과하는 부분만을 취소하여야 한다.
④ 개발부담금부과처분취소소송에서 정당한 부과금액을 산출할 수 없으면 그 전부를 취소하여야 한다.
⑤ 재량이 인정되는 과징금납부명령에 대한 취소소송에서 정당한 부과금액을 산출할 수 있어도 그 전부를 취소하여야 한다.

정답/해설 ③

① (O) 처분의 일부취소 가능성은 일부취소의 대상이 되는 부분이 분리취소가 가능성한지 여부에 따라 결정된다. 즉, 일부취소되는 부분이 분리가능하고, 명확히 확정할 수 있는 경우 일부취소가 가능하다.

② (O) 과세처분취소소송의 처분의 적법 여부는 과세액이 정당한 세액을 초과하느냐의 여부에 따라 판단되는 것으로서 당사자는 사실심 변론종결시까지 객관적인 조세채무액을 뒷받침하는 주장과 자료를 제출할 수 있고 이러한 자료에 의하여 적법하게 부과될 정당한 세액이 산출되는 때에는 그 정당한 세액을 초과하는 부분만 취소하여야 할 것이고 전부를 취소할 것이 아니다(대판 2000.6.13. 98두5811).

③ (×) 행정청이 영업정지처분을 함에 있어서 그 정지기간을 어느 정도로 할 것인지는 행정청의 재량권에 속하는 사항인 것이며, 다만 그것이 공익의 원칙이나 평등의 원칙 또는 비례의 원칙 등에 위반하여 재량권의 한계를 벗어난 재량권남용에 해당하는 경우에만 위법한 처분으로서 사법심사의 대상이 되는 것이나, 법원으로서는 영업정지처분이 재량권남용이라고 판단될 때에는 위법한 처분으로서 그 처분의 취소를 명할 수 있을 뿐이고, 재량권의 한계 내에서 어느 정도가 적정한 영업정지 기간인지를 가리는 일은 사법심사의 범위를 벗어나는 것이며, 그 권한 밖의 일이라고 할 것이다(대판 1982.9.28. 82누2).

④ (O) 개발부담금부과처분 취소소송에 있어 당사자가 제출한 자료에 의하여 적법하게 부과될 정당한 부과금액이 산출할 수 없을 경우에는 부과처분 전부를 취소할 수밖에 없으나, 그렇지 않은 경우에는 그 정당한 금액을 초과하는 부분만 취소하여야 한다(대판 2004.7.22. 2002두868).

⑤ (O) 자동차운수사업면허조건 등을 위반한 사업자에 대하여 행정청이 행정제재수단으로 사업 정지를 명할 것인지, 과징금을 부과할 것인지, 과징금을 부과키로 한다면 그 금액은 얼마로 할 것인지에 관하여 재량권이 부여되었다 할 것이므로 과징금 부과처분이 법이 정한 한도액을 초과하여 위법할 경우 법원으로서는 그 전부를 취소할 수밖에 없고, 그 한도액을 초과한 부분이나 법원이 적정하다고 인정되는 부분을 초과한 부분만을 취소할 수 없다(금 1,000,000원을 부과한 당해 처분 중 금 100,000원을 초과하는 부분은 재량권 일탈·남용으로 위법하다며 그 일부만을 취소한 원심판결을 파기한 사례)(대판 1998.4.10. 98두2270).

047 판결의 효력인 기속력에 관한 설명으로 옳은 것은? (다툼이 있으면 판례에 따름) 〈2016〉

① 당사자인 행정청을 기속하지만 그 밖의 관계행정청을 기속하지는 않는다.
② 종전 거부처분 후에 발생한 새로운 사유를 내세워 다시 하는 거부처분은 기속력의 내용으로서 재처분에 해당할 수 없다.
③ 기속력은 판결의 주문에만 미치고, 그 전제가 되는 처분 등의 구체적 위법사유에 관한 이유 중의 판단에 대하여는 미치지 않는다.
④ 기속력에 반하는 처분은 취소사유에 해당한다.
⑤ 거부처분이 절차의 하자를 이유로 취소된 경우, 처분청은 적법한 절차를 거쳐 다시 거부처분을 할 수 있다.

정답/해설 ⑤

① (×)

> 제30조(취소판결등의 기속력)
> ① 처분등을 취소하는 확정판결은 그 사건에 관하여 당사자인 행정청과 그 밖의 관계행정청을 기속한다.

② (×) 행정처분의 적법 여부는 그 행정처분이 행하여 진 때의 법령과 사실을 기준으로 하여 판단하는 것이므로 거부처분 후에 법령이 개정·시행된 경우에는 개정된 법령 및 허가기준을 새로운 사유로 들어 다시 이전의 신청에 대한 거부처분을 할 수 있으며 그러한 처분도 행정소송법 제30조 제2항에 규정된 재처분에 해당된다(대결 1998.1.7. 97두22).

③ (×) 행정소송법 제30조 제1항에 의하여 인정되는 취소소송에서 처분 등을 취소하는 확정판결의 기속력은 주로 판결의 실효성 확보를 위하여 인정되는 효력으로서 판결의 주문뿐만 아니라 그 전제가 되는 처분 등의 구체적 위법사유에 관한 이유 중의 판단에 대하여도 인정되고, 같은 조 제2항의 규정상 특히 거부처분에 대한 취소판결이 확정된 경우에는 그 처분을 행한 행정청은 판결의 취지에 따라 다시 처분을 하여야 할 의무를 부담하게 되므로, 취소소송에서 소송의 대상이 된 거부처분을 실체법상의 위법사유에 기하여 취소하는 판결이 확정된 경우에는 당해 거부처분을 한 행정청은 원칙적으로 신청을 인용하는 처분을 하여야 하고, 사실심 변론종결 이전의 사유를 내세워 다시 거부처분을 하는 것은 확정판결의 기속력에 저촉되어 허용되지 아니한다(대판 2001.3.23. 99두5238).

④ (×) 확정판결의 당사자인 처분행정청이 그 행정소송의 사실심 변론종결 이전의 사유를 내세워 다시 확정판결과 저촉되는 행정처분을 하는 것은 허용되지 않는 것으로서 이러한 행정처분은 그 하자가 중대하고도 명백한 것이어서 당연무효라 할 것이다(대판 1990.12.11. 90누3560).

⑤ (○) 절차상 또는 형식상 하자로 인하여 무효인 행정처분이 있은 후 행정청이 관계 법령에서 정한 절차 또는 형식을 갖추어 다시 동일한 행정처분을 하였다면 당해 행정처분은 종전의 무효인 행정처분과 관계없이 새로운 행정처분이라고 보아야 한다(대판 2014.3.13. 2012두1006).

048 다음 설명에 해당하는 행정소송법상 제도는? ⟨2016⟩

> 행정청이 거부처분취소판결의 취지에 따라 다시 처분을 하지 아니하는 때에는 제1심 수소법원은 당사자의 신청에 의하여 결정으로써 상당한 기간을 정하고 행정청이 그 기간내에 이행하지 아니하는 때에는 그 지연기간에 따라 일정한 배상을 할 것을 명하거나 즉시 손해배상을 할 것을 명할 수 있다.

① 행정강제   ② 국가배상   ③ 즉시강제
④ 직접강제   ⑤ 간접강제

정답/해설 ⑤

행정소송법 제34조의 간접강제를 말한다.

> **제34조(거부처분취소판결의 간접강제)**
> ① 행정청이 제30조 제2항의 규정에 의한 처분을 하지 아니하는 때에는 제1심수소법원은 당사자의 신청에 의하여 결정으로써 상당한 기간을 정하고 행정청이 그 기간내에 이행하지 아니하는 때에는 그 지연기간에 따라 일정한 배상을 할 것을 명하거나 즉시 손해배상을 할 것을 명할 수 있다.

049 사정판결에 관한 설명으로 옳은 것은? (다툼이 있으면 판례에 따름) ⟨2016⟩

① 무효등확인소송에서도 사정판결을 할 수 있다.
② 당사자의 명백한 주장이 없으면 법원이 직권으로 판단할 수 없다.
③ 공공복리를 위한 사정판결의 필요성은 처분시를 기준으로 판단한다.
④ 사정판결을 하는 법원은 그 판결의 주문에 그 처분의 위법함을 명시할 필요는 없다.
⑤ 사정판결을 하는 법원은 미리 원고가 그로 인하여 입게 될 손해의 정도와 배상방법 그 밖의 사정을 조사하여야 한다.

정답/해설 ⑤

① (×) 무효등확인소송에서는 사정판결에 관한 조문(행정소송법 제28조)을 준용하지 않는다.

> **제38조(준용규정)**
> ① 제9조, 제10조, 제13조 내지 제17조, 제19조, 제22조 내지 제26조, 제29조 내지 제31조 및 제33조의 규정은 무효등 확인소송의 경우에 준용한다.

② (×) 행정소송법 제28조 제1항 전단은 원고의 청구가 이유 있다고 인정하는 경우에도 처분등을 취소하는 것이 현저히 공공복리에 적합하지 아니하다고 인정하는 때에는 법원은 원고의 청구를 기각할 수 있다고 규정하고 있고 한편 같은 법 제26조는 법원은 필요하다고 인정할 때에는 직권으로 증거조사를 할 수 있고 당사자가 주장하지 아니한 사실에 대하여도 판단할 수 있다고 규정하고 있으므로 행정소송에 있어서 법원이 행정소송법 제28조 소정의 사정판결

을 할 필요가 있다고 인정하는 때에는 당사자의 명백한 주장이 없는 경우에도 일건기록에 나타난 사실을 기초로 하여 직권으로 사정판결을 할 수 있다고 풀이함이 상당하다 할 것이다(대판 1992.2.14. 90누9032).

③ (×) 피고가 위 건축불허가 처분당시에 위 처분이 위법하다고 하더라도 본건 구두변론 종결당시에는 이미 진주시 도시계획 재정비 결정으로 도시계획법 제21조에 의한 녹지지역으로 지정고시 되었는 만큼 동조의 규정에 의하면 녹지지역 내에서는 보건위생 또는 보안에 필요한 시설 및 녹지지역으로서의 효용을 해할 우려가 없는 용도에 공하는 건축물이 아니면 건축을 할 수 없다고 규정한 위 법조의 취지로 보아 본건 건축불허가 처분을 취소하는 것은 현저히 공공의 복리에 적합하지 아니하다고 인정되는 것인데도 불구하고 원심이 원고의 청구를 인용하였음은 행정소송법 제12조의 법리를 오해한 위법을 면치 못할 것이니 소론중 이 점에 관한 논지는 이유있다하여 관여법관의 일치한 의견으로 기타의 상고이유에 대한 판단을 생략하고 행정소송법 제14조, 민사소송법 제406조 제1항의 규정에 의하여 주문과 같이 판결한다(대판 1970.3.24. 69누29).

④ (×), ⑤ (○) 제28조

> **제28조(사정판결)**
> ① 원고의 청구가 이유있다고 인정하는 경우에도 처분등을 취소하는 것이 현저히 공공복리에 적합하지 아니하다고 인정하는 때에는 법원은 원고의 청구를 기각할 수 있다. 이 경우 법원은 그 판결의 주문에서 그 처분등이 위법함을 명시하여야 한다.
> ② 법원이 제1항의 규정에 의한 판결을 함에 있어서는 미리 원고가 그로 인하여 입게 될 손해의 정도와 배상방법 그 밖의 사정을 조사하여야 한다.

050 행정소송법상 다음 (   ) 안에 들어갈 내용을 바르게 나열한 것은? 〈2016〉

> 취소청구가 사정판결에 의하여 (ㄱ)되거나 행정청이 처분등을 취소 또는 변경함으로 인하여 청구가 (ㄴ)된 경우에는 소송비용은 피고의 부담으로 한다.

① ㄱ: 기각, ㄴ: 인용
② ㄱ: 인용, ㄴ: 인용
③ ㄱ: 기각, ㄴ: 각하 또는 기각
④ ㄱ: 각하, ㄴ: 각하 또는 기각
⑤ ㄱ: 인용, ㄴ: 각하 또는 기각

정답/해설 ③

> **제32조(소송비용의 부담)**
> 취소청구가 제28조의 규정에 의하여 기각되거나 행정청이 처분등을 취소 또는 변경함으로 인하여 청구가 각하 또는 기각된 경우에는 소송비용은 피고의 부담으로 한다.

051 행정소송상 판결의 기판력에 관한 설명으로 옳은 것은? (다툼이 있으면 판례에 따름) 〈2016〉
① 취소소송의 기각판결에는 기판력이 인정되지 않는다.
② 행정소송법은 기판력을 명시적으로 규정하고 있다.
③ 기판력은 판결이유에 설시된 그 전제가 되는 법률관계의 존부에까지 미친다.
④ 기판력은 소송물로 된 행정처분의 위법성 존부에 관한 판단 그 자체에만 미친다.
⑤ 기판력은 당해 처분이 귀속되는 국가 또는 공공단체에는 미치지 않는다.

정답/해설 ④

① (×) 기판력은 인용판결, 기각판결에 인정되는 효력이다.
② (×) 행정소송법에서는 기판력에 관한 명문 규정을 두지 않고 있다.
③ (×) 확정판결의 기판력은 그 판결의 주문에 포함된 것, 즉 소송물로 주장된 법률관계의 존부에 관한 판단의 결론 그 자체에만 미치는 것이고 판결이유에서 설시된 그 전제가 되는 법률관계의 존부에까지 미치는 것은 아니다(대판 2000.2.25. 99다55472).
④ (○) 취소판결의 기판력은 소송물로 된 행정처분의 위법성 존부에 관한 판단 그 자체에만 미치는 것이므로 전소와 후소가 그 소송물을 달리하는 경우에는 전소 확정판결의 기판력이 후소에 미치지 아니한다(대판 1996.4.26. 95누5820).
⑤ (×) 취소소송의 기판력은 당해 처분이 귀속하는 국가 또는 공공단체에도 미친다. 취소소송의 피고는 처분이 귀속하는 국가 또는 공공단체여야 하는 것이 원칙이나, 소송편의상 처분등을 행한 행정청을 피고로 한 것이기 때문이다.

052 취소소송과 관련하여 기속력이 인정되는 경우로만 묶인 것은? 〈2016〉
① 인용판결, 집행정지결정
② 각하판결, 기각판결
③ 인용판결, 기각판결
④ 각하판결, 인용판결
⑤ 기각판결, 집행정지결정

정답/해설 ①

① (○) 기속력은 인용판결에 인정되는 효력이며, 집행정지결정은 취소소송의 기속력에 관한 규정을 준용하고 있다(제23조 제6항).

> **제23조(집행정지)**
> ⑥ 제30조 제1항의 규정은 제2항의 규정에 의한 집행정지의 결정에 이를 준용한다.

② (×), ③ (×), ④ (×), ⑤ (×) 각하판결과 기각판결에는 기속력이 인정되지 않는다.

053 취소판결의 효력에 관한 설명으로 옳지 않은 것은? (다툼이 있으면 판례에 따름) 〈2015〉

① 처분등을 취소하는 확정판결은 그 사건에 관하여 관계 행정청을 기속한다.
② 기속력에 위반한 행정행위는 당연무효가 된다.
③ 기속력은 취소소송의 기각판결에는 인정되지 않는다.
④ 기속력은 판결의 주문뿐만 아니라 그 전제가 되는 처분등의 구체적 위법사유에 관한 이유 중의 판단에도 인정된다.
⑤ 취소판결의 기속력에 관한 규정은 당사자소송에는 준용되지 않는다.

정답/해설 ⑤

① (○)

> **제30조(취소판결등의 기속력)**
> ① 처분등을 취소하는 확정판결은 그 사건에 관하여 당사자인 행정청과 그 밖의 관계행정청을 기속한다.

② (○) 행정소송법 제30조 제1항, 제2항의 규정에 의하면 행정처분을 취소하는 확정판결은 그 사건에 의하면 행정처분을 취소하는 확정판결은 그 사건에 관하여 당사자인 행정청을 기속하고 판결에 의하여 취소되는 처분이 당사자인 행정청을 기속하고 판결에 의하여 취소되는 처분이 당사자의 신청을 거부하는 것을 내용으로 하는 경우에는 그 처분을 행한 행정청은 판결의 취지에 따라 다시 이전의 신청에 대한 처분을 하도록 되어 있으므로, 확정판결의 당사자인 처분행정청이 그 행정소송의 사실심 변론종결 이전의 사유를 내세워 다시 확정판결과 저촉되는 행정처분을 하는 것은 허용되지 않는 것으로서 이러한 행정처분은 그 하자가 중대하고도 명백한 것이어서 당연무효라 할 것이다(대판 1990.12.11. 90누3560).

③ (○) 기속력은 인용판결에만 인정되는 효력이다.

④ (○) 행정소송법 제30조 제1항에 의하여 인정되는 취소소송에서 처분 등을 취소하는 확정판결의 기속력은 주로 판결의 실효성 확보를 위하여 인정되는 효력으로서 판결의 주문뿐만 아니라 그 전제가 되는 처분 등의 구체적 위법사유에 관한 이유 중의 판단에 대하여도 인정되고, 같은 조 제2항의 규정상 특히 거부처분에 대한 취소판결이 확정된 경우에는 그 처분을 행한 행정청은 판결의 취지에 따라 다시 처분을 하여야 할 의무를 부담하게 되므로, 취소소송에서 소송의 대상이 된 거부처분을 실체법상의 위법사유에 기하여 취소하는 판결이 확정된 경우에는 당해 거부처분을 한 행정청은 원칙적으로 신청을 인용하는 처분을 하여야 하고, 사실심 변론종결 이전의 사유를 내세워 다시 거부처분을 하는 것은 확정판결의 기속력에 저촉되어 허용되지 아니한다(대판 2001.3.23. 99두5238).

⑤ (×) 당사자소송에서는 취소판결등의 기속력에 관한 조문(제30조 제1항)을 준용한다.

> **제44조(준용규정)**
> ① 제14조 내지 제17조, 제22조, 제25조, 제26조, 제30조 제1항, 제32조 및 제33조의 규정은 당사자소송의 경우에 준용한다.

054 행정소송법상 간접강제가 인정되는 소송을 모두 고른 것은? (다툼이 있으면 판례에 따름) 〈2015〉

| ㄱ. 부작위위법확인소송 | ㄴ. 무효등확인소송 |
| ㄷ. 당사자소송 | ㄹ. 공무원지위확인소송 |

① ㄱ ② ㄴ ③ ㄱ, ㄴ
④ ㄱ, ㄷ ⑤ ㄱ, ㄷ, ㄹ

정답/해설 ①

ㄱ (○) 부작위위법확인소송에서는 취소소송 간접강제에 관한 조문(제34조)을 준용한다.

> **제38조(준용규정)**
> ② 제9조, 제10조, 제13조 내지 제19조, 제20조, 제25조 내지 제27조, 제29조 내지 제31조, 제33조 및 제34조의 규정은 부작위위법확인소송의 경우에 준용한다.
>
> **제34조(거부처분취소판결의 간접강제)**
> ① 행정청이 제30조 제2항의 규정에 의한 처분을 하지 아니하는 때에는 제1심수소법원은 당사자의 신청에 의하여 결정으로써 상당한 기간을 정하고 행정청이 그 기간내에 이행하지 아니하는 때에는 그 지연기간에 따라 일정한 배상을 할 것을 명하거나 즉시 손해배상을 할 것을 명할 수 있다.
> ② 제33조와 민사집행법 제262조의 규정은 제1항의 경우에 준용한다.

ㄴ (×), ㄷ (×), ㄹ (×) 무효등확인소송, 당사자소송에서는 취소소송의 간접강제에 관한 조문(제34조)을 준용하지 않는다.
공무원지위확인소송은 당사자소송의 한 종류이다.

055 취소소송의 판결의 종류로서 옳지 않은 것은? (다툼이 있으면 판례에 따름) 〈2015〉

① 각하판결 ② 이행판결 ③ 기각판결
④ 인용판결 ⑤ 일부취소판결

정답/해설 ②

① (○), ③ (○), ④ (○), ⑤ (○) 취소소송에서 소송요건을 갖추지 못한 경우 각하판결을 하고, 소송요건을 갖춘 경우 본안심리를 한 후 본안청구가 이유가 없으면 기각판결, 이유가 있으면 인용판결을 한다. 또한 원고의 청구 중 일부가 이유있다고 인정되는 경우 일부취소판결을 할 수 있다.

② (×) 이행소송이 제기된 경우 소송을 인용하는 판결을 이행판결이라고 한다. 항고소송에서는 의무이행소송을 제기할 수 없으므로 이행판결이 나올 수 없다.

056 사정판결에 관한 설명으로 옳지 않은 것을 모두 고른 것은? (다툼이 있으면 판례에 따름) 〈2015〉

> ㄱ. 원고의 청구가 이유가 있음에도 공공복리를 위하여 청구를 기각하는 판결이다.
> ㄴ. 사정판결의 필요성 판단의 기준은 처분시가 된다.
> ㄷ. 사정판결은 공공복리를 위한 최종판결이므로 원고의 상소가 제한된다.
> ㄹ. 법원은 직권으로 증거조사를 하여 사정판결을 할 수 있다.

① ㄱ, ㄴ ② ㄴ, ㄷ ③ ㄷ, ㄹ ④ ㄱ, ㄴ, ㄷ ⑤ ㄴ, ㄷ, ㄹ

정답/해설 ②

ㄱ (○)

> **제28조(사정판결)**
> ① 원고의 청구가 이유있다고 인정하는 경우에도 처분등을 취소하는 것이 현저히 공공복리에 적합하지 아니하다고 인정하는 때에는 법원은 원고의 청구를 기각할 수 있다. 이 경우 법원은 그 판결의 주문에서 그 처분등이 위법함을 명시하여야 한다.

ㄴ (×) 피고가 위 건축불허가 처분당시에 위 처분이 위법하다고 하더라도 본건 구두변론 종결당시에는 이미 진주시 도시계획 재정비 결정으로 도시계획법 제21조에 의한 녹지지역으로 지정고시 되었는만큼 동조의 규정에 의하면 녹지지역내에서는 보건위생 또는 보안에 필요한 시설 및 녹지지역으로서의 효용을 해할 우려가 없는 용도에 공하는 건축물이 아니면 건축을 할 수 없다고 규정한 위 법조의 취지로 보아 본건 건축불허가 처분을 취소하는 것은 현저히 공공의 복리에 적합하지 아니하다고 인정되는 것인데도 불구하고 원심이 원고의 청구를 인용하였음은 행정소송법 제12조의 법리를 오해한 위법을 면치 못할 것이니 소론중 이 점에 관한 논지는 이유있다하여 관여법관의 일치한 의견으로 기타의 상고이유에 대한 판단을 생략하고 행정소송법 제14조, 민사소송법 제406조 제1항의 규정에 의하여 주문과 같이 판결한다(대판 1970.3.24. 69누29).

ㄷ (×) 사정판결은 취소소송의 판결의 종류 중 하나에 불과하므로 이에 불복하는 당사자(원고, 피고)는 상소하여 당해 판결을 다툴 수 있다.

ㄹ (○) 행정소송법 제26조, 제28조 제1항 전단의 각 규정에 비추어 행정소송에 있어서 법원이 사정판결을 할 필요가 있다고 인정하는 때에는 당사자의 명백한 주장이 없는 경우에도 일건 기록에 나타난 사실을 기초로 하여 **직권으로 사정판결을 할 수 있다**(대판 1992.2.14. 90누9032).

무효등확인소송

001 무효등 확인소송의 유형으로서 허용되지 않는 것은? (다툼이 있으면 판례에 따름) 〈2024〉

① 처분의 유효확인소송
② 처분의 작위의무확인소송
③ 행정심판 재결의 무효확인소송
④ 처분의 실효확인소송
⑤ 처분의 부존재확인소송

정답/해설 ②

무효등확인소송은 처분이나 재결에 대한 유효확인소송, 무효확인소송, 실효확인소송, 존재확인소송, 부존재확인소송이 있다.

002 甲은 X처분에 대해 무효확인소송을 제기하였다. 이에 관한 설명으로 옳은 것은? (다툼이 있으면 판례에 따름) 〈2024〉

① 법원은 X처분의 일부에 대해 무효확인판결을 할 수도 있다.
② 甲이 제기한 소송에 대해서는 민사소송에서의 '확인의 이익'이 요구된다.
③ 甲이 제기한 소송에 X처분의 취소청구를 선택적 청구로서 병합할 수 있다.
④ 甲이 제기한 소송에서 무효사유가 증명되지 아니하였다면 법원은 취소사유의 유무까지 심리할 필요는 없다.
⑤ X처분이 甲에 대한 처분이 아닌 경우 甲에게는 원고적격이 인정되지 않는다.

정답/해설 ①

① (○) 종합소득세의 부과처분에 있어서도 과세관청이 인정한 과세소득중 그 일부는 명백히 인정되나 그 나머지 소득은 인정할 만한 적법한 과세자료가 없는 경우에 이와 같이 허무의 과세소득을 오인한 하자가 객관적으로 명백하다면 종합소득세중 허무의 과세소득에 관한 부분은 당연무효라고 보아야 할 것이며 이러한 부과처분의 일부 무효확인청구를 배제할 이유가 없다(대판 1985.11.12. 84누250).

② (×) 행정소송은 행정청의 위법한 처분 등을 취소·변경하거나 그 효력 유무 또는 존재 여부를 확인함으로써 국민의 권리 또는 이익의 침해를 구제하고 공법상의 권리관계 또는 법 적용에 관한 다툼을 적정하게 해결함을 목적으로 하므로, 대등한 주체 사이의 사법상 생활관계에 관한 분쟁을 심판대상으로 하는 민사소송과는 목적, 취지 및 기능 등을 달리한다. 또한 행정소송법 제4조에서는 무효확인소송을 항고소송의 일종으로 규정하고 있고, 행정소송법 제38조 제1항에서는 처분 등을 취소하는 확정판결의 기속력 및 행정청의 재처분 의무에 관한 행정소

송법 제30조를 무효확인소송에도 준용하고 있으므로 무효확인판결 자체만으로도 실효성을 확보할 수 있다. 그리고 무효확인소송의 보충성을 규정하고 있는 외국의 일부 입법례와는 달리 우리나라 행정소송법에는 명문의 규정이 없어 이로 인한 명시적 제한이 존재하지 않는다. 이와 같은 사정을 비롯하여 행정에 대한 사법통제, 권익구제의 확대와 같은 행정소송의 기능 등을 종합하여 보면, 행정처분의 근거 법률에 의하여 보호되는 직접적이고 구체적인 이익이 있는 경우에는 행정소송법 제35조에 규정된 '무효확인을 구할 법률상 이익'이 있다고 보아야 하고, 이와 별도로 무효확인소송의 보충성이 요구되는 것은 아니므로 행정처분의 무효를 전제로 한 이행소송 등과 같은 직접적인 구제수단이 있는지 여부를 따질 필요가 없다고 해석함이 상당하다(대판 전합 2008.3.20. 2007두6342).

③ (×) 행정처분에 대한 무효확인과 취소청구는 서로 양립할 수 없는 청구로서 주위적·예비적 청구로서만 병합이 가능하고 선택적 청구로서의 병합이나 단순 병합은 허용되지 아니한다(대판 1999.8.20. 97누6889).

④ (×) 행정처분의 무효확인을 구하는 청구에는 특별한 사정이 없는 한 그 처분의 취소를 구하는 취지까지도 포함되어 있다고 볼 수는 있으나 위와 같은 경우에 취소청구를 인용하려면 먼저 취소를 구하는 항고소송으로서의 제소요건을 구비한 경우에 한한다(대판 1986.9.23. 85누838).

⑤ (×) 행정처분의 직접 상대방이 아닌 제3자라도 당해 행정처분의 취소를 구할 법률상의 이익이 있는 경우에는 원고적격이 인정된다고 할 것이나, 여기서 말하는 법률상 이익은 당해 처분의 근거 법률에 의하여 보호되는 직접적이고 구체적인 이익이 있는 경우를 말하고 다만 공익보호의 결과로 국민 일반이 공통적으로 가지는 추상적, 평균적, 일반적 이익과 같이 간접적이거나 사실적, 경제적 이해관계를 가지는 데 불과한 경우는 여기에 포함되지 않는다(대판 1999.12.7. 97누12556).

003 무효등 확인소송에 관한 설명으로 옳지 않은 것은? (다툼이 있으면 판례에 따름) 〈2023〉

① 행정처분에 대한 무효확인과 취소청구는 서로 양립할 수 없는 청구로서 주위적·예비적 청구로서만 병합이 가능하고 선택적 병합은 허용되지 않는다.
② 행정처분의 무효확인을 구하는 소에는 그 처분이 당연무효가 아니라면 그 취소를 구하는 취지도 포함되어 있는 것으로 볼 수 있다.
③ 무효확인소송의 전심절차로서 행정심판을 거친 경우에는 제소기간을 준수하여야 한다.
④ 취소소송의 집행정지에 관한 규정은 무효등 확인소송에도 준용된다.
⑤ 무효등 확인소송의 인용판결에 대해서는 제3자의 재심청구 규정이 준용된다.

정답/해설 ③

① (○) 행정처분에 대한 무효확인과 취소청구는 서로 양립할 수 없는 청구로서 주위적·예비적 청구로서만 병합이 가능하고 선택적 청구로서의 병합이나 단순 병합은 허용되지 아니한다(대판 1999.8.20. 97누6889).

② (○) 하자 있는 행정처분을 놓고 이를 무효로 볼 것인지 아니면 단순히 취소할 수 있는 처분으로 볼 것인지는 동일한 사실관계를 토대로 한 법률적 평가의 문제에 불과하고, 행정처분의 무효확인을 구하는 소에는 특단의 사정이 없는 한 그 취소를 구하는 취지도 포함되어 있다고 보아야 하는 점 등에 비추어 볼 때, 동일한 행정처분에 대하여 무효확인의 소를 제기하였다가 그 후 그 처분의 취소를 구하는 소를 추가적으로 병합한 경우, 주된 청구인 무효확인의 소가 적법한 제소기간 내에 제기되었다면 추가로 병합된 취소청구의 소도 적법하게 제기된 것으로 봄이 상당하다(대판 2005.12.23. 2005두3554).

③ (×) 무효확인소송에서는 취소소송의 제소기간 규정을 준용하지 않으므로 행정심판을 거쳤다고 하더라도 제소기간의 제한을 받지 않는다.

④ (○) 제38조 제1항(제23조 집행정지 준용)

⑤ (○) 제38조 제1항(제31조 제3자에 의한 재심청구 준용)

> **제38조(준용규정)**
> ① 제9조, 제10조, 제13조 내지 제17조, 제19조, 제22조 내지 제26조, 제29조 내지 제31조 및 제33조의 규정은 무효등 확인소송의 경우에 준용한다.
> ② 제9조, 제10조, 제13조 내지 제19조, 제20조, 제25조 내지 제27조, 제29조 내지 제31조, 제33조 및 제34조의 규정은 부작위법확인소송의 경우에 준용한다.

004 무효등 확인소송에 관한 설명으로 옳지 않은 것은? (다툼이 있으면 판례에 따름) 〈2023〉

① 행정청의 처분등의 효력 유무 또는 존재 여부를 확인하는 소송이다.

② 처분등의 실효확인소송은 무효등 확인소송의 일종이 아니다.

③ 무효확인소송의 제기는 처분등의 집행에 영향을 주지 아니한다.

④ 관련청구소송의 이송 및 병합의 규정은 무효등 확인소송의 경우에도 준용된다.

⑤ 거부처분에 대해 무효확인 판결이 내려진 경우에는 이에 대한 간접강제는 허용되지 않는다.

정답/해설 ②

① (○) 제4조 제2호

② (×) 행정청의 처분등의 효력 유무 또는 존재 여부를 확인하는 소송으로서 ① 유효확인소송 ② 무효확인소송 ③ 실효확인소송 ④ 존재확인소송 ⑤ 부존재확인소송이 있다.

③ (○) 제38조 제1항에서 집행정지(제23조) 규정을 준용하고 있으므로 집행부정지의 원칙이 적용된다.

④ (○) 제38조 제1항에서 관련청구소송의 이송 및 병합(제10조) 규정을 준용한다.

⑤ (○) 제38조 제1항에서 간접강제(제34조) 규정을 준용하지 않는다.

> **제4조(항고소송)**
> 항고소송은 다음과 같이 구분한다.

1. 취소소송: 행정청의 위법한 처분등을 취소 또는 변경하는 소송
2. 무효등 확인소송: 행정청의 처분등의 효력 유무 또는 존재여부를 확인하는 소송
3. 부작위위법확인소송: 행정청의 부작위가 위법하다는 것을 확인하는 소송

제38조(준용규정)
① 제9조, 제10조, 제13조 내지 제17조, 제19조, 제22조 내지 제26조, 제29조 내지 제31조 및 제33조의 규정은 무효등 확인소송의 경우에 준용한다.
② 제9조, 제10조, 제13조 내지 제19조, 제20조, 제25조 내지 제27조, 제29조 내지 제31조, 제33조 및 제34조의 규정은 부작위위법확인소송의 경우에 준용한다.

005 취소소송 규정의 준용에 관한 설명으로 옳지 않은 것은? 〈2023〉

① 피고적격은 당사자소송에는 준용되지 않는다.
② 제3자의 재심청구는 당사자소송에는 준용되지 않는다.
③ 제소기간의 제한은 당사자소송에는 준용되지 않는다.
④ 간접강제는 무효등 확인소송에 준용된다.
⑤ 행정심판과의 관계규정은 무효등 확인소송에는 준용되지 않는다.

정답/해설 ④
① (○) 당사자소송에서는 피고적격에 관하여 따로 규정하고 있다(제39조).
② (○) 제3자의 재심청구(제31조) 규정은 당사자소송에서 준용하지 않는다.
③ (○) 당사자소송에서는 제소기간에 관하여 따로 규정하고 있다(제41조).
④ (×) 간접강제(제34조)규정은 무효등확인소송에서 준용하지 않는다(제38조 제1항).
⑤ (○) 행정심판과의 관계(제18조)규정은 무효등확인소송에서 준용하지 않는다(제38조 제1항).

제38조(준용규정)
① 제9조, 제10조, 제13조 내지 제17조, 제19조, 제22조 내지 제26조, 제29조 내지 제31조 및 제33조의 규정은 무효등 확인소송의 경우에 준용한다.
② 제9조, 제10조, 제13조 내지 제19조, 제20조, 제25조 내지 제27조, 제29조 내지 제31조, 제33조 및 제34조의 규정은 부작위위법확인소송의 경우에 준용한다.

006 무효등 확인소송에 관한 설명으로 옳은 것은? (다툼이 있으면 판례에 따름) 〈2022〉

① 무효등 확인소송에서는 처분의 존재 여부가 심리의 대상이 될 수 없다.
② 작위의무확인소송은 무효등 확인소송의 일종으로 허용된다.
③ 무효확인소송에서는 그 제기요건으로 보충성이 요구되므로, 행정처분의 무효를 전제로 한 이행소송 등과 같은 직접적인 구제수단이 있는지 여부를 따질 필요가 있다.

④ 처분의 당연무효를 선언하는 의미에서 그 취소를 구하는 행정소송을 제기한 경우 제소기간의 제한이 없다.

⑤ 행정처분의 무효확인을 구하는 청구에는 특별한 사정이 없는 한 그 처분의 취소를 구하는 취지까지도 포함되어 있다고 볼 수 있다.

정답/해설 ⑤

① (×)

> **제4조(항고소송)**
> 항고소송은 다음과 같이 구분한다.
> 2. 무효등 확인소송: 행정청의 처분등의 효력 유무 또는 존재여부를 확인하는 소송

② (×) 행정청의 처분등의 효력 유무 또는 존재여부를 확인하는 소송으로서 ① 유효확인소송 ② 무효확인소송 ③ 실효확인소송 ④ 존재확인소송 ⑤ 부존재확인소송이 있다. 작위의무확인소송은 인정되지 않는다.

③ (×) 행정소송은 행정청의 위법한 처분 등을 취소·변경하거나 그 효력 유무 또는 존재 여부를 확인함으로써 국민의 권리 또는 이익의 침해를 구제하고 공법상의 권리관계 또는 법 적용에 관한 다툼을 적정하게 해결함을 목적으로 하므로, 대등한 주체 사이의 사법상 생활관계에 관한 분쟁을 심판대상으로 하는 민사소송과는 목적, 취지 및 기능 등을 달리한다. 또한 행정소송법 제4조에서는 무효확인소송을 항고소송의 일종으로 규정하고 있고, 행정소송법 제38조 제1항에서는 처분 등을 취소하는 확정판결의 기속력 및 행정청의 재처분 의무에 관한 행정소송법 제30조를 무효확인소송에도 준용하고 있으므로 무효확인판결 자체만으로도 실효성을 확보할 수 있다. 그리고 무효확인소송의 보충성을 규정하고 있는 외국의 일부 입법례와는 달리 우리나라 행정소송법에는 명문의 규정이 없어 이로 인한 명시적 제한이 존재하지 않는다. 이와 같은 사정을 비롯하여 행정에 대한 사법통제, 권익구제의 확대와 같은 행정소송의 기능 등을 종합하여 보면, 행정처분의 근거 법률에 의하여 보호되는 직접적이고 구체적인 이익이 있는 경우에는 행정소송법 제35조에 규정된 '무효확인을 구할 법률상 이익'이 있다고 보아야 하고, 이와 별도로 무효확인소송의 보충성이 요구되는 것은 아니므로 행정처분의 무효를 전제로 한 이행소송 등과 같은 직접적인 구제수단이 있는지 여부를 따질 필요가 없다고 해석함이 상당하다(대판 전합 2008.3.20. 2007두6342).

④ (×) 행정처분의 당연무효를 선언하는 의미에서 그 취소를 구하는 행정소송을 제기한 경우에도 제소기간의 준수등 취소소송의 제소요건을 갖추어야 하는 것이므로 원고가 주위적 청구로 이 사건 이의재결의 취소를 구하고 있는 이상 그 취지가 위 이의재결의 당연무효를 선언하는 의미에서 취소를 구하는 것이라 하더라도 토지수용법 제75조의2 소정의 제소기간을 준수하여야 할 것인데 기록에 의하면 원고는 당초 원재결의 취소를 구하는 행정소송을 제기하였다가 이 사건 이의신청에 대한 재결서를 받고서도 그때부터 1월이 훨씬 지난 뒤인 1990. 11. 1.에야 청구취지를 이의재결의 취소를 구하는 것으로 변경한 사실이 분명하므로 결국 이 사건 소송은 불변기간을 넘어서 제기된 것으로 부적법하고 그 흠결은 보정될 수 없는 것이라고 하겠다(대판 1993.3.12. 92누11039).

⑤ (○) 하자 있는 행정처분을 놓고 이를 무효로 볼 것인지 아니면 단순히 취소할 수 있는 처분으로 볼 것인지는 동일한 사실관계를 토대로 한 법률적 평가의 문제에 불과하고, **행정처분의 무효확인을 구하는 소에는 특단의 사정이 없는 한 그 취소를 구하는 취지도 포함되어 있다고 보아야 하는** 점 등에 비추어 볼 때, 동일한 행정처분에 대하여 무효확인의 소를 제기하였다가 그 후 그 처분의 취소를 구하는 소를 추가적으로 병합한 경우, 주된 청구인 무효확인의 소가 적법한 제소기간 내에 제기되었다면 추가로 병합된 취소청구의 소도 적법하게 제기된 것으로 봄이 상당하다(대판 2005.12.23. 2005두3554).

007 행정소송법상 준용규정에 관한 설명으로 옳지 않은 것은? 〈2022〉

① 행정소송에 관하여 행정소송법에 특별한 규정이 없는 사항에 대하여는 법원조직법과 민사소송법 및 민사집행법의 규정을 준용한다.
② 취소소송에 참가한 행정청에 대하여는 민사소송법 제76조(참가인의 소송행위)의 규정을 준용한다.
③ 취소소송에서의 소의 변경에 관한 규정(제21조)은 부작위위법확인소송을 취소소송으로 변경하는 경우에 준용한다.
④ 취소소송에서의 피고적격에 관한 규정은 무효등 확인소송의 경우에 준용한다.
⑤ 취소소송에서의 행정심판과의 관계에 관한 규정은 무효등 확인소송의 경우에 준용한다.

정답/해설 ⑤

① (○)

제8조(법적용예)
② 행정소송에 관하여 이 법에 특별한 규정이 없는 사항에 대하여는 법원조직법과 민사소송법 및 민사집행법의 규정을 준용한다.

② (○)

제17조(행정청의 소송참가)
③ 제1항의 규정에 의하여 소송에 참가한 행정청에 대하여는 민사소송법 제76조의 규정을 준용한다.

③ (○) 제37조, 제21조

제37조(소의 변경)
제21조의 규정은 무효등 확인소송이나 부작위위법확인소송을 취소소송 또는 당사자소송으로 변경하는 경우에 준용한다.

제21조(소의 변경)
① 법원은 취소소송을 당해 처분등에 관계되는 사무가 귀속하는 국가 또는 공공단체에 대한 당사자소송 또는 취소소송외의 항고소송으로 변경하는 것이 상당하다고 인정할 때에는 청구의 기초에 변경이 없는 한 사실심의 변론종결시까지 원고의 신청에 의하여 결정으로써 소의 변경을 허가할 수 있다.

② 제1항의 규정에 의한 허가를 하는 경우 피고를 달리하게 될 때에는 법원은 새로이 피고로 될 자의 의견을 들어야 한다.
③ 제1항의 규정에 의한 허가결정에 대하여는 즉시항고할 수 있다.
④ 제1항의 규정에 의한 허가결정에 대하여는 제14조 제2항·제4항 및 제5항의 규정을 준용한다.

④ (○) 제38조 제1항, 제13조

제38조(준용규정)
① 제9조, 제10조, 제13조 내지 제17조, 제19조, 제22조 내지 제26조, 제29조 내지 제31조 및 제33조의 규정은 무효등 확인소송의 경우에 준용한다.

제13조(피고적격)
① 취소소송은 다른 법률에 특별한 규정이 없는 한 그 처분등을 행한 행정청을 피고로 한다. 다만, 처분등이 있은 뒤에 그 처분등에 관계되는 권한이 다른 행정청에 승계된 때에는 이를 승계한 행정청을 피고로 한다.
② 제1항의 규정에 의한 행정청이 없게 된 때에는 그 처분등에 관한 사무가 귀속되는 국가 또는 공공단체를 피고로 한다.

⑤ (×) 제38조 제1항에서 제18조(행정심판과의 관계)를 준용하지 않는다.

제38조(준용규정)
① 제9조, 제10조, 제13조 내지 제17조, 제19조, 제22조 내지 제26조, 제29조 내지 제31조 및 제33조의 규정은 무효등 확인소송의 경우에 준용한다.

제18조(행정심판과의 관계)
① 취소소송은 법령의 규정에 의하여 당해 처분에 대한 행정심판을 제기할 수 있는 경우에도 이를 거치지 아니하고 제기할 수 있다. 다만, 다른 법률에 당해 처분에 대한 행정심판의 재결을 거치지 아니하면 취소소송을 제기할 수 없다는 규정이 있는 때에는 그러하지 아니하다.
② 제1항 단서의 경우에도 다음 각호의 1에 해당하는 사유가 있는 때에는 행정심판의 재결을 거치지 아니하고 취소소송을 제기할 수 있다.
  1. 행정심판청구가 있는 날로부터 60일이 지나도 재결이 없는 때
  2. 처분의 집행 또는 절차의 속행으로 생길 중대한 손해를 예방하여야 할 긴급한 필요가 있는 때
  3. 법령의 규정에 의한 행정심판기관이 의결 또는 재결을 하지 못할 사유가 있는 때
  4. 그 밖의 정당한 사유가 있는 때
③ 제1항 단서의 경우에 다음 각호의 1에 해당하는 사유가 있는 때에는 행정심판을 제기함이 없이 취소소송을 제기할 수 있다.
  1. 동종사건에 관하여 이미 행정심판의 기각재결이 있은 때
  2. 서로 내용상 관련되는 처분 또는 같은 목적을 위하여 단계적으로 진행되는 처분중 어느 하나가 이미 행정심판의 재결을 거친 때
  3. 행정청이 사실심의 변론종결후 소송의 대상인 처분을 변경하여 당해 변경된 처분에 관하여 소를 제기하는 때
  4. 처분을 행한 행정청이 행정심판을 거칠 필요가 없다고 잘못 알린 때
④ 제2항 및 제3항의 규정에 의한 사유는 이를 소명하여야 한다.

008 무효등 확인소송에 관한 설명으로 옳지 않은 것은? (다툼이 있으면 판례에 따름) 〈2021〉

① 무효등 확인소송은 행정청의 처분등의 효력 유무 또는 존재여부를 확인하는 소송이다.
② 무효등 확인소송을 취소소송 또는 당사자소송으로 변경하는 것이 가능하다.
③ 취소소송에서의 제3자에 의한 재심청구에 관한 규정은 무효등 확인소송에 준용된다.
④ 무효등 확인소송에서는 즉시확정의 이익이 요구된다.
⑤ 거부처분에 대하여 무효확인판결이 내려진 경우에는 이에 대한 간접강제는 허용되지 않는다.

정답/해설 ④

① (○)

> **제4조(항고소송)**
> 항고소송은 다음과 같이 구분한다.
> 2. 무효등 확인소송: 행정청의 처분등의 효력 유무 또는 존재여부를 확인하는 소송

② (○)

> **제37조(소의 변경)**
> 제21조의 규정은 무효등 확인소송이나 부작위위법확인소송을 취소소송 또는 당사자소송으로 변경하는 경우에 준용한다.

③ (○) 무효등확인소송에서는 제3자에 의한 재심청구에 관한 조문(제31조)을 준용한다(제38조 제1항).

> **제38조(준용규정)**
> ① 제9조, 제10조, 제13조 내지 제17조, 제19조, 제22조 내지 제26조, 제29조 내지 제31조 및 제33조의 규정은 무효등 확인소송의 경우에 준용한다.

④ (×) 행정소송은 행정청의 위법한 처분 등을 취소·변경하거나 그 효력 유무 또는 존재 여부를 확인함으로써 국민의 권리 또는 이익의 침해를 구제하고 공법상의 권리관계 또는 법 적용에 관한 다툼을 적정하게 해결함을 목적으로 하므로, 대등한 주체 사이의 사법상 생활관계에 관한 분쟁을 심판대상으로 하는 민사소송과는 목적, 취지 및 기능 등을 달리한다. 또한 행정소송법 제4조에서는 무효확인소송을 항고소송의 일종으로 규정하고 있고, 행정소송법 제38조 제1항에서는 처분 등을 취소하는 확정판결의 기속력 및 행정청의 재처분 의무에 관한 행정소송법 제30조를 무효확인소송에도 준용하고 있으므로 무효확인판결 자체만으로도 실효성을 확보할 수 있다. 그리고 무효확인소송의 보충성을 규정하고 있는 외국의 일부 입법례와는 달리 우리나라 행정소송법에는 명문의 규정이 없어 이로 인한 명시적 제한이 존재하지 않는다. 이와 같은 사정을 비롯하여 행정에 대한 사법통제, 권익구제의 확대와 같은 행정소송의 기능 등을 종합하여 보면, 행정처분의 근거 법률에 의하여 보호되는 직접적이고 구체적인 이익이 있는 경우에는 행정소송법 제35조에 규정된 '무효확인을 구할 법률상 이익'이 있다고 보아야 하고, 이와 별도로 무효확인소송의 보충성이 요구되는 것은 아니므로 행정처분의 무효를 전제로 한 이행소송 등과 같은 직접적인 구제수단이 있는지 여부를 따질 필요가 없다고 해석함이 상당하다(대판 전합 2008.3.20. 2007두6342).

⑤ (○) 행정소송법 제38조 제1항이 무효확인 판결에 관하여 취소판결에 관한 규정을 준용함에 있어서 같은 법 제30조 제2항을 준용한다고 규정하면서도 같은 법 제34조는 이를 준용한다는 규정을 두지 않고 있으므로, 행정처분에 대하여 무효확인 판결이 내려진 경우에는 그 행정처분이 거부처분인 경우에도 행정청에 판결의 취지에 따른 재처분의무가 인정될 뿐 그에 대하여 간접강제까지 허용되는 것은 아니라고 할 것이다(대결 1998.12.24. 98무37).

009 무효등확인소송에 관한 설명으로 옳지 않은 것은? (다툼이 있으면 판례에 따름) 〈2020〉

① 과세처분무효확인소송에서 당사자가 청구원인에서 무효사유로 내세운 개개의 주장은 공격방어방법에 불과하다.
② 무효등확인소송은 처분등의 효력 유무 또는 존재 여부의 확인을 구할 법률상 이익이 있는 자가 제기할 수 있다.
③ 과세처분의 취소소송에서 청구가 기각된 확정판결의 기판력은 다시 그 과세처분의 무효확인을 구하는 소송에도 미친다.
④ 무효등확인소송의 경우에 집행부정지원칙은 적용되지 아니한다.
⑤ 재결무효등확인소송의 경우 재결 자체에 고유한 위법이 있음을 이유로 하는 경우에 한한다.

정답/해설 ④

① (○) 과세처분무효확인소송의 경우 소송물은 권리 또는 법률관계의 존부 확인을 구하는 것이며, 이는 청구취지만으로 소송물의 동일성이 특정된다고 할 것이고 따라서 **당사자가 청구원인에서 무효사유로 내세운 개개의 주장은 공격방어방법에 불과하다고 볼 것이며**, 한편 확정된 종국판결은 그 기판력으로서 당사자가 사실심의 변론종결시를 기준으로 그때까지 제출하지 않은 공격방어방법은 그 뒤 다시 동일한 소송을 제기하여 이를 주장할 수 없다(대판 1992.2.25. 91누6108).

② (○)

> **제35조(무효등 확인소송의 원고적격)**
> 무효등 확인소송은 처분등의 효력 유무 또는 존재 여부의 확인을 구할 법률상 이익이 있는 자가 제기할 수 있다.

③ (○) 행정처분취소청구를 기각하는 판결이 확정되면 그 처분이 적법하다는 점에 관하여 기판력이 생기고 그 소의 원고뿐만 아니라 관계 행정기관도 이에 기속된다 할 것이므로 면직처분이 위법하지 아니하다는 점이 판결에서 확정된 이상 **원고가 다시 이를 무효라 하여 그 무효확인을 소구할 수는 없다**(대판 1992.12.8. 92누6891).
④ (×) 무효확인소송에서는 취소소송의 집행정지에 관한 조문(제23조)을 준용한다.
⑤ (○) 무효확인소송에서는 취소소송의 대상에 관한 조문(제19조)을 준용한다.

> **제38조(준용규정)**
> ① 제9조, 제10조, 제13조 내지 제17조, 제19조, 제22조 내지 제26조, 제29조 내지 제31조 및 제33조의 규정은 무효등 확인소송의 경우에 준용한다.

010 「행정소송법」상 취소소송에 관한 규정 중 무효등확인소송에 준용되지 않는 것은? 〈2020〉

① 공동소송
② 제3자에 의한 재심청구
③ 사정판결
④ 행정심판기록의 제출명령
⑤ 제3자의 소송참가

정답/해설 ③

무효등확인소송에서는 취소소송에 관한 조문 중 제11조(선결문제), 제12조(원고적격), 제18조(행정심판과의 관계), 제20조(제소기간), 제27조(재량처분의 취소), <u>제28조(사정판결)</u>, 제32조(소송비용의 부담), 제34조(거부처분취소판결의 간접강제)를 준용하지 않는다.

011 무효등확인소송에 관한 설명으로 옳지 않은 것은? (다툼이 있으면 판례에 따름) 〈2020〉

① 무효확인소송의 보충성은 요구되지 아니한다.
② 처분등의 효력유무를 민사소송의 수소법원이 선결문제로 심리·판단하는 경우에 행정청의 소송참가규정이 적용된다.
③ 행정처분이 무효인 사유는 피고에게 입증책임이 있다.
④ 처분등의 무효를 확인하는 확정판결은 그 사건에 관하여 당사자인 행정청과 그 밖의 관계행정청을 기속한다.
⑤ 집행행위의 개입 없이도 그 자체로서 직접 국민의 구체적인 권리의무에 영향을 미치는 조례는 무효확인소송의 대상이 된다.

정답/해설 ③

① (○) 행정소송은 행정청의 위법한 처분 등을 취소·변경하거나 그 효력 유무 또는 존재 여부를 확인함으로써 국민의 권리 또는 이익의 침해를 구제하고 공법상의 권리관계 또는 법 적용에 관한 다툼을 적정하게 해결함을 목적으로 하므로, 대등한 주체 사이의 사법상 생활관계에 관한 분쟁을 심판대상으로 하는 민사소송과는 목적, 취지 및 기능 등을 달리한다. 또한 행정소송법 제4조에서는 무효확인소송을 항고소송의 일종으로 규정하고 있고, 행정소송법 제38조 제1항에서는 처분 등을 취소하는 확정판결의 기속력 및 행정청의 재처분 의무에 관한 행정소송법 제30조를 무효확인소송에도 준용하고 있으므로 무효확인판결 자체만으로도 실효성을 확보할 수 있다. 그리고 무효확인소송의 보충성을 규정하고 있는 외국의 일부 입법례와는 달리 우리나라 행정소송법에는 명문의 규정이 없어 이로 인한 명시적 제한이 존재하지 않는다.

이와 같은 사정을 비롯하여 행정에 대한 사법통제, 권익구제의 확대와 같은 행정소송의 기능 등을 종합하여 보면, 행정처분의 근거 법률에 의하여 보호되는 직접적이고 구체적인 이익이 있는 경우에는 행정소송법 제35조에 규정된 '무효확인을 구할 법률상 이익'이 있다고 보아야 하고, 이와 별도로 무효확인소송의 보충성이 요구되는 것은 아니므로 행정처분의 무효를 전제로 한 이행소송 등과 같은 직접적인 구제수단이 있는지 여부를 따질 필요가 없다고 해석함이 상당하다(대판 전합 2008.3.20. 2007두6342).

② (○) 제11조 제1항에서 제17조(행정청의 소송참가)를 준용한다.

③ (×) 행정처분의 당연 무효를 주장하여 그 무효확인을 구하는 행정소송에 있어서는 원고에게 그 행정처분이 무효인 사유를 주장, 입증할 책임이 있다(대판 1992.3.10. 91누6030).

④ (○) 무효등확인소송에서는 취소소송의 기속력에 관한 조문(제30조 제1항)을 준용한다.

⑤ (○) 조례가 집행행위의 개입 없이도 그 자체로서 직접 국민의 구체적인 권리의무나 법적 이익에 영향을 미치는 등의 법률상 효과를 발생하는 경우 그 조례는 항고소송의 대상이 되는 행정처분에 해당하고, 이러한 조례에 대한 무효확인소송을 제기함에 있어서 행정소송법 제38조 제1항, 제13조에 의하여 피고적격이 있는 처분 등을 행한 행정청은, 행정주체인 지방자치단체 또는 지방자치단체의 내부적 의결기관으로서 지방자치단체의 의사를 외부에 표시한 권한이 없는 지방의회가 아니라, 지방자치단체의 집행기관으로서 조례로서의 효력을 발생시키는 공포권이 있는 지방자치단체의 장이다(대판 1996.9.20. 95누8003).

012 무효확인소송의 본안판단 사항에 해당하는 것은? 〈2019〉

① 제소기간 도과 여부
② 원고적격 인정 여부
③ 중대명백한 하자의 인정 여부
④ 대상적격 인정 여부
⑤ 권리보호필요성 인정 여부

정답/해설 ③

① (×) 무효확인소송에서는 제소기간의 제한이 없다.

② (×), ④ (×), ⑤ (×) 모두 무효확인소송의 소송요건에 해당한다.

③ (○) 무효확인소송의 본안판단사항은 처분에 무효사유가 있는지 여부이고 이를 판단하는 기준은 처분의 하자가 중대명백한지이다.

013 행정소송법상 무효등확인소송에 관한 설명으로 옳은 것은? (다툼이 있으면 판례에 따름) 〈2017〉

① 관련청구소송의 이송이 허용된다.
② 집행정지가 인정되지 않는다.
③ 즉시확정의 이익이 요구된다.
④ 피고는 언제나 그 처분등을 행한 행정청이다.
⑤ 제3자의 소송참가가 허용되지 않는다.

정답/해설 ①

① (○) 무효확인소송에서는 관련청구소송의 이송 규정을 준용하고 있다(행정소송법 제38조).
② (×) 무효확인소송에서는 집행정지 규정을 준용하고 있다(행정소송법 제38조).
③ (×) 행정소송은 행정청의 위법한 처분 등을 취소·변경하거나 그 효력 유무 또는 존재 여부를 확인함으로써 국민의 권리 또는 이익의 침해를 구제하고 공법상의 권리관계 또는 법 적용에 관한 다툼을 적정하게 해결함을 목적으로 하므로, 대등한 주체 사이의 사법상 생활관계에 관한 분쟁을 심판대상으로 하는 민사소송과는 목적, 취지 및 기능 등을 달리한다. 또한 행정소송법 제4조에서는 무효확인소송을 항고소송의 일종으로 규정하고 있고, 행정소송법 제38조 제1항에서는 처분 등을 취소하는 확정판결의 기속력 및 행정청의 재처분 의무에 관한 행정소송법 제30조를 무효확인소송에도 준용하고 있으므로 무효확인판결 자체만으로도 실효성을 확보할 수 있다. 그리고 무효확인소송의 보충성을 규정하고 있는 외국의 일부 입법례와는 달리 우리나라 행정소송법에는 명문의 규정이 없어 이로 인한 명시적 제한이 존재하지 않는다. 이와 같은 사정을 비롯하여 행정에 대한 사법통제, 권익구제의 확대와 같은 행정소송의 기능 등을 종합하여 보면, 행정처분의 근거 법률에 의하여 보호되는 직접적이고 구체적인 이익이 있는 경우에는 행정소송법 제35조에 규정된 '무효확인을 구할 법률상 이익'이 있다고 보아야 하고, 이와 별도로 무효확인소송의 보충성이 요구되는 것은 아니므로 행정처분의 무효를 전제로 한 이행소송 등과 같은 직접적인 구제수단이 있는지 여부를 따질 필요가 없다고 해석함이 상당하다(대판 전합 2008.3.20. 2007두6342).
④ (×) 피고는 '처분등을 행한 행정청'이 되는 것이 원칙이지만, 처분등에 관계되는 권한이 다른 행정청에 승계된 때에는 이를 승계한 행정청을 피고로 하며(행정소송법 제13조 제1항 단서), 처분등을 행한 행정청이 없게 된 때에는 처분등에 관한 사무가 귀속되는 국가 또는 공공단체를 피고로 한다(제13조 제2항).
⑤ (×) 무효확인소송에서는 제3자의 소송참가 규정(제16조)을 준용하고 있다(행정소송법 제38조).

> **제38조(준용규정)**
> ① 제9조, 제10조, 제13조 내지 제17조, 제19조, 제22조 내지 제26조, 제29조 내지 제31조 및 제33조의 규정은 무효등 확인소송의 경우에 준용한다.

014 무효등확인소송에 관한 설명으로 옳지 않은 것은? (다툼이 있으면 판례에 따름) 〈2016〉

① 유효확인소송은 무효등확인소송에 포함된다.
② 무효확인소송에서 처분이 무효인 사유를 주장·입증할 책임은 원고에게 있다.
③ 처분등의 효력 유무 또는 존재 여부의 확인을 구할 법률상 이익이 있는 자가 제기할 수 있다.
④ 작위의무확인소송은 무효등확인소송에 포함된다.
⑤ 무효등확인소송의 제기요건으로서 보충성이 요구되지 않는다.

정답/해설 ④

① (O) 무효등확인소송의 종류로는 존재확인소송, 부존재확인소송, 유효확인소송, 무효확인소송, 실효확인소송이 있다.

② (O) 행정처분의 당연 무효를 주장하여 그 무효확인을 구하는 행정소송에 있어서는 원고에게 그 행정처분이 무효인 사유를 주장, 입증할 책임이 있다(대판 1992.3.10. 91누6030).

③ (O)

> 제35조(무효등 확인소송의 원고적격)
> 무효등 확인소송은 처분등의 효력 유무 또는 존재 여부의 확인을 구할 법률상 이익이 있는 자가 제기할 수 있다.

④ (×) 피고 국가보훈처장 등에게, 독립운동가들에 대한 서훈추천권의 행사가 적정하지 아니하였으니 이를 바로잡아 다시 추천하고, 잘못 기술된 독립운동가의 활동상을 고쳐 독립운동사 등의 책자를 다시 편찬, 보급하고, 독립기념관 전시관의 해설문, 전시물 중 잘못된 부분을 고쳐 다시 전시 및 배치할 의무가 있음의 확인을 구하는 청구는 작위의무확인소송으로서 항고소송의 대상이 되지 아니한다(대판 1990.11.23. 90누3553).

⑤ (O) 행정소송은 행정청의 위법한 처분 등을 취소·변경하거나 그 효력 유무 또는 존재 여부를 확인함으로써 국민의 권리 또는 이익의 침해를 구제하고 공법상의 권리관계 또는 법 적용에 관한 다툼을 적정하게 해결함을 목적으로 하므로, 대등한 주체 사이의 사법상 생활관계에 관한 분쟁을 심판대상으로 하는 민사소송과는 목적, 취지 및 기능 등을 달리한다. 또한 행정소송법 제4조에서는 무효확인소송을 항고소송의 일종으로 규정하고 있고, 행정소송법 제38조 제1항에서는 처분 등을 취소하는 확정판결의 기속력 및 행정청의 재처분 의무에 관한 행정소송법 제30조를 무효확인소송에도 준용하고 있으므로 무효확인판결 자체만으로도 실효성을 확보할 수 있다. 그리고 무효확인소송의 보충성을 규정하고 있는 외국의 일부 입법례와는 달리 우리나라 행정소송법에는 명문의 규정이 없어 이로 인한 명시적 제한이 존재하지 않는다. 이와 같은 사정을 비롯하여 행정에 대한 사법통제, 권익구제의 확대와 같은 행정소송의 기능 등을 종합하여 보면, 행정처분의 근거 법률에 의하여 보호되는 직접적이고 구체적인 이익이 있는 경우에는 행정소송법 제35조에 규정된 '무효확인을 구할 법률상 이익'이 있다고 보아야 하고, 이와 별도로 무효확인소송의 보충성이 요구되는 것은 아니므로 행정처분의 무효를 전제로 한 이행소송 등과 같은 직접적인 구제수단이 있는지 여부를 따질 필요가 없다고 해석함이 상당하다(대판 전합 2008.3.20. 2007두6342).

015 무효등확인소송에서 취소소송 규정의 준용에 관한 설명으로 옳은 것은? 〈2016〉

① 취소판결의 기속력에 관한 규정은 준용되지만, 재처분의무에 따른 간접강제에 관한 규정은 준용되지 않는다.
② 무효등확인소송의 전심절차로서 행정심판을 거친 경우에는 제소기간의 규정이 준용된다.
③ 가처분이 이용될 수 있어, 집행정지의 규정이 준용되지 않는다.
④ 취소소송 대상에 관한 규정이 준용되지 않아 취소소송에 비하여 대상적격이 넓게 인정된다.
⑤ 피고적격에 관한 규정이 준용되지 않아, 무효등확인소송의 피고는 국가·공공단체 그 밖의 권리주체가 된다.

정답/해설 ①

무효등확인소송에서는 취소소송에 관한 조문 중 제9조(재판관할), 제10조(관련청구소송의 이송 및 병합), 제13조(피고적격), 제14조(피고경정), 제15조(공동소송), 제16조(제3자의 소송참가), 제17조(행정청의 소송참가), 제19조(취소소송의 대상), 제21조(소의 변경), 제22조(처분변경으로 인한 소의 변경), 제23조(집행정지), 제24조(집행정지의 취소), 제25조(행정심판기록의 제출명령), 제26조(직권심리), 제29조(취소판결등의 효력), 제30조(취소판결등의 기속력), 제31조(제3자에 의한 재심청구), 제33조(소송비용에 관한 재판의 효력)를 준용한다.

① (○) 취소판결의 기속력에 관한 규정(제30조): 준용함, 재처분의무에 따른 간접강제(제38조): 준용하지 않음
② (×) 제소기간에 관한 규정(제20조): 준용하지 않음
③ (×) 집행정지에 관한 규정(제23조): 준용함
④ (×) 대상적격에 관한 규정(제19조): 준용함
⑤ (×) 피고적격에 관한 규정(제13조): 준용함

> **제38조(준용규정)**
> ① 제9조, 제10조, 제13조 내지 제17조, 제19조, 제22조 내지 제26조, 제29조 내지 제31조 및 제33조의 규정은 무효등 확인소송의 경우에 준용한다.

016 무효확인소송에 관한 설명으로 옳은 것은? (다툼이 있으면 판례에 따름) 〈2015〉

① 무효확인소송에서는 원고가 그 처분의 취소를 구하지 않는다고 명백히 밝힌 경우에도 그 취소를 구하는 취지가 포함되어 있다고 보아야 한다.
② 필요적 행정심판전치주의는 무효확인소송에 적용된다.
③ 무효확인소송에는 사정판결이 인정된다.
④ 무효확인소송에는 보충성의 요건이 요구된다.
⑤ 동일한 처분에 대하여 무효확인청구를 주위적 청구로 하면서 취소청구를 예비적으로 병합할 수 있다.

정답/해설 ⑤

① (×) 행정처분의 무효 확인을 구하는 소에는 원고가 그 행정처분의 취소는 구하지 아니한다고 주장하고 있지 않는 이상, 그 처분이 만약 당연 무효가 아니라면, 그 취소를 구하는 취지도 포함되어 있다고 보아야 할 것인 바, 본건에 있어서 원고는 본건 행정처분의 취소는 구하지 아니한다고 주장하고 있지 아니할 뿐 아니라, 변론에서 원고는 본건 해제처분 통지서를 1966. 1. 22. 받고 동년 1. 26. 소청을 제기하였는데, 아직까지 재결이 없다고 설명한 것을 보면, 본건 행정처분의 취소청구도 포함되어 있다고 보아야 할 것임에도 불구하고, 원심이 본건 행정처분무효 확인청구에 관하여만 판단하고 그 취소 청구에 관하여는 아무런 심리 판단을 하지 아니하였음은 잘못이라 아니 할 수 없으므로 논지는 이유 있고, 원판결은 파기를 면치 못할 것이다(대판 1969.7.29. 66누108).

② (×), ③ (×) 무효확인소송에서는 행정심판전치주의에 관한 조문(제18조), 사정판결에 관한 조문(제28조)을 준용하지 않는다(제38조 제1항). 즉, 행정심판전치주의와 사정판결은 무효확인소송에서는 적용되지 않는다.

> **제38조(준용규정)**
> ① 제9조, 제10조, 제13조 내지 제17조, 제19조, 제22조 내지 제26조, 제29조 내지 제31조 및 제33조의 규정은 무효등 확인소송의 경우에 준용한다.

④ (×) 행정소송은 행정청의 위법한 처분 등을 취소·변경하거나 그 효력 유무 또는 존재 여부를 확인함으로써 국민의 권리 또는 이익의 침해를 구제하고 공법상의 권리관계 또는 법 적용에 관한 다툼을 적정하게 해결함을 목적으로 하므로, 대등한 주체 사이의 사법상 생활관계에 관한 분쟁을 심판대상으로 하는 민사소송과는 목적, 취지 및 기능 등을 달리한다. 또한 행정소송법 제4조에서는 무효확인소송을 항고소송의 일종으로 규정하고 있고, 행정소송법 제38조 제1항에서는 처분 등을 취소하는 확정판결의 기속력 및 행정청의 재처분 의무에 관한 행정소송법 제30조를 무효확인소송에도 준용하고 있으므로 무효확인판결 자체만으로도 실효성을 확보할 수 있다. 그리고 무효확인소송의 보충성을 규정하고 있는 외국의 일부 입법례와는 달리 우리나라 행정소송법에는 명문의 규정이 없어 이로 인한 명시적 제한이 존재하지 않는다. 이와 같은 사정을 비롯하여 행정에 대한 사법통제, 권익구제의 확대와 같은 행정소송의 기능 등을 종합하여 보면, 행정처분의 근거 법률에 의하여 보호되는 직접적이고 구체적인 이익이 있는 경우에는 행정소송법 제35조에 규정된 '무효확인을 구할 법률상 이익'이 있다고 보아야 하고, 이와 별도로 무효확인소송의 보충성이 요구되는 것은 아니므로 행정처분의 무효를 전제로 한 이행소송 등과 같은 직접적인 구제수단이 있는지 여부를 따질 필요가 없다고 해석함이 상당하다(대판 전합 2008.3.20. 2007두6342).

⑤ (○) 행정처분에 대한 무효확인과 취소청구는 서로 양립할 수 없는 청구로서 주위적·예비적 청구로서만 병합이 가능하고 선택적 청구로서의 병합이나 단순 병합은 허용되지 아니한다(대판 1999.8.20. 97누6889).

 **부작위위법확인소송**

001 부작위위법확인소송에 관한 설명으로 옳은 것은? (다툼이 있으면 판례에 따름) 〈2024〉
① 부작위위법확인소송의 대상인 부작위가 되기 위해서는 당사자의 신청은 내용적으로 적법한 것이어야 한다.
② 부작위위법확인소송이 적법하게 제기되었다면 소송계속 중 신청에 대한 거부처분이 있더라도 해당 소송은 적법하게 유지된다.
③ 행정입법 제정의무가 있는 경우 입법부작위도 부작위위법확인소송의 대상이 된다.
④ 부작위위법확인소송에는 처분변경으로 인한 소의 변경에 관한 「행정소송법」 제22조가 준용되지 않는다.
⑤ 부작위의 위법을 확인하는 법원의 판결이 확정되면 행정청은 원고의 신청대로 처분하여야 할 의무가 있다.

정답/해설 ④

① (×) 신청이 적법할 것을 요하지 않는다. 신청권자의 신청이 있는 경우 행정청은 충족 여부와 무관하게 응답의무를 지며 신청요건이 충족되지 않은 경우 행정절차법에 따라 보완을 명하여야 하고 보완을 하지 않는 경우 반려처분(거부처분)을 할 수 있기 때문이다.
② (×) 부작위위법확인의 소는 행정청이 국민의 법규상 또는 조리상의 권리에 기한 신청에 대하여 상당한 기간내에 그 신청을 인용하는 적극적 처분 또는 각하하거나 기각하는 등의 소극적 처분을 하여야 할 법률상의 응답의무가 있음에도 불구하고 이를 하지 아니하는 경우, 판결(사실심의 구두변론 종결)시를 기준으로 그 부작위의 위법을 확인함으로써 행정청의 응답을 신속하게 하여 부작위 내지 무응답이라고 하는 소극적인 위법상태를 제거하는 것을 목적으로 하는 것이고, 나아가 당해 판결의 구속력에 의하여 행정청에게 처분 등을 하게 하고 다시 당해 처분 등에 대하여 불복이 있는 때에는 그 처분 등을 다투게 함으로써 최종적으로는 국민의 권리이익을 보호하려는 제도이므로, 소제기의 전후를 통하여 판결시까지 행정청이 그 신청에 대하여 적극 또는 소극의 처분을 함으로써 부작위상태가 해소된 때에는 소의 이익을 상실하게 되어 당해 소는 각하를 면할 수가 없는 것이다(대판 1990.9.25. 89누4758).
③ (×) 행정소송은 구체적 사건에 대한 법률상 분쟁을 법에 의하여 해결함으로써 법적 안정을 기하자는 것이므로 부작위위법확인소송의 대상이 될 수 있는 것은 구체적 권리의무에 관한 분쟁이어야 하고 추상적인 법령에 관하여 제정의 여부 등은 그 자체로서 국민의 구체적인 권리의무에 직접적 변동을 초래하는 것이 아니어서 그 소송의 대상이 될 수 없다(대판 1992.5.8. 91누11261).
④ (○) 부작위위법확인소송에서는 취소소송의 처분변경으로 인한 소의 변경에 관한 조문(제22조)을 준용하지 않는다(제38조 제2항).
⑤ (×) 신청인이 피신청인을 상대로 제기한 부작위위법확인소송에서 신청인의 제2 예비적 청구

를 받아들이는 내용의 확정판결을 받았다. 그 판결의 취지는 피신청인이 신청인의 광주광역시 지방부이사관 승진임용신청에 대하여 아무런 조치를 취하지 아니하는 것 자체가 위법함을 확인하는 것일 뿐이다. 따라서 피신청인이 신청인을 승진임용하는 처분을 하는 경우는 물론이고, 승진임용을 거부하는 처분을 하는 경우에도 위 확정판결의 취지에 따른 처분을 하였다고 볼 것이다. 그런데 위 확정판결이 있은 후에 피신청인은 신청인의 승진임용을 거부하는 처분을 하였다. 따라서 결국 신청인의 이 사건 간접강제신청은 그에 필요한 요건을 갖추지 못하였다는 것이다(대결 2010.2.5. 2009무153).

002 부작위위법확인소송에 관한 설명으로 옳지 않은 것은? (다툼이 있으면 판례에 따름) 〈2023〉

① 행정청의 부작위가 위법하다는 것을 확인하는 항고소송이다.
② 부작위위법확인소송에서 인용판결의 기속력으로서 재처분의무는 신청에 따른 특정한 내용의 처분의무를 의미한다.
③ 당사자의 신청에 대한 행정청의 거부처분이 있는 경우에는 부작위위법확인소송은 허용되지 않는다.
④ 행정심판 등 전심절차를 거친 경우에는 행정소송법상 제소기간을 준수하여 소를 제기하여야 한다.
⑤ 행정청의 부작위가 위법하다는 것은 사실심의 구두변론종결시를 기준으로 확인한다.

정답/해설 ②

① (○) 제4조 제3호
② (×) 부작위위법확인의 소는 행정청이 국민의 법규상 또는 조리상의 권리에 기한 신청에 대하여 상당한 기간내에 그 신청을 인용하는 적극적 처분 또는 각하하거나 기각하는 등의 소극적 처분을 하여야 할 법률상의 응답의무가 있음에도 불구하고 이를 하지 아니하는 경우, 판결(사실심의 구두변론 종결)시를 기준으로 그 부작위의 위법을 확인함으로써 행정청의 응답을 신속하게 하여 부작위 내지 무응답이라고 하는 소극적인 위법상태를 제거하는 것을 목적으로 하는 것이고, 나아가 당해 판결의 구속력에 의하여 행정청에게 처분 등을 하게 하고 다시 당해 처분 등에 대하여 불복이 있는 때에는 그 처분 등을 다투게 함으로써 최종적으로는 국민의 권리이익을 보호하려는 제도이므로, 소제기의 전후를 통하여 판결시까지 행정청이 그 신청에 대하여 적극 또는 소극의 처분을 함으로써 부작위상태가 해소된 때에는 소의 이익을 상실하게 되어 당해 소는 각하를 면할 수가 없는 것이다(대판 1990.9.25. 89누4758).
③ (○) 변론종결시까지 처분청이 처분(거부처분 포함)을 한 경우에는 부작위상태가 해소되므로 소의 이익이 없게 된다.

부작위위법확인의 소는 행정청이 국민의 법규상 또는 조리상의 권리에 기한 신청에 대하여 상당한 기간내에 그 신청을 인용하는 적극적 처분 또는 각하하거나 기각하는 등의 소극적 처분을 하여야 할 법률상의 응답의무가 있음에도 불구하고 이를 하지 아니하는 경우, 판결(사실심의 구두변론 종결)시를 기준으로 그 부작위의 위법을 확인함으로써 행정청의 응답을 신속하게 하여 부작위 내지 무응답이라고 하는 소극적인 위법상태를 제거하는 것을 목적으로 하는 것이고, 나아가 당해 판결의 구속력에 의하여 행정청에게 처분 등을 하게 하고 다시 당해 처분 등에 대하여 불복이 있는 때에는 그 처분 등을 다투게 함으로써 최종적으로는 국민의 권리이익을 보호하려는 제도이므로, 소제기의 전후를 통하여 판결시까지 행정청이 그 신청에 대하여 적극 또는 소극의 처분을 함으로써 부작위상태가 해소된 때에는 소의 이익을 상실하게 되어 당해 소는 각하를 면할 수가 없는 것이다(대판 1990.9.25. 89누4758).

④ (○) 부작위위법확인의 소는 부작위상태가 계속되는 한 그 위법의 확인을 구할 이익이 있다고 보아야 하므로 원칙적으로 제소기간의 제한을 받지 않는다. 그러나 행정소송법 제38조 제2항이 제소기간을 규정한 같은 법 제20조를 부작위위법확인소송에 준용하고 있는 점에 비추어 보면, 행정심판 등 전심절차를 거친 경우에는 행정소송법 제20조가 정한 제소기간 내에 부작위위법확인의 소를 제기하여야 한다(대판 2009.7.23. 2008두10560).

⑤ (○) 부작위위법확인의 소는 행정청이 국민의 법규상 또는 조리상의 권리에 기한 신청에 대하여 상당한 기간내에 그 신청을 인용하는 적극적 처분 또는 각하거나 기각하는 등의 소극적 처분을 하여야 할 법률상의 응답의무가 있음에도 불구하고 이를 하지 아니하는 경우, 판결(사실심의 구두변론 종결)시를 기준으로 그 부작위의 위법을 확인함으로써 행정청의 응답을 신속하게 하여 부작위 내지 무응답이라고 하는 소극적인 위법상태를 제거하는 것을 목적으로 하는 것이고, 나아가 당해 판결의 구속력에 의하여 행정청에게 처분 등을 하게 하고 다시 당해 처분 등에 대하여 불복이 있는 때에는 그 처분 등을 다투게 함으로써 최종적으로는 국민의 권리이익을 보호하려는 제도이므로, 소제기의 전후를 통하여 판결시까지 행정청이 그 신청에 대하여 적극 또는 소극의 처분을 함으로써 부작위상태가 해소된 때에는 소의 이익을 상실하게 되어 당해 소는 각하를 면할 수가 없는 것이다(대판 1990.9.25. 89누4758).

> **제4조(항고소송)**
> 항고소송은 다음과 같이 구분한다.
> 1. 취소소송: 행정청의 위법한 처분등을 취소 또는 변경하는 소송
> 2. 무효등 확인소송: 행정청의 처분등의 효력 유무 또는 존재여부를 확인하는 소송
> 3. 부작위위법확인소송: 행정청의 부작위가 위법하다는 것을 확인하는 소송

003 부작위위법확인소송에 관한 설명으로 옳지 않은 것은? (다툼이 있으면 판례에 따름) 〈2022〉

① 취소소송의 직권심리에 관한 규정은 부작위위법확인소송에 준용된다.
② 행정청의 응답을 신속하게 하여 부작위 내지 무응답이라는 소극적 위법상태 제거를 목적으로 한다.
③ 소제기의 전후를 통하여 판결시까지 행정청이 신청에 대하여 소극의 처분을 하여 부작위상태가 해소된 때에는 소의 이익을 상실하게 된다.
④ 행정심판 등 전심절차를 거친 경우 제소기간의 제한을 받지 않는다.
⑤ 부작위란 행정청이 당사자의 신청에 대하여 상당한 기간내에 일정한 처분을 하여야 할 법률상 의무가 있음에도 불구하고 이를 하지 아니하는 것을 말한다.

정답/해설 ④

① (○) 제38조 제2항에서 제26조(직권심리) 조문을 준용한다.

> 제38조(준용규정)
> ② 제9조, 제10조, 제13조 내지 제19조, 제20조, 제25조 내지 제27조, 제29조 내지 제31조, 제33조 및 제34조의 규정은 부작위법확인소송의 경우에 준용한다.

② (○), ③ (○) 부작위법확인의 소는 행정청이 국민의 법규상 또는 조리상의 권리에 기한 신청에 대하여 상당한 기간내에 그 신청을 인용하는 적극적 처분 또는 각하하거나 기각하는 등의 소극적 처분을 하여야 할 법률상의 응답의무가 있음에도 불구하고 이를 하지 아니하는 경우, 판결(사실심의 구두변론 종결)시를 기준으로 그 부작위의 위법을 확인함으로써 행정청의 응답을 신속하게 하여 부작위 내지 무응답이라고 하는 소극적인 위법상태를 제거하는 것을 목적으로 하는 것이고, 나아가 당해 판결의 구속력에 의하여 행정청에게 처분 등을 하게 하고 다시 당해 처분 등에 대하여 불복이 있는 때에는 그 처분 등을 다투게 함으로써 최종적으로는 국민의 권리이익을 보호하려는 제도이므로, 소제기의 전후를 통하여 판결시까지 행정청이 그 신청에 대하여 적극 또는 소극의 처분을 함으로써 부작위상태가 해소된 때에는 소의 이익을 상실하게 되어 당해 소는 각하를 면할 수가 없는 것이다(대판 1990.9.25. 89누4758).

④ (×) 부작위법확인의 소는 부작위상태가 계속되는 한 그 위법의 확인을 구할 이익이 있다고 보아야 하므로 원칙적으로 제소기간의 제한을 받지 않는다. 그러나 행정소송법 제38조 제2항이 제소기간을 규정한 같은 법 제20조를 부작위법확인소송에 준용하고 있는 점에 비추어 보면, 행정심판 등 전심절차를 거친 경우에는 행정소송법 제20조가 정한 제소기간 내에 부작위법확인의 소를 제기하여야 한다(대판 2009.7.23. 2008두10560).

⑤ (○) 제2조 제1항 제2호

> 제2조(정의)
> ① 이 법에서 사용하는 용어의 정의는 다음과 같다.
> 2. "부작위"라 함은 행정청이 당사자의 신청에 대하여 상당한 기간내에 일정한 처분을 하여야 할 법률상 의무가 있음에도 불구하고 이를 하지 아니하는 것을 말한다.

004 부작위법확인소송에 관한 설명으로 옳지 않은 것은? (다툼이 있으면 판례에 따름) 〈2021〉

① 신청권의 존부는 본안판단의 문제이다.
② 부작위법확인소송은 행정청의 부작위가 위법하다는 것을 확인하는 소송이므로 부작위법확인소송으로는 작위의무확인을 구할 수 없다.
③ 부작위법확인소송은 처분의 신청을 한 자로서 부작위의 위법의 확인을 구할 법률상 이익이 있는 자만이 제기할 수 있다.
④ 부작위법확인소송의 계속중 당사자소송으로 소의 변경이 가능하다.
⑤ 부작위란 행정청이 당사자의 신청에 대하여 상당한 기간 내에 일정한 처분을 하여야 할 법률상 의무가 있음에도 불구하고 이를 하지 아니하는 것을 말한다.

정답/해설 ①

① (×) 행정소송법 제4조 제3호가 정하는 부작위위법확인의 소는 행정청이 당사자의 법규상 또는 조리상의 권리에 기한 신청에 대하여 상당한 기간 내에 신청을 인용하는 적극적 처분 또는 각하하거나 기각하는 등의 소극적 처분을 하여야 할 법률상 응답의무가 있음에도 불구하고 이를 하지 아니하는 경우 그 부작위가 위법하다는 것을 확인함으로써 행정청의 응답을 신속하게 하여 부작위 또는 무응답이라고 하는 소극적 위법상태를 제거하는 것을 목적으로 하는 제도이고, 이러한 소송은 처분의 신청을 한 자로서 부작위가 위법하다는 확인을 구할 법률상의 이익이 있는 자만이 제기 할 수 있는 것이므로, 당사자가 행정청에 대하여 어떠한 행정처분을 하여 줄 것을 요청할 수 있는 법규상 또는 조리상의 권리를 갖고 있지 아니하거나 부작위의 위법확인을 구할 법률상의 이익이 없는 경우에는 항고소송의 대상이 되는 위법한 부작위가 있다고 볼 수 없거나 원고적격이 없어 그 부작위위법확인의 소는 부적법하다(대판 2000.2.25. 99두11455).

② (○) 행정심판법 제4조 제3호가 의무이행심판청구를 인정하고 있고 항고소송의 제1심 관할법원이 행정청의 소재지를 관할하는 고등법원으로 되어 있다고 하더라도, 행정소송법상 행정청의 부작위에 대하여는 부작위위법확인소송만 인정되고 작위의무의 이행이나 확인을 구하는 행정소송은 허용될 수 없다(대판 1992.11.10. 92누1629).

③ (○)

> **제36조(부작위위법확인소송의 원고적격)**
> 부작위위법확인소송은 처분의 신청을 한 자로서 부작위의 위법의 확인을 구할 법률상 이익이 있는 자만이 제기할 수 있다.

④ (○)

> **제37조(소의 변경)**
> 제21조의 규정은 무효등 확인소송이나 부작위위법확인소송을 취소소송 또는 당사자소송으로 변경하는 경우에 준용한다.

⑤ (○)

> **제2조(정의)**
> ① 이 법에서 사용하는 용어의 정의는 다음과 같다.
>   2. "부작위"라 함은 행정청이 당사자의 신청에 대하여 상당한 기간내에 일정한 처분을 하여야 할 법률상 의무가 있음에도 불구하고 이를 하지 아니하는 것을 말한다.

005 행정소송법상 취소소송에 관한 규정 중 부작위위법확인소송에 준용되지 않는 것은? 〈2021〉

① 집행정지
② 소송비용에 관한 재판의 효력
③ 직권심리
④ 행정심판기록의 제출명령
⑤ 관련청구소송의 이송·병합

정답/해설 ①

부작위위법확인소송에서는 취소소송에 관한 조문 중 제11조(선결문제), 제12조(원고적격), 제22조(처분변경으로 인한 소의 변경), 제23조(집행정지), 제24조(집행정지의 취소), 제28조(사정판결), 제32조(소송비용의 부담)를 준용하지 않는다.

006 부작위위법확인소송에 관한 설명으로 옳지 않은 것은? (다툼이 있으면 판례에 따름) 〈2021〉

① 당사자의 신청은 반드시 내용상 적법하여야 한다.
② 상당한 기간이 경과하도록 아무런 처분이 없을 때 부작위는 위법한 것이 된다.
③ 부작위는 행정청이 어떠한 처분을 하여야 할 법률상 의무가 있음에도 행정청이 처분을 하지 않는 경우에 성립하게 된다.
④ 거부처분의 경우 부작위위법확인소송은 적법하지 않다.
⑤ 소제기 이후 판결시까지 행정청이 그 신청에 대하여 적극 또는 소극의 처분을 함으로써 부작위상태가 해소되면 대상적격은 상실하게 된다.

정답/해설 ①

① (×) 신청이 적법할 것을 요하지 않는다. 신청권자의 신청이 있는 경우 행정청은 충족 여부와 무관하게 응답의무를 지며 신청요건이 충족되지 않은 경우 행정절차법에 따라 보완을 명하여야 하고 보완을 하지 않는 경우 반려처분(거부처분)을 할 수 있기 때문이다.
② (○) 통상 필요한 '상당한 기간'을 경과한 경우에는 원칙적으로 행정청의 부작위는 위법한 것이 되고, 다만 위 기간 경과를 정당화할 만한 특단의 사정이 있는 경우에는 그 위법을 면한다(서울행법 2008.12.26. 2008구합30663).
③ (○)

> **제2조(정의)**
> ① 이 법에서 사용하는 용어의 정의는 다음과 같다.
>   2. "부작위"라 함은 행정청이 당사자의 신청에 대하여 상당한 기간내에 일정한 처분을 하여야 할 법률상 의무가 있음에도 불구하고 이를 하지 아니하는 것을 말한다.

④ (○), ⑤ (○) 변론종결시까지 처분청이 처분(거부처분 포함)을 한 경우에는 부작위상태가 해소되므로 소의 이익이 없게 된다. 부작위위법확인의 소는 행정청이 국민의 법규상 또는 조리상의 권리에 기한 신청에 대하여 상당한 기간내에 그 신청을 인용하는 적극적 처분 또는 각하하거나 기각하는 등의 소극적 처분을 하여야 할 법률상의 응답의무가 있음에도 불구하고 이를 하지 아니하는 경우, 판결(사실심의 구두변론 종결)시를 기준으로 그 부작위의 위법을 확인함으로써 행정청의 응답을 신속하게 하여 부작위 내지 무응답이라고 하는 소극적인 위법상태를 제거하는 것을 목적으로 하는 것이고, 나아가 당해 판결의 구속력에 의하여 행정청에게 처분 등을 하게 하고 다시 당해 처분 등에 대하여 불복이 있는 때에는 그 처분 등을 다투게 함으로써 최종적으로는 국민의 권리이익을 보호하려는 제도이므로, 소제기의 전후를 통하여 판결시

까지 행정청이 그 신청에 대하여 적극 또는 소극의 처분을 함으로써 부작위상태가 해소된 때에는 소의 이익을 상실하게 되어 당해 소는 각하를 면할 수가 없는 것이다(대판 1990.9.25. 89누4758).

007 부작위위법확인판결이 확정된 경우에 그 효력에 관한 설명으로 옳지 않은 것은? (다툼이 있으면 판례에 따름) 〈2021〉

① 제3자에 대하여도 효력이 있다.
② 그 사건에 관하여 당사자인 행정청과 그 밖의 관계행정청을 기속한다.
③ 행정청은 판결의 취지에 따라 다시 이전의 신청에 대한 처분을 하여야 한다.
④ 행정청이 이전에 신청한 내용대로 처분을 하지 아니하는 경우에 법원은 상당한 기간을 정하고 그 기간 내에 이행하지 아니하는 때에는 배상금을 명할 수 있다.
⑤ 제3자에 의한 재심청구는 확정판결이 있음을 안 날로부터 30일 이내, 판결이 확정된 날로부터 1년 이내에 제기하여야 한다.

정답/해설 ④

① (○) 부작위위법확인소송에서 취소판결등의 효력 중 제3자효에 관한 조문(제29조 제1항)을 준용한다.
② (○), ③ (○) 부작위위법확인소송에서 취소판결등의 기속력에 관한 조문(제30조)을 준용한다.
④ (×) 신청인이 피신청인을 상대로 제기한 부작위위법확인소송에서 신청인의 제2 예비적 청구를 받아들이는 내용의 확정판결을 받았다. 그 판결의 취지는 피신청인이 신청인의 광주광역시 지방부이사관 승진임용신청에 대하여 아무런 조치를 취하지 아니하는 것 자체가 위법함을 확인하는 것일 뿐이다. 따라서 피신청인이 신청인을 승진임용하는 처분을 하는 경우는 물론이고, 승진임용을 거부하는 처분을 하는 경우에도 위 확정판결의 취지에 따른 처분을 하였다고 볼 것이다. 그런데 위 확정판결이 있은 후에 피신청인은 신청인의 승진임용을 거부하는 처분을 하였다. 따라서 결국 신청인의 이 사건 간접강제신청은 그에 필요한 요건을 갖추지 못하였다는 것이다(대결 2010.2.5. 2009무153).
⑤ (○) 부작위위법확인소송에서 제3자에 의한 재심청구에 관한 조문(제31조 제2항)을 준용한다.

008 부작위위법확인소송에 관한 설명으로 옳은 것은?(다툼이 있으면 판례에 따름) 〈2020〉

① 부작위의 전제가 되는 작위의무의 확인을 구하는 소송은 항고소송으로서 허용된다.
② 검사의 불기소처분에 대하여 부작위위법확인소송을 제기할 수 있다.
③ 추상적인 법령의 제정 여부에 관한 분쟁은 부작위위법확인소송의 대상이 될 수 있다.
④ 기관소송으로써 부작위의 위법의 확인을 구하는 소송에는 그 성질에 반하지 아니하는 한 부작위위법확인소송에 관한 규정을 준용한다.

⑤ 형사본안사건에서 무죄가 선고되어 확정됨에 따라 압수물의 환부를 피압수자가 신청하였는데 검사가 아무런 결정이나 통지를 하지 않고 있으면 그와 같은 검사의 부작위는 부작위위법확인소송의 대상이 될 수 있다.

정답/해설 ④

① (×) 행정심판법 제4조 제3호가 의무이행심판청구를 인정하고 있고 항고소송의 제1심 관할법원이 행정청의 소재지를 관할하는 고등법원으로 되어 있다고 하더라도, 행정소송법상 행정청의 부작위에 대하여는 부작위위법확인소송만 인정되고 작위의무의 이행이나 확인을 구하는 행정소송은 허용될 수 없다(대판 1992.11.10. 92누1629).

② (×) '처분'이란 행정소송법상 항고소송의 대상이 되는 처분을 의미하는 것으로서, 행정소송법 제2조의 처분의 개념 정의에는 해당한다고 하더라도 그 처분의 근거 법률에서 행정소송 이외의 다른 절차에 의하여 불복할 것을 예정하고 있는 처분은 항고소송의 대상이 될 수 없다. 검사의 불기소결정에 대해서는 검찰청법에 의한 항고와 재항고, 형사소송법에 의한 재정신청에 의해서만 불복할 수 있는 것이므로, 이에 대해서는 행정소송법상 항고소송을 제기할 수 없다(대판 2018.9.28. 2017두47465).

③ (×) 행정소송은 구체적 사건에 대한 법률상 분쟁을 법에 의하여 해결함으로써 법적 안정을 기하자는 것이므로 부작위위법확인소송의 대상이 될 수 있는 것은 구체적 권리의무에 관한 분쟁이어야 하고 추상적인 법령에 관하여 제정의 여부 등은 그 자체로서 국민의 구체적인 권리의무에 직접적 변동을 초래하는 것이 아니어서 그 소송의 대상이 될 수 없다(대판 1992.5.8. 91누11261).

④ (○)

> **제46조(준용규정)**
> ② 민중소송 또는 기관소송으로서 처분등의 효력 유무 또는 존재 여부나 부작위의 위법의 확인을 구하는 소송에는 그 성질에 반하지 아니하는 한 각각 무효등 확인소송 또는 부작위위법확인소송에 관한 규정을 준용한다.

⑤ (×) 형사본안사건에서 무죄가 선고되어 확정되었다면 형사소송법 제332조 규정에 따라 검사가 압수물을 제출자나 소유자 기타 권리자에게 환부하여야 할 의무가 당연히 발생한 것이고, 권리자의 환부신청에 대한 검사의 환부결정 등 어떤 처분에 의하여 비로소 환부의무가 발생하는 것은 아니므로 압수가 해제된 것으로 간주된 압수물에 대하여 피압수자나 기타 권리자가 민사소송으로 그 반환을 구함은 별론으로 하고 검사가 피압수자의 압수물 환부신청에 대하여 아무런 결정이나 통지도 하지 아니하고 있다고 하더라도 그와 같은 부작위는 현행 행정소송법상의 부작위위법확인소송의 대상이 되지 아니한다(대판 1995.3.10. 94누14018).

009 부작위위법확인소송에 관한 설명으로 옳지 않은 것은? (다툼이 있으면 판례에 따름) 〈2020〉

① 부작위위법의 확인을 구하는 취지의 행정심판을 거친 경우 「행정소송법」 제20조가 정한 제소기간 내에 부작위위법확인의 소를 제기하여야 하는 것은 아니다.
② 사정판결이 인정되지 않는다.
③ 집행정지가 인정되지 않는다.
④ 부작위위법확인소송의 계속중 소극적 처분이 있게 되면 그 부작위위법확인소송은 소의 이익을 잃는다.
⑤ 부작위의 직접상대방이 아닌 제3자라도 부작위위법확인을 받을 법률상의 이익이 있는 경우에는 원고적격이 인정된다.

정답/해설 ①

① (×) 부작위위법확인의 소는 부작위상태가 계속되는 한 그 위법의 확인을 구할 이익이 있다고 보아야 하므로 원칙적으로 제소기간의 제한을 받지 않는다. 그러나 행정소송법 제38조 제2항이 제소기간을 규정한 같은 법 제20조를 부작위위법확인소송에 준용하고 있는 점에 비추어 보면, 행정심판 등 전심절차를 거친 경우에는 행정소송법 제20조가 정한 제소기간 내에 부작위위법확인의 소를 제기하여야 한다(대판 2009.7.23. 2008두10560).
② (○) 부작위위법확인소송에서는 취소소송의 사정판결에 관한 조문(제28조)을 준용하지 않는다.
③ (○) 부작위위법확인소송에서는 취소소송의 집행정지에 관한 조문(제23조)을 준용하지 않는다.
④ (○) 부작위위법확인의 소는 행정청이 국민의 법규상 또는 조리상의 권리에 기한 신청에 대하여 상당한 기간 내에 그 신청을 인용하는 적극적 처분 또는 각하하거나 기각하는 등의 소극적 처분을 하여야 할 법률상의 응답의무가 있음에도 불구하고 이를 하지 아니하는 경우, 판결(사실심의 구두변론 종결)시를 기준으로 그 부작위의 위법을 확인함으로써 행정청의 응답을 신속하게 하여 부작위 내지 무응답이라고 하는 소극적인 위법상태를 제거하는 것을 목적으로 하는 것이고, 나아가 당해 판결의 구속력에 의하여 행정청에게 처분 등을 하게 하고 다시 당해 처분 등에 대하여 불복이 있는 때에는 그 처분 등을 다투게 함으로써 최종적으로는 국민의 권리이익을 보호하려는 제도이므로, 소제기의 전후를 통하여 판결시까지 행정청이 그 신청에 대하여 적극 또는 소극의 처분을 함으로써 부작위상태가 해소된 때에는 소의 이익을 상실하게 되어 당해 소는 각하를 면할 수가 없는 것이다(대판 1990.9.25. 89누4758).
⑤ (○) 행정소송법상 취소소송이나 부작위위법확인소송에 있어서는 당해 행정처분 또는 부작위의 직접상대방이 아닌 제3자라 하더라도 그 처분의 취소 또는 부작위위법확인을 받을 법률상의 이익이 있는 경우에는 원고적격이 인정되나 여기서 말하는 법률상의 이익은 그 처분 또는 부작위의 근거법률에 의하여 보호되는 직접적이고 구체적인 이익을 말하고, 간접적이거나 사실적, 경제적 관계를 가지는데 불과한 경우는 포함되지 않는다(대판 1989.5.23. 88누8135).

010 부작위위법확인소송에 관한 설명으로 옳지 않은 것은? (다툼이 있으면 판례에 따름) 〈2020〉

① 「행정소송법」상의 부작위의 개념상 전제되는 의무는 법률상 의무일 필요는 없다.
② 부작위위법 여부의 판단 기준시는 사실심의 구두변론종결시로서 판결시이다.
③ 부작위위법확인소송은 부작위 내지 무응답이라고 하는 소극적인 위법상태를 제거하는 것을 목적으로 한다.
④ 부작위위법확인소송의 청구를 인용하는 판결이 확정된 경우 행정청은 거부처분을 하여도 처분의무를 이행한 것이 된다.
⑤ 부작위가 위법함을 확인하는 확정판결은 제3자에 대하여도 효력이 있다.

정답/해설 ①

① (×)

> **제2조(정의)**
> ① 이 법에서 사용하는 용어의 정의는 다음과 같다.
>   2. "부작위"라 함은 행정청이 당사자의 신청에 대하여 상당한 기간내에 일정한 처분을 하여야 할 법률상 의무가 있음에도 불구하고 이를 하지 아니하는 것을 말한다.

② (○), ③ (○), ④ (○) 부작위위법확인의 소는 행정청이 국민의 법규상 또는 조리상의 권리에 기한 신청에 대하여 상당한 기간내에 그 신청을 인용하는 적극적 처분 또는 각하하거나 기각하는 등의 소극적 처분을 하여야 할 법률상의 응답의무가 있음에도 불구하고 이를 하지 아니하는 경우, 판결(사실심의 구두변론 종결)시를 기준으로 그 부작위의 위법을 확인함으로써 행정청의 응답을 신속하게 하여 부작위 내지 무응답이라고 하는 소극적 위법상태를 제거하는 것을 목적으로 하는 것이고, 나아가 당해 판결의 구속력에 의하여 행정청에게 처분 등을 하게 하고 다시 당해 처분 등에 대하여 불복이 있는 때에는 그 처분 등을 다투게 함으로써 최종적으로는 국민의 권리이익을 보호하려는 제도이므로, 소제기의 전후를 통하여 판결시까지 행정청이 그 신청에 대하여 적극 또는 소극의 처분을 함으로써 부작위상태가 해소된 때에는 소의 이익을 상실하게 되어 당해 소는 각하를 면할 수가 없는 것이다(대판 1990.9.25. 89누4758).
⑤ (○) 부작위위법확인소송에서는 취소판결등의 효력에 관한 조문(제29조 제1항)을 준용한다(제38조 제2항).

011 판례상 항고소송에 관한 설명으로 옳은 것은? ⟨2018⟩

① 국토이용계획과 관련한 지방자치단체의 장의 기관위임사무의 처리에 관하여 국가가 지방자치단체의 장을 상대로 한 취소소송은 허용된다.
② 처분청이 그 처분에 관하여 행한 행정심판위원회의 인용재결에 대하여 제기한 항고소송은 허용된다.
③ 구(舊)「자연환경보전법」에 따라 1등급 권역의 인근 주민들이 갖는 생활환경상 이익은 법률상 이익이다.
④ 기존 목욕장영업장 부근에 신설 영업장을 허가한 경우 기존 영업자는 허가처분의 취소소송을 제기할 법률상 이익이 있다.
⑤ 당사자가 행정청에 어떠한 행정행위를 요구할 수 있는 법규상 또는 조리상 권리를 갖지 않는 경우 그 행정행위에 대한 부작위위법확인의 소는 허용되지 않는다.

정답/해설 ⑤

① (×) 건설교통부장관은 지방자치단체의 장이 기관위임사무인 국토이용계획 사무를 처리함에 있어 자신과 의견이 다를 경우 행정협의조정위원회에 협의·조정 신청을 하여 그 협의·조정 결정에 따라 의견불일치를 해소할 수 있고, 법원에 의한 판결을 받지 않고서도 행정권한의 위임 및 위탁에 관한 규정이나 구 지방자치법에서 정하고 있는 지도·감독을 통하여 직접 지방자치단체의 장의 사무처리에 대하여 시정명령을 발하고 그 사무처리를 취소 또는 정지할 수 있으며, 지방자치단체의 장에게 기간을 정하여 직무이행명령을 하고 지방자치단체의 장이 이를 이행하지 아니할 때에는 직접 필요한 조치를 할 수도 있으므로, 국가가 국토이용계획과 관련한 지방자치단체의 장의 기관위임사무의 처리에 관하여 지방자치단체의 장을 상대로 취소소송을 제기하는 것은 허용되지 않는다(대판 2007.9.20. 2005두6935).

② (×) 행정심판법 제37조 제1항은 "재결은 피청구인인 행정청과 그 밖의 관계행정청을 기속한다"고 규정하였고, 이에 따라 처분행정청은 재결에 기속되어 재결의 취지에 따른 처분의무를 부담하게 되므로 이에 불복하여 행정소송을 제기할 수 없다 할 것이다(대판 1998.5.8. 97누15432).

③ (×) 생태·자연도는 토지이용 및 개발계획의 수립이나 시행에 활용하여 자연환경을 체계적으로 보전·관리하기 위한 것일 뿐, 1등급 권역의 인근 주민들이 가지는 생활상 이익을 직접적이고 구체적으로 보호하기 위한 것이 아님이 명백하고, 1등급 권역의 인근 주민들이 가지는 이익은 환경보호라는 공공의 이익이 달성됨에 따라 반사적으로 얻게 되는 이익에 불과하므로, 인근 주민에 불과한 甲은 생태·자연도 등급권역을 1등급에서 일부는 2등급으로, 일부는 3등급으로 변경한 결정의 무효 확인을 구할 원고적격이 없다고 본 원심판단을 수긍한 사례(대판 2014.2.21. 2011두29052).

④ (×) 원고에 대한 공중목욕장업 경영 허가는 경찰금지의 해제로 인한 영업자유의 회복이라고 볼 것이므로 이 영업의 자유는 법률이 직접 공중목욕장업 피허가자의 이익을 보호함을 목적으로 한 경우에 해당되는 것이 아니고 법률이 공중위생이라는 공공의 복리를 보호하는 결과로서 영업의 자유가 제한되므로 인하여 간접적으로 관계자인 영업자유의 제한이 해제된 피허가자에게 이익을 부여하게 되는 경우에 해당되는 것이고 거리의 제한과 같은 위의 시행세칙이나 도지사의 지시가 모두 무효인 이상 원고가 이 사건 허가처분에 의하여 목욕장업에 의한 이

익이 사실상 감소된다하여도 이 불이익은 본건 허가처분의 단순한 사실상의 반사적 결과에 불과하고 이로 말미암아 원고의 권리를 침해하는 것이라고는 할 수 없음으로 원고는 피고의 피고 보조참가인에 대한 이 사건 목욕장업허가처분에 대하여 그 취소를 소구할 수 있는 법률상 이익이 없다할 것이다(대판 1963.8.31. 63누101).

⑤ (○) 행정소송법 제4조 제3호에 규정된 부작위 위법확인의 소는 행정청이 당사자의 법규상 또는 조리상의 권리에 기한 신청을 받고서, 그 신청에 대하여 인용, 각하, 기각하는 등의 처분을 하여야 할 법률상의 의무가 있음에도 불구하고 이를 하지 아니하는 경우에 그 부작위가 위법하다는 것을 확인함으로써 행정청의 응답을 신속하게 하여 부작위 또는 무응답이라고 하는 소극적 위법상태를 제거하는 것을 목적으로 하는 제도이고, 이러한 소송은 처분의 신청을 한 자로서 부작위가 위법하다는 확인을 구할 법률상의 이익이 있는 자만이 제기할 수 있으므로, 당사자가 이러한 행정처분을 하여 줄 것을 요청할 수 있는 법규상 또는 조리상의 권리를 갖고 있지 아니하거나 부작위 위법의 확인을 구할 법률상 이익이 없는 경우에는 항고소송의 대상이 되는 <u>위법한 부작위가 있다고 볼 수 없거나 원고적격이 없어 부작위 위법확인의 소는 부적법하다</u>(대결 1996.5.14. 96누1634).

012 판례상 부작위위법확인소송에 관한 설명으로 옳은 것은? 〈2018〉

① 행정청의 부작위에 대한 제3자는 법률상 이익이 있는 경우에도 원고적격을 갖지 못한다.
② 검사가 피압수자의 압수물 환부신청에 대하여 아무런 결정이나 통지도 하지 않는 부작위는 부작위위법확인소송의 대상이 된다.
③ 부작위위법확인의 소제기 후 판결시까지 행정청이 신청에 대한 거부처분을 한 경우에 소의 이익은 상실되지 않는다.
④ 독립운동자들에 대한 국가보훈처장의 보상급여의무의 확인을 구하는 청구는 부작위위법확인소송의 대상이 된다.
⑤ 행정심판 등 전심절차를 거친 경우에는 「행정소송법」 제20조의 제소기간 내에 부작위위법확인의 소를 제기하여야 한다.

정답/해설 ⑤

① (×) 행정소송법 제36조는 부작위의 위법의 확인을 구할 법률상 이익이 있는 자가 부작위위법확인소송을 제기할 수 있다고 규정하고 있으므로, 법률상 이익의 유무가 부작위위법확인소송의 원고적격을 결정하는 기준이 된다.
② (×) 형사본안사건에서 <u>무죄가 선고되어 확정되었다면 형사소송법 제332조 규정에 따라 검사가 압수물을 제출자나 소유자 기타 권리자에게 환부하여야 할 의무가 당연히 발생한 것이고, 권리자의 환부신청에 대한 검사의 환부결정 등 어떤 처분에 의하여 비로소 환부의무가 발생하는 것은 아니므로</u> 압수가 해제된 것으로 간주된 압수물에 대하여 피압수자나 기타 권리자가 민사소송으로 그 반환을 구함은 별론으로 하고 검사가 피압수자의 압수물 환부신청에 대하여 아무런 결정이나 통지도 하지 아니하고 있다고 하더라도 그와 같은 부작위는 현행 행정소송법상의 부작위위법확인소송의 대상이 되지 아니한다(대판 1995.3.10. 94누14018).

③ (×) 부작위위법확인의 소는 행정청이 국민의 법규상 또는 조리상의 권리에 기한 신청에 대하여 상당한 기간내에 그 신청을 인용하는 적극적 처분 또는 각하하거나 기각하는 등의 소극적 처분을 하여야 할 법률상의 응답의무가 있음에도 불구하고 이를 하지 아니하는 경우, 판결(사실심의 구두변론 종결)시를 기준으로 그 부작위의 위법을 확인함으로써 행정청의 응답을 신속하게 하여 부작위 내지 무응답이라고 하는 소극적인 위법상태를 제거하는 것을 목적으로 하는 것이고, 나아가 당해 판결의 구속력에 의하여 행정청에게 처분 등을 하게 하고 다시 당해 처분 등에 대하여 불복이 있는 때에는 그 처분 등을 다투게 함으로써 최종적으로는 국민의 권리이익을 보호하려는 제도이므로, 소제기의 전후를 통하여 판결시까지 행정청이 그 신청에 대하여 적극 또는 소극의 처분을 함으로써 부작위상태가 해소된 때에는 소의 이익을 상실하게 되어 당해 소는 각하를 면할 수가 없는 것이다(대판 1990.9.25. 89누4758).

④ (×) 국가보훈처장 발행 서적의 독립투쟁에 관한 내용을 시정하여 관보에 그 뜻을 표명하여야 할 의무 및 독립운동단체 소속의 독립운동자들에게 법률 소정의 보상급여의무의 확인을 구하는 청구는 작위의무 확인소송으로서 항고소송의 대상이 되지 아니한다(대판 1989.1.24. 88누3116).

⑤ (○) 부작위위법확인의 소는 부작위상태가 계속되는 한 그 위법의 확인을 구할 이익이 있다고 보아야 하므로 원칙적으로 제소기간의 제한을 받지 않는다. 그러나 행정소송법 제38조 제2항이 제소기간을 규정한 같은 법 제20조를 부작위위법확인소송에 준용하고 있는 점에 비추어 보면, 행정심판 등 전심절차를 거친 경우에는 행정소송법 제20조가 정한 제소기간 내에 부작위위법확인의 소를 제기하여야 한다(대판 2009.7.23. 2008두10560).

013 부작위위법확인소송에 관한 설명으로 옳지 않은 것은? 〈2018〉

① 부작위가 성립하기 위해서는 당사자에게 법규상 혹은 조리상 신청권이 있어야 한다.
② 처분에 대한 신청이 없으면 부작위위법확인소송의 대상이 되는 부작위가 아니다.
③ 집행정지에 관한 규정은 준용된다.
④ 신청에 대한 거부처분은 행정청의 부작위에 해당하지 않는다.
⑤ 사정판결에 관한 규정은 준용되지 않는다.

정답/해설 ③

① (○), ② (○) 행정소송법 제4조 제3호가 정하는 부작위위법확인의 소는 행정청이 당사자의 법규상 또는 조리상의 권리에 기한 신청에 대하여 상당한 기간 내에 신청을 인용하는 적극적 처분 또는 각하하거나 기각하는 등의 소극적 처분을 하여야 할 법률상 응답의무가 있음에도 불구하고 이를 하지 아니하는 경우 그 부작위가 위법하다는 것을 확인함으로써 행정청의 응답을 신속하게 하여 부작위 또는 무응답이라고 하는 소극적 위법상태를 제거하는 것을 목적으로 하는 제도이고, 이러한 소송은 처분의 신청을 한 자로서 부작위가 위법하다는 확인을 구할 법률상의 이익이 있는 자만이 제기할 수 있는 것이므로, 당사자가 행정청에 대하여 어떠한 행정처분을 하여 줄 것을 요청할 수 있는 법규상 또는 조리상의 권리를 갖고 있지 아니하거나 부작위의 위법확인을 구할 법률상의 이익이 없는 경우에는 항고소송의 대상이 되는 위법한 부작위가 있다고 볼 수 없거나 원고적격이 없어 그 부작위위법확인의 소는 부적법하다(대판 2000.2.25. 99

두11455).

③ (×) 부작위위법확인소송에서는 취소소송의 집행정지에 관한 조문(제23조)을 준용하지 않는다.

④ (○) 당사자의 신청에 대한 행정청의 거부처분이 있는 경우에는 행정청이 당사자의 신청에 대하여 상당한 기간 내에 일정한 처분을 하여야 할 법률상의 응답의무를 이행하지 아니함으로써 야기된 부작위라는 위법상태를 제거하기 위하여 제기하는 부작위위법확인소송은 허용되지 아니한다(대판 1991.11.8. 90누9391).

⑤ (○) 부작위위법확인소송에서는 취소소송의 사정판결에 관한 조문(제28조)을 준용하지 않는다.

014 부작위위법확인소송에 관한 설명으로 옳은 것은? (다툼이 있으면 판례에 따름) 〈2017〉

① 부작위위법확인소송 중 피고가 원고의 해당 신청에 대해 거부처분을 한 경우라도 소의 이익이 상실되지 않는다.

② 원고에게 법규상 또는 조리상의 신청권이 있는지의 여부는 문제되지 않는다.

③ 법원이 위법성 여부를 판단하는 기준시점은 처분시이다.

④ 부작위위법확인소송에 대해서는 행정심판의 전치에 관한 규정이 준용되지 않는다.

⑤ 인용판결이 확정되면 피고는 판결의 취지에 따라 이전의 신청에 대한 처분을 하여야 한다.

정답/해설 ⑤

① (×), ③ (×) 부작위위법확인의 소는 행정청이 국민의 법규상 또는 조리상의 권리에 기한 신청에 대하여 상당한 기간내에 그 신청을 인용하는 적극적 처분 또는 각하하거나 기각하는 등의 소극적 처분을 하여야 할 법률상의 응답의무가 있음에도 불구하고 이를 하지 아니하는 경우, 판결(사실심의 구두변론 종결)시를 기준으로 그 부작위의 위법을 확인함으로써 행정청의 응답을 신속하게 하여 부작위 내지 무응답이라고 하는 소극적인 위법상태를 제거하는 것을 목적으로 하는 것이고, 나아가 당해 판결의 구속력에 의하여 행정청에게 처분 등을 하게 하고 다시 당해 처분 등에 대하여 불복이 있는 때에는 그 처분 등을 다투게 함으로써 최종적으로는 국민의 권리이익을 보호하려는 제도이므로, 소제기의 전후를 통하여 판결시까지 행정청이 그 신청에 대하여 적극 또는 소극의 처분을 함으로써 부작위상태가 해소된 때에는 소의 이익을 상실하게 되어 당해 소는 각하를 면할 수가 없는 것이다(대판 1990.9.25. 89누4758).

② (×) 행정소송법 제4조 제3호가 정하는 부작위위법확인의 소는 행정청이 당사자의 법규상 또는 조리상의 권리에 기한 신청에 대하여 상당한 기간 내에 신청을 인용하는 적극적 처분 또는 각하하거나 기각하는 등의 소극적 처분을 하여야 할 법률상 응답의무가 있음에도 불구하고 이를 하지 아니하는 경우 그 부작위가 위법하다는 것을 확인함으로써 행정청의 응답을 신속하게 하여 부작위 또는 무응답이라고 하는 소극적 위법상태를 제거하는 것을 목적으로 하는 제도이고, 이러한 소송은 처분의 신청을 한 자로서 부작위가 위법하다는 확인을 구할 법률상의 이익이 있는 자만이 제기 할 수 있는 것이므로, 당사자가 행정청에 대하여 어떠한 행정처분을 하여 줄 것을 요청할 수 있는 법규상 또는 조리상의 권리를 갖고 있지 아니하거나 부작위의 위법확인을 구할 법률상의 이익이 없는 경우에는 항고소송의 대상이 되는 위법한 부작위가 있다고 볼 수 없거나 원고적격이 없어 그 부작위위법확인의 소는 부적법하다(대판 2000.2.25. 99두11455).

④ (×) 부작위위법확인소송에서는 행정심판전치에 관한 조문(행정소송법 제18조)을 준용한다(제38조 제2항).

⑤ (○) 부작위위법확인소송에서는 취소판결의 기속력 규정(행정소송법 제30조)을 준용한다(제38조 제2항).

015 부작위위법확인소송에 관한 설명으로 옳은 것은? (다툼이 있으면 판례에 따름) 〈2016〉

① 부작위위법확인소송에서 법원은 부작위의 효력이나 그 집행 또는 절차의 속행의 정지를 결정할 수 있다.
② 부작위위법확인소송의 제기 전후를 통하여 판결시까지 행정청이 그 신청에 대하여 적극 또는 소극의 처분을 한 때에는 소의 이익을 상실한다.
③ 부작위위법확인판결의 효력으로서 재처분의무는 어떠한 처분을 하기만 하면 되는 게 아니라 당초 신청된 특정 처분을 해야 하는 것이다.
④ 부작위위법확인소송에서 사정판결을 할 수 있다.
⑤ 부작위위법확인판결의 효력은 제3자에게는 미칠 수 없다.

정답/해설 ②

① (×) 부작위위법확인소송에서는 집행정지에 관한 조문(행정소송법 제23조)을 준용하지 않는다.
② (○), ③ (×) 부작위위법확인의 소는 행정청이 국민의 법규상 또는 조리상의 권리에 기한 신청에 대하여 상당한 기간내에 그 신청을 인용하는 적극적 처분 또는 각하하거나 기각하는 등의 소극적 처분을 하여야 할 법률상의 응답의무가 있음에도 불구하고 이를 하지 아니하는 경우, 판결(사실심의 구두변론 종결)시를 기준으로 그 부작위의 위법을 확인함으로써 행정청의 응답을 신속하게 하여 부작위 내지 무응답이라고 하는 소극적인 위법상태를 제거하는 것을 목적으로 하는 것이고, 나아가 당해 판결의 구속력에 의하여 행정청에게 처분 등을 하게 하고 다시 당해 처분 등에 대하여 불복이 있는 때에는 그 처분 등을 다투게 함으로써 최종적으로는 국민의 권리이익을 보호하려는 제도이므로, 소제기의 전후를 통하여 판결시까지 행정청이 그 신청에 대하여 적극 또는 소극의 처분을 함으로써 부작위상태가 해소된 때에는 소의 이익을 상실하게 되어 당해 소는 각하를 면할 수가 없는 것이다(대판 1990.9.25. 89누4758).
④ (×) 부작위위법확인소송에서는 사정판결에 관한 조문(제28조)을 준용하지 않는다(제38조 제2항).
⑤ (×) 부작위위법확인소송에서는 취소판결의 제3자효에 관한 조문(제29조)을 준용한다(제38조 제2항).

> **제38조(준용규정)**
> ② 제9조, 제10조, 제13조 내지 제19조, 제20조, 제25조 내지 제27조, <u>제29조</u> 내지 제31조, 제33조 및 제34조의 규정은 부작위위법확인소송의 경우에 준용한다.
>
> **제29조(취소판결등의 효력)**
> ① 처분등을 취소하는 확정판결은 제3자에 대하여도 효력이 있다.

016 부작위위법확인소송의 소송요건과 관련된 설명으로 옳은 것은? (다툼이 있으면 판례에 따름)
〈2016〉

① 부작위의 개념은 국민의 권리구제의 확대를 위하여 거부처분을 포함하는 넓은 의미로 이해하여야 한다.
② 부작위위법확인소송을 제기하였다가 취소소송으로 변경한 경우, 부작위위법확인소송이 적법한 제소기간 내에 제기되었다면 제소기간을 준수한 것으로 본다.
③ 부작위위법의 확인을 구할 법률상 이익이 있는 자는 신청을 하지 않았더라도 부작위위법확인소송을 제기할 수 있다.
④ 행정심판 등 전심절차를 거친 경우 부작위위법확인소송은 제소기간의 제한이 없다.
⑤ 부작위의 상태가 계속되는 경우에는 법원은 결정으로써 상당한 기간을 제소기간으로 정할 수 있다.

정답/해설 ②

① (×) 우리 판례는 부작위위법확인소송의 변론종결시까지 처분청이 적극 또는 소극의 처분(거부처분)을 한 경우 부작위상태가 해소되므로 소의 이익을 상실한다고 하여 부작위와 거부처분을 다르게 보고 있다.
② (○) 당사자가 동일한 신청에 대하여 부작위위법확인의 소를 제기하였으나 그 후 소극적 처분이 있다고 보아 처분취소소송으로 소를 교환적으로 변경한 후 여기에 부작위위법확인의 소를 추가적으로 병합한 경우, 최초의 부작위위법확인의 소가 적법한 제소기간 내에 제기된 이상 그 후 처분취소소송으로의 교환적 변경과 처분취소소송에의 추가적 변경 등의 과정을 거쳤다고 하더라도 여전히 제소기간을 준수한 것으로 봄이 상당하다(대판 2009.7.23. 2008두10560).
③ (×) 부작위위법확인소송을 제기할 법률상 이익이 있는 자는 처분의 신청을 한 자여야 한다(제36조).

> **제36조(부작위위법확인소송의 원고적격)**
> 부작위위법확인소송은 처분의 신청을 한 자로서 부작위의 위법의 확인을 구할 법률상 이익이 있는 자만이 제기할 수 있다.

④ (×), ⑤ (×) 부작위위법확인의 소는 부작위상태가 계속되는 한 그 위법의 확인을 구할 이익이 있다고 보아야 하므로 원칙적으로 제소기간의 제한을 받지 않는다. 그러나 행정소송법 제38조 제2항이 제소기간을 규정한 같은 법 제20조를 부작위위법확인소송에 준용하고 있는 점에 비추어 보면, 행정심판 등 전심절차를 거친 경우에는 행정소송법 제20조가 정한 제소기간 내에 부작위위법확인의 소를 제기하여야 한다(대판 2009.7.23. 2008두10560).

017 부작위위법확인소송에 관한 설명으로 옳지 않은 것은? (다툼이 있으면 판례에 따름) ⟨2015⟩

① 제3자라도 부작위위법확인을 받을 법률상 이익이 있는 경우에는 원고적격이 인정되나 여기서의 법률상 이익은 간접적·사실적 이익으로 족하다.
② 개별 법령에서 처분의 기간을 두고 있는 경우 그 규정이 강행규정이라면 그 법정기간이 경과하도록 아무런 처분이 없는 부작위는 위법한 것이 된다.
③ 행정청에 대하여 법규상 또는 조리상 신청권을 갖는 자는 원고적격이 있다.
④ 부작위란 행정청이 당사자의 신청에 대하여 상당한 기간 내에 일정한 처분을 하여야 할 법률상 의무가 있음에도 불구하고 이를 하지 아니하는 것을 말한다.
⑤ 부작위위법확인소송에 있어 위법판단의 기준시는 판결시로 한다.

정답/해설 ①

① (×) 부작위위법확인소송의 원고적격이 인정되기 위해서는 법률상 이익이 있어야 하며, 법률상 이익은 취소소송의 경우와 동일하게 개별적, 직접적, 구체적 이익을 의미한다.

> **제36조(부작위위법확인소송의 원고적격)**
> 부작위위법확인소송은 처분의 신청을 한 자로서 부작위의 위법의 확인을 구할 법률상 이익이 있는 자만이 제기할 수 있다.

② (○) 부작위란 (1) 당사자의 신청에 대하여 (2) 상당한 기간내에 (3) 일정한 처분을 하여야 할 법률상 의무가 있음에도 불구하고 (4) 이를 하지 아니하는 것을 말한다. 따라서 개별법령에서 강행규정으로 처분의 기간을 두고 있음에도 그 기간이 경과하도록 아무런 처분을 하지 않았다면 일정한 처분을 하여야 할 법률상 의무가 있음에도 불구하고 이를 하지 아니하는 것에 해당하므로 당해 부작위는 위법한 것이 된다.

③ (○) 행정소송법 제4조 제3호가 정하는 부작위위법확인의 소는 행정청이 당사자의 법규상 또는 조리상의 권리에 기한 신청에 대하여 상당한 기간 내에 신청을 인용하는 적극적 처분 또는 각하하거나 기각하는 등의 소극적 처분을 하여야 할 법률상 응답의무가 있음에도 불구하고 이를 하지 아니하는 경우 그 부작위가 위법하다는 것을 확인함으로써 행정청의 응답을 신속하게 하여 부작위 또는 무응답이라고 하는 소극적 위법상태를 제거하는 것을 목적으로 하는 제도이고, 이러한 소송은 처분의 신청을 한 자로서 부작위가 위법하다는 확인을 구할 법률상의 이익이 있는 자만이 제기 할 수 있는 것이므로, 당사자가 행정청에 대하여 어떠한 행정처분을 하여 줄 것을 요청할 수 있는 법규상 또는 조리상의 권리를 갖고 있지 아니하거나 부작위의 위법확인을 구할 법률상의 이익이 없는 경우에는 항고소송의 대상이 되는 위법한 부작위가 있다고 볼 수 없거나 원고적격이 없어 그 부작위위법확인의 소는 부적법하다(대판 2000.2.25. 99두11455).

④ (○)

> **제2조(정의)**
> ① 이 법에서 사용하는 용어의 정의는 다음과 같다.

> 2. "부작위"라 함은 행정청이 당사자의 신청에 대하여 상당한 기간내에 일정한 처분을 하여야 할 법률상 의무가 있음에도 불구하고 이를 하지 아니하는 것을 말한다.

⑤ (○) 부작위위법확인의 소는 행정청이 국민의 법규상 또는 조리상의 권리에 기한 신청에 대하여 상당한 기간내에 그 신청을 인용하는 적극적 처분 또는 각하하거나 기각하는 등의 소극적 처분을 하여야 할 법률상의 응답의무가 있음에도 불구하고 이를 하지 아니하는 경우, **판결(사실심의 구두변론 종결)시를 기준으로 그 부작위의 위법을 확인**함으로써 행정청의 응답을 신속하게 하여 부작위 내지 무응답이라고 하는 소극적인 위법상태를 제거하는 것을 목적으로 하는 것이고, 나아가 당해 판결의 구속력에 의하여 행정청에게 처분 등을 하게 하고 다시 당해 처분 등에 대하여 불복이 있는 때에는 그 처분 등을 다투게 함으로써 최종적으로는 국민의 권리이익을 보호하려는 제도이므로, 소제기의 전후를 통하여 판결시까지 행정청이 그 신청에 대하여 적극 또는 소극의 처분을 함으로써 부작위상태가 해소된 때에는 소의 이익을 상실하게 되어 당해 소는 각하를 면할 수가 없는 것이다(대판 1990.9.25. 89누4758).

 MEMO

PART 03
당사자소송

001 당사자소송에 관한 설명으로 옳은 것은? (다툼이 있으면 판례에 따름) 〈2024〉

① 사인을 피고로 하는 당사자소송은 허용되지 않는다.
② 부가가치세 환급세액의 지급청구는 과세행정청을 피고로 하여 당사자소송으로 하여야 한다.
③ 당사자소송과 관련청구소송이 각각 다른 법원에 계속되고 있는 경우 당사자의 신청이 없으면 법원은 직권으로 관련청구소송을 이송할 수 없다.
④ 당사자소송으로서 확인소송을 제기하는 경우에는 민사소송에서의 '확인의 이익'이 요구된다.
⑤ 회복하기 어려운 손해를 예방하기 위하여 긴급한 필요가 있는 경우 당사자소송을 제기하면서 집행정지를 신청할 수 있다.

정답/해설 ④

① (×) 당사자소송의 피고는 국가, 공공단체, 그 밖의 권리주체이며, 그 밖의 권리주체에는 공무수탁사인이 포함된다.
② (×) 부가가치세 환급세액의 지급청구는 당사자소송이며, 당사자소송의 피고는 당해 법률관계의 주체인 국가(대한민국)가 된다.
③ (×)

> **제10조(관련청구소송의 이송 및 병합)**
> ① 취소소송과 다음 각호의 1에 해당하는 소송(이하 "관련청구소송"이라 한다)이 각각 다른 법원에 계속되고 있는 경우에 관련청구소송이 계속된 법원이 상당하다고 인정하는 때에는 당사자의 신청 또는 직권에 의하여 이를 취소소송이 계속된 법원으로 이송할 수 있다.
>   1. 당해 처분등과 관련되는 손해배상·부당이득반환·원상회복등 청구소송
>   2. 당해 처분등과 관련되는 취소소송
> ② 취소소송에는 사실심의 변론종결시까지 관련청구소송을 병합하거나 피고외의 자를 상대로 한 관련청구소송을 취소소송이 계속된 법원에 병합하여 제기할 수 있다.
>
> **제44조(준용규정)**
> ① 제14조 내지 제17조, 제22조, 제25조, 제26조, 제30조제1항, 제32조 및 제33조의 규정은 당사자소송의 경우에 준용한다.
> ② 제10조의 규정은 당사자소송과 관련청구소송이 각각 다른 법원에 계속되고 있는 경우의 이송과 이들 소송의 병합의 경우에 준용한다.

④ (○) 항고소송으로서의 무효등확인소송의 경우 '확인의 이익'이 필요하지 않으나, 당사자소송으로서의 확인소송의 경우에는 '확인의 이익'이 필요하다.
⑤ (×) 당사자소송에서는 취소소송의 집행정지에 관한 조문(제23조)을 준용하지 않는다.

002 판례에 의할 때 당사자소송의 대상이 되는 경우를 모두 고른 것은? 〈2024〉

> ㄱ. 명예퇴직한 법관이 미지급명예퇴직수당액의 지급을 구하는 경우
>
> ㄴ. 「도시 및 주거환경정비법」상 재개발조합을 상대로 조합임원 선임결의의 무효확인을 구하는 경우
>
> ㄷ. 「도시 및 주거환경정비법」상 재건축조합을 상대로 관리처분계획에 대한 관할 행정청의 인가·고시가 있은 후에 그 관리처분계획에 대한 조합 총회결의의 무효확인을 구하는 경우
>
> ㄹ. 이주자가 이주대책대상자 결정이 있기 이전에 사업시행자를 상대로 이주대책상의 수분양권의 확인을 구하는 경우
>
> ㅁ. 지방자치단체가 보조금 지급결정을 하면서 일정한 기한 내 보조금 반환을 교부조건으로 부가하였고, 그 부관상 의무에 따라 보조사업자에 대하여 보조금의 반환을 청구하는 경우

① ㄱ, ㅁ　　② ㄴ, ㄷ　　③ ㄷ, ㄹ
④ ㄱ, ㄴ, ㅁ　　⑤ ㄱ, ㄷ, ㄹ

정답/해설 ①

ㄱ (○) 명예퇴직수당은 명예퇴직수당 지급신청자 중에서 일정한 심사를 거쳐 피고가 명예퇴직수당 지급대상자로 결정한 경우에 비로소 지급될 수 있지만, 명예퇴직수당 지급대상자로 결정된 법관에 대하여 지급할 수당액은 명예퇴직수당규칙 제4조 [별표 1]에 산정 기준이 정해져 있으므로, 위 법관은 위 규정에서 정한 정당한 산정 기준에 따라 산정된 명예퇴직수당액을 수령할 구체적인 권리를 가진다. 따라서 위 법관이 이미 수령한 수당액이 위 규정에서 정한 정당한 명예퇴직수당액에 미치지 못한다고 주장하며 차액의 지급을 신청함에 대하여 법원행정처장이 거부하는 의사를 표시했더라도, 그 의사표시는 명예퇴직수당액을 형성·확정하는 행정처분이 아니라 공법상의 법률관계의 한쪽 당사자로서 지급의무의 존부 및 범위에 관하여 자신의 의견을 밝힌 것에 불과하므로 행정처분으로 볼 수 없다. 결국 명예퇴직한 법관이 미지급 명예퇴직수당액에 대하여 가지는 권리는 명예퇴직수당 지급대상자 결정 절차를 거쳐 명예퇴직수당규칙에 의하여 확정된 공법상 법률관계에 관한 권리로서, 그 지급을 구하는 소송은 행정소송법의 당사자소송에 해당하며, 그 법률관계의 당사자인 국가를 상대로 제기하여야 한다(대판 2016.5.24. 2013두14863).

ㄴ (×) 재개발조합이 공법인이라는 사정만으로 재개발조합과 조합장 또는 조합임원 사이의 선임·해임 등을 둘러싼 법률관계가 공법상의 법률관계에 해당한다거나 그 조합장 또는 조합임원의 지위를 다투는 소송이 당연히 공법상 당사자소송에 해당한다고 볼 수는 없고, 구 도시 및 주거환경정비법의 규정들이 재개발조합과 조합장 및 조합임원과의 관계를 특별히 공법상의 근무관계로 설정하고 있다고 볼 수도 없으므로, 재개발조합과 조합장 또는 조합임원 사이의 선임·해임 등을 둘러싼 법률관계는 사법상의 법률관계로서 그 조합장 또는 조합임원의

지위를 다투는 소송은 민사소송에 의하여야 할 것이다(대결 2009.9.24. 2009마168, 169).

ㄷ (×) 도시 및 주거환경정비법상 행정주체인 주택재건축정비사업조합을 상대로 관리처분계획안에 대한 조합 총회결의의 효력 등을 다투는 소송은 행정처분에 이르는 절차적 요건의 존부나 효력 유무에 관한 소송으로서 그 소송결과에 따라 행정처분의 위법여부에 직접 영향을 미치는 공법상 법률관계에 관한 것이므로, 이는 행정소송법상의 당사자소송에 해당한다(대판 전합 2009.9.17. 2007다2428).

ㄹ (×) 이러한 수분양권은 위와 같이 이주자가 이주대책을 수립, 실시하는 사업시행자로부터 이주대책대상자로 확인, 결정을 받음으로써 취득하게 되는 ○○아파트 등을 분양받을 수 있는 공법상의 권리라고 할 것이므로, 이주자가 사업시행자에 대한 이주대책대상자 선정신청 및 이에 따른 확인, 결정 등 절차를 밟지 아니하여 구체적인 수분양권을 아직 취득하지도 못한 상태에서 곧바로 분양의무의 주체를 상대방으로 하여 민사소송이나 공법상 당사자소송으로 이주대책상의 수분양권의 확인 등을 구하는 것은 허용될 수 없고, 나아가 그 공급대상인 ○○아파트 등의 특정부분에 관하여 그 수분양권의 확인을 소구하는 것은 더욱 불가능하다고 보아야 한다(대판 전합 1994.5.24. 92다35783).

ㅁ (○) 지방자치단체가 보조금 지급결정을 하면서 일정 기한 내에 보조금을 반환하도록 하는 교부조건을 부가한 사안에서, 보조사업자의 지방자치단체에 대한 보조금 반환의무는 행정처분인 위 보조금 지급결정에 부가된 부관상 의무이고, 이러한 부관상 의무는 보조사업자가 지방자치단체에 부담하는 공법상 의무이므로, 보조사업자에 대한 지방자치단체의 보조금반환청구는 공법상 권리관계의 일방 당사자를 상대로 하여 공법상 의무이행을 구하는 청구로서 행정소송법 제3조 제2호에 규정한 당사자소송의 대상이라고 한 사례(대판 2011.6.9. 2011다2951).

003 판례상 다음 사안에 공통적으로 적용되는 소송의 종류는? 〈2023〉

○ 서울특별시립무용단 단원의 해촉
○ 지방전문직공무원인 공중보건의사의 채용계약해지
○ 법령에 의해 확정된 부가가치세 환급세액 지급청구

① 당사자소송
② 취소소송
③ 민중소송
④ 의무이행소송
⑤ 부작위위법확인소송

정답/해설 ①

○ 지방자치법 제9조 제2항 제5호 (라)목 및 (마)목 등의 규정에 의하면, 서울특별시립무용단원의 공연 등 활동은 지방문화 및 예술을 진흥시키고자 하는 서울특별시의 공공적 업무수행의 일환으로 이루어진다고 해석될 뿐 아니라, 단원으로 위촉되기 위하여는 일정한 능력요건과

자격요건을 요하고, 계속적인 재위촉이 사실상 보장되며, 공무원연금법에 따른 연금을 지급받고, 단원의 복무규율이 정해져 있으며, 정년제가 인정되고, 일정한 해촉사유가 있는 경우에만 해촉되는 등 서울특별시립무용단원이 가지는 지위가 공무원과 유사한 것이라면, 서울특별시립무용단 단원의 위촉은 공법상의 계약이라고 할 것이고, 따라서 그 단원의 해촉에 대하여는 공법상의 당사자소송으로 그 무효확인을 청구할 수 있다(대판 1995.12.22. 95누4636).

○ 전문직공무원인 공중보건의사의 채용계약의 해지가 관할 도지사의 일방적인 의사표시에 의하여 그 신분을 박탈하는 불이익처분이라고 하여 곧바로 그 의사표시가 관할 도지사가 행정청으로서 공권력을 행사하여 행하는 행정처분이라고 단정할 수는 없고, 공무원 및 공중보건의사에 관한 현행 실정법이 공중보건의사의 근무관계에 관하여 구체적으로 어떻게 규정하고 있는가에 따라 그 의사표시가 항고소송의 대상이 되는 처분 등에 해당하는 것인지의 여부를 개별적으로 판단하여야 할 것인바, 농어촌등보건의료를위한특별조치법 제2조, 제3조, 제5조, 제9조, 제26조와 같은 법 시행령 제3조, 제17조, 전문직공무원규정 제5조 제1항, 제7조 및 국가공무원법 제2조 제3항 제3호, 제4항 등 관계 법령의 규정내용에 미루어 보면 현행 실정법이 전문직공무원인 공중보건의사의 채용계약 해지의 의사표시는 일반공무원에 대한 징계처분과는 달라서 항고소송의 대상이 되는 처분 등의 성격을 가진 것으로 인정되지 아니하고, 일정한 사유가 있을 때에 관할 도지사가 채용계약 관계의 한쪽 당사자로서 대등한 지위에서 행하는 의사표시로 취급하고 있는 것으로 이해되므로, 공중보건의사 채용계약 해지의 의사표시에 대하여는 대등한 당사자간의 소송형식인 공법상의 당사자소송으로 그 의사표시의 무효확인을 청구할 수 있는 것이지, 이를 항고소송의 대상이 되는 행정처분이라는 전제하에서 그 취소를 구하는 항고소송을 제기할 수는 없다(대판 1996.5.31. 95누10617).

○ 이와 같은 부가가치세법령의 내용, 형식 및 입법 취지 등에 비추어 보면, 납세의무자에 대한 국가의 부가가치세 환급세액 지급의무는 그 납세의무자로부터 어느 과세기간에 과다하게 거래징수된 세액 상당을 국가가 실제로 납부받았는지와 관계없이 부가가치세법령의 규정에 의하여 직접 발생하는 것으로서, 그 법적 성질은 정의와 공평의 관념에서 수익자와 손실자 사이의 재산상태 조정을 위해 인정되는 부당이득 반환의무가 아니라 부가가치세법령에 의하여 그 존부나 범위가 구체적으로 확정되고 조세 정책적 관점에서 특별히 인정되는 공법상 의무라고 봄이 타당하다. 그렇다면 납세의무자에 대한 국가의 부가가치세 환급세액 지급의무에 대응하는 국가에 대한 납세의무자의 부가가치세 환급세액 지급청구는 민사소송이 아니라 행정소송법 제3조 제2호에 규정된 당사자소송의 절차에 따라야 한다(대판 전합 2013.3.21. 2011다95564).

004 당사자소송에 관한 설명으로 옳지 않은 것은? (다툼이 있으면 판례에 따름) ⟨2023⟩

① 「공법」상 법률관계에 관한 소송이라는 점에서 민사소송과 구별된다.
② 「공익사업을 위한 토지 등의 취득 및 보상에 관한 법률」에 따른 수용재결에 의한 보상금 증감청구소송은 형식적 당사자소송에 해당한다.
③ 공무수탁사인은 당사자소송의 피고가 될 수 없다.
④ 제3자에 의한 재심청구 규정은 당사자소송에 준용되지 않는다.
⑤ 재판관할에 관하여 취소소송 규정이 준용된다.

정답/해설 ③

① (○) 제3조 제2호
② (○) 보상금증감청구소송은 대등한 당사자인 사업시행자가 토지소유자를 상대로 또는 그 반대의 경우에 제기하는 소송으로서 형식적 당사자소송이다.
③ (×) 당사자소송의 피고는 국가, 공공단체, 그 밖의 권리주체이며, 그 밖의 권리주체에는 공무수탁사인이 포함된다.
④ (○) 제3자에 의한 재심청구(제31조) 규정은 당사자소송에서 준용하고 있지 않다.
⑤ (○) 제40조

> **제3조(행정소송의 종류)**
> 행정소송은 다음의 네가지로 구분한다.
> 1. 항고소송: 행정청의 처분등이나 부작위에 대하여 제기하는 소송
> 2. 당사자소송: 행정청의 처분등을 원인으로 하는 법률관계에 관한 소송 그 밖에 공법상의 법률관계에 관한 소송으로서 그 법률관계의 한쪽 당사자를 피고로 하는 소송
> 3. 민중소송: 국가 또는 공공단체의 기관이 법률에 위반되는 행위를 한 때에 직접 자기의 법률상 이익과 관계없이 그 시정을 구하기 위하여 제기하는 소송
> 4. 기관소송: 국가 또는 공공단체의 기관상호간에 있어서의 권한의 존부 또는 그 행사에 관한 다툼이 있을 때에 이에 대하여 제기하는 소송. 다만, 헌법재판소법 제2조의 규정에 의하여 헌법재판소의 관장사항으로 되는 소송은 제외한다.
>
> **제40조(재판관할)**
> 제9조의 규정은 당사자소송의 경우에 준용한다. 다만, 국가 또는 공공단체가 피고인 경우에는 관계행정청의 소재지를 피고의 소재지로 본다.

005 판례상 당사자소송에 해당하는 것을 모두 고른 것은? 〈2023〉

> ㄱ. 구 「도시 및 주거환경정비법」상 주택재건축정비사업조합을 상대로 관리처분계획안에 대한 조합 총회결의의 효력을 다투는 소송
> ㄴ. 구 「도시 및 주거환경정비법」상 재개발조합과 조합장 사이의 선임·해임을 둘러싼 법률관계에 관한 소송
> ㄷ. 재개발조합의 관리처분계획의 취소를 구하는 소송
> ㄹ. 명예퇴직한 법관이 미지급 명예퇴직수당의 지급을 구하는 소송

① ㄴ ② ㄱ, ㄹ ③ ㄴ, ㄷ
④ ㄴ, ㄷ, ㄹ ⑤ ㄱ, ㄴ, ㄷ, ㄹ

정답/해설 ②

ㄱ (○), ㄷ (×) 도시 및 주거환경정비법상 행정주체인 주택재건축정비사업조합을 상대로 관리처

분계획안에 대한 조합 총회결의의 효력 등을 다투는 소송은 행정처분에 이르는 절차적 요건의 존부나 효력 유무에 관한 소송으로서 그 소송결과에 따라 행정처분의 위법 여부에 직접 영향을 미치는 공법상 법률관계에 관한 것이므로, 이는 행정소송법상의 당사자소송에 해당한다(대판 전합 2009.9.17. 2007다2428).

ㄴ (×) 재개발조합이 공법인이라는 사정만으로 재개발조합과 조합장 또는 조합임원 사이의 선임·해임 등을 둘러싼 법률관계가 공법상의 법률관계에 해당한다거나 그 조합장 또는 조합임원의 지위를 다투는 소송이 당연히 공법상 당사자소송에 해당한다고 볼 수는 없고, 구 도시 및 주거환경정비법의 규정들이 재개발조합과 조합장 및 조합임원과의 관계를 특별히 공법상의 근무관계로 설정하고 있다고 볼 수도 없으므로, 재개발조합과 조합장 또는 조합임원 사이의 선임·해임 등을 둘러싼 법률관계는 사법상의 법률관계로서 그 조합장 또는 조합임원의 지위를 다투는 소송은 민사소송에 의하여야 할 것이다(대결 2009.9.24. 2009마168, 169).

ㄹ (○) 명예퇴직수당은 명예퇴직수당 지급신청자 중에서 일정한 심사를 거쳐 피고가 명예퇴직수당 지급대상자로 결정한 경우에 비로소 지급될 수 있지만, 명예퇴직수당 지급대상자로 결정된 법관에 대하여 지급할 수당액은 명예퇴직수당규칙 제4조 [별표 1]에 산정 기준이 정해져 있으므로, 위 법관은 위 규정에서 정한 정당한 산정 기준에 따라 산정된 명예퇴직수당액을 수령할 구체적인 권리를 가진다. 따라서 위 법관이 이미 수령한 수당액이 위 규정에서 정한 정당한 명예퇴직수당액에 미치지 못한다고 주장하며 차액의 지급을 신청함에 대하여 법원행정처장이 거부하는 의사를 표시했더라도, 그 의사표시는 명예퇴직수당액을 형성·확정하는 행정처분이 아니라 공법상의 법률관계의 한쪽 당사자로서 지급의무의 존부 및 범위에 관하여 자신의 의견을 밝힌 것에 불과하므로 행정처분으로 볼 수 없다. 결국 명예퇴직한 법관이 미지급 명예퇴직수당액에 대하여 가지는 권리는 명예퇴직수당 지급대상자 결정 절차를 거쳐 명예퇴직수당규칙에 의하여 확정된 공법상 법률관계에 관한 권리로서, 그 지급을 구하는 소송은 행정소송법의 당사자소송에 해당하며, 그 법률관계의 당사자인 국가를 상대로 제기하여야 한다(대판 2016.5.24. 2013두14863).

006 당사자소송에 관한 설명으로 옳은 것은? (다툼이 있으면 판례에 따름) 〈2022〉

① 당사자소송의 피고는 행정청이 된다.
② 공무원의 지위를 확인하는 소송은 당사자소송의 절차에 따라야 한다.
③ 당사자소송에 대하여는 민사집행법상 가처분에 관한 규정이 준용되지 않는다.
④ 사인을 피고로 하는 당사자소송은 허용되지 않는다.
⑤ 토지수용재결이 있은 후 토지소유자가 사업시행자를 피고로 하여 제기하는 보상금증액 청구소송은 당사자소송이 아니다.

정답/해설 ②

① (×)

> **제39조(피고적격)**
> 당사자소송은 국가·공공단체 그 밖의 권리주체를 피고로 한다.

② (○) 당사자소송의 예로 공법상 계약에 관한 소송, 공법상 보상금청구소송, 공무원의 신분·지위확인소송 등이 있다.

③ (×) 당사자소송에는 가처분에 관한 특례규정이 없으므로 행정소송법 제8조 제2항에 의해 「민사집행법」상 가처분에 관한 규정이 적용된다.

④ (×) 당사자소송의 피고는 국가, 공공단체, 그 밖의 권리주체이며, 그 밖의 권리주체에는 공무수탁사인이 포함된다.

⑤ (×) 형식적 당사자소송에 해당한다.

007 당사자소송에 관한 설명으로 옳지 않은 것은? 〈2021〉

① 당사자소송은 행정청의 처분등을 원인으로 하는 법률관계에 관한 소송 그 밖에 공법상의 법률관계에 관한 소송으로서 그 법률관계의 한쪽 당사자를 피고로 하는 소송이다.

② 「행정소송법」은 국가를 상대로 하는 당사자소송의 경우에도 가집행선고를 할 수 있다고 규정하고 있다.

③ 당사자소송은 국가·공공단체 그 밖의 권리주체를 피고로 한다.

④ 당사자소송에 관하여 법령에 제소기간이 정하여져 있을 때에는 그 기간은 불변기간으로 한다.

⑤ 소의 변경에 관한 행정소송법 제21조의 규정은 당사자소송을 항고소송으로 변경하는 경우에 준용한다.

정답/해설 ②

① (○)

> **제3조(행정소송의 종류)**
> 행정소송은 다음의 네가지로 구분한다.
> 2. 당사자소송: 행정청의 처분등을 원인으로 하는 법률관계에 관한 소송 그 밖에 공법상의 법률관계에 관한 소송으로서 그 법률관계의 한쪽 당사자를 피고로 하는 소송

② (×) 불명확한 선택지

행정소송법 제43조는 헌법재판소의 위헌결정으로 효력을 잃게 되었다. 따라서 국가를 상대로 하는 당사자소송의 경우에도 가집행선고를 할 수 있으나, 행정소송법상 이러한 규정은 존재하지 않는다.

③ (○)

> **제39조(피고적격)**
> 당사자소송은 국가·공공단체 그 밖의 권리주체를 피고로 한다.

④ (○)

> 제41조(제소기간)
> 당사자소송에 관하여 법령에 제소기간이 정하여져 있는 때에는 그 기간은 불변기간으로 한다.

⑤ (○)

> 제42조(소의 변경)
> 제21조의 규정은 당사자소송을 항고소송으로 변경하는 경우에 준용한다.

008 「행정소송법」의 규정 중 취소소송과 당사자소송에 공통으로 적용되는 것을 모두 고른 것은? 〈2021〉

ㄱ. 공동소송	ㄴ. 소송비용의 부담
ㄷ. 간접강제	ㄹ. 판결의 제3자효

① ㄱ　　　② ㄱ, ㄴ　　　③ ㄴ, ㄷ
④ ㄱ, ㄴ, ㄷ　　　⑤ ㄱ, ㄴ, ㄷ, ㄹ

정답/해설 ②

ㄱ (○), ㄴ (○)

ㄷ (×), ㄹ (×) 당사자소송에서는 취소소송의 규정 중 제9조(재판관할), 제10조(관련청구소송의 이송 및 병합), 제14조(피고경정), 제15조(공동소송), 제16조(제3자의 소송참가), 제17조(행정청의 소송참가), 제21조(소의 변경), 제22조(처분변경으로 인한 소의 변경), 제25조(행정심판기록의 제출명령), 제26조(직권심리), 제30조 제1항(취소판결등의 기속력), 제32조(소송비용의 부담), 제33조(소송비용에 관한 재판의 효력)를 준용하고 있다.

009 판례상 납세의무자에 대한 국가의 부가가치세 환급세액 지급의무에 대응하는 국가에 대한 납세의무자의 부가가치세 환급세액 지급청구는 어떤 소송의 절차에 따라야 하는가? 〈2021〉

① 항고소송
② 민사소송
③ 당사자소송
④ 기관소송
⑤ 민중소송

정답/해설 ③

이와 같은 부가가치세법령의 내용, 형식 및 입법 취지 등에 비추어 보면, 납세의무자에 대한 국가의 부가가치세 환급세액 지급의무는 그 납세의무자로부터 어느 과세기간에 과다하게 거래징수된 세액 상당을 국가가 실제로 납부받았는지와 관계없이 부가가치세법령의 규정에 의하여 직접 발생하는 것으로서, 그 법적 성질은 정의와 공평의 관념에서 수익자와 손실자 사이의 재산상태 조정을 위해 인정되는 부당이득 반환의무가 아니라 부가가치세법령에 의하여 그 존부나 범위가 구체적으로 확정되고 조세 정책적 관점에서 특별히 인정되는 공법상 의무라고 봄이 타당하다. 그렇다면 납세의무자에 대한 국가의 부가가치세 환급세액 지급의무에 대응하는 국가에 대한 납세의무자의 부가가치세 환급세액 지급청구는 민사소송이 아니라 행정소송법 제3조 제2호에 규정된 당사자소송의 절차에 따라야 한다(대판 전합 2013.3.21. 2011다95564).

010 甲은 중앙토지수용위원회의 수용재결에 대하여 이의신청을 하거나 수용재결의 취소를 구하거나 보상금의 증액을 청구하는 소송을 제기하고자 한다. 이에 관한 설명으로 옳지 않은 것은? (다툼이 있으면 판례에 따름) 〈2021〉

① 甲은 중앙토지수용위원회에 이의신청을 할 수 있다.
② 甲은 중앙토지수용위원회를 피고로 수용재결취소소송을 제기할 수 있다.
③ 甲은 사업시행자를 피고로 보상금증액청구소송을 제기할 수 있다.
④ 보상금증액청구소송은 당사자소송에 해당한다.
⑤ 수용재결취소소송과 보상금증액청구소송은 병합하여 제기할 수 없다.

정답/해설 ⑤

① (○) 공익사업을 위한 토지 등의 취득 및 보상에 관한 법률 제83조 제1항

> **공익사업을 위한 토지 등의 취득 및 보상에 관한 법률 제83조(이의의 신청)**
> ① 중앙토지수용위원회의 제34조에 따른 재결에 이의가 있는 자는 중앙토지수용위원회에 이의를 신청할 수 있다.

② (○) 공익사업을 위한 토지 등의 취득 및 보상에 관한 법률 제85조 제1항

> **공익사업을 위한 토지 등의 취득 및 보상에 관한 법률 제85조(행정소송의 제기)**
> ① 사업시행자, 토지소유자 또는 관계인은 제34조에 따른 재결에 불복할 때에는 재결서를 받은 날부터 90일 이내에, 이의신청을 거쳤을 때에는 이의신청에 대한 재결서를 받은 날부터 60일 이내에 각각 행정소송을 제기할 수 있다. 이 경우 사업시행자는 행정소송을 제기하기 전에 제84조에 따라 늘어난 보상금을 공탁하여야 하며, 보상금을 받을 자는 공탁된 보상금을 소송이 종결될 때까지 수령할 수 없다.

③ (○) 공익사업을 위한 토지 등의 취득 및 보상에 관한 법률 제85조 제2항

> **공익사업을 위한 토지 등의 취득 및 보상에 관한 법률 제85조(행정소송의 제기)**
> ② 제1항에 따라 제기하려는 행정소송이 보상금의 증감(增減)에 관한 소송인 경우 그 소송을 제기하는 자가 토지소유자 또는 관계인일 때에는 사업시행자를, 사업시행자일 때에는 토지소유자 또는 관계인을 각각 피고로 한다.

④ (○) 보상금증감청구소송은 형식적 당사자소송에 해당한다.
⑤ (×) 수용재결취소소송과 보상금증액청구소송은 행정소송법 제10조 제2항에 따라 병합하여 제기할 수 있다.

011 판례상 당사자소송에 해당하는 것을 모두 고른 것은? 〈2020〉

> ㄱ. 명예퇴직한 법관이 미지급 명예퇴직수당의 지급을 구하는 소송
> ㄴ. 지방자치단체가 보조사업자에게 보조금 지급결정을 하면서 부관으로 보조금 반환 의무를 부가한 경우, 해당 지방자치단체가 그 부관에 따라 보조금 반환청구를 구하는 소송
> ㄷ. 구「도시 및 주거환경정비법」상 재개발조합과 조합장 또는 조합임원 사이의 선임·해임 등을 둘러싼 법률관계에 관한 소송
> ㄹ. 「도시 및 주거환경정비법」상 주택재건축정비사업조합을 상대로 관리처분계획안에 대한 조합 총회결의의 효력을 다투는 소송

① ㄱ, ㄴ, ㄷ   ② ㄱ, ㄴ, ㄹ   ③ ㄱ, ㄷ, ㄹ
④ ㄴ, ㄷ, ㄹ   ⑤ ㄱ, ㄴ, ㄷ, ㄹ

정답/해설 ②

ㄱ (○) 명예퇴직수당은 명예퇴직수당 지급신청자 중에서 일정한 심사를 거쳐 피고가 명예퇴직수당 지급대상자로 결정한 경우에 비로소 지급될 수 있지만, 명예퇴직수당 지급대상자로 결정된 법관에 대하여 지급할 수당액은 명예퇴직수당규칙 제4조 [별표 1]에 산정 기준이 정해져 있으므로, 위 법관은 위 규정에서 정한 정당한 산정 기준에 따라 산정된 명예퇴직수당액을 수령할 구체적인 권리를 가진다. 따라서 위 법관이 이미 수령한 수당액이 위 규정에서 정한 정당한 명예퇴직수당액에 미치지 못한다고 주장하며 차액의 지급을 신청함에 대하여 법원행정처장이 거부하는 의사를 표시했더라도, 그 의사표시는 명예퇴직수당액을 형성·확정하는 행정처분이 아니라 공법상의 법률관계의 한쪽 당사자로서 지급의무의 존부 및 범위에 관하여 자신의 의견을 밝힌 것에 불과하므로 행정처분으로 볼 수 없다. 결국 명예퇴직한 법관이 미지급 명예퇴직수당액에 대하여 가지는 권리는 명예퇴직수당 지급대상자 결정 절차를 거쳐 명예퇴직수당규칙에 의하여 확정된 공법상 법률관계에 관한 권리로서, 그 지급을 구하는 소송은 행정소송법의 당사자소송에 해당하며, 그 법률관계의 당사자인 국가를 상대로 제기하여야 한다(대판 2016.5.24. 2013두14863).

ㄴ (○) 지방자치단체가 보조금 지급결정을 하면서 일정 기한 내에 보조금을 반환하도록 하는 교부조건을 부가한 사안에서, 보조사업자의 지방자치단체에 대한 보조금 반환의무는 행정처분인 위 보조금 지급결정에 부가된 부관상 의무이고, 이러한 부관상 의무는 보조사업자가 지방자치단체에 부담하는 공법상 의무이므로, 보조사업자에 대한 지방자치단체의 보조금반환청구는 공법상 권리관계의 일방 당사자를 상대로 하여 공법상 의무이행을 구하는 청구로서 행정소송법 제3조 제2호에 규정한 당사자소송의 대상이라고 한 사례(대판 2011.6.9. 2011다2951).

ㄷ (×) 재개발조합이 공법인이라는 사정만으로 재개발조합과 조합장 또는 조합임원 사이의 선임·해임 등을 둘러싼 법률관계가 공법상의 법률관계에 해당한다거나 그 조합장 또는 조합임원의 지위를 다투는 소송이 당연히 공법상 당사자소송에 해당한다고 볼 수는 없고, 구 도시 및 주거환경정비법의 규정들이 재개발조합과 조합장 및 조합임원과의 관계를 특별히 공법상의 근무관계로 설정하고 있다고 볼 수도 없으므로, 재개발조합과 조합장 또는 조합임원 사이의 선임·해임 등을 둘러싼 법률관계는 사법상의 법률관계로서 그 조합장 또는 조합임원의 지위를 다투는 소송은 민사소송에 의하여야 할 것이다(대결 2009.9.24. 2009마168, 169).

ㄹ (○) 도시 및 주거환경정비법상 행정주체인 주택재건축정비사업조합을 상대로 관리처분계획안에 대한 조합 총회결의의 효력 등을 다투는 소송은 행정처분에 이르는 절차적 요건의 존부나 효력 유무에 관한 소송으로서 그 소송결과에 따라 행정처분의 위법 여부에 직접 영향을 미치는 공법상 법률관계에 관한 것이므로, 이는 행정소송법상의 당사자소송에 해당한다(대판 전합 2009.9.17. 2007다2428).

012 당사자소송에 관한 설명으로 옳은 것은? (다툼이 있으면 판례에 따름) 〈2020〉

① 사인을 피고로 하는 당사자소송은 제기될 수 없다.
② 원고가 피고를 잘못 지정한 경우 법원은 원고의 신청에 의하여 결정으로써 피고의 경정을 허가할 수 없다.
③ 당사자소송은 취소소송의 제소기간에 따라 제기되어야 한다.
④ 당사자소송에 대하여는 「민사집행법」상 가처분에 관한 규정이 적용되지 아니한다.
⑤ 공법상 당사자소송에서 재산권의 청구를 인용하는 판결을 하는 경우 법원은 가집행선고를 할 수 있다.

정답/해설 ⑤

① (×) 당사자소송은 국가·공공단체 그 밖의 권리주체를 피고로 한다(행정소송법 제39조). 여기에서 '그 밖의 권리주체'라 함은 공권력을 수여받은 행정주체인 사인, 즉 공무수탁사인 등을 의미한다.
② (×) 당사자소송에서는 취소소송의 피고경정에 관한 조문(제14조)을 준용한다.
③ (×) 당사자소송에는 제소기간에 관한 규정이 존재하며(제41조), 취소소송의 제소기간에 관한 조문(제20조)을 준용하지 않는다.
④ (×) 당사자소송에 대하여는 행정소송법 제23조 제2항의 집행정지에 관한 규정이 준용되지 아니하므로(행정소송법 제44조 제1항 참조), 이를 본안으로 하는 가처분에 대하여는 행정소송법 제8조 제2항에 따라 민사집행법상 가처분에 관한 규정이 준용되어야 한다(대결 2015.8.21. 2015무26).
⑤ (○) 행정소송법 제8조 제2항에 의하면 행정소송에도 민사소송법의 규정이 일반적으로 준용되므로 법원으로서는 공법상 당사자소송에서 재산권의 청구를 인용하는 판결을 하는 경우 가집행선고를 할 수 있다(대판 2000.11.28. 99두3416 [환매대금이의재결처분취소]).

제41조(제소기간)
당사자소송에 관하여 법령에 제소기간이 정하여져 있는 때에는 그 기간은 불변기간으로 한다.

제42조(소의 변경)
제21조의 규정은 당사자소송을 항고소송으로 변경하는 경우에 준용한다.

제44조(준용규정)
① 제14조 내지 제17조, 제22조, 제25조, 제26조, 제30조 제1항, 제32조 및 제33조의 규정은 당사자소송의 경우에 준용한다.
② 제10조의 규정은 당사자소송과 관련청구소송이 각각 다른 법원에 계속되고 있는 경우의 이송과 이들 소송의 병합의 경우에 준용한다.

013 공법상 당사자소송의 대상이 되는 것으로만 연결된 것은? (다툼이 있으면 판례에 따름) 〈2020〉

① 민간투자사업 실시협약에 따른 재정지원금의 지급을 구하는소송 – 구청장의 주민등록번호 변경신청 거부행위를 다투는 소송

② 읍·면장에 의한 이장의 임명 및 면직 – 「국토의 계획 및 이용에 관한 법률」에 따른 토지의 일시사용에 대한 동의의 의사표시를 할 의무의 존부를 다투는 소송

③ 구 「특수임무수행자 보상에 관한 법률」상 보상금 지급대상자의 기각결정을 다투는 소송 – 「도시 및 주거환경정비법」상 청산금지급청구소송

④ 부가가치세 환급세액 지급청구소송 – 공무원연금관리공단의 공무원연금 지급거부를 다투는 소송

⑤ 구 「산업집적활성화 및 공장설립에 관한 법률」에 따른 입주계약의 취소를 다투는 소송 – 「부패방지법」에 따른 보상금지급거부를 다투는 소송

정답/해설 ②

① (×) 민간투자사업 실시협약을 체결한 당사자가 공법상 당사자소송에 의하여 그 실시협약에 따른 재정지원금의 지급을 구하는 경우에, 수소법원은 단순히 주무관청이 재정지원금액을 산정한 절차 등에 위법이 있는지 여부를 심사하는 데 그쳐서는 아니 되고, 실시협약에 따른 적정한 재정지원금액이 얼마인지를 구체적으로 심리·판단하여야 한다(대판 2019.1.31. 2017두46455). ⇒ 당사자소송

피해자의 의사와 무관하게 주민등록번호가 불법 유출된 경우 개인의 사생활뿐만 아니라 생명·신체에 대한 위해나 재산에 대한 피해를 입을 우려가 있고, 실제 유출된 주민등록번호가 다른 개인정보와 연계되어 각종 광고 마케팅에 이용되거나 사기, 보이스피싱 등의 범죄에 악용되는 등 사회적으로 많은 피해가 발생하고 있는 것이 현실인 점, 반면 주민등록번호가 유출된 경우 그로 인하여 이미 발생하였거나 발생할 수 있는 피해 등을 최소화할 수 있는 충분한 권리구제방법을 찾기 어려운데도 구 주민등록법(2016. 5. 29. 법률 제14191호로 개정되기 전의 것)에서는 주민등록번호 변경에 관한 아무런 규정을 두고 있지 않은 점, 주민등록법령상 주민등

록번호 변경에 관한 규정이 없다거나 주민등록번호 변경에 따른 사회적 혼란 등을 이유로 위와 같은 불이익을 피해자가 부득이한 것으로 받아들여야 한다고 보는 것은 피해자의 개인정보자기결정권 등 국민의 기본권 보장의 측면에서 타당하지 않은 점, 주민등록번호를 관리하는 국가로서는 주민등록번호가 유출된 경우 그로 인한 피해가 최소화되도록 제도를 정비하고 보완해야 할 의무가 있으며, 일률적으로 주민등록번호를 변경할 수 없도록 할 것이 아니라 만약 주민등록번호 변경이 필요한 경우가 있다면 그 변경에 관한 규정을 두어서 이를 허용해야 하는 점 등을 종합하면, 피해자의 의사와 무관하게 주민등록번호가 유출된 경우에는 조리상 주민등록번호의 변경을 요구할 신청권을 인정함이 타당하고, 구청장의 주민등록번호 변경신청 거부행위는 항고소송의 대상이 되는 행정처분에 해당한다고 한 사례(대판 2017.6.15. 2013두2945). ⇒ 항고소송

② (○) 이장은 읍·면장에 의하여 임명되고 공적인 임무를 수행하는 지위에 있기는 하나, ① 지방공무원법이 1981. 4. 20. 법률 제3448호로 개정되면서 그 신분이 별정직 공무원에서 제외된 이래 현재까지 공무원으로 규정된 바 없는 점, ② 읍·면장은 이장을 임명함에 있어 주민의 의사에 따라야 하고 직권으로 면직함에 있어서도 주민들의 의견을 들어야 하는 점, ③ 이장이 공무원으로서의 지위를 갖는 것은 아니나 지방계약직 공무원과 그 지위에서 유사할 뿐만 아니라 이장의 면직사유에 관한 규정은 지방계약직 공무원에 대한 채용계약 해지사유를 정한 지방계약직공무원규정과 유사한 점 등을 종합하면, 읍·면장의 이장에 대한 직권면직행위는 행정청으로서 공권력을 행사하여 행하는 행정처분이 아니라 서로 대등한 지위에서 이루어진 공법상 계약에 따라 그 계약을 해지하는 의사표시로 봄이 상당하다(대판 2012.10.25. 2010두18963). ⇒ 당사자소송

국토의 계획 및 이용에 관한 법률 제130조 제3항에서 정한 토지의 소유자·점유자 또는 관리인(이하 '소유자 등'이라 한다)이 사업시행자의 일시 사용에 대하여 정당한 사유 없이 동의를 거부하는 경우, 사업시행자는 해당 토지의 소유자 등을 상대로 동의의 의사표시를 구하는 소를 제기할 수 있다. 이와 같은 토지의 일시 사용에 대한 동의의 의사표시를 할 의무는 '국토의 계획 및 이용에 관한 법률'에서 특별히 인정한 공법상의 의무이므로, 그 의무의 존부를 다투는 소송은 '공법상의 법률관계에 관한 소송으로서 그 법률관계의 한쪽 당사자를 피고로 하는 소송', 즉 행정소송법 제3조 제2호에서 규정한 당사자소송이라고 보아야 한다(대판 2019.9.9. 2016다262550). ⇒ 당사자소송

③ (×) 특수임무와 관련하여 국가를 위하여 특별한 희생을 한 특수임무수행자와 그 유족에 대하여 필요한 보상을 함으로써 특수임무수행자와 그 유족의 생활안정을 도모하고 국민화합에 이바지함을 목적으로 제정된 구 특수임무수행자 보상에 관한 법률 및 구 시행령의 각 규정 취지와 내용에 비추어 보면, 같은 법 제2조, 같은 법 시행령 제2조, 제3조, 제4조 등의 규정들만으로는 바로 법상의 보상금 등의 지급대상자가 확정된다고 볼 수 없고, 특수임무수행자보상심의위원회의 심의·의결을 거쳐 특수임무수행자로 인정되어야만 비로소 보상금 등의 지급대상자로 확정될 수 있다. 따라서 그와 같은 위원회의 결정은 행정소송법 제2조 제1항 제1호에 규정된 처분에 해당하므로, 특수임무수행자 및 그 유족으로서 보상금 등을 지급받고자 하는 자의 신청에 대하여 위원회가 특수임무수행자에 해당하지 않는다는 이유로 이를 기각하는 결정을 한 경우, 신청인은 위원회를 상대로 그 결정의 취소를 구하는 소송을 제기하여 보상금 등의 지급대상자가 될 수 있다. 이와 달리 신청인이 국가를 상대로 직접 보상금 등의 지급을 구하는 소는 부적법하다(대판 2008.12.11. 2008두6554). ⇒ 항고소송

도시 및 주거환경정비법 제57조 제1항(현 제90조 제1항)에 규정된 청산금의 징수에 관하여는 지방

세체납처분의 예에 의한 징수 또는 징수 위탁과 같은 간이하고 경제적인 특별구제절차가 마련되어 있으므로, 시장·군수가 사업시행자의 청산금 징수 위탁에 응하지 아니하였다는 등의 특별한 사정이 없는 한 시장·군수가 아닌 사업시행자가 이와 별개로 공법상 당사자소송의 방법으로 청산금 청구를 할 수는 없다(대판 2017.4.28. 2016두39498). ⇒ 항고소송

④ (×) 부가가치세법령이 환급세액의 정의 규정, 그 지급시기와 산출방법에 관한 구체적인 규정과 함께 부가가치세 납세의무를 부담하는 사업자(이하 '납세의무자'라 한다)에 대한 국가의 환급세액 지급의무를 규정한 이유는, 입법자가 과세 및 징수의 편의를 도모하고 중복과세를 방지하는 등의 조세 정책적 목적을 달성하기 위한 입법적결단을 통하여, 최종 소비자에 이르기 전의 각 거래단계에서 재화 또는 용역을 공급하는 사업자가 그 공급을 받는 사업자로부터 매출세액을 징수하여 국가에 납부하고, 그 세액을 징수당한 사업자는 이를 국가로부터 매입세액으로 공제·환급받는 과정을 통하여 그 세액의 부담을 다음 단계의 사업자에게 차례로 전가하여 궁극적으로 최종 소비자에게 이를 부담시키는 것을 근간으로 하는 전단계세액공제 제도를 채택한 결과, 어느 과세기간에 거래징수된 세액이 거래징수를 한 세액보다 많은 경우에는 그 납세의무자가 창출한 부가가치에 상응하는 세액보다 많은 세액이 거래징수되게 되므로 이를 조정하기 위한 과세기술상, 조세 정책적인 요청에 따라 특별히 인정한 것이라고 할 수 있다. 따라서 이와 같은 부가가치세법령의 내용, 형식 및 입법 취지 등에 비추어 보면, 납세의무자에 대한 국가의 **부가가치세 환급세액 지급의무는 그 납세의무자로부터 어느 과세기간에 과다하게 거래징수된 세액 상당을 국가가 실제로 납부받았는지와 관계없이 부가가치세법령의 규정에 의하여 직접 발생하는 것**으로서, 그 법적 성질은 정의와 공평의 관념에서 수익자와 손실자 사이의 재산상태 조정을 위해 인정되는 부당이득 반환의무가 아니라 부가가치세법령에 의하여 그 존부나 범위가 구체적으로 확정되고 조세 정책적 관점에서 특별히 인정되는 **공법상 의무**라고 봄이 타당하다. 그렇다면 납세의무자에 대한 국가의 부가가치세 환급세액 지급의무에 대응하는 국가에 대한 납세의무자의 부가가치세 환급세액 지급청구는 민사소송이 아니라 행정소송법 제3조 제2호에 규정된 당사자소송의 절차에 따라야 한다(대판 전합 2013.3.21. 2011다95564). ⇒ 당사자소송

구공무원연금법 제26조 제1항, 제80조 제1항, 공무원연금법 시행령 제19조의2의 각 규정을 종합하면, 같은 법 소정의 급여는 급여를 받을 권리를 가진 자가 당해 공무원이 소속하였던 기관장의 확인을 얻어 신청하는 바에 따라 공무원연금관리공단이 그 지급결정을 함으로써 그 구체적인 권리가 발생하는 것이므로, 공무원연금관리공단의 급여에 관한 결정은 국민의 권리에 직접 영향을 미치는 것이어서 행정처분에 해당하고, 공무원연금관리공단의 급여결정에 불복하는 자는 공무원연금급여재심위원회의 심사결정을 거쳐 공무원연금관리공단의 급여결정을 대상으로 행정소송을 제기하여야 한다(대판 1996.12.6. 96누6417). ⇒ 항고소송

⑤ (×) 산업단지관리공단의 지위, 입주계약 및 변경계약의 효과, 입주계약 및 변경계약 체결 의무와 그 의무를 불이행한 경우의 형사적 내지 행정적 제재, 입주계약해지의 절차, 해지통보에 수반되는 법적 의무 및 그 의무를 불이행한 경우의 형사적 내지 행정적 제재 등을 종합적으로 고려하면, 입주변경계약 취소는 행정청인 관리권자로부터 관리업무를 위탁받은 산업단지관리공단이 우월적 지위에서 입주기업체들에게 일정한 법률상 효과를 발생하게 하는 것으로서 항고소송의 대상이 되는 행정처분에 해당한다(대판 2017.6.15. 2014두46843). ⇒ 항고소송

부패행위의 신고자가 법 제36조 제2, 3항에 의해 가지는 보상금청구권은 그 신고로 인하여

같은 법 시행령 제35조의2에 정한 부과 또는 환수 등의 처분이나 조치를 통해 직접적인 공공기관 수입의 회복이나 증대 또는 비용의 절감을 가져오거나 그에 관한 법률관계가 확정되는 것을 정지조건으로 하여 발생하는 것으로, 위 정지조건의 성취사실은 신고자가 이를 입증하여야 할 것인바, 부패행위의 신고에도 불구하고 공공기관 수입의 직접적인 회복 등의 객관적 결과가 발생하지 아니한 경우에는 같은 법 시행령 제35조에 정한 사유가 발생한 경우에 한하여 법 제36조 제1항의 포상금의 지급을 구할 수 있을 뿐 위 정지조건의 성취를 전제로 하는 보상금의 지급을 구할 수는 없다 할 것이다(대판 2008.11.13. 2008두12726). ⇒ 항고소송

014 행정소송법상 항고소송과 당사자소송에 공통으로 적용되는 것이 아닌 것은? 〈2019〉

① 행정청의 소송참가
② 재량처분의 취소
③ 직권심리
④ 처분변경으로 인한 소의 변경
⑤ 소송비용의 부담

정답/해설 ②

당사자소송에서는 취소소송의 규정 중 제9조(재판관할), 제10조(관련청구소송의 이송 및 병합), 제14조(피고경정), 제15조(공동소송), 제16조(제3자의 소송참가), 제17조(행정청의 소송참가), 제21조(소의 변경), 제22조(처분변경으로 인한 소의 변경), 제25조(행정심판기록의 제출명령), 제26조(직권심리), 제30조 제1항(취소판결등의 기속력), 제32조(소송비용의 부담), 제33조(소송비용에 관한 재판의 효력)를 준용하고 있다.

015 국가·공공단체 그 밖의 권리주체를 피고로 하는 소송에 해당하지 않는 것은? (다툼이 있으면 판례에 따름) 〈2019〉

① 구 「광주민주화운동 관련자 보상 등에 관한 법률」에 의한 보상금청구소송
② 퇴직연금 결정 후의 공무원연금관리공단에 대한 미지급퇴직연금지급청구소송
③ 조세부과처분이 당연무효임을 전제로 하여 이미 납부한 세금의 반환을 청구하는 소송
④ 국가에 대한 납세의무자의 부가가치세 환급세액 지급청구소송
⑤ 「도시 및 주거환경정비법」상의 주택재건축정비사업조합을 상대로 관리처분계획안에 대한 조합총회결의의 효력을 다투는 소송

정답/해설 ③

① (○) 구 「광주민주화운동 관련자 보상 등에 관한 법률」 제15조 본문의 규정에서 말하는 광주민주화운동관련자보상심의위원회의 결정을 거치는 것은 보상금 지급에 관한 소송을 제기하기 위한 전치요건에 불과하다고 할 것이므로 위 보상심의위원회의 결정은 취소소송의 대상이 되는 행정처분이라고 할 수 없다. 같은 법에 의거하여 관련자 및 유족들이 갖게 되는 보상 등에 관한 권리는 헌법 제23조 제3항에 따른 재산권침해에 대한 손실보상청구나 국가배상법에 따른 손해배상청구와는 그 성질을 달리하는 것으로서 법률이 특별히 인정하고 있는 공법상의 권리라고 하

여야 할 것이므로 그에 관한 소송은 행정소송법 제3조 제2호 소정의 당사자소송에 의하여야 할 것이며 보상금 등의 지급에 관한 법률관계의 주체는 대한민국이다(대판 1992.12.24. 92누3335).

② (○) 공무원으로 재직하다가 퇴직하여 구 공무원연금법에 따라 퇴직연금을 받고 있던 사람이 철차산업 직원으로 다시 임용되어 철차산업으로부터는 급여를 받고 공무원연금관리공단으로부터는 여전히 퇴직연금을 지급받고 있다가, 구 공무원연금법 시행규칙이 개정되면서 철차산업이 구 공무원연금법 제47조 제2호 소정의 퇴직연금 중 일부의 금액에 대한 지급정지기관으로 지정된 경우, 공무원연금관리공단의 지급정지처분 여부에 관계없이 개정된 구 공무원연금법 시행규칙이 시행된 때로부터 그 법 규정에 의하여 당연히 퇴직연금 중 일부 금액의 지급이 정지되는 것이므로, 공무원연금관리공단이 위와 같은 법령의 개정사실과 퇴직연금 수급자가 퇴직연금 중 일부 금액의 지급정지대상자가 되었다는 사실을 통보한 것은 단지 위와 같이 법령에서 정한 사유의 발생으로 퇴직연금 중 일부 금액의 지급이 정지된다는 점을 알려주는 관념의 통지에 불과하고, 그로 인하여 비로소 지급이 정지되는 것은 아니므로 항고소송의 대상이 되는 행정처분으로 볼 수 없다(대판 2004.7.8. 2004두244).

③ (×) 조세부과처분이 당연무효임을 전제로 하여 이미 납부한 세금의 반환을 청구하는 것은 민사상의 부당이득반환청구로서 민사소송절차에 따라야 한다(대판 1995.4.28. 94다55019).

④ (○) 이와 같은 부가가치세법령의 내용, 형식 및 입법 취지 등에 비추어 보면, 납세의무자에 대한 국가의 부가가치세 환급세액 지급의무는 그 납세의무자로부터 어느 과세기간에 과다하게 거래징수된 세액 상당을 국가가 실제로 납부받았는지와 관계없이 부가가치세법령의 규정에 의하여 직접 발생하는 것으로서, 그 법적 성질은 정의와 공평의 관념에서 수익자와 손실자 사이의 재산상태 조정을 위해 인정되는 부당이득 반환의무가 아니라 부가가치세법령에 의하여 그 존부나 범위가 구체적으로 확정되고 조세 정책적 관점에서 특별히 인정되는 공법상 의무라고 봄이 타당하다. 그렇다면 납세의무자에 대한 국가의 부가가치세 환급세액 지급의무에 대응하는 국가에 대한 납세의무자의 부가가치세 환급세액 지급청구는 민사소송이 아니라 행정소송법 제3조 제2호에 규정된 당사자소송의 절차에 따라야 한다(대판 전합 2013.3.21. 2011다95564).

⑤ (○) 도시 및 주거환경정비법상 행정주체인 주택재건축정비사업조합을 상대로 관리처분계획안에 대한 조합 총회결의의 효력 등을 다투는 소송은 행정처분에 이르는 절차적 요건의 존부나 효력 유무에 관한 소송으로서 그 소송결과에 따라 행정처분의 위법 여부에 직접 영향을 미치는 공법상 법률관계에 관한 것이므로, 이는 행정소송법상의 당사자소송에 해당한다(대판 전합 2009.9.17. 2007다2428).

016 행정소송법상 당사자소송에 관한 설명으로 옳지 않은 것은? (다툼이 있으면 판례에 따름)
〈2019〉

① 원고가 고의 또는 중대한 과실없이 당사자소송으로 제기하여야 할 것을 항고소송으로 제기한 경우 당사자소송의 소송요건을 갖추었다면 법원은 당사자소송으로 소를 변경하도록 하여야 한다.
② 당사자소송은 취소소송의 원고적격 규정을 준용한다.
③ 당사자소송은 국가·공공단체 그 밖의 권리주체를 피고로 한다.
④ 당사자소송에서는 피고경정이 가능하다.

⑤ 지방자치단체에 대하여 재산권의 청구를 인용하는 판결을 하는 경우 가집행선고를 할 수 있다.

정답/해설 ②

① (○)

② (×), ④ (○) 당사자소송에서는 취소소송의 규정 중 제9조(재판관할), 제10조(관련청구소송의 이송 및 병합), 제14조(피고경정), 제15조(공동소송), 제16조(제3자의 소송참가), 제17조(행정청의 소송참가), 제21조(소의 변경), 제22조(처분변경으로 인한 소의 변경), 제25조(행정심판기록의 제출명령), 제26조(직권심리), 제30조 제1항(취소판결등의 기속력), 제32조(소송비용의 부담), 제33조(소송비용에 관한 재판의 효력)를 준용하고 있으며, 원고적격 조문(제12조)은 준용하지 않는다.

③ (○)

> **제39조(피고적격)**
> 당사자소송은 국가·공공단체 그 밖의 권리주체를 피고로 한다.

⑤ (○) 행정소송법 제8조 제2항에 의하면 행정소송에도 민사소송법의 규정이 일반적으로 준용되므로 법원으로서는 공법상 당사자소송에서 재산권의 청구를 인용하는 판결을 하는 경우 가집행선고를 할 수 있다 (대판 2000.11.28 99두3416).

017 다음 사례에 관한 설명으로 옳지 않은 것은? (다툼이 있으면 판례에 따름) 〈2018〉

> A회사는 관할 세무서장에게 부가가치세환급 확정신고를 하였다. A회사는 확정신고에 따른 부가가치세 환급세액을 지급받지 못하여, 국가를 상대로 부가가치세 환급세액 지급청구소송을 제기하려 한다.

① A회사에 대한 국가의 부가가치세 환급세액 지급의무는 부가가치세법령의 규정에 의하여 직접 발생한다.

② A회사에 대한 국가의 부가가치세 환급세액 지급의무는 공법상의무이다.

③ A회사의 부가가치세 환급세액 지급청구는 당사자소송 절차에 따라야 한다.

④ A회사가 갖는 부가가치세 환급세액 지급청구권의 법적성질은 민법상 부당이득반환청구권이다.

⑤ 국가의 부가가치세 환급세액 지급의무는 A회사로부터 어느 과세기간에 과다하게 거래징수된 세액 상당을 국가가 실제로 납부받았는지와는 관계없다.

정답/해설 ④

① (○), ② (○), ③ (○), ⑤ (○)

④ (×) 부가가치세법령이 환급세액의 정의 규정, 그 지급시기와 산출방법에 관한 구체적인 규정과 함께 부가가치세 납세의무를 부담하는 사업자(이하 '납세의무자'라 한다)에 대한 국가의 환급

세액 지급의무를 규정한 이유는, 입법자가 과세 및 징수의 편의를 도모하고 중복과세를 방지하는 등의 조세 정책적 목적을 달성하기 위한 입법적 결단을 통하여, 최종 소비자에 이르기 전의 각 거래단계에서 재화 또는 용역을 공급하는 사업자가 그 공급을 받는 사업자로부터 매출세액을 징수하여 국가에 납부하고, 그 세액을 징수당한 사업자는 이를 국가로부터 매입세액으로 공제·환급받는 과정을 통하여 그 세액의 부담을 다음 단계의 사업자에게 차례로 전가하여 궁극적으로 최종 소비자에게 이를 부담시키는 것을 근간으로 하는 전단계 세액공제 제도를 채택한 결과, 어느 과세기간에 거래징수된 세액이 거래징수를 한 세액보다 많은 경우에는 그 납세의무자가 창출한 부가가치에 상응하는 세액보다 많은 세액이 거래징수되게 되므로 이를 조정하기 위한 과세기술상, 조세 정책적인 요청에 따라 특별히 인정한 것이라고 할 수 있다. 따라서 이와 같은 부가가치세법령의 내용, 형식 및 입법 취지 등에 비추어 보면, 납세의무자에 대한 국가의 부가가치세 환급세액 지급의무는 그 납세의무자로부터 어느 과세기간에 과다하게 거래징수된 세액 상당을 국가가 실제로 납부받았는지와 관계없이 부가가치세법령의 규정에 의하여 직접 발생하는 것으로서, 그 법적 성질은 정의와 공평의 관념에서 수익자와 손실자 사이의 재산상태 조정을 위해 인정되는 부당이득 반환의무가 아니라 부가가치세법령에 의하여 그 존부나 범위가 구체적으로 확정되고 조세 정책적 관점에서 특별히 인정되는 공법상 의무라고 봄이 타당하다. 그렇다면 납세의무자에 대한 국가의 부가가치세 환급세액 지급의무에 대응하는 국가에 대한 납세의무자의 부가가치세 환급세액 지급청구는 민사소송이 아니라 행정소송법 제3조 제2호에 규정된 당사자소송의 절차에 따라야 한다(대판 전합 2013.3.21. 2011다95564).

018 당사자소송의 대상이 되는 것은? (다툼이 있으면 판례에 따름) 〈2018〉

① 지방전문직공무원의 채용계약의 해지
② 행정청에 의한 공법상 계약상대방의 결정
③ 지방계약직공무원에 대한 보수삭감
④ 구청장의 주민등록번호 변경신청 거부
⑤ 지목변경신청 반려행위

정답/해설 ①

① (O) 현행 실정법이 지방전문직공무원 채용계약 해지의 의사표시를 일반공무원에 대한 징계처분과는 달리 항고소송의 대상이 되는 처분 등의 성격을 가진 것으로 인정하지 아니하고, 지방전문직공무원규정 제7조 각호의 1에 해당하는 사유가 있을 때 지방자치단체가 채용계약관계의 한쪽 당사자로서 대등한 지위에서 행하는 의사표시로 취급하고 있는 것으로 이해되므로, 지방전문직공무원채용계약 해지의 의사표시에 대하여는 대등한 당사자간의 소송형식인 공법상 당사자소송으로 그 의사표시의 무효확인을 청구할 수 있다(대판 1993.9.14. 92누4611).
② (×) 사업시행자는 민간투자사업의 시행을 위하여 타인의 토지에 출입 등을 할 수 있고, 국·공유재산을 무상으로 사용할 수 있으며, 토지 등을 수용 또는 사용할 수 있으므로 사업시행자 지정의 효력을 가진 실시협약의 체결을 단순한 사법적, 일반적 계약관계라고 할 수 없다. 주무관청에 의하여 우선협상대상자로 지정된 사업자는 우선적으로 주무관청과 사이에 협상을 거쳐 위와

같은 사업시행자로 지정될 수 있는 자격을 부여받게 되는 반면, 우선협상대상자로 지정되지 않은 사업자는 주무관청과의 협상에서 배제됨으로써 사업시행자로 지정 받을 수 있는 지위를 박탈 내지 유보(차순위 협상대상자의 경우)당하게 된다고 할 것이다. 따라서 <u>우선협상대상자 지정행위는 사업시행자로 지정되기 위한 전제요건으로서 사업시행자의 실체적 권리관계에 밀접하게 관련되어 있으므로 사업계획을 제출한 사업자의 권리관계에 영향을 미치는 것으로서 항고소송의 대상이 되는 행정처분에 해당한다고 할 것이다</u>(서울고법 2004.6.24. 2003누6483).

③ (×) 보수의 삭감은 이를 당하는 당해 공무원의 입장에서는 <u>징계처분의 일종인 감봉과 다를 바 없다</u>(대판 2008.6.12. 2006두16328).

④ (×) 갑 등이 인터넷 포털사이트 등의 개인정보 유출사고로 자신들의 주민등록번호 등 개인정보가 불법 유출되자 이를 이유로 관할 구청장에게 주민등록번호를 변경해 줄 것을 신청하였으나 구청장이 '주민등록번호가 불법 유출된 경우 주민등록법상 변경이 허용되지 않는다'는 이유로 주민등록번호 변경을 거부하는 취지의 통지를 한 사안에서, 피해자의 의사와 무관하게 주민등록번호가 불법 유출된 경우 개인의 사생활뿐만 아니라 생명·신체에 대한 위해나 재산에 대한 피해를 입을 우려가 있고, 실제 유출된 주민등록번호가 다른 개인정보와 연계되어 각종 광고 마케팅에 이용되거나 사기, 보이스피싱 등의 범죄에 악용되는 등 사회적으로 많은 피해가 발생하고 있는 것이 현실인 점, 반면 주민등록번호가 유출된 경우 그로 인하여 이미 발생하였거나 발생할 수 있는 피해 등을 최소화할 수 있는 충분한 권리구제방법을 찾기 어려운데도 구 주민등록법에서는 주민등록번호 변경에 관한 아무런 규정을 두고 있지 않은 점, 주민등록법령상 주민등록번호 변경에 관한 규정이 없다거나 주민등록번호 변경에 따른 사회적 혼란 등을 이유로 위와 같은 불이익을 피해자가 부득이한 것으로 받아들여야 한다고 보는 것은 피해자의 개인정보자기결정권 등 국민의 기본권 보장의 측면에서 타당하지 않은 점, 주민등록번호를 관리하는 국가로서는 주민등록번호가 유출된 경우 그로 인한 피해가 최소화되도록 제도를 정비하고 보완해야 할 의무가 있으며, 일률적으로 주민등록번호를 변경할 수 없도록 할 것이 아니라 만약 주민등록번호 변경이 필요한 경우가 있다면 그 변경에 관한 규정을 두어서 이를 허용해야 하는 점 등을 종합하면, <u>피해자의 의사와 무관하게 주민등록번호가 유출된 경우에는 조리상 주민등록번호의 변경을 요구할 신청권을 인정함이 타당하고, 구청장의 주민등록번호 변경신청 거부행위는 항고소송의 대상이 되는 행정처분에 해당한다고 한 사례</u>(대판 2017.6.15. 2013두2945).

⑤ (×) 구 지적법 제20조, 제38조 제2항의 규정은 토지소유자에게 지목변경신청권과 지목정정신청권을 부여한 것이고, 한편 지목은 토지에 대한 공법상의 규제, 개발부담금의 부과대상, 지방세의 과세대상, 공시지가의 산정, 손실보상가액의 산정 등 토지행정의 기초로서 공법상의 법률관계에 영향을 미치고, 토지소유자는 지목을 토대로 토지의 사용·수익·처분에 일정한 제한을 받게 되는 점 등을 고려하면, <u>지목은 토지소유권을 제대로 행사하기 위한 전제요건으로서 토지소유자의 실체적 권리관계에 밀접하게 관련되어 있으므로</u> 지적공부 소관청의 지목변경신청 반려행위는 국민의 권리관계에 영향을 미치는 것으로서 항고소송의 대상이 되는 행정처분에 해당한다(대판 전합 2004.4.22. 2003두9015).

019 당사자소송에 관한 설명으로 옳은 것은? 〈2018〉

① 확정판결은 제3자에 대하여도 효력이 있다.
② 국가를 상대로 하는 토지의 수용에 관계되는 당사자소송은 관계행정청의 소재지를 관할하는 행정법원에 제기하여야 한다.
③ 국가·공공단체를 상대로 하는 당사자소송의 경우에는 가집행선고를 할 수 없다.
④ 법원은 당사자의 신청 또는 직권에 의하여 결정으로써 재결을 행한 행정청에 대하여 행정심판에 관한 기록의 제출을 명할 수 있다.
⑤ 확정판결은 그 사건에 관하여 당사자인 행정청과 그 밖의 관계행정청을 기속한다.

정답/해설 ⑤

① (×), ⑤ (○) 당사자소송에서는 취소판결의 기속력 조항(제30조 제1항)만 준용할 뿐 취소판결의 제3자효 조항(제29조 제1항)은 준용하고 있지 않다.
② (×) 토지의 수용에 관계되는 처분등에 대한 취소소송은 그 부동산 또는 장소의 소재지를 관할하는 행정법원에 제기할 수 있고(제9조 제3항), 이 조항은 당사자소송에서 준용하고 있다(제40조).

> **제40조(재판관할)**
> 제9조의 규정은 당사자소송의 경우에 준용한다. 다만, 국가 또는 공공단체가 피고인 경우에는 관계행정청의 소재지를 피고의 소재지로 본다.

③ (×) 국가 또는 공공단체를 상대로 하는 당사자소송의 경우 가집행선고가 가능하다.
④ (×) 당사자소송에서는 행정심판기록제출명령에 관한 조항(제25조)을 준용하고 있다. 다만 행정심판에 관한 기록의 제출은 당사자의 신청으로만 가능하고, 법원의 직권으로는 불가하다.

020 실질적 당사자소송에 해당하는 소송을 모두 고른 것은? (다툼이 있으면 판례에 따름) 〈2017〉

ㄱ. 지방자치단체가 보조사업자에 대해 지급한 보조금의 반환을 청구하는 소송
ㄴ. 지방소방공무원이 소속 지방자치단체를 상대로 초과근무수당의 지급을 청구하는 소송
ㄷ. 명예퇴직한 법관이 미지급 명예퇴직수당액의 지급을 청구하는 소송
ㄹ. 주택재건축정비사업조합을 상대로 사업시행계획의 인가·고시 전에 사업시행계획 결의의 효력을 다투는 소송

① ㄱ, ㄴ, ㄷ   ② ㄱ, ㄴ, ㄹ   ③ ㄱ, ㄷ, ㄹ
④ ㄴ, ㄷ, ㄹ   ⑤ ㄱ, ㄴ, ㄷ, ㄹ

정답/해설 ⑤

ㄱ (○) 지방자치단체가 보조금 지급결정을 하면서 일정 기한 내에 보조금을 반환하도록 하는 교부조건을 부가한 사안에서, 보조사업자의 지방자치단체에 대한 보조금 반환의무는 행정처분인 위 보조금 지급결정에 부가된 부관상 의무이고, 이러한 부관상 의무는 보조사업자가 지방자치단체에 부담하는 공법상 의무이므로, 보조사업자에 대한 지방자치단체의 보조금반환청구는 공법상 권리관계의 일방 당사자를 상대로 하여 공법상 의무이행을 구하는 청구로서 행정소송법 제3조 제2호에 규정한 당사자소송의 대상이라고 한 사례(대판 2011.6.9. 2011다2951).

ㄴ (○) 지방소방공무원의 초과근무수당 지급청구권은 법령의 규정에 의하여 직접 그 존부나 범위가 정하여지고 법령에 규정된 수당의 지급요건에 해당하는 경우에는 곧바로 발생한다고 할 것이므로, 지방소방공무원이 자신이 소속된 지방자치단체를 상대로 초과근무수당의 지급을 구하는 청구에 관한 소송은 행정소송법 제3조 제2호에 규정된 당사자소송의 절차에 따라야 한다(대판 2013.3.28. 2012다102629).

ㄷ (○) 명예퇴직수당은 명예퇴직수당 지급신청자 중에서 일정한 심사를 거쳐 피고가 명예퇴직수당 지급대상자로 결정한 경우에 비로소 지급될 수 있지만, 명예퇴직수당 지급대상자로 결정된 법관에 대하여 지급할 수당액은 명예퇴직수당규칙 제4조 [별표 1]에 산정 기준이 정해져 있으므로, 위 법관은 위 규정에서 정한 정당한 산정 기준에 따라 산정된 명예퇴직수당액을 수령할 구체적인 권리를 가진다. 따라서 위 법관이 이미 수령한 수당액이 위 규정에서 정한 정당한 명예퇴직수당액에 미치지 못한다고 주장하며 차액의 지급을 신청함에 대하여 법원행정처장이 거부하는 의사를 표시했더라도, 그 의사표시는 명예퇴직수당을 형성·확정하는 행정처분이 아니라 공법상의 법률관계의 한쪽 당사자로서 지급의무의 존부 및 범위에 관하여 자신의 의견을 밝힌 것에 불과하므로 행정처분으로 볼 수 없다. 결국 명예퇴직한 법관이 미지급 명예퇴직수당액에 대하여 가지는 권리는 명예퇴직수당 지급대상자 결정 절차를 거쳐 명예퇴직수당규칙에 의하여 확정된 공법상 법률관계에 관한 권리로서, 그 지급을 구하는 소송은 행정소송법의 당사자소송에 해당하며, 그 법률관계의 당사자인 국가를 상대로 제기하여야 한다(대판 2016.5.24. 2013두14863).

ㄹ (○) 사업시행계획이 인가·고시를 통해 확정되면 항고소송의 방법으로 계획의 취소 또는 무효확인을 구할 수 있을 뿐, 총회결의 부분만을 대상으로 그 효력 유무를 다투는 확인의 소를 제기하는 것은 허용되지 아니하고, 사업시행계획이 확정되기 전에는 공법상 당사자소송으로 총회결의의 무효확인을 구하는 소송을 제기할 수 있다.

021 행정소송법의 규정내용으로 옳지 않은 것은? 〈2017〉

① 국가를 상대로 하는 당사자소송의 경우에는 가집행선고를 할 수 있다.
② 소송비용에 관한 재판이 확정된 때에는 피고였던 행정청이 소속하는 국가에 그 효력이 미친다.
③ 수인의 청구 또는 수인에 대한 청구가 처분등의 취소청구와 관련되는 청구인 경우에 한하여 그 수인은 공동소송인이 될 수 있다.
④ '처분등'에는 행정심판에 대한 재결이 포함된다.

⑤ 기관소송으로써 처분의 취소를 구하는 소송에는 그 성질에 반하지 아니하는 한 취소소송에 관한 규정을 준용한다.

정답/해설 정답없음

① (○) 제43조는 헌법재판소의 위헌결정으로 효력이 상실되었다. 따라서 국가를 상대로 하는 당사자소송의 경우에도 가집행선고가 가능하다.

> 제43조(가집행선고의 제한)
> 국가를 상대로 하는 당사자소송의 경우에는 가집행선고를 할 수 없다.

② (○)

> 제33조(소송비용에 관한 재판의 효력)
> 소송비용에 관한 재판이 확정된 때에는 피고 또는 참가인이었던 행정청이 소속하는 국가 또는 공공단체에 그 효력을 미친다.

③ (○)

> 제15조(공동소송)
> 수인의 청구 또는 수인에 대한 청구가 처분등의 취소청구와 관련되는 청구인 경우에 한하여 그 수인은 공동소송인이 될 수 있다.

④ (○)

> 제2조(정의)
> ① 이 법에서 사용하는 용어의 정의는 다음과 같다.
>   1. "처분등"이라 함은 행정청이 행하는 구체적 사실에 관한 법집행으로서의 공권력의 행사 또는 그 거부와 그 밖에 이에 준하는 행정작용(이하 "처분"이라 한다) 및 행정심판에 대한 재결을 말한다.

⑤ (○)

> 제46조(준용규정)
> ① 민중소송 또는 기관소송으로서 처분등의 취소를 구하는 소송에는 그 성질에 반하지 아니하는 한 취소소송에 관한 규정을 준용한다.

022 당사자소송의 재판에 관한 설명으로 옳지 않은 것은? (다툼이 있으면 판례에 따름) 〈2017〉

① 확인판결뿐만 아니라 이행판결도 가능하다.

② 확정판결은 자박력, 확정력, 기속력을 가진다.

③ 세무서장을 피고로 하여 납세의무부존재확인을 구하는 경우에는 피고의 경정을 허가할 수 있다.

④ 행정청의 처분을 대상으로 하지 않은 경우에는 각하판결을 하여야 한다.

⑤ 당사자소송에 관련청구소송을 병합한 경우, 당사자소송이 부적법하여 각하되면 관련청구소송도 각하하여야 한다.

정답/해설 ④

① (○) 당사자소송에서는 소의 종류에 따라 확인판결을 내리기도 하고, 이행판결을 내리기도 한다(예: 공법상 금전급부의무의 이행을 명하는).

② (○) 당사자소송의 확정판결은 취소소송의 확정판결과 마찬가지로 자박력(불가변력: 선고법원 자신도 이에 구속되어 스스로 판결을 철회하거나 변경하는 것이 허용되지 않는 힘), 확정력(불가쟁력: 당사자는 확정된 판결에 대해서 다툴 수 없는 힘, 기판력: 당사자는 확정판결에 반하는 주장을 하여 다투는 것이 허용되지 않고, 법원은 그와 모순저촉되는 판단을 할 수 없게 되는 힘)을 가지며, 취소소송의 기속력에 관한 조문(행정소송법 제30조 제1항) 역시 준용하고 있다(제44조 제1항).

③ (○) 납세의무부존재확인소송은 당사자소송이므로 행정주체인 국가를 피고로 해야 한다. 당사자소송에서는 취소소송의 피고경정에 관한 조문(제14조)을 준용하고 있으므로, 세무서장을 피고로 지정한 경우 원고는 피고경정을 신청할 수 있고, 법원을 원고의 신청을 허가할 수 있다(제44조 제1항).

④ (×) 당사자소송의 대상은 "처분등을 원인으로 하는 법률관계와 그 밖의 공법상의 법률관계"이다. 따라서 처분을 대상으로 하지 않고 당사자소송을 제기한 경우에도 그 대상이 "처분등을 원인으로 하는 법률관계와 그 밖의 공법상의 법률관계"에 해당한다면 본안심리를 하여야 하고, 각하판결을 할 수는 없다.

⑤ (○) 원심은, 원고들이 원심 계속 중에 제출한 2008. 11. 4.자 청구취지 및 원인변경신청서에 의하여 주위적으로 '피고가 2008. 10. 20. 원고들에 대하여 한 각 생활대책용지 수급대상자 선정신청 거부처분을 각 취소한다', 제1예비적으로 '피고가 원고들을 성남시 분당구 삼평동에서 시행하는 택지개발사업의 생활대책대상자로 선정하지 않고 있는 것이 위법임을 확인한다', 제2예비적으로 '원고들은 피고가 성남시 분당구 삼평동에서 시행하는 택지개발사업의 생활대책대상자임을 확인한다'는 취지의 생활대책대상자 선정 관련 청구를 주된 청구인영업손실보상금 청구에 관련청구소송으로서 병합하여 제기한 것으로 본 후, 본안판단에 나아가 원고들의 위 주위적 청구를 인용하였다. 그러나 위 법리에 따르면, 주된 청구인 영업손실보상금 청구의 소가 재결절차를 거치지 아니하여 부적법한 것으로 각하될 것인 이상, 이에 병합된 관련청구소송인 위 생활대책대상자 선정 관련청구 부분의 소 역시 소송요건을 흠결하여 부적합한 것으로서 각하를 면할 수 없다(대판 2011.9.29. 2009두10963).

⇒ 행정소송법 제10조에 의하면, 취소소송에는 사실심의 변론종결시까지 관련청구소송, 즉 당해 처분 등과 관련되는 손해배상·부당이득반환·원상회복 등 청구소송 및 당해 처분과 관련되는 취소소송을 병합하여 제기할 수 있고, 같은 법 제44조는 위 제10조를 당사자소송에도 준용하고 있다. 한편 행정소송법 제44조, 제10조에 의한 관련청구소송의 병합은 본래의 당사자소송이 적법할 것을 요건으로 하는 것이어서 본래의 당사자소송이 부적법하여 각하되면 그에 병합된 관련청구도 소송요건을 흠결한 부적합한 것으로 각하되어야 한다.

023 당사자소송에 관한 설명으로 옳지 않은 것은? 〈2016〉

① 다른 법률에 특별한 규정이 없는 한 그 처분등을 행한 행정청을 피고로 한다.
② 법령에 제소기간이 정하여져 있는 때에는 그 기간은 불변기간으로 한다.
③ 법원은 필요하다고 인정할 때에는 당사자가 주장하지 아니한 사실에 대하여도 판단할 수 있다.
④ 취소판결의 간접강제에 관한 규정이 준용되지 않는다.
⑤ 법원은 재결을 행한 행정청에 대하여 행정심판기록 제출을 명할 수 있다.

정답/해설 ①

① (×)

> **제39조(피고적격)**
> 당사자소송은 국가·공공단체 그 밖의 권리주체를 피고로 한다.

② (○)

> **제41조(제소기간)**
> 당사자소송에 관하여 법령에 제소기간이 정하여져 있는 때에는 그 기간은 불변기간으로 한다.

③ (○) 당사자소송에서는 취소소송의 직권심리에 관한 조문(제26조)을 준용한다(제44조 제1항).
④ (○) 당사자소송에서는 간접강제에 관한 조문(제34조)을 준용하지 않는다.
⑤ (○) 당사자소송에서는 취소소송의 행정심판기록의 제출명령 조문(제25조)을 준용한다(제44조 제1항).

> **제44조(준용규정)**
> ① 제14조 내지 제17조, 제22조, 제25조, 제26조, 제30조 제1항, 제32조 및 제33조의 규정은 당사자소송의 경우에 준용한다.
>
> **제25조(행정심판기록의 제출명령)**
> ① 법원은 당사자의 신청이 있는 때에는 결정으로써 재결을 행한 행정청에 대하여 행정심판에 관한 기록의 제출을 명할 수 있다.
> ② 제1항의 규정에 의한 제출명령을 받은 행정청은 지체없이 당해 행정심판에 관한 기록을 법원에 제출하여야 한다.

024 판례상 다음 (　) 안에 들어갈 내용을 바르게 나열한 것은? 〈2016〉

> ○ 국가의 납세의무자에 대한 부가가치세 환급세액 지급의무는 부가가치세법령의 규정에 의하여 직접 발생하는 것으로서, 납세의무자의 국가에 대한 부가가치세 환급세액 지급청구는 (ㄱ)의 절차에 따라야 한다.
> ○ 민주화운동관련자 명예회복 및 보상 등에 관한 법률에서 말하는 보상금 등의 지급에 관한 소송은 '민주화운동관련자 명예회복 및 보상 심의위원회'의 보상금 등의 지급신청에 관하여 전부 또는 일부를 기각하는 결정에 대한 불복을 구하는 소송이므로 (ㄴ)을 의미한다.

① ㄱ: 당사자소송, ㄴ: 당사자소송
② ㄱ: 취소소송, ㄴ: 취소소송
③ ㄱ: 당사자소송, ㄴ: 민사소송
④ ㄱ: 취소소송, ㄴ: 당사자소송
⑤ ㄱ: 당사자소송, ㄴ: 취소소송

정답/해설 ⑤

ㄱ : 당사자소송

부가가치세법령이 환급세액의 정의 규정, 그 지급시기와 산출방법에 관한 구체적인 규정과 함께 부가가치세 납세의무를 부담하는 사업자(이하 '납세의무자'라 한다)에 대한 국가의 환급세액 지급의무를 규정한 이유는, 입법자가 과세 및 징수의 편의를 도모하고 중복과세를 방지하는 등의 조세 정책적 목적을 달성하기 위한 입법적결단을 통하여, 최종 소비자에 이르기 전의 각 거래단계에서 재화 또는 용역을 공급하는 사업자가 그 공급을 받는 사업자로부터 매출세액을 징수하여 국가에 납부하고, 그 세액을 징수당한 사업자는 이를 국가로부터 매입세액으로 공제·환급받는 과정을 통하여 그 세액의 부담을 다음 단계의 사업자에게 차례로 전가하여 궁극적으로 최종 소비자에게 이를 부담시키는 것을 근간으로 하는 전단계 세액공제 제도를 채택한 결과, 어느 과세기간에 거래징수된 세액이 거래징수를 한 세액보다 많은 경우에는 그 납세의무자가 창출한 부가가치에 상응하는 세액보다 많은 세액이 거래징수되게 되므로 이를 조정하기 위한 과세기술상, 조세 정책적인 요청에 따라 특별히 인정한 것이라고 할 수 있다. 따라서 이와 같은 부가가치세법령의 내용, 형식 및 입법 취지 등에 비추어 보면, 납세의무자에 대한 국가의 부가가치세 환급세액 지급의무는 그 납세의무자로부터 어느 과세기간에 과다하게 거래징수된 세액 상당을 국가가 실제로 납부받았는지와 관계없이 부가가치세법령의 규정에 의하여 직접 발생하는 것으로서, 그 법적 성질은 정의와 공평의 관념에서 수익자와 손실자 사이의 재산상태 조정을 위해 인정되는 부당이득 반환의무가 아니라 부가가치세법령에 의하여 그 존부나 범위가 구체적으로 확정되고 조세 정책적 관점에서 특별히 인정되는 공법상 의무라고 봄이 타당하다. 그렇다면 납세의무자에 대한 국가의 부가가치세 환급세액 지급의무에 대응하는 국가에 대한 납세의무자의 부가가치세 환급세액 지급청구는 민사소송이 아니라 행정소송법 제3조 제2호에 규정된 당사자소송의 절차에 따라야 한다(대판 전합 2013.3.21. 2011다95564).

ㄴ : 취소소송

'민주화운동관련자 명예회복 및 보상 등에 관한 법률' 제2조 제1호, 제2호 본문, 제4조, 제10

조, 제11조, 제13조 규정들의 취지와 내용에 비추어 보면, 같은 법 제2조 제2호 각 목은 민주화운동과 관련한 피해 유형을 추상적으로 규정한 것에 불과하여 제2조 제1호에서 정의하고 있는 민주화운동의 내용을 함께 고려하더라도 그 규정들만으로는 바로 법상의 보상금 등의 지급 대상자가 확정된다고 볼 수 없고, '민주화운동관련자 명예회복 및 보상 심의위원회'에서 심의·결정을 받아야만 비로소 보상금 등의 지급 대상자로 확정될 수 있다. 따라서 그와 같은 심의위원회의 결정은 국민의 권리의무에 직접 영향을 미치는 행정처분에 해당하므로, 관련자 등으로서 보상금 등을 지급받고자 하는 신청에 대하여 심의위원회가 관련자 해당 요건의 전부 또는 일부를 인정하지 아니하여 보상금 등의 지급을 기각하는 결정을 한 경우에는 신청인은 심의위원회를 상대로 그 결정의 취소를 구하는 소송을 제기하여 보상금 등의 지급대상자가 될 수 있다(대판 전합 2008.4.17. 2005두16185).

025 당사자소송에 관한 설명으로 옳은 것은? (다툼이 있으면 판례에 따름) 〈2016〉

① 취소원인인 하자가 있는 처분의 효력을 다툴 수 있다.
② 토지소유자가 사업시행자를 피고로 하여 토지수용위원회가 정한 보상금의 증액을 구하는 소송은 당사자소송이다.
③ 처분으로 형성된 법률관계에 대하여는 허용되지 않는다.
④ 관련 민사소송을 병합할 수 없다.
⑤ 주로 확인소송의 성격을 가지며, 권력분립의 원칙상 이행소송은 허용되지 않는다.

정답/해설 ②

① (×), ③ (×) 당사자소송은 처분의 효력이 아니고 처분등을 원인으로 하는 공법상의 법률관계를 다투는 소송을 말한다.

> **제3조(행정소송의 종류)**
> 2. 당사자소송: 행정청의 처분등을 원인으로 하는 법률관계에 관한 소송 그 밖에 공법상의 법률관계에 관한 소송으로서 그 법률관계의 한쪽 당사자를 피고로 하는 소송

② (○) 토지소유자가 사업시행자를 피고로 보상금의 증액을 구하는 소송은 실질은 토지수용위원회의 재결을 다투는 것이나 형식적으로는 사업시행자를 피고로 하고 있는 것으로서 형식적 당사자소송에 해당한다.

④ (×) 관련청구소송에는 손해배상·부당이득반환·원상회복등 청구소송 등 민사소송도 포함된다.

> **제44조(준용규정)**
> ② 제10조의 규정은 당사자소송과 관련청구소송이 각각 다른 법원에 계속되고 있는 경우의 이송과 이들 소송의 병합의 경우에 준용한다.
>
> **제10조(관련청구소송의 이송 및 병합)**
> ① 취소소송과 다음 각호의 1에 해당하는 소송(이하 "관련청구소송"이라 한다)이 각각 다른 법원에 계속되고 있는 경우에 관련청구소송이 계속된 법원이 상당하다고 인정하는 때에는 당사자의 신청 또는 직권

> 에 의하여 이를 취소소송이 계속된 법원으로 이송할 수 있다.
> 1. 당해 처분등과 관련되는 손해배상·부당이득반환·원상회복등 청구소송
> 2. 당해 처분등과 관련되는 취소소송
> ② 취소소송에는 사실심의 변론종결시까지 관련청구소송을 병합하거나 피고외의 자를 상대로 한 관련청구소송을 취소소송이 계속된 법원에 병합하여 제기할 수 있다.

⑤ (×) 당사자소송의 예로 공무원의 지위확인소송(확인소송) 뿐 아니라 공법상 보상금청구소송(이행소송)을 들 수 있다.

026 행정소송법상 항고소송과 당사자소송에 공통으로 적용되지 않는 것은? 〈2015〉
① 재판관할　　② 피고의 경정　　③ 소송참가
④ 직권심리　　⑤ 제3자에 의한 재심청구

정답/해설 ⑤

① (○), ② (○), ③ (○), ④ (○)

⑤ (×) 당사자소송에서는 취소소송의 규정 중 **제9조**(재판관할), 제10조(관련청구소송의 이송 및 병합), **제14조(피고경정)**, 제15조(공동소송), **제16조(제3자의 소송참가)**, **제17조(행정청의 소송참가)**, 제21조(소의 변경), 제22조(처분변경으로 인한 소의 변경), 제25조(행정심판기록의 제출명령), **제26조(직권심리)**, 제30조 제1항(취소판결등의 기속력), 제32조(소송비용의 부담), 제33조(소송비용에 관한 재판의 효력)를 준용하고 있다.

027 당사자소송에 관한 설명으로 옳지 않은 것은? (다툼이 있으면 판례에 따름) 〈2015〉
① 지방계약직공무원이 그 계약기간 만료 이전에 채용계약이 해지된 후 그 계약기간이 만료된 경우, 채용계약 해지의사표시의 무효확인을 구할 소의 이익이 없다.
② 납세의무부존재확인의 소는 당사자소송에 의하여야 한다.
③ 당사자소송에 관하여 법령에 제소기간이 정하여져 있는 때에는 그 기간은 불변기간으로 한다.
④ 법원은 당사자가 주장하지 아니한 사실에 대하여는 판단할 수 없다.
⑤ 계약직공무원 공개채용에서 최종합격자로 공고된 자를 인사위원회 심의결과에 따라 임용하지 않겠다고 한 통보는 당사자소송의 대상이다.

정답/해설 ④

① (○) 지방자치단체와 채용계약에 의하여 채용된 계약직공무원이 그 계약기간 만료 이전에 채용계약 해지 등의 불이익을 받은 후 그 계약기간이 만료된 때에는 그 채용계약 해지의 의사표시가 무효라고 하더라도, 지방공무원법이나 지방계약직공무원규정 등에서 계약기간이 만료되는 계약직공무원에 대한 재계약의무를 부여하는 근거규정이 없으므로 계약기간의 만료로 당연히 계약직공무원의 신분을 상실하고 계약직공무원의 신분을 회복할 수 없는 것이므

로, 그 해지의사표시의 무효확인청구는 과거의 법률관계의 확인청구에 지나지 않는다 할 것이고, 한편 과거의 법률관계라 할지라도 현재의 권리 또는 법률상 지위에 영향을 미치고 있고 현재의 권리 또는 법률상 지위에 대한 위험이나 불안을 제거하기 위하여 그 법률관계에 관한 확인판결을 받는 것이 유효 적절한 수단이라고 인정될 때에는 그 법률관계의 확인소송은 즉시확정의 이익이 있다고 보아야 할 것이나, **계약직공무원에 대한 채용계약이 해지된 경우**에는 공무원 등으로 임용되는 데에 있어서 법령상의 아무런 제약사유가 되지 않을 뿐만 아니라, 계약기간 만료 전에 채용계약이 해지된 전력이 있는 사람이 공무원 등으로 임용되는 데에 있어서 그러한 전력이 없는 사람보다 사실상 불이익한 장애사유로 작용한다고 하더라도 그것만으로는 법률상의 이익이 침해되었다고 볼 수는 없으므로 **그 무효확인을 구할 이익이 없다**(대판 2002.11.26. 2002두1496).

② (○) **납세의무부존재확인의 소는 공법상의 법률관계 그 자체를 다투는 소송으로서 당사자소송**이라 할 것이므로 행정소송법 제3조 제2호, 제39조에 의하여 그 법률관계의 한쪽 당사자인 국가·공공단체 그 밖의 권리주체가 피고적격을 가진다(대판 2000.9.8. 99두2765).

③ (○)

> **제41조(제소기간)**
> 당사자소송에 관하여 법령에 제소기간이 정하여져 있는 때에는 그 기간은 불변기간으로 한다.

④ (×) 당사자소송에서는 취소소송의 직권심리에 관한 조문(제26조)을 준용한다(제44조).

> **제44조(준용규정)**
> ① 제14조 내지 제17조, 제22조, 제25조, **제26조**, 제30조 제1항, 제32조 및 제33조의 규정은 당사자소송의 경우에 준용한다.
>
> **제26조(직권심리)**
> 법원은 필요하다고 인정할 때에는 직권으로 증거조사를 할 수 있고, 당사자가 주장하지 아니한 사실에 대하여도 판단할 수 있다.

⑤ (○) 지방계약직공무원인 이 사건 옴부즈만 채용행위는 공법상 대등한 당사자 사이의 의사표시의 합치로 성립하는 공법상 계약에 해당한다. 이와 같이 이 사건 옴부즈만 채용행위가 공법상 계약에 해당하는 이상 원고의 채용계약 청약에 대응한 피고의 '승낙의 의사표시'가 대등한 당사자로서의 의사표시인 것과 마찬가지로 그 청약에 대하여 '승낙을 거절하는 의사표시' 역시 행정청이 대등한 당사자의 지위에서 하는 의사표시라고 보는 것이 타당하고, 그 채용계약에 따라 담당할 직무의 내용에 고도의 공공성이 있다거나 원고가 그 채용과정에서 최종합격자로 공고되어 채용계약 성립에 관한 강한 기대나 신뢰를 가지게 되었다는 사정만으로 이를 행정청이 우월한 지위에서 행하는 공권력의 행사로서 행정처분에 해당한다고 볼 수는 없다(대판 2014.4.24. 2013두6244).

028 공무원 퇴직연금을 지급받아 오던 중 공무원연금법령의 개정으로 퇴직연금 중 일부 금액의 지급이 정지된 경우, 미지급퇴직연금의 지급을 구하는 청구는 어떠한 소송으로 다투어야 하는가? (다툼이 있으면 판례에 따름) 〈2015〉

① 무효확인소송
② 부당이득반환청구소송
③ 취소소송
④ 당사자소송
⑤ 부작위위법확인소송

정답/해설 ④

구 공무원연금법 소정의 퇴직연금 등의 급여는 급여를 받을 권리를 가진 자가 당해 공무원이 소속하였던 기관장의 확인을 얻어 신청하는 바에 따라 공무원연금관리공단이 그 지급결정을 함으로써 그 구체적인 권리가 발생하는 것이므로, 공무원연금관리공단의 급여에 관한 결정은 국민의 권리에 직접 영향을 미치는 것이어서 행정처분에 해당할 것이지만, 공무원연금관리공단의 인정에 의하여 퇴직연금을 지급받아 오던 중 구 공무원연금법령의 개정 등으로 퇴직연금 중 일부 금액의 지급이 정지된 경우에는 당연히 개정된 법령에 따라 퇴직연금이 확정되는 것이지 같은 법 제26조 제1항에 정해진 공무원연금관리공단의 퇴직연금 결정과 통지에 의하여 비로소 그 금액이 확정되는 것이 아니므로, 공무원연금관리공단이 퇴직연금 중 일부 금액에 대하여 지급거부의 의사표시를 하였다고 하더라도 그 의사표시는 퇴직연금 청구권을 형성·확정하는 행정처분이 아니라 공법상의 법률관계의 한쪽 당사자로서 그 지급의무의 존부 및 범위에 관하여 나름대로의 사실상·법률상 의견을 밝힌 것일 뿐이어서, 이를 행정처분이라고 볼 수는 없고, 이 경우 미지급퇴직연금에 대한 지급청구권은 공법상 권리로서 그의 지급을 구하는 소송은 공법상의 법률관계에 관한 소송인 공법상 당사자소송에 해당한다(대판 2004.7.8. 2004두244).

029 당사자소송의 대상이 아닌 것은? (다툼이 있으면 판례에 따름) 〈2015〉

① 부가가치세 환급세액 지급청구
② 지방소방공무원의 초과근무수당 지급청구
③ 재개발조합을 상대로 조합원자격 확인을 구하는 소송
④ 조세부과처분의 당연무효를 전제로 한 기납부 세금의 반환청구
⑤ 석탄가격안정지원금 청구

정답/해설 ④

① (○) 부가가치세법령이 환급세액의 정의 규정, 그 지급시기와 산출방법에 관한 구체적인 규정과 함께 부가가치세 납세의무를 부담하는 사업자(이하 '납세의무자'라 한다)에 대한 국가의 환급세액 지급의무를 규정한 이유는, 입법자가 과세 및 징수의 편의를 도모하고 중복과세를 방지하는 등의 조세 정책적 목적을 달성하기 위한 입법적 결단을 통하여, 최종 소비자에 이르기

전의 각 거래단계에서 재화 또는 용역을 공급하는 사업자가 그 공급을 받는 사업자로부터 매출세액을 징수하여 국가에 납부하고, 그 세액을 징수당한 사업자는 이를 국가로부터 매입세액으로 공제·환급받는 과정을 통하여 그 세액의 부담을 다음 단계의 사업자에게 차례로 전가하여 궁극적으로 최종 소비자에게 이를 부담시키는 것을 근간으로 하는 전단계 세액공제제도를 채택한 결과, 어느 과세기간에 거래징수된 세액이 거래징수를 한 세액보다 많은 경우에는 그 납세의무자가 창출한 부가가치에 상응하는 세액보다 많은 세액이 거래징수되게 되므로 이를 조정하기 위한 과세기술상, 조세 정책적인 요청에 따라 특별히 인정한 것이라고 할 수 있다. 따라서 이와 같은 부가가치세법령의 내용, 형식 및 입법 취지 등에 비추어 보면, 납세의무자에 대한 국가의 부가가치세 환급세액 지급의무는 그 납세의무자로부터 어느 과세기간에 과다하게 거래징수된 세액 상당을 국가가 실제로 납부받았는지와 관계없이 부가가치세법령의 규정에 의하여 직접 발생하는 것으로서, 그 법적 성질은 정의와 공평의 관념에서 수익자와 손실자 사이의 재산상태 조정을 위해 인정되는 부당이득 반환의무가 아니라 부가가치세법령에 의하여 그 존부나 범위가 구체적으로 확정되고 조세 정책적 관점에서 특별히 인정되는 공법상 의무라고 봄이 타당하다. 그렇다면 납세의무자에 대한 국가의 부가가치세 환급세액 지급의무에 대응하는 국가에 대한 납세의무자의 부가가치세 환급세액 지급청구는 민사소송이 아니라 행정소송법 제3조 제2호에 규정된 당사자소송의 절차에 따라야 한다(대판 전합 2013.3.21. 2011다95564).

② (○) 지방자치단체와 그 소속 경력직 공무원인 지방소방공무원 사이의 관계, 즉 지방소방공무원의 근무관계는 사법상의 근로계약관계가 아닌 공법상의 근무관계에 해당하고, 그 근무관계의 주요한 내용 중 하나인 지방소방공무원의 보수에 관한 법률관계는 공법상의 법률관계라고 보아야 한다. 나아가 지방공무원법 제44조 제4항, 제45조 제1항이 지방공무원의 보수에 관하여 이른바 근무조건 법정주의를 채택하고 있고, 지방공무원 수당 등에 관한 규정 제15조 내지 제17조가 초과근무수당의 지급 대상, 시간당 지급 액수, 근무시간의 한도, 근무시간의 산정 방식에 관하여 구체적이고 직접적인 규정을 두고 있는 등 관계 법령의 내용, 형식 및 체제 등을 종합하여 보면, 지방소방공무원의 초과근무수당 지급청구권은 법령의 규정에 의하여 직접 그 존부나 범위가 정하여지고 법령에 규정된 수당의 지급요건에 해당하는 경우에는 곧바로 발생한다고 할 것이므로, 지방소방공무원이 자신이 소속된 지방자치단체를 상대로 초과근무수당의 지급을 구하는 청구에 관한 소송은 행정소송법 제3조 제2호에 규정된 당사자소송의 절차에 따라야 한다(대판 2013.3.28. 2012다102629).

③ (○) 구 도시재개발법(1995. 12. 29. 법률 제5116호로 전문 개정되기 전의 것)에 의한 재개발조합은 조합원에 대한 법률관계에서 적어도 특수한 존립목적을 부여받은 특수한 행정주체로서 국가의 감독하에 그 존립 목적인 특정한 공공사무를 행하고 있다고 볼 수 있는 범위 내에서는 공법상의 권리의무 관계에 서 있다. 따라서 조합을 상대로 한 쟁송에 있어서 강제가입제를 특색으로 한 조합원의 자격 인정 여부에 관하여 다툼이 있는 경우에는 그 단계에서는 아직 조합의 어떠한 처분 등이 개입될 여지는 없으므로 공법상의 당사자소송에 의하여 그 조합원 자격의 확인을 구할 수 있다(대판 전합 1996.2.15. 94다31235).

④ (×) 조세부과처분이 당연무효임을 전제로 하여 이미 납부한 세금의 반환을 청구하는 것은 민사상의 부당이득반환청구로서 민사소송절차에 따라야 한다(대판 1995.4.28. 94다55019).

⑤ (○) 석탄가격안정지원금은 석탄의 수요 감소와 열악한 사업환경 등으로 점차 경영이 어려워지고 있는 석탄광업의 안정 및 육성을 위하여 국가정책적 차원에서 지급하는 지원비의 성격

을 갖는 것이고, 석탄광업자가 석탄산업합리화사업단에 대하여 가지는 이와 같은 지원금지급청구권은 석탄사업법령에 의하여 정책적으로 당연히 부여되는 공법상의 권리이므로, 석탄광업자가 석탄산업합리화사업단을 상대로 석탄산업법령 및 석탄가격안정지원금 지급요령에 의하여 지원금의 지급을 구하는 소송은 공법상의 법률관계에 관한 소송인 공법상의 당사자소송에 해당한다(대판 1997.5.30. 95다28960).

PART 04
객관소송

001 행정소송법상 민중소송에 관한 설명으로 옳지 않은 것은? 〈2024〉

① 객관소송의 일종이다.
② 민중소송은 법률이 정한 경우에 인정되지만, 법률에 정한 자에 한하여 제기할 수 있는 소송은 아니다.
③ 민중소송으로서 처분등의 취소를 구하는 소송에는 그 성질에 반하지 아니하는 한 취소소송에 관한 규정을 준용한다.
④ 민중소송으로서 부작위의 위법의 확인을 구하는 소송에는 그 성질에 반하지 아니하는 한 부작위위법확인소송에 관한 규정을 준용한다.
⑤ 「지방자치법」상 주민소송은 민중소송에 해당한다.

정답/해설 ②

① (○) 민중소송은 자기의 법률상 이익과 관계없이 제기하는 소송으로서 객관소송이다.
② (×) 제45조
③ (○) 제46조 제1항
④ (○) 제46조 제2항
⑤ (○) 선거소송, 투표소송, 주민소송이 대표적인 민중소송에 해당한다.

> **제45조(소의 제기)**
> 민중소송 및 기관소송은 법률이 정한 경우에 법률에 정한 자에 한하여 제기할 수 있다.
>
> **제46조(준용규정)**
> ① 민중소송 또는 기관소송으로서 처분등의 취소를 구하는 소송에는 그 성질에 반하지 아니하는 한 취소소송에 관한 규정을 준용한다.
> ② 민중소송 또는 기관소송으로서 처분등의 효력 유무 또는 존재 여부나 부작위의 위법의 확인을 구하는 소송에는 그 성질에 반하지 아니하는 한 각각 무효등 확인소송 또는 부작위위법확인소송에 관한 규정을 준용한다.
> ③ 민중소송 또는 기관소송으로서 제1항 및 제2항에 규정된 소송외의 소송에는 그 성질에 반하지 아니하는 한 당사자소송에 관한 규정을 준용한다.

002 행정소송법상 '법률이 정한 경우에 법률에 정한 자에 한하여' 제기할 수 있는 소송은? (다툼이 있으면 판례에 따름) 〈2024〉

① 군수의 소속 공무원에 대한 승진임용처분을 도지사가 취소한 처분에 대해서 군수가 제기하는 소송
② 지방자치단체의 장이 건축협의를 취소한 것에 대해서 상대 지방자치단체가 제기하는 소송
③ 지방자치단체의 장이 건축협의를 거부한 것에 대해서 국가가 제기하는 소송

④ 보건소장의 국립대학교 보건진료소 직권폐업처분에 대해서 국가가 제기하는 소송
⑤ 국민권익위원회가 시·도선거관리위원회 위원장에게 소속 직원에 대한 불이익처분을 하지 말 것을 요구하는 내용의 조치요구에 대해서 그 위원장이 제기하는 소송

정답/해설 ①

① (○) 기관소송이다.

기초자치단체장의 산하 내무과장에 대한 승진임용 당시 위 내무과장은 지방공무원법위반 등으로 구속기소된바 있는데, 그 사안의 내용에 비추어 보면, 이는 지방공무원법 제69조 제1항 소정의 징계사유에 해당된다고 볼 수 있고, 따라서 위 자치단체장으로서는 위 내무과장에 대하여 지체 없이 징계의결의 요구를 할 의무가 있다고 할 것이며, 나아가 직위해제를 할 필요성도 매우 높은 경우라고 보아야 할 것이다. 그럼에도 불구하고 위 자치단체장은 위 내무과장에 대하여 징계의결요구나 직위해제처분을 하지 않았을 뿐만 아니라, 오히려 지방서기관으로 그를 승진임용시켰는바, 이는 법률이 임용권자에게 부여한 승진임용에 관한 재량권의 범위를 일탈한 것으로서 현저히 부당하여 공익을 해하는 위법한 처분이다.

광역자치단체장(도지사)이 지방자치법 제157조 제1항 소정의 기간을 정하여 기초자치단체장의 위와 같은 위법한 승진임용의 시정을 명하고 기초자치단체장이 그 기간 내에 이를 이행하지 아니하자 그 승진임용을 취소한 것이 적법하다고 본 사례(대판 1998.7.10. 97추67).

② (×) 항고소송이다.

건축협의의 실질은 지방자치단체 등에 대한 건축허가와 다르지 않으므로, 지방자치단체 등이 건축물을 건축하려는 경우 등에는 미리 건축물의 소재지를 관할하는 허가권자인 지방자치단체의 장과 건축협의를 하지 않으면, 지방자치단체라 하더라도 건축물을 건축할 수 없다. 그리고 구 지방자치법 등 관련 법령을 살펴보아도 지방자치단체의 장이 다른 지방자치단체를 상대로 한 건축협의 취소에 관하여 다툼이 있는 경우에 법적 분쟁을 실효적으로 해결할 구제수단을 찾기도 어렵다. 따라서 건축협의 취소는 상대방이 다른 지방자치단체 등 행정주체라 하더라도 '행정청이 행하는 구체적 사실에 관한 법집행으로서의 공권력 행사'(행정소송법 제2조 제1항 제1호)로서 처분에 해당한다고 볼 수 있고, 지방자치단체인 원고가 이를 다툴 실효적 해결 수단이 없는 이상, 원고는 건축물 소재지 관할 허가권자인 지방자치단체의 장을 상대로 항고소송을 통해 건축협의 취소의 취소를 구할 수 있다(대판 2014.2.27. 2012두22980).

③ (×) 항고소송이다.

허가권자인 지방자치단체의 장이 한 건축협의 거부행위는 비록 그 상대방이 국가 등 행정주체라 하더라도, 행정청이 행하는 구체적 사실에 관한 법집행으로서의 공권력 행사의 거부 내지 이에 준하는 행정작용으로서 행정소송 법 제2조 제1항 제1호에서 정한 처분에 해당한다고 볼 수 있고, 이에 대한 법적 분쟁을 해결할 실효적인 다른 법적 수단이 없는 이상 국가 등은 허가권자를 상대로 항고소송을 통해 그 거부처분의 취소를 구할 수 있다고 해석된다(대판 2014.3.13. 2013두15934).

④ (×) 항고소송이다.

피고는 항고소송은 위법한 행정처분 등에 대하여 개인의 권리나 이익이 침해된 경우에 이를

보호함을 목적으로 하는 주관적 소송이므로 개인이 아닌 국가는 원고로서 항고소송을 제기할 수 없다고 주장하나, 국가는 권리·의무의 귀속 주체로서 행정소송법 제8조 제2항과 민사소송법 제51조 등 관계 규정에 따라 행정소송상의 당사자 능력이 있는 것이고, 이는 항고소송에서 원고로서의 당사자 능력이라고 하여 달리 볼 것은 아니다(서울행정법원 2009.6.5. 2009구합6391).

⑤ (×) 항고소송이다.

甲이 국민권익위원회에 부패방지 및 국민권익위원회의 설치와 운영에 관한 법률(이하 '국민권익위원회법'이라 한다)에 따른 신고와 신분보장조치를 요구하였고, 국민권익위원회가 甲의 소속기관 장인 乙시·도선거관리위원회 위원장에게 '甲에 대한 중징계요구를 취소하고 향후 신고로 인한 신분상 불이익처분 및 근무조건상의 차별을 하지 말 것을 요구'하는 내용의 조치요구를 한 사안에서, 국가기관 일방의 조치요구에 불응한 상대방 국가기관에 국민권익위원회법상의 제재규정과 같은 중대한 불이익을 직접적으로 규정한 다른 법령의 사례를 찾아보기 어려운 점, 그럼에도 乙이 국민권익위원회의 조치요구를 다툴 별다른 방법이 없는 점 등에 비추어 보면, 처분성이 인정되는 위 조치요구에 불복하고자 하는 乙로서는 조치요구의 취소를 구하는 항고소송을 제기하는 것이 유효·적절한 수단이므로 비록 乙이 국가기관이더라도 당사자능력 및 원고적격을 가진다고 보는 것이 타당하고, 乙이 위 조치요구 후 甲을 파면하였다고 하더라도 조치요구가 곧바로 실효된다고 할 수 없고 乙은 여전히 조치요구를 따라야 할 의무를 부담하므로 乙에게는 위 조치요구의 취소를 구할 법률상 이익도 있다고 본 원심판단을 정당하다고 한 사례(대판 2013.7.25. 2011두1214).

003 행정소송법상 기관소송에 관한 설명으로 옳지 않은 것은? 〈2023〉

① 충청남도와 세종특별자치시 간의 권한쟁의심판은 기관소송에 해당한다.
② 국가 또는 공공단체의 기관 상호간에 있어서의 권한의 존부 또는 그 행사에 관한 다툼이 있을 때 제기하는 소송이다.
③ 교육·학예에 관한 시·도의회의 재의결에 대하여 교육감이 대법원에 제기하는 소송은 기관소송의 일종이다.
④ 기관소송으로써 처분의 취소를 구하는 소송에는 그 성질에 반하지 아니하는 한 취소소송에 관한 규정이 준용된다.
⑤ 기관소송으로써 부작위의 위법의 확인을 구하는 소송에는 그 성질에 반하지 아니하는 한 부작위위법확인소송에 관한 규정이 준용된다.

정답/해설 ①

① (×), ② (○) 제3조 제4호, 헌법재판소법 제2조 제4호
③ (○) 시·도의회 또는 교육위원회의 재의결에 대한 교육감의 소송은 기관소송에 해당한다(지방교육자치에 관한 법률 제28조 제3항).
④ (○) 제46조 제1항

⑤ (○) 제46조 제2항

> **행정소송법 제3조(행정소송의 종류)**
> 행정소송은 다음의 네가지로 구분한다.
> 1. 항고소송: 행정청의 처분등이나 부작위에 대하여 제기하는 소송
> 2. 당사자소송: 행정청의 처분등을 원인으로 하는 법률관계에 관한 소송 그 밖에 공법상의 법률관계에 관한 소송으로서 그 법률관계의 한쪽 당사자를 피고로 하는 소송
> 3. 민중소송: 국가 또는 공공단체의 기관이 법률에 위반되는 행위를 한 때에 직접 자기의 법률상 이익과 관계없이 그 시정을 구하기 위하여 제기하는 소송
> 4. 기관소송: <u>국가 또는 공공단체의 기관상호간에 있어서의 권한의 존부 또는 그 행사에 관한 다툼이 있을 때에 이에 대하여 제기하는 소송</u>. 다만, 헌법재판소법 제2조의 규정에 의하여 헌법재판소의 관장사항으로 되는 소송은 제외한다.
>
> **헌법재판소법 제2조(관장사항)**
> 헌법재판소는 다음 각 호의 사항을 관장한다.
> 1. 법원의 제청(提請)에 의한 법률의 위헌(違憲) 여부 심판
> 2. 탄핵(彈劾)의 심판
> 3. 정당의 해산심판
> 4. 국가기관 상호간, 국가기관과 지방자치단체 간 및 지방자치단체 상호간의 권한쟁의(權限爭議)에 관한 심판
> 5. 헌법소원(憲法訴願)에 관한 심판
>
> **행정소송법 제46조(준용규정)**
> ① 민중소송 또는 기관소송으로서 처분등의 취소를 구하는 소송에는 그 성질에 반하지 아니하는 한 <u>취소소송에 관한 규정을 준용</u>한다.
> ② 민중소송 또는 기관소송으로서 처분등의 효력 유무 또는 존재 여부나 부작위의 위법의 확인을 구하는 소송에는 그 성질에 반하지 아니하는 한 각각 무효등 확인소송 또는 <u>부작위위법확인소송에 관한 규정을 준용</u>한다.
> ③ 민중소송 또는 기관소송으로서 제1항 및 제2항에 규정된 소송외의 소송에는 그 성질에 반하지 아니하는 한 당사자소송에 관한 규정을 준용한다.
>
> **지방교육자치에 관한 법률 제28조(시·도의회 등의 의결에 대한 재의와 제소)**
> ① 교육감은 교육·학예에 관한 시·도의회의 의결이 법령에 위반되거나 공익을 현저히 저해한다고 판단될 때에는 그 의결사항을 이송받은 날부터 20일 이내에 이유를 붙여 재의를 요구할 수 있다. 교육감이 교육부장관으로부터 재의요구를 하도록 요청받은 경우에는 시·도의회에 재의를 요구하여야 한다.
> ② 제1항의 규정에 따른 재의요구가 있을 때에는 재의요구를 받은 시·도의회는 재의에 붙이고 시·도의회 재적의원 과반수의 출석과 시·도의회 출석의원 3분의 2이상의 찬성으로 전과 같은 의결을 하면 그 의결사항은 확정된다.
> ③ 제2항의 규정에 따라 재의결된 사항이 법령에 위반된다고 판단될 때에는 교육감은 재의결된 날부터 20일 이내에 대법원에 제소할 수 있다.
> ④ 교육부장관은 재의결된 사항이 법령에 위반된다고 판단됨에도 해당 교육감이 소를 제기하지 않은 때에는 해당 교육감에게 제소를 지시하거나 직접 제소할 수 있다.
> ⑤ 제4항의 규정에 따른 제소의 지시는 제3항의 기간이 지난 날부터 7일 이내에 하고, 해당 교육감은 제소

지시를 받은 날부터 7일 이내에 제소하여야 한다.
⑥ 교육부장관은 제5항의 기간이 지난 날부터 7일 이내에 직접 제소할 수 있다.
⑦ 제3항 및 제4항의 규정에 따라 재의결된 사항을 대법원에 제소한 경우 제소를 한 교육부장관 또는 교육감은 그 의결의 집행을 정지하게 하는 집행정지결정을 신청할 수 있다.

004 민중소송에 관한 설명으로 옳은 것은? 〈2023〉

① 위법행정의 시정을 구하는 자는 누구나 개별법률의 근거가 없더라도 행정소송법에 따라 일반적으로 민중소송을 제기할 수 있다.
② 법률상 이익이 있는 자만이 제기할 수 있다.
③ 「지방자치법」상 지방의회재의결에 대한 지방자치단체장의 소송은 민중소송이다.
④ 취소소송에 관한 규정은 준용되지 않는다.
⑤ 「국민투표법」상 국민투표무효소송은 민중소송이다.

정답/해설 ⑤

① (×), ② (×) 제45조(민중소송 법정주의)

③ (×) 지방자치법 제107조 제3항

④ (×) 제46조 제1항

⑤ (○) 국민투표법 제92조

행정소송법 제45조(소의 제기)
민중소송 및 기관소송은 법률이 정한 경우에 법률에 정한 자에 한하여 제기할 수 있다.

행정소송법 제46조(준용규정)
① 민중소송 또는 기관소송으로서 처분등의 취소를 구하는 소송에는 그 성질에 반하지 아니하는 한 취소소송에 관한 규정을 준용한다.
② 민중소송 또는 기관소송으로서 처분등의 효력 유무 또는 존재 여부나 부작위의 위법의 확인을 구하는 소송에는 그 성질에 반하지 아니하는 한 각각 무효등 확인소송 또는 부작위법확인소송에 관한 규정을 준용한다.
③ 민중소송 또는 기관소송으로서 제1항 및 제2항에 규정된 소송외의 소송에는 그 성질에 반하지 아니하는 한 당사자소송에 관한 규정을 준용한다.

지방자치법 제107조(지방의회의 의결에 대한 재의요구와 제소)
① 지방자치단체의 장은 지방의회의 의결이 월권이거나 법령에 위반되거나 공익을 현저히 해친다고 인정되면 그 의결사항을 이송받은 날부터 20일 이내에 이유를 붙여 재의를 요구할 수 있다.
② 제1항의 요구에 대하여 재의한 결과 재적의원 과반수의 출석과 출석의원 3분의 2 이상의 찬성으로 전과 같은 의결을 하면 그 의결사항은 확정된다.
③ 지방자치단체의 장은 제2항에 따라 재의결된 사항이 법령에 위반된다고 인정되면 대법원에 소(訴)를 제기할 수 있다. 이 경우에는 제172조 제3항을 준용한다.

> **국민투표법 제92조(국민투표무효의 소송)**
> 국민투표의 효력에 관하여 이의가 있는 투표인은 투표인 10만인 이상의 찬성을 얻어 중앙선거관리위원회 위원장을 피고로 하여 투표일로부터 20일 이내에 대법원에 제소할 수 있다.

005 행정소송법상 민중소송에 관한 설명으로 옳은 것은? (다툼이 있으면 판례에 따름) 〈2022〉

① 민중소송은 주관적 소송이다.
② 민중소송으로써 처분등의 취소를 구하는 소송에는 그 성질에 반하지 아니하는 한 취소소송에 관한 규정을 준용한다.
③ 「지방자치법」상 주민소송은 민중소송에 해당하지 않는다.
④ 당사자소송에 관한 규정은 민중소송에 준용될 수 없다.
⑤ 「공직선거법」 제222조의 선거소송은 민중소송에 해당하지 않는다.

정답/해설 ②

① (×) 민중소송은 국가 또는 공공단체의 기관의 위법행위를 시정하는 것을 목적으로 하는 공익소송이며 개인의 법적 이익의 구제를 목적으로 하는 소송이 아니다. 그러므로 민중소송의 원고적격은 법률상 이익의 침해와 관계없이 국민, 주민 또는 선거인 등 일정범위의 일반 국민에게 인정된다. 즉, 민중소송은 주관적 소송이 아니라 객관적 소송이다.

② (○), ④ (×) 제46조 제1항, 제3항

> **제46조(준용규정)**
> ① 민중소송 또는 기관소송으로서 처분등의 취소를 구하는 소송에는 그 성질에 반하지 아니하는 한 취소소송에 관한 규정을 준용한다.
> ② 민중소송 또는 기관소송으로서 처분등의 효력 유무 또는 존재 여부나 부작위의 위법의 확인을 구하는 소송에는 그 성질에 반하지 아니하는 한 각각 무효등 확인소송 또는 부작위위법확인소송에 관한 규정을 준용한다.
> ③ 민중소송 또는 기관소송으로서 제1항 및 제2항에 규정된 소송외의 소송에는 그 성질에 반하지 아니하는 한 당사자소송에 관한 규정을 준용한다.

③ (×) 민중소송의 예: 선거소송, 투표소송, 주민소송(지방자치법 제17조)

> **지방자치법 제17조(주민소송)**
> ① 제16조 제1항에 따라 공금의 지출에 관한 사항, 재산의 취득·관리·처분에 관한 사항, 해당 지방자치단체를 당사자로 하는 매매·임차·도급 계약이나 그 밖의 계약의 체결·이행에 관한 사항 또는 지방세·사용료·수수료·과태료 등 공금의 부과·징수를 게을리한 사항을 감사청구한 주민은 다음 각 호의 어느 하나에 해당하는 경우에 그 감사청구한 사항과 관련이 있는 위법한 행위나 업무를 게을리 한 사실에 대하여 해당 지방자치단체의 장(해당 사항의 사무처리에 관한 권한을 소속 기관의 장에게 위임한 경우에는 그 소속 기관의 장을 말한다. 이하 이 조에서 같다)을 상대방으로 하여 소송을 제기할 수 있다.
> 1. 주무부장관이나 시·도지사가 감사청구를 수리한 날부터 60일(제16조 제3항 단서에 따라 감사기간

이 연장된 경우에는 연장기간이 끝난 날을 말한다)이 지나도 감사를 끝내지 아니한 경우
2. 제16조 제3항 및 제4항에 따른 감사결과 또는 제16조 제6항에 따른 조치요구에 불복하는 경우
3. 제16조 제6항에 따른 주무부장관이나 시·도지사의 조치요구를 지방자치단체의 장이 이행하지 아니한 경우
4. 제16조 제6항에 따른 지방자치단체의 장의 이행 조치에 불복하는 경우

⑤ (×) 공직선거법 제222조의 선거소송은 민중소송이다.

공직선거법 제222조(선거소송)
① 대통령선거 및 국회의원선거에 있어서 선거의 효력에 관하여 이의가 있는 선거인·정당(후보자를 추천한 정당에 한한다) 또는 후보자는 선거일부터 30일 이내에 당해 선거구선거관리위원회위원장을 피고로 하여 대법원에 소를 제기할 수 있다.
② 지방의회의원 및 지방자치단체의 장의 선거에 있어서 선거의 효력에 관한 제220조의 결정에 불복이 있는 소청인(당선인을 포함한다)은 해당 소청에 대하여 기각 또는 각하 결정이 있는 경우(제220조 제1항의 기간 내에 결정하지 아니한 때를 포함한다)에는 해당 선거구선거관리위원회 위원장을, 인용결정이 있는 경우에는 그 인용결정을 한 선거관리위원회 위원장을 피고로 하여 그 결정서를 받은 날(제220조 제1항의 기간 내에 결정하지 아니한 때에는 그 기간이 종료된 날)부터 10일 이내에 비례대표시·도의원선거 및 시·도지사선거에 있어서는 대법원에, 지역구시·도의원선거, 자치구·시·군의원선거 및 자치구·시·군의 장 선거에 있어서는 그 선거구를 관할하는 고등법원에 소를 제기할 수 있다.

006 행정소송법상 기관소송에 관한 설명으로 옳은 것은? 〈2022〉

① 처분의 취소를 구하는 취지의 소송일지라도 취소소송에 관한 제소기간의 규정은 준용되지 않는다.
② 법률에 정함이 없는 경우에도 정당한 이익이 있으면 제기할 수 있다.
③ 국가기관과 지방자치단체 간에 권한의 유무 또는 범위에 관하여 다툼이 있을 때에 제기하는 소송이다.
④ 공공단체의 기관이 법률에 위반되는 행위를 한 때에 직접 자기의 법률상 이익과 관계없이 그 시정을 구하기 위하여 제기하는 소송이다.
⑤ 교육·학예에 관한 시·도의회의 재의결에 대하여 교육감이 대법원에 제기하는 소송은 기관소송의 일종이다.

정답/해설 ⑤

① (×)

제46조(준용규정)
① 민중소송 또는 기관소송으로서 처분등의 취소를 구하는 소송에는 그 성질에 반하지 아니하는 한 취소소송에 관한 규정을 준용한다.

② (×)

> **제45조(소의 제기)**
> 민중소송 및 기관소송은 법률이 정한 경우에 법률에 정한 자에 한하여 제기할 수 있다.

③ (×)

> **제3조(행정소송의 종류)**
> 4. 기관소송: 국가 또는 공공단체의 기관상호간에 있어서의 권한의 존부 또는 그 행사에 관한 다툼이 있을 때에 이에 대하여 제기하는 소송. 다만, 헌법재판소법 제2조의 규정에 의하여 헌법재판소의 관장사항으로 되는 소송은 제외한다.

④ (×) 민중소송에 대한 설명이다.

> **제3조(행정소송의 종류)**
> 3. 민중소송: 국가 또는 공공단체의 기관이 법률에 위반되는 행위를 한 때에 직접 자기의 법률상 이익과 관계없이 그 시정을 구하기 위하여 제기하는 소송

⑤ (○) 지방교육자치에 관한 법률 제28조 제3항

> **지방교육자치에 관한 법률 제28조(시·도의회 등의 의결에 대한 재의와 제소)**
> ① 교육감은 교육·학예에 관한 시·도의회의 의결이 법령에 위반되거나 공익을 현저히 저해한다고 판단될 때에는 그 의결사항을 이송받은 날부터 20일 이내에 이유를 붙여 재의를 요구할 수 있다. 교육감이 교육부장관으로부터 재의요구를 하도록 요청받은 경우에는 시·도의회에 재의를 요구하여야 한다.
> ② 제1항의 규정에 따른 재의요구가 있을 때에는 재의요구를 받은 시·도의회는 재의에 붙이고 시·도의회 재적의원 과반수의 출석과 시·도의회 출석의원 3분의 2이상의 찬성으로 전과 같은 의결을 하면 그 의결사항은 확정된다.
> ③ <u>제2항의 규정에 따라 재의결된 사항이 법령에 위반된다고 판단될 때에는 교육감은 재의결된 날부터 20일 이내에 대법원에 제소할 수 있다.</u>
> ④ 교육부장관은 재의결된 사항이 법령에 위반된다고 판단됨에도 해당 교육감이 소를 제기하지 않은 때에는 해당 교육감에게 제소를 지시하거나 직접 제소할 수 있다.
> ⑤ 제4항의 규정에 따른 제소의 지시는 제3항의 기간이 지난 날부터 7일 이내에 하고, 해당 교육감은 제소 지시를 받은 날부터 7일 이내에 제소하여야 한다.
> ⑥ 교육부장관은 제5항의 기간이 지난 날부터 7일 이내에 직접 제소할 수 있다.
> ⑦ 제3항 및 제4항의 규정에 따라 재의결된 사항을 대법원에 제소한 경우 제소를 한 교육부장관 또는 교육감은 그 의결의 집행을 정지하게 하는 집행정지결정을 신청할 수 있다.

007 기관소송 및 민중소송에 관한 설명으로 옳지 않은 것은? 〈2021〉

① 민중소송은 국가 또는 공공단체의 기관이 법률에 위반되는 행위를 한 때에 직접 자기의 법률상 이익과 관계없이 그 시정을 구하기 위하여 제기하는 소송이다.
② 기관소송은 국가 또는 공공단체의 기관 상호간에 있어서의 권한의 존부 또는 그 행사에 관한 다툼이 있을 때에 이에 대하여 제기하는 소송이다.
③ 민중소송으로써 처분등의 효력 유무 또는 존재 여부의 확인을 구하는 소송에는 그 성질에 반하지 아니하는 한 무효등 확인소송에 관한 규정을 준용한다.
④ 기관소송으로써 부작위의 위법의 확인을 구하는 소송에는 그 성질에 반하지 아니하는 한 부작위위법확인소송에 관한 규정을 준용한다.
⑤ 「행정소송법」에는 당사자소송에 관한 규정을 민중소송에 준용하는 조항이 없다.

정답/해설 ⑤

① (○)

> **제3조(행정소송의 종류)**
> 행정소송은 다음의 네가지로 구분한다.
> 3. 민중소송: 국가 또는 공공단체의 기관이 법률에 위반되는 행위를 한 때에 직접 자기의 법률상 이익과 관계없이 그 시정을 구하기 위하여 제기하는 소송

② (○)

> **제3조(행정소송의 종류)**
> 행정소송은 다음의 네가지로 구분한다.
> 4. 기관소송: 국가 또는 공공단체의 기관상호간에 있어서의 권한의 존부 또는 그 행사에 관한 다툼이 있을 때에 이에 대하여 제기하는 소송. 다만, 헌법재판소법 제2조의 규정에 의하여 헌법재판소의 관장사항으로 되는 소송은 제외한다.

③ (○), ④ (○)

> **제46조(준용규정)**
> ② 민중소송 또는 기관소송으로서 처분등의 효력 유무 또는 존재 여부나 부작위의 위법의 확인을 구하는 소송에는 그 성질에 반하지 아니하는 한 각각 무효등 확인소송 또는 부작위위법확인소송에 관한 규정을 준용한다.

⑤ (×)

> **제46조(준용규정)**
> ③ 민중소송 또는 기관소송으로서 제1항 및 제2항에 규정된 소송외의 소송에는 그 성질에 반하지 아니하는 한 당사자소송에 관한 규정을 준용한다.

008 「지방자치법」상 공금의 지출에 관한 사항을 감사청구한 주민은 일정한 경우에 그 감사청구한 사항과 관련이 있는 위법한 행위나 업무를 게을리 한 사실에 대하여 해당 지방자치단체의 장을 상대방으로 하여 소송을 제기할 수 있다. 이러한 소송은 어떤 유형에 속하는가? 〈2021〉

① 기관소송　　　② 민중소송　　　③ 당사자소송
④ 항고소송　　　⑤ 취소소송

정답/해설 ②

지방자치법 제17조(주민소송)
① 제16조 제1항에 따라 공금의 지출에 관한 사항, 재산의 취득·관리·처분에 관한 사항, 해당 지방자치단체를 당사자로 하는 매매·임차·도급 계약이나 그 밖의 계약의 체결·이행에 관한 사항 또는 지방세·사용료·수수료·과태료 등 공금의 부과·징수를 게을리한 사항을 감사청구한 주민은 다음 각 호의 어느 하나에 해당하는 경우에 그 감사청구한 사항과 관련이 있는 위법한 행위나 업무를 게을리 한 사실에 대하여 해당 지방자치단체의 장(해당 사항의 사무처리에 관한 권한을 소속 기관의 장에게 위임한 경우에는 그 소속 기관의 장을 말한다. 이하 이 조에서 같다)을 상대방으로 하여 소송을 제기할 수 있다.
1. 주무부장관이나 시·도지사가 감사청구를 수리한 날부터 60일(제16조 제3항 단서에 따라 감사기간이 연장된 경우에는 연장기간이 끝난 날을 말한다)이 지나도 감사를 끝내지 아니한 경우
2. 제16조 제3항 및 제4항에 따른 감사결과 또는 제16조 제6항에 따른 조치요구에 불복하는 경우
3. 제16조 제6항에 따른 주무부장관이나 시·도지사의 조치요구를 지방자치단체의 장이 이행하지 아니한 경우
4. 제16조 제6항에 따른 지방자치단체의 장의 이행 조치에 불복하는 경우

009 민중소송 및 기관소송에 관한 설명으로 옳지 않은 것은? (다툼이 있으면 판례에 따름) 〈2020〉

① 기관소송은 법률이 정한 경우에 법률에 정한 자에 한하여 제기할 수 있다.
② 민중소송은 국가 또는 공공단체의 기관이 위법한 행위를 한 때에 제기하는 소송이다.
③ 「공직선거법」 제222조의 선거소송은 민중소송이다.
④ 「지방자치법」상 주민소송은 민중소송이다.
⑤ 기관소송은 객관적 소송이므로 처분의 취소를 구하는 취지의 소송일지라도 취소소송에 관한 제소기간의 규정은 준용되지 않는다.

정답/해설 ⑤

① (○)

제45조(소의 제기)
민중소송 및 기관소송은 법률이 정한 경우에 법률에 정한 자에 한하여 제기할 수 있다.

② (○)

> **제3조(행정소송의 종류)**
> 행정소송은 다음의 네가지로 구분한다.
> 　3. 민중소송: 국가 또는 공공단체의 기관이 법률에 위반되는 행위를 한 때에 직접 자기의 법률상 이익과 관계없이 그 시정을 구하기 위하여 제기하는 소송

③ (○), ④ (○) 민중소송으로서 선거소송, 당선소송, 국민투표소송, 주민투표소송, 주민소송 등이 있다.

⑤ (×)

> **제46조(준용규정)**
> ① 민중소송 또는 기관소송으로서 처분등의 취소를 구하는 소송에는 그 성질에 반하지 아니하는 한 취소소송에 관한 규정을 준용한다.

010　민중소송에 관한 설명으로 옳지 않은 것은? 〈2019〉

① 국민투표의 효력에 관하여 이의가 있는 투표인이 대법원에 제기하는 소송은 민중소송이다.
② 민중소송으로써 처분등의 취소를 구하는 소송에는 그 성질에 반하지 아니하는 한 취소소송에 관한 규정을 준용한다.
③ 「지방자치법」상의 주민소송은 민중소송의 일종이다.
④ 19세 이상의 주민이 일정한 요건을 갖추어 조례의 개정을 청구하는 것은 민중소송의 일종이다.
⑤ 직접 자기의 법률상 이익과 관계없이 제기하는 민중소송은 객관적 소송이다.

정답/해설　④

① (○) 국민투표법 제92조

> **국민투표법 제92조(국민투표무효의 소송)**
> 국민투표의 효력에 관하여 이의가 있는 투표인은 투표인 10만인 이상의 찬성을 얻어 중앙선거관리위원회 위원장을 피고로 하여 투표일로부터 20일 이내에 대법원에 제소할 수 있다.

② (○)

> **제46조(준용규정)**
> ① 민중소송 또는 기관소송으로서 처분등의 취소를 구하는 소송에는 그 성질에 반하지 아니하는 한 취소소송에 관한 규정을 준용한다.

③ (○) 민중소송의 예: 선거소송, 투표소송, 주민소송(지방자치법 제17조)

> **지방자치법 제17조(주민소송)**
> ① 제16조 제1항에 따라 공금의 지출에 관한 사항, 재산의 취득·관리·처분에 관한 사항, 해당 지방자치단체를 당사자로 하는 매매·임차·도급 계약이나 그 밖의 계약의 체결·이행에 관한 사항 또는 지방세·사용료·수수료·과태료 등 공금의 부과·징수를 게을리한 사항을 감사청구한 주민은 다음 각 호의 어느 하

나에 해당하는 경우에 그 감사청구한 사항과 관련이 있는 위법한 행위나 업무를 게을리 한 사실에 대하여 해당 지방자치단체의 장(해당 사항의 사무처리에 관한 권한을 소속 기관의 장에게 위임한 경우에는 그 소속 기관의 장을 말한다. 이하 이 조에서 같다)을 상대방으로 하여 소송을 제기할 수 있다.
1. 주무부장관이나 시·도지사가 감사청구를 수리한 날부터 60일(제16조 제3항 단서에 따라 감사기간이 연장된 경우에는 연장기간이 끝난 날을 말한다)이 지나도 감사를 끝내지 아니한 경우
2. 제16조 제3항 및 제4항에 따른 감사결과 또는 제16조 제6항에 따른 조치요구에 불복하는 경우
3. 제16조 제6항에 따른 주무부장관이나 시·도지사의 조치요구를 지방자치단체의 장이 이행하지 아니한 경우
4. 제16조 제6항에 따른 지방자치단체의 장의 이행 조치에 불복하는 경우

④ (×) 조례의 개정을 청구하는 것은 민중소송이 아니고, 단순히 청구할 수 있는 권리에 해당한다.
⑤ (○) 민중소송은 국가 또는 공공단체의 기관의 위법행위를 시정하는 것을 목적으로 하는 공익소송이며 개인의 법적 이익의 구제를 목적으로 하는 소송이 아니다. 그러므로 민중소송의 원고적격은 법률상 이익의 침해와 관계없이 국민, 주민 또는 선거인 등 일정범위의 일반 국민에게 인정된다. 즉, 민중소송은 주관적 소송이 아니라 객관적 소송이다.

011 기관소송에 관한 설명으로 옳지 않은 것은? (다툼이 있으면 판례에 따름) 〈2019〉

① 교육·학예에 관한 시·도의회의 재의결에 대하여 교육감이 대법원에 제기하는 소송은 기관소송의 일종이다.
② 지방자치단체의 장이 자치사무에 관한 감독청의 명령이나 처분의 취소 또는 정지에 대하여 대법원에 제기하는 소송은 기관소송의 일종이다.
③ 기관소송은 국가기관과 지방자치단체 간에 권한의 유무 또는 범위에 관하여 다툼이 있을 때에 제기하는 소송이다.
④ 기관소송으로써 처분등의 존재 여부의 확인을 구하는 소송에는 그 성질에 반하지 아니하는 한 무효등 확인소송에 관한 규정을 준용한다.
⑤ 기관소송으로서 항고소송에 관한 규정을 준용하는 소송 외의 소송에는 그 성질에 반하지 아니하는 한 당사자소송에 관한 규정을 준용한다.

정답/해설 ③

① (○)
지방교육자치에 관한 법률 제28조(시·도의회 등의 의결에 대한 재의와 제소)
① 교육감은 교육·학예에 관한 시·도의회의 의결이 법령에 위반되거나 공익을 현저히 저해한다고 판단될 때에는 그 의결사항을 이송받은 날부터 20일 이내에 이유를 붙여 재의를 요구할 수 있다. 교육감이 교육부장관으로부터 재의요구를 하도록 요청받은 경우에는 시·도의회에 재의를 요구하여야 한다.
② 제1항의 규정에 따른 재의요구가 있을 때에는 재의요구를 받은 시·도의회는 재의에 붙이고 시·도의회 재적의원 과반수의 출석과 시·도의회 출석의원 3분의 2이상의 찬성으로 전과 같은 의결을 하면 그 의결사항은 확정된다.

③ 제2항의 규정에 따라 재의결된 사항이 법령에 위반된다고 판단될 때에는 교육감은 재의결된 날부터 20일 이내에 대법원에 제소할 수 있다.

② (○) 동구청장과 북구청장이 이미 피고(울산광역시장)를 상대로 지방자치법 제157조 제2항에서 정한 기관소송을 제기하여 그 사건이 대법원에서 진행되고 있으므로, 이와 별도로 원고들이 제기한 이 사건 소는 소의 이익이 없다(부산고법 2006.11.10. 2006누3001).

③ (×)

제3조(행정소송의 종류)
행정소송은 다음의 네가지로 구분한다.
    4. 기관소송: 국가 또는 공공단체의 기관상호간에 있어서의 권한의 존부 또는 그 행사에 관한 다툼이 있을 때에 이에 대하여 제기하는 소송. 다만, 헌법재판소법 제2조의 규정에 의하여 헌법재판소의 관장사항으로 되는 소송은 제외한다.

④ (○) 제46조 제2항
⑤ (○) 제46조 제3항

제46조(준용규정)
① 민중소송 또는 기관소송으로서 처분등의 취소를 구하는 소송에는 그 성질에 반하지 아니하는 한 취소소송에 관한 규정을 준용한다.
② 민중소송 또는 기관소송으로서 처분등의 효력 유무 또는 존재 여부나 부작위의 위법의 확인을 구하는 소송에는 그 성질에 반하지 아니하는 한 각각 무효등 확인소송 또는 부작위법확인소송에 관한 규정을 준용한다.
③ 민중소송 또는 기관소송으로서 제1항 및 제2항에 규정된 소송외의 소송에는 그 성질에 반하지 아니하는 한 당사자소송에 관한 규정을 준용한다.

012 기관소송에 관한 설명으로 옳지 않은 것은? 〈2018〉

① 「헌법재판소법」에 의하여 헌법재판소의 관장사항으로 되는 소송은 제외한다.
② 「지방자치법」상 주민소송은 기관소송에 해당하지 않는다.
③ 기관소송에는 취소소송에 관한 규정이 준용되지 않는다.
④ 기관소송은 법률이 정한 경우에 한하여 제기할 수 있다.
⑤ 기관소송의 원고적격은 법률에서 따로 정한다.

정답/해설 ③

① (○)

제3조(행정소송의 종류)
    4. 기관소송: 국가 또는 공공단체의 기관상호간에 있어서의 권한의 존부 또는 그 행사에 관한 다툼이 있을 때에 이에 대하여 제기하는 소송. 다만, 헌법재판소법 제2조의 규정에 의하여 헌법재판소의 관장

사항으로 되는 소송은 제외한다.

② (○) 지방자치법상 주민소송은 민중소송에 해당한다.

③ (×)

> 제46조(준용규정)
> ① 민중소송 또는 기관소송으로서 처분등의 취소를 구하는 소송에는 그 성질에 반하지 아니하는 한 취소소송에 관한 규정을 준용한다.

④ (○), ⑤ (○)

> 제45조(소의 제기)
> 민중소송 및 기관소송은 법률이 정한 경우에 법률에 정한 자에 한하여 제기할 수 있다.

013 민중소송에 관한 설명으로 옳은 것은? 〈2018〉

① 국가 또는 공공단체의 기관이 법률에 위반되는 행위를 한 때에 그 시정을 구하기 위해서 제기하는 공익소송이다.
② 개인의 법적 이익의 구제를 목적으로 하므로 법률상 이익이 침해되는 경우에만 제기할 수 있다.
③ 선거인이라는 지위만 있으면 기본권의 주체로서 제기할 수 있는 주관적 소송이다.
④ 법률상 특별한 요건이 규정되어 있지 않고 주권자로서의 지위만 있으면 제기할 수 있다.
⑤ 처분의 취소를 구하는 민중소송에는 당사자소송에 관한 규정을 준용한다.

정답/해설 ①

① (○), ② (×) 행정소송법 제3조 제3호 "직접 자기의 법률상 이익과 관계없이" 제기하는 소송이다.

> 제3조(행정소송의 종류)
> 3. 민중소송: 국가 또는 공공단체의 기관이 법률에 위반되는 행위를 한 때에 직접 자기의 법률상 이익과 관계없이 그 시정을 구하기 위하여 제기하는 소송

③ (×), ④ (×) 민중소송은 객관소송이며, 법률에 정한 자에 한하여 제기할 수 있다(제45조).

> 제45조(소의 제기)
> 민중소송 및 기관소송은 법률이 정한 경우에 법률에 정한 자에 한하여 제기할 수 있다.

⑤ (×)

> 제46조(준용규정)
> ① 민중소송 또는 기관소송으로서 처분등의 취소를 구하는 소송에는 그 성질에 반하지 아니하는 한 취소소송에 관한 규정을 준용한다.

014 국가 또는 공공단체의 기관이 법률에 위반되는 행위를 한 때에 직접 자기의 법률상 이익과 관계없이 그 시정을 구하기 위하여 제기하는 소송에 해당하는 것을 모두 고른 것은? ⟨2017⟩

> ㄱ. 「공직선거법」상 선거소송
> ㄴ. 「국민투표법」상 국민투표무효소송
> ㄷ. 「지방자치법」상 주민소송
> ㄹ. 「지방자치법」상 지방의회 재의결에 대한 지방자치단체장의 소송
> ㅁ. 「지방교육자치에 관한 법률」상 지방의회 재의결에 대한 교육감의 소송

① ㄹ, ㅁ ② ㄱ, ㄴ, ㄷ ③ ㄷ, ㄹ, ㅁ
④ ㄱ, ㄴ, ㄷ, ㄹ ⑤ ㄱ, ㄴ, ㄷ, ㄹ, ㅁ

정답/해설 ②

ㄱ (○), ㄴ (○), ㄷ (○) 국가 또는 공공단체의 기관이 법률에 위반되는 행위를 한 때에 직접 자기의 법률상 이익과 관계없이 그 시정을 구하기 위하여 제기하는 소송은 민중소송이며(행정소송법 제3조 제3호), 그 예로는 선거에 관한 소송, 국민투표에 관한 소송, 주민소송 등이 있다.

ㄹ (×), ㅁ (×) 지방자치법상 지방의회 재의결에 대한 지방자치단체장의 소송, 지방교육자치에 관한 법률상 지방의회 재의결에 대한 교육감의 소송은 행정소송법 상 기관소송에 해당한다.

015 민중소송 및 기관소송에 관한 설명으로 옳은 것은? ⟨2016⟩
① 기관소송은 법률이 정한 경우에 법률에 정한 자에 한하여 제기할 수 있다.
② 민중소송은 국가 또는 공공단체의 기관의 행위에 대하여 자기의 법률상 이익이 있는 자가 제기하는 소송이다.
③ 지방자치법상 주민소송은 기관소송에 해당한다.
④ 민중소송에는 그 성질에 반하지 아니하는 한 취소소송에 관한 규정을 준용하지만, 기관소송의 경우에는 그러하지 아니하다.
⑤ 기관소송은 헌법재판소법상 헌법재판소의 관장사항으로 되는 소송을 포함한다.

정답/해설 ①

① (○)

> **제45조(소의 제기)**
> 민중소송 및 기관소송은 법률이 정한 경우에 법률에 정한 자에 한하여 제기할 수 있다.

② (×) 민중소송은 자기의 법률상 이익과 관계없이 그 시정을 구하기 위하여 제기하는 소송, 즉 객관적 소송이다.

> 제3조(행정소송의 종류)
> 3. 민중소송: 국가 또는 공공단체의 기관이 법률에 위반되는 행위를 한 때에 직접 자기의 법률상 이익과 관계없이 그 시정을 구하기 위하여 제기하는 소송

③ (×) 지방자치법상 주민소송은 민중소송에 해당한다.

④ (×)

> 제46조(준용규정)
> ① 민중소송 또는 기관소송으로서 처분등의 취소를 구하는 소송에는 그 성질에 반하지 아니하는 한 취소소송에 관한 규정을 준용한다.

⑤ (×)

> 제3조(행정소송의 종류)
> 4. 기관소송: 국가 또는 공공단체의 기관상호간에 있어서의 권한의 존부 또는 그 행사에 관한 다툼이 있을 때에 이에 대하여 제기하는 소송. 다만, 헌법재판소법 제2조의 규정에 의하여 헌법재판소의 관장사항으로 되는 소송은 제외한다.

016 기관소송에 관한 설명으로 옳지 않은 것은? (다툼이 있으면 판례에 따름) 〈2015〉

① 국가 또는 공공단체의 기관 상호간에 있어서의 권한의 존부 또는 그 행사에 관하여 다툼이 있는 때에 이에 대하여 제기하는 소송이다.
② 기관소송은 법률적 쟁송이므로 당연히 사법권에 속하며 법령에 의해 비로소 인정되는 것이 아니다.
③ 기관소송으로서 처분등의 취소를 구하는 소송에는 그 성질에 반하지 아니하는 한 취소소송에 관한 규정을 준용한다.
④ 기관소송에는 당사자소송에 관한 규정이 준용되는 경우도 있다.
⑤ 헌법재판소의 관장사항으로 되어 있는 권한쟁의심판은 기관소송에서 제외된다.

정답/해설 ②

① (○), ⑤ (○)

> 제3조(행정소송의 종류)
> 행정소송은 다음의 네가지로 구분한다.
> 4. 기관소송: 국가 또는 공공단체의 기관상호간에 있어서의 권한의 존부 또는 그 행사에 관한 다툼이 있을 때에 이에 대하여 제기하는 소송. 다만, 헌법재판소법 제2조의 규정에 의하여 헌법재판소의 관장사항으로 되는 소송은 제외한다.

② (×) 기관소송은 법률에 정한 경우 법률에 정한 자에 한하여 제기할 수 있는 기관소송법정주의를 채택하고 있다(제45조).

제45조(소의 제기)
민중소송 및 기관소송은 법률이 정한 경우에 법률에 정한 자에 한하여 제기할 수 있다.

③ (○), ④ (○)

제46조(준용규정)
① 민중소송 또는 기관소송으로서 처분등의 취소를 구하는 소송에는 그 성질에 반하지 아니하는 한 취소소송에 관한 규정을 준용한다.
② 민중소송 또는 기관소송으로서 처분등의 효력 유무 또는 존재 여부나 부작위의 위법의 확인을 구하는 소송에는 그 성질에 반하지 아니하는 한 각각 무효등 확인소송 또는 부작위법확인소송에 관한 규정을 준용한다.
③ 민중소송 또는 기관소송으로서 제1항 및 제2항에 규정된 소송외의 소송에는 그 성질에 반하지 아니하는 한 당사자소송에 관한 규정을 준용한다.

017 민중소송에 관한 설명으로 옳지 않은 것은? 〈2015〉

① 원고의 법률상 이익과 관계없이 국가 등의 위법한 행위에 대해 시정을 구하는 소송이다.
② 원고의 권익구제를 직접 목적으로 하는 것이 아닌 점에서 객관소송에 해당한다.
③ 지방의회의원 선거에 있어서 선거의 효력에 이의가 있는 후보자가 제기하는 당선소송은 민중소송이다.
④ 민중소송으로서 처분등의 취소를 구하는 소송에는 그 성질에 반하지 아니하는 한 취소소송에 관한 규정을 준용한다.
⑤ 국민투표의 효력에 이의가 있는 투표인이 대법원에 제기하는 소송은 민중소송이다.

정답/해설 ③

① (○), ② (○)

제3조(행정소송의 종류)
행정소송은 다음의 네가지로 구분한다.
　3. 민중소송: 국가 또는 공공단체의 기관이 법률에 위반되는 행위를 한 때에 직접 자기의 법률상 이익과 관계없이 그 시정을 구하기 위하여 제기하는 소송

③ (×) 지방의회의원 선거에 있어서 선거의 효력에 이의가 있는 후보자가 제기하는 소송은 당선소송이 아니고 선거소송이다.

공직선거법 제222조(선거소송)
② 지방의회의원 및 지방자치단체의 장의 선거에 있어서 선거의 효력에 관한 제220조의 결정에 불복이 있는 소청인(당선인을 포함한다)은 해당 소청에 대하여 기각 또는 각하 결정이 있는 경우(제220조 제1항의 기간 내에 결정하지 아니한 때를 포함한다)에는 해당 선거구선거관리위원회 위원장을, 인용결정이 있는 경우에는 그 인용결정을 한 선거관리위원회 위원장을 피고로 하여 그 결정서를 받은 날(제220조

> 제1항의 기간 내에 결정하지 아니한 때에는 그 기간이 종료된 날)부터 10일 이내에 비례대표시·도의원 선거 및 시·도지사선거에 있어서는 대법원에, 지역구시·도의원선거, 자치구·시·군의원선거 및 자치구·시·군의 장 선거에 있어서는 그 선거구를 관할하는 고등법원에 소를 제기할 수 있다.

④ (○)

> **제46조(준용규정)**
> ① 민중소송 또는 기관소송으로서 처분등의 취소를 구하는 소송에는 그 성질에 반하지 아니하는 한 취소소송에 관한 규정을 준용한다.

⑤ (○) 국민투표법에서 규정하고 있는 국민투표소송은 민중소송이다.

> **국민투표법 제92조(국민투표무효의 소송)**
> 국민투표의 효력에 관하여 이의가 있는 투표인은 투표인 10만인 이상의 찬성을 얻어 중앙선거관리위원회 위원장을 피고로 하여 투표일로부터 20일 이내에 대법원에 제소할 수 있다.

 MEMO

행정소송법 [법률 제14839호(정부조직법) 일부개정 2017. 07. 26.]

제1장 총칙

제1조(목적)

이 법은 행정소송절차를 통하여 행정청의 위법한 처분 그 밖에 공권력의 행사·불행사등으로 인한 국민의 권리 또는 이익의 침해를 구제하고, 공법상의 권리관계 또는 법적용에 관한 다툼을 적정하게 해결함을 목적으로 한다.

제2조(정의)

① 이 법에서 사용하는 용어의 정의는 다음과 같다.
  1. "처분등"이라 함은 행정청이 행하는 구체적 사실에 관한 법집행으로서의 공권력의 행사 또는 그 거부와 그 밖에 이에 준하는 행정작용(이하 "처분"이라 한다) 및 행정심판에 대한 재결을 말한다.
  2. "부작위"라 함은 행정청이 당사자의 신청에 대하여 상당한 기간내에 일정한 처분을 하여야 할 법률상 의무가 있음에도 불구하고 이를 하지 아니하는 것을 말한다.

② 이 법을 적용함에 있어서 행정청에는 법령에 의하여 행정권한의 위임 또는 위탁을 받은 행정기관, 공공단체 및 그 기관 또는 사인이 포함된다.

제3조(행정소송의 종류)

행정소송은 다음의 네가지로 구분한다.
  1. 항고소송: 행정청의 처분등이나 부작위에 대하여 제기하는 소송
  2. 당사자소송: 행정청의 처분등을 원인으로 하는 법률관계에 관한 소송 그 밖에 공법상의 법률관계에 관한 소송으로서 그 법률관계의 한쪽 당사자를 피고로 하는 소송
  3. 민중소송: 국가 또는 공공단체의 기관이 법률에 위반되는 행위를 한 때에 직접 자기의 법률상 이익과 관계없이 그 시정을 구하기 위하여 제기하는 소송
  4. 기관소송: 국가 또는 공공단체의 기관상호간에 있어서의 권한의 존부 또는 그 행사에 관한 다툼이 있을 때에 이에 대하여 제기하는 소송. 다만, 헌법재판소법 제2조의 규정에 의하여 헌법재판소의 관장사항으로 되는 소송은 제외한다.

제4조(항고소송)

항고소송은 다음과 같이 구분한다.
  1. 취소소송: 행정청의 위법한 처분등을 취소 또는 변경하는 소송
  2. 무효등 확인소송: 행정청의 처분등의 효력 유무 또는 존재여부를 확인하는 소송
  3. 부작위위법확인소송: 행정청의 부작위가 위법하다는 것을 확인하는 소송

제5조(국외에서의 기간)
이 법에 의한 기간의 계산에 있어서 국외에서의 소송행위추완에 있어서는 그 기간을 14일에서 30일로, 제3자에 의한 재심청구에 있어서는 그 기간을 30일에서 60일로, 소의 제기에 있어서는 그 기간을 60일에서 90일로 한다.

제6조(명령·규칙의 위헌판결등 공고)
① 행정소송에 대한 대법원판결에 의하여 명령·규칙이 헌법 또는 법률에 위반된다는 것이 확정된 경우에는 대법원은 지체없이 그 사유를 행정안전부장관에게 통보하여야 한다.
② 제1항의 규정에 의한 통보를 받은 행정안전부장관은 지체없이 이를 관보에 게재하여야 한다.

제7조(사건의 이송)
민사소송법 제34조제1항의 규정은 원고의 고의 또는 중대한 과실없이 행정소송이 심급을 달리하는 법원에 잘못 제기된 경우에도 적용한다.

제8조(법적용예)
① 행정소송에 대하여는 다른 법률에 특별한 규정이 있는 경우를 제외하고는 이 법이 정하는 바에 의한다.
② 행정소송에 관하여 이 법에 특별한 규정이 없는 사항에 대하여는 법원조직법과 민사소송법 및 민사집행법의 규정을 준용한다.

제2장 취소소송
제1절 재판관할

제9조(재판관할)
① 취소소송의 제1심관할법원은 피고의 소재지를 관할하는 행정법원으로 한다.
② 제1항에도 불구하고 다음 각 호의 어느 하나에 해당하는 피고에 대하여 취소소송을 제기하는 경우에는 대법원소재지를 관할하는 행정법원에 제기할 수 있다.
  1. 중앙행정기관, 중앙행정기관의 부속기관과 합의제행정기관 또는 그 장
  2. 국가의 사무를 위임 또는 위탁받은 공공단체 또는 그 장
③ 토지의 수용 기타 부동산 또는 특정의 장소에 관계되는 처분등에 대한 취소소송은 그 부동산 또는 장소의 소재지를 관할하는 행정법원에 이를 제기할 수 있다.

제10조(관련청구소송의 이송 및 병합)
① 취소소송과 다음 각호의 1에 해당하는 소송(이하 "관련청구소송"이라 한다)이 각각 다른 법원에 계속되고 있는 경우에 관련청구소송이 계속된 법원이 상당하다고 인정하는 때에는 당사자의 신청 또는 직권에 의하여 이를 취소소송이 계속된 법원으로 이송할 수 있다.
  1. 당해 처분등과 관련되는 손해배상·부당이득반환·원상회복등 청구소송

2. 당해 처분등과 관련되는 취소소송

② 취소소송에는 사실심의 변론종결시까지 관련청구소송을 병합하거나 피고외의 자를 상대로 한 관련청구소송을 취소소송이 계속된 법원에 병합하여 제기할 수 있다.

제11조(선결문제)

① 처분등의 효력 유무 또는 존재 여부가 민사소송의 선결문제로 되어 당해 민사소송의 수소법원이 이를 심리·판단하는 경우에는 제17조, 제25조, 제26조 및 제33조의 규정을 준용한다.
② 제1항의 경우 당해 수소법원은 그 처분등을 행한 행정청에게 그 선결문제로 된 사실을 통지하여야 한다.

제2절 당사자

제12조(원고적격)

취소소송은 처분등의 취소를 구할 법률상 이익이 있는 자가 제기할 수 있다. 처분등의 효과가 기간의 경과, 처분등의 집행 그 밖의 사유로 인하여 소멸된 뒤에도 그 처분등의 취소로 인하여 회복되는 법률상 이익이 있는 자의 경우에는 또한 같다.

제13조(피고적격)

① 취소소송은 다른 법률에 특별한 규정이 없는 한 그 처분등을 행한 행정청을 피고로 한다. 다만, 처분등이 있은 뒤에 그 처분등에 관계되는 권한이 다른 행정청에 승계된 때에는 이를 승계한 행정청을 피고로 한다.
② 제1항의 규정에 의한 행정청이 없게 된 때에는 그 처분등에 관한 사무가 귀속되는 국가 또는 공공단체를 피고로 한다.

제14조(피고경정)

① 원고가 피고를 잘못 지정한 때에는 법원은 원고의 신청에 의하여 결정으로써 피고의 경정을 허가할 수 있다.
② 법원은 제1항의 규정에 의한 결정의 정본을 새로운 피고에게 송달하여야 한다.
③ 제1항의 규정에 의한 신청을 각하하는 결정에 대하여는 즉시항고할 수 있다.
④ 제1항의 규정에 의한 결정이 있은 때에는 새로운 피고에 대한 소송은 처음에 소를 제기한 때에 제기된 것으로 본다.
⑤ 제1항의 규정에 의한 결정이 있은 때에는 종전의 피고에 대한 소송은 취하된 것으로 본다.
⑥ 취소소송이 제기된 후에 제13조제1항 단서 또는 제13조제2항에 해당하는 사유가 생긴 때에는 법원은 당사자의 신청 또는 직권에 의하여 피고를 경정한다. 이 경우에는 제4항 및 제5항의 규정을 준용한다.

제15조(공동소송)

수인의 청구 또는 수인에 대한 청구가 처분등의 취소청구와 관련되는 청구인 경우에 한하여 그 수인은 공동소송인이 될 수 있다.

제16조(제3자의 소송참가)
① 법원은 소송의 결과에 따라 권리 또는 이익의 침해를 받을 제3자가 있는 경우에는 당사자 또는 제3자의 신청 또는 직권에 의하여 결정으로써 그 제3자를 소송에 참가시킬 수 있다.
② 법원이 제1항의 규정에 의한 결정을 하고자 할 때에는 미리 당사자 및 제3자의 의견을 들어야 한다.
③ 제1항의 규정에 의한 신청을 한 제3자는 그 신청을 각하한 결정에 대하여 즉시항고할 수 있다.
④ 제1항의 규정에 의하여 소송에 참가한 제3자에 대하여는 민사소송법 제67조의 규정을 준용한다.

제17조(행정청의 소송참가)
① 법원은 다른 행정청을 소송에 참가시킬 필요가 있다고 인정할 때에는 당사자 또는 당해 행정청의 신청 또는 직권에 의하여 결정으로써 그 행정청을 소송에 참가시킬 수 있다.
② 법원은 제1항의 규정에 의한 결정을 하고자 할 때에는 당사자 및 당해 행정청의 의견을 들어야 한다.
③ 제1항의 규정에 의하여 소송에 참가한 행정청에 대하여는 민사소송법 제76조의 규정을 준용한다.

제3절 소의 제기

제18조(행정심판과의 관계)
① 취소소송은 법령의 규정에 의하여 당해 처분에 대한 행정심판을 제기할 수 있는 경우에도 이를 거치지 아니하고 제기할 수 있다. 다만, 다른 법률에 당해 처분에 대한 행정심판의 재결을 거치지 아니하면 취소소송을 제기할 수 없다는 규정이 있는 때에는 그러하지 아니하다.
② 제1항 단서의 경우에도 다음 각호의 1에 해당하는 사유가 있는 때에는 행정심판의 재결을 거치지 아니하고 취소소송을 제기할 수 있다.
 1. 행정심판청구가 있은 날로부터 60일이 지나도 재결이 없는 때
 2. 처분의 집행 또는 절차의 속행으로 생길 중대한 손해를 예방하여야 할 긴급한 필요가 있는 때
 3. 법령의 규정에 의한 행정심판기관이 의결 또는 재결을 하지 못할 사유가 있는 때
 4. 그 밖의 정당한 사유가 있는 때
③ 제1항 단서의 경우에 다음 각호의 1에 해당하는 사유가 있는 때에는 행정심판을 제기함이 없이 취소소송을 제기할 수 있다.
 1. 동종사건에 관하여 이미 행정심판의 기각재결이 있은 때
 2. 서로 내용상 관련되는 처분 또는 같은 목적을 위하여 단계적으로 진행되는 처분중 어느 하나가 이미 행정심판의 재결을 거친 때
 3. 행정청이 사실심의 변론종결후 소송의 대상인 처분을 변경하여 당해 변경된 처분에 관하여 소를 제기하는 때
 4. 처분을 행한 행정청이 행정심판을 거칠 필요가 없다고 잘못 알린 때
④ 제2항 및 제3항의 규정에 의한 사유는 이를 소명하여야 한다.

제19조(취소소송의 대상)
취소소송은 처분등을 대상으로 한다. 다만, 재결취소소송의 경우에는 재결 자체에 고유한 위법이 있음을 이유로 하는 경우에 한한다.

제20조(제소기간)
① 취소소송은 처분등이 있음을 안 날부터 90일 이내에 제기하여야 한다. 다만, 제18조제1항 단서에 규정한 경우와 그 밖에 행정심판청구를 할 수 있는 경우 또는 행정청이 행정심판청구를 할 수 있다고 잘못 알린 경우에 행정심판청구가 있은 때의 기간은 재결서의 정본을 송달받은 날부터 기산한다.
② 취소소송은 처분등이 있은 날부터 1년(제1항 단서의 경우는 재결이 있은 날부터 1년)을 경과하면 이를 제기하지 못한다. 다만, 정당한 사유가 있는 때에는 그러하지 아니하다.
③ 제1항의 규정에 의한 기간은 불변기간으로 한다.

제21조(소의 변경)
① 법원은 취소소송을 당해 처분등에 관계되는 사무가 귀속하는 국가 또는 공공단체에 대한 당사자소송 또는 취소소송외의 항고소송으로 변경하는 것이 상당하다고 인정할 때에는 청구의 기초에 변경이 없는 한 사실심의 변론종결시까지 원고의 신청에 의하여 결정으로써 소의 변경을 허가할 수 있다.
② 제1항의 규정에 의한 허가를 하는 경우 피고를 달리하게 될 때에는 법원은 새로이 피고로 될 자의 의견을 들어야 한다.
③ 제1항의 규정에 의한 허가결정에 대하여는 즉시항고할 수 있다.
④ 제1항의 규정에 의한 허가결정에 대하여는 제14조제2항·제4항 및 제5항의 규정을 준용한다.

제22조(처분변경으로 인한 소의 변경)
① 법원은 행정청이 소송의 대상인 처분을 소가 제기된 후 변경한 때에는 원고의 신청에 의하여 결정으로써 청구의 취지 또는 원인의 변경을 허가할 수 있다.
② 제1항의 규정에 의한 신청은 처분의 변경이 있음을 안 날로부터 60일 이내에 하여야 한다.
③ 제1항의 규정에 의하여 변경되는 청구는 제18조제1항 단서의 규정에 의한 요건을 갖춘 것으로 본다.

제23조(집행정지)
① 취소소송의 제기는 처분등의 효력이나 그 집행 또는 절차의 속행에 영향을 주지 아니한다.
② 취소소송이 제기된 경우에 처분등이나 그 집행 또는 절차의 속행으로 인하여 생길 회복하기 어려운 손해를 예방하기 위하여 긴급한 필요가 있다고 인정할 때에는 본안이 계속되고 있는 법원은 당사자의 신청 또는 직권에 의하여 처분등의 효력이나 그 집행 또는 절차의 속행의 전부 또는 일부의 정지(이하 "집행정지"라 한다)를 결정할 수 있다. 다만, 처분의 효력정지는 처분등의 집행 또는 절차의 속행을 정지함으로써 목적을 달성할 수 있는 경우에는 허용되지 아니한다.
③ 집행정지는 공공복리에 중대한 영향을 미칠 우려가 있을 때에는 허용되지 아니한다.
④ 제2항의 규정에 의한 집행정지의 결정을 신청함에 있어서는 그 이유에 대한 소명이 있어야 한다.
⑤ 제2항의 규정에 의한 집행정지의 결정 또는 기각의 결정에 대하여는 즉시항고할 수 있다. 이 경우 집행정지의 결정에 대한 즉시항고에는 결정의 집행을 정지하는 효력이 없다.
⑥ 제30조제1항의 규정은 제2항의 규정에 의한 집행정지의 결정에 이를 준용한다.

제24조(집행정지의 취소)
① 집행정지의 결정이 확정된 후 집행정지가 공공복리에 중대한 영향을 미치거나 그 정지사유가 없어진

때에는 당사자의 신청 또는 직권에 의하여 결정으로써 집행정지의 결정을 취소할 수 있다.
② 제1항의 규정에 의한 집행정지결정의 취소결정과 이에 대한 불복의 경우에는 제23조제4항 및 제5항의 규정을 준용한다.

제4절 심리

제25조(행정심판기록의 제출명령)
① 법원은 당사자의 신청이 있는 때에는 결정으로써 재결을 행한 행정청에 대하여 행정심판에 관한 기록의 제출을 명할 수 있다.
② 제1항의 규정에 의한 제출명령을 받은 행정청은 지체없이 당해 행정심판에 관한 기록을 법원에 제출하여야 한다.

제26조(직권심리)
법원은 필요하다고 인정할 때에는 직권으로 증거조사를 할 수 있고, 당사자가 주장하지 아니한 사실에 대하여도 판단할 수 있다.

제5절 재판

제27조(재량처분의 취소)
행정청의 재량에 속하는 처분이라도 재량권의 한계를 넘거나 그 남용이 있는 때에는 법원은 이를 취소할 수 있다.

제28조(사정판결)
① 원고의 청구가 이유있다고 인정하는 경우에도 처분등을 취소하는 것이 현저히 공공복리에 적합하지 아니하다고 인정하는 때에는 법원은 원고의 청구를 기각할 수 있다. 이 경우 법원은 그 판결의 주문에서 그 처분등이 위법함을 명시하여야 한다.
② 법원이 제1항의 규정에 의한 판결을 함에 있어서는 미리 원고가 그로 인하여 입게 될 손해의 정도와 배상방법 그 밖의 사정을 조사하여야 한다.
③ 원고는 피고인 행정청이 속하는 국가 또는 공공단체를 상대로 손해배상, 제해시설의 설치 그 밖에 적당한 구제방법의 청구를 당해 취소소송등이 계속된 법원에 병합하여 제기할 수 있다.

제29조(취소판결등의 효력)
① 처분등을 취소하는 확정판결은 제3자에 대하여도 효력이 있다.
② 제1항의 규정은 제23조의 규정에 의한 집행정지의 결정 또는 제24조의 규정에 의한 그 집행정지결정의 취소결정에 준용한다.

제30조(취소판결등의 기속력)
① 처분등을 취소하는 확정판결은 그 사건에 관하여 당사자인 행정청과 그 밖의 관계행정청을 기속한다.
② 판결에 의하여 취소되는 처분이 당사자의 신청을 거부하는 것을 내용으로 하는 경우에는 그 처분을

행한 행정청은 판결의 취지에 따라 다시 이전의 신청에 대한 처분을 하여야 한다.
③ 제2항의 규정은 신청에 따른 처분이 절차의 위법을 이유로 취소되는 경우에 준용한다.

제6절 보칙

제31조(제3자에 의한 재심청구)
① 처분등을 취소하는 판결에 의하여 권리 또는 이익의 침해를 받은 제3자는 자기에게 책임없는 사유로 소송에 참가하지 못함으로써 판결의 결과에 영향을 미칠 공격 또는 방어방법을 제출하지 못한 때에는 이를 이유로 확정된 종국판결에 대하여 재심의 청구를 할 수 있다.
② 제1항의 규정에 의한 청구는 확정판결이 있음을 안 날로부터 30일 이내, 판결이 확정된 날로부터 1년 이내에 제기하여야 한다.
③ 제2항의 규정에 의한 기간은 불변기간으로 한다.

제32조(소송비용의 부담)
취소청구가 제28조의 규정에 의하여 기각되거나 행정청이 처분등을 취소 또는 변경함으로 인하여 청구가 각하 또는 기각된 경우에는 소송비용은 피고의 부담으로 한다.

제33조(소송비용에 관한 재판의 효력)
소송비용에 관한 재판이 확정된 때에는 피고 또는 참가인이었던 행정청이 소속하는 국가 또는 공공단체에 그 효력을 미친다.

제34조(거부처분취소판결의 간접강제)
① 행정청이 제30조제2항의 규정에 의한 처분을 하지 아니하는 때에는 제1심수소법원은 당사자의 신청에 의하여 결정으로써 상당한 기간을 정하고 행정청이 그 기간내에 이행하지 아니하는 때에는 그 지연기간에 따라 일정한 배상을 할 것을 명하거나 즉시 손해배상을 할 것을 명할 수 있다.
② 제33조와 민사집행법 제262조의 규정은 제1항의 경우에 준용한다.

제3장 취소소송외의 항고소송

제35조(무효등 확인소송의 원고적격)
무효등 확인소송은 처분등의 효력 유무 또는 존재 여부의 확인을 구할 법률상 이익이 있는 자가 제기할 수 있다.

제36조(부작위위법확인소송의 원고적격)
부작위위법확인소송은 처분의 신청을 한 자로서 부작위의 위법의 확인을 구할 법률상 이익이 있는 자만이 제기할 수 있다.

제37조(소의 변경)

제21조의 규정은 무효등 확인소송이나 부작위위법확인소송을 취소소송 또는 당사자소송으로 변경하는 경우에 준용한다.

제38조(준용규정)

① 제9조, 제10조, 제13조 내지 제17조, 제19조, 제22조 내지 제26조, 제29조 내지 제31조 및 제33조의 규정은 무효등 확인소송의 경우에 준용한다.
② 제9조, 제10조, 제13조 내지 제19조, 제20조, 제25조 내지 제27조, 제29조 내지 제31조, 제33조 및 제34조의 규정은 부작위위법확인소송의 경우에 준용한다.

제4장 당사자소송

제39조(피고적격)

당사자소송은 국가·공공단체 그 밖의 권리주체를 피고로 한다.

제40조(재판관할)

제9조의 규정은 당사자소송의 경우에 준용한다. 다만, 국가 또는 공공단체가 피고인 경우에는 관계행정청의 소재지를 피고의 소재지로 본다.

제41조(제소기간)

당사자소송에 관하여 법령에 제소기간이 정하여져 있는 때에는 그 기간은 불변기간으로 한다.

제42조(소의 변경)

제21조의 규정은 당사자소송을 항고소송으로 변경하는 경우에 준용한다.

제43조(가집행선고의 제한)

국가를 상대로 하는 당사자소송의 경우에는 가집행선고를 할 수 없다.
[단순위헌, 2020헌가12, 2022.2.24, 행정소송법 제43조는 헌법에 위반된다.]

제44조(준용규정)

① 제14조 내지 제17조, 제22조, 제25조, 제26조, 제30조제1항, 제32조 및 제33조의 규정은 당사자소송의 경우에 준용한다.
② 제10조의 규정은 당사자소송과 관련청구소송이 각각 다른 법원에 계속되고 있는 경우의 이송과 이들 소송의 병합의 경우에 준용한다.

제5장 민중소송 및 기관소송

제45조(소의 제기)
민중소송 및 기관소송은 법률이 정한 경우에 법률에 정한 자에 한하여 제기할 수 있다.

제46조(준용규정)
① 민중소송 또는 기관소송으로서 처분등의 취소를 구하는 소송에는 그 성질에 반하지 아니하는 한 취소소송에 관한 규정을 준용한다.
② 민중소송 또는 기관소송으로서 처분등의 효력 유무 또는 존재 여부나 부작위의 위법의 확인을 구하는 소송에는 그 성질에 반하지 아니하는 한 각각 무효등 확인소송 또는 부작위위법확인소송에 관한 규정을 준용한다.
③ 민중소송 또는 기관소송으로서 제1항 및 제2항에 규정된 소송외의 소송에는 그 성질에 반하지 아니하는 한 당사자소송에 관한 규정을 준용한다.

행정소송규칙 [대법원규칙 제3132호 일부개정 2024. 02. 22.]

제1장 총칙

제1조(목적)
이 규칙은 「행정소송법」(이하 "법"이라 한다)에 따른 행정소송절차에 관하여 필요한 사항을 규정함을 목적으로 한다.

제2조(명령·규칙의 위헌판결 등 통보)
① 대법원은 재판의 전제가 된 명령·규칙이 헌법 또는 법률에 위배된다는 것이 법원의 판결에 의하여 확정된 경우에는 그 취지를 해당 명령·규칙의 소관 행정청에 통보하여야 한다.
② 대법원 외의 법원이 제1항과 같은 취지의 재판을 하였을 때에는 해당 재판서 정본을 지체 없이 대법원에 송부하여야 한다.

제3조(소송수행자의 지정)
소송수행자는 그 직위나 업무, 전문성 등에 비추어 해당 사건의 소송수행에 적합한 사람이 지정되어야 한다.

제4조(준용규정)
행정소송절차에 관하여는 법 및 이 규칙에 특별한 규정이 있는 경우를 제외하고는 그 성질에 반하지 않는 한 「민사소송규칙」 및 「민사집행규칙」의 규정을 준용한다.

제2장 취소소송

제5조(재판관할)
① 국가의 사무를 위임 또는 위탁받은 공공단체 또는 그 장에 대하여 그 지사나 지역본부 등 종된 사무소의 업무와 관련이 있는 소를 제기하는 경우에는 그 종된 사무소의 소재지를 관할하는 행정법원에 제기할 수 있다.
② 법 제9조제3항의 '기타 부동산 또는 특정의 장소에 관계되는 처분등'이란 부동산에 관한 권리의 설정, 변경 등을 목적으로 하는 처분, 부동산에 관한 권리행사의 강제, 제한, 금지 등을 명령하거나 직접 실현하는 처분, 특정구역에서 일정한 행위를 할 수 있는 권리나 자유를 부여하는 처분, 특정구역을 정하여 일정한 행위의 제한·금지를 하는 처분 등을 말한다.

제6조(피고경정)
법 제14조제1항에 따른 피고경정은 사실심 변론을 종결할 때까지 할 수 있다.

제7조(명령·규칙 소관 행정청에 대한 소송통지)

① 법원은 명령·규칙의 위헌 또는 위법 여부가 쟁점이 된 사건에서 그 명령·규칙 소관 행정청이 피고와 동일하지 아니한 경우에는 해당 명령·규칙의 소관 행정청에 소송계속 사실을 통지할 수 있다.

② 제1항에 따른 통지를 받은 행정청은 법원에 해당 명령·규칙의 위헌 또는 위법 여부에 관한 의견서를 제출할 수 있다.

제8조(답변서의 제출)

① 피고가 원고의 청구를 다투는 경우에는 소장의 부본을 송달받은 날부터 30일 이내에 다음 각 호의 사항이 포함된 답변서를 제출하여야 한다.

1. 사건의 표시
2. 피고의 명칭과 주소 또는 소재지
3. 대리인의 이름과 주소 또는 소송수행자의 이름과 직위
4. 청구의 취지에 대한 답변
5. 처분등에 이른 경위와 그 사유
6. 관계 법령
7. 소장에 기재된 개개의 사실에 대한 인정 여부
8. 항변과 이를 뒷받침하는 구체적 사실
9. 제7호 및 제8호에 관한 피고의 증거방법과 원고의 증거방법에 대한 의견
10. 덧붙인 서류의 표시
11. 작성한 날짜
12. 법원의 표시

② 답변서에는 제1항제9호에 따른 증거방법 중 증명이 필요한 사실에 관한 중요한 서증의 사본을 첨부하여야 한다.

③ 제1항 및 제2항의 규정에 어긋나는 답변서가 제출된 때에는 재판장은 법원사무관등으로 하여금 방식에 맞는 답변서의 제출을 촉구하게 할 수 있다.

④ 재판장은 필요한 경우 제1항제5호 및 제6호의 사항을 각각 별지로 작성하여 따로 제출하도록 촉구할 수 있다.

제9조(처분사유의 추가·변경)

행정청은 사실심 변론을 종결할 때까지 당초의 처분사유와 기본적 사실관계가 동일한 범위 내에서 처분사유를 추가 또는 변경할 수 있다.

제10조(집행정지의 종기)

법원이 법 제23조제2항에 따른 집행정지를 결정하는 경우 그 종기는 본안판결 선고일부터 30일 이내의 범위에서 정한다. 다만, 법원은 당사자의 의사, 회복하기 어려운 손해의 내용 및 그 성질, 본안 청구의 승소가능성 등을 고려하여 달리 정할 수 있다.

제10조의2(「학교폭력예방 및 대책에 관한 법률」 제17조의4에 따른 집행정지 시 의견 청취)
① 법원이 「학교폭력예방 및 대책에 관한 법률」 제17조의4제1항에 따라 집행정지 결정을 하기 위하여 피해학생 또는 그 보호자(이하 이 조에서 "피해학생등"이라 한다)의 의견을 청취하여야 하는 경우에는 심문기일을 지정하여 피해학생등의 의견을 청취하는 방법으로 한다. 다만, 특별한 사정이 있는 경우에는 기한을 정하여 피해학생등에게 의견의 진술을 갈음하는 의견서를 제출하게 하는 방법으로 할 수 있다.
② 법원은 제1항에 따른 의견청취 절차를 진행하기 위하여 필요한 경우에는 집행정지 결정의 대상이 되는 처분등을 한 행정청에 피해학생등의 송달받을 장소나 연락처, 의견진술 관련 의사 등에 관한 자료를 제출할 것을 요구할 수 있다.
③ 법원은 제1항 본문에 따라 심문기일을 지정하였을 때에는 당사자와 피해학생등에게 서면, 전화, 휴대전화 문자전송, 전자우편, 팩시밀리 또는 그 밖에 적당하다고 인정되는 방법으로 그 심문기일을 통지하여야 한다.
④ 법원은 필요하다고 인정하는 경우에는 비디오 등 중계장치에 의한 중계시설을 통하거나 인터넷 화상장치를 이용하여 제1항 본문의 심문기일을 열 수 있다.
⑤ 법원은 필요하다고 인정하는 경우에는 가해학생 또는 그 보호자를 퇴정하게 하거나 가림시설 등을 이용하여 피해학생등의 의견을 청취할 수 있다.
⑥ 제3항에 따라 심문기일을 통지받은 피해학생등은 해당 사건에 대한 의견 등을 기재한 서면을 법원에 제출할 수 있다.
⑦ 피해학생등이 제1항 단서의 의견서 또는 제6항의 서면을 제출한 경우 법원은 당사자에게 피해학생등의 의견서 또는 서면이 제출되었다는 취지를 서면, 전화, 휴대전화 문자전송, 전자우편, 팩시밀리 또는 그 밖에 적당하다고 인정되는 방법으로 통지하여야 한다.
⑧ 법원은 다음 각 호의 어느 하나에 해당하는 경우에는 피해학생등의 의견을 청취하지 아니할 수 있다.
　1. 피해학생등이 의견진술의 기회를 포기한다는 뜻을 명백히 표시한 경우
　2. 피해학생등이 정당한 사유 없이 심문기일에 출석하지 아니하거나 제1항 단서에서 정한 기한 내에 의견의 진술을 갈음하는 의견서를 제출하지 아니하는 경우
　3. 피해학생등의 의견을 청취하기 위하여 임시로 집행정지를 하는 경우
　4. 그 밖에 피해학생등의 의견을 청취하기 어려운 부득이한 사유가 있는 경우
⑨ 당사자와 소송관계인은 청취한 피해학생등의 의견을 이용하여 피해학생등의 명예 또는 생활의 평온을 해치는 행위를 하여서는 아니 된다.

제11조(비공개 정보의 열람·심사)
① 재판장은 「공공기관의 정보공개에 관한 법률」 제20조제1항에 따른 취소소송 사건, 같은 법 제21조제2항에 따른 취소소송이나 이를 본안으로 하는 집행정지신청 사건의 심리를 위해 같은 법 제20조제2항에 따른 비공개 열람·심사를 하는 경우 피고에게 공개 청구된 정보의 원본 또는 사본·복제물의 제출을 명할 수 있다.
② 제1항에 따른 제출 명령을 받은 피고는 변론기일 또는 심문기일에 해당 자료를 제출하여야 한다. 다만, 특별한 사정이 있으면 재판장은 그 자료를 다른 적당한 방법으로 제출할 것을 명할 수 있고, 이 경우 자료를 제출받은 재판장은 지체 없이 원고에게 제1항의 명령에 따른 자료를 제출받은 사실을 통지하여야 한다.

③ 제2항에 따라 제출된 자료는 소송기록과 분리하여 해당 사건을 심리하는 법관만이 접근할 수 있는 방법으로 보관한다.
④ 법원은 제1항의 취소소송이나 집행정지신청 사건에 대한 재판이 확정된 경우 제2항에 따라 제출받은 자료를 반환한다. 다만, 법원은 당사자가 그 자료를 반환받지 아니한다는 의견을 표시한 경우 또는 위 확정일부터 30일이 지났음에도 해당 자료를 반환받지 아니하는 경우에는 그 자료를 적당한 방법으로 폐기할 수 있다.
⑤ 당사자가 제1항의 취소소송이나 집행정지신청 사건의 재판에 관하여 불복하는 경우 법원은 제2항에 따라 제출받은 자료를 제3항에 따른 방법으로 상소법원에 송부한다.

제12조(행정청의 비공개 처리)

① 피고 또는 관계행정청이 「민사소송법」 제163조제1항 각 호의 어느 하나에 해당하는 정보 또는 법령에 따라 비공개 대상인 정보가 적혀 있는 서면 또는 증거를 제출·제시하는 경우에는 해당 정보가 공개되지 아니하도록 비실명 또는 공란으로 표시하거나 그 밖의 적절한 방법으로 제3자가 인식하지 못하도록 처리(이하 "비공개 처리"라 한다)할 수 있다.
② 법원은 피고 또는 관계행정청이 제1항에 따라 비공개 처리를 한 경우에도 사건의 심리를 위해 필요하다고 인정하는 경우에는 다음 각 호의 어느 하나를 제출·제시할 것을 명할 수 있다.
  1. 비공개 처리된 정보의 내용
  2. 비공개 처리를 하지 않은 서면 또는 증거
③ 법원은 제2항 각 호의 자료를 다른 사람이 보도록 하여서는 안 된다. 다만, 당사자는 법원에 해당 자료의 열람·복사를 신청할 수 있다.
④ 제3항의 열람·복사 신청에 관한 결정에 대해서는 즉시항고를 할 수 있다.
⑤ 제3항의 신청을 인용하는 결정은 확정되어야 효력을 가진다.

제13조(피해자의 의견 청취)

① 법원은 필요하다고 인정하는 경우에는 해당 처분의 처분사유와 관련하여 다음 각 호에 해당하는 사람(이하 '피해자'라 한다)으로부터 그 처분에 관한 의견을 기재한 서면을 제출받는 등의 방법으로 피해자의 의견을 청취할 수 있다.
  1. 「성폭력방지 및 피해자보호 등에 관한 법률」 제2조제3호의 성폭력피해자
  2. 「양성평등기본법」 제3조제2호의 성희롱으로 인하여 피해를 입은 사람
  3. 「학교폭력예방 및 대책에 관한 법률」 제2조제4호의 피해학생 또는 그 보호자
② 당사자와 소송관계인은 제1항에 따라 청취한 피해자의 의견을 이용하여 피해자의 명예 또는 생활의 평온을 해치는 행위를 하여서는 아니 된다.
③ 제1항에 따라 청취한 의견은 처분사유의 인정을 위한 증거로 할 수 없다.

제14조(사정판결)

법원이 법 제28조제1항에 따른 판결을 할 때 그 처분등을 취소하는 것이 현저히 공공복리에 적합하지 아니한지 여부는 사실심 변론을 종결할 때를 기준으로 판단한다.

제15조(조정권고)

① 재판장은 신속하고 공정한 분쟁 해결과 국민의 권익 구제를 위하여 필요하다고 인정하는 경우에는 소송계속 중인 사건에 대하여 직권으로 소의 취하, 처분등의 취소 또는 변경, 그 밖에 다툼을 적정하게 해결하기 위해 필요한 사항을 서면으로 권고할 수 있다.
② 재판장은 제1항의 권고를 할 때에는 권고의 이유나 필요성 등을 기재할 수 있다.
③ 재판장은 제1항의 권고를 위하여 필요한 경우에는 당사자, 이해관계인, 그 밖의 참고인을 심문할 수 있다.

제3장 취소소송외의 항고소송

제16조(무효확인소송에서 석명권의 행사)

재판장은 무효확인소송이 법 제20조에 따른 기간 내에 제기된 경우에는 원고에게 처분등의 취소를 구하지 아니하는 취지인지를 명확히 하도록 촉구할 수 있다. 다만, 원고가 처분등의 취소를 구하지 아니함을 밝힌 경우에는 그러하지 아니하다.

제17조(부작위위법확인소송의 소송비용부담)

법원은 부작위위법확인소송 계속 중 행정청이 당사자의 신청에 대하여 상당한 기간이 지난 후 처분등을 함에 따라 소를 각하하는 경우에는 소송비용의 전부 또는 일부를 피고가 부담하게 할 수 있다.

제18조(준용규정)

① 제5조부터 제13조까지 및 제15조는 무효등 확인소송의 경우에 준용한다.
② 제5조부터 제8조까지, 제11조, 제12조 및 제15조는 부작위위법확인소송의 경우에 준용한다.

제4장 당사자소송

제19조(당사자소송의 대상) 당사자소송은 다음 각 호의 소송을 포함한다.

1. 다음 각 목의 손실보상금에 관한 소송
   가. 「공익사업을 위한 토지 등의 취득 및 보상에 관한 법률」 제78조제1항 및 제6항에 따른 이주정착금, 주거이전비 등에 관한 소송
   나. 「공익사업을 위한 토지 등의 취득 및 보상에 관한 법률」 제85조제2항에 따른 보상금의 증감(增減)에 관한 소송
   다. 「하천편입토지 보상 등에 관한 특별조치법」 제2조에 따른 보상금에 관한 소송
2. 그 존부 또는 범위가 구체적으로 확정된 공법상 법률관계 그 자체에 관한 다음 각 목의 소송
   가. 납세의무 존부의 확인
   나. 「부가가치세법」 제59조에 따른 환급청구

다. 「석탄산업법」 제39조의3제1항 및 같은 법 시행령 제41조제4항제5호에 따른 재해위로금 지급청구
　　라. 「5·18민주화운동 관련자 보상 등에 관한 법률」 제5조, 제6조 및 제7조에 따른 관련자 또는 유족의 보상금 등 지급청구
　　마. 공무원의 보수·퇴직금·연금 등 지급청구
　　바. 공법상 신분·지위의 확인
3. 처분에 이르는 절차적 요건의 존부나 효력 유무에 관한 다음 각 목의 소송
　　가. 「도시 및 주거환경정비법」 제35조제5항에 따른 인가 이전 조합설립변경에 대한 총회결의의 효력 등을 다투는 소송
　　나. 「도시 및 주거환경정비법」 제50조제1항에 따른 인가 이전 사업시행계획에 대한 총회결의의 효력 등을 다투는 소송
　　다. 「도시 및 주거환경정비법」 제74조제1항에 따른 인가 이전 관리처분계획에 대한 총회결의의 효력 등을 다투는 소송
4. 공법상 계약에 따른 권리·의무의 확인 또는 이행청구 소송

제20조(준용규정) 제5조부터 제8조까지, 제12조 및 제13조는 당사자소송의 경우에 준용한다.

[제2판]
말랑말랑 세무사 행정소송법 기출문제집

초판 발행일 1쇄 2024년 2월 15일
2 판 발행일 1쇄 2025년 2월 5일

저　자　　박 상 우
발행인　　이 종 은
발행처　　새 흐 름
　　　　　서울특별시 마포구 독막로 295 삼부골든타워 212호
　　　　　등록　2014. 1. 21, 제2014-000041호(윤)
전　화　　(02) 713-3069
F A X　　(02) 713-0403
홈페이지　www.sehr.co.kr

ISBN　　979-11-6293-606-1(93360)
정　가　　25,000원

* 본서의 무단복제행위를 금합니다. 파본은 바꿔드립니다.
* 저자와 협의하여 인지첩부를 생략합니다.